Heinrich Ritter

Geschichte der Philosophie alter Zeit

1. Teil

Heinrich Ritter

Geschichte der Philosophie alter Zeit

1. Teil

Inktank publishing, 2018

www.inktank-publishing.com

ISBN/EAN: 9783747763599

Geschichte der Philosophie
alter Zeit

von

Dr. Heinrich Ritter,
Professor an der Universität zu Kiel.

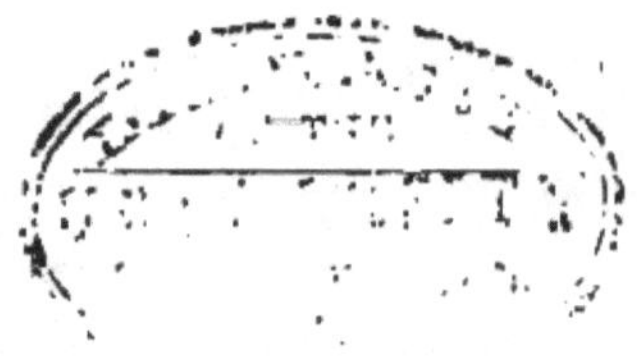

Erster Theil.

Zweite verbesserte Auflage.

Hamburg,
bei Friedrich Perthes.
1836.

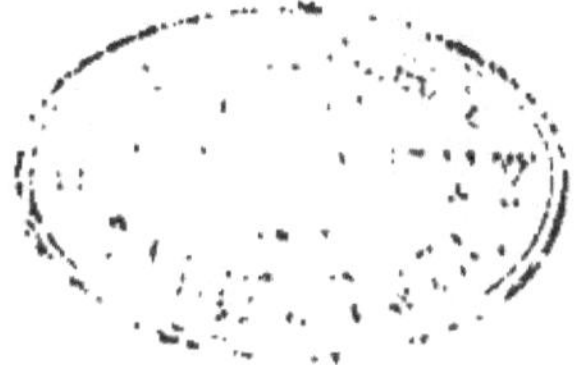

Vorrede.

Nachdem kurz nach dem Erscheinen des vierten Bandes dieses Werkes eine neue Auflage der beiden ersten Bände nöthig geworden ist, habe ich mich der Pflicht nicht entziehen können, diese durch Zusätze und Verbesserungen so gut auszustatten, als es in meinen Kräften steht. Ueber mein Verfahren hierbei muß ich Rechenschaft ablegen.

Seit sieben Jahren, vor welchen der erste Band erschien, ist ganz besonders der Kreis der Geschichte, welcher durch diese beiden Bände umfaßt wird, durch neue Forschungen bedacht worden, und ich kann mich nur darüber freuen, daß meine eigenen Untersuchungen hierzu, wenn auch nicht überall die erste Veranlassung, doch hie und da eine

Anregung, sei es friedlicher, sei es feindlicher Art, abgegeben haben. Sollte nun das, was jetzt von neuem dem Publicum dargeboten wird, nicht hinter der Zeit zurückbleiben, so war es nöthig theils beistimmend, theils ablehnend auf diese neuern Forschungen einzugehen. Zwar nicht in der Vollständigkeit, welche ich nur für ein Uebel halte, ist dies geschehen, aber mit der Gewissenhaftigkeit, welche alles Bedeutende zusammenzufassen strebt.

Haben nun so die Arbeiten Anderer für die neue Ausgabe manche Berichtigungen und Bereicherungen herbeigeführt, so ist auch ein nicht unbeträchtlicher Zuwachs derselben aus meinen eigenen weitern Forschungen entstanden. Selbst das Material für die Geschichte der alten Philosophie wird hierdurch einige nicht unbedeutende Zusätze erfahren. Um hiervon etwas Besonderes zu erwähnen, muß ich bekennen, daß es mir in der ersten Ausgabe gegangen ist wie allen Geschichtschreibern der Philosophie bis auf diesen Tag, daß ich das Bruchstück des Theophrastos über Sinn und Sinnliches zu sehr vernachlässigt habe, zurückgeschreckt durch den verdorbenen Text, in welchem es uns überliefert worden. In der vorliegenden Auflage habe ich es nun etwas dreister angefaßt. Für die Leh-

ten des Diogenes von Apollonia, des Anaxagoras, des Empedokles und des Demokritos und einiger andern Philosophen haben hieraus neue Hülfsmittel gezogen werden können. Es sei mir erlaubt hierbei den Wunsch auszusprechen, daß jenes Bruchstück bald einmal eine tüchtige philologische Bearbeitung finden möge.

Die erste Ausgabe aus einer Masse von Auszügen und gelegentlichen Bemerkungen entstanden, welche wenig Uebersicht darbot, trug hie und da Spuren dieser Entstehungsart an sich, besonders in den Anmerkungen und Citaten. Nachdem ich ohne Ausnahme noch einmal die Quellen nachgesehen habe, hoffe ich auch in dieser Beziehung billigen Anforderungen Genüge zu leisten. Bei den Citaten aus der Metaphysik des Aristoteles bitte ich zu bemerken, daß ich nach einigen ältern Ausgaben das sogenannte kleinere erste Buch als das zweite gezählt habe u. s. w. fort, welches nun freilich mit unsern gangbaren Ausgaben nicht stimmt; ich scheute mich aber von meiner bisherigen Gewohnheit abzugehen, weil ich fürchtete dadurch nur Verwirrung hervorzubringen.

Uebrigens bin ich dem Rathe eines Freundes

gefolgt, indem ich die Citate besonders in dem, was das Litterarhistorische betrifft, vermehrt habe. Dies ist freilich etwas Unwesentliches, aber für den Gebrauch meines Buches gewiß Vielen erwünscht. Vollständigkeit jedoch in den Citaten zu erreichen, war nicht meine Absicht, sondern überall nur entweder auf die erste Quelle zurückzuweisen, wo sie erreichbar, oder sonst auf die zuverlässigste. Wo die Angaben der Alten mir gar keine Berücksichtigung, nicht einmal Widerlegung zu verdienen schienen, habe ich sie weggelassen; ebenso wo es augenscheinlich ist, daß einem ältern Berichte nur nachgesprochen wird. Doch will ich nicht behaupten, daß ich in der Befolgung dieser Grundsätze überall Consequenz erreicht habe.

Da nun durch die aufgezählten Veränderungen die zweite Auflage vor der ersten einige Vorzüge gewonnen hat, ist es meinem Herrn Verleger und mir billig erschienen, daß für die Besitzer dieser die Verbesserungen und Zusätze der zweiten Auflage besonders abgedruckt werden. Hoffentlich wird dieser Abdruck mit der Ausgabe des zweiten Bandes zugleich ausgegeben werden können.

Auf die Verbesserung der Darstellung, wo

nicht der Genauigkeit des Ausdrucks eine Hülfe nöthig zu sein schien, habe ich bei dieser Auflage nur selten Rücksicht genommen, weil über solche Sachen immer eine Unsicherheit des Gefühls stattfindet.

In meiner Ansicht von der Geschichte und der Philosophie hat im Allgemeinen sich nichts verändert, wie dies auch nicht zu erwarten war bei einem Manne, welcher die Mitte seiner Jahre erreicht hatte, als er sein Unternehmen begann. Dagegen ist es mir selbst auffallend gewesen, daß ich auch im Einzelnen der Untersuchung so wenig zu ändern gefunden habe, so daß der Zusammenhang meiner Darstellung wesentlich unverändert geblieben. Dennoch kann ich mich deswegen nicht der Hartnäckigkeit in meinen Meinungen anklagen, sondern es scheint mir daraus nur hervorzugehen, daß auch das Einzelne meiner Ansichten mit dem Allgemeinen in genauer Verbindung steht.

Wenn ich es nun für meine Pflicht gehalten habe, alle bedeutende gelehrte Arbeiten, welche zu meiner Kunde gekommen, gewissenhaft zu benutzen, so wird man doch Hegel's Vorlesungen über die Geschichte der Philosophie herausgegeben von Michelet nur einmal beiläufig berücksichtigt finden. Die

Gründe liegen vor Augen. Da Hegel die Geschichte der Philosophie als einen Theil der Philosophie behandeln wollte (s. Bd. I. S. 17.), kann man seine Bearbeitung derselben auch nur als einen Theil seines Systems betrachten, und so wird sie denn natürlich erst da zu berücksichtigen sein, wo dies System seine Würdigung erfährt. Ergebnisse gelehrter Forschung aber waren freilich in dieser Geschichte nicht zu suchen, welche von der Gelehrsamkeit behauptet, daß sie vorzüglich darin bestehe eine Menge unnützer Sachen zu wissen (s. Bd. I. S. 23; vergl. Bd. II. S. 5. f.). Einzelne Ansichten, welche aus dem Ganzen des Systems herausgehoben werden konnten, ohne seinen Zusammenhang zu erörtern, sind wohl zuweilen erwähnt worden, aber natürlich ohne den Ort anzuführen, wo sie gefunden werden, weil sie an diesem ihre Bedeutung nur im Zusammenhange mit dem Ganzen finden.

.... Dagegen habe ich um so fleißiger Brandis's Handbuch der Geschichte der griechisch-römischen Philosophie in dieser neuen Auflage berücksichtigt. Dies Werk ist unstreitig das wichtigste, was seit dem Erscheinen der ersten Auflage für die Geschichte der alten Philosophie an das Licht getreten ist, ein

Werk gründliches und eindringendes Fleißes, welchem ich Förderung in meinen Studien gern verdanke. Wenn ich nun dennoch in vielen Punkten von Brandis abweichen muß, so wurde es dadurch auch nothwendig, daß ich die Gründe meiner abweichenden Ansicht auseinandersetzte. Wer übrigens das unsichere Gebiet dieser Geschichten kennt, wird über solche Abweichungen sich nicht wundern. Vergleiche ich Brandis's Verfahren in der Erforschung des Thatsächlichen mit dem meinigen, so scheinen mir besonders zwei allgemeine Gründe zu verschiedenen Ergebnissen geführt zu haben: der eine ist, daß Brandis mehr auf die Ueberlieferungen und Urtheile des Aristoteles vertraut, als mir räthlich scheint; der andere, daß er meiner Ansicht nach zu sehr darauf aus ist in der Uebereinstimmung verschiedener Philosophen in einzelnen Lehren ein Zeichen geschichtliches Zusammenhangs unter ihnen zu finden. So wie man früher das Verfahren des Aristoteles in Beurtheilung anderer Philosophen zu tadeln mehr als billig geneigt war, so scheint man jetzt unbedingter seinem Ansehen zu vertrauen, als ich gerecht finden kann. Etwas Aehnliches scheint bei der Beurtheilung des Zusammenhangs der ältesten griechischen Litteratur vorzugehen. Es gab eine Zeit, in welcher man die Erscheinungen derselben vielleicht zu sehr auseinanderzuhalten suchte; wenn man nun aber im Gegensatze gegen jene Richtung einen fast ebenso genauen Zusammenhang unter ihnen sich denken wollte, als er unter den Erscheinungen unserer Litteratur stattfindet, so würde man wohl nicht genug die Unvollkommenheit der Verkehrsmittel bedenken, mit welcher sie zu kämpfen hatte.

Vielleicht erwartet jemand, daß ich mich hier noch über tadelnde Beurtheilungen erklären werde, welche meine Geschichte der Philosophie erfahren hat. Allein im Allgemeinen finde ich dazu nur geringe Veranlassung, wenn es sich auch wenig für mich schicken würde vornehm auf solche Beurtheilungen herabzusehen. Der Tadel betrifft hauptsächlich die Grundsätze der Geschichte und der Philosophie, und diese sind in der Einleitung besprochen worden, allerdings nicht erschöpfend, aber sie auch nur einigermaßen zu erschöpfen, dazu würde ein weitläufiges Werk gehören. Schicklich aber scheint es mir hier einen und den andern Punkt zu erwähnen, welcher auf die Anordnung meiner Geschichte bedeutenden Einfluß gehabt hat. K. Fr. Hermann's Recensionen geben hierzu besondere Veranlassung, wenn auch nicht sie allein.

Im Allgemeinen betreffen diese Bemerkungen meine Art einzutheilen. In der etwas enthusiastischen Art, von welcher, wie ich fürchte, weder das Lob noch der Tadel Hermann's frei gewesen ist, legt er auf solche Eintheilungen einen größern Werth, als ich ihnen zugestehen möchte. Die Geschichte kennt keine Abschnitte, und man wird daher die nicht gerade zu tadeln können, welche alles Aufsuchen und Aufstellen von Perioden der Geschichte verworfen haben. Inzwischen für das Lehren der Geschichte ist es uns nothwendig nicht Alles in einem Athem zu geben, und da müssen wir bequeme Haltpunkte suchen, an welche sich alsdann auch leicht Uebersicht und allgemeine Betrachtungen anschließen. Eine Eintheilung größerer Perioden in der Geschichte einführen heißt also im Vortrage einen längern Athemzug schöpfen oder in längerer Ruhe sich allgemeinen Betrachtungen hingeben. Nun ist mir gerathen worden zwischen dem Aristoteles und den Stoikern einen solchen größern Abschnitt zu machen, während ich nur einen kleinern gemacht habe. Dabei würde es nun in der That darauf ankommen das Maaß genau zu bestimmen, wie lange man innehalten sollte, und wenn mir nun jemand eben dieses Maaß genau angeben könnte, so wollte ich ihm gern Folge leisten. Aber ich denke mir Leser, welche geschickt genug sind, sich ihr eignes Maaß zu nehmen. Darüber scheint man einig zu sein, daß vom Sokrates oder von den Sophisten an ein neuer Aufschwung der Philosophie beginnt, welcher alsdann eine allmälige Steigerung der philosophischen Thätigkeit einleitet, aber nachher auch wieder ein allmäliges Herabsinken derselben herbeiführt. Man will nun in dem Abschnitte, welchen man macht, Steigerung und Herabsinken bis auf einen gewissen Punkt verfolgen. Aber wie schwierig es sei diesen Punkt zu bestimmen, leuchtet ein. Der Eine geht einige Schritte weiter herunter, als der Andere.

Doch dies betrifft Sachen, welche meinem gegenwärtigen Unternehmen ferner liegen. Unmittelbar dagegen betreffen diesen ersten Theil meiner Geschichte die Bemerkungen, welche gegen meine Beurtheilung der Sophisten gemacht worden sind. Man hat mir von mehrern Seiten her vorgeworfen, daß ich ungerecht gegen sie gewesen. K. Fr. Hermann möchte sie dem Sokrates an die Seite setzen und zum Anfange einer neuen Entwicklung in der Philosophie machen. Er greift meine Ansicht an, daß die Sophisten eben nur durch den Verfall der ältern Philosophie den Uebergang in die vollkommnere Entwicklung durch den Sokrates bildeten. Es wird mir vorgeworfen in der Uebergangsperiode immer nur das Verwesen der vorhergehenden und nicht auch zugleich den Keim der Auferstehung der folgenden, nur die Nacht nach dem gesunkenen Tage und nicht auch die frische Lebenskraft zu erblicken, in der sie die Thätigkeit der folgenden vorbereitet. Da ich nun aber nicht geleugnet habe, daß neben den Sophisten, welche den Verfall der ältern Philosophie mir bezeichnen, Sokrates steht, welcher einen neuen Tag bringt: so sehe ich darin eben keinen Vorwurf, wenn er nicht meine Art in der Darstellung zusammenzufassen und auseinanderzuhalten betreffen sollte. Denn daß ich Verwesung Verwesung und Nacht Nacht nenne, wird doch nur das Richtige sein; der Vorwurf könnte also nur darin liegen, daß ich nicht zugleich mit der Auflösung auch die Bildung, mit der Nacht zugleich die Vorbereitung des Tages schildere. Aber nur wenn in denselben Männern, z. B. den Sophisten, die Erscheinungen der Auflösung und der neuen Bildung unzertrennlich vereinigt gewesen wären, würde ich deswegen getadelt werden können, daß ich die letztern ihnen nicht ebenso beigelegt hätte wie die erstern. Dies scheint mir nun aber wenigstens nicht in dem Maaße der Fall zu sein, daß meine

Art abzutheilen mir deswegen verwerflich erscheinen sollte. In den Uebergangsperioden unseres Lebens ist eben dies das Charakteristische, daß Gutes und Böses recht scharf gegeneinander sich absetzen und durch Entmischung und Absonderung der ungesunden Theile der gesunde Lebenstrieb sich Hülfe schafft. Da treten die Parteien sehr streng sich entgegen, und die eine, welche nur zu zerstören weiß, maßt sich alsdann eine wichtige Bedeutung an, während doch die andere, welche aus dem Vorhandenen emporzubilden versteht, fast allein den Keim weiterer Entwicklung in sich trägt. Man sollte meinen, diese Erscheinungen könnten unserer Zeit nicht befremdlich vorkommen. K. Fr. Hermann dagegen findet in den Sophisten nur das nothwendige Resultat eines redlichen, aber vergeblichen Ringens, einer wahrhaft unverschuldeten Verzweiflung und einer eminenten dialektischen Schärfe. Wir möchten uns nicht gern tief einlassen in das Urtheil über Schuld und Unschuld der Menschen, aber doch zu bedenken geben, daß die Verzweiflung sich nicht gut reimen lasse mit der Unschuld und mit der Redlichkeit, wenn nicht gar zu arge Folgerungen daraus sich ergeben sollten. Nothwendigkeit können wir allerdings finden selbst in den Ausartungen der menschlichen Gesellschaft; wir werden uns aber doch niemals dazu entschließen die Häupter, welche in solchen Ausartungen an die Spitze sich stellen, für redliche und gute Bürger zu halten. Denn in solchen Zeiten der Ausartung, wenn anders dergleichen zugegeben werden, finden wir nur solche an der Spitze der Bewegung, welche ausgezeichnet sind in der vorher bezeichneten vernichtenden Weise, dagegen über die menschlichen Beweggründe, die mehr als Vernichtung wollen, sich weggesetzt haben. Daß ein Tiberius, daß ein Nero war, möchte als nothwendig angesehen werden, doch stelle ich mich lieber auf die Seite eines Tacitus, als ich die Rolle übernehmen möchte, welche Diderot wählte. Die französische Revolution verlangte Männer wie Robespierre, Marat und Danton, aber daß diese Männer in redlichem Ringen und unverschuldeter Verzweiflung zu ihrer Rolle gekommen wären, wage ich nicht zu behaupten. Nur zu geneigt ist man in unserer Zeit dem Glänzenden das Gute aufzuopfern und mit der Nothwendigkeit zu entschuldigen, wo der sittliche Wille der Nothwendigkeit gebieten sollte. Dieser Richtung kann ich mich nicht anschließen. Darum aber die Sophisten sammt und sonders auf gleiche Linie der Verwerfung zu stellen, bin ich weit entfernt. Nur muß von den Einzelnen gezeigt werden, daß sie besser gewesen als die Uebrigen, etwa wie es Welcker mit dem Prodikos versucht hat, denn daß sie im Allgemeinen in einer verderblichen Richtung waren, scheint mir entschieden zu sein. Aber ihre eminente dialektische Schärfe, wie Hermann sagt, und ihr ausgezeichnetes Talent, wie Andere hinzusetzen, ihr Verdienst für Redekunst, Grammatik u. s. w. wird ihnen doch nicht abzusprechen sein. Auch über diesen Punkt kann ich nicht völlig mit den Urtheilen übereinstimmen, welche jetzt gewöhnlich gehört werden. Nicht daß ich alles Verdienst diesen Männern absprechen wollte, darüber habe ich mich ja wohl hinreichend erklärt, aber dies Verdienst ist in einer sehr beschränkten Sphäre, bei den meisten sehr gering gegen den Ruf, welchen sie gewonnen haben, und ihr Talent überhaupt nicht sehr groß. Worin sollte wohl ihre dialektische Schärfe bestehen, wenn nicht in Einseitigkeiten, welche sie selbst nicht festhalten konnten? oder in einem leeren Spiel auf der Grenzscheide der Begriffe und der Sprache? Die wahre dialektische Schärfe beweist sich nicht in der Verwirrung, welche die Sophisten zu erregen strebten, sondern in der Ordnung der Begriffe, welche sie hervorbringt. Die beiden Sophisten, um welche es sich in der Geschichte der Philosophie hauptsächlich handelt, Protagoras und Gorgias, sind auch sonst durch keine bedeutende Leistung ausgezeichnet. Das Talent des Gorgias selbst für die Redekunst ist sehr zu bezweifeln, wie die Proben zeigen und der allgemeine Tadel der bessern Alten. Protagoras scheint allerdings beredter gewesen zu sein, wenn wir der Schilderung des Platon folgen. Dagegen beweist die Willkür, mit welcher er seine grammatischen und rhetorischen Eintheilungen durchzusetzen suchte, nur die Beschränktheit der Neuerungssucht. Man weise mir nur eine bedeutende Erfindung, einen bedeutenden Fortschritt in den Wissenschaften nach, welche wir den Sophisten verdanken. Ihr Verdienst liegt hauptsächlich in der Aufregung, welche sie hervorbrachten, in der Anregung einer neuen Erziehung, der sie aber keinen Inhalt zu geben wußten. Hierin sind sie mit den Männern zu vergleichen, welche im vorigen Jahrhundert auch durch ihre neue Erziehungsweise einen vorübergehenden Ruhm bei sehr mäßigen Talenten gewannen, mit einem Basedow, Campe u. s. w. Wenn ich den Demokritos mit den Sophisten in Rücksicht auf ihre Bedeutung für die Geschichte der Philosophie in eine Classe gebracht habe, so ist dabei freilich ein anderer Maaßstab zu nehmen. Dieser Punkt kann mit größerem Rechte angefochten werden und ist so angefochten worden, doch glaube ich meine Ansicht verthei=

digen zu können, wenn man vom Standpunkte philosophischer Kritik ausgeht. Darüber wird an seiner Stelle das Weitere gefunden werden.

Noch muß ich bemerken, daß durch meine Entfernung vom Orte des Drucks einige Druckfehler sich eingeschlichen haben. So bitte ich die falsche Schreibart Pythagoräer für Pythagoreer, Anaxagoräer für Anaxagoreer zu entschuldigen, welche leider durch das ganze Buch hindurchgeht. Noch muß ich bitten, S. 93 Z. 5 v. unt. Byffon in Lassen, S. 161 Z. 7 enthalten in erhalten, und S. 208 Z. 1 der Noten Prod. in Procl. abzuändern. Andere Druckfehler wird jeder leicht von selbst bemerken können.

Inhalt.

Erstes Buch.

Einleitung, Uebersicht und Eintheilung.

Zweites Buch.

Der alten Philosophie Vorgeschichtliches und Eintheilung.

Drittes Buch.

Der Geschichte der vorsokratischen Philosophie Eintheilung und erste Abtheilung. Die ionische Philosophie.

Viertes Buch.

Der Geschichte der vorsokratischen Philosophie zweite Abtheilung. Die pythagorische Philosophie.

Erstes Buch.

Einleitung. Uebersicht und Eintheilung.

Erstes Capitel.

Einleitung.

Die meisten, welche Geschichten allgemeines Umfangs schreiben, lassen ihnen Untersuchungen vorausgehen, in welchen sie über Begriff, Methode, Literatur, und was sonst noch zur Einleitung paßt, sich weitläufig auslassen. Dies ist besonders bei Geschichten der Philosophie üblich und fast bis zum Uebermaaß getrieben worden; denn Philosophen, und solche sollten doch allein die Geschichte ihrer Wissenschaft schreiben, ergeben sich gern in allgemeinen Betrachtungen. Was aber mich betrifft, ich wäre gern dieser Pflicht überhoben; denn ich finde, daß solche Einleitungen am wenigsten gelesen werden. Vielleicht sind sie auch nicht ganz passend geschrieben worden, indem sie alles erschöpfen sollten, was zum Begriff der Geschichte und der Philosophie und ihrer Methoden gehört, während doch wohl dem, welcher solche Werke liest, vieles oder das meiste anderswoher bekannt sein muß, wo es schicklicher gesagt wird. Aber allerdings ist es mit der Geschichte der Philosophie ein eigenes Ding; sie ist auf so verschiedene Weisen behandelt worden und so verschiedenartige Anforderungen werden an sie gemacht, besonders unter uns Deutschen, daß man einige vorbereitende Betrachtungen nicht umgehen kann. Um nun nicht ein Buch vor dem Buche zu schreiben, will ich nur kurz meine Meinung, nach welcher ich diese Geschichte verfassen will, auseinandersetzen.

Zuvörderst müssen wir uns hier erinnern, daß wir in der Geschichte der Philosophie nicht das Ganze, welches geschehen ist, vor Augen haben, auch nicht einmal das Ganze, welches in und mit der Menschheit geschehen ist, sondern nur einen kleinen Theil dieses Ganzen, einen Theil der Geschichte der Wissenschaften, so weit diese uns überliefert worden ist. Da nun der Theil immer abhängig vom Ganzen ist, so werden wir auch nothwendig in dem Kreise unsrer Wissenschaft vieles voraussetzen müssen, was anderswoher erborgt ist. Die Entwicklung der Philosophie ist vielfach abhängig von der Entwicklung anderer Wissenschaften und der religiösen Gesinnung in der ganzen Menschheit, von dem Verkehr der Völker untereinander, mit welchen ihr Aufblühn und ihr Verfall zusammenhängt, von dem Einzelleben der Völker, unter welchen sie sich entwickelt hat, im Familienwesen, in den Staatseinrichtungen, in der Kunst, endlich selbst von den Lebensverhältnissen der einzelnen Männer, welche Einfluß auf die Ausbildung der Philosophie gehabt haben. Alles dieses kann die Geschichte der Philosophie nicht verfolgen; sie muß es als bekannt voraussetzen, und kann nur hie und da Andeutungen geben, wie es mit der Entwicklung der Philosophie in Verbindung gestanden haben möge.

In dieser Rücksicht ist es nicht nur räthlich, sondern nothwendig, über das äußere Leben der Philosophen Auskunft zu geben, sie in Verhältniß zu ihrer Zeit zu stellen, bei den wichtigern Epochen auch auf die politische, künstlerische und religiöse Geschiche der Völker und der Menschheit einen Blick zu werfen, und besonders nicht außer Augen zu lassen, welche Art der Entwicklung einzelner Wissenschaften der philosophischen Ausbildung zur Seite gegangen sei. Wir haben es mit einem Bruchstücke aus der Geschichte der Menschheit zu thun, aber wir müssen uns fragen, wo dieses Bruchstück seine Stelle im ganzen Werke habe.

Die größeste Schwierigkeit ist nun, die Geschichte der Philosophie aus der Geschichte der Menschheit so herauszusondern, daß nicht etwa solches mit in sie überfließe, was ihr nicht angehört, noch auch etwas von ihr ausgeschlossen werde, was in ihr nicht vermißt werden sollte. Diese Aufgabe in ihrer ganzen Strenge ist unauflöslich, wie jeder bekennen wird, welcher sich mit Gewissenhaftigkeit an das Einzelne fragend gewendet hat; wir finden uns auf eine Annäherung an die Lösung beschränkt, bei welcher nur möglichste Genauigkeit verlangt werden kann. Die Bestimmung der Grenzen dieser Geschichte ist aber abhängig von dem Begriffe der Philosophie, welchen der Geschichtschreiber hat; denn nur nach diesem kann er bestimmen, ob etwas philosophisch sei oder nicht, und ob es Werth habe für die Entwicklung der Philosophie oder ob es als weniger bedeutend übergangen werden könne. Mehrmals hat man zwar von solchen, welche die Einseitigkeit in der Bestimmung der Grenzen, noch mehr aber in der Beurtheilung vor Augen hatten, die Forderung vernommen, daß gar kein bestimmter Begriff der Philosophie ihrer Geschichte zum Grunde gelegt werden sollte; allein diese Forderung verlangt Unmögliches in doppelter Art, indem einerseits, was zur Philosophie gehört, nur nach ihrem Begriffe entschieden werden kann, andererseits es unmöglich ist, daß der Geschichtschreiber sich seiner persönlichen Ueberzeugung entkleide.

Nur so viel ist zuzugeben, daß die Grenzen dessen, was in die Geschichte der Philosophie gehört, nicht nach einer für alle Zeiten gleich bleibenden Norm gemessen werden können; sie werden theils enger, theils weiter im Verlauf der Zeiten genommen werden müssen. Enger, indem vieles, was für die ersten Zeiten als ein Versuch für die Philosophie oder als eine neue Entwicklung der philosophischen Idee betrachtet werden muß, in den folgenden Zeiten durch Ueberlieferung festgehalten, nicht mehr der Geschichte der Philosophie angehört; denn die Geschichte der Philosophie hat es hauptsächlich mit der Entwicklung und dem Fortschreiten der philosophischen Gedanken zu thun; das Fortbestehen derselben aber in der Menschheit kann nur als die Grundlage der weitern Ausbildung betrachtet werden, und tritt in den Hintergrund der Geschichte zurück, so daß es zwar nicht ganz vernachlässigt wird, denn der Fortschritt deutet ja immer auf das früher Gewonnene zurück, aber doch nur wie eine Voraussetzung aus dem Vorigen erscheint. Dieses ist um so nothwendiger festzuhalten, als es bei überlieferten Gedanken, wenn sie nicht eine weitere Begründung in dem Gebiete der Wissenschaft erhalten, schwer zu entscheiden ist, ob sie bloß aus Ueberlieferung fortbestehen und also nicht philosophisch sind, oder ob sie aus eigener, zu den letzten Gründen zurückgehender Untersuchung sich philosophisch gebildet haben. Weiter werden dagegen die Grenzen der Geschichte der Philosophie, indem vieles, was früher nur als Ergebniß der einzelnen Kenntniß und des handelnden Lebens hervorgetreten war, später zu einem Ergebniß des freien Forschens wird; denn die Grenzen zwischen der Philosophie und zwischen den einzelnen Wissenschaften und den Meinungen des Lebens sind nirgends fest abgesteckt; vielmehr ist die Philosophie beständig bemüht, alles, was aus der Erfahrung sich ergiebt, zur Einsicht der Vernunft zu bringen und zu ihrem Eigenthume zu machen, und das, was früher nur als Meinung vorhanden war, durch das Richtmaaß der Vernunft zum festen Ergebniß der Wissenschaft umzugestalten.

Dieses beruht nun darauf, daß sich das philosophische Wissen von andern Gedanken, Vorstellungen oder Meinungen nicht durch den Inhalt, sondern nur durch die Art, wie es in der menschlichen Seele ist, unterscheidet, d. h. durch die Form der Verknüpfung, welche es in dem Gesammtleben des menschlichen Geistes annimmt. Es ist freilich nicht allgemein anerkannt, daß die Philosophie eine Wissenschaft sei, aber wenn sie auch einige als eine Kunst, andere als ein unmittelbares Auffassen einzelner Vernunftideen betrachten mögen, so kann dies doch unsere Ueberzeugung nicht stören, um so weniger, als wir in der Geschichte der Philosophie überall das Streben nach Wissenschaft finden; vielmehr haben wir in jenen Meinungen nur den Ausdruck des Streits gegen misglückte Versuche, die Philosophie als Wissenschaft festzustellen, zu sehen. Wenn nun aber die Philosophie eine Wissenschaft ist, so wird auch alles, was auf den Namen eines philosophischen Erzeugnisses Anspruch hat, nur in seinem bestimmten Zusammenhange als philosophisch erkannt werden können. Der philosophische Zusammenhang ist aber ferner ein anderer, als der Zusammenhang, welchen andere Gedanken und Vorstellungen untereinander haben. Er ist zunächst ein wissenschaftlicher Zusammenhang, d. h. ein solcher, welcher nach einer allgemeinen und nothwendigen Methode gebildet ist, und endlich auch noch von dem Zusammenhange, welcher in einzelnen Wissenschaften gesucht wird, dadurch unterschieden, daß er sich nicht in einem begrenzten Gebiete des Denkens hält, sondern geleitet wird von der Einsicht, daß er sich über das ganze Gebiet des Wissens erstrecken müsse. Dieses schließt zugleich mit in sich, daß er nicht von irgend einem angenommenen Punkte ausgehen könne, denn dieser möchte vielleicht nicht das letzte Ende oder der erste Anfang sein, sondern zu ermitteln sucht, daß er auf den letzten Grund des Wissens, auf die Vernunft, zurückgekommen sei. Dieses möchte etwa dazu genügen, im Allgemeinen das Philosophische vom Nicht-Philosophischen zu unterscheiden, wiewohl nicht geleugnet werden soll, daß im Besondern immer die genaueste Kenntniß des Geschichtschreibers entscheiden müsse, ob etwas in die Geschichte der Philosophie gehöre oder nicht.

Wir wollen nun aber noch im Besondern die Grenzen des Philosophischen gegen andere Erzeugnisse des menschlichen Geistes näher zu bestimmen suchen. Die meiste Verwandtschaft haben die Erzeugnisse der Philosophie mit denen der Religion, mit der Poesie und mit allgemeinen Betrachtungen, welche in der Ausbildung der einzelnen Wissenschaften und des handelnden Lebens ihre erste Wurzel haben. Eine jede Religion hat den Zug zum Allgemeinen, selbst der roheste Fetischismus, und das Allgemeine sucht sie auch mit dem Besondern zu verknüpfen, darin ist kein wesentlicher Unterschied zwischen ihr und der Philosophie. Wenn nun das Religiöse einen bestimmten Ausdruck in der Sprache gewinnt und somit als Lehre auftritt, so liegt die Möglichkeit nahe, es mit dem Philosophischen zu verwechseln. Der Unterschied zwischen beiden liegt aber darin, daß alles Religiöse als ein durch Offenbarung Bestimmtes, welches in seinem unmittelbaren Auftreten auf Glauben Anspruch habe, sich darbietet, daher es sich denn auch an die persönliche Ueberzeugung der Gläubigen wendet, während die Philosophie ihre überzeugende Kraft aus Gründen der Vernunft ableitet, und ein jedes Ergebniß in seiner Verbindung mit dem allgemeinen Streben der Vernunft nach Erkenntniß überhaupt aufzufassen bestrebt ist. In diesem unterscheidenden Kennzeichen liegt auch dies, daß die Beziehung des Besondern auf das Allgemeine in der Religion immer eine persönliche ist, während sie in der Philosophie auf eine allgemeine Weise nach der Art des Erkennens gefaßt wird; am meisten tritt dies hervor in den Religionen, welche bloß örtliche oder auch Volks-Religionen sind; aber auch in der christlichen und in andern Religionen allgemeinerer Art erscheint doch das Verhältniß zwischen dem Göttlichen und den einzelnen Wesen, in dessen Be-

[illegible] die Religion besitzen soll, als ein persönliches? Nun wird nicht geleugnet werden können, daß an das Religiöse, sobald es einer Allgemeinheit des Ausdrucks im Gedanken sucht, das Philosophische sich anschließen könne; wovon uns ein Beispiel an den ersten christlichen Dogmatikern sehr nahe liegt; aber erst dann wird der philosophische Gedanke in der Umgebung religiöser Eingebungen erkannt werden können, wenn er in einem geordneten Zusammenhange, in einer fortlaufenden Reihe wissenschaftlicher Untersuchungen sich ausspricht. So lange dagegen das Religiöse sich in einzelnen Symbolen oder ascetischen Vorschriften uns darstellt, deren Zusammenhang zu suchen uns überlassen bleibt, können wir zwar den philosophischen Trieb darin vermuthen, aber erkennbar ist die Wirklichkeit des philosophischen Gedankens darin nicht.

Auch der Dichtkunst ist der Gedanke eigen, nicht bloß der auf das Besondere, sondern auch der auf das Allgemeine gerichtete; denn kein wahrer Dichter ist ohne eine ihm eigenthümliche Weltansicht; nur durch diese erhebt er sich zu dem, was man das Ideale in der Kunst genannt hat. Allein der Gedanke dient dem Dichter nur zum Mittel, um die eigenthümliche Verknüpfung der Elemente seiner Gesammtbildung, wie sich dieselbe in seiner Phantasie abbildet, zur Darstellung zu bringen, so wie dies in andern Künsten durch andere Mittel geschieht. Darum nimmt auch der allgemeine Gedanke beim Dichter immer eine besondere, eine anschauliche Gestalt an. Dem Philosophen dagegen ist der Gedanke nicht Mittel, sondern Zweck; er ist ihm zugleich Erkenntniß. An sich aber kann der einzelne Gedanke nicht darthun, ob er als Zweck oder als Mittel da sei, und so ist auch nur aus dem Zusammenhange der Gedanken zu urtheilen, ob ein einzelner Gedanke der Philosophie oder der Dichtung angehöre. Wie dies nun im Zusammenhange erkannt werden könne, ist aus dem Wesen beider geistigen Thätigkeiten zu bestimmen. Der Zusammenhang der Dichtung geht aus der Phantasie des Dichters hervor, und ist daher an keine allgemeine Gesetze gebunden, sondern allein von der Eigenthümlichkeit des Dichters abhängig; dagegen der Zusammenhang philosophischer Gedanken folgt einer allgemeinen Regel des Verstandes, und stellt sich daher in einer Folge dar, deren inneres Gesetz von jedem auf gleiche Weise aufgefaßt werden kann. Das, was über den Unterschied des Philosophischen und des Dichterischen gesagt ist, gilt auf ähnliche Weise auch vom Unterschiede zwischen dem Philosophischen und dem Rednerischen. Auch können einer Dichtung wahrhaft philosophische Gedanken zum Grunde liegen; wenn sie aber nicht vereinzelt oder doch nur gruppenweise in der Seele des Dichters stehen, so werden sie auch immer eine zusammenhängende Form anzunehmen streben. Und umgekehrt kann auch in einer philosophischen Darstellung ein Zusammenhang vorkommen, welcher nur aus der Phantasie stammt; allein vorherrschend darf dies nicht sein, wenn nicht das Werk den philosophischen Charakter verlieren soll. In solchen Fällen sind wir in der mislichen Lage, nach dem Mehr oder Minder urtheilen zu müssen.

Wenn nun die Vermischung der Philosophie mit dem Religiösen und Dichterischen zwar auch jetzt noch vorkommt, aber doch nur so, daß sie geringe Aufmerksamkeit des Geschichtschreibers erregt, weil er darin weniger die Fortbildung als die Ueberlieferung finden kann, dieselbe aber in der frühesten Zeit der Geschichte am meisten der Beobachtung werth erscheint, so müssen wir dagegen das Verhältniß unserer Wissenschaft zu den einzelnen Erkenntnissen und zur Entwicklung des handelnden Lebens in einem andern Lichte erblicken. Denn heute, wie immer, sehen wir zwischen diesen und der Philosophie den lebhaftesten Verkehr, und wie sich bald von der einen Seite ein Theil losarbeitet, um sich umgestaltend dem andern anzufügen, bald der umgekehrte Prozeß sich ereignet. Wir dürfen an ganz neue Thatsachen erinnern: die neuern Erfindungen in der Naturlehre haben einen so einleuchtenden Einfluß auf die neueste Philosophie gehabt, daß ihn hier weiter zu beweisen Worte verlieren hieße; dasselbe ist geschehen, als die Kritik der Kunst, anfangs auf der Grenze zwischen einzelner Bemerkung und philosophischem Gedanken, die Aesthetik gebar, und wie die Ausbildung gewisser Theorien über den Staat in die Ideen unserer Philosophen eingegriffen hat, das liegt vor jedermanns Augen. Hier ist nun nicht bloß von einem äußern Einflusse die Rede, sondern von einem wahren Eindringen beider Gebiete in einander. Denn wenn man den Umbildungsprozeß aus der einzelnen Erkenntniß oder Lebensregel in das Philosophische betrachtet, so ist es schwer zu sagen, wo jene aufhöre und dieses beginne; ja es ist nicht eigentlich eine Umbildung, sondern ein Sein des Einen in dem Andern. Auch wären die Beispiele nicht eben fern herzuholen, durch welche man zeigen könnte, daß nicht Weniges in der Geschichte der Philosophie seine Stelle er=

halten habe, an welchem doch bei genauerer Untersuchung der philosophische Charakter noch nicht ausgeprägt sich finden dürfte. Um so nöthiger ist es, sichere Unterscheidungslinien zwischen diesen angrenzenden Gebieten zu ziehen. Diese sind aber darin zu finden, daß die Allgemeinheit eines Gedankens nicht genüge, um ihn für philosophisch zu halten, denn sie findet sich auch in den einzelnen Wissenschaften und in den Meinungen des Lebens, noch auch daß der Inhalt des Gedankens, wenn er etwa auf ein von der Philosophie schon in Anspruch genommenes Gebiet gehen sollte, dazu hinreichend sei, denn keine Wissenschaft und kein Gedanke ist der Philosophie durchaus fremd; sondern hauptsächlich ist darauf zu sehen, daß der allgemeine Gedanke sich losgewunden habe von der Abhängigkeit von einzelnen vorgefundenen Erkenntnissen oder Thatsachen, und so frei geworden als ein reines Erzeugniß der Vernunft sich darstelle, daß er dagegen seine bestimmte Stelle in der Wissenschaft von der Welt und vom Leben gefunden habe. Also auch hierbei ist wieder erste Bedingung, unter welcher allein das Philosophische ausgeschieden werden kann aus verwandten Bestrebungen, daß gesehen werde auf die Verbindung, in welcher die einzelne Lehre erscheint, und auf die Form, welche sie in dieser Verbindung annimmt.

Wenn wir nun das Ganze der Bildung einer Zeit oder eines Mannes einigermaaßen vollständig vor Augen haben, so ist es nicht eben schwer, zu unterscheiden, ob sie der Philosophie angehört, oder einem der verwandten Zweige menschlicher Bildung. Denn ist der Gedanke auf dichterischem oder religiösem Wege entstanden, so wird er nur sehr zerstreut unter allerlei Fremdartigem erscheinen, und das Ziel, welches verfolgend der Mensch ihn erzeugt hat, wird sich in dem Zwecke des Ganzen offenbar machen; sollte er sich aber von den Meinungen des handelnden Lebens oder von den einzelnen Erkenntnissen noch nicht losgemacht haben, so wird auch dieses in der Stellung, welche er unter seinen Umgebungen einnimmt, sich nicht leicht verkennen lassen. Aber bei weitem schwieriger ist die Sache, wenn uns aus einer Zeit und von einem Manne nur Fragmente übrig geblieben sind, deren ursprüngliche Umgebungen uns nur vermuthungsweise zugänglich werden. In solchen Fällen, und sie sind nur zu häufig, kann man den gewöhnlichen Weg der Geschichte, aus dem Kleinen und den Theilen das Große und das Ganze zu erkennen, nicht gehen, sondern man muß sich entschließen, die Sache mehr im Großen zu beurtheilen, aus großen Perioden auf kleinere Zeitabschnitte und einzelne Entwicklungen, aus großen Völkermassen auf einzelne Völker und einzelne Männer zu schließen. Dieß ist das Leiden des wahrhaftigen Geschichtschreibers, die Lust derer, welche Räthsel lösend ihren Scharfsinn zu zeigen lieben. Aber auch diese unangenehme Arbeit ist nicht ganz aufzugeben, denn den Zusammenhang mit dem Frühern oder Spätern muß doch der Geschichtforscher suchen und auch faselnden Träumen sichtend zu begegnen ist schon einiger Gewinn.

Es scheint aber hiernach, als wollten wir das unterscheidende Kennzeichen des Philosophischen allein in dem, was man systematischen Zusammenhang der Lehre genannt hat, sehen, welches doch nur mit Einschränkung der Fall ist. Allerdings wird am deutlichsten das Philosophische in systematischer Form erscheinen, in welcher sich der wissenschaftliche Zusammenhang einer Lehre über das Ganze am bequemsten aussprechen läßt; allein es darf nicht übersehen werden, daß auch andere Arten der philosophischen Darstellung möglich sind, indem man entweder die systematische Form verschmäht, weil man, nach außerhalb der Philosophie liegenden Zwecken strebend, das Philosophische nur als Grundlage dieser Bestrebungen gebrauchen will und es daher nur an passenden Stellen benutzt; oder indem man, noch mit Vorarbeiten zum Systeme beschäftigt, in einzelnen Untersuchungen das Entstehen des Systems abwartet und nur Anknüpfungspunkte für dasselbe bearbeitet; oder auch endlich, indem man zwar ein System philosophischer Erkenntnisse voraussetzt und darauf dringt, daß der Philosoph es besitzen solle, aber doch die systematische Darstellung nicht durchaus für geeignet hält, die Philosophie mitzutheilen oder in andern zu erwecken, sondern in seinen Mittheilungen den Weg abzubilden vorzieht, auf welchem der Mensch zur Philosophie gelangt; denn die Philosophie, wann sie einigermaaßen fertig ist, stellt sich zwar in einem Systeme dar, wenn sie aber wird, geht sie einen bei weitem verschlungenern und vielfältig sich hin und her windenden Gang in der menschlichen Seele. Das Gesagte wird vielleicht anschaulicher werden, wenn wir an die Beispiele eines Augustinus, eines Jacobi und eines Platon erinnern, denen niemand, welcher sie kennt, eine Stelle in der Geschichte der Philosophie verweigern wird, obgleich sie nur selten den systematischen Weg verfolgen. Wir setzen also drei Arten der nicht-systematischen Darstellung, welche doch zur Darstellung der Philosophie gehören; die erstere hängt ab von einem äußern Zwecke, welcher dem philosophischen Gedanken gegeben werden kann, die andere zeigt uns das Werden des Systems ohne seine Vollendung, die dritte ahmt diesem Werden nach, setzt aber, wie dies bei einer ihrer sich bewußten Nachahmung nothwendig ist, die Vollendung des Systems in dem Darstellenden voraus. Wenn jedoch bei der ersten Art es erkennbar sein soll, daß in ihr der allgemeine Gedanke nicht bloß in der Ueberlieferung oder gar nicht als philosophisch sich finde, so wird es nöthig sein, daß die philosophischen Gedanken wenigstens gruppenweise nebeneinander stehen und einer den andern zu stützen bestimmt sei; bei den beiden andern Arten dagegen ist es zu befürchten, daß wir etwas, was von dem handelnden Leben oder der einzelnen Wissenschaft sich noch nicht losgelöst hat, mit dem Philosophischen verwechseln, und auch hierüber wird das einzige sichere Kennzeichen sein, daß sich das philosophische Bestreben nicht bloß in einzelnen Gedanken, sondern in größern Zusammenordnungen offenbart.

Wenn wir nun aber auch für unsere Geschichte den geeigneten Stoff aus der Mannigfaltigkeit des übrigen geistigen Lebens glücklich herausgesondert haben sollten, so frägt sich noch, wie wir ihm eine Gestalt geben sollen, welche dem wahren Wesen der Geschichte gemäß ist. Zwei äußerste Punkte kann man bezeichnen, zu welchen die falsche Behandlung geschichtlicher Stoffe führen müßte, wenn die unrichtige Ansicht von der Verfahrungsweise jemals über die Gewalt, welche die Gegenstände der

Behandlung über uns ausüben, völlig Herr werden könnte. So aber, da jeden in solcher Meinung Befangenen die Gegenstände bewältigen, kann man nur sagen, daß der Eine sich mehr der einen, der Andere der andern Ausschweifung nähere. Der eine Irrthum würde der sein, wenn jemand in der Geschichte allein die überlieferte Mannigfaltigkeit ohne die innere Einheit, durch welche jene zusammengehalten wird und welche nicht überliefert werden kann, erkennen und mittheilen wollte; das Gegentheil aber würde von dem angestrebt werden, welcher in der Einsicht in die innere Einheit der Geschichte ihr ganzes Wesen ergreifen und darstellen wollte, um die Mannigfaltigkeit des Ueberlieferten wenig bekümmert. So wie diese Irrthümer entgegengesetzter Art sind, so finden sie sich auch bei Menschen entgegengesetzten Charakters; wer Fleiß und Kenntnisse besitzt ohne Geist, ergiebt sich dem erstern; wer Geist ohne Kenntnisse, neigt sich zum zweiten. Da nun in unserer Zeit nichts mehr geschätzt wird, als geistreiches Reden, und jeder Geist zu besitzen wenigstens die Miene sich geben muß, so sind wir vor dem ersten Irrthume ziemlich sicher, dem andern aber um so mehr ausgesetzt. Auch kann nichts einleuchtender sein, als daß, wenigstens für die Geschichte der Philosophie, der erstere Irrthum durchaus zerstörend ist, indem es in ihr nicht mit Einzelheiten von Notizen gethan sein kann, da, wie ich zu zeigen gesucht habe, das Philosophische erst im Zusammenhange hervortritt. Daher wird uns auch in der Theorie dieser Irrthum nicht leicht entgegentreten; aber in der Ausführung ist es freilich nicht so leicht, den Zusammenhang des Systems und der Systeme zu finden. Wer ihn jedoch nicht zu finden weiß, dem ist nicht zu helfen; ihm ist nichts anderes zu rathen, als daß er uns mittheile, was er gefunden habe; nur möge er das Gefundene nicht für eine Geschichte der Philosophie ausgegeben.

Bei dem zweiten Irrthum, weil ihm unsere Zeit geneigter ist, müssen wir wohl etwas länger verweilen. Er läuft auf das hinaus, was man unter uns die Construction der Geschichte genannt hat. Diese Form geschichtlicher Darstellung, denn auf den Inhalt kommt es hierbei nicht an, kann man nur als eine seltsame und fast lächerliche Verwirrung der philosophischen mit der geschichtlichen Methode betrachten. So wie aber allen Verirrungen ein richtiger Gedanke zum Grunde liegt, so ist es auch der Mühe werth, den Grund dieses Irrthums aufzusuchen.

Construirt, d. h. aus ihrem Begriffe abgeleitet, kann eine Geschichte nur werden aus dem Begriffe, aus dem Zwecke, der Bestimmung, oder wie man sonst sagen mag, dessen, welches Gegenstand der Geschichte ist. So hat man aus dem Begriffe oder der Bestimmung der Menschheit die Geschichte der Menschheit, so aus dem Begriffe der Philosophie die Geschichte der Philosophie sich entwickeln wollen. Gesetzt nun, wir hätten einen vollständigen, d. h. keiner weitern Ausbildung fähigen Begriff von der Menschheit, so würde sich daraus freilich Alles, was auf die Benennung des Menschlichen Anspruch hat, nach seiner nothwendigen Ordnung, d. h. nach seinen zeitlichen Verhältnissen, ableiten lassen, und eine solche Ableitung würde man eine Construction der Geschichte nennen können. So verhält es sich aber mit dem bisher versuchten

Constructionen der Geschichte nicht ganz; denn vieles, was auf den Namen des Menschlichen auch Anspruch machen darf, wird in die Geschichte, so weit man sie construirt, nicht aufgenommen, sondern manche nur durch Ueberlieferung erhaltene Nachrichten fügt man hinzu, gesteht auch wohl ein, daß die Geschichte niemals ganz vollständig sein könne. Wenn man nun fragt, warum die Construction nicht alles erschöpfe, so wird man vielleicht zur Antwort erhalten, sie habe es nur mit dem Wichtigen oder Bedeutenden zu thun, das Unbedeutende aber dürfe sie übergehen oder anders woher erborgen. Das Schwankende der Unterscheidung zwischen dem Bedeutenden und dem Unbedeutenden ist aber einleuchtend und um so mehr zu rügen, als auch das, was wohl dem Unbedeutenden zugezählt zu werden pflegt, z. B. Namen und Jahreszahlen und sogar sprachlicher Ausdruck, doch gewissermaaßen Gegenstand der Wissenschaft sein soll. Was aber das Wichtigste und das Wahre ist, es ist hieraus klar, daß nicht Alles, was auf den Namen des Menschlichen Anspruch hat, aus dem Begriff der Menschheit oder ihrer Bestimmung abgeleitet werden könne und daß mithin der Begriff unvollständig sein müsse.

Nun könnte man aber sagen: so möchte es doch wenigstens nöthig sein, für eine vernünftige Behandlung der Geschichte, daß aus dem unvollständigen Begriffe so viel für die Ordnung des Geschehenen abgeleitet werde, als möglich sei, und darin bestehe die richtige Construction der Geschichte. Wir wollen nicht leugnen, daß auch aus einem unvollständigen Begriffe etwas abgeleitet werden könne; aber die Ableitung ist nicht Sache der Geschichte, sondern

2*

irgend einer Speculation. Das Verfahren dabei läßt sich auf folgendes Schema zurückführen: die Menschheit oder die Vernunft überhaupt muß, um, von ihrem Anfange ausgehend, ihre Bestimmung zu erreichen, durch gewisse Perioden und Entwicklungsweisen hindurchgehen, deren Bedeutung sodann näher angegeben werden kann, als enthalten im Begriffe der vernünftigen Entwicklung. Dies wird nun offenbar nicht eine geschichtliche Untersuchung sein, sondern der Geschichte vorhergehen; es frägt sich daher nur, wie sich die Geschichte daran anschließt. Man könnte sagen: nachdem auf die angegebne Weise gewisse Perioden festgestellt seien, könne man geschichtlich zeigen, wie das, was geschehen mußte, auch wirklich geschehen sei. Allein damit scheint man mir etwas ganz Unnützes zu beginnen. Denn wozu dies? Etwa um das aus dem Begriff Abgeleitete und nur ganz allgemein Gehaltene gleichsam mit des Besondern Fleisch und Bein zu bekleiden, und Namen für die Perioden und ihre Begründer zu finden? Scheint es doch, als wenn es die Meinung wäre, daß allein das aus dem Begriffe Abgeleitete auch das wirklich Begriffene und wahrhaft Erkannte sein sollte, während das auf dem Wege der Erfahrung oder durch Ueberlieferung Gewonnene das für die Wissenschaft Gleichgültige sein sollte. So würde denn die geschichtliche Erkenntniß zur philosophischen Construction sich nur verhalten wie das wissenschaftlich Gleichgültige zu dem, was in der Wissenschaft gültig ist. Eine traurige Mühe, dieen Ballast der Wissenschaft zuzufügen! Verständige Männer könnten wohl etwas Besseres unternehmen. Aber wie gering muß der von der Wissenschaft denken, welcher irgend eins ihrer Elemente für leer oder gleichgültig halten kann! Nur dem ist etwas abgestorben, welcher nicht Kraft hat, es zu beleben, und in der Verzweiflung über sein Bemühn nicht sich, sondern den Gegenstand anklagt. — Oder ist vielleicht die Meinung die, daß der geschichtliche Nachweis, wie es geschehen mußte, sei es auch geschehen, nur für die wissenschaftlich Unmündigen vorhanden sei, welche das Müssen nicht begreifen, denen aber von der Seite des wirklichen Geschehenseins doch beizukommen sein möchte? Auch für diese würde die Mühe verloren sein; denn sind sie an sich nicht im Stande, das im Begriffe Liegende aufzufassen, so möchte auch die Ueberzeugung, welche ihnen aus der historischen Ueberlieferung entstehen soll, keineswegs eine begriffsmäßige sein, sondern immer nur als durch Ueberlieferung festgehalten erscheinen. Also zu etwas Belehrendem wird die Geschichte durch ihre Construction nicht gemacht; ihre Belehrung kommt für den, welcher den Begriff der Menschheit hat, zu spät; für den aber, welcher den Begriff nicht hat, ist die Construction nicht vorhanden. Soll die Geschichte eine belehrende Wissenschaft sein, so muß sie aus der Art, wie sich die Entwicklung der Menschheit zugetragen, über den Begriff der Menschheit und ihrer Bestimmung uns unterrichten, nicht aber diesen in jene von außen hineintragen.

Oft, wenn ich die Neigung unserer Zeit, wenn auch nicht durchgreifend, doch hie und da die Geschichte sich zu construiren, betrachtet habe, ist es mir vorgekommen, als wenn sie mit unserer wissenschaftlichen Bequemlichkeitsliebe Hand in Hand ginge. Eine jede Construction der Geschichte geht auf Verallgemeinerung ihrer Lehren aus, und-

leichter ist es freilich, das eine Allgemeine in's Gedächtniß zu fassen, als die vielen Besonderheiten. Die Schriftsteller kommen dem Begehren der Leser natürlich entgegen. Wenn nun diese den Faden der Geschichte, das Schema ihrer Entwicklung beständig sich vor Augen gehalten haben wollen, so werden jene gleichsam die Quintessenz der Begebenheiten in kurze Formeln zu fassen bemüht sein müssen. Auch gewinnt man beim flüchtigen Lesen unserer Zeit eben nicht viel an Ueberblick und an Urtheil über die wahre Bedeutung der Begebenheiten; man hat überdies nur einen schwachen Glauben an die Wege der Vorsehung, und noch weniger wissenschaftliche Ueberzeugung von der Wirklichkeit des Vernünftigen in der menschlichen Entwicklung, und darum will man, gleichsam zum Stellvertreter des Eigenen, den Ueberblick, das Urtheil und den Nachweis eines Andern auf dem Papier. So wie sie wollen, so geschieht ihnen. Daher die vielen allgemeinen Betrachtungen in der Geschichte, und die Construction der Geschichte hat vor diesen nichts anderes voraus, als daß sie eine durchgeführte, systematische, allgemeine Betrachtung ist. Jener Bequemlichkeitsliebe, jenem schwachen Glauben, jener Vergessenheit seiner selbst sollten wir nicht dienen. Das allgemeine Schema ist immer todt; das Leben, welches die Geschichte gewähren kann, ist, daß sie in jedem Momente unsers Daseins in uns wirke, den Gedanken an das Ganze in einer jeden besondern Entwicklung in uns erzeuge.

Nun möchte es aber noch auffallend sein, daß man besonders in der Geschichte der Philosophie die Anforderung, aus dem Begriffe der Philosophie die Nothwendigkeit des Geschehenen abzuleiten, nicht selten gehört hat, und daß dem gemäß auch Versuche gemacht worden sind, diesen Theil der Geschichte zu construiren. Dies ist um so auffallender, je schwieriger die Ableitung in einem besondern Gebiete der Geschichte sein muß, da in einem solchen die Reihe der Entwicklungen durch äußere, diesem Gebiete selbst zufällige Einflüsse gestört werden muß, so daß es der Idee gemäßer sein würde, die Geschichte der ganzen Welt, als die Geschichte der Erde oder der Menschheit, und die Geschichte der Menschheit, als die Geschichte der Philosophie zu construiren. Deswegen hat auch niemand noch unternommen, die Geschichte eines einzelnen Menschen zu construiren. Allein die Versuche zur Construction, welche übrigens nie rein ausgefallen sind, scheinen der Geschichte der Philosophie näher gelegen zu haben, als andern geschichtlichen Gebieten, indem die Urtheilslosigkeit über die einzelnen Bestrebungen oder über ihren Zusammenhang in den Geschichten der Philosophie, welche keiner allgemeinen Einsicht in den Gang der wissenschaftlichen Entwicklung folgten, gar zu offen vor Augen lag, und denen, welche philosophischen Ideen zu folgen gewohnt waren, die Mangelhaftigkeit einer solchen Manier nicht entgehen konnte. Auch vermißte man in dieser Geschichte das fremde Urtheil vielleicht deswegen am meisten, weil man es am meisten bedurfte, denn die Geschichte der Philosophie hat ja von jeher vielfältigen Anstoß gegeben, so daß man sogar dem verzweifelten Gedanken Raum gegeben hat, sie sei die Geschichte einer eigenthümlichen Thorheit der Menschen. Daher lag das Verlangen nach einer Geschichte der Philosophie, welche die Bedeutung des Einzelnen und des Ganzen mit einsichtigem Urtheil zu schätzen wisse, sehr nahe; es läßt sich aber auch zeigen, daß es in der Geschichte der Philosophie am leichtesten seine Befriedigung finden könne. Hierüber sei es mir erlaubt meine Meinung nur als meine Meinung zu sagen; der Beweis würde mich zu weit führen.

Auf die Behandlung, welche man einem Theile der Geschichte widerfahren läßt, muß natürlich die Ansicht, welche man von der ganzen Geschichte der Menschheit hat, den größesten Einfluß ausüben. Einige haben nun in dem ganzen Verlaufe der Geschichte nur ein unbestimmtes Schwanken wechselnder Zustände ohne Ordnung gesehen; man darf aber wohl annehmen, daß jetzt nur wenige dieser Meinung geneigt sind. Die Menschheit erweist sich uns als ein vielgliedriges Ganzes, in welchem das Eine aus dem Andern körperlich erwächst, und ebenso geistig Wissenschaft, Sitte, Gesinnung sich fortpflanzen; der Sohn empfängt vom Vater, aus der Familie erwachsen Familien, aus den Familien Völker; auch die Völker leben und sterben der Menschheit; diese hat ein ganzes Leben, welches eben so ordnungsmäßigen Gesetzen folgt wie eine jede Entwicklung des Lebens. Dies ist die Meinung, welche unserer Geschichte zum Grunde liegen wird. Sie verzweigt sich aber noch in drei Vorstellungsweisen. Nach der einen bleibt im Ganzen die Bildung der Menschheit sich gleich, nach der andern bewegt sie sich im Kreise, nach der dritten endlich ist sie im beständigen Fortschreiten zur Erreichung ihres Ziels. Wenn wir der dritten unsere Beistimmung geben, so können wir uns nur darauf berufen, daß, wenn nicht Alles zum Sinnlosen werden solle, Allem ein vernünftiger Grund zugeschrieben werden müsse; der vernünftige Grund eines Geschehens ist aber ein Zweck, und so wird auch das Geschehen und Leben der Menschheit einen Zweck haben müssen, und nur als ein Fortschreiten zu diesem Zwecke gedacht werden können. Zuweilen jedoch hat man sich das Fortschreiten der Menschheit in einer pedantischen Steifheit gedacht, daß nämlich eine jede folgende Entwicklung die frühere in sich aufgehen lasse und, eine neue Entwicklung hinzufügend, vollkommner sei als jene. Wenn nun hierbei davon die Rede wäre, daß der Grund der menschlichen Entwicklung sich in der Folge der Zeiten verstärke, so würden wir dagegen nichts einzuwenden haben; aber es wird auch auf die Geschichte angewendet, d. h. auf die Offenbarung des Grundes in seiner Erscheinung. Da sind wir nun der Meinung, daß, so wie in dem Leben des einzelnen Menschen Perioden vorkommen, in welchen er bald mehr, bald weniger seiner bewußt ist (das zunächst liegende Beispiel bietet der natürliche Wechsel des Schlafens und des Wachens dar), so auch eine periodische Entwicklung in dem Leben der ganzen Menschheit stattfinde. Die Perioden dieser Entwicklung zu finden und ihren Charakter zu bestimmen, darin besteht eine der wichtigsten Aufgaben des wahren Geschichtskundigen. Es frägt sich, wie sie gefunden werden.

Auch die Construction der Geschichte geht auf die Bestimmung dieser Perioden aus. Das, was in jener als richtiger Gedanke liegt, läßt sich darauf zurückführen, daß, wenn man den wahren Begriff oder die Bestimmung einer Sache kenne, man auch zu bestimmen im Stande sei, auf welchem Wege und durch welche Mittelstufen das Ding seine Bestimmung verfolgen müsse; denn den Weg bestimme das Ziel, und es könne das Fortschreiten zur Bestimmung nicht als zufälliges gedacht werden. Nun lasse sich auch die Bedeutung irgend einer Entwicklung nicht anders bestimmen, als nach dem, was sie für die Erreichung der Bestimmung leiste. Es sei also zur Erkenntniß des wahren Werths aller geschichtlichen Bestrebungen nöthig, die Erkenntniß der Bestimmung zu haben. Wenn man nun aber ferner voraussetzt, daß in irgend einem gegebenen Zeitpunkte die Erkenntniß der Bestimmung vollständig vorhanden sein könne, so knüpft man damit an das Wahre das Falsche an. Vollständig vorhanden würde nämlich in irgend einem Zeitpunkte die Erkenntniß der Bestimmung nur dann sein, wenn in irgend einem Zeitpunkte die Bestimmung wirklich erreicht wäre. Denn die Erkenntniß folgt dem Sein, und es kommt bei der Beurtheilung nicht nur darauf an, daß in einem jeden Zeitpunkte die Bestimmung wirklich vorhanden ist, sondern auch, daß sie für uns vorhanden oder in das Bewußtsein herausgetreten ist. Wir aber dürfen nur sagen, daß jede Zeit, welche die Vorzeit zu beurtheilen unternimmt, eine Entwicklungsstufe in sich darstelle, in welcher zwar das ganze Streben nach der Bestimmung sich findet, aber nur theilweise zum Bewußtsein gekommen ist. Dem Standpunkte, auf welchem wir stehen in der Verwirklichung dessen, was wir unserm Begriffe nach anstreben, können wir uns nicht entziehen, weder in unserer Geschichte, noch in unserer Philosophie, und daß dieser Standpunkt nicht Alles in gleich vollkommener Klarheit und Deutlichkeit der Einsicht umfasse, kann niemand leugnen, welcher seiner Zukunft noch irgend etwas für die Wissenschaft zu thun vergönnen will. Wer also nicht alles Forschen aufheben will, bekenne, daß ganze Bewußtsein seiner Bestimmung, aber auch die ganze Einsicht in die Bedeutung der Geschichte mangelt ihm. Alle Wissenschaften stehen in einem durchgängigen Verbande untereinander, so wie daher in der einen noch zu Erforschendes gefunden wird, so auch in der andern, und Vollkommenheit der geschichtlichen Einsicht verlange niemand, der sich nicht rühmen oder beklagen kann, er habe geistig zu leben aufgehört.

Warum so viel Worte? Wir wollen ja nur bekennen, daß unsere Geschichte nicht auf Unfehlbarkeit Anspruch mache, und niemand wird dies anders erwartet haben. In dem Bekenntnisse aber, daß wir dem Standpunkte unserer gegenwärtigen Entwicklung uns nicht überheben können, liegt zugleich die Berechtigung, uns ihm zu überlassen, und von ihm aus die Ergebnisse der Geschichte zu beurtheilen und zu ordnen. Diese Berechtigung nimmt ein Jeder in Anspruch, und es ist nur Selbsttäuschung, wenn jemand meint, er könne die Geschichte allein für sich sprechen lassen, ohne Beimischung von seinem eigenen Urtheile. Die Beurtheilung einer jeden Geschichte aber, soweit sie nicht einer beschränkten Eigenthümlichkeit folgt, geschieht aus der allgemeinen Einsicht der Zeit über die Bestimmung der geistigen Thätigkeiten, über das Richtige und Unrichtige in den Entwicklungsweisen der Vernunft, und da diese ausschließlich oder am meisten von der Philosophie der Zeit abhängig ist, so ist es wohl natürlich, daß in der Geschichte der Philosophie, so wie sie von den Philosophen aufgefaßt und dargestellt wird, die Anforderung am nächsten liegt, daß ihr eine sichere Wissenschaft über die Entwicklung der Vernunft und über die Bestimmung derselben zum Grunde liege. Diese sichere Wissenschaft aber kann nur gemäß unserer wissenschaftlichen Einsicht überhaupt sein; wir werden daher die Bestimmung der Vernunft im Allgemeinen und die Bestimmung der philosophirenden Vernunft im Besondern nur nach dem jetzigen Standpunkte unserer Wissenschaft abmessen, und dem gemäß auch voraus nur bestimmen können, wie sich die Vernunft zu diesem Standpunkte ihrer Ausbildung habe erheben müssen, welche Hindernisse sie dabei zu überwinden und durch welche Entwicklungsformen sie dabei hindurchzugehen gehabt habe.

Bei der Feststellung dieses geschichtlichen Verfahrens haben wir bisher nur seine Nothwendigkeit im Auge gehabt, und daraus unsere Berechtigung abgeleitet; wie uns aber aus ihm eine wahre Erkenntniß der Geschichte erwachsen könne, haben wir noch zu zeigen. Wir setzen voraus, daß man die Geschichte der Philosophie zu einer Zeit zu bearbeiten anfängt, wo der menschliche Geist frei ist von den gewaltigen Hemmungen, welchen er unterworfen, gleichsam zu schlafen oder zu kränkeln scheint, seines Bewußtseins über die vergangene Ausbildung nicht mächtig. Daß allein in einer solchen Zeit eine ruhige und unparteiische Geschichte möglich sei, versteht sich von selbst. Von einer solchen Zeit aber werden wir auch sagen können, daß ihre philosophische Einsicht als das Resultat aller frühern rein wissenschaftlichen Bemühungen anzusehen sei und daß sie daher auch das Bewußtsein dieser und ihrer Bedeutung für die gegenwärtige Entwicklung haben müsse. Wir dürfen in einer solchen Zeit sagen, die Bestimmung der frühern philosophischen Entwicklung sei nur eben diese gewesen, die gegenwärtige Philosophie werden zu lassen, und daher lasse sich auch von dem Standpunkte dieser jene ihrer Bedeutung nach begreifen, und nachweisen, welche Vorentwicklungen nöthig waren, um zu dieser letzten Entwicklung zu gelangen. Auch der Einwurf würde nicht viel bedeuten, daß doch die Bestimmung der frühern Philosophie nicht bloß sei, die gegenwärtige, sondern auch die zukünftige Philosophie werden zu lassen; denn wenn dies auch wahr ist, so ist doch hinzuzusetzen, daß diese nur durch jene hindurch werden könne, und also auch die Bestimmung des Frühern für die Zukunft im Gegenwärtigen erblickt werden könne. Und nun hätten wir nur noch hinzuzufügen, daß von dem Geschichtschreiber der Philosophie gefordert werden müsse, daß er sich auch der ganzen Philosophie der Gegenwart bemeistert habe, um, wie aus der reifenden Frucht die Blüthe und die Knospe, so aus seiner Philosophie die vergangene Philosophie begreifen zu können; endlich aber würde sich diese Forderung noch dahin steigern, daß er nicht nur in seinem Leben im Ganzen genommen ein solcher vollkommner Stimmführer aller Philosophie seiner Zeit sein müsse, sondern in einem jeden Augenblicke, in welchem er die Würde des Geschichtschreiders in Anspruch nehmen möchte.

Wer sieht nicht, wie wir in das Idealisiren gerathen? Nachweisbare Widersprüche sind nicht in diesem Bilde des vollkommnen Geschichtschreibers der Philosophie, aber das Bild ist doch unwahr, wie das Bild des stoischen Weisen, welcher niemals eine Meinung haben, oder des heiligen Menschen, welcher auf dieser Erde keiner sündigen Regung fähig sein soll, unwahr, weil es aus dem Zusammenhange aller Verhältnisse, welche den Menschen niemals seiner vollen Geisteskraft, seines ganzen Bewußtseins genießen lassen, herausgerissen den Geschichtschreiber darstellt. Doch es kam uns hier nur darauf an, die möglichen Forderungen an einen Geschichtschreiber der Philosophie auszuführen, und daher mußten wir idealisiren und in aller Strenge uns vergegenwärtigen, was wir von uns fordern dürfen, wenn wir nicht genöthigt sein sollen, einzugestehn, wir hätten hier oder da der menschlichen Schwäche ein Opfer gebracht.

Nun wollen wir aber auch dieser Schwäche unsere Aufmerksamkeit schenken, und damit uns zur Bescheidenheit in unserm Urtheil ermahnen. Zuerst kann man wohl von keinem Zeitalter sagen, daß es so durchaus kerngesund und besonnen sei, wie es sein möchte, wenn es nicht irgend wie zu reizbar gestimmt gegen die Vergangenheit sein, sondern alle ihre Bestrebungen mit gleichem Bewußtsein in sich aufgenommen haben sollte, und unser Zeitalter auszunehmen fühle ich mich um so weniger geneigt, als ich genug der Parteien wahrnehme, welche nicht etwa bloß über alte und neugewonnene Einsicht streiten, sondern in verschiedenartigen Bestrebungen eine jede der Wissenschaft förderlich zu sein streben. Hierüber aber entzündet sich nur gar zu oft Streit und feindselige Begegnung, in deren Mitte selbst der Besonnenste jede Aufwallung zu bewachen schwer finden möchte. Aber ferner, daß ein Einzelner, einem einzelnen Volke angehörig und in diesem seinen besondern Standpunkt zu bewahren genöthigt, das vollkommene Bewußtsein seines ganzen Zeitalters summatisch in sich trage, zu behaupten, das hieße, seiner

Bescheidenheit auf eine gar zu grobe Weise zu nahe treten und ihn zum unumschränkten König des ganzen literarischen Staats ausrufen. Endlich aber zu sagen, ein solcher werde auch niemals irren in seiner Beurtheilung, von irgend einer Schwachheit übermannt, dies hieße, ihm zu der königlichen noch die dreifache Krone aufsetzen, daß er von der Katheder des Petrus die Rechtgläubigen von den Ketzern scheide.

Wenn wir nun einem Andern diese Würde nicht zuschreiben können, so mögen wir es noch weniger uns selbst. Wir werden daher allerdings bestrebt sein, alles in der geschichtlichen Vergangenheit, welches auf eine philosophische Entwicklung der Gedanken deutet, in dem Sinne aufzufassen, daß seine Bedeutung für die gegenwärtige Philosophie uns hervortrete und offenbar werde, wie es in unserer Erkenntniß, wenn auch unter andern Formen, noch fortdauert oder doch das Mittel wurde, die jetzige philosophische Einsicht zu finden. Dadurch wird sich uns die Geschichte als eine fortlaufende Reihe, welche zwar oft durch äußere Begebenheiten unterbrochen wird, aber in welcher doch das Spätere immer wieder das Frühere in sich aufnimmt, und so als ein sich entwickelndes Ganzes darstellen. Allein indem wir dieses Ziel vor Augen haben, verbergen wir uns nicht, daß die Meinung, es erreicht zu haben, eine gefährliche Täuschung sein dürfte, in welcher wir uns wohl nur dadurch erhalten könnten, daß wir gewaltsam mit dem geschichtlichen Stoffe verführen. Wenn daher auch in dem geschichtlich Ueberlieferten irgend etwas sich finden sollte, welches nicht sogleich auf seine Bedeutung zurückgebracht werden könnte, so werden wir lieber muthmaßen, daß es einer spätern Zeit aufbehalten sein möchte, solche Räthsel zu lösen, als seine philosophische Bedeutung verwerfen oder an den Ueberlieferungen deuteln. Dies muß uns um so mehr als Pflicht erscheinen, als wir bemerken, daß viel Geschichtliches von denen, welche es uns überliefert haben, nicht verstanden worden ist, und wir ihnen doch Dank sagen müssen, daß sie es überliefert haben. Ein doppeltes ist überhaupt das Geschäft des Geschichtschreibers, theils das Geschehene zu verstehen und zum Verständniß zu bringen, theils es zu erfahren und zu überliefern; zu jenem gehört Einsicht und Kunst, zu diesem Fleiß und Treue.

Die Ueberlieferung aber ist die Grundlage aller Geschichte, und so möge auch der Fleiß und die Treue unter den Eigenschaften des Geschichtschreibers obenan stehen. Von dieser Seite angesehen, können wir uns nicht genug wundern, wie man für eine geschichtliche Arbeit, sei sie von welcher Art sie wolle, das Verfahren der Construction hat empfehlen können. Es setzt dies ein gänzliches Verkennen der geschichtlichen Methode voraus; denn in jeder Art der Geschichte ist die Induction, d. h. das Finden des Allgemeinern aus dem Besondern, das allein zulässige Verfahren; man geht von den gefundenen einzelnen Thatsachen aus, und entwickelt sich daraus die Erkenntniß des Allgemeinen; so im Gebiete der Natur, so im Gebiete der Vernunft. Welcher Schüler ist es, der dies nicht wissen sollte? Wenn nun auch nicht geleugnet werden darf, daß aus den gegebenen Thatsachen der Geschichte sich eine höhere Erkenntniß entwickeln soll und kann, so bleibt doch die Grundlage dieselbe, und wenn wir nicht den ganzen Charakter der Wissenschaft zerstören wollen, dürfen wir nicht voraussetzen, was erst gefunden werden soll durch die geschichtliche Untersuchung. Daher werden wir auch nicht davon ablassen dürfen, zuerst die Ueberlieferungen der einzelnen Thatsachen und ihre äußere Verknüpfung zu einer stetigen Reihe aufzusuchen, ehe wir den innern Zusammenhang der Begebenheiten in der gesetzlichen Entwicklung des menschlichen Geistes, so weit wir diese bis jetzt kennen, gegründet finden. So entfernen wir uns nicht von der geschichtlichen Verfahrungsweise und erreichen doch dieselbe Einsicht, welche eine Construction der Geschichte nur immer gewähren könnte. In dem, was geschieht, ist das Freie das, welches der Geschichtschreiber der Menschheit aufzufassen sucht; es entwickelt sich aber nach einem Gesetze, und seine Entwicklung verfolgt einen Zweck; alles dies sucht der Geschichtschreiber zu erforschen. Aber von der Zusammenfügung aller Dinge haben wir nicht eben die genaueste Kenntniß; von vielem wissen wir, daß es ist, warum, ist uns verborgen. Dies nennen wir das Zufällige. Es hat seine Gründe, aber wir kennen sie nicht. Nun kann freilich der Geschichtschreiber in dem, was ihm als zufällig erscheint, den Zweck seiner Forschungen nicht in gleichem Maaße befriedigt finden, als in dem, was sich ihm als eine gesetzliche Entwicklung der Geister oder als eine vernünftige Fügung verkündigt. Dieses hat er begriffen, jenes nicht; aber er darf es doch deswegen nicht verschweigen; denn es ist nicht weniger in vernünftigen Zwecken gegründet, und wenn er diese nicht kennt, so werden vielleicht Andere sie finden. Darin sind die noch zu lösenden Aufgaben der Geschichte gelegen.

Hiermit haben wir das gesagt, was uns über Inhalt und Form unserer Geschichte voraus zu erinnern nöthig zu sein schien. Man wird aber vielleicht erwarten, daß wir hier auch einiges Literarische über Hülfsmittel und Vorarbeiten für das Studium der Geschichte der Philosophie beibringen würden: da jedoch dieses Werk nicht für solche unternommen ist, welche ohne alle andere Beihülfe für die Kenntniß der philosophischen Literatur sind, so scheint uns dies überflüssig. Jeder, welchem darum zu thun ist, die Geschichte der Philosophie kennen zu lernen, wird leicht die Titel der Bücher, welche ihm dazu dienlich sein möchten, aus Handbüchern und Repertorien sich verschaffen können, und eine Kritik der bisherigen Bemühungen um die Geschichte der Philosophie hier zu liefern, scheint um so weniger rathsam, je mehr wir dabei unserer Geschichte selbst vorgreifen müßten, indem die Ansichten über die Geschichte der Philosophie aus früher entwickelten Gründen von den Ausbildungen der Philosophie selbst sich nicht trennen lassen. Nur so viel möge hier im Allgemeinen gesagt sein, daß wir in den neuesten Bearbeitungen der Geschichte der Philosophie mehr Hülfe finden können für die Beurtheilung, als in den ältern, indem diese nothwendig unserer Betrachtung ferner, jene näher stehen. Die ältern liefern überhaupt mehr Materialien, als zusammenhängende Darstellung; daher sind sie als Quellen vorzuziehen, aber nicht als Geschichten. Ferner sind die Geschichtschreiber der Philosophie aus dem 17. und aus der größern Hälfte des 18. Jahrhunderts unserer Zeitrechnung mit der Zeit, in welcher man das Wissenschaftliche meistens von der äußerlichen literarischen Seite betrachtete, zu sehr verwachsen, als daß man bei ihnen über den innern Gang der Entwicklung Aufschluß finden dürfte, und selbst für die Beurtheilung der einzelnen Ueberlieferungen aus dem Alterthum fehlt es ihnen an kritischen Hülfsmitteln und an kritischem Sinn, noch mehr aber für die Einsicht in die philosophischen Bestrebungen des Mittelalters an Unparteilichkeit. Erst in den neuern Zeiten ist ein fruchtbareres Bestreben um die Geschichte der Philosophie entstanden, besonders unter uns Deutschen, und kein Unparteiischer wird namentlich die großen Verdienste, welche sich Tennemann um die Geschichte der Philosophie in Erforschung der Thatsachen erworben hat, über den beschränkten Standpunkt, von welchem aus er die Systeme kritisirte, verkennen. Zu gleicher Zeit und später ist für die Erforschung und Beurtheilung des Einzelnen manches geleistet worden, welches an schicklicher Stelle seine Erwähnung finden wird.

Zweites Capitel.

Uebersicht und Eintheilung.

Wenn wir, die christlich gebildeten Völker Europa's, uns als den Mittelpunkt des geistigen Bestrebens in der ganzen Geschichte denken, so thun wir damit etwas, was

3 *

uns theils die Nothwendigkeit gebietet, theils eine sehr augenfällige Betrachtung unserer Lage rechtfertigt. Die Nothwendigkeit hat einen Jeden darauf angewiesen, die geistige Gemeinschaft, in welcher er lebt, für das anzusehen, von welchem aus Alles beurtheilt sein wolle; denn er hat keinen andern Maaßstab der Beurtheilung. Dies ist hier nur deswegen zu erwähnen, weil es gut ist, sich zuweilen daran zu erinnern, daß unser Gesichtspunkt doch nicht Alles umfaßt, und wir nicht der einzige Zweck der Vorsehung sind, sondern auch Mittel für die, welche außer unserer Gemeinschaft leben. Daß wir aber nicht wie der Türke oder Chinese in selbstgefälligem Stolze urtheilen, wenn wir in unserm Leben die Fäden der Geschichte sich kreuzen sehen, davon kann uns überzeugen die Betrachtung unserer Macht, über alle Welttheile sich erstreckend, und so die Natur, wie Völker überwältigend, unserer Wissenschaft, welche nichts unerforscht läßt, und endlich unserer gesellschaftlichen Verbindung, welche eng genug verkettet ist, um der Willkür, oder zuweilen selbst dem Streben nach dem Bessern als Fessel zu erscheinen. Sollte jedoch noch irgend ein Zweifel obwalten, ob wir unsere Bildung als den Hauptzweck der bisherigen Geschichte betrachten dürften, so würde ein solcher am besten sich selbst widerlegen; denn daß wir so zweifelnd überlegen können, und nicht, wie die übrigen Völker oder Völkergemeinschaften, in unserm Kreise selbstgenügsam die Betrachtung anhalten, eben dies zeugt am stärksten von der geistigen Freiheit, welche wir errungen haben.

Was also zu unserer Bildung geführt hat, zu entwickeln, ist die Hauptaufgabe der Geschichte. Zwei große und unmittelbar in unser Leben eingreifende Hebel können uns nicht unbemerkt bleiben, ich meine das Christenthum und die Bildung in Wissenschaft und Kunst, welche wir von Griechen und Römern überliefert erhalten haben. Diesen beiden zunächst und ihrer eignen guten Kraft haben die neuern europäischen Völker ihr ganzes gebildetes Leben zu danken. Wenn wir aber die neuere Bildung als das Ergebniß der ganzen frühern Geschichte betrachten, so werden wir auch nicht den Einfluß der orientalischen Bildung auf die unsrige leugnen dürfen. Dieser jedoch ist mehr *mittelbar* als *unmittelbar* gewesen. Das Christenthum hat unser ganzes Leben, nicht nur in der Kirche, sondern auch in der Familie und im Staate, ja selbst im Verkehr *unter den Staaten* durchdrungen. Von den Griechen und Römern haben wir unmittelbar Fertigkeiten und Wissenschaften erhalten, an ihrer Kunst hat sich die unsrige, wenn auch nicht entzündet und erwärmt, doch gesänftigt und geregelt. Von den Orientalen dagegen können wir nur weniges desgleichen erhalten zu haben rühmen; sie haben uns nur zuweilen und vorübergehend angeregt oder *einen* untergeordneten Einfluß auf uns ausgeübt; wenn wir ihre Werke jetzt studiren, so ist es nicht, um in ihnen Muster zu finden oder Wissenschaft von ihnen zu lernen, sondern um, in ihr Leben uns versetzend, mehr die menschliche Art und ihre Geschichte zu begreifen. Aber der große mittelbare Einfluß, welchen die Orientalen auf uns ausgeübt haben, ist nicht zu verkennen, wenn wir betrachten, wie die ersten Keime der griechischen Bildung aus dem Orient kamen, und das Christenthum auf orientalischem

Boden und mitten unter orientalischen Darstellungen sich erzeugte.

Hiermit haben wir im Kurzen die drei Hauptgegenstände, welche die ganze Menschengeschichte umfaßt, angegeben: die Geschichte des Morgenlandes, der Griechen und Römer, der neuern christlichen Völker. Dies ist jedoch keine Eintheilung, sondern ein Register. Will man auf eine verständige Weise die Geschichte nach ihren verschiedenen Gliedern sich anordnen, so muß man die Folge ihrer Erscheinungen und das Eingreifen der einen in die andere kennen.

Wenn wir die neuern Völker, von deren Standpunkte aus wir die Geschichte auffassen, als christliche Völker bezeichnen, so wird dies schon die Meinung mit in sich schließen, daß mit der Erscheinung Christi auf Erden eine neue Epoche in der Geschichte der Menschheit begonnen habe. Dies verkündet sich in der von dieser Zeit an allmälig sich ändernden Gesinnung der Menschen, welche in Wissenschaft und Kunst eben so sichtbar ist, als im Staats- und Familien-Leben, natürlich aber am meisten den Mittelpunkt ihres Ausdrucks in der Kirche, welche vom Staat unabhängig geworden, finden mußte. Doch es kann dagegen viel gestritten werden, und hier unsere Meinung zu beweisen, würde theils die Grenzen unserer Aufgabe überschreiten, theils, so weit es nämlich die Wissenschaft betrifft, einen spätern Theil unserer Aufgabe vorweg nehmen. Später, an der Grenzscheide zwischen Heidenthum und Christenthum, werde ich zu zeigen suchen, daß die heidnische und die christliche zwei verschiedene Arten der Philosophie sind; hier darf ich nur darauf aufmerksam machen, daß der große Einfluß des Christenthums auf die neuere Bildung weniger bezweifelt werden würde, wenn er nicht so tief in unser ganzes Wesen eingedrungen wäre, daß er aber gar nicht bezweifelt werden könnte, wenn er sich schon unsers ganzen Wesens bemeistert hätte. Denn er wird übersehen hauptsächlich aus zwei Gründen, theils weil man noch vieles in unsern Sitten und Einrichtungen antrifft, welches dem Christenthum widerspricht, theils weil wir viel Christliches an uns tragen, welches uns schon zur zweiten Natur geworden, gar nicht mehr als eine Wirkung des Christenthums, sondern der allgemeinen menschlichen Natur erscheint: allein das Eine beweist nur, daß sich das Christenthum, so wie alles Menschliche, nur allmählig in uns entwickelt, das Andere aber ist eine Täuschung, welche am besten dadurch gehoben wird, daß wir die ältere Geschichte genau und unpartheiisch erforschen.

Setzen wir nun voraus, denn nur als Voraussetzung kann es hier angenommen werden, daß mit der Erscheinung Christi unter den Menschen eine neue Periode in der Geschichte der Menschheit beginnt, so zerfiele uns die Geschichte überhaupt in zwei Perioden, in die vor und in die nach Christi Geburt, von welchen wir jene die ältere, diese die neuere Geschichte nennen könnten. Allein jedermann sieht, daß wir, auf diese Weise abtheilend, gewaltsam den Zusammenhang der Begebenheiten zerreißen würden; weswegen man auch gewöhnlich die ältere Geschichte bis in das fünfte Jahrhundert nach Christi Geburt hinausgedehnt hat, nach meiner Meinung halb mit Recht, halb mit Unrecht. Wenn man die Geschichte der Menschheit als einen stetigen Verlauf zu behandeln sucht, wird man wie mit Gewalt von der rohen Manier der Chronisten abgelenkt, welche nur nach dem Früher und Später des Geschehens das Früher oder Später in der Anordnung der Erzählung bestimmen; denn das Wissenswerthe geschieht zugleich an verschiedenen Orten, und wenn man einen Zusammenhang in den geschichtlichen Thatsachen zur Darstellung bringen will, so kann man nicht vermeiden, Früheres oft nach dem Spätern zu erzählen, weil es erst in spätern Zeiten Einfluß und Bedeutung für die Geschichte gewann. Eine eben so rohe Manier würde es sein, wenn man nach dem örtlichen Zusammensein, etwa in einem Lande, die Begebenheiten sich anordnen wollte. Etwas mehr Bedeutung jedoch gewinnt diese Erzählungsweise, wenn das Land ein Volk umfaßt, und die ethnographische Anordnung der Geschichte hat daher auch immer eine bedeutende Rolle gespielt, und verdient solche zu spielen, denn die Entwicklung eines Volks hat allerdings eine gewisse Einheit, und die Völker bilden die Einheiten, in welchen die Menschheit geschichtlich sich fortbildet. Nach diesem Grundsatze scheint man auch hauptsächlich verfahren zu sein, wenn man mit dem Absterben des weströmischen Staats und des wahren römischen Volks die alte Geschichte schloß.

Allein auch die ethnographische Erzählung hat ihre Unbequemlichkeiten, welche man besonders dann fühlt, wenn ein Volk abstirbt, sich aufzulösen und seine Einheit zu verlieren beginnt. In diesem Fall ist nun wirklich das römische Wesen, wenn auch nicht sogleich, doch auch nicht gar zu lange nach der Verbreitung des Christenthums. Auch das Christenthum hat sich allmälig verbreitet; ehe es bemerkbar wird in der Geschichte, ist von der Geburt Christi an eine geraume Zeit vergangen, so daß man sein erstes Aufkommen, bei welchem es überdies noch von mancherlei heidnischen Vorstellungen getrübt war, nicht wohl zum Abschnitt in der Geschichte machen kann; nachdem es aber bemerkbar wird in Gesinnung, Sitte und Wissenschaft der Menschen, löst es auch die Einheit des römischen Volks auf, oder will man dies nicht zugeben, so ist doch die Auflösung dieser Einheit mit der allgemeinen Verbreitung des Christenthums gleichzeitig. Dieses wird besonders in der Geschichte der innern Bildung der Menschheit sehr offenbar, wenn es auch in der sogenannten Staatengeschichte, welche mehr das Aeußere des menschlichen Lebens zu ihrem Gegenstande zu machen pflegt, nicht so auffallend hervortreten sollte. Wer eine Geschichte der Religion schreiben wollte, der würde wohl nicht umhin können, nach Christi Geburt in dem gewaltigen römischen Reiche zwei ganz verschiedene Reihen der Entwicklung, unter den Christen nämlich und unter den Heiden, zu sondern, zwei Reihen, welche zwar in einer gewissen Wechselwirkung sich uns zeigen, aber doch nicht anders, als auch die Geschichten zweier Völker, und welche in der That zwei ganz verschiednen Geschichten angehören, die eine der alten, die andere der neuern. Dasselbe offenbart sich in der Geschichte der Literatur, denn es giebt in diesen Zeiten unter Griechen und Römern wirklich zwei ganz verschiedne Literaturen, eine Literatur der alten Bildung und eine Literatur der Christen; die erstere nimmt, wenigstens in den ersten Jahrhunderten, von der andern fast gar keine Notiz, die zweite wohl von der erstern, jedoch auch nicht eben sehr durchdringend; es geziemt der jüngern Literatur, von der ältern zu lernen. So giebt es zu einer Zeit und in einem Volke, oder wenigstens in einem Staate, zwei Geschichten, und wer beide in der Erzählung nicht von einander trennen wollte, würde wenig das Wesen seines Gegenstandes berücksichtigen.

Man kann sagen: das römische Wesen ist am Christenthum gestorben, weil es der Entwicklung der Menschheit, welche dieses einleitete, nicht folgen konnte. Seitdem die christliche Religion sich im römischen Volke ausbreitete, gab es ein doppeltes Interesse in ihm, das Interesse der Römer und das Interesse der Christen; damit war die Einheit des Volks aufgelöst. Daß hierzu noch andere Ursachen wirkten, soll keineswegs geleugnet werden; das römische Volk war reif zum Tode, sonst würde das Christenthum nicht zu dieser Zeit sich in ihm verbreitet haben; aber sobald ein belebendes Interesse wegfällt, muß ein anderes Interesse an seine Stelle treten, wenn nicht die Entwicklung der Menschheit aufhören soll, und dieses neue Interesse gewährte nur das Christenthum.

Wenn wir nun diesen Grundsätzen in unserer Geschichte der Philosophie folgen, so werden wir zwei Theile derselben zu unterscheiden haben, die Geschichte der ältern und die Geschichte der neuern Philosophie; allein diese beiden in einem chronologisch festzusetzenden Abschnitte von einander zu trennen, will uns nicht gelingen; unsere Unterscheidung gleicht weniger einer mechanischen Theilung, als einer chemischen Scheidung verschiedenartiger Elemente der Bildung. Wir zählen daher zu der Geschichte der ältern Philosophie alles das, was unter den Orientalen, den Griechen und den Römern, welche sich dem Christenthum nicht anschlossen, philosophirt worden ist; zu der Geschichte der neuern Philosophie dagegen rechnen wir alle die Philosopheme, welche sich unter den christlichen Griechen und Römern und unter den neuern christlichen Völkern entwickelt haben. Der minder oder mehr mittelbare oder unmittelbare Einfluß des Christenthums auf diese neuere Philosophie ist nicht leicht zu verkennen, und man würde sie daher auch nicht mit Unrecht die christliche Philosophie nennen können. Es ist jedoch zu erwähnen, daß in die Entwicklung dieser Philosophie auch ein durch das Christenthum nur wenig berührtes Element mit eingreift, indem die arabische Philosophie auf die Ausbildung der Philosophie im Mittelalter einen bedeutenden Einfluß ausgeübt hat und daher in die Geschichte der neuern Philosophie gezogen werden muß.

Zweites Buch.

Der alten Philosophie Vorgeschichtliches und Eintheilung.

Erstes Capitel.

Vorgeschichtliches. Von einigen orientalischen Völkerschaften überhaupt.

Unter diesem Titel fassen wir mancherlei Untersuchungen zusammen, welche zu keinem rein geschichtlichen Ergebnisse führen, uns aber nöthig scheinen, um den Boden zu bestimmen, auf welchem die Philosophie erwachsen ist. Die Untersuchungen können hier keinen geschichtlichen Faden finden und stehen also nur in einem lockern Zusammenhange.

Es ist eine allgemeine Sage, denn Geschichte reicht nicht so weit hinauf, daß die ersten Anfänge menschlicher Bildung in Religion, in Künsten und Wissenschaften aus Asien nach Europa gekommen. Ja, dem ganzen Menschengeschlechte weisen heilige Sagen seinen Ursprung in Asien an. Heilig sind diese Sagen, weil sie alt sind; in Asien suchen sie den Ursprung, weil sie selbst in Asien ihren Ursprung haben. Auch giebt es noch andere Zeugnisse für die Entstehung menschlicher Bildung in Asien; dafür reden, während die Geschichte schweigt, Denkmale unter und über der Erde, Sprachbildung, selbst die ganze Natur der Erde scheint dafür ihr Zeugniß abzulegen.

Nun hat man gemuthmaaßt, so wie viele andere Künste und Anfänge der Wissenschaft aus Asien nach Europa gekommen, so sei es auch mit der Philosophie. Niemand hat es bewiesen; aber die Sache ist der Untersuchung werth.

Wir befinden uns hierbei auf dem vorgeschichtlichen Gebiete; wir haben es mit der ältesten orientalischen Bildung und mit den mythischen Zeiten der Griechen zu thun. Wer diese Gegenstände einigermaaßen kennt, der wird nicht erwarten, daß es die Absicht sei, etwas Erschöpfendes oder auch nur etwas ganz Entscheidendes darüber mitzutheilen. Das Mythische wird immer mythisch bleiben, und wenn auch bei den Orientalen zum Theil früher geschichtliche Kunde beginnen mag, als bei den Griechen, so steht doch dies Gebiet der geschichtlichen Kenntnisse noch zu vereinzelt da, als daß es nach seinem Werthe für die ganze Geschichte erschöpfend geprüft werden könnte. Ueberdies steht dem Verfasser dieser Geschichte entgegen, daß ihm die Kenntniß der orientalischen Sprachen zu fremd ist, als daß er aus den ersten Quellen unmittelbar schöpfen könnte. Wie die Dinge jetzt stehen, verlangt die orientalische Literatur ein eignes Studium, auf welches sich der, dessen Sinn auf allgemeinere Dinge gerichtet ist, wohl kaum gründlich einlassen kann. Eine oberflächliche Kunde aber verdirbt in diesen Dingen, welche noch so sehr genauer und in das Einzelne eingehender Kritik bedürfen, mehr, als sie nutzen kann. Indessen ist die Betrachtung des Orientalischen von der Geschichte der Philosophie jetzt nicht gut abzuweisen; denn selbst wenn wir der orientalischen Philosophie an sich keinen großen Werth beizulegen hätten, würde es auf unsere Beurtheilung der griechischen Philosophie von großem

Einfluß sein, wenn wir ihr einen orientalischen Ursprung anweisen müßten, oder irgend ein Eingreifen der orientalischen Philosophie in sie nachweisen könnten.

Von den Orientalisch-Gelehrten werden wir hier Nachsicht zu erbitten haben; denn natürlich müssen sie über Vieles besser urtheilen können als wir. Ihre Nachsicht zu verdienen soll aber auch unser Bestreben sein, indem unsere Absicht mehr darauf gerichtet ist, ihnen Fragen vorzulegen, als sie zu belehren, außer etwa in den Dingen, welche auf das griechische Alterthum sich beziehen, oder zu deren Beurtheilung nur die Kenntniß des menschlichen Wesens nöthig ist. Diese Nothwendigkeit, um Nachsicht zu bitten, in welcher wir uns befinden, soll uns jedoch die Freiheit unsers Urtheils nicht rauben, vielmehr werden wir sie in diesen Dingen um so mehr uns bewahren, als die Behauptungen vieler Orientalisten nur zu sehr aus jenem Leichtsinn hervorgegangen sind, welcher neue Entdeckungen und neue Studien den Verbrämungen, aber auch der Veränderlichkeit der Mode Preis giebt. Um uns näher zu erklären, wir glauben, den gelehrten und besonnenen Orientalisten wird es nicht zuwider sein, wenn wir einer gewissen unreinen Begeisterung, welche nur die Neuheit der Sache und der verdunkelnde Nebel über ihr geboren hat, zu widersprechen wagen, oder Zweifel gegen die Richtigkeit dessen, was jene gefunden zu haben glaubt, äußern. Unsere Meinung dabei ist nur diese: wir wollen zeigen, daß die Beweise, welche uns bis jetzt von manchen Orientalisten geboten worden sind, uns, die wir außen stehen, nicht genügen, und dadurch auffordern, gründlichere Beweise zu suchen, oder eine Sache aufzugeben, welche nicht geschichtlich bewiesen werden kann. Unsere Behauptungen dagegen werden mit dem Bewußtsein der Unsicherheit ausgesprochen werden, welche in diesem ganzen Gebiete der Forschung herrscht.

Zuerst wollen wir uns das Gebiet unserer Untersuchungen beschränken. Es scheint mir vergeblich, nach der Philosophie solcher Völker zu forschen, deren Literatur uns unbekannt oder doch nur aus spätern und unsichern Ueberlieferungen zugänglich ist. Denn wenn man auch vielleicht einige bedeutende Bruchstücke über ihre Kosmogonie oder Theogonie finden sollte, so kann man doch in solchen Bruchstücken, deren wahrscheinlicher Zusammenhang nicht nachzuweisen ist, den philosophischen Charakter nicht erkennen, wie ich schon in der Einleitung auseinandergesetzt habe. Nach diesen Grundsätzen übergehe ich das, was man von der Philosophie der Aegypter, der Phöniker und Chaldäer gemuthmaßt hat; denn die Schriften und Bruchstücke des Manethon, des Sanchuniathon und des Berosos sind theils nicht vom Verdacht gegen ihre Echtheit oder gegen ihr Alterthum frei, theils aus Zeiten, in welchen die Eigenthümlichkeit jener Völker schon verwischt war, theils sind die Vorstellungen, welche in ihnen herrschen, offenbar ohne philosophischen Gehalt. Wir können über diese, so wie über einige andere Völker, in Rücksicht auf ihre philosophische oder nicht philosophische Bildung, nur nach der Analogie urtheilen, welche sie mit andern, uns bekanntern orientalischen Völkern verbindet.

Von einigen asiatischen Völkern, deren Literatur uns besser bekannt ist, wagen wir es zu versichern, daß sie in den ältern Zeiten keine Philosophie gehabt haben, ohne eben großen Widerspruch befürchten zu müssen. Zu diesen gehören die Hebräer. Wer sich den Geist des alten Testaments vergegenwärtigt, wird an der Wahrheit meiner Behauptung nicht zweifeln, und daß in keiner der von ihm umfaßten Schriften, so verschiedner Art sie auch sind, ein philosophischer Zusammenhang sich findet, ist wohl jetzt ziemlich allgemein anerkannt. Einheit der Gesinnung findet sich in ihnen, aber nicht Einheit der Wissenschaft, auch nicht einmal ein Streben darnach; denn die Verfasser leben in ihrer unmittelbaren Ueberzeugung, und wollen diese als einen ihrem Volke gemeinsamen Grund des Heils anerkannt wissen. Dabei ist es nicht möglich, daß man auf das allgemeine Wesen der Vernunft, aus welchem die Wissenschaft stammt, zurückgehe.

Aehnliches möchte von dem persisch-medischen Volke gelten. Doch dürfte ich über dieses Volk oder über diese Völker mehr Widerspruch erfahren, nicht weil bei ihnen Schriften eines philosophischern Charakters gefunden werden, als bei den Hebräern, sondern weil man bei ihnen mehr erwarten möchte, als offenbar ist. In den heiligen, meist liturgischen Schriften der Parsen, welche man unter dem Titel Zend-Avestá zusammengefaßt und größtentheils für Schriften des Zerduscht oder Zoroaster ausgegeben hat *), lassen sich, wir wollen es nicht verkennen, Spuren

*) Zend-Avesta habe ich, freilich nach einem ungenauen Sprachgebrauch, im Folgenden alle die heiligen Schriften der Parsen genannt, welche Anquetil du Perron in der Uebersetzung bekannt gemacht hat, mit Einschluß des Bun-Dehesch, welcher nicht zum Zend-Avesta gehört, aber für eine Uebersetzung alter Zend-Schriften angesehen worden ist. So spreche ich auch von der Zend-Sprache nach gewöhnlichem Gebrauche, obgleich der Ausdruck nicht recht passend ist.

4*

speculativer Lehren finden. Die mythische Ansicht, welche der religiösen Vorstellungsweise dieser Schriften zum Grunde liegt, ist viel sinnreicher, wenn auch nicht so phantasiereich, als die Mythologie der Griechen, ja in einigen Theilen des Zend-Avesta zeigen sich Versuche, den Sinn der ganzen Lehre in allen ihren Verzweigungen, so wie sie unbewußt der Denkweise des Volkes entquollen ist, zur Uebersicht zusammenzustellen, zu deuten oder an das Licht des Bewußtseins zu bringen, kurz auf den Grund nationeller Eigenthümlichkeit ein philosophisches System, wie beschränkt es auch sein möge, zu errichten. Es ist nun aber zweierlei im Zend-Avesta zu unterscheiden, die mythische, bloß religiöse Ansicht, welche an sich sehr bemerkenswerth ist, aber keinen Anspruch an eine Stelle in der Geschichte der Philosophie hat, und die zuletzt erwähnten Versuche, die religiöse Ansicht zu deuten, d. h. in wissenschaftliche Einsicht zu verwandeln, welche letztere in der Geschichte der Philosophie nicht unbeachtet bleiben dürfen. Was nun die erstere betrifft, so möchte ich ihr Alter nicht leugnen, wenn es auch nicht historisch zu bestimmen sein sollte; auch über die ethnographische Verbreitung dieser Lehre möchte mit geschichtlicher Sicherheit nichts zu ermitteln sein; denn wir fassen freilich unter den Namen der Perser und Meder vieles zusammen, was getrennt werden müßte, wenn es wissenschaftliche Bestimmtheit erhalten sollte, und was die Griechen Mager nannten, dürfte auch kaum als richtig aufgefaßte Einheit zu betrachten sein *). Dem sei nun wie

*) Ganz ähnlich geht es uns, wenn wir von der Lehre der Brahmanen sprechen.

ihm wolle, wenn die Lehre, welche im Zend-Avesta enthalten ist, der klare Dualismus mit dem Monotheismus im Hintergrunde, wirklich Lehre der ganzen medisch-persischen Völkerschaft zur Zeit des Darius und des Xerxes gewesen sein sollte, so würden die Schilderungen des Aeschylos und des Herodotos von den religiösen Meinungen und Gebräuchen der Perser ein starker Beweis sein, wie wenig die Griechen ihrer Zeit geneigt waren, auch nur das Oberflächlichste von der Lehre der Barbaren sich anzueignen.

Setzen wir nun aber auch das hohe Alterthum der religiösen Ansicht, welche im Zend-Avesta gelehrt wird, voraus, so folgt daraus noch keineswegs das Alter der philosophischen Versuche, welche sich an sie anschlossen. Denn der Zend-Avesta ist aus verschiedenartigen Bruchstücken verschiedner Werke, verschiedner Zeitalter, verschiedner Sprachen, verschiedner Lehrweise zusammengesetzt. Auf die Verschiedenheit der Sprachen muß man besonders merken, wenn man ein äußeres Kennzeichen für das Aeltere und Jüngere in den Bruchstücken haben will. Dabei ist es uns nun wichtig, daß der letzte Theil des Zend-Avesta, der Bun-Dehesch, nicht in der alten Zend-, sondern in der Pehlevi-Sprache geschrieben ist. Denn eben in diesem Theile wird das gefunden, was speculativer Art im Zend-Avesta ist. Es schließt sich dies an zusammenstellende Auszüge, an Erläuterungen, ja an gewaltsame Auslegungen der alten religiösen Gesetze an, und wenn dies schon das Alter der Schrift oder vielmehr der Sammlung verdächtig macht, so noch mehr, daß sie Mährchen enthält, welche mit der alten Sage nicht übereinstimmen, und Erzählungen, welche der Zeit nach der Eroberung Persiens durch die Araber angehören [1]). Wenn nun auch die speculativen Theile des Bun-Dehesch älter sein mögen, so ist es doch wohl offenbar, daß sie, so wie alle Theile des Zend-Avesta, welche im Pehlevi geschrieben sind, wenigstens erst nach einer großen Umwälzung des ganzen persischen Wesens verfaßt oder überarbeitet sein können, und eine solche vor der Zerstörung des persischen Reichs durch den makedonischen Alexandros anzunehmen, dafür finden wir keinen geschichtlichen Haltpunkt [2]). Die neue Sprache und Literatur konnte sich wohl erst bei einer Erneuung des Volkslebens ausbilden, und wenn wir diese in die Zeiten der parthischen Herrschaft setzen, so ist zu bemerken, daß sie nicht ohne bedeutenden Einfluß der griechischen Literatur geschehen konnte, da seit Jahrhunderten das Volk unter griechischen Herrschern und mitten unter griechischen Staaten gelebt hatte, es auch bekannt ist, daß unter den Parthern griechische Künste und Wissenschaften gesucht waren. So dürfte die persische Philosophie, wenn es erlaubt ist, von einer solchen zu sprechen, nicht so ganz unabhängig von der griechischen Philosophie entstanden sein, obgleich ihre persische Eigenthümlichkeit nicht verkannt werden soll, wie sie

1) Genügend erklärt sich darüber Rhode: Die heilige Sage und das gesammte Religionssystem der Baktrer, Meder und Perser, S. 44 f.

2) Das Pehlevi soll erst unter der parthischen Herrschaft Schriftsprache geworden sein; das Parsi, in welchem andere Stücke des Zend-Avesta geschrieben sind, blühte erst unter den Sassaniden. Rask, über das Alter und die Echtheit der Zendsprache und des Zend-Avesta, übersetzt von v. d. Hagen, S. 41, 42, nimmt an, die Pehlevi-Uebersetzung sei erst unter dem Sassaniden Ardeschir Babegan, ungefähr 230 n. Chr., gemacht worden.

denn unzweideutig anerkannt wird, wenn man sie aus dem Bewußtsein über die religiöse Grundlage der ganzen Volksbildung ableitet. Bei den alten Persern aber Philosophie zu suchen, haben wir keinen Grund *).

Schwieriger sind die Untersuchungen über einige andere Völker des Orients, und nicht so leicht zu einem Endurtheil über ihre älteste Bildung zu gelangen, theils weil ihre Geschichte in der größesten Dunkelheit liegt, oder doch durch griechische oder römische Nachrichten nur selten bewahrheitet werden kann, theils weil ihre Literatur uns nur eben erst zugänglich zu werden anfängt. Von ihnen will ich nur die vornehmsten, die Chinesen und die Inder, einer Untersuchung unterwerfen, indem das Urtheil über andere Völker Asiens noch mehr im Dunkeln liegt, auch schwerlich angenommen werden kann, daß andere Völker jene an Bildung übertroffen haben.

Mit einer allgemeinen Anmerkung zu beginnen, wird vielleicht nicht unnöthig sein. Wenn wir das orientalische Wesen dem europäischen entgegensetzen, so thun wir im Grunde nicht viel besser, als wenn die Griechen alle Nicht-Griechen Barbaren nannten. Eine gewisse Gleichartigkeit dürfen wir wohl, im Gegensatz gegen unsere Art und Weise, den Orientalen zuschreiben; aber auf unserer Hut müssen wir sein, wenn wir nach der Analogie mit einem oder mit mehreren orientalischen Völkern andere beurtheilen

*) Rhode in der angef. Schrift S. 515, sagt: „nach der Darstellung der Gesetze und Gebräuche dieses Volks wird niemand unter demselben eine bedeutende Stufe von Kunst oder Wissenschaft erwarten.“ Daß ich auf den Dabistan und Dessatir keine Rücksicht genommen habe, wird niemand befremden.

wollen. In dem Orient findet vielleicht eine größere Völkerverschiedenheit statt, als im Abendlande. Wer kann die Verschiedenheit zwischen den Völkern semitischen Stamms und den Völkern, deren Sprache man aus dem Zend oder aus dem Sanskrit ableiten möchte, verkennen? Und die Chinesen mit den ihnen verwandten Völkern sondern sich wieder auf das Bestimmteste von den übrigen asiatischen Völkerfamilien ab. So anerkannt dies ist, so üben doch Worte eine fast magische Gewalt über das Denken aus, und weil einmal die asiatischen Völker von uns Orientalen genannt werden, sind wir nur zu geneigt, da eine Uebereinstimmung unter ihnen zu finden, wo die Verschiedenheit zu Tage liegt, wenn wir nur die Mühe einiges Forschens nicht scheuen. So hört man wohl die Meinung, daß, so wie bei den Orientalen, welche uns durch Griechen und Römer bekannt geworden sind, sich keine eigenthümliche, durch Philosophie genährte Wissenschaft finde, so sei überhaupt der orientalische Geist der Philosophie nicht hold. Auf dieselbe Weise aber könnte man auch schließen, weil unter den semitischen Völkern weder die dramatische Dichtung, noch der Roman je sich ausgebildet habe; werde auch bei den Indern und Chinesen von diesen beiden Dichtungsarten nichts gefunden werden, obgleich sich jetzt unerwarteter Weise ergiebt, daß unter jenen von der ersten, unter diesen von der andern ein großer Reichthum sich findet.

Also ohne solchen Vorurtheilen nachzugeben, wollen wir zu erforschen suchen, was unter den genannten Völkern von philosophischen Lehren vorhanden sein möge. Dabei sind wir nun von der einen Seite besser daran, als bei den meisten der vorher betrachteten Völker, denn wir haben nicht bloß Sagen und einzelne Bruchstücke oder Lehren vor uns, sondern ganze Bücher bieten sich unserer Beurtheilung dar; von der andern Seite aber haben wir es auch schlimmer, denn die Zeitbestimmung unterliegt bei ihnen den grössesten und bis jetzt, wie es scheint, unübersteiglichen Schwierigkeiten [1]). Und doch ist gerade dieser Punkt uns einer der wichtigsten, wenn wir die Völker welthistorisch betrachten und zu bestimmen suchen, was das eine dem andern oder der ganzen Menschheit geleistet haben möge.

Mit dem chinesischen Volke ist es, wenigstens scheinbar, noch besser in Rücksicht auf die chronologischen Bestimmungen bestellt, als mit den Indern; denn seit langer Zeit zu einer Herrschaft vereint, hat es doch seinen Geschichtserzählungen einen übereinstimmenden Verlauf zu geben gewußt. Wir sehen uns außer Stand, die Wahrhaftigkeit ihrer ältern Geschichte zu prüfen; soviel ist gewiß, daß sie an sehr schwachen Fäden hängt [2]). Der

1) Ideler Handbuch der mathematischen und technischen Chronologie I. Bd. S. V sagt: „die ostasiatischen Völker, die Hindus und Chinesen, sehe ich mich leider genöthigt von meinem Plan auszuschließen. Ich habe öfters versucht, mich in ihre Zeitrechnung hineinzuarbeiten; es hat mir aber nie gelingen wollen.

2) Klaproth in seiner Asia polyglotta S. 12 datirt die gewisse Geschichte Chinas von 782 vor Chr.; der Engländer Davis dagegen (Memoir concerning the Chinese in den Transact. of the roy. As. soc. tom. I.) hält die ganze ältere Geschichte Chinas bis in das 2. Jahrh. v. Chr. für fabelhaft. Mir scheinen zwar die groben Umrisse ihrer ältern Geschichte Glauben zu verdienen, aber ihre Geschichtschreiber bis auf den heutigen Tag nicht die Kunst zu verstehen, das innere Leben des Volks zu schildern. Ihre

60.

Zweites Capitel.

Von der indischen Philosophie. Vorgeschichtliches.

Nicht so leicht werden wir über das, was man von der Philosophie der Inder gesprochen hat, uns ins Reine setzen können, vielmehr ist es zu unserm Zweck unumgänglich, hier in eine etwas ausführliche Untersuchung einzugehen, der wir bedauern nur nicht die ganze Vollständigkeit geben zu können, welche sie wohl verdiente; uns müssen hierüber entschuldigen die Schwierigkeit, zu den Quellen zu gelangen, und der beschränkte Zweck unsers Werkes.

Bei den Chinesen war uns die Einfachheit ihrer Geschichte zur leichtern Uebersicht behülflich; die Inder dagegen, welche, wie es scheint, niemals ein Volk und einen Staat gebildet haben, zeigen auch in ihren Erzählungen, welche den Anschein des Geschichtlichen haben, wenig Zusammenhang und fast gar keine Uebereinstimmung. Nach den

---

eine Recension über dieses Werk erschienen, welche man vergleichen kann, von Neumann im Hermes 32. Bd. 2. Hft. Neumann behauptet, die Geschichte der chinesischen Philosophie beginne erst unter den Song zwischen 954 und 1279 nach Chr. Die kanonischen Bücher (die King) enthielten so wenig ein philosophisches System als die 5 Bücher Mosis, welches letztere wir allerdings unterschreiben müssen. S. S. 345. Wie schwierig übrigens Untersuchungen dieser Art sind, selbst für Kenner der chinesischen Sprache, darüber s. Klaproth's Recension von Pauthier Mémoire sur l'origine et la propagation de la doctrine du Tao etc. im Nouv. journal asiat. tom. 7, p. 465 ss.

Zeugnissen der besten Kenner ihrer Literatur haben sie keine Geschichte, und selbst aus Denkmalen und andern Hülfsmitteln verzweifelt man Auskunft über die politische Grundlage ihrer Entwicklung zu erlangen[1]). Wenn man nun bedenkt, daß uns fremde Nachrichten über den Zustand Indiens erst nach den Eroberungszügen Alexander's des Großen, und auch dann nur in sehr kärglichem Maaße zugekommen sind, daß die entzifferten Inschriften in der Sanskrit-Sprache und in andern verwandten Dialekten gar nicht in ein hohes Alterthum hinaufreichen[2]), daß fast alle chronologischen Angaben der Inder im höchsten Grade unsicher sind, und daß auch ihre Nachrithten über Werke der Kunst und der Literatur, mögen sie alt oder neu sein, den Charakter des Mythischen nicht verleugnen, so erstaunt man über die Sicherheit, mit welcher Viele den indischen Schriften ohne weitere Prüfung das höchste Alterthum zuzuschreiben pflegen.

Geschichtliche Untersuchungen über Zeitverhältnisse können einen doppelten Zweck haben, theils einen völker-,

---

1) Jones in d. Asiatical researches ps. I. p. 430 nach der londoner Ausgabe. H. T. Colebrooke ib. IX. p. 398. Man vergleiche, um den gänzlich ungeschichtlichen Geist der Hindus kennen zu lernen, was Wilford von einem Chronikenschreiber erzählt, ib. IX. p. 133, und von der Art, wie die Hindus die Engländer schildern, ib. p. 134. Indische Werke, welche Ansprüche auf einen historischen Charakter machen, wie die Chronik von Kaschmir und die Geschichtswerke von Ceylan, bestätigen das Gesagte.

2) Eine Inschrift, welche Anspruch auf hohes Alter macht, wird von den Kennern mit Recht für unecht gehalten. As. res. IX. p. 446. Die älteste entzifferte Inschrift scheint kurz vor oder kurz nach Chr. Geb. verfaßt zu sein. As. res. I. p. 123 f.; IX. p. 444.

theils einen weltgeschichtlichen. Sehen wir uns nach dem letztern, wie billig, zuerst um, so helfen die gewöhnlichen Berufungen auf die Alterthümlichkeit des indischen Wesens uns nicht weiter. Denn wenn auch der Charakter der indischen Sprache, welcher den stärksten Beweis abgiebt, entschiedene Zeichen enthalten sollte, daß in ihr der gemeinschaftliche Grund der sogenannten indo-germanischen Sprachen klarer hervortritt, als in der griechischen und in andern Sprachen desselben Stammes, so geht doch daraus noch keinesweges hervor, daß ihre schriftlichen Denkmale ein höheres Alter hätten, als die älteste Literatur bei andern Völkern, denn auf jeden Fall haben doch alle diese Literaturen später sich ausgebildet, als die Trennung der Sprachen erfolgt ist. Die meisten Werke der Inder, welche uns erhalten worden, sind ohne Zweifel jünger als selbst die Blüthe der griechischen Literatur, und den Zeitraum zu bestimmen, welcher zwischen den spätern indischen Werken und den ältesten Schriften dieser Sprache liegen möchte, scheint bei den bisherigen Hülfsmitteln unmöglich zu sein, da nur zwischen den alleräItesten Schriften und der neuern Literatur eine bemerkliche Verschiedenheit der Sprache sich findet und alles wohl erwogen überhaupt kein Maaß sich angeben läßt, in wie kurzer oder wie langer Zeit eine Veränderung der Sprache vorgehen könne, wenn man die Geschichte eines Volkes nicht aus andern Angaben kennt. Etwas anderes würde es sein, wenn aus den astronomischen Angaben, welche in indischen Schriften sich finden, über das Zeitalter ihrer Abfassung etwas mit Sicherheit erschlossen werden könnte; aber wenn wir auch das hohe Alterthum der indischen Astronomie zugeben, so waren doch diese Anfänge der Wissenschaft gewiß nicht genau genug, um eine Grundlage sicherer Schlüsse abzugeben*). Wenn wir daher auch geneigt sind einen, welthistorischen Einfluß der ältesten indischen Entwicklung anzunehmen, so liegt dieser doch außer dem Bereiche der Geschichte, welche wir zu erforschen vermögen, und geht vielleicht in die Zeiten zurück, in welchen die Scheidung der Völker und der Sprachen eben nur im Beginnen war. In die uns einigermaaßen zugängliche Geschichte anderer Völker scheinen die Inder erst eingegriffen zu haben durch die buddhistische Religion, während die ältere brahmanische Religion die Absonderung des indischen Volkes und seiner Kasten zu ihrer Grundlage hatte und daher nicht geeignet sein mochte, einen weiten Einfluß zu gewinnen. Daher läßt sich auch eine Sicherstellung der indischen Zeitrechnung durch Vergleichung mit den Zeitrechnungen anderer Völker nicht vor der Entstehung der buddhistischen Lehre erwarten; wenn man aber den Zeitpunkt dieser feststellen könnte, so würde dies für die weltgeschichtliche Würdigung der indischen Zustände von der größesten Wichtigkeit sein. Nicht gern möchten wir nun die Hoffnung aufgeben, daß hierüber noch einmal etwas Sicheres sich finden ließe; was aber bisher gefunden worden, bietet freilich kein brauchbares Ergebniß, wenn es nicht etwa dies sein sollte, daß wir

---

*) Noch neuerdings hat v. Bohlen in seiner Schrift über das alte Indien auf diese Angaben großes Gewicht gelegt. Dies scheint daran zu liegen, daß er sie aus der zweiten Hand hat; denn Colebrooke, der von denselben Angaben ausgeht, nennt selbst seine Vermuthung eine vage. As. res. VII. p. 484.

nicht hoffen dürfen, mit einiger geschichtlichen Sicherheit in ein hohes Alterthum der indischen Dinge vordringen zu können. Denn wenn man einigen vereinzelten und abenteuerlichen Angaben den Glauben versagt gegen zusammenhängende Ueberlieferungen, so hat man nur zu wählen zwischen der Annahme, daß der Buddha Gautama oder Sakyamuni, welcher als Urheber der buddhistischen Secte angesehen werden muß, im 11. oder im 6. Jahrh. v. Chr. gelebt habe*). Es muß hieraus erhellen, daß

*) Vergl. P. a Bohlen de Buddhaismi origine et aetate definiendis. Regim. 1827 p. 27 f.; vollständiger ders. über das alte Indien p. 315 ff.; Colebrooke Transact. of the r. Asiatical soc. I p. 521; Klaproth Mém. relatifs à l'Asie II, p. 56; Burnouf et Lassen Essai sur le Pali p. 48 ss. Die frühern Buddha's sind natürlich gar nicht zu rechnen, wie Burnouf gegen Hogdson richtig bemerkt. Journal des savans 1834. p. 22. Die Zeitrechnung, welche den Buddha in das 10. oder 11. Jahrh. v. Chr. setzt, herrscht bei Chinesen, Japanesen, Mongolen, auch Tibetanern, auch ungefähr in der Chronik von Kaschmir, welche aber für die ältern Zeiten gar keine Glaubwürdigkeit hat. Diese Zeitbestimmung hat Vertrauen erweckt wegen der chronologischen Genauigkeit der ostasiatischen Völker, von welchem aber viel abgezogen werden muß, weil diese Völker erst im 5. Jahrh. nach Chr. den Buddhaismus und seine Zeitrechnung empfingen. Daher erfüllen auch in diesen Angaben 28 Nachfolger des Buddha 1445 Jahre, eine Schwierigkeit, welche Abel-Remusat aus dem Wege zu räumen vergeblich versucht hat. S. dessen Mélanges asiatiques I p. 126. In der Annahme, daß der Buddha im 6. Jahrh. v. Chr. gelebt habe, stimmen die Chroniken von Ceylan, die Birmanen und Siamesen überein; auch die Zeitrechnung der Dschainas trifft damit nahe zu. Diese Uebereinstimmung würde ein großes Gewicht haben, wenn es nicht wahrscheinlich wäre, daß die zuerst angeführten Völker den Buddhaismus und seine Zeitrechnung aus derselben Quelle empfangen hätten. S. Burnouf et Lassen a. a. O. S. 52.

die welthistorische Bedeutung des indischen Volks, so weit sie geschichtlich nachgewiesen werden kann, noch nicht über die Zeiten hinaufreicht, in welchen man mit wenigstens ebenso großer Wahrscheinlichkeit die Anfänge einer eigenthümlich europäischen Bildung annehmen darf.

Sehen wir dagegen auf das Völkergeschichtliche, so möchten wir allerdings höhere Zeiten erreichen. Denn der Buddhaismus ist mit der größesten Wahrscheinlichkeit eine spätere Entwicklung des indischen Geistes. Wir müssen uns hierbei in eine Untersuchung der indischen Literatur einlassen, gestehen aber gern, daß die allgemeinen Ergebnisse, welche wir hier mittheilen werden, fern von der Genauigkeit sind, welche wir zu erreichen wünschten. Noch kennen wir die wichtigsten Schriften der Inder nur in Bruchstücken oder Auszügen. Besonnene Kenner dieser Literatur räumen gern ein, daß es voreilig sein würde, allgemeine Ergebnisse über dieselbe mit Zuversicht abschließen zu wollen *).

Man nennt gewöhnlich drei Perioden der indischen

*) So urtheilt Burnouf am angef. O. im Journ. des sav. und beruft sich dabei auf Colebrooke, Wilson, Bopp, A. W. Schlegel. Vergl. dagegen Stuhr, die chinesische Reichsreligion und die Systeme der indischen Philosophie u. s. w. (Berlin, 1835.) S. 44; 46; 104. Hier wird mir der Vorwurf gemacht, daß es mir an einer klaren und lebendigen Anschauung der Geschichte der Inder fehle. Nie habe ich eine solche zu besitzen behauptet; gern hätte ich sie von Stuhr angenommen, wenn eine Anschauung sich mittheilen ließe. Es sollen auch Widersprüche in meinen Meinungen mir nachgewiesen werden; als wenn Meinungen, die noch nach entgegengesetzten Seiten hinschwanken, ohne Widersprüche sein könnten. Wenn ich die Widersprüche verdeckt hätte, würde ich Tadel verdient haben.

Literatur an, die Periode der Veda's, der heiligsten Schriften der Brahmanen, die Periode der großen Heldengedichte, welche Itihasa's genannt werden, und die Periode der verfeinerten Ausbildung der Poesie am Hofe des Radscha Vikramaditja. Damit bezeichnet man aber nur die Perioden der ältern indischen Literatur vor Christi Geburt, eine vierte Periode müssen wir nach Christi Geburt setzen, welche wir die Periode der Commentare nennen wollen, indem in ihr wenigstens ein großer Theil der literarischen Thätigkeit sich auf Commentare der Veda's und anderer älteren Schriften richtete. Daß aus den beiden letzten Perioden der indischen Literatur die meisten Schriften bis jetzt erhalten sein mögen, ist an sich wahrscheinlich; auch läßt sich die Zeit dieser beiden Perioden allein mit einiger Wahrscheinlichkeit bestimmen, während die beiden ersten Perioden ganz in der Grenzscheide zwischen der mythischen und der historischen Zeit liegen, ungefähr wie die Abfassung der Mosaischen Schriften und der Homerischen Gedichte, deren Zeit zu bestimmen uns zu kühn scheint. Es ist jedoch aus häufigen und unzweideutigen Anführungen in den spätern Schriften gewiß, daß diese Perioden in der angegebenen Reihe sich gefolgt sind.

Alle diese vier Perioden müssen uns nun beschäftigen, wenn wir die indische Literatur in Beziehung auf die indische Philosophie betrachten; nicht als wenn wir der Meinung wären, daß die Hindu's in allen diesen Perioden philosophirt hätten, sondern weil die Ueberlieferung in alle diese Perioden solche Schriften oder Aeußerungen setzt, welche philosophischen Charakter an sich tragen.

Mit welchem Recht dies geschehe, darüber müssen wir uns zu verständigen suchen.

Im Allgemeinen ist nun zuerst zu erwähnen, daß in keiner Literatur so viele Werke vorhanden sind, welchen ein hohes Alterthum und uralte Verfasser mit Unrecht beigelegt werden, als in der indischen. Dies ist meistens der Unkunde, ja der Verachtung des Historischen, welche, wie schon gezeigt, bei den Indern herrschen, zuweilen wohl auch dem Betruge zuzuschreiben. Aber auch in den Werken, welche mit Recht auf hohes Alterthum Anspruch machen möchten, sind Verfälschungen und eingeschobene Stücke nicht selten anzutreffen. Dazu ladet, wie ein Kenner der Sanskrit-Literatur bemerkt [1]), schon die Form der Werke, welche nur einen lockern Zusammenhang gewährt, ein, und die indischen Gelehrten selbst gestehen, daß kein Buch sicher vor Veränderungen und Einschiebseln sei, bis man einen fortlaufenden Commentar desselben besitze [2]). Wenn nun das Commentiren, wie früher bemerkt, erst in der vierten Periode der indischen Literatur gewöhnlich geworden ist, so möchte es überhaupt mit der Unverfälschtheit indischer Schriften nicht sehr sicher stehen.

Gehen wir in die Untersuchung des Einzelnen ein. Was die heiligsten Schriften der Inder, die Veda's, be-

1) Wilh. v. Humboldt, über die unter dem Namen Bhagavad-Gita bekannte Episode des Maha-Bharata in den Abh. der Berl. Akad. d. W. v. J. 1825. S. 52. „Es wäre bei dieser Beschaffenheit des Gedichts in der That zu bewundern, wenn noch Alles darin so geblieben wäre, als es von dem ursprünglichen Sänger ausgegangen sein mag.“

2) Colebrooke As. res. VIII. p. 480.

5*

trifft, so wird ihnen das höchste Alter zugeschrieben, und gewiss sind sie älter als die ganze übrige Literatur der Hindu's, da es nicht leicht eine indische Schrift giebt, in welcher sie nicht erwähnt würden. Ob sie deswegen im 14. oder gar 16. Jahrhunderte vor Christi Geburt verfaßt oder gesammelt sind, darüber mögen wir nicht entscheiden *), weil eine jede wahrscheinliche Zeitrechnung dieses Alter noch lange nicht erreicht. Die Veda's sind von verschiednen Verfassern; sie bestehen theils aus Gebeten, theils aus religiösen Vorschriften, theils aus theologischen Lehren, welche alle in keinem Zusammenhange untereinander stehen. Gesammelt sollen sie sein von Dvapajana, welcher unter dem Beinamen Vjasa, d. h. der Sammler, bekannt ist, einer durchaus mythischen Person, welcher eine Unzahl von Werken beigelegt wird. Nun ist aber zu bemerken, daß vollständige Sammlungen der Veda's sehr selten sind, und noch merkwürdiger ist es, daß die Einrichtungen der Hindu's selbst darauf abzwecken, eine geschlossene Sammlung, wo nicht unmöglich zu machen, doch zu erschweren. Die Veda's werden nämlich in vier Theile getheilt, welche wieder verschiedene Unterabtheilungen haben; man soll schon Vjasa diese vier Theile nicht in ihrer Gesammtheit einem jeden seiner Schüler gelehrt, sondern nur einen Theil dem einen, den andern einem andern, und so sollen auch seine Nachfolger verfahren sein,

*) Die erste Annahme ist von Colebrooke, As. res. VII. p. 284, welcher jedoch stillschweigend seine Vermuthung zurückgenommen hat. As. res. VIII. p. 489. Die zweite Annahme ist von Jones, Vorr. zu Manu's Verordnungen p. XV. der deutsch. Uebers., nach einer sehr unsichern Ueberlieferung und Berechnung.

so daß niemals alle Veda's in einer Hand waren [1]). Außerdem aber erwähnt die Ueberlieferung Veranstaltungen der Veda's und verschiedne Offenbarungen, auch neue Bildungen ihrer einzelnen Theile, so daß selbst zwei sehr verschiedne Texte eines ganzen Theils, des Dschagur-Veda, vorhanden sind, und endlich die Verschiedenheit der Veda's so weit gegangen sein soll, daß 1100 verschiedne Schulen entstanden, von welchen eine jede andere Veda's oder andere Vorschriften zu ihrem Gebrauch besitzen will [2]). Fast noch merkwürdiger ist es, daß es bei den Hindu's als Vorschrift gilt, die Veda's dürften nicht in einen Band zusammengebunden, sondern nur auf einzelnen Blättern aufbewahrt werden [3]). Jeder sieht, wie hierdurch der allmäligen Vergrößerung der Sammlung der größeste Vorschub geleistet wird. Nun führt zwar Colebrooke, der uns die besten Nachrichten über die Veda's gegeben hat, einige andere Mittel an, wodurch die ursprüngliche Gestalt der Sammlung zu bewahren bezweckt werde, als da sind: Vorschriften zu abergläubischen Lehrweisen, Inhaltsverzeichnisse, Glossare, Commentare [4]); aber alle diese Mittel dienen doch nur seit der Zeit zur Sicherung des Textes, seit welcher sie gebraucht werden, und die Commentare wenigstens scheinen nicht sehr alt zu sein [5]). Folgen wir

1) Spätere Einrichtungen scheinen hiervon abgegangen zu sein. As. res. VIII. p. 381 not. Oder ist die jetzige Einrichtung neu, und mit ihr die Tradition, welche auf ihr beruht?

2) Colebrooke on the Vedas p. 382 f. in d. As. res. VIII.

3) Heeren's Ideen II. S. 549. 1ste Ausg. nach Polier.

4) Colebrooke a. a. O. S. 480 f.

5) Einer der ältesten und berühmtesten Commentatoren der Veda's, Sankara Atscharja, soll etwa vor 800—900 Jahren ge-

nun der Meinung der indischen Gelehrten, daß kein Werk vor Veränderungen sicher ist, bis es vollständig commentirt worden, und bemerken wir, daß wahrscheinlich alle Commentare der Veda's nur einzelne Theile derselben betreffen, wenigstens kein vollständiger Commentar bisher den Gelehrten bekannt geworden ist: so sehen wir durchaus nicht ab, wie weit die Umgestaltung und Erweiterung dieser ältesten Schriften gegangen sein mag.

Bis jetzt sind uns die Veda's nur sehr mangelhaft aus zufälligen oder absichtlichen Auszügen bekannt, doch hinlänglich, um nicht nur Spuren, sondern die offenbarsten Zeichen späterer Einschiebsel zu entdecken. Zuerst ist schon der vierte Theil der Veda's, der Atharva-Veda, in dem Verdacht, daß er spätern Ursprungs als die meisten alten Schriften der Hindu's sei, indem in diesen gewöhnlich nur drei Veda's, der Rig-, der Dschagur- und der Sama-Veda, erwähnt werden. Colebrooke hat zwar das Alterthum jenes Veda zu vertheidigen gesucht *), aber nur, weil er in einer Stelle des Sama-Veda erwähnt wird, während vielmehr hieraus, und weil auch die übrigen Theile der Veda's in dieser Stelle angeführt werden, geschlossen werden muß, daß diese Stelle ein später, erst mit oder nach der Sammlung der Veda's verfaßtes Stück sei; denn vor der Sammlung der Veda's konnte doch ihre Eintheilung nicht vorhanden sein. Solche Stellen aber, in welchen die Veda's sich selbst und alle ihre Theile

---

lebt haben. Prabod'h chandro'daya or the moon of intellect etc. transl. by J. Taylor. Lond. 1812. p. V.

*) A. a. O. S. 380.

voraussetzen, sind nicht selten in den Stücken, welche man uns mitgetheilt hat [1]), und es geht aus solchen Stellen mit Gewißheit die nach der ersten Sammlung geschehene Verfälschung des Werks hervor. Wenn man nun ferner annimmt, daß die Veda's in der ältesten Periode der indischen Literatur verfaßt sind, so muß man auch zugeben, daß in ihnen die größeste Einfachheit der Denkweise und des gesammten gesellschaftlichen und literarischen Zustandes sich darstellen werde, solche Stellen aber muß man für Einschaltungen gelten lassen, welche sich von der alterthümlichen Einfalt entfernen und einen ausgebildetern Zustand der Gesellschaft und der Literatur verrathen. Auch von diesem Gesichtspunkte aus sind wir genöthigt, viele Stücke der Veda's als spätere Einschiebsel zu betrachten. Dahin gehören die Stellen, in welchen die epischen Gedichte der Hindu's, die Itihasa's, oder das, was man die indischen Theogonien genannt hat, die Purana's, erwähnt werden; ja es zeigt sich, daß selbst Grammatik, Lexikon, Erklärung der schweren oder veralteten Wörter der Veda's, daß Prosodie, Astronomie und Logik den Verfassern der Veda's nicht unbekannt waren [2]). Außer diesen offenbaren Zeichen späterer Abfassung finden sich manche andere Spuren, welche auf eine von der ältesten religiösen Denkart der Hindu's abweichende Lehre

1) Z. B. a. a. O. S. 379; 409; 415; 444; 474. As. res. VII, p. 251. Sogar die höchste Autorität der Veda's wird in den Veda's selbst geleugnet. S. 444.

2) Colebrooke l. l. p. 444; 475. An der ersten Stelle giebt Colebrooke eine erzwungene Erklärung der Commentare an, welche doch die Schwierigkeit nicht ganz hebt.

deuten, und deswegen schon von dem verdienstvollen Colebrooke als die Stücke, in welchen sie enthalten sind, verdächtigend bezeichnet worden sind [1]).

Nun ist es nicht zu leugnen, daß sich in den Veda's manche Stellen finden, welche auf philosophische Lehren ziemlich bestimmt hindeuten. Sie finden sich hauptsächlich in den sogenannten Upanischad's, d. h. in den Auszügen aus den Brahmana's, welche den zweiten Theil eines jeden Veda's bilden [2]). Allein es ist auch klar, daß alle diese Stellen, uns so lange als Quellen für die Geschichte der indischen Philosophie zu benutzen verboten ist, bis wir irgend ein Mittel gefunden haben, die Zeit ihrer Abfassung einigermaaßen zu bestimmen. Ich glaube eben keinem bedeutenden Widerspruche zu begegnen, wenn ich die Meinung ausspreche, daß alle Theile der Veda's, welche einen entschieden dogmatischen Charakter an sich tragen, erst später und nicht in der ersten Periode der indischen Literatur,

1) L. l. p. 493 ss. Ich füge hinzu, daß selbst die orthodoxen Hindu's untergeschobne Stellen der Veda's annehmen. Transact. of the R. As. Soc. I. p. 448. Aus einer Hymne, welcher ganz die alterthümliche Sprache und Versekunst der übrigen Veda's fehlt, schließt Colebrooke, daß die jetzige Sammlung der Veda's erst nach der völligen Ausbildung der indischen Sprache und Poesie gemacht worden sei. Ib. p. 461. Sollten nicht vielmehr solche Stücke noch nach der ersten Sammlung der Veda's eingeschoben worden sein?

2) Beiläufig bemerke ich, daß die Sammlung von Upanischad's, welche aus einer persischen Uebersetzung Anquetil du Perron unter dem Titel Oupnek'hat bekannt gemacht hat, erwiesener Maaßen viele Verdrehungen und Umdeutungen der Lehre enthält, und daher ganz unbrauchbar für die historische Forschung ist. Vgl. Rhode über relig. Bildung, Mythol und Philos. der Hindu's. 1. Bd. S. 99 f.

nach und aus der Sammlung der Veda's entstanden sind. Denn die Dogmatik erzeugt sich erst aus dem ursprünglichen Texte der heiligen Schrift. Aus demselben Grunde hat auch Colebrooke den Brahmana's mit ihren Upanischad's eine spätere Entstehung, als den Gebeten und Hymnen der Veda's zugeschrieben [1]). Doch muß ich noch bemerken, daß die spätern Einschiebsel in die Sammlung der Veda's sich nicht auf die lehrenden Theile beschränkt haben, sondern auch Gebete gefunden werden, welche offenbar nach der Sammlung der Veda's verfaßt worden sind [2]).

Ehe wir nun zu der zweiten Periode der indischen Literatur übergehen, verdient noch die Sammlung indischer Gesetze, welche unter dem Titel: die Verordnungen des Menu oder des Manu, bekannt ist, unsere Beachtung. Man hat von diesem Werke angenommen, daß es seinem Alter nach zwischen den Veda's und den Itihasa's in der Mitte stehe. Auf die sprachlichen Gründe, welche dafür von Jones aufgeführt worden sind [3]), kann ich nicht ein-

---

1) L. l. p. 387. Hymnen des Rig-Veda hat neuerlich Rosen (London 1830. 4.) herausgegeben, und man kann nun in einem größern Umfange die Beschaffenheit dieser Art heiliger Poesie übersehen. Es kann kein Zweifel sein, daß sie einer andern Zeit angehören, als die lehrenden Theile der Veda's.

2) S. oben. So auch das Gebet, in welchem die drei Theile der Veda's als aus dem Opfer des eingekörperten Geistes hervorgehend gedacht werden. As. res. VII. p. 251.

3) Vorrede zu Menu's Verordn. S. XII f. Jones setzt nach einer abenteuerlichen Combination das Alter dieser Sammlung um 880 v. Chr. Sein Aberglaube für das Alterthum der indischen Sache läßt sich nicht verkennen. Fr. Schlegel, über die Sprache und Weisheit der Indier S. 95, scheint Manu's Gesetzen ein noch höheres Alter zuzuschreiben, indem er sie ein Denkmal nennt, „dem

ziehen, doch versichert ein Kenner der Sanskrit-Sprache, daß Jones' Behauptungen hierüber von Uebertreibung nicht frei seien. Es bleibt mir nichts übrig, als aus dem Inhalte jener Sammlung ihr relatives Alter abzuschätzen. Nun ist zu bemerken, daß dieses Werk, gleich vielen andern der indischen Literatur, nur eine Zusammensetzung aus vielen verschiedenartigen Bestandtheilen, eine Gesetzsammlung, aber nicht ein nach einem Plane oder gar von einem Manne gegebenes Gesetzbuch ist. Dafür lassen es schon die Einleitung und der Beschluß, noch mehr aber die verschiedenartigen Gesetze über ein und dasselbe Verbrechen, endlich die ganz lockere Zusammenreihung des Gesammelten erkennen *). Es kann also wohl sein, daß dieses sonderbare Werk, welches von den seltsamsten Verordnungen und Gründen für die Verordnungen voll ist, aus Bestandtheilen sehr verschiedner Zeitalter besteht. In manchen der Verordnungen möchte man alterthümliche Einfalt finden, andere dagegen zeugen von einem Zeitalter der Cultur, welche nicht der ersten Entwicklung eines Volks gemäß

---

keine gesunde Kritik ein geringeres Alter anweisen wird, als dem ältesten, was die westliche europäische Welt irgend aufzuweisen hat." Also älter als Homer's Gesänge. Der Ausspruch Schlegel's hat das Ansehen eines gewissen Trotzes auf sein eignes Ansehen, welchem wir nicht gern erwiedern möchten, wiewohl Trotz zu Trotz auffordert. Damit unsere Kritik nicht für gar zu ungesund gehalten werde, berufen wir uns auf das Ansehen anderer Männer, welche anders, als Schlegel, geurtheilt haben. S. Schlosser's universalhistorische Uebersicht d. Gesch. d. alten Welt 1. Thl. 1. Abth. S. 149. Rhode über religiöse Bildung u. s. w. 1. Thl. S. 124. 125.

*) Der Kürze wegen berufe ich mich auf Rhode's angef. Schrift 2. Thl. S. 581. 583.

ist, noch andere von einem tiefen Verderben und einer allgemeinen Verwilderung des Volks, unter welchem sie nöthig waren. Es mag sein, daß Gift und Dolch, Verschnittene, das äußerste Mistrauen der Häuptlinge untereinander, gegen ihre Staatsbedienten und gegen das Volk selbst uralt im Orient sind, aber daß eine so raffinirte Spionerie und eine so schonungslose, mit völligem Bewußtsein der Selbstsucht geübte Politik, wie sie Manu's Gesetzsammlung den Fürsten zur Pflicht macht, daß die Erlaubniß, falsches Zeugniß abzulegen, daß auch der Atheismus in Masse, welchen sie kennt, einem Volke in seiner anfangenden Bildung angehören sollten, können wir uns nicht denken [1]). Auch finden wir in diesem Werke Spuren davon, daß die alten Einrichtungen des indischen Lebens, wie es auf der Kasten-Eintheilung beruht, zur Zeit seiner Sammlung nicht mehr in völliger Achtung standen [2]), daß sich schon verschiedne Meinungen über Gegenstände der Religion gebildet hatten [3]), und alles dies muß uns zum Beweise dienen, daß es nicht ein Werk der jugendlichen Literatur der Hindu's sei. Zum Ueberfluß zeigt sich denn auch, daß den Verfassern der Gesetze nicht nur die Brahmana's und Upanischad's der Veda's, sondern auch die Purana's, die Vedanga's und Sastra's, d. h. die gelehrten Schriften über Grammatik, Metrik, Mathematik und dergleichen, bekannt sind, daß

---

1) S. Rhode Bd. 2 3. Abschn. Vergl. außerdem Manu's Verordnungen II, 11; VIII, 22; 105.

2) Manu's Verordn. IV, 84; VIII, 21.

3) Ib. IV, 32; XII, 128.

sie es einschärfen, die Veda's nach den Accenten zu lesen, daß sie auch die Nirukta, d. h. die Glossare über die Veda's, erwähnen [1]). Was würde man wohl meinen, wenn man griechischen Schriften, in welchen solche gelehrte Kenntnisse erwähnt würden, ein hohes Alterthum beilegen wollte? Oder gelten bei der Betrachtung orientalischer Dinge nicht dieselben Gesetze der Kritik, welche sich bei der Untersuchung der Werke des Hermes Trismegistos, des Orpheus und der Sibyllen bewährt haben? Man würde Recht haben, andere Gesetze für jene als für diese Dinge zu verlangen, wenn die Gesetze nicht auf der Betrachtung des allgemein menschlichen Wesens beruhten.

Weswegen wir dem vorgeblichen hohen Alter aller Gesetze, welche in Manu's Verordnungen stehen, eine weitläufige Prüfung gewidmet haben, liegt darin, daß man aus ihrem hohen Alterthum das hohe Alterthum der indischen Philosophie hat beweisen wollen [2]). Denn nicht nur enthält das Gesetzbuch selbst manche philosophische Sätze, sondern es erwähnt auch zwei Arten der indischen

---

1) Dies möchte man der Meinung über die alterthümliche Sprache des Manu-Gesetzbuchs entgegenstellen, indem doch ein Glossar erst dann entstehen konnte, als die Sprache der Veda's schon sehr veraltet war. Vergl. Manu's Verordn. Vorrede; II, 105; III, 185; IV, 98; 99; 100; XI, 263; XII, 109; 111. Ich bemerke noch, daß unter den fremden Völkern, welche Manu's Gesetz, X, 44, anführt, die Chinesen und Perser wohl nicht verkannt werden können, aber auch die Javana's vorkommen, welche doch, nach allgemeiner orientalischer Sprachweise, die Griechen bezeichnen sollen.

2) Fr. Schlegel a. a. O. S. 96.

Philosophie, die Njaja und die Mimansa[1]), und anstatt daß man hätte schließen sollen, weil philosophische Systeme in ihm erwähnt werden, könne das Werk nicht so gar alt sein, hat man geschlossen, weil das Werk alt sei, müßte auch die darin erwähnte Philosophie alt sein. Unser Schluß beruht auf der Voraussetzung oder Einsicht, daß die Philosophie nicht das Werk einer so eben beginnenden und noch in der ersten Ausbildung begriffenen Nation, sondern das Werk des männlichen, oder wenigstens des reifenden Alters, sowohl der einzelnen Menschen, als ganzer Völker sei[2]).

---

1) XII, 109; 111.

2) Vergl. Stuhr a. a. O. S. 45, welcher natürlich über solche Zweifel hinweg ist. Er findet es unbedenklich, daß die Inder früher Mathematik, Grammatik und Metrik, als Gesetze kannten. Dies beruht auf seiner klaren Anschauung der indischen Geschichte, zu welcher ich nur schweigen kann. Aber er führt auch einen Grund gegen meine Gründe an, nämlich daß Grammatik, Metrik und Mathematik auch in dem Ramajana und Maha-Bharata erwähnt würden. Dagegen habe ich zu erinnern: 1) ist der Beweis so, als wenn jemand sagen wollte, anaxagorische Philosophie könnte auch im Hesiodos vorkommen, weil sie im Euripides vorkäme; 2) hätte Stuhr sich erinnern sollen, daß ich geneigt bin, auch viele Stücke jener Heldengedichte für später eingeschoben zu halten, wenn nämlich diese Heldengedichte so alt sein sollten, als gewöhnlich angenommen wird, wovon ich denn wohl eben die Stücke nicht ausnehmen werde, welche Mathematik u. s. w. kennen. Meine übrigen Zweifel sind von Stuhr ganz übergangen worden. Warum hat er uns nicht gesagt, wie es komme, daß die Purana's, die Nirukta, die Javana's und der Streit verschiedner Religionsmeinungen in den Gesetzen Manu's erwähnt werden? Doch dies sind kritische Kleinigkeiten; worüber ich mich aber ernstlich zu beklagen habe, das ist, daß Stuhr meine Sätze verdreht, wenn er anführt, daß ich die Alterthümlichkeit der Gesetze des Manu in Abrede stellte, indem er alles, was in dieser Sammlung enthalten ist, in ein Gan-

Wir kommen auf die zweite Periode der indischen Literatur. Ueber das, was von der uns bekannten indischen Literatur zu dieser Periode gehöre, kann gestritten werden. Gewöhnlich pflegt man wohl, außer der Abfassung der beiden Itihasa's, d. h. des Ramajana und des Maha-Bharata, auch die Abfassung der achtzehn Purana's [1]), welche dem Vjasa zugeschrieben werden, ihr zuzuweisen. Allein das hohe Alterthum der Purana's, wenn sie auch in Stücken der Veda's und in den Verordnungen des Manu erwähnt werden, ist durch neuere Untersuchungen als fabelhaft dargestellt worden [2]), und selbst die Annahme, daß nur einzelne Theile derselben aus jüngerer Zeit wären, scheint sich nicht halten zu lassen. Sie können mit unsern Encyklopädien verglichen werden, indem sie fast alle Wissenschaften der Inder umfassen [3]), welches schon ein ziemlich spätes Zeitalter verrathen möchte. Dafür sprechen auch der Stil und die mährchenhaften Uebertreibungen, von welchen sie voll sind; am entschiedensten aber beweisen es ihre sogenannten prophetischen Abschnitte, welche bei mehrern derselben bis auf die Zeiten der Eroberung Indiens durch die Muhammedaner und des Radscha

---

zes zusammenfaßt; ich habe nur behauptet, daß nicht alles in ihr von dem hohen Alter ist, welches man der ganzen Sammlung beigelegt hat.

1) So viel werden gewöhnlich gezählt. Jones As. res. p. 341. Genaueres giebt Wollheim, De nonnullis Padma-Purani capitibus. Berol. 1831. 4. p. 1 ss.

2) Bopp die Sündflut nebst drei andern der wichtigsten Episoden des Maha-Bharata S. IX; XXIII; Wollheim l. l. p. 1; v. Bohlen das alte Indien II. S. 189 ff.

3) Colebr. as. res. II. p. 202; Rhode I. S. 111.

Bhodscha, d. h. ungefähr bis in das 11. Jahrhundert unserer Zeitrechnung, herabreichen [1]).

Das höhere Alter der Itihasa's dagegen kann nicht bezweifelt werden. Es fällt unstreitig zwischen der Abfassung der Veda's und dem Zeitalter der zierlichen Ausbildung der indischen Dichtkunst, womit wir ihm freilich eine nur sehr unbestimmte Stelle anweisen. Mit diesen Werken sind wir nun auch besser bekannt, als mit den Purana's und den Veda's, aber um so mehr sehen wir auch an ihnen die Schwierigkeiten ein, welche die Kritik noch zu überwinden hat, ehe sie zu einiger Sicherheit über die indische Literatur führen kann; so sehr ist in ihnen Altes mit Neuem gemischt. Was zuerst den Ramajana betrifft, so wird uns von ihm erzählt, er sei von Valmiki, einem alten Weisen, der schon in den Veda's erwähnt wird, verfaßt worden, zu den Zeiten des Kalidasa aber nicht mehr in seinem ganzen Zusammenhange vorhanden gewesen, und keiner habe ihn wieder herzustellen gewagt, außer Kalidasa. Diese Ueberlieferung scheint wenigstens so viel zu beweisen, daß erst in spätern Zeiten die Masse von Erzählungen, welche den Ramajana bilden, geordnet und in eine Art von Zusammenhang gebracht worden sei; denn der Zusammenhang ist noch immer locker genug. Ich darf mich hier auf die Untersuchungen Rhode's über dieses Gedicht berufen [2]), welche

1) As. res. VIII. p. 201; 243; 244; IX. p. 153; Transact. of the R. A. S. I. p. 225; Colebr. as. res. VII. p. 280; VIII. p. 437; Rhode I. S. 114.

2) I. S. 126 f. Sie fußen auf der englischen Uebersetzung von W. Carey und J. Marshman, von welcher aber nur der 1.

theils aus innern Gründen, theils aus einem alten Inhaltsverzeichnisse darthun, daß viele Episoden und andere kürzere Stellen der Sammlung des Gedichts eingeschoben worden sind. Dies geht unter andern auch daraus hervor, daß der ganze Ramajana in der jetzigen Sammlung als schon vorhanden vorausgesetzt wird. Die Episoden sind so bedeutend, daß sie im ersten Buche drei Viertel des Ganzen ausmachen.

Doch erfordert, bei unserer Absicht auf die Geschichte der Philosophie, der Ramajana nicht eben sehr unsere Beachtung, da nur Weniges in ihm auf philosophische Lehren deutet. Weit wichtiger ist uns der Maha-Bharata, das zweite große Heldengedicht der Inder, besonders wegen der Episode in ihm, welche unter dem Namen des Bhagavad-Gita berühmt ist, und einen entschieden philosophischen Charakter an sich trägt. Die Zusammensetzung des Maha-Bharata ist uns weniger bekannt, als die des Ramajana, auch finden Kenner das ganze Werk nicht zur Bekanntmachung geeignet, indem zu viel des Minderbedeutenden in dasselbe verflochten sei *). Es wird ebenfalls dem mythischen Vjasa zugeschrieben, und ist eine Zusammensetzung aus den mannigfaltigsten Episoden von verschiednem Werthe, so daß es, nach dem Urtheile Bopp's, für sich allein eine Literatur ausmachen oder eine mythologische, philosophische, poetische und historische Encyklo-

---

und der 3. Thl. nach Europa gekommen sind. Vergl. auch Wilken in den Heidelb. Jahrb. 1814 S. 381.

*) Bopp's Ardschuna's Reise Vorrede S. V.

pädie vertreten könnte *). Hiernach kann nun wohl kein Zweifel sein, daß es nicht sowohl ein Werk, als eine Sammlung von Werken ist, in welche Erzeugnisse sehr verschiedner Zeitalter und mehrerer Verfasser, verschieden an Geist und an Talent, zusammengeflossen sein mögen. Als eine Episode dieses Werks muß nun auch der erwähnte Bhagavad-Gita angesehen werden, welcher ein langes Gespräch Kirschna's und Ardschuna's im Momente des Schlachtanfangs erzählt, belehrenden Inhalts über die Pflicht des letztern, die Feinde zu vernichten. Die Frage nach dem Alter dieses Gesprächs ist eine Frage, ganz unabhängig von der Frage nach dem Alter des Heldengedichts, in welchem es enthalten ist.

Diese Heldengedichte, besonders der Ramajana, sind oft mit den Gedichten des Homer verglichen worden, ihrer kunstlosen Schönheit, der Einfachheit ihrer Denkart, ihres hohen Alters wegen. Wollten wir annehmen, daß die Hindu's zur Zeit der ersten Abfassung dieser Gedichte ungefähr auf derselben Stufe ihrer Entwicklung gestanden hätten, als die Griechen zur Zeit der Homerischen Dichtungen, so würden wir viele ihrer Episoden als spätere Einschiebsel zu betrachten haben. Denn es wird in denselben nicht nur eine viel zusammengesetztere Staatsform vorausgesetzt, als in den Homerischen Dichtungen, sondern auch auf künstliche und wohllautende Verse wird ein sehr großer Werth gelegt, ja die Ausbildung der indischen Wissenschaft in den Anga's und Upanga's ist den

*) Bopp's eigene Worte, S. VI.

Verfassern bekannt, d. h. sie haben Kenntniß von der Grammatik, wissenschaftlichen Metrik, Musik, Mathematik u. s. w.[1]); ich will nicht erwähnen, daß sie nicht nur ein System der Philosophie aufstellen, sondern auch schon früher ausgebildete Systeme der Philosophie kennen. Es entgeht mir nicht, wie mislich, ja wie unstatthaft die Vergleichung der indischen Heldengedichte mit dem Homer ist; aber ich glaube doch, daß alle die oben angeführten Umstände Zeichen einer spätern Zeit sind, als in welche man gewöhnlich die ursprüngliche Abfassung jener Gedichte zu setzen pflegt[2]).

Die Sprache in den Heldengedichten der Hindu's ist nach den Urtheilen der Kenner schon vollkommen ausgebildet; die spätere Zeit hat nur eine noch größere Zierlichkeit der Wortfügung und der Versmaaße ihr zugefügt, und so können wir die Periode, in welcher Kalidasa seine bewunderten Gedichte schrieb, als diejenige betrachten, in welcher man von der natürlichen Kunst zu einer Kunst, welche sich der Kunst bewußt ist, gekommen war. Als einen Uebergang aus jener epischen Dichtkunst zu dieser, welche das dramatische Gedicht so gut wie das epische

---

1) S. z. B. Nalas und Damajanti Gs. 12; Ramajana zu Anfang; in dem Bhagavad-Gita wird ein grammatisches Kunstwort erwähnt. S. 87 der engl. Uebers. v. Th. Wilkins.

2) Hierbei muß ich erwähnen, daß Wilson aus der häufigen Erwähnung der Javana's im Maha-Bharata vermuthet, daß dieses Gedicht von Zeiten nach den Feldzügen Alexander's des Großen handele. S. Klaproth, Mém. rel. à l'Asie II, p. 281 f. Diese Vermuthung ist besonders wichtig, weil sie den Kern des Maha-Bharata betrifft, von welchem uns bisher fast nur Episoden bekannt geworden sind.

pflegte, kann man die Ausbildung der lyrischen Dichtart ansehen, deren Haupt Dschajadeva, der Verfasser der Gita-Govinda, vor dem Kalidasa gelebt haben soll. Mit dem Zeitalter des Perikles das Zeitalter des Vikramâditja, des indischen Beschützers der Künste und Wissenschaften, zu vergleichen, verhindert uns unter andern die Vermischung der Dichtarten, welche zu dieser Zeit stattgefunden haben soll, indem Kalidasa der Verfasser nicht nur der Sakuntala, des berühmtesten Schauspiels der Hindu's, sondern auch eines Heldengedichts über die Thaten des Rama und eines Lehrgedichts über die Metrik genannt wird [1]). Dies beweist uns, daß zu dieser Zeit die Dichtkunst ihre Formen mit vieler Willkür wählen konnte, und daher mehr von der reflectirenden Betrachtung, als von einer bestimmten Richtung des Volks abhängig war.

Für dieses Zeitalter der indischen Literatur haben wir nun einen unschätzbaren Vortheil vor den frühern Perioden voraus, daß wir nämlich mit einiger Wahrscheinlichkeit die Zeit bestimmen können, in welche es fällt, ein Vortheil, durch welchen es uns erst möglich wird, einen welthistorischen Zusammenhang zwischen den Hindu's und den übrigen Völkern auf geschichtliche Weise bestimmen zu können. Diese Zeitbestimmung hängt daran, daß Kalidasa in seinem Prolog zur Sakuntala anführt, dies neue Stück solle vor dem Hofe des Vikramaditja vorgestellt werden, und daß vom Tode des Vikramaditja eine Aera, welche noch jetzt bei den Hindu's in Gebrauch ist [2]), die

---

1) Colebrooke, As. res. X. p. 425.

2) Doch wahrscheinlich nur in kirchlicher Beziehung, denn im bürgerlichen Leben rechnet man nach Jahren der Hedschra.

Zahl der Jahre rechnet. Nur ist freilich hierin zweierlei, was einer genauern Bestimmung bedürftig sein möchte. Zuerst kann nicht mit völliger Gewißheit gesagt werden, ob der Radscha Vikramaditja, an dessen Hofe Kalidasa dichtete, derselbe sei, nach dessen Todesjahr die Zeitrechnung der Hindu's bestimmt ist; denn es hat mehrere Radscha Vikramaditja gegeben [1]). Wenn wir aber bedenken, daß die allgemeine Ueberlieferung die Einerleiheit beider annimmt, und daß wohl auch eine für Indien allgemein merkwürdige Regierung zur Bezeichnung einer Epoche für die indische Zeitrechnung allein passend war, so werden wir sehr geneigt, hierin der allgemeinen Ueberlieferung und der Meinung fast aller, welche über indische Literatur geschrieben haben, beizustimmen [2]). Zweitens ist freilich auch nicht gewiß, nach welcher Jahreslänge die Hindu's vom Beginn ihrer Aera an gerechnet haben;

---

1) S. Wilford's Abhandl: Vicramaditya and Salivahana in As. res. IX. Bentley, ib. VIII. p. 243. 244, sucht zu zeigen, daß der Vikramaditja, zu dessen Zeit Kalidasa lebte, der Sohn des Radscha Bhodscha war, also etwa im 11. oder 12. Jahrh. n. Chr. lebte. Seine Gründe würden auch genügen, wenn sie nicht aus indischen Schriften wären, d. h. aus Schriften, welche Altes und Neues ohne Unterschied unter einander mischen.

2) Dafür könnten auch wohl aus Inschriften indirecte Beweise gezogen werden, wie aus denen, welche As. res. I. p. 123. 134. 284 mitgetheilt werden. Derselbe Mann, welcher in der Inschrift Amara-Deva heißt, wird sonst Amara-Sinha, einer der neun Juwelen des Vikramaditja, genannt; die Inschrift ist vom Jahre 1005 nach Vikr., also aus dem 10. Jahrh. n. Chr. Zu dieser Zeit mußte der Tempel, welchen Amara-Sinha baute, wieder in das Gedächtniß zurückgerufen werden, Amara-Sinha war also offenbar viel älter als Radscha Bhodscha.

aber ihr Jahr kann doch wohl von dem wahren Sonnenjahre nicht sehr abweichend gewesen sein, so daß wenigstens die hieraus entstehende Ungenauigkeit nicht sehr bedeutend sein möchte, indem es bei einer so unsichern Geschichte, wie die indische ist, auf die genaueste Bestimmung des Jahrs nicht ankommt. Wir können es also mit ziemlicher Wahrscheinlichkeit annehmen, daß Kalidasa und die neun Edelsteine der Literatur am Hofe des Vikramaditja, zu welchen Kalidasa gezählt wird, in dem letzten Jahrhunderte v. Chr. G. lebten [1]). Aber wir können auch nur mit Erstaunen bemerken, wie eine Zeit, welche so hell gewesen sein muß durch ausgezeichnete Geister, fast ganz verdunkelt worden ist in den Sagen der Nachwelt [2]), nicht durch eine darauf folgende Zeit der Barbarei, sondern allein durch die Schuld des Volks, welches seine Dankbarkeit und seine Liebe gegen die großen Geister, seine geistigen Väter und Lehrer, nicht durch wahre Geschichte, sondern nur durch vergötternde Fabeln über sie auszudrücken verstand.

Indem wir nun bei allen diesen Untersuchungen über die indische Literatur unsern Zweck festhalten, über das, was von den Hindu's selbst über ihre Philosophie unzusammenhängend und voller Widersprüche uns überliefert

---

1) Die Aera des Vikramaditja wird vom Jahre 56 v. Chr. Geb. gezählt. Die neun Edelsteine heißen Dhanvantari, Kschapanaka, Amara-Sinha, Sanku, Betalabhatta, Ghatakarpura, Kalidasa, Varaha-Mihira und Vararutschi. As. res. VIII. p. 242. Die uns näher bekannten sind durch den Druck ausgezeichnet.

2) S. Wilford's oben angef. Aufsatz.

worden ist, wenigstens zu einiger Wahrscheinlichkeit zu kommen, können wir uns einer allgemeinen Bemerkung gegen diejenigen nicht enthalten, welche gern allem, was die indische Farbe trägt, das höchste Alterthum gewinnen, und von indischem Ursprunge allen Völkern Lehre und Einrichtungen des Lebens ableiten möchten. Man behauptet, alle menschliche Bildung sei älter bei den Indern, als bei den Europäern [1]), und wer etwas so ganz nach oberflächlicher Vorstellung Gewagtes ausspricht, dem ist dann auch wohl der Schluß zu verzeihen, weil dies oder jenes dort früher gewesen sei, so sei es hierher von dort gekommen. Solchen vagen Behauptungen schließt nun aber Thür und Thor ein mächtiger Riegel, das, was als der einzige wahrscheinliche Haltpunkt in den Erzählungen der Hindu's erscheint, nämlich die Ansicht, welche wir von dem Zeitalter des Vikramaditja nach allen glaubhaften Zeugnissen fassen müssen. Die dramatische Kunst, welche man nicht mit Unrecht für den höchsten Gipfel der Dichtkunst zu halten pflegt, überhaupt die Blüthe der Literatur, wie sie mit Bewußtsein ihrer Absichten sich frei und besonnen bewegt, ist drei bis vier Jahrhunderte jünger bei den Indern, als bei den Griechen [2]). Daraus

---

1) A. W. Schlegel, Vorrede zum Bhagavad-Gita, S. XXV, sagt: Quod si omnia, quae ad cultum humanitatis spectant, longe antiquiora apud Indos et Aegyptios, quam apud Graecos fuisse constat: quidni illis Pythagoram suum vel Platonem concedemus multis saeculis ante, quam hi, quos nominavi, philosophi, et ipsi sacerdotum Aegyptiorum disciplina imbuti, in Graecia florerent?

2) Von der Blüthe der indischen Literatur sprechen wir, wie wir von der Blüthe der griechischen Literatur zu den Zeiten des Po-

mag denn mit Recht geschlossen werden, wenn überhaupt unsere mangelhafte Kenntniß des indischen Wesens einen Schluß erlaubt, daß auch das meiste dessen, was Zeichen einer höhern Bildung in Wissenschaften und Künsten ist, bei den Indern später war, als bei den Griechen.

Doch dürfen wir nun hieraus nicht unüberlegt folgern, daß auch die übrigen, vor dem Zeitalter des Vikramaditja vorhergehenden Perioden der indischen Literatur später sind, als die entsprechenden Perioden bei den Griechen. Immerhin mögen die Gesänge, aus denen der Ramajana hervorgegangen ist, älter sein, selbst als die Gesänge des Homer; darüber enthalten wir uns des Urtheils; denn es läßt sich auch nicht einmal annäherungsweise bestimmen, wie lange eine Entwicklungsperiode bei einem Volke gedauert haben möge. Dies hängt von äußern Umständen und von der innern Regsamkeit des Volks ab. Ja indem wir unserer Ueberzeugung getreu bleiben, daß Indien einer der frühesten Herde menschlicher Bildung gewesen sei, sind wir geneigt, die frühern Perioden der Heldengedichte und der Veda's als sehr lange dauernd zu betrachten, und finden auch nicht unerhebliche Gründe für diese Meinung. Denn die Inder scheinen, wie die Chinesen, immer in einer gewissen Absonderung von andern Völkern gelebt zu haben; so fordern es ihre uralten Einrichtungen, dem Charakter des Volks entnommen; so finden wir auch bei ihnen keine Kriegs- oder Handelsun-

rikles sprechen. Daraus folgt nicht, daß es nicht größere Dichter vor dem Kalidasa, als dieser selbst, gegeben haben könnte, so wenig, als wir Willens sind, die Homerischen Dichtungen den Tragödien des Sophokles nachzusetzen.

ternehmungen nach außen, so keine Colonisirungen [1]), keine Reisen in das Ausland, um sich zu unterrichten, wie alles dies bei den Griechen vorkommt; Alles bleibt bei den Indern in der alten beschränkten Ordnung. Dies aber eben ist der Unterschied zwischen dem, welcher daheim beim Herde sitzt, und dem, welchen Lust und Muth treiben, sich in der Fremde etwas zu versuchen, daß jener vom Alten nur sehr langsam weicht, immer nur, wie viel er auch in sich nachsinnen mag, in seinem beschränkten Gesichtskreise kleinen Vortheil absehend, dieser dagegen, Neues erfahrend, auch Neuem nachstrebt, und nicht nur in den althergebrachten Beschäftigungen größere Fertigkeit gewinnt, sondern auch ganz andere Wege versucht [2]). So ist es nicht nur bei diesen, sondern auch bei andern Orientalen geschehen, daß sie die Abhülfe der nothwendigsten Bedürfnisse gefunden, darauf wunderbare Fertigkeit in ihr erlangt haben, aber nur wenigen unter ihnen es gelungen ist, in geistiger Entwicklung fortstrebend, an die Befriedigung körperlicher Bedürfnisse geistige Erregung und geistige Lust in gleichem Maaße zu knüpfen wie der Europäer. Ein anderes Hinderniß einer schnellen Entwicklung bei den Hindu's war offenbar ihre Kasteneinrichtung. Nur in der Kaste der Brahmanen konnte Gelehrsamkeit zuerst entstehen, und meistens hat sie sich auch wohl in ihrer Fortbildung auf die Kaste der Brahmanen be-

1) Man hat zwar Vieles von Priestercolonien der Inder gesprochen, aber aus bloßer Muthmaaßung.

2) Diesen Unterschied haben schon die Alten zwischen den Lakedämoniern und Athenern gefunden.

schränkt*). Indem aber diese Kaste für die religiöse Ueberlieferung und für die Verwaltung der heiligen Ceremonien erzogen wurde, darin ihre Beschäftigung, ihre Macht und ihre Würde fand, konnte nicht leicht eine freie Behandlung der Künste und der Wissenschaften bei ihr aufkommen. Die Kasteneinrichtung muß sich überall den ersten Entwicklungen im geistigen Leben günstig zeigen; aber die wahre geistige Freiheit und Mündigkeit der Völker wird sie immer zurückhalten. In der That möchte man bei Betrachtung dieser Gestaltung des indischen Volkslebens auf die Vermuthung gerathen, es habe eine äußere Erregung das Volk und die Gelehrten aus der Erstarrung ihrer Formen aufrütteln müssen, ehe sie zu einer freien Bildung gelangen konnten.

Nach diesen allgemeinen Bemerkungen wollen wir noch einiger Ueberlieferungen über das Zeitalter des Vikramaditja erwähnen. Sie enthalten manches Sonderbare. Unter den neun Edelsteinen finden wir, außer dem Dichter Kalidasa, mehrere Gelehrte, den Amara-Sinha und den Vararutschi, zwei Lexikographen, und den Varaha-Mihira, einen Astronomen, und außerdem wird der Bruder des Vikramaditja, Bhartri-Hari, als Verfasser eines grammatischen Werks genannt. Es ist auffallend, zu finden, daß zu den Zeiten der höchsten Zierlichkeit der Dichtkunst, bei einem Volke, welches sich rein aus sich selbst heraus gebildet haben soll, die wissenschaft-

*) In den Ueberlieferungen der Hindu's finden wir einige Ausnahmen, welche ein historisches Ansehen haben, z. B. den Bhartri-Hari, den Bruder des Vikramaditja.

liche Entwicklung schon als so weit gediehen angenommen wird, daß Grammatik und Lexikon nicht nur vorhanden, sondern in der grösesten Vollkommenheit, welche sie unter diesem Volke erreichten — denn so lautet die Ueberlieferung [1]) — vorhanden gewesen sein sollen. Die Ueberlieferung geht noch weiter: Bhartri-Hari wird der zweite Nachfolger in Verbesserung der Regeln des Panini, des berühmtesten Grammatikers der Hindu's, genannt, und auch Panini ist nicht der älteste Grammatiker, sondern erwähnt selbst Vorgänger in seiner Wissenschaft, deren Regeln er verbesserte [2]). Demnach würden wir annehmen müssen, daß die Grammatik bei den Hindu's, ohne aus Ueberlieferung von andern Völkern entstanden zu sein, früher ihren Ursprung genommen habe, als ihre Sprache sich bis zur höchsten Zierlichkeit ausbildete, welches gegen die Ansicht sein würde, daß die Grammatik erst dann sich ausbilde, wenn die schaffende Thätigkeit eines Volks nachgelassen und die Reflexion über das Geschaffene sich gebildet habe. Dasselbe gilt von dem Lexikon. Es hat wohl etwas Unwahrscheinliches, doch wir wollen es nicht durchaus unglaublich finden, daß die Sache mit den Grammatikern und Lexikographen sich so verhalten habe, wie sie oben nach den Ueberlieferungen erzählt worden ist; denn in der Dunkelheit des indischen Alterthums schweben uns manche Möglichkeiten vor, wodurch es so hätte werden können. Es giebt aber in die-

1) Ueber das Lexikon des Amara-Sinha s. Colebrooke, As. res. VII. p. 214; über Vararutschi ebendas. p. 218.

2) Colebrooke l. l. p. 202 f.

sen Erzählungen noch gar manches Fabelhafte, was uns Zweifel erregen möchte an der Treue der Ueberlieferung überhaupt, wie denn Panini und seine Nachfolger, Kalidasa und andere der Dichter und Gelehrten am Hofe des Wikramaditja, zu den fabelhaften Weisen der Purana's gehören [1]). Man kann sich bei diesen mythischen Ueberlieferungen nicht wohl des Gedankens erwehren, daß die ganze Erzählung von den neun Edelsteinen mehr oder weniger eine mythische Zusammenstellung sei, ungefähr wie die Erzählungen der Griechen von den sieben Weisen. Darauf führt auch, daß andere Ueberlieferungen dieselben Männer an den Hof des Radscha Bhodscha versetzen [2]), und daß es aus den Schriften, welche dem Astronomen Varaha-Mihira beigelegt werden, bewiesen ist, daß der Verfasser nach Christi Geburt lebte [3]).

So steht es mit den Ueberlieferungen der Hindu's über die Zeit ihrer ersten wissenschaftlichen Entwicklung; sie bieten wenig Sicherheit dar. Man muß mehr der innern Wahrscheinlichkeit, als den äußern Zeugnissen trauen. Dies ist auch von den Ueberlieferungen über die Ausbildung ihrer Philosophie zu sagen. Es ist keinem Zweifel

---

1) Colebrooke l. l.; Rhode II. S. 82.

2) Bentley, As. res. VIII; Transact. of the R. A. S. I. p. 219.

3) Es wird nämlich die Aera des Saca, welche mit dem J. 78 n. Chr. beginnt, von ihm erwähnt. S. Bentley a. a. O., S. 242. Bentley meint, astronomischen Gründen folgend, Varaha-Mihira möchte zwischen 700 — 800 n. Chr. gelebt haben. Ueberhaupt bezweifeln die Astronomen das hohe Alterthum der indischen Astronomie. Vergl. v. Bohlen, das alte Indien II. S. 278 ff.

unterworfen, daß in der vierten Periode der indischen Literaturgeschichte eine große Anzahl philosophischer Werke vorhanden war [1]); aber wann diese Schriften entstanden sein mögen, ist schwer zu bestimmen. Als ihre Verfasser werden großen Theils mythische Wesen des höchsten Alterthums genannt; aber das mythische Zeitalter hat bei den Hindu's nie aufgehört. Wenn ferner ein Beweis für das hohe Alterthum der indischen Philosophie daraus abgenommen werden soll, daß aus der Sankhja-Philosophie die buddistische Religion entstanden sei [2]), so beruht dies auf einer von historischen Gründen nicht unterstützten Muthmaaßung Colebrooke's. Auch kann aus der Reihe von Commentaren über die ältesten Werke einer jeden Secte nicht viel geschlossen werden, da die indische Literatur wenigstens bis in das siebzehnte Jahrhundert mit Commentaren sich bereichert hat [3]). Die Schriften, aus welchen die Kenntniß der indischen Philosophie geschöpft werden kann, tragen, so weit ich sie kenne [4]), nicht den

1) Colebrooke, Transact. of the R. As. Soc. I. p. 19 f. und p. 92 f., giebt zu Anfange seiner Abhandlungen über die Sankhja- und Joga-, über die Njaja- und Waiseschika-Philosophie ein ziemlich reichhaltiges Verzeichniß philosophischer Schriften.

2) Frankh's Wjasa, 1. Bd., 1. Hft.

3) Colebrooke, As. res. VII. p. 212 not.

4) Von dem Bhagavad-Gita ist schon oben die Rede gewesen. Prabodh Chandrodaya or the moon of intellect an allegorical drama and Atma Bodh or the knowledge of spirit, translated etc. by J. Taylor. Lond. 1812. Der Verfasser des ersten Werks heißt Krischna Misra. Schon die allegorische Form läßt spätere Zeiten vermuthen; Sindu Radscha, welcher 2 Menschenalter vor Radscha Bhodscha lebte (Transact. of the R. A. S. I. p. 223), wird darin erwähnt S. 52; auch Tempel, in welchen

Charakter eines hohen Alterthums an sich; und noch weniger kann aus dem, was uns sonst über die indische Philosophie in Auszügen gegeben wird, auf hohes Alterthum geschlossen werden, indem es zum großen Theil aus gewiß sehr neuen Commentaren entnommen ist, deren Text selbst wenigstens zum Theil den Geist einer erstorbenen Formelweisheit verräth *). So, wenn wir nicht aus unserm Nicht-Wissen auf das Nicht-Sein schließen sollen, sehen wir uns außer Stande, nach historischen Ueberlieferungen über das Alter der indischen Philosophie zu urtheilen.

Bei diesem Zustande der geschichtlichen Hülfsmittel bleibt uns nur übrig, wenn wir nicht ganz über einen jetzt viel besprochenen Gegenstand schweigen wollen, einige Muthmaaßungen, gewagt genug, über die Geschichte der indischen Philosophie mitzutheilen. Dies möchte immer noch besser sein, als mit dem Schein der Sicherheit Ue-

---

kein Bildniß Gottes enthalten, S. 78; der Uebersetzer meint zwar, es sei einleuchtend, daß von Tempeln einer indischen Secte die Rede sei, obgleich er eine solche nicht kenne; sollte nicht von christlichen oder muhammedanischen Tempeln die Rede sein? Auch wird Kumarila Svami in dem Werke erwähnt S. 81, welcher einer der spätern Commentatoren der Mimansa ist und etwa vor 1000 Jahren lebte. Transact. of the R. A. S. I. p. 441. Das zweite Werk ist von Sankara Atscharja, dem berühmten Wiederhersteller der Vedanta-Philosophie, dessen Zeitalter sehr verschieden bestimmt wird, der aber gewiß lange Zeit, vielleicht 900 Jahre, n. Chr. lebte. Die Sankhya-Karika (Gedächtnißverse) des Iswarakrischna, welche Wilson herausgegeben hat, tragen zwar keine Spur einer spätern Zeit an sich, aber eben so wenig machen sie auch darauf Anspruch, von sehr hohem Alterthum zu sein.

*) S. Bd. 4. S. 353.

berlieferungen zu folgen, welche gar keinen Glauben verdienen [1]). Um uns jedoch den Kreis unserer Muthmaaßungen zu beschränken, wollen wir annehmen, daß die Hindu's ihre Philosophie, ohne äußern Einfluß dabei zu erfahren, rein aus sich gefunden haben, ohne Rücksicht darauf zu nehmen, daß die Nachbarschaft der griechischen Reiche und der politische Verkehr, in welchen sie mit diesen geriethen, ihnen wohl hätten Veranlassung werden können, griechische Vorstellungen nach ihrer Weise zu benutzen [2]), so wie sie auch offenbar christliche und muhammedanische Ueberlieferungen in ihre Mythologie aufgenommen haben.

Die Entwicklung der indischen Philosophie steht in der nächsten Beziehung zu der Religion der Hindu's, so wie denn alles, was bei diesem Volke hervorgetreten ist, eine religiöse Beziehung hat, und auch noch die jüngste indische Philosophie die Spuren ihres Ursprungs an sich trägt, indem sie sich als Deutung oder Auslegung der Veda's ankündigt. Wir müssen daher hier in die Untersuchung

---

1) Daß dies nicht zu viel gesagt ist, werden nur wenige, welche die Ueberlieferungen kennen, leugnen. Zum Beweise diene, daß auch Colebrooke, nachdem er die Erzählungen über den Kapila, den angeblichen Stifter der Sankhja-Philosophie, mitgetheilt hat, die Muthmaaßung äußert, jener Kapila möchte wohl gar keine historische Person sein. Transact. of the R. A. S. I. p. 22. Dasselbe hat auch Wilh. v. Humboldt über den Vjasa, den angeblichen Urheber der Mimansa-Philosophie, in Schlegel's indischer Bibl. geäußert, indem er ihn mit den Musen der Griechen, welche auch allerlei erfunden und eingegeben haben sollen, vergleicht.

2) Im Oupnek'hat finden sich offenbare Spuren von Lehren, deren griechischen Ursprung wir nachweisen können; doch läßt sich, bei der Beschaffenheit dieser Uebersetzung, daraus nichts schließen.

der indischen Religionsgeschichte eingehen, obwohl nur das Wesentlichste derselben zu bezeichnen unserer Absicht entspricht. Die Religion der Hindu's ist nicht immer dieselbe geblieben, sondern sie hat mehrere Entwicklungsperioden gehabt, so wie die Schriften, welche unter ihnen religiöses Ansehen genießen, sich nach und nach vermehrt haben. Wir können, in Uebereinstimmung mit dieser Erweiterung ihrer heiligen Schriften, drei Perioden der religiösen Entwicklung bei den Hindu's annehmen, nämlich die Periode der Veda's, die Periode der großen Heldengedichte und die Periode der Purana's. In den ältesten Theilen der Veda's herrscht die Naturreligion, d. h. die Naturkräfte, welche am meisten dem Menschen mächtig oder auffallend sich erweisen, wie die Gestirne und die Elemente, werden als Götter verehrt; von Verkörperung des Göttlichen in menschliche Gestalt ist dagegen nicht die Rede. Colebrooke bemerkt zwar, daß in einigen Stücken des vierten Veda's die Verehrung des Rama und des Krischna vorkommt, allein er bezeichnet eben diese Stücke als solche, welche spätern Ursprung verrathen, theils weil der ganze vierte Theil der Veda's nicht frei von Verdacht ist, theils weil jene Verehrung mit dem Charakter der übrigen Veda's nicht übereinstimmt *). Von der uralten Verehrung des Mondes und der Sonne bei den Hindu's scheint mir auch ein Beweis zu sein, daß ihre Helden und Könige theils Mond-, theils Sonnen-Kinder sind.

---

1) As. res. VIII. p. 493 f.; cf. p. 398. Als hauptsächliche Gegenstände der Verehrung werden genannt: das Firmament, das Feuer, die Sonne, der Mond, das Wasser, die Luft, die Schutzgeister, die Atmosphäre und die Erde.

Dabei scheinen die allgemeine Beseelung und allgemeine Verwandlung der Natur, wie sie der Emanationslehre gemäß sind und die Lehre von der Seelenwandrung begünstigen, zu den Grundansichten der Hindu's zu gehören [1]); auch finden sich diese Vorstellungen in allen ihren spätern Lehren wieder. Dadurch gewinnt aber auch die Meinung der Ausleger große Wahrscheinlichkeit, daß die vielen in den Veda's angeführten Götter sich auf drei, auf die Luft, das Feuer und die Sonne, zurückführen lassen, daß aber auch diese drei wieder im Grunde nur einen Gott uns darstellen, den der Inder zum Rig-Veda die große Seele nennt [2]). Für diese Meinung spricht auch, daß überhaupt in den Veda's die Gestalten der einzelnen Götter gar nicht bestimmt hervortreten, sondern ihr Zerfließen ineinander durch die verschiedenen Namen und Anrufungsformeln immer hindurchleuchtet, so daß darin wohl das Gefühl der göttlichen Einheit noch zu erkennen ist. In einem Volke, dessen Religion wesentlich von der Einheit seiner Priesterkaste ausgeht, konnte sich das Gefühl der Einheit nicht so leicht verlieren. Aber freilich ist dieser Monotheismus mit der größesten Mannigfaltigkeit polytheistischer Formen gepaart. Vielleicht giebt es nichts Belehrenderes in dem indischen Alterthum, als, um mich so auszudrücken, die Durchsichtigkeit ihrer Mytho-

---

1) Ich spreche nur deswegen zweifelhaft, weil man, ohne das Original gesehen zu haben und ohne die Sprache zu verstehen, nicht über das Alter der Stücke der Veda's urtheilen kann. Sonst würde aus Hymnen, wie die As. res. VIII. p. 402 angeführte, das Gesagte leicht zu beweisen sein.

2) As. res. p. 396.

logie, welche uns erkennen läßt, wie mit dem allgemeinen Gefühl des Göttlichen sich das besondere Gefühl desselben in der gesonderten Erscheinung verknüpft, und so in der Vorstellung aus dem einen Gott eine Mehrheit der Götter wird.

In den Itihasa's findet sich nun eine ganz andere religiöse Ansicht, welche jedoch aus den Veda's selbst sich herausgebildet hat. In ihnen werden Helden und büßende Priester als Götter verehrt. Dies ist der natürliche Gang aller polytheistischen Religionen, daß vergötterte Menschen und vermenschlichte Götter an die Stelle vergötterter Naturkräfte treten [1]). Man mußte schon eine bedeutende geschichtliche Entwicklung und ein allgemeines Interesse haben, als man Helden und Priester, überhaupt Wohlthäter des Menschengeschlechts oder ausgezeichnete Beispiele zu Gegenständen allgemeiner Verehrung zu machen anfing. In den Heldengedichten wird Indra selbst, der König der untern Gottheiten oder auch der Götter überhaupt, denn man wird hierin Bestimmtheit nicht erwarten, welcher früher das Firmament bedeutete, zu einem Menschen, welcher durch Opfer göttliche Würde erlangt hat [2]); Rama und Krischna sind als Menschen er-

---

1) Stuhr a. a. O. S. 75. nennt dies Euemerismus. Dies scheint man freilich nur zu beweisen, welch eine dunkele Kunde vom Wesen des Euemerismus ihm zugekommen sei; doch will ich flüchtige Leser auf das aufmerksam machen, was gleich auf den folgenden Seiten über diese Umwandlung der indischen Religion gesagt ist.

2) Schon in einem Upanischad der Veda's wird von der Krönung des Indra zum König der Götter gesprochen. As. res. VIII. p. 409. Doch ist nicht davon die Rede, daß er früher Mensch ge-

schienen und dann zur göttlichen Würde gelangt, so ist es auch Buddha, wenn er als Avatar des Vischnu verehrt wird. Hiermit entsteht nun ein wahrer Polytheismus, eine Verehrung von Göttern, nicht eine Verehrung des Göttlichen in verschiednen Gestalten. Denn die Personificirung des Göttlichen verlangt nothwendig genau abgegrenzte Einheiten der Götter. Es ist als etwas Charakteristisches der indischen Mythologie zu erwähnen, daß nicht eigentlich Heldenthaten die göttliche Würde verleihen, sondern die höchsten Opfer, d. h. Roßopfer, oder Büßungen und Ertödtung aller irdischen Lust und Unlust. Wenn ein König Roßopfer bringt oder sich in die Wüste begiebt, übermenschliche Büßungen zu begehen und tiefer Betrachtung sich zu ergeben, dann zittern Indra und die Götter im Himmel, er möge sie vom Thron stoßen, denn sie sind selbst nur auf ähnliche Weise zu ihrer Würde gelangt. Auf diese Weise nun, theils Menschen, theils vermenschlichte Naturerscheinungen bald in höherer, bald in geringerer göttlicher Würde erblickend, hat die Phantasie der Hindu's den indischen Himmel mit einer Unzahl von Göttern bevölkert.

Bei diesem Verfahren finden wir nun noch eine Aehnlichkeit mit dem, welches der Religion der Veda's zum Grunde liegt. In dem ausgezeichneten Menschen ist auch eine ausgezeichnete Erscheinung und Offenbarung Gottes, göttlicher Ehre werther, als viele andere Erscheinungen, ja fähig göttliche Seeligkeit zu erlangen, wenn sie die

wesen. Uebrigens ist dieser Upanischad aus mehreren Gründen für jüngern Ursprungs zu halten.

Schranken unvollkommener Ausbildung zu überwinden weiß. Ob dieser Sieg aber durch Büßungen und Opfer gewonnen werde, darüber dürfen wir hier wegsehen; genug, man erkennt wohl, wie mit dem Rückschritt in dieser zweiten Entwicklung der indischen Religion auch ein Fortschritt verbunden ist.

Wenn man nun bemerkt, daß die Lehre der Buddhisten nichts anderes enthält, als den zum Bewußtsein gekommenen und folgerecht ausgebildeten Grundsatz der indischen Heldengedichte: der Mensch, durch heiligen Wandel sich befreiend von den Schranken der Natur, entreißt seine Mitmenschen dem Verderben ihrer Zeit, und wird Wohlthäter, Erlöser seines Geschlechts, aber auch höchster Gott — ein Buddha[1]: so kommt man in Versuchung, anzunehmen, der Buddhismus sei aus der Lehre jener Heldengedichte oder einer ihr entstammenden Philosophie entsprungen. So hat man denn auch angenommen, der Buddhismus habe seine Quelle in der Sankhja-Philoso-

1) Dies ist das Wesentliche der buddhistischen Religion. Der Streit, in welchem sie mit andern Religionen über die Entstehung der Welt ist, scheint ihr nicht wesentlich zu sein, wenn er nicht mit jenem angegebenen Grundsatze in Verbindung stehen sollte. Wesentlich ist übrigens das Hervorgehen aller Dinge aus einem unentwickelten Urgrunde, Natur genannt (As. res. VII. p. 34 f.; 399), wie auch die Seelenwanderung, von welcher nur der zum Buddha Gewordene befreit ist. Daher das Verbot, lebendige Dinge zu opfern. In diesen Lehren stimmen die Buddhisten mit den Dschaina's überein; ein bedeutender Unterschied unter ihnen ist, daß jene keine Kasten kennen. Ueber Aehnlichkeit und Unähnlichkeit beider Secten s. Colebrooke, As. res IX. p. 279; 288.

7 *

phie [1]). Aber man würde wohl vergebens nach einer Analogie suchen, welche jene Annahme wahrscheinlich machen sollte, indem mir wenigstens keine sich jugendlich kräftig entwickelnde Religion bekannt ist, welche ihren Ursprung in einem philosophischen Systeme gehabt hätte, während uns viele Beispiele zeigen, wie religiöse Glaubenssätze Anfänge philosophischer Forschung gewesen sind. So ist es naturgemäß, indem der Glaube der selbstbewußten Einsicht vorhergeht. Ueberdies finden wir die Lehren der buddhistischen Religion sehr einfach, und zum Theil rohe Vorstellungen begünstigend, so daß man eine philosophische Grundlage ihnen nicht zutrauen möchte. Ohne uns nun in die schwierige, vielleicht unauflösliche Frage über die Entstehung der buddhistischen Religion weiter einlassen zu wollen, können wir doch nicht umhin, die Meinung zu äußern, daß mit der Kenntniß, welche den Brahmanen von der buddhistischen Religion geworden ist, auch die Entstehung der indischen Philosophie in genauer Verbindung stehe. Für diese Meinung werden wir weiter unten unsere Gründe angeben; zuvor aber möchte es nöthig sein, die dritte Periode in der Geschichte der brahmanischen Religion zu betrachten.

Der Buddhismus macht, wenn nicht den Uebergang zu dieser Periode, doch einen wesentlichen Bestandtheil derselben aus [2]); denn indem er zum Bewußtsein des

1) Dieser Ansicht ist Colebrooke und nach ihm viele Andere. As. res. VIII. p. 495.

2) Er braucht deswegen in dieser Periode nicht erst entstanden zu sein; vielleicht hat er sich in ihr nur erst mit der Religion der Brahmanen vermischt.

Grundsatzes, auf welchem die Menschenvergötterung beruhte, führen mußte, war er geeignet, eine neue Ansicht des Religiösen zu verbreiten. Aber seiner Natur nach konnte er nicht in die religiöse Denkart der Brahmanen übergehen, indem diese wesentlich auf Monotheismus beruhte. Sobald daher der Grundsatz des vermenschlichenden Polytheismus zum Bewußtsein gekommen war, wie es im Buddhismus geschehen ist, mußte sich auch ein Kampf gegen ihn und gegen das Verfahren, welches mit ihm in Uebereinstimmung war, in der Religion der Brahmanen regen, um das Polytheistische, welches in der zweiten Periode ihrer Geschichte sich mit ihr verbunden hatte, auszuscheiden. Auf welche Weise dies bewerkstelligt wurde, das liegt in der noch gegenwärtigen Ausbildung der Brahmanenreligion vor Augen. Das ganze Pantheon der durch dichterische Erfindung erzeugten und ausgeschmückten Götter behält sie bei; aber sie vereinigt es mit der Lehre von einem Gott, indem angenommen wird, nur ein Gott sei der wahre und höchste Gott, die übrigen Götter aber, wie das Volk meint, seine Diener, oder, wie die Weisen meinen, trügerische Erzeugnisse seiner Maja, seiner täuschenden Phantasie. Bei dieser Vorstellungsart war es nun natürlich, daß sich verschiedne Meinungen darüber bildeten, welcher Gott unter den vielen der höchste, der wahre Gott sei. Einige verehren als solchen den Rama, andere den Krischna, noch andere den Siva u. s. w., wobei es ihnen nicht fehlen konnte, in dem bunten Gemisch ihrer Fabeln Beweise für ihre Meinung zu finden. So hat sich die Religion der Brahmanen in viele Secten aufgelöst, unter welchen verschiedne Meinungen über den höchsten Gegenstand ihrer Anbetung herrschen. Ich vermuthe, daß der Sitz dieser religiösen Meinungen in den Purana's ist; wenigstens wissen wir, daß einige der Purana's dem Sivaismus, andere dem Vischnuismus angehören*), und die Titel der übrigen Purana's lassen etwas Aehnliches vermuthen.

Wenn wir nun in dieser Entwicklung der indischen Religion dem Erwachen des philosophischen Triebes eine Stelle ausmitteln sollen, so möchte sie wohl schwerlich in den beiden ersten Perioden zu finden sein. Denn in der ersten Periode herrschte das allgemeine Naturgefühl des Göttlichen, und dabei konnte es zu einer Sonderung der Principien der Natur, welche von allen philosophischen Untersuchungen allein hier hätte Platz gewinnen können, nicht kommen, weil man zu sehr in der bewußtlosen Anschauung des Allgemeinen versunken war. Das Göttliche war in dieser Zeit noch das Ueberschwengliche, dem Jeder nur mit Andacht nahen solle, ohne über dasselbe denken und überlegenden Zweifeln Raum geben zu wollen. Wissenschaft des Göttlichen würde ihr Entheiligung desselben gewesen sein. Wenn nun die erste Periode noch im ungestörten Gefühl lebte, so lebte dagegen die zweite Periode, die Periode der großen Heldengedichte, in der dichtenden Phantasie, welche dem Göttlichen menschliches Leben und dem Menschlichen göttliches Leben zutheilte.

1) Rhode II. S. 56; 67. Damit stimmt Colebrooke überein. As. res. VIII. p. 495; Transact. of the R. A. S. I. p. 575. Derselbe leitet auch die Spaltung der indischen Religion in viele Secten von dem Einflusse des Buddhismus ab.

Hätte zu dieser Zeit der philosophirende Verstand sich geregt, er würde den dichterischen Flug gelähmt haben, das sondernd und weit auseinander haltend, was die Phantasie mit Leichtigkeit und unmittelbar verbindet. Man verhehle es sich doch nicht, daß heute, wie sonst, die Philosophie erst dann in dem Menschen ihre Stelle finden kann, wenn ein Zwiespalt in ihm aufgekommen ist über die Interessen, welche ihn am lebhaftesten beschäftigen, über seine Ansichten über das Göttliche, über die Natur und über sein Leben. Sonst war und jetzt ist, und immer wird sein der Vater aller wahrhaft wissenschaftlichen Erkenntniß — der Zweifel, der Zweifel, welcher nicht zweifelt, um alles Forschen nach der Wahrheit aufgeben zu können, sondern um zu untersuchen, und durch die Untersuchung ein Ende alles Zweifels zu gewinnen. Erst aus den Reibungen verschiedener Denkweisen unter einander, erst aus den geistigen Kämpfen der Menschen mit sich selbst und mit Andern entsteht die wahre Geistesfreiheit, welche zur Wissenschaft reif macht; und die eine ganz andere Ruhe mit sich führt, als derjenige fühlt, welcher bei beschränkter Denkart seine eigne Beschränktheit nicht bemerkt, und, weil er seine Fesseln nicht sieht, sich für frei hält. Man hat gesagt, der Hindu sei von Natur zur Contemplation geneigt, und daher habe es ihm leicht werden müssen, zur Philosophie zu gelangen. Als wenn diese unthätige Contemplation, welche der Hindu für das Höchste hält, welche von ihren Philosophen selbst mit dem Zustande der Schildkröte, welche alle ihre Organe unter ihre unempfindliche Decke eingezogen hat, verglichen wird, als wenn eine solche Contemplation der Weg zur Philosophie wäre, und nicht vielmehr nur das rege Aufmerken mit allen Sinnen, das lebendige Umschauen in der Welt zur Unterscheidung und zum Begreifen der Erscheinungen und ihrer Gründe zur wahren Wissenschaft führen könnte. In der That, indem wir uns zuweilen die Neigung der Hindu's zum einsamen Brüten über sich selbst und über ihre religiösen Pflichten, zusammen mit der Stärke ihrer Vorurtheile, recht lebhaft vorgestellt haben, ist uns wohl die Vermuthung in den Sinn gekommen, nur durch eine äußere Anregung habe ihnen Philosophie entstehen können. Ihre Religion war wenigstens ganz dazu geeignet, auf der einen Seite durch die, wenn auch nur oberflächliche, Befriedigung des religiösen Gefühls das weitere Nachdenken lange in Ruhe zu halten, auf der andern Seite durch die Aufregung der Phantasie dem Geiste Beschäftigung zu geben. Doch wir wollen es zugeben, daß auch in ihnen selbst sich ein geistiger Gährungsstoff erzeugt habe, so war doch dieser, ihrer ganzen Denkungsart nach, erst dann vorhanden, als sich die religiösen Zwistigkeiten, und mit diesen der religiöse Zweifel, unter ihnen erzeugten. Also in den beiden ersten Perioden der indischen Religionsgeschichte kann aller Wahrscheinlichkeit nach unter den Hindu's nicht philosophirt worden sein *); wir werden vielmehr mit einiger

---

*) Hiermit scheint selbst Fr. Schlegel übereinzustimmen, wenn er a. a. O., S. 93, die Denkweisen der Hindu's, „wiewohl sie, wo nicht gleich, so doch später, auch systematisch dargestellt worden sind," nicht philosophische Systeme genannt wissen will; nur hätte er nicht sagen sollen, sie wären „ursprünglich alle mehr, als bloß Philosophie gewesen." Es scheint ihm hier die Lust angewandelt

Wahrscheinlichkeit die Entwicklung der indischen Philosophie da zu suchen haben, wo der Buddhismus unter ihnen bekannt wurde, und die aus ihm und mit ihm sich bildende Entzweiung religiöser Secten eintrat.

Für diese Meinung, denn für Gewißheit soll sie nicht gegeben werden, sprechen auch mehrere bedeutende Ueberlieferungen. Wir wollen von den neuesten anfangen. Viele der berühmtesten neuern Commentatoren philosophischer Schriften, oder auch der Verfasser eigner philosophischer Werke, werden als Stützen des orthodoxen Glaubens und als eifrige Bekämpfer des Buddhismus, des mit ihm verwandten Dschinismus und anderer Secten betrachtet, so Kumarila Bhatta, Sankara Atscharja, Bopadeva und andere [1]), welche lange nach Christi Geburt lebten. Der Zweck anderer philosophischer Schriften soll gewesen sein, die verschiedenen Secten der Brahmanen untereinander zu versöhnen [2]), und nachzuweisen, daß ihre Unterscheidungslehren nichts Wesentliches beträfen [3]).

zu sein, die kindische, gebundene Unschuld zu loben; nur hätte er es nicht auf Kosten der männlichen Freiheit thun sollen.

1) Transact. of the R. A. S. I. p. 441; As. res. VII. p. 214 not.

2) As. res. VII. p. 280.

3) Darüber kann man sich eben nicht sehr wundern, indem die Lehre von der Maja gar Manches möglich und sogar leicht macht; aber zur Verwunderung giebt es allerdings Anlaß, daß in einer Inschrift von 1368 n. Chr. G. erklärt wird, es sei kein Unterschied zwischen der Religion der Vischnuiten und der Dschaina's, da doch diese die Autorität der Veda's verwerfen. As. res. IX. p. 270. Nach Transact. of the R. S. I. p. 536 scheint dies aus politischen Rücksichten entsprungen zu sein.

wozu auch ihre Lehre wohl geeignet ist. Endlich erklären die meisten oder alle philosophische Secten der Hindu's, wie die Anhänger der Sankhja-, der Njaja-, der Mimansa-, der Vedanta- und der Vaiseschika-Philosophie, ihren Zweck dahin, die Veda's auszulegen [1]), ein Zweck, welcher erst dann Bedeutung und Wichtigkeit erhalten konnte, als verschiedenartige Erklärungen der religiösen Grundsätze unter den Hindu's hervorgetreten waren. So zeigt uns Alles darauf hin, den Ursprung der indischen Philosophie da zu suchen, wo die religiösen Zwistigkeiten solche Bedeutsamkeit erlangt hatten, daß man ihre Ausgleichung, auf die ersten Grundsätze zurückgehend, suchen mußte. Deswegen enthalten auch schon die Grundschriften der Mimansa- und der Sankhja-Philosophie eine reichliche Polemik gegen die Buddhisten und gegen die Dschaina's [2]). Auf eine ähnliche Weise gestaltet sich immer das Verhältniß der Philosophie zur Religion, wenn diese nur irgend der wissenschaftlichen Betrachtung Nahrung gewährt. Ist eine Philosophie vor der Religion vorhanden, so kann sie die Mutter der Ketzereien werden; nachher aber wird sie wieder das Mittel, die Ketzereien zu bekämpfen; sind aber keine philosophischen Meinungen vor der Religion überliefert worden, so bleibt nur das Letztere übrig.

Nun möchte ich aber auch noch auf einige Ueberlieferungen aufmerksam machen, welche auf eine Verbindung

---

1) Colebrooke, Transact. of the R. A. S. I. p. 94; 97; 113; 439; 550

2) Transact. of the R. A. S. I. p. 560; II. 550, besonders aber weitläuftig in Einzelheiten p. 549—579.

der indischen Philosophie mit der Religion der Buddhisten, der Dschaina's und der brahmanischen Secten zu führen scheinen. Von den jetzigen Hindu's, muß ich bemerken, werden die Buddhisten und die Anhänger des Dschina gewöhnlich als eine Secte betrachtet, und in der That giebt es auffallende Aehnlichkeiten in ihrer Lehre nicht nur, sondern auch in ihren Ueberlieferungen über die Entstehung ihrer Religion, wenn wir nämlich nicht auf die ganz fabelhaften Zeiten, sondern auf das zurückgehen, was mit einiger Wahrscheinlichkeit des Zeitlichen und Oertlichen von ihnen gesagt wird. Ganz außer aller historischen Berechnung liegen ihre Erzählungen von den frühern Buddha's und Dschina's, d. h. von den frühern Heiligen, welche zum Heil der Menschheit erschienen und zum höchsten Gott geworden sind. Der letzte Buddha aber heißt **Gautama** oder **Gotama**, und denselben Namen führt einer der ausgezeichnetsten Schüler des letzten Dschina. Beiden Gautama's schreiben die Buddhisten und die Dschaina's einen Theil ihrer heiligen Schriften zu[1]). Beide Secten stimmen auch in Rücksicht auf die Oertlichkeit und auf die Zeit der Erscheinung ihrer Weisen ziemlich überein, so daß man kaum zweifeln kann, dem Urtheile Colebrooke's beizustimmen, daß beide Secten Zweige aus einem Stamme sein möchten[2]). Nun ist

---

1) Transact. of the R. A. S. I. p. 523; 558.

2) Ib. p. 520 f. Colebrooke führt noch für die Verwandtschaft beider Secten an, daß sie beide das Pali oder das Prakrit zu ihrer heiligen Sprache haben. Doch werden auch heilige Schriften der Buddhisten in der Sanskritsprache von ihm angeführt, und das Vorkommen des Sanskrit als heiliger Schriftsprache in Tibet,

es aber merkwürdig, daß derselbe Gautama oder Gotama [1]) für den Stifter der Njaja-Philosophie gehalten wird [2]), und daß auch Kanada, der Stifter der Vaiseschika-Philosophie, zwischen welcher und der buddhistischen Lehre man auch eine bedeutende Analogie bemerkt hat [3]), den Beinamen Kasjapa führt, mit welchem Namen auch der vorletzte Buddha genannt wird, während der letzte Dschina aus dem Stamme des Kasjapa sein soll [4]). Diese Uebereinstimmungen, obwohl sie nur Namen betreffen, scheinen doch fast zu genau zu sein, als daß man sie dem bloßen Zufall zuschreiben sollte. Nun rechne ich hierzu noch, daß auch die Anhänger der Mahesvara-Philosophie, welche den Siva verehren, ihre Lehre auf Offenbarungen des Siva, die Vischnuiten auf Offenbarungen des Vischnu

---

China und der Mongolei scheint keinem Zweifel zu unterliegen. Ib. p. 558 not.; Burnouf et Lassen sur le Pali p. 148; Abel-Rémusat mél. as. I. p. 153 ff.

1) Colebrooke hält Gautama für ein patronymicum aus Gotama (a. a. O. S. 522), welches jedoch von den Hindu's nicht angenommen wird. Ib. p. 538.

2) Hamilton, ib. p. 524; 538.

3) Ib. p. 560; 565. Noch ein Paar solcher Zeichen füge ich hinzu, indem ich jedoch bemerke, daß sie mit allen zuvor angeführten für den, welcher die Sprache nicht vollkommen kennt, immer nur eine problematische Bedeutsamkeit haben können. In dem chinesischen Pentaglotton heißt der Buddha auch Dschina. Eben so wird er regelmäßig im Pali genannt. Burnouf, Journal des savans 1834. p. 20; Abel-Rémusat mél. As. I. p. 176. Eine chinesische Ueberlieferung scheint, aber freilich mit bedeutender Veränderung des Namens, anzugeben, daß der Buddha in Kapila geboren; Kapila aber heißt der Stifter der Sankhya-Philosophie. Abel-Rémusat im Journ. asiat. VII. p. 255.

4) Ib. p. 521; 565.

zurückführen *), und die orthodoxen und halb orthodoxen Brahmanen ihre Systeme der Philosophie alten Weisen der Veda's, wie dem Dschaimini und dem Sammler der Veda's, dem Vjasa, zuschreiben. Alles dieses scheint zu beweisen, daß auf die religiösen Spaltungen auch die Philosophie der Hindu's gebaut ist, nicht als wenn wir mit den angeführten Ueberlieferungen annehmen wollten, daß die Gründer der religiösen Secten auch die Gründer der philosophischen Systeme gewesen wären, sondern uns scheint in jenen Ueberlieferungen nur der Beweis zu liegen, daß die, welche die verschiedenen Zweige der indischen Philosophie ausbildeten, dabei die Lehre einer religiösen Secte vor Augen hatten, so daß ihre Bemühungen mit den Bemühungen der Stifter jener Secten in einen Gesichtspunkt fallen konnten.

Dies angenommen, würde man einigermaßen zu einem chronologischen Haltpunkt für die Geschichte der indischen Philosophie gelangen, wenn man bestimmen könnte, wann die verschiedenen religiösen Meinungen unter den Hindu's sich zu zeigen begannen. Dies ist nun freilich, wie gezeigt worden, bis jetzt nur in einer sehr unvollkommnen Weise möglich. Es scheint mir aber der Vorsicht gemäß zu sein, so lange keine bessere Zeugnisse gefunden worden, einstweilig der Zeitrechnung zu folgen, welche das Zeitalter des Buddha am meisten herabsetzt, weil wir dadurch die Gefahr vermeiden, in ein gar zu weites Feld der Vermuthungen uns zu verlieren. Man würde alsdann den Anfang der religiösen Spaltungen in

*) Ib. p. 570; 575.

Indien ungefähr um dieselbe Zeit zu setzen haben, als Thales und Pythagoras in Griechenland philosophirten. Diese Annahme empfiehlt sich um so mehr, je gewisser es ist, daß die weltgeschichtliche Bedeutung des Buddhismus noch viel später fällt; denn nach Ceylan drang er wahrscheinlich erst im 4. Jahrh. v. Chr., nach dem Osten Asiens gar erst im 5. Jahrh. nach Chr. G. Man muß sich fragen, woher es gekommen, daß er so lange Zeit auf Indien beschränkt blieb und wie er so lange in diesem Lande sich erhalten konnte. Wie aber auch die Antwort ausfallen möge, so ist entschieden anzunehmen, daß er seine volle Wirksamkeit in einem Lande nicht gewinnen konnte, in welchem das Kastenwesen und blutige Opfer seinen ersten Grundsätzen entgegenstanden. Daher möchten wir annehmen, daß er auch nur langsam um sich greifend und anfangs im Stillen in Indien gewirkt habe, bis er zu einem heftigen Kampfe die Veranlassung wurde, welcher ihn zuletzt im 5. Jahrh. nach Chr. gänzlich aus Indien vertrieb. Hieraus würde sich auch erklären lassen, wie man anfangs geneigt sein konnte, in dem weiten Kreise des indischen Pantheons auch dem Buddha, obgleich er die Lehren der Veda's verwarf, eine Stelle zu gewähren, indem er als eine Verkörperung des Vischnu verehrt wurde *). Und darüber darf man sich nicht wundern, wenn man annimmt, daß in den Zeiten, in

*) Gita-Govinda, übersetzt v. Majer, S. 26; 27. Der Vers im Ramajana, welcher den Buddha als Urheber des Atheismus bezeichnet, von Schlegel für eingeschoben erklärt, ist dabei bis jetzt nicht in Betrachtung zu ziehen.

welchen dies geschah, die Grundsätze beider religiösen Secten noch nicht zum deutlichen Bewußtsein gekommen waren; so wie es denn auch wohl hieraus allein zu erklären ist, daß noch in spätern Zeiten die Verehrung des Buddha mit dem Brahmaismus verbunden sein konnte *). Als man aber durch die fortgesetzten Reibungen unter beiden Religionsparteien auf die Grundsätze zurückgeführt worden war, konnte es nicht ausbleiben, daß die wissenschaftlich gebildeten Brahmanen aus philosophischen Lehren die Buddhisten, gegen welche kein Ansehen heiliger Schriften ihnen half, zu bestreiten suchten. Wir können also nur muthmaßen, daß erst nach der angegebenen Zeit die philosophische Entwicklung der Hindu's begonnen haben möchte; wie spät aber nachher, können wir hieraus nicht entnehmen.

Sollte es uns nun gelungen sein, doch mit einiger Wahrscheinlichkeit, welche uns feststehen mag, bis etwas Besseres geboten wird, den Zeitraum zu bestimmen, nach welchem die Hindu's zu philosophiren angefangen haben möchten, so kann der Wunsch nicht ausbleiben, noch einen andern Zeitpunkt zu finden, vor welchem sie wahrscheinlich philosophirt haben möchten. Hierzu könnten uns nun die ältesten Angaben der Griechen über Indien einen Haltpunkt gewähren, wenn wir dieselben bestimmt genug fänden, um aus ihnen auf eine wirkliche Entwicklung der Philosophie bei den Hindu's schließen zu dür-

*) Davon zeugt z. B. eine Inschrift, in welcher das zarte Herz des Buddha gepriesen wird, von einem Brahma-Diener verfaßt. As. res. IX. p. 408 f.

fen. Allein so ist es keineswegs, wenn wir den Sinn der Berichterstatter mehr berücksichtigen, als die Worte, welche sie gebrauchten. Denn von Philosophen zwar und von streitsüchtigen Sophisten unter den Hindu's sprechen sie genug; aber diese Worte beweisen nichts, wenn sie von solchen Griechen gebraucht werden, welche auch die Druiden der Gallier und die Priester der Juden Philosophen nennen [1]); und das, was die Griechen von den Meinungen der Brahmanen anführen, entspricht mehr religiösen, als philosophischen Lehren. Nur so viel könnte man wohl für unsern Zweck aus diesen Nachrichten schöpfen, daß zu der Zeit, als die Griechen mit den Hindu's bekannt wurden, unter diesen eine Spaltung der Secten stattfand, welche nach der Dürftigkeit der Nachrichten schwerlich genauer zu bestimmen sein möchte [2]).

1) Nearchos und Megasthenes, welche unter den ältern griechischen Berichterstattern Indien sahen, scheinen nicht genug philosophisch gebildet gewesen zu sein, um über philosophische Dinge berichten zu können. Für den Megasthenes ist in dieser Rücksicht die Stelle b. Clem. Alex. Strom. I. p. 305. Sylb. charakteristisch. Er sagt: ἅπαντα μέντοι τὰ περὶ φύσεως εἰρημένα παρὰ τοῖς ἀρχαίοις λέγεται καὶ παρὰ τοῖς ἔξω τῆς Ἑλλάδος φιλοσοφοῦσι, τὰ μὲν παρ' Ἰνδοῖς ὑπὸ τῶν Βραχμάνων, τὰ δὲ ἐν τῇ Συρίᾳ ὑπὸ τῶν καλουμένων Ἰουδαίων. Uebrigens sehe man, wie Strabon die Berichte der Griechen über Indien in Verdacht hat, zu Anfange des 15. Buchs.

2) Es ist nämlich nicht leicht zu sagen, was für Leute die Pramnen, die Germanen oder Sarmanen, oder auch Samander gewesen sein mögen, da es nicht einmal gewiß ist, ob die Sarmanen oder Samander Inder oder Perser waren, indem die Griechen den Begriff Indiens viel unbestimmter faßten als wir. S. As. res. IX. p. 299; P. a Bohlen l. l. p. 53 f.; Bayer Hist. regni Graecorum Bactr. p. 21. Der Buddha wird erst von

Wenn wir jedoch die lange Zeit bedenken, welche wahrscheinlich zwischen dem Aufkommen der buddhistischen Religion und der ersten Bekanntschaft, welche die Griechen mit den Indern machten, liegt, so scheint es uns kaum zweifelhaft, daß schon zu dieser Zeit eine Art von Philosophie bei den Hindu's geherrscht habe. Ob dies jedoch die Philosophie gewesen sein möge, welche bis in die spätesten Zeiten der Sanskritliteratur Ausbildung und Verehrung gefunden hat, darüber darf man bescheidene Zweifel hegen. Man wird doch wohl nicht anders als annehmen können, daß die Philosophie der Hindu's, so wie alles, was menschlicher Bildung angehört, nur allmälig reifen konnte. Nun ist es aber auch natürlich, daß die unvollkommenen Versuche in der Wissenschaft durch spätere, vollkommnere Ausbildungen in den Schatten gestellt werden, und der Vergessenheit anheimfallen, wenn nicht geschichtliche Ueberlieferung ihrer gedenkt. Da nun diese bei den Indern fehlt, so kann man nicht anders, als muthmaßen, daß uns nur die vollkommnere Entwicklung der indischen Philosophie in den Werken, welche wir noch besitzen, erhalten worden sei, während von der frühesten indischen Philosophie nur sehr unvollkommne Spuren gefunden werden möchten.

Wir werden später auf das zurückkommen, was sich über diese vermuthen läßt. Zuvor aber müssen wir noch unsere Meinung über die Zeit, wann die vollkommnere Entwicklung der indischen Philosophie eingetreten sein

---

Clemens Alex. Strom. I. S. 305, erwähnt, man weiß nicht, aus welcher Quelle,

hat, indem die individuellen Richtungen des Einzelnen aus der Gesammtmasse des Volks sich hervorhoben, und nun auch zum objectiven Bewußtsein kommen konnten. Diese Philosophie ist natürlicher Weise nur eine umherfühlende und nach verschiedenen Richtungen sich aussprechende Ansicht; sie ist der Poesie noch nahe verwandt, indem sie mehr dem eigenthümlichen Zuge des Philosophen, seinem Wahrheitsgefühle, folgt, als aus einem allgemeinen Ueberblicke über das ganze Wesen der Wissenschaft, welches sich nach allgemein gültigen Gründen entwickeln will, sich erzeugt. Dies offenbart sich auch in der Form ihrer Darstellung, welche das poetische Bild liebt, mehr erzählt, als beweist, und nicht selten auch die poetische Einkleidung wählt. Sie wird noch getrieben, wie die Naturpoesie, von einem unbewußten Triebe, von einem Princip, das sich selbst nicht kennt. Eben deswegen aber kann sie keinen Bestand haben in einem Volke, welches mit Macht nach Bewußtsein über sich selbst strebt. Ein solches wird eine Philosophie suchen, welche nicht aus der eigenthümlichen Neigung des Einzelnen, sondern aus dem allgemeinen Charakter des Volks hervorgeht, und seine Richtungen in der Familie, in der Religion, in der Wissenschaft und im Staatsleben aussprechen und zum Bewußtsein des Gedankens bringen soll. Daß sie nun aber auch das künstlerische Leben des Volks mit zum Bewußtsein bringen soll, das beweist, daß sie nicht früher sein kann, als die sich ihrer selbst bewußte Kunst; ja nach der ganzen Art des menschlichen Lebens wird man annehmen müssen, daß sie erst später sich entwickeln könne, als diese; denn die Erkenntniß seiner selbst ist die späteste

Frucht des menschlichen Geistes; sie folgt der Entwicklung aller der Triebe, welche das Leben des Menschen bewegen. Erst nachdem der Mensch zur Festigkeit seines Charakters gekommen, kann er sich auch desselben bewußt werden. Und ähnlich ist es auch mit den Völkern. Die Philosophie, welche ein Ausdruck der ganzen charakteristischen Denkweise eines Volks ist, kann sich erst dann erzeugen, wenn das Volk in allen Arten der Entwicklung sich versucht und zur Sicherheit über sich selbst sich ausgelebt hat.

Wir konnten uns dieser allgemeinen Betrachtungen hier nicht ganz enthalten, weil man da, wo historische Angaben mangeln, nach allgemeinen Grundsätzen der Kritik suchen muß; vielleicht aber haben wir uns darüber zu entschuldigen, daß unsere Betrachtungen weitläuftiger gerathen sind, als nöthig, um unsere Meinung anzudeuten, während sie doch hier nicht ausführlich genug gegeben werden konnten, um anders Meinende zu belehren.

Die Anwendung unserer Grundsätze wird nun wohl nicht schwer sein. Man wird nach der vorhandnen Ueberlieferung, wie ich glaube, kaum zweifeln können, daß die sich ihrer selbst bewußte Dichtung, die, welche allerlei Reizmittel gebraucht, um für sich zu gewinnen, welche darauf ausgeht, durch kunstreiche Verflechtung der Verse und der Erfindung zu gefallen, bei den Indern ungefähr um das Zeitalter des Vikramaditja, als Kalidasa sich in allerlei Arten der Dichtkunst versuchte, ihre höchste Blüthe gehabt hat. Davon giebt auch einen Beweis ab, daß erst zu dieser Zeit die dramatische Kunst bei den Hindu's ausgebildet wurde, welche nicht mit Unrecht für das künstlichste Werk der Kunst gehalten wird. Denn ihre glückliche Bearbeitung setzt das Bewußtsein von den Gegensätzen, welche in der menschlichen Denkart zu herrschen pflegen, voraus, und daher wird sie sich erst dann in einem Volke erzeugen, wenn Reife der Erfahrung und Nachdenken über ihre Ergebnisse bei ihm sich eingefunden haben. Daraus aber würde denn auch von selbst folgen, daß auch die vollkommnere Entwicklung der Philosophie bei den Hindu's erst nach oder mit dem Zeitalter des Vikramaditja, d. h. etwa in dem letzten Jahrhunderte vor Chr. Geb., begonnen habe; und daß wir zu dieser vollkommnern Entwicklung die noch jetzt unter den Hindu's bekannten Systeme der Mimansa-, der Sankhja-, der Njaja-Philosophie, und wie sie sonst heißen mögen, rechnen müssen, geht schon daraus hervor, daß sie noch jetzt fortbestehen, und durch den langen Zeitraum vieler Jahrhunderte sich erhalten haben. Sie können nicht das Werk einer jugendlichen Nation sein.

Wir dürfen einige Umstände, welche für unsere Annahme sprechen, nicht übergehen. Dem Zeitalter der umsichtigen und mit Bewußtsein verfahrenden Philosophie pflegt das Zeitalter der schwankenden Meinungen vorauszugehen, und den schwankenden Meinungen gesellen sich sophistische Bestrebungen, oder wenigstens eine leichtsinnige Denkart über Religion, Sittlichkeit und Wissenschaft zu. Dies ist die natürliche Folge davon, daß man die streitenden Richtungen der frühern Philosophie, welche auf individuellen Neigungen erbaut war, zu bemerken anfängt. Den natürlichen Sitz solcher leichtsinnigen Denkart bei den Hindu's möchte man wohl in ihren weltlichen Gedichten, in den Natak's, zu welchen die Schriften des Kalidasa gezählt werden, suchen; und in der That hat man in den Werken des Kalidasa Spuren religiöser Gleichgültigkeit entdecken wollen[1]). Das Zeitalter in der Entwicklung eines Volks, in welchem mit vorherrschendem Eifer den schönen Künsten gehuldigt wird, pflegt überhaupt auch das Zeitalter des Leichtsinns zu sein. Daß dies auch bei den Hindu's stattgefunden habe, möchte man auch daraus zu schließen geneigt sein, daß Amara-Sinha, der am Hofe des Vikramaditja in hohen Ehren gestanden haben soll, der Lehre des Buddha zugethan war; ja es sprechen sogar Inschriften aus einer etwas spätern Zeit[2]) dafür. In der einen wird der Radscha, zu dessen Preise sie verfaßt ist, ein Sujota, d. h. ein Buddha, genannt und von ihm gepriesen, daß er jeden in seiner Secte nach ihren Vorschriften leben lasse. In einer andern aber wird die gegenwärtige Zeit die Zeit der Gottlosigkeit genannt, und der Fürst wird gelobt, weil er den, welcher in den Versammlungen der Gelehrten vergiftet worden war von der Liebe zum Beweise, spottend verlachte, und durch tiefe und schöne Reden, den Lehren der Veda's gemäß, beschämte. Diese Anführung mag zugleich beweisen, daß in der Zeit, aus welcher jene Inschrift ist, schon die Philosophie, welche im Geleite der sich ihrer selbst bewußten Kunst zu gehen pflegt, sich bei den Hindu's gebildet hatte.

Wenn ich diese Vermuthungen über die indische Phi-

---

1) S. d. angef. S. v. P. v. Bohlen, S. 38.

2) Etwa vom J. 70 n. Chr. S. S. As. res. I. p. 123 f.; p. 139.

losophie, welche uns jetzt zugänglich zu werden anfängt, gewagt habe, so ist es weniger deswegen geschehen, um irgend ein Resultat über diese Sache, welche uns nur noch so ganz im Rohen bekannt ist, abzuschließen, als um die Ordnung meiner Geschichtserzählung zu rechtfertigen. Diese beruht nun auf folgenden Annahmen: Wann sich die indische Philosophie in der Form, in welcher sie uns in Schriften und Auszügen bekannt geworden ist, gebildet habe, kann historisch nicht ausgemittelt werden, daher kann auch die Geschichte nicht von ihrem Bildungsgange, sondern nur von ihrem Bestehen Notiz nehmen, und dabei zu erforschen suchen, wo sie etwa einen Einfluß auf die uns bekannte Entwicklung philosophischer Lehren gewonnen habe. In der Geschichte der ältesten griechischen Philosophie ist nun durchaus keine Spur eines solchen Einflusses zu finden *), auch ist es nicht unwahrscheinlich,

*) Darüber später mehr. Hier nur dies: Colebrooke, in den Trans. of the R. A. S. I. p. 577, hat versprochen, künftig zu zeigen, daß die Inder Lehrer der frühern griechischen Philosophen gewesen seien, besonders des Pythagoras, und in der That, das Argument, dessen Schema er schon mitgetheilt hat, ist nicht übel angelegt. Es soll nämlich gezeigt werden, die indische Philosophie habe größere Verwandtschaft mit der ältern, als mit der spätern griechischen Philosophie, und da es nicht wahrscheinlich sei, daß die Griechen in der Zeit zwischen den frühern und spätern Philosophenschulen ihre Philosophie den Indern mitgetheilt hätten, so soll daraus gefolgert werden, daß vielmehr die Inder den Griechen Philosophie mitgetheilt hätten. Es kommt bei diesem Schlusse nur darauf an, zu zeigen, daß die Verwandtschaft in der angegebnen Art wirklich stattfinde, und zwar in einem Grade, welcher nicht aus der Verwandtschaft aller Völker untereinander abgeleitet werden kann. Darüber hat Colebr. schon Einiges fallen lassen, aber wenig Genügendes. Er mag wohl ein besserer Kenner der indischen,

daß die indische Philosophie in der uns bekannten Gestalt nicht vor der höchsten Blüthe der griechischen Philosophie sich ausgebildet habe. Dagegen scheint sie doch nicht rein abgesondert, und ohne daß die übrigen Erscheinungen unserer Geschichte Einfluß auszuüben unter diesen gestanden zu haben, und uns, welche wir die Geschichte der Menschheit gern als Einheit begreifen möchten, muß es um so mehr gewiß sein, daß auch diese bedeutende Erscheinung geistiger Bildung für die Entwicklung des menschlichen Geistes überhaupt nicht umsonst gewesen sein werde. Suchen wir daher nach Spuren des Einflusses, welchen die indische Philosophie auf die neuere Bildung ausgeübt haben möchte, so werden wir auf jene Zeiten geführt, in welchen die griechische Bildung mit der orientalischen Denkweise sich mischte, und aus der so gewonnenen Ansicht von Leben und Welt eine Philosophie sich erzeugte, welche griechischen und orientalischen Charakter miteinander vermengte. Nun ist es merkwürdig, daß dies um dieselbe Zeit geschah, so weit wir es verfolgen können, um die Zeit des Anfangs unserer Zeitrechnung, wo wir vermuthen dürfen, daß auch die zweite Entwicklung der indi-

---

als der griechischen Philosophie sein. Denn daß er die Philosophie der Pythagoräer aus dem Okellos, und die Lehre des Heraklit aus sehr verdächtiger Angabe (S. 574) schöpfen will, zeigt, daß er nicht eben auf dem sichersten Wege ist. Ferner findet er die Aehnlichkeit zwischen pythagorischer und indischer Philosophie, daß beide wirkende und materielle Ursachen unterscheiden, zu groß, als daß sie zufällig sein sollte. Zufällig eben nicht; aber der Grund liegt nur in der Gleichartigkeit des menschlichen Verstandes. Es giebt wohl kaum zwei Sprachen, welche zwischen Stoff und Ursache nicht zu unterscheiden wüßten.

schen Philosophie zur Reife gekommen sein möge. Aber mag es nun so gewesen sein, wie wir vermuthen, oder mag sich auch die indische Philosophie schon früher entwickelt gehabt haben, zweies steht uns fest, welches unsere Anordnung der Geschichte bestimmt, nämlich zuerst, daß zu dieser Zeit, und nicht früher, der Einfluß der orientalischen Philosophie auf die griechische wirklich in die Entwicklung dieser eingreift, und dann, daß die indische Philosophie zu diesem Einflusse, wenn auch nur selten unmittelbar, doch in nicht geringem Maaße mitgewirkt haben möge. Der erste Punkt kann nicht in Zweifel gezogen werden; der zweite wird von manchen Einzelheiten unterstützt, welche hier auszuführen nicht der Ort ist, hängt aber noch mehr daran, daß unter keinem Volke des Orients zu damaliger Zeit eine so ausgebildete Philosophie vorausgesetzt werden kann, als unter den Indern, und daß also auch höchst wahrscheinlich von dieser Philosophie viele geistige Bewegungen ausgegangen sein mögen, deren Quelle uns sonst verborgen ist.

Unsere Meinung ist daher, daß von der ausgebildeten indischen Philosophie erst da gehandelt werden müsse, wo ihr Vorhandensein mit Sicherheit vorausgesetzt werden darf, und wo ihr Einfluß sich zu offenbaren anfängt, d. h. in der Zeit um Christi Geburt. Ihr hier eine Stelle in unserer Geschichte anzuweisen, dazu drängt uns vor Allem die Betrachtung, daß uns keine orientalische Philosophie aus jener Zeit so bekannt ist, als diese. Wollte man dagegen die Geschichte der indischen Philosophie vor der Geschichte der griechischen Philosophie abhandeln, annehmend, diese sei aus der Fortentwicklung jener entstanden: so würde man sich in nicht geringer Verlegenheit befinden, zu erklären, wie eine nicht unbedeutende Masse von Begriffen, Lehren und Untersuchungen, welche in der indischen Philosophie im Gange waren, bei der Ueberlieferung an die Griechen habe verloren gehen können, ja daß diese Erklärung nothwendig wäre, würde, streng genommen, schon nachweisen, daß die Voraussetzung, die griechische Philosophie sei die Fortbildung der indischen, oder überhaupt der orientalischen, falsch sei.

Es bleibt uns nun noch übrig, hier einige Vermuthungen zu äußern über die älteste indische Philosophie, deren Entwicklung mit der Entwicklung der ältesten griechischen Philosophie ungefähr gleichzeitig sein möchte, und der wir also auch allein in einer chronologischen Anordnung unserer Geschichte hier eine Stelle anweisen können. Wir wollen jedoch von vorn herein gestehen, daß unsere Vermuthungen hierüber nur sehr vag sind, und nicht anders sein können, der Beschaffenheit der Quellen gemäß. Den Sitz dieser ersten Versuche möchte ich, was die Philosophie der Brahmanen betrifft, hauptsächlich in den Upanischad's suchen, wiewohl keineswegs alle Upanischad's aus der Zeit der ersten Entwicklung der Philosophie sind, sondern viele einen noch spätern Ursprung verrathen. Auch ist es nicht unwahrscheinlich, daß sich in solchen Episoden, welche in spätern Zeiten den ältern Heldengedichten angefügt worden sind, Spuren der ältern Philosophie gerettet haben. Aber alle diese Quellen sind, so lange nicht eine genauere Kritik das Verhältniß der einzelnen Theile der indischen Literatur zueinander bestimmt hat, sehr unsicher, indem man sich jetzt in der Bestimmung des Al=

ters eines oder des andern Theils meistens nur seinem Takte, welcher nach dem Inhalte abmißt, überlassen steht.

Um nun von einem so unsichern Führer nicht zu sehr in die Irre herumgeführt zu werden, müssen wir uns daran erinnern, daß die indische Philosophie in ihrem ersten Beginn nichts anders sein konnte, als das allmälige Bewußtwerden des indischen Geistes über sich selbst, und daß daher auch die Elemente der religiösen Gesinnung, welche vor der Philosophie sich gebildet hatte, in dieser aufgenommen und zum wissenschaftlichen Bewußtsein gebracht werden mußten. Wir setzen also voraus, daß in der ältesten Philosophie der Hindu's die Ansicht lag, alle einzelne Dinge und Naturkräfte seien aus der allgemeinen zeugenden Naturkraft als eben so viele Aeußerungen dieser Kraft hervorgegangen und von ihr nicht geschieden, ferner die belebende Seele der Dinge wandere durch verschiedene Formen des weltlichen Lebens nach nothwendigen Gesetzen, von welchen aber auch Befreiung gewonnen werden könne und Erhebung der Seele zu göttlichem Leben *).

Da wir annehmen müssen, daß die Philosophie der Hindu's aus ihrer Religion sich entwickelte, und die Religion der Veda's ursprünglich Naturreligion war, so läßt

*) Fr. Schlegel nimmt diese Vorstellungsweisen für besondere, aufeinander folgende Epochen in der indischen Denkart, in s. anges. S. S. 98; als solche lassen sie sich historisch nicht nachweisen, am wenigsten in der Ordnung, in welcher er sie aufeinander folgen läßt. Denn schon in den Veda's ist, wie früher erwähnt, der Naturdienst vorherrschend, welchen er erst auf die Emanationslehre und auf die Lehre von der Seelenwanderung folgen läßt.

sich nicht wohl anders denken, als daß die ersten philosophischen Forschungen der Inder die Frage betrafen, welche Naturkraft für den Grund aller Erscheinungen zu halten sei. Dahin deutet auch, daß wir die Spaltung der religiösen Secten als die Veranlassung zur philosophischen Untersuchung betrachten müssen, und daß die ursprüngliche Bedeutung der Hauptgottheiten bei den Hindu's physischer Art ist. Jedoch es sind nicht bloß diese allgemeinen Bemerkungen, welche unser Urtheil leiten, sondern mehr noch die Ueberlieferungen, welche auf die ältesten philosophischen Untersuchungen zu verweisen scheinen. Wir finden die Meinung sehr allgemein verbreitet, daß den Hindu's der Ursprung aller Dinge das Wasser sei[1]), in welchem sie sich das materielle und das bildende Princip vereinigt dachten. Andere Vorstellungen scheinen darauf zurückzugehen, andere Elemente, oder die Sonne, oder den Mond als das Wesen zu betrachten, aus welchem Alles entsprungen sei. Darauf werden wir weniger durch unmittelbare Angaben, welche doch auch nicht ganz fehlen[2]), als durch polemische Untersuchungen, welche wir

---

1) Ramayana III. p. 454, aus einem spätern Einschiebsel dieses Gedichtes. As. res. VIII. p. 452, aus den Veda's. Strab. XV, 1, p. 293. Tauchn. Bei dieser Stelle muß ich einen Irrthum erwähnen, welcher den Griechen sehr nahe lag; bei dem fünften Elemente der Inder dachten sie an ihren Aether, und legten ihm die Bildung der Gestirne bei; aber das fünfte Element ist den Hindu's nur das Substrat des Schalls. Auf ähnliche Irrthümer kommen fast alle schlagende Aehnlichkeiten, welche man zwischen indischer und griechischer Philosophie hat finden wollen, zurück.

2) Ueber die Luft als Princip s. As. res. VIII. p. 448, nach den Veda's.

Ebenso erklären sich andere Stellen der Veda's über das höchste Wesen, indem sie dasselbe auf die Vernunft, auf die Wahrheit oder auch auf die Rede zurückführen [1]. Doch mag dies eben nicht als eine wesentliche Verschiedenheit betrachtet werden, da die Vernunft und die Rede doch auch als mit der höchsten Glückseligkeit verbunden betrachtet werden [2].

Wenn man nun hierin die schon ausgebildetern, über den Standpunkt des natürlichen Gegebenseins hinausgehenden Vorstellungen der Hindu's von Gott erkennt, so muß auch ihnen zur Seite der Versuch gestanden haben, die Frage: wie aus der allgemeinen Seele die Mannigfaltigkeit der erscheinenden Dinge sich entwickelt habe, zu beantworten. Wir finden auch hierüber in den Veda's mancherlei Andeutungen, unter welchen wir jedoch eine ältere, der bloßen Naturansicht angehörige, von einer spätern, welche Alles zu vergeistigen strebt, unterscheiden möchten, ohne jedoch behaupten zu wollen, daß diese beiden Ansichten in der ältesten Philosophie der Hindu's mit Bewußtsein sich von einander gesondert haben müßten. Als der ältesten Vorstellungsart hierüber angehörig sehe ich nämlich die Lehren an, daß sich Alles aus der Trennung des Urgrundes in die beiden Geschlechter des Männlichen und Weiblichen erzeugt habe [3], oder daß Alles aus

---

1) As. res. VIII. p. 402, 427, 448; V. p. 362.

2) Ib. VIII. p. 448. Brahme, who is intellect with felicity, is the best path (to happiness) etc.

1) Ib. p. 441 f. Später ist jedoch vielleicht, wie Rhode, I. S. 232, bemerkt hat, die Verehrung des Lingam. Das weib-

dem Ei, oder in andern physischen Verwandlungen geworden sei. Später dagegen möchten die Lehren sein, welche die Schöpfung als das Opfer des Brahm darstellen [1]), wenn man dieses Bild im Sinne späterer Commentatoren deuten darf, als wenn nämlich das oberste Wesen einen Theil seiner Vollkommenheit dahingegeben habe der Sterblichkeit und der Veränderung, der Qual des Lebens. Von einer andern Art, wenn sie auch mit der vorigen vermischt vorkommen sollte, möchte die Vorstellung sein, welche den Grund alles Daseins auf mystische Weise als weder Sein, noch Nicht-Sein, weder Tod, noch Leben, weder Tag noch Nacht beschreibt, und erklärt, die Schöpfung der Welt könnten weder Götter, noch Menschen erkennen, weil sie aus ihr erst ihr Dasein empfangen hätten, so daß sie allein dem bekannt sei, welcher im höchsten Himmel das Weltall beherrsche [2]); aber damit wird doch auch die Annahme verbunden, aus der Kraft der Betrachtung und aus dem Verlangen im Geiste, welches der ursprüngliche schaffende Same sei, werde die Welt, und erkannt werde dies Verlangen von den Weisen durch die Einsicht in ihren Herzen, welches sie unterschieden im Nicht-Sein als die Fessel des Seins [3]).

---

liche Princip wird als die Kraft der männlichen Gottheit betrachtet. Colebrooke, As. res. VII. p. 286. Daher die Spaltung der Secten der Hindu's in die, welche das weibliche, und in die, welche das männliche Princip derselben Gottheit verehren.

1) Ib. p. 406; VII. p. 251; V. p. 366.

2) Ramayana I. p. 574; As. res. VIII. p. 432 f.

3) As. res. VIII. p. 404 f. Die englische Uebersetzung ist nicht ganz deutlich. Then was there no entity, nor non-enti-

Diese Vorstellungsweise nämlich scheint sich von der zuletzt angeführten darin wesentlich unterschieden zu haben, daß sie die Welt als eine Entwicklung und Verwirklichung der göttlichen Kraft betrachtet, indem nach ihr aus dem ungeordneten Sein, welches weder wahres Sein, noch unsterbliches Leben oder heller Tag ist, das geordnete Sein durch das Verlangen des Urgrundes hervorgehen soll, während die andere Ansicht umgekehrt die Weltschöpfung als ein Opfer und als ein Eingehen in die Nichtigkeit des Lebens sich denkt. Von dieser letzteren Art ist auch die Vergleichung der Weltschöpfung mit dem Schlafen Brahma's, und seines vorweltlichen oder unweltlichen Seins mit dem Wachen. Ob diese Vergleichung schon vor der Vedanta-Philosophie, welche wir später kennen lernen werden, bei den Hindu's geherrscht habe, wagen wir nicht zu entscheiden, obgleich sie in Manu's Verordnungen vorkommt *). In diesem Werke herrscht auf entschiedene Weise die Meinung von der Nichtigkeit der Welt:

ty, — death was not, nor then was immortality, nor distinction of day or night. — But that mass, which was covered by the husk, was produced by the power of contemplation. First desire was formed in his mind and that became the original productive seed; which the wise, recognising it by the intellect of their hearts, distinguish, in nonentity, as the bond of entity. Das Bild des Verlangens wird auch mit dem Bilde vom Männlichen und Weiblichen verbunden.

*) Fr. Schlegel, über Sprache und Weish. d. Ind., S. 280.

So mit Wachen und Schlaf wechselnd, dies All, was sich bewegt, was nicht;
Bringt zum Leben er stets hervor, vertilgt es, stets unwandelbar.

Zahllose Weltentwicklungen giebt's, Schöpfungen, Zerstörungen,
Spielend gleichsam wirket er dies, der höchste Schöpfer für und für *).

In andern Lehren dagegen, namentlich in den buddhistischen, wird die Welt als der Durchgang zur Vollendung betrachtet. Es mag auch Vorstellungen gegeben haben, welche beide Meinungen zu vereinigen suchten. Ueber ihr Alter wagen wir nichts zu entscheiden, weil uns historische Andeutungen fehlen, obgleich es uns sehr wahrscheinlich ist, daß sie hohen Alters sind, da sie in der ganzen Denkweise der Hindu's sich tief verzweigt haben.

Ebenso fehlt es uns an bestimmten Aussagen, welche das hohe Alter der Lehre von einer völligen Wiedervernichtung der Welt feststellen; jedoch scheint es aus der gewiß sehr alten Lehre der Hindu's von den verschiedenen Weltaltern hinlänglich zu erhellen. Die Hindu's nämlich haben die Dauer der Weltalter nach gewissen, nicht eben astronomisch berechneten, sondern ganz willkürlich bestimmten Zeiträumen festgesetzt, und es ist natürlich anzunehmen, daß nach dem Verlaufe dieser Zeiträume eine gänzliche Erneuung der Welt stattfinden müsse. Eine merkwürdige Vorstellungsart findet sich hierüber, wiewohl sie nicht sehr weit verbreitet gewesen zu sein scheint, nämlich daß die Körperwelt nur als Mittel diene, die von Gott Abgefallenen zu läutern und zu ihm zurückzuführen, aber auch vergehe, wenn dieser Zweck erreicht ist.

Nun ist noch zu erwähnen, daß zu den ältern Vor-

*) Ebend. S. 288.

9*

stellungsarten, welche sich bei den Hindu's philosophisch ausgebildet haben, auch gewiß ihre Lehre von der Seelenwanderung und von der Befreiung von der Seelenwanderung gehört. Ursprünglich mag sich diese Lehre an die Vorstellung von dem ewigen Flusse der Naturkräfte, von der Wanderung derselben aus einer Form in die andere angeschlossen haben, und so ziemlich materiell aufgefaßt worden sein[1]; später aber ist sie wohl in geistigerem Sinne gedacht worden. Die Seelenwanderung wird von den Hindu's als ein Zustand der Unruhe und der Unseligkeit angesehen, indem die Seelen in der beständigen Gewalt des Todes durch sie erhalten werden und der Mühe der Verwandlung unterliegen. Damit verknüpft sich nun natürlich die sittliche Bedeutung des Lebens. In diesem Volke ist ein tiefes Gefühl von der Sündhaftigkeit des Menschen, von der Schuld, welche er auf sich geladen, und deswegen eine große Furcht vor der Strafe, welcher er zur ewigen Vergeltung unterliegen müsse. Daher bei allen Ceremonien des indischen Gesetzes das beständig wiederkehrende Gebet um Tilgung der Sünden und um Bewahrung vor Sünden[2], daher die Meinung von der Verdienstlichkeit der Büßungen und die äußerste Härte dieser Büßungen[3]. Wie kann nun das Leben, welches als Buße der unendlichen Vergehungen gegen ein auf das

1) S. den Grabgesang As. res. VII. p. 244.

2) Z. B. As. res. V. p. 360. Erbsünde bei den Hindu's ebend. VII. p. 310.

3) Man vergl. die Büßungen des Bisvamitra nach Bopp's Uebersetzung, vorzüglich gegen das Ende.

Aeußerste überladenes Ceremonialgesetz [1]) angesehen wird, einen Reiz haben? Daher findet sich auch seit den ältesten Zeiten und in den ältesten Werken der Hindu's überall das Verlangen nach Befreiung von der Seelenwanderung und die Sehnsucht nach der Seligkeit, welche als vollendete Ruhe gedacht wird. Die Mittel zur Befreiung sind nach den ältesten Vorstellungen wohl keine andere, als, wie schon früher erwähnt, Opfer und andere Ceremonien, besonders Roßopfer und die äußersten Büßungen. In den späteren Philosophemen der Hindu's findet sich nun aber noch ein anderes Mittel, nämlich Erkenntniß, welche frei ist von allem Sinnlichen, und sich zur Anschauung des Unendlichen erhoben hat. Daß dieses Mittel auch schon der ersten Philosophie der Hindu's bekannt gewesen sei, dafür spricht in den Upanischad's die beständige Empfehlung der innern Beschauung und des tiefen und festen Nachdenkens über das Wesen Gottes [2]), so wie es denn überhaupt natürlich ist, daß schon mit der Entwicklung der Philosophie das tiefe Nachdenken als Mittel zu dem, was man als das Ziel des Lebens sich denkt, be-

1) Vergl. die unzähligen Vorschriften über das Essen, die Gesellschaft dabei, das Sitzen u. s. w. As. res. VII. p. 277. Vieles hiervon mag neuern Ursprungs sein. Man sieht, wie Sitte und Gebrauch das lebendige Wesen in den Hindu's überwältigt haben; sie sind wie die Alten, welche nicht mehr aus ihren Gewohnheiten können. Man kann sich nicht verleugnen, daß dieses Volk seit lange kein Tod getroffen hat.

2) As. res. VIII. p. 448; 455. Dagegen p. 445 darf nicht dafür angeführt werden, da der Upanischad, aus welchem die Stelle genommen, spätern Ursprungs ist. Auch in dem Atharva-Veda kommen mehrere Stellen dieser Art vor.

trachtet wird. Wir können hinzufügen, daß auch in dem verhängnißvollen Ringe des Kalidasa *) das Sinnen in sich selbst über das höchste Wesen als Mittel zur Erkenntniß alles dessen, was ist, geschildert wird. Uebrigens findet man in den älteren Werken der Hindu's, so weit sie mir bekannt sind, nichts von den Eintheilungen der Erkenntnißkräfte, welche die ausgebildetere Philosophie der Hindu's kennt, und deren Kenntniß dieselbe zur Erlangung der höchsten Seligkeit für nothwendig hält.

Soll ich nun noch zum Schlusse dieser Betrachtungen hinzusetzen, wie die Ergebnisse, welche ich aufgestellt habe, mir sehr schwankend und unvollständig dünken? Es dürfte vielleicht nicht unnöthig sein, indem oft dergleichen Untersuchungen mit zu großer Zuversicht entwickelt worden sind, Andere auch nicht selten mehr darauf gebaut haben, als die Urheber selbst. Aber ich hoffe, daß man, billig denkend, anerkennen wird, wie in diesem Gebiete einer ganz jungen Forschung jeder Schritt nur schwankend gethan werden kann. Es soll hier nichts abgeschlossen werden; das, was ich aufgestellt habe, sind Hypothesen, deren Werth hier, wie überall, nur darin besteht, daß sie die Aufmerksamkeit auf einen oder den andern Punkt leiten, dessen Sicherstellung noch weiterer Forschungen bedarf. Die Hypothesen sind für den Versuch und die Beobachtung. Es kam uns hier überhaupt mehr darauf an, allzusichern Behauptungen Zweifel entgegenzustellen, als selbst etwas Sicheres behaupten zu wollen. Von einer philosophischen Betrachtung der Menschengeschichte ausgehend,

*) Act. VII. sc. 6.

würden wir vielleicht etwas Festeres aufstellen können, aber wir wollen uns vor allen Dingen, wenn es darauf ankommt, Thatsachen zu begründen, vor der Vermischung geschichtlicher mit philosophischen Untersuchungen hüten.

Drittes Capitel.

Von dem Ursprunge der griechischen Philosophie.

Wenn wir uns über das Vorgeschichtliche der indischen Philosophie weitläuftig ausgelassen haben, so sind wir um so mehr gesonnen, über das Vorgeschichtliche der griechischen Philosophie uns kurz zu fassen; denn das Vorgeschichtliche dieser ist ganz anderer Art, als das Vorgeschichtliche jener; von dem, was für das indische Alterthum noch nicht geschichtlich ist, läßt sich wohl die Hoffnung hegen, daß es noch einmal geschichtlich werden dürfte, und es verlangt deswegen größere Beachtung; dagegen das griechische Alterthum ist uns wohl hinlänglich bekannt, um einzusehen, wie seiner Geschichte eine bestimmte Grenze gesteckt ist.

Unser Zweck bei diesen Untersuchungen über das Vorgeschichtliche ist nur, so viel als möglich uns über das zu unterrichten, woran die erste Entwicklung der griechischen Philosophie sich anschließen konnte. Wir unterscheiden zu diesem Zwecke das, was in der griechischen Denkart zur Anregung philosophischer Gedanken lag, und was etwa

den Griechen bald gänzlich umgewandelt worden. Wenn wir nur irgend den Ueberlieferungen über die orientalische Mythologie, wie sie nicht nur in schriftlichen Mittheilungen, sondern auch in Bildwerken uns vorliegen, trauen dürfen, so müssen wir einen sehr wesentlichen Unterschied zwischen ihr und der griechischen, wie sie in der historischen Zeit uns erscheint, anerkennen. Jene drückt ihre Verehrung gegen das Göttliche in manchen unförmlichen Symbolen aus, thierischer Gestalt entnommen, oder auch menschliche Gestalt mit thierischer vermischend, oder, wenn auch die menschliche Form überall hervortritt, doch sie zu verbilden anscheinend; diese dagegen, wenn sie das Göttliche ausdrücken will, sucht nur das Kräftige, das Edle und Schöne in der menschlichen Gestalt darzustellen. Zu diesem Abstande beider Arten der Mythologie ist es nicht auf einmal gekommen, sondern allmälig hat sich die griechische Darstellungsweise aus der orientalischen herausgebildet. Noch beim Homerus und beim Hesiodus finden wir manche Spuren der älteren Vorstellungsweise, welche schon bei den Tragikern fast ganz verschwunden ist; sie wurde zwar nicht völlig vergessen, aber sie trat in den Hintergrund zurück gegen die Götterbilder, welche öffentliche Verehrung genossen, mit allem Aufwande der Kunst geschmückt. Es entstand ein Geschlecht jüngerer Götter, welches die älteren Götter besiegte *).

*) Mir ist nicht unbekannt, was Otfr. Müller, Proleg. z. e. wissensch. Mythol. S. 373 f., gegen die frühere Verehrung der älteren Götter erinnert hat. Davon mag auch so viel wahr sein, daß später Manches über die früheren Götter von Dichtern erfun-

Nicht schwer ist es, den Grund dieser Umwandlung der Mythologie bei den Griechen zu finden. Der Kunstsinn der Griechen hat sie hervorgebracht. So wie die bildende Kunst fortschritt, mußten die Ungeheuer, bis auf wenige Ueberbleibsel, aus dem würdigsten Gegenstande der Kunst, aus der Mythologie, verschwinden. Man hat den plastischen Geist der griechischen Poesie nicht verkannt; man muß seine Wirksamkeit auch in der griechischen Mythologie anerkennen.

Es ist offenbar, wie diese Fortbildung der griechischen Mythologie ihr allmälig immer mehr ein heiteres und menschliches Ansehen gab. Die Götter erscheinen wie Menschen, im Umgang mit Menschen, nur mächtiger und klüger, als diese, übrigens denselben Leiden und denselben Leidenschaften unterworfen; nur so sind sie ein passender Gegenstand der Kunst. Aber in demselben Maaße, in welchem ihre Gestalten der Kunst gerecht wurden, in demselben Maaße wurden die mythischen Vorstellungen zur Erregung philosophischer Gedanken unpassend. Mit der rohen Form, in welcher sich die ersten Gefühle der Ehrfurcht, der Scheu, der Verehrung vor dem Göttlichen ausgesprochen hatten, verloren auch die Göttergestalten ihre Bedeutsamkeit. Die Götter, welche menschlich auf dem Olymp wohnten, konnten nicht so das Nachdenken mit dem Gedanken des Unendlichen erfüllen wie die mythischen Symbole, welche ein Bild der das Weltall schaf-

---

den worden; aber ich kann mich nicht überreden, daß Zeus früher verehrt worden sei, als Uranos.

senden oder befruchtenden Kraft zu geben erfunden zu sein schienen.

Doch wenn wir die religiöse Denkart der Griechen gerecht würdigen wollen, müssen wir ihre öffentliche Gottesverehrung von der geheimen unterscheiden. Von der ersteren handelten wir bisher, und suchen jetzt ihren Einfluß auf die Entwicklung der griechischen Philosophie zu bestimmen. So verschiedenartig auch die Formen waren, in welchen der Gottesdienst bei den Griechen hervortrat, so war er doch beim Beginn der historischen Zeit im Ganzen zu einem crassen Anthropopathismus, zu einem rohen Ceremonienwesen und zur bloßen Ueberlieferung herabgesunken. Das Volk kannte die Bedeutung der Ueberlieferung und der ursprünglichen Einsetzung der Gebräuche nicht, das religiöse Gefühl, welches sich an sie anschloß, war nur das ganz allgemeine einer unbestimmten Ehrfurcht vor dem Ursprünglichen, Alten und Göttlichen, ein Gefühl, welches sich in verschiedenen Formen aussprach, und theils geschichtliche Anknüpfungspunkte in den einzelnen Staaten fand, theils bei der Betrachtung der Naturerscheinungen sich äußerte. Die Götter waren diesen Griechen von der ethischen Seite die Stammväter ihrer Heldengeschlechter, die Gründer und Beschützer ihrer Staaten und der sittlichen Ordnung in ihnen, die Wächter über ihr Haus; nur wenig schimmerte ein allgemeinerer Gesichtspunkt hindurch, der im Zeus wohl auch den allgemeinen Vorsorger*) erblicken ließ, und andere Götter als Wohlthäter der ganzen Menschheit bezeichnete. Dabei

*) Μητιέτης.

fehlte auch die physische Seite nicht, indem die Griechen in allen Naturerscheinungen göttliche Kräfte regsam erblickten, und ein tiefes Gefühl der Nothwendigkeit, nach welcher Alles in der Welt göttlichen Gesetzen gemäß sich gestaltet, in ihnen nicht vermißt wird. Daß eine tiefere Auffassung des Religiösen in der allgemeinen Denkart der Griechen zu dieser Zeit nicht lag, wird dadurch bewiesen, daß ihnen die Gesänge des Homeros und des Hesiodos als Quellen der Götterlehre galten*).

Wenn wir uns nun fragen, was eine solche Religion für die Entwicklung der Philosophie vorbereitet habe, so ist es wohl klar, daß es nur sehr allgemeiner Art sein konnte. Von der Einheit des Grundes aller Dinge, welchen zu erforschen der Zweck der Philosophie ist, leitete der Polytheismus der Volksreligion eher ab, als die dunkeln Spuren des Monotheismus zu ihr hinauf leiteten. Doch konnte allerdings das philosophische Streben auch in diesen dunkeln Spuren einen Haltpunkt finden. Die sittliche Ordnung der Dinge, auf welche ferner die religiösen Vorstellungen führten, konnte ebenfalls zu philosophischen Gedanken erregen, und hat es wahrscheinlich gethan, wenn sich denn auch wohl die, wenn auch sehr unbestimmten, Vorstellungen von dem Leben der Verstorbenen im Hades und von der Vergeltung ihrer Thaten anschlossen. Am meisten aber mußte wohl die physische Seite der Volksreligion, in wiefern sie überall in der Natur das göttliche Leben zu erblicken aufforderte,

*) Darüber giebt Herodot, II. 53, nicht nur seine Meinung.

und Alles dem Naturgesetze unterordnete, das philosophische Nachdenken erwecken.

Doch alle diese Anregungen der Philosophie sind sehr untergeordneter Art; weniger ist dessen in der öffentlichen Religion der Griechen, was Philosophie erwecken, als was der philosophischen Denkart widerstreben konnte. Aber eben ein solches Widerstreben ist die beste Erweckung der lebendigen Kraft, und so kann man sagen, mehr Nutzen habe die griechische Philosophie daraus gezogen, daß die Religion ihr nicht entgegenkam oder ihr widersprach, als daß sie ihr einige Gedanken zur Erforschung überlieferte. Denn je mehr die Götterlehre zur bloßen Ueberlieferung ohne tiefern Sinn heruntergekommen war, um so mehr ließ sie auch das wissenschaftliche Nachdenken frei, und indem sie Unwürdiges von den Göttern aussagte, rief sie das philosophische Streben hervor, dem Bedürfnisse der menschlichen Seele, sich über das Verhältniß zwischen Göttlichem und Weltlichem zu unterrichten, durch eigenes Forschen Genüge zu leisten. Daher findet man den Beweis in den Verhältnissen, in welche schon die ersten Philosophen sich gegen die Volksreligion stellten. Denn die, welche sich nicht etwa ganz gleichgültig gegen alle religiöse Ueberlieferungen zeigten, haben entweder den Aberglauben des Volks und die alten Ueberlieferungen von den Göttern verspottet und geschmäht, wie wir beim Xenophanes, Herakleitos und Anaxagoras finden werden; oder sie haben es sich herausgenommen, wie Parmenides und Empedokles, sich eine eigene Theogonie und Kosmogonie zu erfinden. Das fromme Wesen der Pythagoreer, welche unter den älteren Philosophen allein auf religiöse Vorstellungen hindeuteten, möchte wohl mehr an die Geheimlehren, als an die öffentliche Verehrung der Götter angeknüpft werden.

Positiven Einfluß, hat man gemeint, möchten die Mysterien auf die Philosophie ausgeübt haben. Doch ist hierüber, wie es mir scheint, ein fast undurchdringliches Dunkel verbreitet. Guten Grund nämlich scheint mir die Unterscheidung zu haben, welche man zwischen den Gebräuchen der Mysterien und zwischen der Lehre gewisser priesterlichen Schulen, die sich an die Mysterien angeschlossen haben, gemacht hat, indem man meint, daß jene gar nicht nothwendig mit dieser verbunden gewesen seien. Ist aber dies der Fall, so könnte auch in das, was man gewöhnlich heilige Sage (ἱερὸς λόγος) nennt, etwas anderes von späteren Zeiten gelegt worden, als was der ursprüngliche Sinn des geheimen Gottesdienstes war. Dies würde nun das schwierige Verständniß der abgerissenen Notizen, welche wir über die Mysterien der Alten finden, noch um Vieles schwieriger machen. Nach zuverlässigen Untersuchungen *) ist so viel gewiß, daß vor dem Homer, denn Homer ist alleinige Quelle für die Zeit vor ihm, kein geheimer Gottesdienst nachgewiesen werden kann, aber auch höchst wahrscheinlich, daß vor ihm kein geheimer Got-

*) Lobeck, Aglaoph. p. 255 ss. Die Gründe, welche Creuzer, Symbolik III. S. 152 f., für das Gegentheil anführt, beruhen auf einer ganz unsicheren Chronologie. Lobeck gibt wenigstens den Weg, welcher in solchen Untersuchungen allein zu einem Resultate führen kann. Ueber die Bedeutung des ἱερὸς λόγος ist bekanntlich auch bei ihm Auskunft zu finden. S. Aglaoph. p. 148 ss. Vergl. aber auch Plat. Phaed. p. 62; Aglaoph. p. 796 s.

tesdienst stattfand. In den Schriften, welche dem Hesiodus zugeschrieben werden, geschieht zuerst seiner Meldung. Wir sind nun geneigt, mit den erwähnten Untersuchungen anzunehmen, daß die mystischen Religionen in Griechenland ein Werk des reifenden griechischen Geistes waren, in welchem mit dem Bewußtsein über sich selbst auch der Zweifel und die Bangigkeit über sich und sein Leben um sich griff [1]), mit einem Worte, daß sie den Uebergang bezeichnen aus den Spielen der Kindheit in den Ernst des reiferen Alters. So wie nun die öffentlichen Religionen sich immer mehr für die künstlerische Darstellung und in Verbindung mit dieser ausgebildet hatten, so scheinen dagegen die mystischen Gebräuche und Erzählungen mehr dem philosophischen Gedanken vorgearbeitet zu haben, ohne doch selbst auf den Namen der Philosophie irgend wie Anspruch zu haben [2]).

Wenn man ein so zusammengesetztes und durch tausend Zufälligkeiten verworrenes Gewebe, wie die griechische Mythologie, öffentliche und geheime, vor sich hat, so muß man natürlich in Irrthum gerathen, wenn man es als das Resultat Einer Richtung des Geistes oder einer Stufe seiner Entwicklung betrachtet. Uns kommt es daher auch gar nicht in den Sinn, aus der philosophischen Richtung des griechischen Geistes die geheimen Gottes-

---

1) Ib. p. 312 s.

2) Lobeck, de mysteriorum argumentis, ps. III. p. 4. Haud equidem repugno, hierologiis aliquantulum ex physica ratione et e philosophia admixtum fuisse, ea videlicet, quae fuit ante philosophos.

dienste der Griechen erklären zu wollen, sondern nur, daß diese Richtung in die Ausbildung der Mysterien mit eingriff, möchten wir behaupten. Wenn sich der öffentliche Polytheismus der Griechen immer mehr von der ursprünglichen religiösen Bedeutung entfernte, dem Gedanken, welcher sich an das religiöse Gefühl nothwendig anschließt, fast gar keine Befriedigung gewährte, ja selbst dem sittlichen Gefühle mehrfaches Aergerniß erregte, so läßt es sich nicht anders denken, als daß der nachdenkliche Geist der Griechen, auch noch ehe es zur Entwicklung der Philosophie kam, an einem andern Orte seine Befriedigung gesucht habe. Dazu boten sich die geheimen Religionen dar, dazu wurden sie zum Theil gebildet. So sehen wir eine Reihe geheimnißvoller Männer in der Zwischenzeit zwischen der mythischen Urwelt und der geschichtlichen Periode aufstehen, welche da, wo der öffentliche Gottesdienst nicht ausreichen wollte, eingriffen, und selbst auf Befehl des Staats durch fremdartige Gebräuche das von Schuld belastete Gemüth sühnten. Die geheimen Weihungen schlossen sich höchst wahrscheinlich an ältere Religionen an, wie die Mysterien in Samothrake und in Eleusis an Ueberbleibsel pelasgischen Gottesdienstes, wurden aber wohl erst jetzt, im Gegensatz gegen die neuere Ausbildung der Religion, zu geheimen Orgien. Schon das Geheimniß und das Dunkel, in welches die alten Ueberlieferungen von den im Lichte der Kunst dargestellten menschlichen Göttern zurückgedrängt worden waren, mußten die Andacht, aber auch das Nachdenken erregen. Außerdem aber mochte auch wohl der Inhalt der alten Ueberlieferungen zum Theil noch bedeutsamer erscheinen, als die fast ganz vermenschlichte

Geschichte der neueren Götter. Je mehr befremdend er den Vorstellungen der neuern Griechen war, um so mehr wurde man aufgefordert, durch neuere Deutung, in Erzählungen, Bildern oder Vorschriften, das Alte, wenn nicht verständlich zu machen, doch gewissermaaßen der Vorstellung zu nähern. So sehen wir an die geheimen Lehren eine Art von geheimer Dichtkunst sich anschließen; die Namen des Orpheus, des Musäos, des Linos und Anderer werden berühmt; an diese reihen sich geschichtliche Personen, wie Thaletas, Epimenides und Onomakritos, an diese aber schließen sich zuletzt Philosophen ähnlicher Richtung an, wie die Pythagoräer und Empedokles.

Ohne nun wie Aristoteles *) sagen zu wollen, daß es nicht eben der Mühe werth sei, ernstlich über die mythologischen Lehren der alten Theologen nachzuforschen, dürfen wir doch wohl behaupten, daß ihre ganze Vorstellungsweise nur in wenigen und in wenig entwickelten allgemeinen Meinungen sich bewegte. Da aber eben diese Meinungen in späterer Zeit weiter ausgebildet worden sind, und wir nur von Späteren Kunde über sie erhalten haben, so liegt hierin eine große Schwierigkeit, den Grad ihrer Ausbildung zu bestimmen; denn die Späteren haben sich schwerlich enthalten, ihre Bildung in die alten Ueberlieferungen hineinzulegen. Deswegen ist hierüber nur den ältesten Nachrichten einigermaaßen zu trauen. Herodot und seine Zeitgenossen kennen orphische und bakchische Orgien, und bei jenem stehen sie offenbar in einer gewissen Verehrung, indem er sie auf ägyptischen Ursprung

*) Met. III. 4.

zurückführen will [1]). Bei Späteren dagegen sind sie in Verachtung [2]), und gewiß nicht mit Unrecht, indem sich allerlei Aberglaube und Betrug an sie angeschlossen hatte. Dies ist kein geringer Beweis für die oben entwickelte Annahme, daß die Mysterien sich im Uebergange zur Philosophie ausgebildet haben, denn als einem solchen Uebergange angehörig, haben sie ihre kurze Zeit gehabt, nachher aber sind sie in Verfall und in Verachtung gerathen. Platon erwähnt zwar auch ihrer Entartung, spricht aber sonst, wenn auch mit einigem Anflug von Ironie, doch nicht ohne Achtung vom orphischen Leben und von orphischer Lehre. Nach ihm erscheint das orphische Leben als ein ascetisches, durch Mäßigkeit die Seele ordnendes, wodurch auch körperliche Heilung bezweckt werden könne [3]); die alten Weihen werden von ihm zu jener Art der Begeistrung gezählt, welche ohne Bewußtsein die Seele erhebe und reinige [4]). Ueber die Lehre der alten Theologen führt Platon freilich manches an, was als willkürliche und den Sophisten nachgebildete Deutung erscheinen möchte, wie wenn er ihnen die Lehre des Herakleitos beilegt, daß Alles beständig fließe [5]); Anderes dagegen scheint dem Charakter alter mythischer Lehren ganz entsprechend zu sein. Hierzu rechnen wir die Meinungen über das gegenwär-

1) II. 81.

2) Plat. de rep. II. p. 364; Euthyd. p. 277; Isocr. laud. Busir. p. 229 ed. Steph.; Theophr. charact. 16, 25. Lobeck Aglaoph. p. 642 sqq.

3) De legg. VI. p. 782; Charm. p. 156 sq.

4) Phaedr. p. 244; 265.

5) Cratyl. p. 402.

10*

tige und das zukünftige Leben, daß jenes ein Leben wie im Grabe sei, zur Strafe alter Frevel, worauf die allgemeine Nothwendigkeit reinigender Gebräuche gegründet werden mußte, daß aber auch im zukünftigen Leben die Gerechten Lohn ihrer Thaten, so wie die Ungerechten Strafe erwarte [1]). An diese Vorstellungen schloß sich auch höchst wahrscheinlich die Lehre von der Seelenwanderung an [2]). Ueber die kosmogonischen Lehren, welche diesen Mysterien zugeschrieben werden möchten, finden wir keine sichere Auskunft beim Platon; Aristoteles aber meinte gefunden zu haben, daß den ältern Theologen überhaupt die Meinung vorgeschwebt habe, das Bessere entwickle sich aus dem weniger Guten, die Ordnung aus dem Ungeordneten [3]), indem sie aus der Nacht, dem Chaos, dem Uranos oder dem Okeanos die Dinge hervorgehen ließen, aber nicht aus dem Zeus, der jetzt die Welt beherrsche. Diese Meinung des Aristoteles gewinnt große Wahrscheinlichkeit, wenn man sie sowohl mit späteren Lehren der Philosophen, welche sich hieran anschlossen, als mit anderen Vorstellungen der Orphiker von den Göttern vergleicht. Denn von diesen müssen wir voraussetzen, daß sie noch sehr roh waren, und an physischen Erscheinungen den Begriff des Göttlichen sich anschaulich machten [4]), das

---

1) Cratyl. p. 400; Meno p. 81; Phaed. p. 62. Cf. Philolai Fragm. ap. Clem. Alex. Strom. III. p. 433.

2) Meno l. l., wo Pindar erwähnt wird. Auch Phileb. p. 66 hat O. Müller Prolegomena S. 385 den Vers des Orpheus dahin deuten wollen; vergl. dagegen Lobeck Aglaoph. p. 790.

3) Met. XII. 6; XIV. 4.

4) Arist. met. III. 4; XII. 8.

Vernünftige also wahrscheinlich als eine spätere Entwicklung ihnen erschien. Uebrigens scheint in ihren physischen Vorstellungen eine Vermischung, oder vielmehr Nicht-Unterscheidung mechanischer und dynamischer Ansicht stattgefunden zu haben, wie sie auch in der hesiodischen Theogonie und in der orphischen Lehre, in welcher vom Ei die Geburt der Dinge abgeleitet wird*), nachgewiesen werden kann.

So gering auch und so unsicher die Ausbeute sein mag, welche wir aus den mythischen Vorstellungen für unsern Zweck schöpfen konnten, so können wir doch noch weniger aus unserer Kenntniß der Dichtkunst und der sittlichen und wissenschaftlichen Denkweise jener Zeiten entnehmen. Diese beiden Quellen, aus welchen die Philosophie schöpfen konnte, sind oben fast nur zu dem Zwecke angedeutet worden, um die Lücke bemerklich zu machen, welche in der historischen Betrachtung über die Wiege, aus welcher die griechische Philosophie hervorging, uns bleiben muß. Wir sind nicht so kühn, aus den wenigen Fragmenten, welche uns von den Dichtern um die Zeit des Thales übrig geblieben sind, über den Charakter ihrer Dichtkunst etwas bestimmen zu wollen, außer nur das Allgemeinste, nämlich daß in der lyrischen und gnomischen Dichtkunst, welche jetzt sich auszubilden anfing, ein nachdenklicher Charakter herrschte, wie er diesen Arten der

*) Von dieser Lehre ist zuerst beim Plutarch, Sympos. II, 3, 2, die Rede; ihr Alter darf daher bezweifelt werden, d. h. nicht das Alter der orphischen Lehre vom Ei, welche Aristophanes av. 695 erwähnt (vergl. Lobeck Aglaoph. p. 474 sqq.), sondern der Lehre, daß das Ei das Princip aller Dinge sei.

Dichtkunst geziemt, zur Erregung philosophischer Gedanken aber wohl geeignet ist. Einzelne Gedanken der Dichter anzuführen, würde nichts frommen, da sie nicht nothwendig von der herrschenden Denkart, sondern vielleicht nur von der Stimmung des Augenblicks zeugen würden.

An die gnomische Dichtkunst schlossen sich am nächsten die Gemeinplätze für das thätige Leben an, welche in den Sprüchen der sieben Weisen gesammelt worden sind, und welche mit den Anfängen der griechischen Philosophie ungefähr gleichzeitigen Ursprung gehabt haben mögen. Von einer Philosophie der sieben Weisen, wenn man den Thales ausnimmt, wird jedoch niemand, welcher Philosophie von andern Erzeugnissen des Geistes zu unterscheiden weiß, sprechen wollen. Eine Art Lebensweisheit mochte sich bei ihnen ausgebildet haben, welche sie aus dem Verkehr mit den Menschen schöpfend in kurzen Sinnsprüchen dem Verkehr überlieferten. Eine tiefere Weisheit in diesen zu suchen, sind wir keinesweges geneigt, ja wir möchten nicht einmal aus ihnen über die sittliche Gesinnung der Griechen damaliger Zeit irgend etwas folgern, da ihre Sammlung wenig Zuverlässigkeit hat, und die ganze Zusammenstellung der Sieben zu einer Gesellschaft, deren Mitglieder überdies auf verschiedene Weise genannt werden, zu dem Gebiete der Sage, nicht der Geschichte gehört. So mögen sie denn hier nur erwähnt worden sein, um anzudeuten, wie zu des Thales Zeiten der Geist der Ueberlegung und des Nachdenkens das ganze Leben der Griechen zu durchdringen begonnen hatte.

Hiervon giebt auch die wissenschaftliche Bildung dieser Zeiten Zeugniß. Denn nicht nur in der Philosophie, sondern auch in der Geschichte, sowohl der Natur, als der Menschen, wurden zu derselben Zeit die ersten Versuche gemacht, indem man so auf einmal an den entgegesetzten Seiten der Wissenschaft zu arbeiten begann. Die empirische Naturkunde hat ihren Anfang in der Arzneikunde gehabt, und die ersten einigermaaßen wissenschaftlichen Aerzte unter den Griechen finden wir in zwei von der Philosophie ursprünglich unabhängigen Schulen etwa um die Zeit des Thales und des Pythagoras. Mehr noch aber, als diese wenig bekannte Naturgeschichte, erregt unsere Beachtung die älteste Geschichte der Griechen. Diese, wie sie aus den Händen eines Kadmos, Pherekydes und Hekatäos hervorging, ist nicht viel jünger als Thales, und scheint der Philosophie noch nicht so fern gestanden zu haben, als die spätere Geschichtschreibung. Denn Philosophie und Geschichte haben eine gemeinsame Quelle gehabt in den religiös-poetischen Theogonien und Kosmogonien und in der Sage über Götter und Menschen. Diesen gemeinsamen Ursprung konnten sie auch in ihrer ersten Ausbildung nicht verleugnen. Daher finden wir bei den ältesten Philosophen Manches über Entstehung der Menschheit und über Stiftung der Staaten. Die erste Geschichte aber schloß sich an die Nachforschung über Entstehung aller Dinge an, und verband mit der Götter Ursprung die Geschichte der Helden und Menschen. Davon sieht man die unzweideutigen Spuren noch im Herodot. Den ältesten griechischen Geschichtwerken möchte auch wohl das sehr ähnlich gewesen sein, was Pherekydes der Syrer über die Vermischung und Geburt der Götter schrieb. Von diesem Manne, welcher zu den ältesten

Schriftstellern in Prosa gezählt wird, deutet Aristoteles an, daß er auf der Grenze zwischen der mythischen Poesie und der Philosophie gestanden habe[1]), und die Ueberlieferungen, welche uns von seinem Werke Nachricht geben, stimmen darin überein, daß er unter gewissen mythischen Bildern seine Vorstellung von dem Ursprunge der Dinge mittheilte. Daß diese Bilder für uns schwer zu deuten sind, ist natürlich, weil sie schon den Alten, welche doch das Ganze übersehen konnten, dunkel vorkamen, uns aber nur wenige Fragmente seiner Allegorie gerettet worden sind. Daß er Alles aus dem Besten habe hervorgehen lassen, schließt Aristoteles[2]) wohl nur daraus, daß er den Zeus als das Erste gesetzt hatte[3]). Außer dem Zeus aber scheint er eine bildbare Masse angenommen zu haben als zweites Princip, welches er die Erde nannte[4]), und indem er den Zeus als das befruchtende Princip in die Liebe sich verwandeln ließ, stand er wohl in der Mitte zwischen der mechanischen und dynamischen Naturlehre, deren Sonderung wir in den ersten Anfängen der griechischen Physik sich bildend finden[5]).

---

1) Met. XIV. 4.

2) L. l.

3) Diog. L. I. 119.

4) Wenn Diog. L. l. l. die Zeit als drittes Princip genannt wird, so scheint mir damit nur die Ewigkeit der Zeit, in welcher die Principe waren, angedeutet zu werden.

5) Die Hauptstellen über die Lehre des Pherekydes außer den schon angeführten sind: Clem. Alex. Strom. VI. p. 621; Procl. in Tim. III. p. 156; Herm. irris. phil. 12. p. 222. Worth; Max. Tyr. diss. X, 4. p. 174. Reisk.

Wenn man nun diese Elemente griechischer Bildung, aus welchen die Philosophie sich entwickeln konnte, betrachtet, so wird man wohl nicht daran zweifeln können, daß sie hinreichend waren, den philosophischen Trieb der Griechen zu wecken und zu nähren. Findet man ein Volk auf der Stufe der Bildung stehend, auf welcher das griechische zur Zeit des Thales stand, so muß man erwarten, daß es sich bald seine Philosophie bilden werde, wenn nicht ungünstige Umstände sein Fortschreiten auf der begonnenen Bahn hemmen sollten. Man kann unbedenklich sagen: die Griechen bedurften keiner Anweisung zur Philosophie; ohne fremden Unterricht konnten sie sich zur philosophischen Erkenntniß erheben.

Doch wer weiß, zu ihren eignen guten Gaben kann noch der fremde Unterricht als ein willkommenes Geschenk hinzugetreten sein, und wenn sie auch nicht einen eigentlich philosophischen Unterricht genossen haben sollten, so sind doch vielleicht Gedanken und Ueberlieferungen aus der Fremde, in den guten Boden des griechischen Geistes ausgesäet, fruchtbar geworden zur Erzeugung der Philosophie.

Wir werden also hier noch zu untersuchen haben, ob sich einigermaaßen sichere Spuren in den Ueberlieferungen darüber nachweisen lassen, daß die Griechen Elemente ihrer ältern Philosophie von fremden Völkern entnommen hätten. Dadurch werden wir wieder auf die orientalischen Völker geführt, denn bei andern können wir keine Bildung suchen, welche der griechischen Philosophie hätte förderlich sein können.

Wir haben jedoch hierbei nicht bloß auf die alten Ueberlieferungen, sondern auch auf einige der wichtigsten neuern Untersuchungen zu sehen, denn jene sind zu ungenügend, und müssen daher durch mancherlei gelehrte Zusammenstellungen ergänzt werden. Vieles beruht hierbei auf allgemeinen Vorstellungen und auf Wahrscheinlichkeiten, welche man aus der Vorstellung über das Verhältniß der Griechen zum Orient entnahm und entnimmt. Man hat es ganz natürlich gefunden, anzunehmen, die orientalische Bildung sei auf die späteren Griechen übergeflossen, und so auch philosophische Lehren; ein Zusammenhang zwischen der griechischen und der orientalischen geistigen Entwicklung sei auf jeden Fall anzuerkennen. Wer wird so thöricht sein, dies Letztere im Allgemeinen zu leugnen? Wenn man aber hieraus etwas folgern will, besonders zu unserem Zwecke, so muß man einen doppelten Einfluß des Orientalischen auf das Griechische unterscheiden, einen frühern und einen spätern. Den früheren setze ich zuerst in die Zeiten, als Griechenland zum Theil von Asien aus mit seinen ersten Bewohnern bevölkert ward, dann aber auch, als spätere Colonien von Asien und Aegypten aus der Richtung der ersten Völkerzüge nach Griechenland folgten. Durch diese Einwanderungen ist erst das Volk geworden, welches wir in der geschichtlichen Zeit als das griechische kennen; dadurch ist auch erst der Gegensatz zwischen morgenländischem und abendländischem Wesen entstanden. Denn als die ersten Einwanderer nach Griechenland kamen, waren sie unstreitig Orientalen, und brachten das ganze orientalische Wesen in ihre neuen Wohnplätze. Nachher aber hat sich ein solcher Gegensatz zwischen den Ausgewanderten und denen, welche im Orient zurückgeblieben waren, festgesetzt, daß die Griechen diese nur Barbaren nannten. Sie hatten verschiedene Sprachen, verschiedene Sitten. Den spätern Einfluß nenne ich den, welcher stattfand, nachdem die Griechen ein Volk, welches keine fremde Bestandtheile mehr in sich aufnahm, geworden waren. Dieser Einfluß ist so wenig zu leugnen, als der erste; aber darüber möchte großer Streit herrschen, wie weit er sich erstreckt habe.

Wir haben es bei unsern Untersuchungen nur mit dem letzten Einfluß zu thun, denn bei der Gründung des griechischen Volkes kann von Philosophie nicht die Rede sein; jedoch um diesen genauer zu bestimmen, wird es nicht unpassend sein, Einiges über jenen Einfluß zu sagen. Was die Griechen vom Orient aus in ihre neue Heimath mitbrachten, ist der Grund der griechischen Sprache geworden, in welcher man noch die Verwandschaft mit den Orientalen erkennen kann; auch empfingen damals die Griechen die Anfänge der Künste, welche zum Leben nothwendig sind, und was in ihren Sitten und in ihrer Mythologie sich Verwandtes mit dem Orientalischen nachweisen läßt, ist größtentheils in jenem hohen Alterthume das Eigenthum der Griechen geworden. Viel weiter möchte sich wohl das nicht erstrecken, was mit den Griechen und den Colonien, welche später gefolgt sind, nach Griechenland eingewandert ist. Dagegen Schreibekunst, Rechenkunst, Landesvermessung und Beobachtung der Gestirne haben sehr wahrscheinlich erst später die Griechen von den Fremden kennen gelernt. Es bestand also eine Art von Verkehr unter Griechen und Barbaren, und ein Austausch, nicht nur der Waaren, sondern auch der Kenntnisse und

Geschicklichkeiten. Viele jedoch scheinen mir eine zu grosse Meinung von der Innigkeit und von dem Einflusse dieses Verkehrs auf die Griechen zu haben. Man scheint sich denselben fast wie den Verkehr der neuern Europäer untereinander oder auch mit Nicht-Europäern vorzustellen; aber gewiß ist er ganz anders und viel beschränkter gewesen. Welche Masse der Verkehrsmittel haben wir vor den Alten voraus! Bei uns ist, worauf besonders zu achten, das Vorurtheil, welches bei den Alten alles Barbarische traf, nicht vorhanden, und wenn bei den Griechen die Unbekanntschaft mit fremden Sprachen ein fast unübersteigliches Hinderniß geistiger Mittheilung zwischen ihnen und den Barbaren war, so ist uns dagegen die Verschiedenheit der Sprache fast nur ein neuer Anreiz zum Austausch der Gedanken. Die Dolmetscher zwischen Griechen und Barbaren scheinen aber nicht viel weiter ausgereicht zu haben, als zum Handel und Wandel und zu sonstigen bürgerlichen Geschäften. Auf diesen Kreis des Verkehrs beschränkte sich also auch wohl hauptsächlich die Gemeinschaft der Griechen mit den Barbaren in der historischen Zeit; was sich sonst noch daran anschloß, mußte mehr einzelner und zufälliger Art sein.

Wir haben es hier hauptsächlich nur mit religiöser Gesinnung und Denkart und mit wissenschaftlichen Untersuchungen zu thun. Was die religiöse Denkart betrifft, so scheint es mir so leicht und so natürlich nicht, wie viele gedacht haben, daß sie von den Griechen erforscht und von den Barbaren mitgetheilt worden sei. Denn das Innerste unserer Seele, unsere ganze religiöse Gesinnung, offenbaren wir nicht so leicht; es wird auch nicht so leicht erkannt. Was von äußern Gebräuchen offen daliegt, was von Erzählungen daran sich anknüpft, ist ein Anderes; darauf kommt es uns aber wenig an. Wie schwierig es hält, bei vielfachem äußern Verkehr die innere Denkweise aufzufassen, davon zeugt, daß wir von Kaufleuten sehr wenig brauchbare Nachrichten über die Religion fremder Völker erhalten haben. Ueberdies waren die Griechen wenig empfänglich für religiöse Ansichten anderer Art, als die ihren. Aeschylos und Herodotos liefern den Beweis, besonders der letztere, der zwar von fremden Götterverehrungen vieles erzählt, aber alles nur in griechischem Lichte betrachtet.

Noch näher liegt es uns, zu bezweifeln, ob die Griechen philosophische Mittheilungen von den Orientalen erhalten haben. Die philosophische Mittheilung ist überhaupt sehr schwierig, und wir sehen es noch jetzt, daß eine Philosophie lange in einem Volke verschlossen sein kann, ohne daß die benachbarten Völker, welche mit jenem in vielfachen Berührungen, selbst wissenschaftlicher Art, stehen, von ihr irgend eine Erregung erhalten. Eine innere Verschiedenartigkeit zwischen Griechen und Barbaren dürfen wir doch wohl voraussetzen, und daraus scheint es mir zu folgen, daß die ältern Griechen auch wenig geneigt waren, von den Orientalen zu lernen. In den Zeiten, von welchen hier die Rede ist, war man fern von der Gelehrsamkeit, welche das Urtheil Anderer zu erforschen und aus ihm sich zu unterrichten sucht; ein Jeder suchte sich bei sich selbst zu bilden, wenn er nicht in seiner Jugend auf einen passenden Lehrer gestoßen war. Es giebt keine Spur davon, daß in den ältesten Zeiten der

Philosophie ein Grieche etwa eine ägyptische oder persische Schrift übersetzt habe oder sich habe übersetzen lassen. Noch weniger waren wohl die griechischen Philosophen im Stande, selbst solche Schriften zu lesen oder mündlich einen wissenschaftlichen Unterricht in fremder Sprache zu erhalten.

So müssen wir bezweifeln, ob die Griechen große Lust und große Fähigkeit besaßen, von den Orientalen zu lernen. Aber auch von den Orientalen dürfen wir kaum voraussetzen, daß ihre Geschicklichkeit zu lehren groß gewesen sei. Bei der wissenschaftlichen Mittheilung gilt die Regel, daß niemand früher zum Lehren geneigt und geschickt ist, ehe er die Anfangsgründe der Wissenschaft einigermaaßen überwunden hat. Es frägt sich also, ob zur Zeit der angehenden wissenschaftlichen Bildung unter den Griechen die Orientalen weit genug in der wissenschaftlichen Entwicklung fortgeschritten waren, um den Griechen fähige Lehrer zu werden. Was wir von der orientalischen Bildung jener Zeit kennen, berechtigt uns keinesweges dies anzunehmen. Was ihnen Herodot, welcher sie kannte, zuschreibt, besteht nur in einigen Anfängen der Wissenschaft, und Platon legt auch den Phönikern und Aegyptern als das, was sie vor Andern auszeichnet, nur die Gewerbsthätigkeit bei, während den Griechen vor allen andern Völkern Wißbegier zukomme*). Nach allen diesen Berücksichtigungen der Verhältnisse, in welchen die Griechen zu den Orientalen standen, ist es uns also nicht

*) De rep. IV. p. 435 fin.

sehr wahrscheinlich, daß jene von diesen die Elemente ihrer wissenschaftlichen Bildung entnommen haben sollten.

Doch wir müssen nun die Ueberlieferungen und die Gründe prüfen, auf welche sich die von der unserigen abweichende Meinung Anderer stützt. Die Ueberlieferungen über die barbarischen Lehrer griechischer Philosophie sind bei den griechischen Schriftstellern selbst im Ganzen nicht sehr häufig und im Einzelnen nicht zum besten beglaubigt. Bei den ältesten Zeugen, beim Platon und beim Aristoteles, finden wir darüber nichts. Platon führt zwar zuweilen ägyptische Mythen an und legt Aegyptern weise Sprüche in den Mund, daß er aber dies alles nicht zu ernst genommen wissen wolle, darüber erklärt er sich deutlich genug *). Erst in den späteren Zeiten, erst mit dem Absterben des wissenschaftlichen Lebens unter den Griechen, vervielfältigen sich die Gerüchte über die orientalische Abkunft der griechischen Philosophie. Die Spätern wollen mehr hierüber wissen, als die Frühern, und davon lassen sich die Gründe nicht schwer auffinden. Nachdem die Fähigkeit Eignes zu erdenken abgenommen, fing man an, seiner eigenen Dürftigkeit in der Erfindung sich bewußt, über die Alten, und woher sie ihren Reichthum genommen, zu grübeln; man verstand die reichen Quel-

*) Phaedr. p. 275. Ich will hier beiläufig erwähnen, daß man wohl auch noch neuerdings darauf hingedeutet hat, Platon möchte seine Philosophie aus Aegypten geholt haben, s. A. W. Schlegel Vorrede zum Bhagavad-Gita, S. XXV. Dies wird aber schon hinlänglich durch die oben angeführte Stelle aus dem 4. Buche der Republik widerlegt, in welcher er den Aegyptern zwar das φιλοχρήματον, aber nicht das φιλομαθές beilegt.

len ihres Lebens, welche sie in sich selbst hatten, nicht mehr, da man sich selbst unfähig fand, aus sich Aehnliches zu schöpfen. Auch war man nach den Zeiten des Aristoteles mit dem Orient näher bekannt geworden; man hatte Spuren einer frühern Bildung in ihm, als in Griechenland gefunden, man war nicht im Stande sich eine andere Bildung, als die griechische zu denken, die Vermuthung war zu natürlich, daß die alten Griechen von den Orientalen gelernt hätten, wie die neuern Griechen von ihren Voreltern noch jetzt lernten. So wurden zwei Arten der Unfähigkeit Ursachen dieser Vermuthung, dann des allgemeinen Irrthums und vieler daran sich anknüpfenden historischen Muthmaaßungen, die Unfähigkeit, eine andere Bildung, als die eigene, sich zu denken, und die Unfähigkeit, in den höhern wissenschaftlichen Gebieten zu schaffen. Man beurtheilte die Vorzeit nach sich, daraus entstand die schlechte Geschichte, welche den äußern Zusammenhang an der Stelle des innern zu gewinnen suchte. Als nun noch die orientalische Phantasterei in der Geschichte um sich griff, erhielt man Ueberlieferungen, wie die der Neu-Platoniker, welche im Ganzen niemand gebrauchen kann, viele aber im Einzelnen zu gebrauchen versuchen; aber ich möchte sagen, sie sind bis in das Einzelste verderbt, denn der Hauch der innern Unwahrheit hat sie vergiftet. Diese Männer konnten das Einzelne nicht richtig auffassen, weil sie alles in das schiefe Licht ihrer gehaltlosen Phantasie stellten *).

---

1) **Lobeck** de mysteriorum Eleus. gradibus. I. p. 8. — Platonicus, hoc est pessimus antiquitatis interpres.

Doch wir müssen auf einige dieser Ueberlieferungen Rücksicht nehmen, und wollen es hier im Zusammenhange thun, da man auf diese Weise am besten ihren Werth zu beurtheilen im Stande ist. Schon dem ersten Philosophen unter den Griechen schreibt man orientalische Lehrer zu. Thales, sagen Einige, habe von den ägyptischen Priestern seine Lehre enthalten. Die Zeugen dafür sind jüngere Schriftsteller, wie Plutarchos [1]) und Jamblichos [2]); auch findet man keine Bestätigung dieser Sage in der Aehnlichkeit der Lehre des Thales mit den Meinungen der Aegypter. Desto mehr hat man den Ursprung der thaletischen Philosophie bei den Phönikern gesucht. Er stammte ja aus einer phönikischen Familie und war nach Asien gereist [3]), wahrscheinlich nach Phönikien; wie ist es nun nicht höchst wahrscheinlich, wenn nicht gewiß, daß er seine Lehre, Alles sei aus dem Wasser, aus Phönikien erhalten habe, wo dieselbe Lehre, wie überhaupt in Asien, uralt ist [4]). Wir müssen gestehen, daß diese Vermuthungen uns keinesweges sehr einleuchtend sind. Viel wahrscheinlicher erscheint es uns vielmehr, daß Thales von selbst, aus seiner griechischen Denkart heraus, zu der Lehre gekommen sei, welche er aufstellte, besonders wenn wir bedenken, daß Aristoteles nicht nur nichts von ihrer

---

1) De plac. phil. I. 3.

2) De vita Pyth. 12. Den Brief des Thales selbst, Diog. Laert. I. 43, erwähne ich nur.

3) Nämlich nach dem oben angef. untergeschobenen Briefe.

4) Stanleji hist. phil. p. 9; C. Ritter Vorhalle der europäischen Völkergeschichte, S. 179.

ausländischen Abkunft sagt, sondern auch nichts davon weiß, indem er geneigt ist, die Lehre des Thales an griechische Vorstellungen ähnlicher Art anzuknüpfen [1]).

Noch größerer Verdacht ruht auf dem Pythagoras, daß er seine Philosophie aus orientalischen Ueberlieferungen geschöpft habe. Hierüber ist nichts geschichtlich verbürgt; die ältesten Zeugnisse sind etwa zweihundert Jahre jünger, als Pythagoras [2]), und wer das Wahrhafte in den Erzählungen über den Pythagoras kennt, wird auf alle die Angaben über die Reisen des Pythagoras nach Syrien, Babylon, Persien, Indien, ja zu den Thrakern und den Druiden in Gallien, durchaus nichts bauen wollen; sie haben alle gleiche Gewähr. Man kann also nur nach der Wahrscheinlichkeit der Sachen urtheilen, und in dieser Rücksicht finde ich es einigermaaßen glaublich, daß Pythagoras in Aegypten war und dort Bekanntschaft mit ägyptischen Meinungen machte. Das aber, was hierüber von den frühern Griechen vermuthet wird, bezieht sich allein auf die Lehre von der Seelenwanderung, von welcher schon Herodot urtheilt, daß sie ägyptischen Ursprungs sei. An dieses Urtheil des Herodot sind wir nicht gebunden [3]), eben so wenig, als wir die Meinung des Herodot

---

1) Met. I. 3.

2) Isokrates erwähnt zuerst die ägyptische Reise laud. Bus. p. 227. ed. Steph.

3) Herodot, II. 123, giebt sein Urtheil nur für seine Meinung aus, indem er sagt, die Griechen, welche die Seelenwanderung gelehrt, hätten sie für ihre eigene Lehre ausgegeben, also nicht für ägyptische. Er geht von der Annahme aus, daß die Aegypter zuerst die Unsterblichkeit der Seele gelehrt hätten. Diese Lehre brauch-

theilen müssen, daß die griechischen Götter aus den ägyptischen ihren Ursprung genommen haben; denn es sind dies Urtheile eines Mannes, welcher für das ägyptische Alterthum eingenommen war. Man hat jedoch noch andere Spuren ägyptischer oder orientalischer Lehre in den Gebräuchen und Ausdrucksweisen der Pythagoreer finden wollen; aber wer sich die Mühe geben will, die Ueberlieferungen hierüber zu untersuchen, wird finden, daß die Nachrichten größesten Theils aus späterer Zeit sind, wenig untereinander zusammenhängen, und den wichtigsten selbst von früheren Gewährsmännern, welche die Pythagoreer noch kannten, widersprochen wird *). Es ist leichter über diese Dinge dieses oder jenes Zeugniß anzuführen, als eine geschichtliche Thatsache darüber auszumitteln. Wir enthalten uns also des Gebrauches solcher Zeugnisse, welche, nur der Sage entnommen, in späterer Zeit zur Beglaubigung eines Vorurtheils von unwissenschaftlichen Männern sind gebraucht worden, und nur über die Lehre von der Seelenwanderung entscheiden wir uns, daß sie den Pythagoreern und den Aegyptern gemein war.

ten doch die Griechen nicht erst zu des Pythagoras Zeiten von den Aegyptern zu lernen.

*) Nur eine Ausnahme macht hiervon, daß die Pythagoreer, eben so wie die Aegypter, nicht in wollenen Kleidern begraben werden durften. Herod. II. 81. Dieser Aehnlichkeit möge sich erfreuen, wer da will. Ich bemerke aber hier noch: daß Herodot zwischen den ägyptischen, orphischen, bakchischen und pythagorischen Mysterien eben keinen Unterschied macht, kann nur in irgend einer Aehnlichkeit, welche er an ihnen insgesammt fand, gegründet sein, und diese Aehnlichkeit, vermuthe ich aus der früher angeführten Stelle, war ihre Lehre von der Unsterblichkeit der Seele.

11 *

Was ist aber damit gewonnen? Wir wollen uns nicht darauf berufen, daß die Sage von der Seelenwanderung fast eben so allgemein verbreitet gewesen zu sein scheint, als die Lehre von der Unsterblichkeit, sondern nur zu bedenken geben, daß jene Sage schon vor dem Pythagoras den Griechen nicht unbekannt war. Sie wird seinem Lehrer, dem Pherekydes, zugeschrieben und den Orphikern, mit welchen Herodot die pythagorischen Orgien in Verbindung bringt. Auch Herodot erkennt die frühere Verbreitung dieser Lehre unter den Griechen an, indem er von den neuesten die früheren Verbreiter derselben unterscheidet [1]; denn unter den neuesten können doch nur die Pythagoräer verstanden werden. Also wenn Pythagoras in dieser Lehre von der ägyptischen Weisheit neue Erkenntnisse den Griechen zugeführt haben soll, so muß er wenigstens eine andere Form derselben, als die, welche den Griechen früher bekannt war, empfangen und mitgetheilt haben [2]. Davon finden wir aber keine Spur in

---

1) II. 123. τούτῳ τῷ λόγῳ εἰσὶ οἳ Ἑλλήνων ἐχρήσαντο, οἱ μὲν πρότερον, οἱ δὲ ὕστερον. Anderer Meinung ist Lobeck. Aglaoph. p. 800. sqq.

2) F. Schlegel, üb. d. Sprache u. Weisheit der Indier, S. 111, sagt: „auf diese Weise (nämlich in moralischem Sinne) finden wir in der Lehre des Pythagoras den Begriff der Metempsychose mit allen seinen orientalischen Nebenbestimmungen zum sichern Beweise, daß er keine hellenische Erfindung war." Ich bedaure, daß Fr. S. alle die orientalischen Nebenbestimmungen in der pythag. Lehre nicht näher bezeichnet hat; denn ich selbst weiß sie nicht zu finden. Wenn aber etwa in dem moralischen Sinne der Hauptbeweis liegen soll, so weiß ich auch wieder das Beweisende in diesem Beweise nicht zu finden. Denn wo diese Lehre auf sittliche Gesinnung stieß, da mußte sie auch einen sittlichen Charak-

der Philosophie, welche von ihm ihren Namen führt, vielmehr ist diese ihren wesentlichen Bestandtheilen nach ein so eigenthümliches Erzeugniß des griechischen Geistes, daß wir ihre Bedeutung nur aus der Geschichte des griechischen Geistes begreifen können. Die Seelenwanderung nimmt in dieser Lehre nur eine sehr untergeordnete Stelle ein.

Nun ist außer den schon angeführten nur noch eine Lehre der ältern griechischen Philosophen, von welcher eine bestimmte Ueberlieferung bei den Alten vorhanden ist, daß sie ihren Ursprung im Orient gehabt habe, nämlich die Atomenlehre. Der Stoiker Poseidonios behauptete, diese Lehre stamme von dem Sidonier Moschos oder Mochos, der vor den Zeiten des trojanischen Krieges gelebt habe *). Nun weiß man zwar nicht, wie Leukippos, welcher für den Urheber der griechischen Atomistik gilt, mit den Phönikern in Verbindung gekommen sein soll; aber da uns wenig von dem Leben dieses Mannes be-

---

ter annehmen, und die, welche Alles aus Ueberlieferung von den Indern zu den Griechen gelangen lassen, werden doch wohl nicht so weit gehen, zu behaupten, auch die sittliche Gesinnung habe sich von jenen zu diesen fortpflanzen müssen. Uebrigens ist Fr. Schl. nicht so kühn, den Pythag. selbst nach Indien gehen zu lassen, sondern er läßt die Lehre von der Seelenwanderung von Indien durch Aegypten nach Griechenland wandern; meint aber, zwischen der ägyptischen und indischen Seelenwanderung sei ein großer Unterschied. Wie konnte nun doch die pythagorische Seelenwanderung so große Aehnlichkeit mit der indischen erhalten?

*) Sext. Emp. IX. 363; Strab. XVI. p. 367. Tauchn. Etwas Näheres über die mythische Lehre des Mochos giebt Damasc. de prim. princ. c. 125 p. 385 an, was aber von atomistischer Lehre nicht das geringste verräth.

kannt ist, so ist es doch nicht unwahrscheinlich, anzunehmen, er sei auf irgend eine Weise von den Phönikern belehrt worden, oder wenn nicht er, doch ein anderer Mann derselben Lehre, Demokritos, welcher, seiner eigenen Aussage nach, weite Reisen auch im Morgenlande gemacht hatte, obgleich auch dieser keinesweges eingestehen will, daß er von dorther seine Philosophie entnommen habe. Anstatt nun solche lockere Vermuthungen gänzlich abzuweisen, hat man sie noch dadurch zu unterstützen gesucht, daß auch bei den Indern atomistische Vorstellungen vorkommen, welche ihren Weg über Phönikien nach Griechenland gefunden haben möchten[1]). Aber man betrachte nur zuerst die Ueberlieferung. Die, welche sie dem Poseidonios nachsprechen, sind selbst in Zweifel, ob sie ihm glauben sollen, und sie haben wohl Grund zu zweifeln, denn die Ueberlieferung spricht von einer Zeit, welche außer dem Bereich aller historischen Kunde liegt, Poseidonios ist wenigstens um tausend Jahre jünger, als die Zeiten, von welchen er spricht, er behandelte überdies die älteste Geschichte ganz willkürlich, und war geneigt, die Philosophie bis in das älteste Alterthum der Erfindung der ersten Künste zurückzuschieben[2]); einem solchen Schriftsteller ist in einer Sache, von welcher das ganze Alterthum nichts weiß, durchaus nicht zu trauen. Man füge noch hinzu, daß die Phöniker, wie wir früher aus dem Platon bemerkt haben, den Alten als wissenschaftliche Män-

1) Fr. Schlegel, üb. d. Spr. u. Weisheit der Ind. S. 118.

2) Senec. ep. 90.

ner durchaus nicht bekannt sind, und zuletzt, daß wir die Atomenlehre als eine Meinung betrachten müssen, welche aus der Ausbildung der mathematischen Erkenntniß unter den Griechen und aus deren Anwendung auf die Erfahrungen über die Natur ganz natürlich sich entwickeln mußte, und ich glaube, niemand, welcher mit unbefangenem Geiste prüft, wird nach solchen Ueberlegungen den früher angeführten Vermuthungen einige Wahrscheinlichkeit beilegen.

Auch solchen griechischen Philosophen, welche schon in das reifere Alter der sokratischen Schulen gehören, wird nachgesagt, daß sie aus dem Unterrichte der Barbaren neue Lehren nach Griechenland gebracht hätten. Darüber glaube ich kurz sein zu können. Die Entwicklung der sokratischen Schulen ist von der Art, daß man die Keime fast aller ihrer Lehren bei den frühern Griechen finden kann. Es scheint nur von einer gänzlichen Unkunde der sokratischen Lehre in ihrem Verhältnisse zur griechischen Art zu zeugen, wenn man aus einer schlecht verbürgten Anekdote *) annehmen zu müssen glaubt, dem Sokrates sei das Ganze oder ein Theil seiner Lehre von einem indischen Reisenden, der nach Athen gekommen sein soll, man weiß nicht wie, eingegeben worden. Man hat ferner vom Platon gesagt, er habe von den Aegyptern gelernt; dagegen aber spricht, daß er selbst die Aegypter ihrer Weisheit wegen nicht achtet, und nur eine grobe Unkenntniß seiner Lehre kann ihren durchaus griechischen Charakter

*) Der Bürge ist Aristoxenos, von welchem viele Unwahrheiten über den Sokrates in Umlauf sind. Euseb. praep. ev. XI. 3.

verkennen. Man hat endlich auch daran erinnert, daß der Skeptiker Pyrrhon in Indien mit Gymnosophisten und in Persien mit Magern verkehrt haben soll, auch giebt es einen und den andern Punkt in seiner Lehre, welchen man mit orientalischen Lehren vergleichen könnte, aber eben diese Punkte sind schon vor ihm in Griechenland bekannt gewesen, so daß er, wenn er sie in Indien oder Persien kennen gelernt haben sollte, damit nichts Neues in sein Vaterland gebracht haben würde. So finden wir nichts durch Ueberlieferung Gesichertes, was uns nöthigen könnte, in den Zeiten der blühenden griechischen Philosophie ein Eingreifen des orientalischen Einflusses auf ihre Entwicklung anzunehmen. Dagegen beginnt allerdings eine Vermischung der griechischen mit der orientalischen Denkweise, als der Verfall der sokratischen Schulen herbeikam.

Es bleibt uns nur noch übrig, Einiges über neuere Vermuthungen, welche sich an die alten Ueberlieferungen nicht unmittelbar anschließen, zu sagen. Diese Vermuthungen stützen sich theils auf Aehnlichkeiten der Lehren, theils auf Dunkelheiten in der Entwicklung der griechischen Philosophie. Wie gebrechlich die erste Stütze sei, hat man selten recht eingesehen. Eine allgemeine Aehnlichkeit wird unter den Ausbildungen philosophischer Gedanken immer stattfinden, denn das allgemeine Streben des menschlichen Geistes nach wissenschaftlicher Einsicht muß ähnliche Producte erzeugen, und mehr als eine allgemeine Aehnlichkeit hat man gewöhnlich nicht nachweisen können; ja wenn man in die genauern Einzelheiten der Lehren eindringt, so findet man nicht selten solche Unähnlichkeiten, welche das Wesen der Sache betreffen, und daher jede Möglichkeit der Ueberlieferung ausschließen. Wenn irgend wo, so ist hier die genaueste Nachforschung nöthig, und jedes oberflächliche Urtheil von Dilettanten abzuweisen, weil solche selten Aehnliches und Unähnliches, und was das Wesentliche in beiden ist, gehörig abzumessen im Stande sind, nur zu oft aber einzelnen Aeußerungen folgen, deren Werth vor der geschichtlichen Kritik sie nicht abzuschätzen im Stande sind. Nur da, wo man solche Aehnlichkeiten der Lehren findet, welche sehr in das Besondere und in die eigenthümliche Darstellung eingehen, läßt sich auf einen historischen Zusammenhang schließen; alsdann aber muß man nach dem Frühern und Spätern forschen, um sagen zu können, welche Lehre die Mutter, welche dagegen die Tochter sei; läßt uns aber die Zeitbestimmung im Stich, so kann nur aus dem Zusammenhange der Lehren entschieden werden, wo das natürliche Vaterland derselben zu suchen sei.

Am wenigsten ist es zu billigen, wenn man allerlei Arten von Philosophie, welche etwas vom sogenannten Pantheismus enthalten, auf orientalischen Ursprung zurückführen will, selbst die Lehre des Xenophanes *), welche doch so offenbar aus dem dialektischen Charakter der Griechen entsprungen ist. Die Vermischung der verschiedenartigsten Ansichten ist hierin zu offenbar, als daß man nicht

*) Schlosser's universalhistorische Uebersicht, 1. Thl., 1. Abth., S. 425 f. Pantheistische Richtungen finden sich überall, wo Religion und Philosophie sich finden, selbst bei den Südsee-Insulanern.

bei genauerer Forschung das Wage der Vermuthung einsehen sollte. Mehr Aufmerksamkeit verdient das, was man über den orientalischen Ursprung der herakleitischen Lehre gesagt hat, gewiß auch mit in Berücksichtigung ihrer pantheistischen Richtung [1]), denn es bezieht sich doch auf Kenntniß des Einzelnen. Aber freilich, wenn wir uns dabei bald auf ägyptische, bald auf magische und zoroastrische Lehren verwiesen sehen[2]), so wissen wir nicht, wohin wir uns wenden sollen, und müssen eine unwissenschaftliche Vermischung von Lehren, welche zwar aus gleicher Quelle geflossen sein mögen, aber doch zur Zeit des Herakleitos sehr weit auseinander standen, befürchten. Noch mehr macht uns eine andere Bemerkung stutzig, daß nämlich eben sowohl die Lehre des Pythagoras, wie die des Herakleitos auf dieselbe Quelle zurückgeführt werden soll, auf den Feuerdienst der Mager [3]). Denn angenommen, zwei ihrer Art nach so verschiedne Lehren wären aus derselben Ueberlieferung geflossen, so würden wir wenigstens gestehen müssen, das wirklich in der Ueberlieferung Mitgetheilte sei der verschiedensten Deutung fähig, und gar nicht des Namens einer Lehre werth gewesen. Auch die Aehnlichkeiten zwischen herakleitischer und orientalischer Lehre sind keinesweges von der Art, daß man daraus etwas Entscheidendes entnehmen könnte, vielmehr bestehen sie theils nur in der allgemeinen Ansicht von der Gött-

1) Ebend. S. 426; Creuzer's Symbolik, 2. Bd. S. 182 f., erste Ausg.

2) Creuzer, S. 186, 187.

3) Ebend. S. 182.

lichkeit des Feuers, welche überdies beim Herakleitos ganz anders gewendet ist, als bei den persischen Feueranbetern [1]), theils in einigen unbedeutenden Vorstellungsarten, wie sie wohl auch Leuten, welche gar keinen geschichtlichen Zusammenhang untereinander haben, gemeinsam sein können [2]). Endlich aber finden wir in den Fragmenten des Herakleitos mehrere Spuren eines entschiednen Barbarenhasses und eine Lehre ausgedrückt, welche der orientalischen Vorstellungsweise ganz entgegengesetzt ist. Doch wir wollen unserer Geschichte nicht vorgreifen, sondern das Nöthige hierüber bei der herakleitischen Lehre erwähnen.

Um noch zuletzt die Dunkelheiten in der Geschichte der frühern griechischen Philosophie zu erwähnen, so sind sie als eine natürliche Folge theils der unzusammenhängenden Nachrichten, aus welchen wir die Kenntniß dieser schöpfen

---

1) Creuzer scheint dies nicht einzusehen, indem er den persischen Gegensatz zwischen Licht und Finsterniß mit der herakleitischen Lehre von den entgegengesetzten Thätigkeiten in dem Leben der Welt vergleicht, da doch beide ganz entgegengesetzter Art sind.

2) Creuzer führt solcher Aehnlichkeiten zwei an: 1) daß Heraklit das Sonnenfeuer aus dem Meere sich entzünden läßt, welches Cr. mit ägyptischen Symbolen, die erst gedeutet werden müssen, vergleicht; es ist dies aber die kindische Vorstellung der meeranwohnenden Griechen, welche mehrmals bei den älteren Philosophen vorkommt; 2) daß Herakleitos die entgegengesetzten Spannungen der Weltharmonie mit den Spannungen des Bogens und der Leier vergleicht, welches Creuzer auf persische Symbole zurückführen will. Diese Aehnlichkeit ist weit hergesucht, da die Vergleichung doch sehr nahe liegt. Eine viel größere Aehnlichkeit findet sich zwischen einer Stelle von Manu's Verordnungen und einem herakleitischen Bilde, indem beide die Weltbildung als ein Spiel Gottes betrachten, und doch ist auch diese Aehnlichkeit gar kein Zeichen geschichtlichen Zusammenhanges.

müssen, theils des unklaren Bewußtseins, aus welchem sie hervorging, anzusehen. Uebrigens hoffen wir durch eine zusammenhängende Betrachtung der Ueberlieferungen vieles von diesen Dunkelheiten zerstreuen zu können. Unser Urtheil, nach welchem wir es höchst unwahrscheinlich finden, daß orientalischer Unterricht Einfluß auf die Ausbildung der griechischen Philosophie gehabt habe, geht weit mehr von der Betrachtung der ältesten griechischen Philosophie aus, als von der Betrachtung des ältesten orientalischen Wesens. Dies kann auch nicht anders sein, da uns das Orientalische jener Zeit so wenig bekannt ist. Wenn wir aber auf die ersten Anfänge der Philosophie bei den Griechen unser Auge wenden, so finden wir sie so einfach und so ganz von allem Ueberlieferten frei, daß sie durchaus ersten Versuchen gleichen. Die Ausbildung in ihnen geschieht so allmälig, daß man fast jeden Schritt verfolgen kann; es bricht nichts plötzlich herein, welches man irgend einer fremden Unterweisung zuschreiben möchte. Wenn sich etwas Ueberliefertes in eine Ausbildung der Philosophie einmischt, so erkennt man dies besonders daran, daß Eintheilungen, Begriffsbestimmungen oder sonstige Formeln in ihr mitgetheilt werden, welche, ohne genügenden Grund hervortretend und nicht vollständig verstanden, zu gezwungenen und dunkeln Ableitungen und zu manchen andern spitzfindigen Bemühungen des Scharfsinns Veranlassung geben. Hiervon aber findet sich keine Spur in der ältesten griechischen Philosophie. In allen Systemen derselben knüpft sich vielmehr Alles an eine sehr einfache Vorstellungsweise an, wie sie beim Erwachen des philosophischen Bewußtseins natürlich ist, und ohne große Hülfsmittel weder zur Erklärung, noch zum Beweis, noch zum Gegenbeweis behilft man sich mit dem Gedankenkreise, welchen aufzufassen einem jeden gebildeten Griechen dieser Zeiten nicht eben schwierig sein konnte.

Viertes Capitel.

Eintheilung der Geschichte der alten Philosophie.

Erst nach diesen Untersuchungen über das Vorgeschichtliche, und namentlich über den Einfluß des Orientalischen auf die griechische Philosophie, finden wir uns in den Stand gesetzt, an die Eintheilung der Geschichte der alten Philosophie zu gehen. Denn so lange wir in Zweifel waren, welcher Antheil an der Entwicklung der griechischen Philosophie den Orientalen zuzuschreiben sei, und von wo an überhaupt von einer Geschichte der Philosophie gesprochen werden könne, mußten wir auf gleiche Weise in Verlegenheit sein um das, was in die Geschichte der alten Philosophie gehöre, wie um den Eintheilungsgrund derselben. Nachdem wir aber gefunden haben, daß die orientalischen Völker keinen bedeutenden Einfluß auf die Entwicklung der griechischen, und mithin überhaupt der alten Philosophie gehabt, sondern nur in den Verfall der griechischen Philosophie einigermaaßen mit eingegriffen haben, können wir kein Bedenken tragen, nach der Geschichte des griechischen Geistes auch die Eintheilung unserer Geschichte zu machen. Denn auch die Philosophie der Römer hat einen Anspruch auf eine große Berücksichtigung, da sie zu allen Zeiten von der Philosophie der Griechen abhängig gewesen ist.

Die allgemeine wissenschaftliche Bildung der Griechen hat einen naturgemäßen Verlauf gehabt. Sie ist nicht gewaltsam unterdrückt worden durch irgend eine äußere Gewalt, sondern hat sich durch alle die Stufen, welche ihr erreichbar waren, hindurch gearbeitet, bis sie abstarb, als ihre eigne Einseitigkeit es so wollte. Wenn auch das Staatswesen der Griechen durch äußere Macht einen gewaltsamen Umsturz erfahren hat, so überwand doch die griechische Bildung in Kunst und Wissenschaft alle Barbaren, mit welchen sie in Berührung kam, und während der griechische Staat diente, herrschte die griechische Wissenschaft in einem um so weitern Kreise.

Uns zerfällt daher die ganze Geschichte der alten Philosophie in drei Zeiträume, von welchen der erste das erste Aufwachsen des philosophischen Geistes, der zweite die vollkommenste Blüthe der philosophischen Systeme, und der dritte den Verfall der griechischen Philosophie umfaßt. Um diese drei Zeiträume vorläufig nur nach der Zeitrechnung und in ihren äußern Beziehungen zu der übrigen Bildung des griechischen Volks zu bestimmen, ist uns die Uebereinstimmung, in welcher wir die griechische Philosophie mit dem übrigen Leben des griechischen Volks finden, von nicht geringer Hülfe. Nur selten, vielleicht nie hat sich ein Volk so naturgemäß und gleichmäßig in allen Zweigen seiner Bildung nach gesetzmäßiger Folge ausgebildet, als das griechische. Dies liegt darin, daß die äußern Begebenheiten und die Verhältnisse zu fremden Völkern in der

Zeit seiner fortschreitenden Bildung nur wenig das Innere seines Lebens bewegt haben.

Von der ursprünglichen Einheit des griechischen Volks haben wir nur Sagen; da, wo seine Geschichte beginnt, finden wir es in viele kleine Staaten, welche sich auch ihrer Abstammung nach von einander unterschieden, gespalten, ohne Einheit in seinen Bestrebungen. Erst später kamen diese Staaten und Stämme auch zu dem deutlichern Bewußtsein von ihrem Zusammengehören, und es erzeugte sich in ihnen das Streben nach einer Staatseinheit im griechischen Volke, welches freilich an der Eifersucht der Staaten unter einander, an der größern und einigern Gewalt der Nachbarn und an andern ungünstigen Verhältnissen seine Klippe fand. Glücklicher dagegen hat dieses Streben in der Literatur der Griechen sich beurkundet. Zuerst finden wir sie in einer Mannigfaltigkeit von mehr oder weniger örtlichen Sprachweisen ausgebildet, welche nur allmälig von der örtlichen Beschränkung sich frei machten, größere Allgemeinheit gewannen, ohne jedoch die eigenthümliche Farbe der Stammverschiedenheit ganz zu verwischen, endlich aber, nachdem die griechische Bildung die Grenzen ihres ursprünglichen Vaterlandes weit überschritten hatte, in eine allgemeine Schriftsprache sich verloren. So hat auch die Philosophie der Griechen erst örtlich und in gesonderten Stämmen sich versucht, dann zur allgemeinen Wissenschaft des griechischen Volks sich emporgebildet, und ist zuletzt nicht Philosophie des griechischen Volks, sondern der Griechisch-Gebildeten geworden.

Demnach werden wir die drei Perioden der griechischen Literatur überhaupt so bestimmen können, daß in der ersten mehr eine Bildung der einzelnen Stämme oder Städte, als eine Bildung des ganzen Volks stattfand, in der zweiten dagegen die griechische Bildung einen allgemeinen Mittelpunkt gewann, und so als Einheit sich ausbildete, endlich in der letzten diesen Mittelpunkt in Griechenland wieder verlor, und in der weiten Ausbreitung über fast alle gebildete Völker der Erde ihre griechische Eigenthümlichkeit einbüßte.

Um dies zu unserm Zwecke zu gebrauchen, müssen wir noch bemerken, daß die wissenschaftliche Entwicklung überhaupt, und insbesondere die philosophische Einsicht in das Allgemeine, in dem Leben der Völker immer etwas später eintritt, als die künstlerischen Bestrebungen; denn wie in einzelnen Menschen, so auch in ganzen Gesellschaften der Menschen, folgt die Erregung des Verstandes der Erregung der Phantasie. Daher sehen wir auch, daß die griechische Dichtkunst schon eine Zeit lang ihren Mittelpunkt in der dramatischen Poesie der Attiker gefunden hatte, ehe die attische Philosophie sich des ganzen Reichthums früherer Denker bemeisterte, und eben so finden wir, daß auch die Blüthe der attischen Philosophie eine geraume Zeit die Blüthe der attischen Dichtkunst überlebte.

Die genaueste Bestimmung der drei Bildungsstufen der griechischen Philosophie muß man aber freilich aus dieser selbst entnehmen. Es ist natürlich, daß, so lange die Philosophie in Griechenland nur eine örtliche und in einem bestimmten Kreise beschränkte Ausbildung erhielt, auch der griechische Gesammtgeist in ihr sich nicht ausdrücken konnte. Bei solchen Umständen mußte die philosophische Richtung von einem einseitigen wissenschaftlichen

Interesse ausgehen, und in der Befriedigung dieses Interesses enden. Dies ist nun der Charakter der ersten Periode der griechischen Philosophie; so konnte auch in dieser Zeit der ganze Bau der griechischen Philosophie nicht hervortreten. In der zweiten Periode dagegen mußte das Gegentheil stattfinden, indem nicht von einer Seite des wissenschaftlichen Sinns, welcher unter den Griechen war, das philosophische Nachdenken angeregt wurde, sondern gleichsam die geistige Gesammtheit des griechischen Volks diese Philosophie hervorbrachte. Daher dürfen wir erwarten, daß in der zweiten Periode der griechischen Philosophie die vollständige Verzweigung dessen, was den Griechen überhaupt Philosophie war, sich darstellen werde. Dagegen muß man auch erwarten, daß in der dritten unserer Perioden mit der Eigenthümlichkeit und Kräftigkeit des griechischen Geistes das Verständniß der systematischen Anordnung der griechischen Philosophie verloren ging, dem Wesen nach, wenn auch die Ueberlieferung derselben sich erhielt.

Um diese Grundsätze zu benutzen, müssen wir hier voraussetzen, daß der wissenschaftliche Zusammenhang der Philosophie sich den Griechen in der gegliederten Einheit der drei philosophischen Lehren, der Logik oder Dialektik, der Physik und der Ethik darstellte, und daß diese Eintheilung zuerst in der wissenschaftlichen Anordnung der platonischen Schriften sich zu erkennen giebt. Wir würden also den Platon als den Anfangspunkt der zweiten Periode der griechischen Philosophie bezeichnen dürfen, wenn uns nicht daran die innige Verknüpfung seiner Philosophie mit der sokratischen, auf welche er selbst den Grund seiner Lehren zurückführt, verhinderte. Wir ziehen daher die Entwicklung der sokratischen Denkart in dem Sokrates selbst und in seinen nächsten Schülern zur zweiten Periode unserer Geschichte, wodurch wir auch den Vortheil gewinnen, das Ganze der attischen Philosophie in dieser zusammen zu haben. Hierin ist auch die Meinung des ganzen spätern Alterthums auf unserer Seite, indem sich die meisten folgenden philosophischen Schulen zu den Sokratikern, mit Recht oder Unrecht, darüber ist hier nicht zu entscheiden, rechneten, die aber, welche es nicht thaten, nur als Ausartungen des philosophischen Strebens betrachtet werden dürfen.

Etwas schwerer hält es, die zweite von der dritten Periode zu scheiden, denn indem in dieser die alten Formen der Lehre äußerlich nach der Ueberlieferung festgehalten wurden, gehört ein geübtes Auge dazu, in der unveränderten äußerlichen Erscheinung die Veränderung des innern Lebens zu erkennen. Ein entscheidendes Zeichen jedoch von dem Anfange des dritten Zeitraums ist der Anfang der Vermischung zwischen orientalischer und griechischer Denkart, aus welcher der Verlust jener Eintheilung der Philosophie natürlich hervorging, da der orientalischen Denkart die wissenschaftliche Eintheilung fremd war, und sobald der Unterschied zwischen Griechischem und Orientalischem übersehen wurde, auch die Vermischung des Fremdartigsten erfolgen mußte. Ein anderes Zeichen des Verfalls ist das Herabsinken der philosophischen Forschung zur Ueberlieferung und zur feststehenden Lehre, welches in den Schriften der Erklärer älterer Philosophen am stärksten sich ausspricht. Dazu fügen wir noch ein drittes, die Ausbildung eines Skepticismus, welcher, an philosophischer Wissenschaft verzweifelnd, vorgiebt, nur das praktische Leben sich frei halten zu wollen von wissenschaftlichen Irrthümern, aber wirklich nur die Absicht hat, das erfahrungsmäßige Denken vor den Störungen der Philosophie zu bewahren. Ohne unserer Geschichte vorzugreifen, können wir nur sagen, daß diese drei Zeichen uns veranlassen, den Beginn der dritten Periode der alten Philosophie etwa ein halbes Jahrhundert vor Christi Geburt zu setzen.

Wir erhalten also über die Grenzbestimmungen der drei Zeiträume etwa folgende Ergebnisse: die erste Periode reicht von dem ersten Anfange der Philosophie unter den Griechen, d. h. vom Thales, bis auf die Zeit, als Sokrates zu Athen zu philosophiren anfing, also etwa von der 45. Olympiade oder von 600 v. Chr. G. bis auf die 88. Ol. oder bis etwas über die Mitte des 5. Jahrhunderts vor Chr. G., ein kurzer Zeitraum von noch nicht zwei Jahrhunderten, aber voll der mannigfaltigsten wissenschaftlichen Bestrebungen, so daß wenige Zeiten an geistiger Bewegung in der Wissenschaft so reich sind, als diese. Es ist in ihr noch das frische, lebhafte, nicht selten übereilte, aber unbesorgte Streben der Jugend. Der reifere Verstand der zweiten Periode geht, wie schon gesagt, von dem Sokrates bis auf die Hälfte des letzten Jahrhunderts vor Chr. G., wo sich kein sehr berühmter Name findet, das Ende der Periode abzuschließen, oder den Anfang der neuen Periode zu bezeichnen, man müßte denn etwa das Alter des Cicero, in welchem er philosophische Schriften nach Art eines Rhetors verfaßte, zur Bezeichnung der Grenze wählen. Was uns aber dazu

12 *

bestimmt, um diese Zeit den Anfang der dritten Periode zu setzen, ist die Ausbreitung orientalischen Aberglaubens, welche jetzt bemerkbar zu werden anfängt, und die Entstehung des neuern Skepticismus. Dieser zweite Zeitraum von vier Jahrhunderten hat die griechische Philosophie durch eine Reihe philosophischer Schulen zur Reife gebracht; er zeigt aber auch schon die entschiedensten Vorboten des Verfalls. Der dritte Zeitraum endlich geht bis gegen das Ende des sechsten christlichen Jahrhunderts, d. h. bis auf die letzten heidnischen Aristoteliker und Platoniker. Er ist der längste, auch nicht arm an philosophischen Gedanken, an Streit der Parteien, an geistiger Bewegung überhaupt; aber das Feste, wie das Bewegte dieser philosophischen Ausbildung, trägt nur zu augenscheinlich die Spuren des kränkelnden Greisenalters an sich; jenes ist mit der allmäligen Verknöcherung, dieses mit der gährenden Auflösung des thierischen Körpers, welcher seine Zeit überlebt hat, zu vergleichen.

Daß wir diese Abtheilungen richtig und der Natur der Sache gemäß getroffen haben, dafür können hier noch zwei Momente angeführt werden, von welchen der eine den innern Entwicklungsgang der Philosophie in jenen Zeiträumen betrifft, der andere aber die Begrenzungen der drei Perioden gegen einander. Was das erste betrifft, so könnte man die erste Periode als die bezeichnen, in welcher die Einheit der griechischen Philosophie erst angestrebt wird. Dabei liegen natürlich mancherlei entgegengesetzte wissenschaftliche Bestrebungen zum Grunde, und das Geschäft dieser Periode mußte sein, die zerstreuten Glieder griechischer Wissenschaft zu sammeln. Nachdem dieses Geschäft vollbracht, wird nun die zweite Periode einen gleichmäßigen Verlauf in sich einiger Entwicklung des griechischen Geistes enthalten, welche natürlich durch mehrere aufeinander folgende Stufen der Bildung hindurchgehen muß. Endlich der dritte Zeitraum, indem er auf das Zerfallen des griechischen Geistes zielt, kann auch nicht vermeiden, daß sich wieder entgegengesetzte Bestrebungen in ihm hervorheben. Dieser Gang ist der Entwicklung des menschlichen Geistes im Einzelnen, wie im Ganzen gemäß. Denn aus der Zerstreuung des Umkreises dringt immer die Bildung nach einem Mittelpunkte vor; wenn aber ein solcher Mittelpunkt in einem beschränkten Kreise sich gebildet hat, so giebt er auch wieder seine Erzeugnisse einem größern Kreise zurück, seine vereinigende Kraft aufgebend; denn ein jedes Besondere in der Menschheit soll dem Allgemeinen fruchten. Die, welche die Geschichte der Menschheit als eine in gerader Linie fortlaufende Bildung zu begreifen suchen, mühen sich vergebens ab; eine solche gerade Linie giebt es nicht; Alles strebt in der Menschheit von der Mannigfaltigkeit zur Einheit; wo aber nur eine beschränkte Einheit gewonnen ist, da löst sie sich wieder in das Streben nach der Einheit einer größern Mannigfaltigkeit auf. So ist die griechische Bildung aus der Bildung kleinerer Gemeinwesen hervorgegangen, nachher aber hat sie sich in die allgemeinere Bildung der neuern Völker ergossen.

Hiermit stimmen nun die Erscheinungen sehr gut überein. In der ersten Periode entwickeln sich gleichzeitig nebeneinander, und nur in einem geringen Verkehr untereinander, verschiedne Schulen der Philosophie, die ionische, die pythagorische und die eleatische, so jedoch, daß man gegen das Ende dieser Periode ein Ineinanderwirken derselben und ein Streben nach Vereinigung bemerken kann. In der zweiten Periode dagegen hört dem Wesentlichen nach das gleichzeitige Nebeneinandersein der Schulen auf, und die Einheit der philosophischen Entwicklung beginnt. Denn daß anfangs mehrere sokratische Schulen noch gleichzeitig neben einander sich ausbilden, ist nur daraus zu erklären, daß nicht von allen Schülern des Sokrates sein wissenschaftliches Bewußtsein erkannt und begriffen worden ist. Die wahre Fortbildung der Philosophie aber ruht doch nur im Platon. Dann aber folgen sich nacheinander die Ausbildung der platonischen, der aristotelischen und der stoischen Philosophie, so daß man sagen kann, jede dieser habe das Verständniß ihrer Zeit in der Wissenschaft gefunden und ausgesprochen, so weit dies menschlicherweise möglich ist. Wenn nun auch in diesen Zeiten neben der aristotelischen Philosophie die Akademie, und neben der stoischen die akademische und die peripatetische Schule fortdauern, so ist doch hierin nur ein Nachhall des Frühern, welcher in der Entwicklung des Menschengeschlechts nie ausbleiben wird, so lange nicht alle der Richtung ihrer Zeit folgen können. Nur die spätern Schulen sind in einer lebendigen Entwicklung, die frühern haben nur ein todtes Fortbestehen. Die Einheit der philosophischen Entwicklung in dieser zweiten Periode beurkundet sich in dem genauern Zusammenwirken der philosophischen Schulen, in ihrem Streit und in der Kritik, welche sie aneinander üben. In der letzten Periode endlich trennen sich wieder die Richtungen, und die Schulen stehen nebeneinander, zum Theil kaum voneinander Kenntniß nehmend, zum Theil wenigstens einer kritischen Würdigung ihrer Lehren nicht fähig. So sieht der neue Platonismus vornehm auf die übrigen gleichzeitigen Lehren herab, sie kaum eines Worts würdigend, mehr um kurzweg über sie den Stab zu brechen, als um in ihre Gründe einzugehen. Auch die übrigen Schulen kümmern sich mehr um alte, halb vergessene Dinge, als um das, was um sie herum die übrigen meinen; selbst der Skepticismus, welcher sich doch am meisten um die Lehre Anderer bemühen sollte, streitet nur mit dem Alten. Man sieht, wie diese Zeit alt ist; der vergangenen Tage erinnert sie sich gern, mit der Gegenwart weiß sie nicht zu leben.

Wenn man nun die Grenzen der drei Perioden bestimmen will, so ergiebt sich der Anfang der ersten und das Ende der letzten wie von selbst. Denn jener ist da, wo zuerst etwas Philosophisches bei den Griechen vorkommt, dieses, wo alle Philosophie unter ihnen aufhört. Aber die Begrenzungen der drei Perioden untereinander, d. h. der ersten mit der zweiten und der zweiten mit der dritten, bedürfen eines sichern Kennzeichens, und dieses ist der Punkt, über welchen wir noch eine Bemerkung mitzutheilen versprochen haben. So wie sich physisch der Uebergang aus dem einen in das andere Lebensalter durch Krankheit oder Kränklichkeit zu erkennen giebt, so pflegt sich auch in dem geistigen Leben der Anfang einer neuen Entwicklung in einer Verderbniß der frühern Bestrebungen voraus zu verkünden. Je jugendlich kräftiger aber das Leben noch ist, um so stärker pflegt auch die krankhafte Erschütterung zu sein, um so schneller entscheidet sie sich auch zur Besserung. Daher haben wir zwischen der ersten und der zweiten Periode eine kurze Zwischenzeit der entschiednen Ausartung zu erwarten, zwischen der zweiten und dritten Periode einen längern Uebergang von weniger heftiger Art, aber um so verderblicher. Wie wir es zu erwarten haben, so finden wir es. Das Verderben der ältesten philosophischen Schulen unter den Griechen ist in den sophistischen Bestrebungen der Zeit vor dem Sokrates ganz entschieden ausgesprochen. Ihren Zusammenhang mit den frühern philosophischen Schulen können die Sophisten nicht verhehlen. Zum Theil gebrauchen sie die Erfindungen jener, aber auf eine verkehrte Weise und in der nicht eben sehr verschleierten Absicht, die Philosophie zu vernichten, und an ihrer Stelle das rednerische Talent zur Herrschaft zu bringen. Sokrates, der entschiedne Gegner der Sophisten, bezeichnet die Krise dieser Krankheit. In einer ähnlichen Weise scheidet auch die dritte Periode sich von der zweiten ab. Aber nicht so keck tritt hier das sophistische Bestreben hervor. Es will nicht die Philosophie geradezu aufheben, sondern nur frei von allen Meinungen philosophiren, und es benutzt die Lehren der frühern Schulen, welche nur ganz äußerlich von ihm aufgefaßt worden, um durch ihren scheinbaren Widerspruch, die innere Uebereinstimmung übersehend, alle Resultate der Philosophie zu widerlegen oder schwankend zu machen. Warum bei diesem Bestreben philosophirt wird, das ist wiederum nur, das rednerische Talent auszubilden, dem die philosophische Würde zur Ausschmückung dienen soll. So kündet sich die Ausartung der griechischen Philosophie immer auf dieselbe Weise an, dem griechischen Geiste gemäß; anstatt zu einer Wissenschaft, soll die Philosophie zu einer Kunst dienen. Das, was diese zweite Ausartung der Philosophie bezeichnet, spricht sich zwar in der rednerischen Art aller Schulen der Philosophie, wie sie den Römern bekannt wurden, am meisten aber doch in der neuern Akademie aus, wie sie Cicero liebt. Von diesen beiden Grenzscheiden der drei Perioden kann man über die erste nicht zweifelhaft sein, daß sie zur ersten Periode gehöre; die zweite dagegen vermischt sich mehr mit der gelehrten Behandlung der Philosophie, und es kann daher zuweilen Zweifel entstehen, ob man etwas zu ihr Gehöriges zur zweiten oder zur dritten Periode ziehen soll.

Uebrigens soll hier noch einmal erinnert werden, daß es nicht die Absicht ist, diese drei Perioden genau der Zeitrechnung nach voneinander zu sondern. Bei der geistigen Entwicklung tritt in den Uebergangsperioden oft eine Vermischung der wesentlich verschiednen Stufen der Bildung ein, und der Geschichtschreiber hat nach nichts mehr zu streben, als daß er das Gleichartige unter einen Gesichtspunkt auffasse.

Drittes Buch.

Der Geschichte der vorsokratischen Philosophie Eintheilung und erste Abtheilung. Die ionische Philosophie.

Erstes Capitel.

Eintheilung.

Der Charakter dieser Periode ist das Fragmentarische. Fragmentarisch sind in ihr die philosophischen Bestrebungen, theils in wiefern sie, ohne das ganze Gebiet der philosophischen Forschung zu überschauen, einseitigen Richtungen folgen und besondern Interessen gehorchen, theils in wiefern sie nicht den Charakter des ganzen griechischen Volks aussprechen, sondern in ihnen die Verschiedenheiten der griechischen Stämme und besonderer Oertlichkeiten obwalten.

Unter den griechischen Stämmen haben in der geschichtlichen Zeit der dorische und der ionische die größeste Bedeutung gehabt. Die Bildung des letztern hat sich früher in vollkommenen Werken hervorgethan, als die des erstern. Sie hat das epische Gedicht hervorgebracht; so wie denn auch später die Geschichte unter den Ionern ihre erste Ausbildung erhalten hat. Dies zeugt von einer vorherrschenden Fähigkeit, das Geschehene in sich aufzunehmen und die Erscheinung zu begreifen. Bei den Dorern und andern Griechen, welche den Dorern verwandt waren, blühte später die lyrische Dichtkunst, welche zu ihrem Grunde die von innen heraus treibende Kraft des Gemüths hat. Also bei diesem Stamme möchte eine vorherrschende Fähigkeit, die Erscheinung zu gestalten und umzubilden, zu suchen sein. Dieser Gegensatz unter den beiden Hauptstämmen der Griechen kann auch darin erkannt werden, daß der ionische Stamm der Demokratie, der dorische dagegen der aristokratischen Verfassung geneigt war. Davon giebt besonders der veränderliche Charakter der ionischen Demokratie im Gegensatz gegen die aller Veränderung abgeneigte Starrheit der dorischen Aristokratie, ein Zeugniß; denn wo Empfänglichkeit für die Erscheinungen vorherrscht, da wird die Lebensart veränderlich, und die Meinungen werden beweglich sein, wie die Erscheinungen; wo dagegen von der Kraft des Gemüths vorzugsweise die Entwicklung ausgeht, da wird sich, weil das Gemüth dasselbe bleibt, leicht eine gewisse harte Festigkeit, seinen Sinn auch gegen den Lauf der Verhältnisse durchzusetzen, erzeugen. Eben deswegen ist auch der ionische Stamm der Weichlichkeit, der dorische aber der Härte beschuldigt worden.

Wenn wir uns nun denken, daß diese Stämme ein jeder für sich eine Art der Philosophie ausgebildet haben, so läßt es sich nicht anders erwarten, als daß die ionische Philosophie mehr mit der Weise und den begründenden Kräften oder Elementen des Geschehens nach Art der Physik sich beschäftigt haben werde, die dorische dagegen mehr mit den innern Gründen der Weltentwicklung, nicht sowohl das Wie, als vielmehr das Warum der Erscheinung nach ethischer Ansicht erforschend. Einen solchen Gegensatz der Richtung in der Philosophie finden wir nun wirklich in dieser Periode unserer Geschichte. Unter den ionischen Griechen in Kleinasien hat sich eine Philosophie ausgebildet, welche entschieden der physischen Betrachtung zugewandt ist, das Ethische aber nur zuweilen, und ganz beiläufig und äußerlich berührt. In Unteritalien dagegen, in den mehr oder weniger dorischen Pflanzstädten, findet sich eine andere Philosophie, welche von ihrem Stifter die pythagorische heißt, ihrem Charakter nach ganz anderer Art. Denn zwar beschäftigt sie sich auch vorzugsweise mit den Gründen der Welt und der physischen Erscheinungen des Weltgebäudes — und wie hätten auch diese nicht die erste Veranlassung zur Philosophie werden sollen? —; aber nicht auf physische Weise, sondern ihre Aufgabe ist, zu erforschen, wie Gesetz und Harmonie nach sittlicher Bestimmung des Guten und des Bösen in den Gründen der Welt liege. Wie diese Philosophie, obgleich von einem ionischen Manne ihren Ursprung ableitend, sich an das dorische Wesen anschloß, zeigt sich auch in der Verbindung, in welcher wir sie mit der lyrischen Musik erblicken, indem sie dieser Gründe zu erforschen und in ihnen die Gründe der Welt zu finden sucht. In gleich engem Verbande mit der epischen Poesie finden wir die Philosophie der ionischen Schule nicht; aber doch wird nicht geleugnet werden können, daß eine gewisse Verwandtschaft mit den epischen Theogonien und Kosmogonien durch die Lehren der Ioner hindurchschimmert.

Die Stammverschiedenheiten des griechischen Volks sind in neuern Zeiten besonders unter uns Deutschen vielfältig zur Sprache gekommen, und man hat weniger befür zu sorgen, daß man sie nicht in irgend einem Gebiete des geistigen Lebens verkenne, als daß nicht in einem übertriebenen Maaße bis zur Unwahrheit auf sie gedrungen werde. In der geschichtlichen Zeit hat sich der Gegensatz unter den Stämmen schon sehr gemäßigt, und besonders in den Pflanzstädten ist Reinheit des Stamms gar nicht zu finden, sondern aus der Mischung der Stämme ist ein neuer Charakter hervorgegangen. Zuletzt möchten wohl örtliche Verschiedenheiten fast ebenso viel gewirkt haben, als Verschiedenheiten des Stamms. Zu diesen Bemerkungen giebt uns die Geschichte der Philosophie in diesem Zeitraume vielfache Veranlassung, indem schon die pythagorische Philosophie, welche wir doch als die dorische bezeichnen möchten, theils von einem Joner angeregt, theils auch in Pflanzstädten ausgebildet wurde, welche keinesweges rein dorischen Geblüts waren, sondern noch mehr aus dem achäischen Stamme sich gebildet zu haben scheinen. Doch sie redeten die dorische Mundart, und dies entscheidet über das Vorherrschende in ihrer Bildung. Noch mehr aber tritt es hervor, wie wenig der strenge Gegensatz zwischen Jonern und Dorern das ganze Gebiet des griechischen Lebens erfüllt, wenn man bemerkt, daß sich neben der ionischen und dorischen noch eine dritte Schule der Philosophie gebildet hat, die eleatische Schule, welche eine deutliche Beziehung zu den beiden ersten hat, aber gar nicht mit der einen oder der andern vereinigt werden kann. Von den Alten zwar werden zuweilen die Eleaten auch zu der italischen, d. h. zu der pythagorischen Schule der Philosophie gezählt, aber offenbar nur aus geographischen Gründen, welche nicht sehr genau sind; und von einem

Jener freilich, dem Xenophanes, hatte die Schule ihre Entstehung, bildete sich auch in einer ionischen Pflanzstadt, in Elea, fort, und zählte endlich in ihren letzten Zeiten noch einen reinen Joner, den Melissos von Samos, zu ihrem Mitgliede; aber doch wird man gestehen müssen, daß sie von dem Charakter der ionischen Schule und des ionischen Stammes sich sehr auffallend entfernt. Denn in ihr ist nichts von jener Richtung auf die physische Erscheinung oder von jener Liebe zum veränderlichen Geschehen, welche uns die ionische Weise bezeichnen. Wir müssen gestehen, daß diese Schule der Philosophie eine örtliche Verbreitung hat, welche, da sie von Kolophon, dem Vaterlande des Xenophanes, nach Elea und dann nach Samos schwankt, uns so unregelmäßig erscheint, daß wir ein Gesetz für sie zu finden verzweifeln müssen.

Der Charakter dieser Schule aber erweist sich als ein nothwendiger, in wiefern er in der Art dieser ersten Periode gegründet ist. Wenn nämlich die ionische Schule die physische Seite, die pythagorische aber die ethische Seite der Weltansicht auffaßte, so würde eine Lücke in den philosophischen Elementen dieser Periode geblieben sein, wenn nicht auch die logische oder dialektische Seite von einer dritten Schule aufgefaßt worden wäre. Diese Seite bearbeitete die eleatische Schule; sie faßte dieselbe von der Seite des Gegenständlichen auf, indem sie den Begriff des Seins schlechthin in seiner rein logischen Bedeutung, in welcher er den Gegenstand des Denkens überhaupt bezeichnet, ihrer Philosophie zum Grunde legte. Es ist diese Seite der Wissenschaft, welche den Neuern unter dem Namen der Metaphysik bekannt ist, von den Eleaten im Gegensatz gegen die philosophischen Ansichten von der Welt, welche auf keiner rein metaphysischen Grundlage beruhten, ausgebildet worden; wie natürlich, denn es mußte sich der philosophischen Betrachtung zuerst die sinnliche Erscheinung in ihren Gegensätzen, wie sie im innern und äußern Leben sich darstellen, als Gegenstand darbieten, ehe man zu dem Allgemeinen, welches den Gegensatz umfaßt, aufsteigen konnte. Daher ist auch die Dialektik der Eleaten vorherrschend verneinend, und äußert sich im Streit, theils gegen die Lehren der pythagorischen Schule, theils im Gegensatz gegen die ionische Physik.

In allen diesen Entwicklungen der Philosophie ist aber die Betrachtung des Gegenständlichen das Herrschende. Es ist dem gesetzlichen Gange der vernünftigen Entwicklung gemäß, daß der Geist sich zuerst auf die Erkenntniß der Dinge richtet; in diesem Bestreben wird ihm die Wissenschaft, und erst nachdem ihm diese geworden, kann er sie selbst wieder zum Gegenstande seiner Untersuchung machen. Daher treten in den Philosophemen der ältesten griechischen Schulen nur sehr wenige und sehr zerstreute Bemerkungen über das Erkennen und das wissenschaftliche Denken hervor. Dem Wesen dieser ersten Periode gemäß konnte in diesen Sachen nicht mehr geschehen. Denn es war nothwendig, daß zugleich mit dem sich entwickelnden Bewußtsein über die Wissenschaft überhaupt auch eine völlige Umgestaltung der Philosophie eintreten mußte, indem, sobald dies Bewußtsein gewonnen wurde, auch die Einsicht von dem Zusammengehören aller wissenschaftlichen Elemente und der drei philosophischen Lehren, welche in den früheren Schulen getrennt waren, nicht ausbleiben konnte. Deswegen ist dieser Periode der griechischen Philosophie die Einsicht in den Begriff der Wissenschaft selbst nicht gegeben. So wie aber nichts in der Geschichte der Menschheit unvorbereitet sich entwickelt, so müssen wir auch, als den Uebergang zur folgenden Periode bildend, noch eine Denkweise dieser ersten Periode zurechnen, nämlich die Richtung auf die subjective Seite des Denkens, welche die Wissenschaft bloß als Kunstwerk, nicht in Beziehung auf die Erkenntniß des Gegenständlichen betrachtete. Daß nun diese Richtung nicht nur eine einseitige, sondern auch eine die Philosophie, was an ihr ist, vernichtende sein mußte, liegt in ihrem Begriffe; denn der Philosophie ist jedes Denken, welches nicht des Erkennens wegen ist, durchaus leer. Daher ist diese Richtung des Denkens, welche doch den Uebergang zur folgenden Periode bedingt, als eine antiphilosophische und als die Ausartung der früheren Philosophenschulen zu betrachten, von welcher wir schon früher gesagt haben, daß sie den Ausgang der ersten Periode bezeichnet. Wir benennen das, was sich in dieser Richtung erzeugte, mit dem Namen der Sophistik, welcher jedoch von uns in etwas weiterm Sinne genommen wird, als von den Griechen in ihrer besten Zeit. Uns ist alles sophistisch, was mit Bewußtsein die Wissenschaft zerstört. In den einseitigen Richtungen der ersten Schulen ist allerdings auch etwas Antiphilosophisches, aber ohne Bewußtsein; daher mußten sie bei rein wissenschaftlicher Gesinnung aufgegeben werden, sobald das Bewußtsein entstand, wohin sie, folgerecht durchgeführt, ausgehen würden. Die Sophisten aber, denselben Richtungen folgend, und mit dem Bewußtsein des Antiphilosophischen in ihnen, hielten sie doch fest, um dadurch die Philosophie in der That aufzuheben, weil ihnen die Wissenschaft keinen wahren Werth hatte.

Hiernach werden uns nun vier Massen des Philosophischen in diesem Zeitraume hervortreten, die Lehren der ionischen, der pythagorischen, der eleatischen Schule, und endlich der Sophisten. Daß wir sie in der angegebenen Ordnung nacheinander abzuhandeln haben, geht schon aus dem hervor, was wir über die Verhältnisse dieser Massen zueinander gesagt haben. Die ionische und die dorische Philosophie haben zwar, wenigstens in den ersten Zeiten ihrer Entstehung, in keinem mit einiger Sicherheit nachweisbaren Verhältnisse zueinander gestanden, doch dürfen wir wohl nach den Ueberlieferungen und auch, weil überhaupt der ionische Stamm früher als der dorische sich geistig entwickelte, annehmen, daß jene früher als diese ihren Anfang genommen habe. Die eleatische Philosophie ist, wie schon gezeigt, nur als ein späterer Erfolg der ionischen und dorischen Philosophie zu begreifen, obgleich sie noch gleichzeitig mit den vollkommnern Entwicklungen beider sich ausgebildet hat, und zuletzt auch wohl eine Art Rückwirkung auf dieselben ausgeübt haben mag *). End-

*) Brandis stellt die Eleaten zwischen die Ionier und die Pythagoreer und sucht die Ausbildung ihrer Philosophie allein aus dem Ungenügenden der ionischen Physiologie abzuleiten. Handbuch der Geschichte der griech.-röm. Phil. I. S. 344 ff. Da-

lich die Sophistik, als die Ausartung der frühern Richtungen in der Philosophie, und den Uebergang zur folgenden Periode bezeichnend, kann natürlich nur nach allen den übrigen und zu Ende dieser Periode ihre geschichtliche Würdigung erfahren.

Wenn man betrachtet, wie die Bewegung dieser geistigen Richtungen von der Mannigfaltigkeit besonderer Interessen nach der Einheit des rein wissenschaftlichen Standpunkts, und gleichsam von vereinzelten Punkten im Umkreise philosophischer Forschung nach dem Mittelpunkte des attischen Bewußtseins über das Ganze der Wissenschaft hinstrebt, so erregt es wohl auch einigen Antheil, zu bemerken, wie auch die räumliche Richtung in der Fortpflanzung der philosophischen Bildung so ganz dieser Form der geistigen Bewegung entspricht. Denn nicht in dem Mittelpunkte Griechenlands, sondern fast an den äußersten Grenzen des griechischen Namens bildete sich die Philosophie aus, um erst in der zweiten Periode ihren festen Sitz in dem eigentlichen Griechenlande zu finden; und zwar zu gleicher Zeit, hauptsächlich vom Morgen und vom Abend her, aus Kleinasien, Italien und Sicilien, jedoch auch zum Theil von Mitternacht, aus Thrakien, brachte man die philosophischen Bestrebungen nach Athen. Es ist, als hätte in diesem Bildungsgange der griechischen Philosophie der Bildungsgang der Menschheit über-

---

gegen spricht nicht allein der allgemeine Charakter der eleatischen Lehre, sondern auch die entschiedene Rücksicht, welche sie auf den pythagorischen Gegensatz zwischen dem ἄπειρον und dem πέρας nimmt.

haupt recht sichtbar sich ausdrücken wollen, wie er an vereinzelten und der Richtung nach sich entgegengesetzten Punkten des Umkreises beginnt, und in Radien, welche mehr und mehr sich einander nähern, dem einen Mittelpunkte, dem Ziele aller Bildung, zustrebt.

Zweites Capitel.

Die Schule der ionischen Philosophen.

Diese Schule hat es mit andern der griechischen Philosophie gemein, daß ihre ersten Anfänge im Gebiet der Sage liegen; das aber ist ihr eigenthümlich, daß sie weit weniger, als irgend eine andere, ein zusammenhängendes Ganzes bildet, dessen Glieder in historischer Verbindung nachgewiesen werden könnten, ja daß sich sogar in ihr entgegengesetzte Betrachtungsweisen deutlich darthun lassen, welche uns auch nicht einmal erlauben, aus einer nach innerer Anlage sich fortbildenden philosophischen Ansicht über die persönlichen Beziehungen der Männer, welche ihr zuzuzählen sind, einigermaaßen sichere Muthmaaßungen zu fassen. Zwar hat man eine Reihenfolge der ionischen Philosophen aufgestellt, doch ist diese erweislich aus späterer Zeit; Aristoteles und seine Schüler wissen von ihr nichts, und sie scheint erst von den Gelehrten erfunden worden zu sein, welche, die regelmäßige Ueberlieferung in den sokratischen Schulen vor Augen habend, in der Geschichte der ältesten Philosophie eine ähnliche Ueberlieferung zu erblicken strebten. Durch ein solches Streben sind mancherlei Vermuthungen in diese Geschichte gekommen, nicht nur bei der ionischen, sondern auch bei andern Schulen, Vermuthungen, deren Unzuverlässigkeit zum Theil in die Augen fällt, von dem kritischen Sinn derer, welche zuerst auf zusammenhangende Weise die Geschichte der Philosophie bearbeitet haben, keine vortheilhafte Meinung erregt, und daher auch andere Ueberlieferungen aus derselben Quelle sehr zweifelhaft macht*). Unterdessen ist es auf diese Weise allgemeine Meinung geworden: vom Thales habe die ganze ionische Philosophie ihren Anfang genommen, von diesem sei sie dem Anaximandros gelehrt worden, dessen Schüler Anaximenes gewesen sei; dem Anaximenes aber theilt man zwei Schüler zu, den Diogenes von Apollonia und den Anaxagoras, mit dessen Schüler Archelaos die ionische Schule ihr Ende gefunden habe, und durch den Sokrates, den Schüler des Archelaos, in die

*) Der Beweis liegt hauptsächlich in den Ueberlieferungen selbst. Doch scheint mir folgende Stelle, weil sie den Gedankengang gelehrter Forscher bezeichnet, merkwürdig genug, um sie hier abzuschreiben. Diog. Laërt. IX. 38. wird vom Demokritos gesagt: δοκεῖ δέ, φησὶν ὁ Θράσυλλος, ζηλωτὴς γεγονέναι τῶν Πυθαγορικῶν· ἀλλὰ καὶ αὐτοῦ τοῦ Πυθαγόρου μέμνηται, θαυμάζων αὐτὸν ἐν τῷ ὁμωνύμῳ συγγράμματι. πάντα δὲ δοκεῖ παρὰ τούτου λαβεῖν, καὶ αὐτοῦ δ' ἂν ἀκηκοέναι, εἰ μὴ τὰ τῶν χρόνων ἐμάχετο. Wäre in diesem Falle nicht die Zeitrechnung so offenbar gegen die Annahme gewesen, so würde Thrasyllos der Muthmaaßung wohl nicht widerstanden haben.

attische Schule übergegangen sei. Dies ist ein erkünsteltes System, in welches man doch einen ionischen Philosophen, den Herakleitos, nicht hat einfügen können, ein System, welches in den chronologischen Angaben, wenn man auf die wahre Ueberlieferung zurückgeht, Manches gegen sich hat, dessen Unwahrscheinlichkeit aber am meisten aus dem Gehalt der Lehren dieser Männer erhellt *).

Was die chronologischen und sonstigen einzelnen Unwahrscheinlichkeiten betrifft, so werden sie schicklicher bei den einzelnen Philosophen angeführt, nur im Allgemeinen können wir hier vom Chronologischen erwähnen, daß nach der gewöhnlichen Annahme, deren Endpunkte ziemlich fest bestimmt sind, durch das Leben der vier Philosophen Thales, Anaximandros, Anaximenes und Anaxagoras 212 Jahre, d. h. 6 bis 7 Menschenalter, erfüllt werden; jeder sieht die Unwahrscheinlichkeit, so wie es denn schon an sich unwahrscheinlich ist, daß aus jenen dunkeln Zeiten das Gedächtniß manches Philosophen, der weniger

---

*) Brandis Gesch. d. griech.-röm. Phil. S. 105 f. giebt zwar die Richtigkeit des oben Gesagten zu, macht aber doch eine Ausnahme zu Gunsten der Verbindung zwischen Anaximandros und Anaximenes, welche er als auf einem historischen Zeugnisse beruhend festhalten möchte. S. Rhein. Mus. III. p. 116. Er meint, das Zeugniß des Simplikios Phys. fol. 6 möchte auf den Theophrast zurückgehen, welches jedoch eine bloße Annahme ist. Die Angabe über die Verbindung zwischen Anaximandros und Anaximenes findet sich nur bei den Schriftstellern, welche der allgemeinen Ueberlieferung über die Reihenfolge der ionischen Philosophen folgen (S. Brandis Gesch. S. 141 n); der älteste Zeuge ist Cicero, so daß von einem historischen Zeugnisse für niemanden die Rede sein kann, welcher jene Ueberlieferung verwirft.

erfand, als die Lehre fortpflanzte, nicht erloschen sein sollte. Das aber, was sich auf den Charakter der Lehren bezieht, ist uns am wichtigsten hier voraus zu erinnern, da es uns Veranlassung geben wird, eine andere Ordnung in der Erzählung zu befolgen, als die gewöhnliche. Nämlich die beiden Hauptseiten der Naturerklärung, die dynamische und die mechanische, zeigen sich schon sehr entschieden in den ersten Anfängen der ionischen Schule, und gehen bis zu ihrem Ende nebeneinander fort. Es sollte wohl vorausgesetzt werden dürfen, was unter diesen Hauptseiten der Naturerklärung verstanden werde; da jedoch die philosophische Physik unter uns sehr jung ist, so kann man sich hierbei nicht genug vor Mißverständnissen verwahren, und ich will also erklären, was ich darunter verstehe. Die dynamische Naturerklärung geht von dem Begriffe einer lebendigen Kraft aus, welche sich in Beschaffenheit und Form ihrer Entwicklungen verändert; ihr scheint daher, was in der Natur wird, erklärbar aus einer Veränderung der Kraft; dagegen die mechanische Naturerklärung nimmt kein eigentliches Werden, keine Veränderung der Beschaffenheiten und Formen in der Natur an, sondern will Alles erklären aus der Veränderung der äußern Verhältnisse im Raum; sie setzt daher bleibende Materien voraus, welche durch eine ihnen entweder natürlich zukommende oder von außen geschehende Bewegung ihren Ort verändern, und daraus fließt ihr, wenn sie sich allein für sich ausbildet, die Ansicht, daß alles scheinbare Werden der Beschaffenheiten und Formen in der Natur erklärt werden müsse aus den verschiednen Mischungen, welche die Materien von ursprünglich verschiedner Beschaffenheit oder Form untereinander eingehen. Da nun diese beiden Erklärungsarten ganz verschiedenen Grundsätzen folgen, so können sie auch nicht gemeinschaftlich sich ausbilden; nur einzelne Punkte empirischer Art mögen sie miteinander gemein haben, nicht aber eine Entwicklung desselben Princips kann unter ihnen stattfinden. Nun finden wir beim Anaxagoras, so weit seine Lehre rein physisch ist, d. h. so weit er nicht auf den Begriff des Geistes eingeht, die mechanische Naturansicht ganz unzweideutig ausgesprochen. Sollte sie auf einmal so vollkommen entwickelt hervorgetreten sein? Nein, beim Anaximandros ist sie auch schon vorhanden; denn auch dieser läßt aus den ursprünglichen Materien von bleibender Beschaffenheit Alles entstehen; ihre Bewegung ist diesen Materien natürlich; er denkt sich nur alle Materien in einem ursprünglichen Grunde vereint, welcher nicht physisch, d. h. von keiner äußerlichen Beschaffenheit ist. Dies letztere kann über den Charakter seiner physischen Lehre nichts entscheiden, es kommt für die Bestimmung dieses auf seine Naturerklärung an *). Die übrigen ionischen Philosophen, mit Ausnahme des Archelaos, des Schülers des Anaxagoras, sind entschieden der dynamischen Naturerklärung zugewandt; ihnen erscheint die Natur als eine lebendige Kraft, deren Veränderungen Lebensentwicklungen sind; so verändert sich ihnen ein Element in das andere durch Contraction und Expansion, welche als Ly-

*) Eine andere Ansicht von der Naturerklärung des Anaximandros ist zwar in neuern Zeiten aufgestellt worden, wir werden aber zeigen, daß sie gegen die Ueberlieferung ist.

bensprocesse gedacht werden, oder auf irgend eine andere Art.

Nun betrachte man die gewöhnliche Zusammenstellung der ionischen Philosophen, ob man sie natürlich finden wird. Den Zug beginnt Thales, der dynamischen Naturerklärung ergeben, aus dessen Unterricht aber ein Mechaniker, Anaximandros, hervorgegangen sein soll; diesem folgt sein Schüler Anaximenes, der sich aber wieder zur dynamischen Physik wandte, und welcher zwei Schüler gehabt haben soll, den Anaxagoras, wieder einen Mechaniker, und den Diogenes von Apollonia, einen Dynamiker; es ist fast, als wenn die Schüler immer die Nichtigkeit der Lehre ihres Meisters hätten einsehen müssen. Man erinnere sich doch, daß die meisten griechischen Gelehrten eben keine große Kritiker in der Geschichte waren [1]), und daß eine Ueberlieferung, sie mag so allgemein sein, wie sie will, wenn sie wenigstens 200 Jahre jünger ist, als das, wovon sie spricht, so gut wie gar nicht gerechnet werden kann.

Was uns betrifft, wir glauben dieser Ueberlieferung nicht, und trauen mehr den einzelnen Ueberlieferungen, noch mehr aber dem innern Zusammenhange, welchen wir in der Fortentwicklung ähnlicher Lehren finden, und welcher auch schon den Aristoteles bewogen hat, in einer dem gemäßen Ordnung diese Philosophen zu erwähnen [2]). Dem-

---

1) Thucyd. I. 20.

2) Met. I. 3. Doch beweist diese Stelle nur, daß Aristoteles in ähnlicher Weise Zusammenhang der Lehre unter den angegebenen Philosophen fand; von historischem Zusammenhang spricht sie nicht.

nach werden wir zuerst die Dynamiker unter den ionischen Philosophen betrachten, d. h. den Thales, Anaximenes, Diogenes von Apollonia und Herakleitos; denn Thales war früher als einer der Mechaniker; darauf werden wir aber die Geschichte der mechanischen Physik, wie sie von Anaximandros, Anaxagoras und Archelaos ausgebildet wurde, folgen lassen.

---

wie Brandis Gesch. S. 106 sie zu deuten scheint, indem er auf sie gestützt auch dem Empedokles und dem Demokritos eine Stelle unter den ionischen Philosophen angewiesen wissen will. Warum nicht auch dem Hippasos, dem Pythagoräer, und dem mythischen Hermotimos, welche doch auch hier vom Aristoteles erwähnt werden?

Erster Abschnitt der Geschichte der ionischen Philosophie.

Dynamische Physik.

Drittes Capitel.

Thales von Miletos.

Auf diesen Mann wird der Ursprung des Philosophirens unter den Griechen von den meisten und glaubwürdigsten Schriftstellern zurückgeführt *); dieser Anfang aber liegt mehr in dem Gebiete der Sage, als der Geschichte. Schon wenn wir erwähnen, daß Thales zu den sieben Weisen gerechnet wird, haben wir das Sagenhafte, welches an seiner Person haftet, hinlänglich bezeichnet; aber außerdem schimmert dasselbe auch überall aus den Berichten der ältern Schriftsteller über ihn hervor. So weiß schon Herodotos von bedeutenden Unternehmungen, welche die Sage

*) Arist. met. I. 3.

ihm zuschreibt, welche aber der Geschichtschreiber bezweifelt[1]), und Platon[2]) und Aristoteles[3]) sprechen immer nur nach unsicherer Ueberlieferung, wenn sie ihn erwähnen. Thales war geboren zu Miletos, damals der bedeutendsten Stadt unter den ionischen Colonien in Asien, und stammte aus einer aus Phönikien eingewanderten vornehmen Familie[4]). Apollodoros berechnete die Zeit seiner Geburt auf das erste Jahr der 35. Olympiade[5]); doch darf man dieser Berechnung wohl nicht unbedingten Glauben schenken, da überhaupt die Chronologie jener Zeiten sehr schwankend ist, und eine sehr allgemein verbreitete Sage dem Thales ein höheres Alter zu bestimmen scheint[6]), andere Sagen dagegen seine Zeit etwas mehr herunter setzen würden. Nur so viel ist als gewiß anzunehmen, daß Thales in der blühendsten Zeit seiner Vaterstadt lebte, als diese noch vom lydischen und persischen Joche frei war und den bedeutendsten Handel zur See und zu Lande trieb. Sein Ansehen unter seinen Landsleuten muß sehr bedeu-

1) I. 75.

2) Theaet. p. 174.

3) L. l.; pol. I. 11.

4) Herodot. I. 170; Diog. L. I. 22.

5) Diog. L. I. 37.

6) Die Sage, daß er die Sonnenfinsterniß, welche den Krieg zwischen den Medern und Lydern endete, vorhergesagt habe, Herodot. I. 74. Vergl. Oltmanns in den Abh. der Akad. zu Berlin 1812 — 13. Damit man hieraus die Kenntnisse des Thales nicht zu hoch anschlage, bemerke man, daß die Sage nicht behauptet, Thales habe den Tag der Sonnenfinsterniß vorhergesagt. Die Annahme des Apollodoros bezieht sich wahrscheinlich auf die Angabe des Demetrios Phalereus über die Zeit der 7 Weisen.

tend gewesen sein, wie denn von seiner politischen Wirksamkeit Manches erzählt wird[1]), unter andern, daß er den bedrängten, aber noch nicht unterjochten Ionern den heilsamen Rath gab, Teos, im Mittelpunkte Ioniens, zum Mittelpunkte ihres Gemeinwesens zu machen. Eine solche politische Wirksamkeit scheint auch schon sein Ruf und seine Stellung unter den sieben Weisen zu bezeichnen, und wenn man nicht auf einzelne Erzählungen zu viel Gewicht legen will[2]), so wird man solchen allgemeinen Angaben, welche ihm ein einsames und von politischen Bestrebungen zurückgezogenes Leben zuschreiben[3]), wenig Glauben beimessen. Aus Wißbegierde, sagen spätere Schriftsteller[4]), sei Thales nach Aegypten und Kreta gereist, und besonders werden seine mathematischen Kenntnisse aus Aegypten abgeleitet. Diese Erzählungen sind an sich nicht unwahrscheinlich, jedoch nicht hinlänglich verbürgt, vielleicht bloß aus Muthmaaßung entstanden[5]). Sehr wahr-

---

1) Diog. L. I. 25. Doch scheint hiermit die Sage bei Herodot I. 75 nicht übereinzustimmen.

2) Z. B. Plat. Theaet. l. 1.

3) Plat. Hipp. maj. p. 281; Diog. L. I. 1.

4) Diog. L. I. 24, 43; Plut. de plac. ph. I. 3.

5) Aus Aegypten leitete man seit alter Zeit allerlei Weisheit ab, wie wir aus dem Herodot sehen; die wissenschaftlichen Kenntnisse der Aegypter von der Mathematik scheinen nicht groß gewesen zu sein; wenigstens sehen wir, daß die Griechen die Elemente der Mathematik erst erfinden mußten. Vergl. Diog. L. I. 27. Die Reisen der ältesten Philosophen nach Kreta dürften aus Plat. Protag. p. 342 stammen. An mathematische und astronomische Erfindungen schließt sich wahrscheinlich die älteste Erwähnung des Thales von Xenophanes und Herakleitos an (Diog. L. I, 23); solche

scheinlich ist es, daß Thales seine philosophischen Meinungen nicht schriftlich aufzeichnete, sondern nur mündlich mittheilte; denn niemand von den Aeltern kennt eine Schrift desselben; der Anfang der philosophischen Schriftstellerei wird vielmehr später gesetzt [1]), und wenn uns auch sonst gesagt wird, daß er in Gedichten seine Philosophie vorgetragen habe [2]), so ist doch dies höchstens so weit glaubhaft, als unter seiner Philosophie gewisse Lebensregeln und kurze Sentenzen, wie sie den sieben Weisen zugeschrieben werden, zu verstehen sein möchten; denn Aristoteles wenigstens kennt philosophische Gedichte des Thales nicht. Von den Sentenzen des Thales, wie sie uns von mehreren Alten angegeben werden [3]), ist dasselbe zu urtheilen, was von den Sentenzen der sieben Weisen überhaupt; sie sind Gemeinsprüche, deren Ursprung einem Einzelnen zuzueignen zu große Kühnheit verrathen würde.

Bei dieser Beschaffenheit der Quelle, aus welcher die Alten Kenntniß von seiner Philosophie erhalten und uns mittheilen konnten, müssen wir dasselbe von dieser wie von seiner Person sagen, daß sie mehr in das Gebiet der Sage, als der Geschichte gehört. Sollen wir uns jedoch nicht alles Urtheils enthalten, so müssen wir schon dem

---

Erfindungen schrieb ihm auch Eudemos zu. L. I. [illegible]; Procl. in Eucl. p. 19; 44; 79; 92 wenigstens zum Theil nach dem Eudemos.

1) Die Schriften, welche dem Thales beigelegt werden, sind offenbar untergeschoben; s. Diog. L. I. 23, 34, 35; Simpl. phys. fol. 6 a.

2) Plut. de Pyth. or. 18.

3) Diog. L. I. 35; Plut. conv. sept. sap. 9; Stob. serm. passim.

trauen, was uns als allgemeine Ueberlieferung von den Alten, wenn auch nur muthmaaßlich, geboten wird, und die Wahrscheinlichkeit desselben können wir nicht bestreiten, da es theils ganz dem ähnelt, was wir über den ersten Ursprung der ionischen Philosophie rathen möchten, theils auch nicht zu leugnen ist, daß auch nur etwa ein Menschenalter nach dem Thales die philosophische Schriftstellerei begann, und wohl natürlich die nächsten Philosophen, welche vom Thales sichere, vielleicht unmittelbare Ueberlieferungen vernommen haben konnten, auf seine Meinungen entweder billigend oder berichtigend eingegangen sein mögen.

Allgemein wird es anerkannt, daß Thales, nach dem Grunde aller Dinge forschend, gelehrt habe, es gebe nur ein Urwesen, aus welchem Alles stamme, das Wasser. Diese Lehre scheint sich an eine alte Meinung angeschlossen zu haben, daß die Erde auf dem Wasser schwimme, und so verknüpfte sich bei ihm die Philosophie mit der Sage. Aber wenn Thales wirklich philosophirte, so konnte er nicht von der Ueberlieferung seine Meinung hernehmen, sondern mußte aus irgend einer allgemeinen Ansicht von der Welt seine Lehre schöpfen. Diese Ansicht drückt sich auch ziemlich deutlich in den Gründen aus, welche für seine Lehre angeführt werden. Er soll gemeint haben, alle Dinge ernährten sich vom Feuchten, selbst das Warme entstände und lebte aus ihm, und der Same aller Dinge sei feucht, das Wasser aber sei dem Feuchten Ursprung seiner Natur, und da so aus ihm Alles entstehe und sich erhalte, sei es Urwesen aller Dinge*). Man sieht, wie

*) Arist. met. I. 3. Θαλῆς, ὁ τῆς τοιαύτης ἀρχηγὸς φιλο-

diese Lehre an Erscheinungen der lebendigen Natur sich anschließt, an Ernährung und Entstehung aus einem Samen. Wenn von dem Warmen gesagt wird, daß es aus dem Feuchten entstehe und durch dasselbe lebe, so bezieht sich dies ohne Zweifel auf die alte Lehre, daß Sonne und Gestirne aus dem Meere Entstehung und Nahrung zögen und lebendige Wesen wären, und so scheint Thales überhaupt die ganze Welt nicht anders betrachtet zu haben, als wie ein lebendiges Wesen, so daß sie sich hervorbilde aus einem unvollkommenen Samenzustande, welcher feuchter Natur oder Wasser sei, so wie der Same aller einzelnen Dinge, und sich auch ernähre aus demselben Grundwesen. Eine solche das Weltall belebende Ansicht, welche die Welt nur als eine Entwicklung der ursprünglich vor-

σοφίας, ὕδωρ εἶναί φησιν (sc. τὴν ἀρχήν) (διὸ καὶ τὴν γῆν ἐφ' ὕδατος ἀπεφήνατο εἶναι) λαβὼν ἴσως τὴν ὑπόληψιν ἐκ τοῦ πάντων ὁρᾶν τὴν τροφὴν ὑγρὰν οὖσαν, καὶ αὐτὸ τὸ θερμὸν ἐκ τούτου γιγνόμενον καὶ τούτῳ ζῶν· τὸ δ' ἐξ οὗ γίγνεται, τοῦτ' ἐστὶν ἀρχὴ πάντων· διά τε δὴ τοῦτο τὴν ὑπόληψιν λαβὼν ταύτην, καὶ διὰ τὸ πάντων τὰ σπέρματα τὴν φύσιν ὑγρὰν ἔχειν, τὸ δ' ὕδωρ ἀρχὴν τῆς φύσεως εἶναι τοῖς ὑγροῖς. De coelo II. 13; Plut. de pl. phil. I. 3. ὅτι καὶ αὐτὸ τὸ πῦρ τοῦ ἡλίου καὶ τὸ τῶν ἄστρων ταῖς τῶν ὑδάτων ἀναθυμιάσεσι τρέφεται καὶ αὐτὸς ὁ κόσμος. Simpl. in Ari phys. fol. 6 a. Brandis nimmt an nach dem Theophrast, welches nicht sicher ist. Er zieht aus dieser Angabe einen Grund, welchen ich übergangen habe, weil ich ihn für späteren Zusatz halte, nämlich daß das Wasser συνεκτικὸν πάντων sei. Die alten Philosophen scheinen wohl auf den Begriff des περιέχον Gewicht gelegt zu haben; das συνεκτικὸν und κολλητικὸν aber ist später und wird besonders von den Neu-Platonikern urgirt. Späterer Zusatz ist es auch, wenn die Bildsamkeit (εὐτύπωτον) des Wassers als Grund dafür, daß es Urwesen sei, angeführt wird, welches den Unterschied zwischen einer bildenden Kraft und der Materie beim Thales voraussetzen würde. Simpl. phys. fol. 8; Heracl. ap. Gale p. 458.

handenen Keime des Lebens betrachtet, drückt sich auch in den übrigen Lehren, welche dem Thales mit Sicherheit beigelegt werden können, aus. So sah er scheinbar Todtes für belebt und beseelt an: der Magnet und der Bernstein hätten Seele, weil sie bewegten [1]), und sagte überhaupt, die ganze Welt sei beseelt und von Dämonen erfüllt [2]).

Da die Ueberlieferungen über die Lehre des Thales uns fast überall nur vermuthungsweise gegeben werden, so wird es nicht überflüssig sein, hier anzudeuten, daß

---

1) Arist. de anim. I. 2. ἔοικε δὲ καὶ Θαλῆς, ἐξ ὧν ἀπομνημονεύουσι, κινητικόν τι τὴν ψυχὴν ὑπολαμβάνειν, εἴπερ τὴν λίθον ἔφη ψυχὴν ἔχειν, ὅτι τὸν σίδηρον κινεῖ. Diog. L. I. 24.

2) Arist. ib. I. 5. καὶ ἐν τῷ ὅλῳ δέ τινες αὐτὴν (sc. τὴν ψυχὴν) μεμίχθαι φασίν· ὅθεν ἴσως καὶ Θαλῆς ᾠήθη πάντα πλήρη θεῶν εἶναι. Cic. de leg. II. 11; Diog. L. I. 27; Stob. ecl. I. p. 54. Aus solchen Ausdrücken mochte Cicero die schiefe Ansicht von der Lehre des Thales fassen, welche er de nat. D. I. 10 mittheilt; sie ist durchaus zu verwerfen, denn sonst würden die Alten gesagt haben, Thales habe nicht das Wasser allein, sondern das Wasser und Gott für Urwesen gehalten. Ich bemerke nur noch, daß ich außer dem angeführten alle übrigen Ueberlieferungen über die Lehre des Thales für unsicher halte, denn sie werden theils von zu jungen Schriftstellern mitgetheilt, theils sind sie auch zu allgemein ausgedrückt, und verrathen ihren Ursprung aus der Vermuthung, daß Thales so wie die spätern Joner gelehrt haben möge. Von solcher Art sind die Angaben, daß Thales angenommen habe, die Dinge würden auch wieder in das Wasser aufgelöst, das Wasser verwandle sich durch Verdichtung und Verdünnung in die drei übrigen Elemente, die Materie sei durchaus veränderlich, die Seele sei unsterblich und, was sonst nicht unwahrscheinlich ist, sie bestehe aus Wasser. Noch mehr dergl. könnte angeführt werden, wenn nicht die Mühe gereute; da es zu offenbar ist, daß auch hier Aristoteles der einzige sichere Führer ist.

die Vorstellungsweise, welche wir dem Thales nach den Angaben des Aristoteles zuschreiben, wenigstens durchaus alterthümlich ist. Das Wesentliche in derselben ist dies, daß die Welt als ein lebendiges Wesen angesehen und Alles aus einem ersten Urzustande abgeleitet wird, welcher ein Same der Dinge ist, d. h. ein Lebendiges dem Vermögen nach, welches aber noch nicht zum wirklichen Leben sich entfaltet hat. Daß der erste Punkt in dieser Vorstellungsart der alterthümlichen Ansicht von der Welt durchaus entspreche, bedarf keines weitern Beweises, da wir in der folgenden Geschichte immer wieder auf denselben zurückkommen werden; daß aber ein Ursame als Grund alles Lebens von Vielen angesehen werde, zeigt sich in der Vorstellungsweise des Hippon, welche vom Aristoteles gleich nach, vom Simplikios, zugleich mit der Lehre des Thales erwähnt wird [1]). Hippon, dessen Zeitalter und übrige Verhältnisse nicht bestimmt werden können [2]), nannte das erste Princip und die Seele Wasser, denn der

1) Arist. met. I, 3; Simpl. phys. fol. 6 a.

2) Er scheint späterer Zeit zu sein, welches sich jedoch weniger aus seinem sogenannten Atheismus (Plut. adv. stoic. 31; Clem. Alex. admon. ad gent. p. 15; Alex. Aphrod. in met. Arist. fol. 90 b, 141 b. ed. Venet. 1551.) und aus seiner Polemik gegen die Lehre, die Seele sei das Blut (diese Lehre wurde ja von den Alten schon beim Homer gefunden, und ist gewiß bei den Aerzten sehr alt), als aus dem Widerwillen des Aristoteles gegen ihn schließen möchte. Er wird bald Rheginer, bald Metapontiner, bald Samier, bald Melier genannt; doch scheint dadurch keine Verschiedenheit der Personen bezeichnet zu werden. Beim Censorinus c. 5, wo die meisten Besonderheiten seiner physiologischen Lehre angegeben werden, heißt er gewiß mit Unrecht ein Pythagoräer. Ueber ihn vergl. Schleiermacher's literar. Nachlaß Bd. 1.

Same sei der erste Zustand der Seele und allen Dingen feucht[1]). So suchte auch Diogenes von Apollonia, aus der Reihe der Philosophen, welche Thales beginnt, nachzuweisen, daß sein Urwesen auch schon im Samen sich finde[2]); Herakleitos nannte das Wasser oder das Meer, durch welches nach seiner Meinung alle Verwandlung der Dinge hindurchgeht, den Samen der Weltbildung[3]), und Anaxagoras die Elemente der Dinge Samen[4]), allgemein aber wird diese Lehre, daß aus einem Samen sich Alles entwickelt habe, vom Aristoteles als eine sehr alte betrachtet[5]).

---

1) Ar. de an. I. 2. τῶν δὲ φορτικωτέρων καὶ ὕδωρ τινὲς ἀπεφήναντο (sc. τὴν ψυχήν), καθάπερ Ἵππων· πεισθῆναι δ' ἐοίκασιν ἐκ τῆς γονῆς, ὅτι πάντων ὑγρά· καὶ γὰρ ἐλέγχει τοὺς αἷμα φάσκοντας τὴν ψυχήν, ὅτι ἡ γονὴ οὐχ αἷμα, ταύτην δ' εἶναι τὴν πρώτην ψυχήν. Alex. Aphr. l. l. sagt, er habe das ὑγρόν, unterschieden vom ὕδωρ, als Urwesen gesetzt; die angeführte Stelle des Aristoteles kennt aber einen solchen Unterschied nicht. Orig. phil. 16 giebt an, er habe aus dem Wasser das Feuer sich erzeugen lassen, welches alsdann die Welt gebildet habe. Dies würde man nach dem physiologischen Charakter der Lehre auf die fortschreitende Entwicklung der Lebenswärme zu beziehen haben. Cf. Herm. irris. phil. 1; Sext. Emp. hyp. III, 30.

2) Clem. Alex. paedag. I. 6. p. 105. ed. Par.

3) Clem. Al. Strom. V. p. 599.

4) Simpl. de coelo fol. 148 b.

5) Met. XII. 7.

Viertes Capitel.

Anaximenes von Miletos.

Weswegen wir an den Thales den Anaximenes anschließen, und nicht, wie gewöhnlich geschieht, zwischen Beide den Anaximandros setzen, ist schon oben im Allgemeinen erörtert worden; hier möge noch einiges Besondere über diesen Punkt erwähnt werden. Wollte man schwankenden historischen Ueberlieferungen folgen, so könnte man den Pythagoras eben so gut an den Thales und Anaximandros anschließen, als den Anaximenes, denn auch jener heißt der Schüler dieser. Wenn wir aber auf die zuverlässigern Ueberlieferungen des Aristoteles zurückgehen, und nach diesem die Meinungen dieser Männer ihrem Zusammenhange nach uns vergegenwärtigen, so finden wir einen deutlichen Gegensatz zwischen dem Anaximandros und den beiden andern ausgesprochen [1]), den Anaximenes wohl neben den Thales, nie aber den Anaximandros zu diesen gestellt [2]), und was Anaximandros vom Thales für seine Forschung gewonnen haben sollte, außer etwa in Nebendingen, oder Anaximenes vom Anaximandros, läßt sich

1) Phys. I. 4; met. XII. 2.

2) Man darf sich dagegen nicht auf solche Stellen, wie de coelo III. 5 berufen, von welchen Schleiermacher über die Lehre des Anaximandros gründlich gezeigt hat, daß sie mit Unrecht auf diesen Philosophen bezogen worden sind.

gar nicht sagen [1]). Zwischen dem Thales dagegen und dem Anaximenes finden wir eine große Verwandtschaft in der Lehre. Endlich stimmt auch die gewöhnliche Zeitrechnung nicht mit der Annahme überein, daß Anaximenes des Anaximandros Schüler gewesen; denn zwar wird die Zeit der Geburt des Anaximenes sehr verschieden angegeben [2]), nach der glaubwürdigsten Nachricht des Apollodoros war er aber in der 63. Olympiade geboren, während Anaximandros in oder kurz nach der 58. Olympiade starb [3]).

Er war zu Miletos geboren, und soll zuerst die Schiefe der Ekliptik mit Hülfe des Gnomon gefunden haben. Von seinem Leben ist uns sonst nichts bekannt, außer daß er in ionischer Mundart einfach und ohne Weitschweifigkeit schrieb. Dieses, und daß Theophrastos über seine Meinungen ein Buch verfaßt hat [4]), ist für die geschichtliche Sicherheit der Ueberlieferungen über seine Lehre von Wichtigkeit.

Wenn Aristoteles auf die Lehre des Thales die des Anaximenes unmittelbar folgen läßt, so finden wir dies

---

1) Man legt gewöhnlich große Bedeutung darauf, daß die beiden letztern das Urwesen als ein ἄπειρον sich dachten; aber dies will nicht viel sagen; denn so unbestimmt, als bei beiden dieser Begriff gefaßt ist, liegt er einer jeden philosophischen Ansicht zum Grunde; es ist also daraus gar nichts Charakteristisches zu entnehmen.

2) Suid. s. v. Ἀναξιμ.; Orig. phil. c. 7; Apollod. ap. Diog. L. II. 3. Daß er nach derselben Ueberlieferung zur Zeit der Einnahme von Sardes gestorben, scheint auf einer Verwechslung zu beruhen.

3) Diog. L. II. 2.

4) Diog. L. V. 42.

durch die Gleichartigkeit ihrer Grundanschauungen gerechtfertigt, wenngleich beide verschiedene Grundwesen annahmen. Anaximenes lehrte, der Grund aller Dinge sei die unendliche Luft, und dies verknüpfte sich ihm mit der Vorstellung, daß die Luft die ganze Welt umgebe[1]), und die Erde, welche breit sei, wie ein Blatt, von der Luft getragen werde[2]), auf ganz ähnliche Weise, wie dem Thales seine Lehre vom Wasser mit der Vorstellung, die Erde schwimme auf dem Wasser, in Verbindung stand. Die Weltansicht, welche in dieser Lehre herrscht, drückt sich in dem Grunde, welchen Anaximenes anführte, aus: das Urwesen aller Dinge sei die Luft, sagte er, denn aus ihr werde Alles und in sie löse es sich wieder auf; so wie unsere Seele, welche Luft ist, uns beherrsche, so umfasse auch die ganze Welt Hauch und Luft[3]). Er verglich also die Welt mit unserm lebendigen Dasein, in welchem ein Wesen herrscht und nicht vergeht, so lange das Leben währt, die Seele, nach einer alterthümlichen Vorstellung, welche sich an dem auffallendsten äußern Zeichen des Lebens hielt, an dem Ein- und Aus-Athmen der Luft, für Luft gehalten. Nach dieser Analogie nahm Anaximenes

---

1) Plut. de plac. ph. I. 3; cf. Arist. de coelo III. 5 init.

2) Arist. de coelo II. 13; Plut. de plac. ph. III, 10; 15. Auch die Sonne ist breit, wie ein Blatt. Plut. de plac. phil. II, 22; ap. Euseb. pr. ev. I. 8.

3) Plut. de pl. ph. I. 3. — ἀρχὴν τῶν ὄντων ἀέρα ἀπεφήνατο· ἐκ γὰρ τούτου τὰ πάντα γίνεσθαι καὶ εἰς αὐτὸν πάλιν ἀναλύεσθαι, οἷον ἡ ψυχὴ (φησὶν) ἡ ἡμετέρα, ἀὴρ οὖσα, συγκρατεῖ ἡμᾶς, καὶ ὅλον τὸν κόσμον πνεῦμα καὶ ἀὴρ περιέχει. Das Folgende scheint Glosse. Vergl. Arist. met. I. 3; Stob. ecl. I. p. 296.

auch in der ganzen Welt ein allgemeines, unvergängliches Lebensprincip an, welches Luft sei, wie das Lebensprincip in uns.

Vergleicht man diese Lehre mit der thaletischen, so möchte man einen Fortschritt der philosophischen Ausbildung darin finden, daß die Welt nach der Analogie nicht mehr mit dem unentwickelten Samenleben, sondern mit der höchsten Art des Lebens, welche wir kennen, mit dem Leben unserer Seele, gedacht wird. Hieraus dürfte sich auch eine noch wesentlichere Verschiedenheit ergeben haben, daß nämlich Thales Alles aus einem Zustande des unentwickelten Lebens, aus einem Samenzustande ableitet, während Anaximenes den Grund alles Werdens als einen von Ursprung an entwickelten sich gedacht zu haben scheint.

Dieser Weltbetrachtung war es nun wesentlich, daß sie einen Gegensatz zwischen der reinen Idee des Urwesens und zwischen dessen abgeleiteten Zuständen setzte. Beim Anaximenes finden wir mehrere Spuren des Bestrebens, diesen Gegensatz zu fixiren. So legte er der Luft, als dem Urwesen, Unendlichkeit bei, den Dingen aber, welche aus ihr entständen, Begrenztheit *); auch soll er gelehrt haben, die Luft, wenn sie durchaus gleichartig, d. h. ohne Verschiedenheit der aus ihr entstandenen Dinge sei, entgehe der Wahrnehmung, durch die Beschaffenheiten aber,

---

*) Cic. qu. ac. II. 37. Anaximenes infinitum aëra dixit esse, e quo omnia gignerentur; sed ea, quae ex eo orirentur, definita; gigni autem terram, aquam, ignem, tum ex his omnia. Cf. Plut. ap. Euseb. pr. ev. I, 8; Arist. phys. III, 6 ohne Namen. Simpl. phys. fol. 6. b. ἄπειρον τῷ μεγέθει.

welche sie annehme, durch Kälte und Wärme, durch Feuchtigkeit und Bewegung, offenbare sie sich [1]). Doch scheint ihm darauf der Gegensatz zwischen dem Göttlichen und Weltlichen sich nicht bezogen zu haben, und indem er diesen gar nicht anerkannte, konnte er eben so gut sagen, die unendliche Luft sei Gott [2]), als auch die Götter und alles Göttliche seien aus der Luft entstanden [3]). Dies ist in der That dieser Art der Philosophie ganz gemäß.

Ob Thales sich auf irgend eine Weise vorstellig zu machen suchte, wie aus dem Wasser die übrigen Dinge entstanden, wissen wir nicht; beim Anaximenes finden wir zuerst sichere Spuren, daß er die Verwandlung des Urwesens in seine besondern Zustände auf ein allgemeines Gesetz zurückzuführen suchte. Der Grund aller Verwandlung lag ihm in der ewigen Bewegung der Luft [4]), welche dem Urwesen als Princip des Lebens natürlich zukommt; denn Verwandlung sei allein durch Bewegung möglich. Demnach scheint er sich die Entwicklung der Welt als einen ewigen Proceß des Lebens gedacht zu haben. Die Verwandlung der Luft geschieht nun aber nach entgegengesetzten Zuständen, und so führte er sie denn auch auf entgegengesetzte Processe zurück, auf Verdichtung und Verdünnung [5]), oder, wie der ihm eigenthümliche Ausdruck

1) Orig. phil. 7; ungenau, aber nicht anders erklärbar.

2) Cic. de nat. D. I. 10. Anaximenes aëra deum statuit, eumque gigni esseque immensum et infinitum et semper in motu. Das gigni ist ein Irrthum des Cicero. Stob. ecl. I. p. 56.

3) Orig. phil. l. l.; August. de civ. dei VIII. 2.

4) Cic. de n. D. l. l.; Orig. et Eus. l. l.

5) Plut. ap. Eus. l. l.; Simpl. phys. fol. 6 a. *ἐπὶ γὰρ τού-*

gelautet zu haben scheint, auf Zusammenziehung und Nachlassung [1]). So lehrte er, das Warmwerden und Kaltwerden der Dinge bestehe nur in der Verdünnung und Verdichtung der Luft, und suchte dies auf eine Weise darzuthun, welche dem Princip seiner Lehre, der Vergleichung der Naturkräfte mit der Lebenskraft des Menschen, auf sehr naive Weise entspricht; wenn wir nämlich die Luft mit den Lippen zusammengedrückt aushauchten, würde sie kalt, aus geöffnetem Munde dagegen gehe sie warm heraus [2]); und auf dieselbe Weise erklärte er auch, verdünnt werde die Luft Feuer, verdichtet Wind und Gewölk, noch mehr verdichtet Wasser, und daraus wieder durch Verdichtung Erde und Stein; alles Uebrige aber würde aus diesen [3]). Es ist klar, daß Anaximenes nach dieser Vorstellungsweise nur eine graduelle Verschiedenheit unter den Dingen, welche aus der Luft entstehen, annahm; denn alles kommt dabei nur auf die größere oder

---

του μόνου (sc. τοῦ Ἀναξιμ.) ὁ Θεόφραστος ἐν τῇ ἱστορίᾳ τὴν μάνωσιν εἴρηκε καὶ τὴν πύκνωσιν. Falsches steht Simpl. de coelo fol. 46 a.

1) Plut. de primo frig. 7.

2) Plut. l. l. ἤ, καθάπερ Ἀν. ὁ παλαιὸς ᾤετο, μήτε τὸ ψυχρὸν ἐν οὐσίᾳ, μήτε τὸ θερμὸν ἀπολείπωμεν, ἀλλὰ πάθη κοινὰ τῆς ὕλης ἐπιγινόμενα ταῖς μεταβολαῖς· τὸ γὰρ συστελλόμενον αὐτῆς καὶ πυκνούμενον ψυχρὸν εἶναί φησι, τὸ δὲ ἀραιὸν καὶ τὸ χαλαρόν, οὕτω πως ὀνομάσας καὶ τῷ ῥήματι, θερμόν· ὅθεν οὐκ ἀπεικότως λέγεσθαι τὸ καὶ θερμὰ τὸν ἄνθρωπον ἐκ τοῦ στόματος καὶ ψυχρὰ μεθιέναι· ψύχεται γὰρ ἡ πνοὴ πιεσθεῖσα καὶ πυκνωθεῖσα τοῖς χείλεσιν, ἀνειμένου δὲ τοῦ στόματος ἐκπίπτουσα γίνεται θερμὸν ὑπὸ μανότητος.

3) Plut. de pl. ph. III. 4; Simpl. phys., Orig. ll. ll.

geringere Verdichtung und Verdünnung an. Doch scheint Anaximenes vier Hauptgrade der Beschaffenheiten der Luft angenommen zu haben, welche sich aus der gewöhnlichen Meinung über die vier Elemente ergaben [1]; aus diesen, aus Feuer, Luft, Wasser und Erde, bildeten sich alle übrigen Beschaffenheiten der natürlichen Dinge.

Ueber die Meinungen des Anaximenes von den einzelnen Naturerscheinungen finden wir nur weniges verzeichnet, was einigermaaßen unsere Aufmerksamkeit verdienen möchte. Sie scheinen sich sehr dem Empirischen angeschlossen zu haben, denn von seinen philosophischen Principien zeigt sich uns in ihnen keine Spur. Natürlich waren seine Versuche, auffallende Naturerscheinungen zu erklären, noch sehr roh; auch erhob sich seine ganze Ansicht von der Welt nicht über den Standpunkt, auf welchem die Basis unsers Lebens auch als der Mittelpunkt aller Naturkräfte erscheint. Deswegen mag er auch angenommen haben, von allen Weltkörpern sei die Erde zuerst entstanden, und Sonne und Mond und die übrigen Gestirne, welche auch der Erde an Gestalt und Beschaffenheit glichen, seien nur Erzeugnisse dieser [2]. Sonst fin-

1) Arist. met. I. 8. *μάλιστ' ἀρχὴν — τῶν ἁπλῶν σωμάτων.* Cic. qu. ac. II. 37. Ueber den Ursprung der Annahme von vier Elementen hat man gestritten; nach Aristoteles Met. I, 4 hat man sie dem Empedokles zuerst beilegen wollen. Aristoteles sagt aber nur, Empedokles habe zuerst die vier Elemente als Grundverschiedenheiten der Materie gesetzt, so wie er auch Liebe und Haß zuerst als bewegende Kräfte unterschieden habe.

2) Plut. ap. Eus., Orig. phil. ll. ll.; Stob. ecl. I. p. 510; 524.

den sich fast nur Erklärungen meteorologischer Erscheinungen von ihm angegeben [1]).

Fünftes Capitel.

Diogenes von Apollonia.

Zu den Schülern des Anaximenes wird auch Diogenes von Apollonia gerechnet, und daß dieser mit jenes Lehre bekannt war, läßt sich wohl kaum bezweifeln bei der Uebereinstimmung, welche unter den Lehren Beider herrscht.

Diogenes war zu Apollonia auf der Insel Kreta geboren, und wird ein Zeitgenosse des Anaxagoras genannt [2]), muß also etwa um Ol. 80 geblüht haben. Von seinem Leben ist uns nur Weniges und Unsicheres überliefert worden [3]). Simplikios kannte noch dessen Schrift über die Natur, und hat mit Andern uns mehrere Fragmente aus

1) Arist. meteor. II, 7; Senec. qu. nat. VI, 10; Plut. de pl. ph. III, 4; 15; Orig. l. l.

2) Diog. L. IX. 57. Er wird der jüngste der Physiker genannt. Simpl. phys. fol. 6. a. Dies bestätigt sich auch daraus, daß er auf den Meteorstein Rücksicht nahm, welchen auch Anaxagoras als eine merkwürdige Erscheinung seiner Zeit berücksichtigte. Stob. ecl. p. I. 508.

3) Am a. O. wird nach dem Demetrius Phalereus erzählt, er sei zu Athen gewesen, wo er wegen großen Neides in Gefahr gerathen. Man hält dies für eine Verwechslung des Diogenes mit dem Diagoras dem Atheisten.

ihr gerettet; ob außer dieser Schrift noch andere von ihm vorhanden waren, kann bezweifelt werden [1]). Er strebte in seiner Darstellung nach Einfachheit und Würde [2]), und in den Bruchstücken seiner Schrift läßt sich Fülle und Gewandtheit des Ausdrucks nicht verkennen. Daß er gegen die Meinungen Anderer polemisirte [3]), zeugt schon von einer spätern und umsichtigern Entwicklung der Philosophie.

Bei den früher betrachteten Physikern haben wir nur Beweise dafür gefunden, daß der Ursprung der Dinge aus einem bestimmten Urwesen abgeleitet werden müsse, aus dem Wasser oder der Luft; daß aber nur ein solches Urwesen angenommen werden dürfe, scheinen sie vorausgesetzt zu haben. Dagegen bezeichnet es nun einen bedeutenden Fortschritt in der dialektischen Entwicklung der Lehre, daß Diogenes, nach allen Zeichen einer wissenschaftlich schon bedeutend fortgeschrittenen Zeit angehörig, wahr-

1) Vergl. Schleiermacher über den Diogenes von Apollonia in den Abh. der Berl. Akad. 1815. Panzerbieter de Diogenis Apolloniatae vita scriptis et doctrina. Lips. 1830. 8. Anaxagorae Claz. et Diogenis Apoll. fragmenta disp. Schorn. Bonn. 1829. 8. Das zweite Buch der Schrift des Diogenes wird angeführt v. Galen. comm. sec. in Hipp. epid. VI, 49 p. 1006 ed. Kühn.

2) Diog. L. l. l.

3) Simpl. phys. fol. 31 b; 32 b. Sichere Zeichen von Polemik gegen den Anaxagoras, welche Einige vermuthet haben, finde ich nicht; nur gegen die Ansicht, daß es mehrere Gründe des Seins gebe, streitet er. Die Meinung (bei Simpl. phys. fol. 6 a), daß er vom Anaxagoras und Leukippos Vieles erborgt habe, können wir nicht würdigen; wenigstens bezieht sich dies nicht auf die speculative Seite seiner Lehre.

scheinlich durch Lehren entgegengesetzter Meinung dazu aufgefordert, zuerst zu zeigen suchte, daß alle Dinge nur aus einem Urwesen stammen könnten, um dadurch, wie er sich ausdrückt, seiner Lehre einen unzweifelhaften Grund zu geben [1]). Das, worauf er sich zum Beweise berief, ist die Nothwendigkeit, ein allgemeines Zusammenthun und Zusammenleiden unter den Dingen anzuerkennen, welches nicht sein könnte, wenn nicht Alles aus Einem sei [2]). „Mir aber scheint," sagt er, „überhaupt alles, was ist, aus einem und demselben sich zu verändern und dasselbe zu sein. Und dieses ist offenbar, denn wenn das, was in dieser Welt ist, Erde und Wasser, und das Uebrige, was in dieser Welt erscheint, wenn von diesem etwas irgend wie anders wäre, als das andere, anders seiend durch eigenthümliche Natur, und nicht dasselbe seiend, auf vielfältige Weise umschlüge und sich verwandelte, so könnten diese Dinge auf keine Weise sich untereinander mischen, noch würde Nutzen oder Schaden ihnen wechselseitig entstehen; auch könnte eine Pflanze nicht aus der Erde wachsen, noch ein Thier, noch etwas Anderes jemals werden, wenn diese Dinge nicht so zusammenhingen, daß sie dasselbe." Da es nun aber so nicht ist, „so wird alles dieses aus demselben verändert zu andern Zeiten ein Anderes, und kehrt wieder in dasselbe zurück [3])." So diente

---

1) Diog. L. I, I.

2) Arist. de gen. et corr. I. 6. καὶ τοῦτο ὀρθῶς λέγει Διογ., ὅτι εἰ μὴ ἐστιν ἐξ ἑνὸς ἅπαντα, οὐκ ἂν ἦν τὸ ποιεῖν καὶ πάσχειν ὑπ' ἀλλήλων. Theophr. de sens. 39.

3) Simpl. phys. fol. 32. b.

dem Diogenes das allgemeine Zusammenwirken der Dinge zum Beweise, daß die Welt ein Wesen sei, welches einen gemeinschaftlichen Ursprung und eine gemeinschaftliche Entwicklung hätte.

Wenn nun Diogenes hiernach die ganze Welt als ein lebendig sich entwickelndes Wesen betrachtete, dessen Veränderungen sich dann aus seinem Leben ableiteten, so mußte sich sein Forschen nach dem wahren Urwesen darauf richten, zu bestimmen, worin das Leben überhaupt gegründet sei, weil das, was das Leben überhaupt begründe, auch das Leben der Welt begründen müsse. Das Leben ist aber überhaupt gegründet in der Seele, und die Seele ist dem Diogenes, so wie dem Anaximenes, Luft. „Denn der Mensch und die übrigen Thiere leben athmend durch die Luft, und darin besteht ihre Seele [1]," wie aus vielen Zeichen kann dargethan werden. Kein Thier nämlich lebt, ohne Luft einzuathmen, selbst die im Wasser lebenden Thiere athmen die im Wasser befindliche Luft ein [2]; dagegen, sobald das Athmen aufhört, hört auch das Leben auf. Schon in den ersten Anfängen des Lebens, im thierischen Samen, ist Luft, denn er ist schaumartig [3]), eine mit Luft gemischte Flüssigkeit, und das Le-

1) Simpl. phys. fol. 32 b. ἄνθρωπος γὰρ καὶ τὰ ἄλλα ζῶα ἀναπνέοντα ζωεῖ τῷ ἀέρι καὶ τοῦτο αὐτοῖς καὶ ψυχή ἐστι καὶ νόησις, ὡς δεδήλωται ἐν τῇδε τῇ συγγραφῇ ἐμφανῶς καὶ ἐὰν τοῦτο ἀπαλλαχθῇ, ἀποθνήσκει καὶ ἡ νόησις ἀπολείπει.

2) Arist. de respir. 2.

3) Simpl. phys. fol. 33 a. ἐφεξῆς δείκνυσιν (sc. Διογ.) ὅτι καὶ τὸ σπέρμα τῶν ζώων πνευματῶδές ἐστι καὶ νοήσεις γίνονται, τοῦ ἀέρος σὺν τῷ αἵματι τὸ ὅλον σῶμα καταλαμβάνοντος

den, welches durch den ganzen thierischen Körper hindurchgeht, hat seine Quelle im Blute, welches ebenfalls schaumartig ist und Luft in sich enthält. So sollen auch Schlaf und Tod [1]) für die Richtigkeit dieser Lehre zeugen.

Aber dies ist nur die eine Seite der Beweise des Diogenes; andere Beweise fand er noch, indem er den Begriff der beseelten Luft erweiterte. Als das Urwesen, aus welchem Alles stammt, ist sie nothwendig ein ewiger und unsterblicher Körper, und alle Kraft ist in ihrem Besitz; aber als Seele ist sie ihm auch ein Wesen mit Bewußtsein, „sie weiß Vieles [2]),“ und eben ihr Wissen, ihre vernünftige Einsicht, welche als der allgemeinen Seele ihr zukommt, giebt ihm den Beweis ab, daß sie das Urwesen sei. „Denn,“ sagt er, „nicht möglich wäre es, daß Alles so gut vertheilt wäre ohne Vernunft, so daß Alles sein Maaß hat, der Winter und der Sommer, und Nacht und Tag, und Regen und Wind und günstiges Wetter, und wenn jemand auch das Uebrige bedenken will, so wird er es so schön angeordnet finden, wie es nur mög-

---

διὰ τῶν φλεβῶν. Arist. de hist. anim. III. 2; Clem. Alex. paed. I. 9. p. 105.

1) Plut. de pl. ph. V. 24. Wenn ebendas. IV, 6 dem Diogenes die Lehre beigelegt wird, das Herz sei der Sitz der Seele, so ist dies irrig und vielleicht eine Verwechslung mit dem Diogenes von Babylon, der öfters mit unserem Diogenes verwechselt worden ist. Vergl. Panzerbieter S. 87 f. Dagegen bestreitet Theophr. de sens. 47 ausdrücklich die Annahme des Diogenes, daß in allen Theilen des Leibes die Vernunft sei.

2) Simpl. phys. fol. 33 a. καὶ ἀΐδιον καὶ ἀθάνατον σῶμα· — ἀλλὰ τοῦτο μὲν δῆλον δοκεῖ εἶναι, ὅτι καὶ μέγα καὶ ἰσχυρὸν καὶ ἀΐδιόν τε καὶ ἀθάνατον καὶ πολλὰ εἰδός ἐστι.

lich ist[1])." Von der Ordnung also in der Welt schloß er auf ihren Ursprung aus einem vernünftigen Wesen, aus einer Seele, die Alles belebt und Alles erkennt, weil sie das Erste ist[2]), und welche Alles gebildet hat, weil Ordnung nur durch Einsicht hervorgebracht werden kann. „Das aber," sagt er, „was die Erkenntniß hat, ist das, was von den Menschen die Luft genannt wird, und von ihm wird Alles regiert und Alles geleitet; und daher scheint mir der Luft der Brauch, zu Allem zu kommen und Alles zu bestellen und in Allem zu sein, und nichts ist, was nicht an ihr Theil hat[3])."

Wir müssen in dieser Vorstellungsweise, wenn wir sie gegen die Lehre des Anaximenes halten, einen Fortschritt der philosophischen Entwicklung anerkennen. Wenn auch dem Anaximenes das Urwesen als ein beseeltes Wesen erschienen war: so scheint er doch nicht die vernünftige Einsicht als etwas ihm Wesentliches betrachtet zu haben, sondern das Leben der Urseele mochte ihm mehr unter der Form einer natürlichen Entwicklung erscheinen. Dem Diogenes dagegen trat die Idee der vernünftigen Entwicklung

---

1) Simpl. phys. fol. 32 b. οὐ γὰρ ἄν, φησίν, οὕτω δεδάσθαι οἷόν τε ἦν ἄνευ νοήσιος, ὥστε πάντων μέτρα ἔχειν χειμῶνός τε καὶ θέρους καὶ νυκτὸς καὶ ἡμέρας καὶ ὑετῶν καὶ ἀνέμων καὶ εὐδιῶν, καὶ τὰ ἄλλα εἴ τις βούλεται ἐννοεῖσθαι, εὑρίσκοι ἂν οὕτω διακείμενα, ὡς ἀνυστὸν κάλλιστα.

2) Arist. de anima I. 2. Διογένης δ' ὥσπερ καὶ ἕτεροί τινες ἀέρα τοῦτον οἰηθεὶς πάντων λεπτομερέστατον εἶναι καὶ ἀρχήν, καὶ διὰ τοῦτο γιγνώσκειν τε καὶ κινεῖν τὴν ψυχήν, ᾗ μὲν πρῶτόν ἐστι καὶ ἐκ τούτου τὰ λοιπά, γιγνώσκειν, ᾗ δὲ λεπτομερέστατον, κινητικὸν εἶναι.

3) Simpl. phys. fol 33 a.

in der Welt hervor; ihm ist Alles nach einem vernünftigen Zwecke auf das Schönste geordnet; das erste Wesen ist eben deswegen, weil aus ihm alle Ordnung hervorgeht, die Quelle aller vernünftigen Einsicht. Merkwürdig aber ist es, daß bei dieser Lehre ihm der Gegensatz zwischen dem Geistigen und Körperlichen gar nicht hervortrat, sondern der Grund aller Dinge, so wie er Grund aller geistigen Erscheinungen ist, so doch zugleich als ein Körper von ihm gedacht wird. Diese Ununterschiedenheit des Körperlichen und des Geistigen scheint auch daraus hervorzuleuchten, daß er zwei Verrichtungen des Urgrundes unterscheidend, das Erkennen und das Ordnen nach dem erkannten Zwecke, doch diese letztere nur als ein Bewegen, und mithin als an räumlichen Bedingungen haftend sich vorstellte [1]).

Als eine Folgerung aus seiner Annahme, daß die Luft das Urwesen sei, mußte es ihm gelten, daß sie die mannigfaltigsten Formen und Arten des Seins annehmen könne; sie ist das unsterbliche Wesen, welches in allen Dingen ist und in alle Erscheinungen der Welt sich verwandelt, so daß mancherlei Zustände und Thätigkeiten in ihr sein können, verschiedne Arten der Bewegung und der Beschaffenheit [2]). Aber auch an diese Folgerung, welche im Begriffe des Urwesens liegt, konnten sich dem Diogenes wieder Beweise anschließen, daß die Luft oder die Seele als Urwesen angesehen werden müßte. Denn die Luft ist nach ihm vieler Veränderungen fähig (πολύτροπος), so

1) S. Aristot. a. a. O.

2) Simpl. phys. fol. 33 a.

wie auch die Vernunft, und viele und unendliche Verschiedenheiten des innern Muths und der äußern Darstellung wohnen ihr bei [1]). Wenn nun bei den Alten die Veränderung überhaupt als Bewegung gedacht wurde, so mußte dem Diogenes die Luft als das Veränderlichste auch das Bewegteste sein, welches er nach dem Aristoteles [2]) davon ableitete, daß sie das Dünnste sei. Setzen wir aber, wie es nicht anders denkbar ist, voraus, daß Diogenes dieselbe Vorstellung von den vier Elementen hatte, welche wir schon beim Anaximenes fanden, so scheint dies im Widerspruche damit zu stehen, daß sonst das Feuer für das dünnste Element gehalten wird. Wir werden hierdurch auf die Vermuthung geführt, daß die Luft, welche dem Diogenes Urwesen ist, nicht die gewöhnliche atmosphärische Luft sei, sondern eine dünnere, durch Wärme entzündete Luft. Es muß schon aus dem Frühern erhellen, daß, wenn die ionischen Philosophen irgend ein Element als Urwesen angaben, sie damit nicht bloß das bezeichnen wollten, was uns in dieser bestimmten elementarischen Form auf der Erde erscheint; denn so ist dem Tha-

1) Simpl. l. l. καὶ ἄλλαι πολλαὶ ἑτεροιώσιες ἔνεισι καὶ ἡδονῆς καὶ χροιῆς ἄπειροι. In ἡδονή u. χροιή liegt wohl der Gegensatz zwischen der äußern und innern Beschaffenheit des Urwesens. Auch beim Anaxagoras (ap. Simpl. l. l. und fol. 8 a) kommen beide Worte in sonst ungewöhnlichem Sinne vor. In der Uebersetzung konnte ich sie nur im weitesten Sinne ausdrücken. Vergl. Panzerbieter p. 65 sq.; Philipson ὕλη ἀνθρωπίνη p. 205. Theophrast de sens. 43 schreibt dem Diog. den Gegensatz zwischen ἡδονή und λύπη im gewöhnlichen Sinne zu, läßt ihn aber doch die ἡδονή besonders auf den Geschmack zurückführen.

2) A. a. O.

les das Wasser als Urwesen nicht das reine Element, sondern ein mit Lebenskräften befruchtetes Wasser; so dachte auch Anaximenes sich unter der Urluft eine vollkommnere Kraft, als die, welche in den einzelnen Erscheinungen der Luft vorliegt, eine beseelte und beseelende Kraft [1]), und so konnte auch Diogenes wohl sein vernünftiges Urwesen nicht als die atmosphärische Luft sich denken. Diese Vermuthung bestätigt sich uns durch mancherlei Angaben der Alten und aus dem ganzen Systeme des Diogenes heraus. So haben Einige [2]) dafür gehalten, Diogenes habe das Urwesen als ein Mittleres zwischen Feuer und Luft angesehen, welches, wenn es sich an Aussagen des Diogenes selbst anschloß, nur darauf fußen konnte, daß er das Urwesen zwar als Luft, aber auch als ein Feuriges beschrieb. Auch haben wir gesehen, daß die erste Quelle aller Dinge den ionischen Philosophen mit dem übereinkam, was alle Dinge umfaßt und trägt; der Umfang der Welt aber ist dem Diogenes das Warme [3]). Und wenn er die Urluft als vernünftige Seele sich dachte, so mußte er sie auch für warm halten; denn die Seele aller lebendigen Wesen, lehrte er, sei Luft, wärmer als die äußere, in welcher wir leben, viel kälter jedoch, als die um

1) Auch Herakleitos, wie wir sehen werden, unterscheidet das Feuer als Urwesen von dem Feuer, welches als Flamme erscheint.

2) Porphyrios und Nikolaos v. Damaskos ap. Simpl. phys. fol. 6 b; 32 b.

3) Diog. L. IX. 57. Vergl. dagegen Panzerb. p. 117. Er soll sich auch den Umkreis der Welt als Aether gedacht haben, Stob. ecl. I. p. 528; der Aether aber mochte ihm, wie dem Anaxagoras, Feuer bedeuten.

die Sonne [1]). Endlich wenn wir bedenken, daß dem Diogenes das Urwesen, weil es die ganze Weltentwicklung mit Vernunft regiere, auch als die vollkommenste Vernunft erschien, und daß die geringere Vollkommenheit der Vernunft ihm in der Dichtigkeit und Feuchtigkeit der Luft gegründet war [2]), so werden wir wohl kaum zweifeln können, daß ihm die Urluft den vollkommensten und wärmsten Lebenshauch, welcher die ganze Welt durchdringe und beseele, bedeutete.

In solchen Zügen erkennt man vielleicht am besten den Gedankengang dieser Philosophen. Sie gingen von der Meinung aus, daß aus einem der vier Elemente sich die Welt gebildet habe, einer Meinung, welche der rohen Physik sehr nahe liegt; aber indem sie nach Gründen suchten, weswegen das eine oder andere Element geschickter sei, der Weltbildung zum Grunde zu dienen, wurde ihnen das Element fast nur symbolische Bezeichnung eines ganz andern, und das Element, von welchem dieses den Namen führt, erschien ihnen selbst als eine abgeleitete Erscheinung der die Welt bildenden Kraft.

Daraus nun, daß er eine beseelende Kraft als den Grund aller weltlichen Dinge betrachtete, folgte ihm auch, daß Alles in der Welt beseelt sei, so wie ihm denn Alles nur als eine Verwandlung der beseelten und vernünftigen Luft erschien. „Denn mir scheint," sagte er, „von der

1) Simpl. phys. fol. 33 a.

2) Plut. de plac. phil. V. 20; Theophr. de sens. 44. φρονεῖν δὲ — — τῷ ἀέρι καθαρῷ καὶ ξηρῷ· κωλύειν γὰρ τὴν ἰκμάδα τὸν νοῦν.

Luft Alles gelenkt zu werden, und sie über Alles zu herrschen, woher ihr der Brauch stammt, zu Jedem zu kommen und Alles zu ordnen und in Allem zu sein, so daß auch nicht Eins ist, welches an ihr nicht Theil hätte [1])." Dieses hindert nun aber nicht, daß Diogenes nicht einen gewissen Gegensatz zwischen der Luft und den aus ihr sich entwickelnden Erscheinungen in der Welt gesehen haben sollte. Dieser Gegensatz lag vielmehr seiner ganzen Betrachtungsweise zum Grunde, indem er ja eben in den gewordenen Dingen der Welt nachforschte, was wohl ihr Grund sein möchte. Wegen dieser Art der Forschung tritt ihm denn auch im Allgemeinen der Gegensatz zwischen dem Urwesen und den geordneten Dingen in der Welt darin hervor, daß jenes ewig und unsterblich ist, von diesen aber das eine wird und das andere vergeht [2]). Noch in einer andern Form zeigt sich ihm dieser Gegensatz; die Luft nämlich ist ihm das Ganze und daher unendlich, wie dem Anaximenes; die Welt dagegen, d. h. die Gesammtheit geordneter, aus der vernünftigen Kraft des Urwesens hervorgehender Erscheinungen, ist seiner Meinung nach begrenzt [3]). Diese Vorstellung bildete sich ihm weiter so

---

1) Simpl. phys. fol. 33 a. καί μοι δοκεῖ τὸ τὴν νόησιν ἔχον εἶναι ὁ ἀὴρ καλούμενος ὑπὸ τῶν ἀνθρώπων, καὶ ὑπὸ τούτου πάντα καὶ κυβερνᾶσθαι καὶ πάντων κρατεῖν· ἀπὸ γάρ μοι τούτου δοκεῖ ἔθος εἶναι καὶ ἐπὶ πᾶν ἀφῖχθαι καὶ πάντα διατιθέναι καὶ ἐν παντὶ ἐνεῖναι, καὶ ἔστι μηδὲ ἕν, ὅ τι μὴ μετέχει τούτου.

2) L. l.

3) Plut. de pl. ph. II. 1. Διογ. τὸ μὲν πᾶν ἄπειρον, τὸν δὲ κόσμον πεπεράνθαι. Stob. ecl. I p. 304. Doch kann man zweifeln, ob beim Plutarch nicht eine Verwechslung mit dem Stoi-

aus, daß die Welt als eine lebendige Einheit ihre Lebenskraft aus dem Ganzen einziehe und empfange, wie das einzelne Thier; daher schrieb er ihr Werkzeuge des Athmens zu, welche er in den Gestirnen zu erblicken glaubte [1]). Eben aber, weil so der Lebensproceß der Welt von außen unterhalten wird, scheint er auch angenommen zu haben, es entstünden mehrere Welten nacheinander und vergingen auch wieder [2]). So erhob ihn die Speculation über den beschränkten Kreis der an dem sichtbaren Erdgebiete haftenden Vorstellungen, von welchen Anaximenes noch befangen war; indem er aber auch da, wo alle Anschauungen ihm fehlten, zu bestimmen suchte, wurde er auf leere Phantasien geführt.

Die Verwandlungsarten der Luft, aus welchen die geordnete Welt entsteht, scheint sich Diogenes, so wie Anaximenes, aus der Bewegung, welche ihr als dem Lebensprincipe beiwohnt, abgeleitet zu haben. Auch soll er die Verschiedenheiten der sinnlichen Beschaffenheit auf Ver-

---

ker Diogenes stattfinde. Aus einer solchen könnte auch die Angabe beim Diog. L. IX, 57 stammen: καὶ κενὸν ἄπειρον.

1) Plut. ib. II. 15. Der Athmungsproceß ist ihm sehr allgemein verbreitet; er findet ihn, wie es scheint, auch in der Anziehung der Feuchtigkeit (ἰκμὰς scheint sein eigenthümlicher Ausdruck zu sein), welche die Sonne, so wie die Erde in einem lebendigen Wechselproceß an sich ziehen (Senec. qu. nat. IV, 2), welche auch Erz und Eisen und Magnet wechselnd anziehen und ausstoßen. Alex. Aphrod. qu. nat. II, 23. S. Panzerb. p. 98 sqq.

2) Simpl. phys. fol. 257 b; Stob. ecl. p. 496; Diog. L. l. l. Die Bestimmung des großen Jahres nach dem Diogenes (Plut. de pl. ph. II. 32) gehört nicht dem Apolloniaten, sondern dem Stoiker an. Stob. ecl. I. p. 264.

dünnung und Verdichtung zurückgeführt [1]) und die vier Elemente als Hauptverschiedenheiten dabei besonders berücksichtigt haben [2]). Nur darin mochte er die anaximenische Ansicht erweitern, daß er mehr auf die individuelle Verschiedenheit der einzelnen Dinge in der Welt sah, und Mittel suchte, sie als aus der Luft entstanden sich denken zu können. Demgemäß lehrte er: „kein Ding hat auf gleiche Weise Theil an der Luft, wie das andere, sondern es giebt viele Arten der Luft und der Vernunft; denn sie ist wandelbar, bald wärmer, bald kälter, bald trockner, bald feuchter, bald ruhiger, bald von schnellerer Bewegung, und viele andere Veränderungen wohnen ihr bei, unzählige des innern Muths und der äußern Beschaffenheit. — Und aller Thiere Seele ist zwar dasselbe, Luft, wärmer, als die äußere, in welcher wir sind, — aber gleich ist dieses Warme bei keinem der Thiere, so wie auch nicht bei den Menschen untereinander, sondern es ist verschieden, wenn gleich nicht sehr, sondern so, daß sie einander nahe kommen, doch nicht durchaus gleich seiend. — Da nun so mannigfaltige Verschiedenheit der Luft beiwohnt, sind auch mannigfaltig die Thiere und viele, und weder an Gestalt einander gleichend, noch an Lebensart, noch an Vernunft wegen der Menge der Verschiedenheiten [3])." Diese Rücksicht auf die individuellen Verschie-

---

1) Simpl. phys. fol. 6 a; Plut. ap. Euseb. pr. ev. I. 8; Diog. L. l. l.

2) Aristoteles (met. I. 3) sagt, Diogenes hätte, wie Anaximenes, die Luft als Urwesen besonders der einfachen Körper angesehen.

3) Simpl. phys. fol. 33 a. μετέχει δὲ οὐδὲ ἓν ὁμοίως το

denheiten, nach welchen es fast scheint, als hätte Diogenes das Princip des durchgängigen charakteristischen Unterschiedes in der Natur geahnt, scheint ihm daraus entstanden zu sein, daß er seiner ganzen Naturansicht nach auf die lebendigen Dinge, in welchen uns ja das vernünftige Lebensprincip anschaulich wird, besonders seine Aufmerksamkeit richten mußte; denn in diesen zeigt sich auch am auffallendsten der Unterschied nicht nur der Arten, sondern auch der individuellen Eigenthümlichkeit. Daß er dabei besonders auf die verschiednen Grade der Wärme verwies, zeigt wieder, wie wichtig ihm dieser Begriff war, darf uns aber nicht verleiten, anzunehmen, er habe alle Verschiedenheit auf den Gradunterschied zurückführen wollen, denn außer den Verschiedenheiten der Wärme erkannte er doch noch andere Verwandlungen der Luft an.

Ueber die Art, wie Diogenes die Entstehung und Zusammensetzung der Welt zu einer Einheit sich dachte *), finden wir nur wenige und unbedeutende Angaben. Durch

---

ἕτερον τῷ ἑτέρῳ, ἀλλὰ πολλοὶ τρόποι καὶ αὐτοῦ τοῦ ἀέρος καὶ τῆς νοήσιός εἰσιν· ἔστι γὰρ πολύτροπος καὶ θερμότερος καὶ ψυχρότερος καὶ ξηρότερος καὶ ὑγρότερος καὶ στασιμώτερος καὶ ὀξυτέρην κίνησιν ἔχων καὶ ἄλλαι πολλαὶ ἑτεροιώσιες ἔνεισι καὶ ἡδονῆς καὶ χροιῆς ἄπειροι. — καὶ πάντων τῶν ζώων δὲ ἡ ψυχὴ τὸ αὐτό ἐστιν, ἀὴρ θερμότερος τοῦ ἔξω, ἐν ᾧ ἐσμέν, τοῦ μέντοι παρὰ τῷ ἡλίῳ πολλὸν ψυχρότερος, ὅμοιον δὲ τοῦτο τὸ θερμὸν οὐδενὸς τῶν ζώων ἐστίν, ἐπεὶ οὐδὲ τῶν ἀνθρώπων ἀλλήλοις, ἀλλὰ διαφέρει, μέγα μὲν οὐ, ἀλλ' ὥστε παραπλήσια εἶναι, οὐ μέντοι ἀτρεκέως γε ὅμοιόν γε ὄν· — ἅτε οὖν πολυτρόπου ἐούσης τῆς ἑτεροιώσιος πολύτροπα καὶ τὰ ζῶα καὶ πολλὰ καὶ οὔτε ἰδέαν ἀλλήλοις ἐοικότα, οὔτε δίαιταν, οὔτε νόησιν ὑπὸ τοῦ πλήθους τῶν ἑτεροιωσίων.

*) Simpl. phys. fol. 257 b.

den warmen Umkreis der Welt sei die Erde gebildet und durch die Kälte verdichtet worden, und indem da, wo die Verdichtung eintrete, ein Wirbel entstehe, werde sie in der Mitte der Welt erhalten; dagegen das Leichtere sei nach oben geführt worden und habe dort die Sonne gebildet[1]; daran schließen sich noch andere Annahmen an: daß aus der ersten Feuchtigkeit durch den Einfluß der Sonne das salzige Meer geworden sei, daß es allmälig austrockne und zuletzt ganz verschwinden werde, daß die lebendigen Wesen aus der Erde gebildet worden, nachdem die Welt ihre erste Bildung empfangen und ehe sie ihre schiefe Neigung angenommen hatte[2], rohe Vorstellungen, welche den ersten Anfängen der Weltkunde gemäß sind, deren wenig eigenthümliche Ausbildung jedoch fast eine Vernachlässigung dieses Theils der Naturlehre verrathen möchte. Nach der Seite der lebendigen Natur mußte dagegen, wie schon bemerkt, seine Betrachtung sich mehr richten, und daher finden wir auch über sie mehrere Punkte seiner Lehre hervorgehoben.

Weil Diogenes als den Grund aller Dinge ein belebtes vernünftiges Wesen gesetzt hatte, so mußte ihm auch Alles in der Welt als ein Belebtes und Vernünftiges erscheinen, und die Erscheinungen, welche nichts von Leben und Vernunft zu erkennen geben, konnten von ihm nur als solche betrachtet werden, in welchen aus irgend einer Ursache die belebende und vernünftige Kraft sich verberge.

---

1) Diog. L. IX. 57; Plut. ap. Euseb. l. l.

2) Arist. meteor. II, 1. c. comm. Alex. Aphrod. fol. 91 a; Plut. pl. ph. II, 8.

So nahm er denn auch an, daß nicht nur der Mensch, sondern auch die übrigen Thiere Theil an der Luft und der Denkkraft hätten, daß sie aber, weil in ihrer Zusammensetzung ein Uebermaaß von dichter und feuchter Luft herrsche, weder dächten, noch vernähmen, sondern den Wahnsinnigen glichen [1]). Hierbei scheint er daran gedacht zu haben, daß die Dichtigkeit der Luft, weil sie ihre Regsamkeit hindert, auch das regsame Auffassen des Denkens hindern müsse. In diesen Vorstellungen erschienen ihm nun die einzelnen Dinge in der Welt als abgeschlossene Einheiten, welche ihre eigene Luft, d. h. ihr eigenes Leben und Denken, hätten. Daraus entsteht ihm denn der Gegensatz zwischen der äußern und der innern Luft, welcher sich in mehrern seiner physischen Erklärungen wiedererkennen läßt [2]), und aus welchem ihm die Bestimmung hervorgegangen zu sein scheint, daß zum Bestehen des einzelnen Dinges ein gewisses Gleichgewicht des Aeußern und des Innern stattfinden müßte, denn wenn zu viel äußere Luft eingeathmet werde, so sei dies ebenso gut tödtlich, als wenn zu wenig [3]). Am meisten spricht sich dieser Gegensatz in seiner Erklärung der sinnlichen Erkenntniß aus. Zur Erklärung des Denkens in uns nimmt er nämlich an, daß durch unsern ganzen Körper sich Luft

---

1) Plut. de pl. ph. V. 20. Die Pflanzen, weil sie keine Höhlungen haben, um reine Luft in sich aufzunehmen, sind ganz vernunftlos. Theophr. de sens. 44.

2) Ich zähle hierzu auch alle die Erklärungen, welche von einer innern Wärme sprechen, z. B. Plut. de pl. ph. V. 15; Clem. Alex. paedag. I. 6. p. 106.

3) Arist. de respir. 3.

mit dem Blute ergieße [1]); nun besteht ihm aber das Denken in nichts anderm, als in der Wahrnehmung der Dinge durch die Sinne [2]), diese geschieht aber dadurch, daß die äußern Dinge unsere Sinnenwerkzeuge, und durch diese die in uns wohnende Luft in Bewegung setzen; so errege die äußere Luft die Luft in unserm Kopfe, und daraus erkläre sich das Hören; so erzeuge sich der Geruch durch die Luft um das Gehirn herum; so, wenn die äußern Eindrücke durch das Auge in das Innere dringen, und die innere Luft bewegen, entstehe das Sehen, sonst nicht; in ähnlicher Weise auch der Geschmack [3]). Daher leitet Diogenes auch die Fähigkeit zu erkennen von der Beschaffenheit des Körpers ab, ob er die äußere Luft in sich aufnehme nach Ebenmaaß und durch die ganze Zusammensetzung des Körpers hindurchgehen lasse oder nicht, und findet auch den Ursprung der Lust und der Unlust in dieser Verschiedenheit [4]), und besonders die größere Einsicht der Menschen leitet er daraus ab, daß sie weniger unreine Luft als die andern zur Erde gebückten Thiere einathmen und weniger feuchte Nahrung genießen [5]), findet

---

1) Simpl. phys. fol. 33 a. ἐφεξῆς δείκνυσιν, ὅτι — νοήσεις γίνονται τοῦ ἀέρος σὺν τῷ αἵματι τὸ ὅλον σῶμα καταλαμβάνοντος διὰ τῶν φλεβῶν. Zu vergleichen ist überall Theophr. de sensu §. 39 — 48, besonders §. 44; 45.

2) Simpl. l. l. ὅμως δὲ πάντα τῷ αὐτῷ καὶ ζῇ καὶ ὁρᾷ καὶ ἀκούει καὶ τὴν ἄλλην νόησιν ἔχει ὑπὸ τοῦ αὐτοῦ πάντα. Also das Sehen u. s. w. ist ein Denken.

3) Theophr. ib. 39; 40; Plut. de pl. ph. IV, 16; 18.

4) Theophr. ib. 43 — 45.

5) Ib. 44. Die Ausnahme, welche die Vögel machen, weiß er auf andere Weise zu erklären.

aber den Beweis für seine Annahme, daß Feuchtigkeit die Empfindung und das Denken hemme, darin, daß Schlaf, Trunkenheit und Ueberfüllung uns weniger fähig zum Denken machen [1]). Besonders die Häufung der Feuchtigkeit um die Brust herum, so daß die Luft zum Gehirne nicht dringen kann, verhindert das richtige Denken; daher fühlt, wer sich nicht erinnern kann, eine beklemmende Unlust um die Brust, welche verschwindet, so wie er des Gesuchten sich erinnert [2]). Dabei vergißt Diogenes aber auch nicht die Thätigkeit der innern Luft im Erkennen nachzuweisen; daß diese innere Luft, ein kleiner Theil des Gottes, das ist, was wahrnimmt, dafür giebt den Beweis ab, daß wir oftmals, indem wir auf andere Gegenstände unsere Vernunft richten, weder sehen, noch hören [3]). Diese Erklärungen sind roh, aber sie hängen genau mit den Principien zusammen; sie zeigen einen schwachen Versuch, von diesen physischen Principien ausgehend, die Realität unserer Erkenntnisse von der Außenwelt nachzuweisen, einen Versuch, welcher dem nahe genug lag, der in einem

1) L. l. φρονεῖν δέ, ὥσπερ ἐλέχθη, τῷ ἀέρι καθαρῷ καὶ ξηρῷ· κωλύειν γὰρ τὴν ἰκμάδα τὸν νοῦν· διὸ καὶ ἐν τοῖς ὕπνοις καὶ ἐν ταῖς μέθαις καὶ ἐν ταῖς πλησμοναῖς ἧττον φρονεῖν. Plut. de pl. ph. V, 24.

2) Theophr. ib. 45. καὶ γὰρ τοῖς ἀναμιμνησκομένοις τὴν ἀπορίαν εἶναι περὶ τὸ στῆθος· ὅταν δὲ εὕρωσι, διαχεῖσθαι καὶ ἀνακουφίζεσθαι τῆς λύπης.

3) Ib. 42. ὅτι δὲ ὁ ἐντὸς ἀὴρ αἰσθάνεται, μικρὸν ὢν μόριον τοῦ θεοῦ, σημεῖον εἶναι, ὅτι πολλάκις πρὸς ἄλλα τὸν νοῦν ἔχοντες οὔθ' ὁρῶμεν, οὔτ' ἀκούομεν.

Wesen den Grund alles Werdens und den Grund der Erkenntniß gefunden hatte *).

In der That sind wir hier bis zu der Zeit der wissenschaftlichen Entwicklung unter den Griechen gekommen, wo die Untersuchung über die Wahrheit unserer Vorstellungen oder Begriffe, welche nur auf einem allgemeinern Gebiete mit Erfolg eingeleitet werden konnte, belebend in die Philosophie eingreifen sollte. Doch nach diesem Punkte, dem Mittelpunkte der Philosophie, streben, außer der bisher verfolgten philosophischen Richtung, noch viele andere Untersuchungen, welche wir uns erst entwickeln müssen, ehe wir ihren gemeinsamen Erfolg betrachten können.

Diogenes erscheint als der letzte Philosoph in der bisher betrachteten Richtung, und die vollkommenste Ausbildung dieser stellt sich uns in seiner Lehre dar. Ihr Charakter liegt in dem Streben, die Natur als ein lebendiges Ganzes aufzufassen und als solches im Einzelnen wiederzuerkennen; das Einzelne erscheint ihr demnach als eine gesonderte Aeußerung des allgemeinen Lebens der Natur, und hat für sich ein Bestehen, wenn auch nur für einige Zeit es bewahrend gegen die Einflüsse des äußern Lebens, nachher aber wieder zurückkehrend in das allgemeine Leben, welches Alles umfaßt und durchdringt. In dieser Vorstellungsart wird ein Einzelnes Bild des Ganzen, indem dieses als ein Physisches vorgestellt werden

*) Theophrast (l. l. 39) schreibt ihm auch nur deswegen die Lehre zu, daß nur das Gleiche das Gleiche wahrnehme und erkenne, obgleich sonst Spuren der entgegengesetzten Lehre bei ihm vorkommen. Ib. 42.

soll; aber zugleich, indem sich schon in einzelnen Punkten der Gegensatz zwischen dem Ganzen, dem Grunde des Lebens, und zwischen dem Einzelnen, dem begründeten Leben, durch die Untersuchung selbst hervorhebt, kommt die Unzulänglichkeit des Bildes zu einem dunklen Bewußtsein. Daß dies nicht zur Klarheit gelange, dies verhindert die Beschränktheit der physischen Untersuchung; daß es aber nach Klarheit strebt, dies beweist die allmälige Erweiterung des physischen Begriffs, welche, weil sie zugleich eine Vermischung der Begriffsgebiete ist, auch das Gelingen dieses Strebens verhindert. So sehen wir, wie das Princip dem Thales ein rein physisches, eine bloße Lebenskraft ist, wie beim Anaximenes schon die Vergleichung desselben mit der menschlichen Seele hervortritt, endlich vom Diogenes die physische Kraft der Luft, welche Grund der Bewegung ist, ganz mit der Vernunft, dem Princip der Zwecke und des Erkennens, vermischt wird. So ging zugleich mit der Erweiterung des Gesichtskreises die Reinheit der Physik unter.

Hiernach erscheint Diogenes als die Auflösung dieser Denkart herbeiführend, indem er sie vervollkommnete. Noch von einer andern Seite kann dies dargethan werden. Es ist bemerkenswerth, daß in dieser ganzen Lehre der Gegensatz zwischen dem Ganzen und dem Einzelnen nur von dem Standpunkte des einzelnen Lebens aus aufgefaßt wird, und das Ganze nur eben als der Grund des Einzelnen gedacht wird; daher kommt ihr die Frage gar nicht auf, warum das Ganze Grund des einzelnen Lebens sei oder werde. Mit einem Worte, das Absolute, das Vollkommene wird von ihr nicht als das Absolute und Vollkommene an und für sich aufgefaßt, sondern nur in seiner Beziehung auf das besondere und einzelne Leben in der Welt. So erscheint es als Kraft, aus welcher die Erscheinungen der Welt hervorgehen. In dieser Entwicklung des Philosophischen konnte nun nichts Höheres erreicht werden, als daß die höchste Kraft, welche uns anschaulich ist, die Vernunft, als Grund aller Erscheinung, wenngleich auch als physische Kraft angesehen wurde. Dieses Bild ergriff Diogenes, und suchte sich das vernünftige Leben des Ganzen theils an der Erkenntniß des Menschen, theils an der zweckmäßigen Ordnung der Naturerscheinungen anschaulich zu machen. Von hier aus mußte im natürlichen Fortgange eine Untersuchung des Erkennens und der Zweckbegriffe, welche das vernünftige Handeln ordnen, eingeleitet werden, doch konnte sie nicht von dem einseitigen physischen Standpunkte aus sich erzeugen.

So schlummern also in dieser dynamischen Ansicht der Natur noch unentwickelt die Gegensätze zwischen dem Natürlichen und dem Vernünftigen, zwischen dem Weltlichen und dem Göttlichen; kein Glied dieser Gegensätze wird geleugnet, aber auch keins in seinem eigenthümlichen Verhältnisse zu dem andern aufgefaßt und entwickelt. Die Ausführung der allgemeinen Idee, welche ihr zum Grunde lag, konnte natürlich bei dem Mangel an anschaulichen Erkenntnissen, welche jeder Speculation Bedürfniß sind, nur sehr mangelhaft sein, doch werden wir nicht in Abrede stellen können, daß ein wahrhaft philosophisches Streben nach der Erkenntniß des Grundes aller Dinge und aller Erscheinungen sie belebte.

Sechstes Capitel.

Herakleitos von Ephesos.

Zu den Dynamikern unter den ionischen Philosophen gehört auch Herakleitos, welcher sich jedoch von den vorher erwähnten Philosophen in mancher Rücksicht unterscheidet, sonst aber ganz isolirt dasteht.

Herakleitos, der Ephesier, welchem die spätere Zeit den Beinamen des Dunklen gegeben hat, blühte um die 69. Ol. [1]). Er stammte, wie es scheint, aus einem vornehmen Geschlechte; darauf wenigstens deutet seine aristokratische Gesinnung, seine Verachtung des Pöbels [2]) und das Ansehen, welches ihm in Staatsangelegenheiten zugeschrieben wird. Er soll von düstrem und zur Melancholie geneigtem Temperamente gewesen sein [3]), aus welchem sein bitterer Tadel der angesehensten Männer seines Volks und der Handlungen der Menschen überhaupt geflossen zu sein scheint [4]). Für den Lehrer des Herakleitos wird von Einigen Hippasos von Metapont, der sonst ein Pythagoräer heißt, gehalten [5]), von Andern Xenophanes,

1) Diog. L. IX. 1.

2) Ὀχλολοίδορος. Timon syllogr. ap. Diog. L. IX. 6.

3) Theophrast. ap. D. L. l. l.

4) Diog. L IX. 2.

5) Suid. s. v. Ἡράκλ., wahrscheinlich die Angabe des Arist., met. I. 3, vor Augen habend.

der Stifter der eleatischen Schule[1]), doch beide Meinungen haben keine Glaubwürdigkeit; vielmehr war Herakleitos zwar mit den Lehren früherer Philosophen und Dichter bekannt[2]), aber alle diese verachtete er, als hätten sie wohl Vielwisserei geübt, aber nicht Weisheit, so wie er auch den Meinungen des Volkes sich widersetzte, indem er den Bilderdienst verwarf[3]). Mit desto festerer Ueberzeugung hing er an seiner eigenen Meinung, so daß er von Aristoteles[4]) zu denen gezählt wird, welchen ihre Meinung ebenso fest steht wie die wahre Wissenschaft. Seine Lehre legte er in eine Schrift nieder, welche unter verschiednen Titeln großen Ruhm bei den Alten hatte, auch mehrmals commentirt wurde; viele, jedoch immer nur kurze Bruchstücke sind uns aus ihr erhalten worden[5]). Diese bestätigen uns das, was die Alten von der Dunkelheit seiner Schrift sagen, denn sie bestehen größtentheils in kurzen, kernigen und räthselhaften Sprüchen, in welchen sich der alterthümliche Charakter der frühesten Prosa nicht verkennen läßt. Eine ganz leere Vorstellung der Spätern ist es, daß Herakleitos mit Fleiß dunkel geschrieben habe, damit der unphilosophischen Menge seine Schrift

---

1) Diog. L. IX. 5. Suid. l. l.

2) Es werden von ihm erwähnt Thales, Pythagoras, Xenophanes, Pittakos, Bion, Homer, Hesiodos, Archilochos, Hekatäos.

3) Diog. L. VIII. 6; IX. 1; Stob. serm. III. 81. ed. Gaisford; Clem. Alex. admon. p. 33.

4) Eth. ad Nic. VII. 5; eth. magn. II. 6.

5) Sie sind, fast vollständig, gesammelt, übersetzt und erläutert worden von Schleiermacher in Wolf's und Buttmann's Museum der Alterthumswissensch. Bd. I. Stck 3.

unzugänglich bleibe, und auch die Ansicht scheint nur einseitig zu sein, daß die Dunkelheit der herakleitischen Schreibart in der unzusammenhängenden Folge der Glieder seiner Rede gelegen habe [1]); denn dies bezeichnet doch nur eine Seite der noch jugendlichen Prosa, und konnte nur an einzelnen Stellen das Verständniß erschweren; vielmehr müssen wir nach dem Zeugnisse der Alten [2]) die Dunkelheit seiner Schriften theils aus den allgemeinen Bedingungen, welchen die älteste Prosa unterlag, theils aus seinem eigenthümlichen Charakter ableiten. Die älteste philosophische Prosa mußte theils in der Wortfügung roh und locker sein, theils, da sie aus der Poesie sich herausbildete und der dialektischen Fertigkeit entbehrte, bildlichen und mythischen Ausdrücken sich geneigt zeigen. Der Charakter des Herakleitos von der andern Seite wendete sich den höchsten Speculationen zu, für welche es immer schwer gewesen ist, den passenden Ausdruck zu finden, und außerdem lag in ihm eine gewisse Verachtung der Menge, ja der Menschen, welche das Streben abschnitt, zu ihnen sich herabzulassen, oder um eine ihnen leicht verständliche Darstellung sich zu bemühen. Hieraus mochte eine kurze, abgerissene und mehr andeutende, als ausführende, in mythischen und halb orakelmäßigen Bildern sich fortbewegende Darstellung entstehen [3]). Er mochte sich mit der

---

1) Diese Meinung stützt sich auf Arist. rhet. III. 5; Demetr. de elocut. 192. p. 78. ed. Schneid.

2) Außer schon sonst angeführten Stellen vergl. besonders Diog. L. II. 22, IX. 7; Theophr. ap. Diog. L. IX. 6.

3) Theophrast (b. Diog. L. l. l.) sagt, aus Melancholie habe er Einiges halb vollendet, Anderes an andern Orten anders geschrie-

Sibylle vergleichen, welche, wie er sagt, mit begeistertem Munde, nicht lächelnd, ungeschmückt und ungesalbt sprechend, mit ihrer Stimme tausend Jahre hindurchreicht wegen des Gottes [1]). Alle die vorher angegebenen Eigenschaften seiner Rede lassen sich auch in den Bruchstücken seines Werks ziemlich deutlich wiedererkennen.

Die verschiedenen Meinungen seiner Ausleger über den Charakter seiner Schrift führen auf die Meinung, daß auch ihre ganze Einrichtung räthselhaft gewesen sei, wahrscheinlich wohl wegen der Vermischung verschiedenartiger Bestandtheile. So hat man gemeint, die Schrift handle eigentlich von der Staatseinrichtung [2]); Andere nennen wenigstens einen Theil der Schrift den politischen [3]), und auch sonst wurde die Schrift für ethischen Inhalts angesehen [4]), oder doch die Frage aufgeworfen, ob nicht auch Herakleitos zu den ethischen Philosophen zu zählen sei [5]). Wenn nun dagegen sonst bei weitem die meisten Lehren, die uns vom Herakleitos überliefert werden, physischen Gehaltes sind, und er selbst gewöhnlich der Physiker genannt wird, so läßt sich die Verschiedenheit der Meinungen wohl nur daraus erklären, daß in der ganzen Schrift

---

den; das Erste scheint eine abgebrochene, das Andere eine in verschiedenartigen Bildern sich aussprechende Schreibart anzudeuten.

1) Plut. de pyth. orac. 6; cf. ib. 21.

2) Diog. L. IX. 15.

3) Ib. 5.

4) Ib. 12.

5) Sext. Emp. adv. math. VII. 7.

des Herakleitos Physisches und Politisches und Ethisches, und endlich auch Mythisches, denn auch ein theologischer Theil der Schrift wird angeführt [1]), so miteinander verschmolzen waren, daß die einzelnen Glieder des Ganzen, welches die ganze Wissenschaft und die ganze Gesinnungsweise des Mannes umfassen sollte, nur nach dem hervortretenden Uebergewicht des einen oder des andern Bestandtheils charakterisirt werden konnten.

Herakleitos hat es mit den früher betrachteten Ionern gemein, daß er einen physischen Grund aller Erscheinungen sucht, einen Grund, welcher als ewig lebendige Einheit alle Erscheinungen der Welt durchdringt. Diesen zu erkennen, sah er als das Ziel der Weisheit an, und als ebenso schwer, wie unumgänglich. Darum sagte er: „Nur Eins, das Weise, will genannt nicht sein und auch sein, der Name des Zeus [2]);“ und „die Weisheit sei nichts Anderes, als die Ausbeutung der Art, wie das All verwaltet wird [3]),“ oder „Eins sei das Weise, zu verstehen den Gedanken, welcher Alles und Jedes lenken werde [4]).“ Daß nun Herakleitos diesen ersten Grund aller Dinge das Feuer nannte [5]), darin liegt auch eben keine große Verschiedenheit von den früher betrachteten Lehren, indem sie

1) Diog. L. IX. 5.

2) Clem. Alex. str. V. p. 603. ἕν, τὸ σοφόν, μοῦνον λέγεσθαι οὐκ ἐθέλει καὶ ἐθέλει, Ζηνὸς ὄνομα.

3) Sext. adv. math. VII. 133; cf. Plut. de Is. et Osir. 77.

4) Diog. L. IX. 1. εἶναι γὰρ ἓν τὸ σοφόν, ἐπίστασθαι γνώμην, ἥτε οἴη (vulg. οἵ) ἐγκυβερνήσει πάντα διὰ πάντων.

5) Arist. met. I. 3.

mehr dem bildlichen Ausdrucke, als dem innern Kern der Lehre angehört. Wenn wir diesen darin suchen wollen, daß jene Philosopheme nur eine lebendige Kraft kannten, welche alle Erscheinungen der Welt erzeugt und in allen ist, so finden wir ihn auch beim Herakleitos wieder, indem er lehrt: „Die eine Welt aller Dinge hat weder einer der Götter, noch der Menschen einer gemacht; sondern sie war und ist und wird sein ein ewig lebendiges Feuer, sich entzündend nach Maaß und erlöschend nach Maaß[1])," und „gegen Feuer tauscht sich Alles aus und Feuer sich gegen Alles, so wie Gold gegen Waaren und Waaren gegen Gold[2])." Noch größere Aehnlichkeit aber finden wir zwischen der Lehre des Anaximenes und Diogenes und zwischen der Lehre des Herakleitos, wenn wir bemerken, daß auch diesem kein Unterschied ist zwischen dem Feuer und der Lebenskraft oder der Seele[3]), daß er deswegen auch nicht die Flamme für das Feuer gelten läßt, denn sie sei das Uebermaaß des Feuers, sondern den trocknen und warmen Dampf[4]), also eine helle und warme

---

1) Clem. Al. strom. V. p. 599. *κόσμον τὸν αὐτὸν ἁπάντων οὔτε τις θεῶν, οὔτε ἀνθρώπων ἐποίησεν, ἀλλ' ἦν καὶ ἔστιν (ἀεὶ) καὶ ἔσται πῦρ ἀείζωον, ἁπτόμενον μέτρα καὶ ἀποσβεννύμενον μέτρα.*

2) Plut. de EI ap. Delph. 8. *πυρός τ' ἀνταμείβεσθαι πάντα, φησὶν ὁ Ἡρ., καὶ πῦρ ἁπάντων, ὥσπερ χρυσοῦ χρήματα καὶ χρημάτων χρυσός.*

3) Stob. ecl. II. p. 906.

4) Arist. de anima I. 2. *Ἡράκλειτος δὲ τὴν ἀρχὴν εἶναί φησι τὴν ψυχήν, εἴπερ τὴν ἀναθυμίασιν, ἐξ ἧς τἆλλα συνίστησι, καὶ γὰρ ἀσωματώτατον δὴ καὶ ῥέον ἀεί.* Joann. Philop. ad. Arist. de anima I. 2. fol. 20 a.

Flüssigkeit, welche für eine Art Luft angesprochen werden konnte [1]), und daß ihm endlich nach schon angeführten Aussprüchen der Grund aller Dinge das Weise und der vernünftige Gedanke ist, welcher die ganze Entwicklung der Welt leite.

In allem diesem also finden wir nichts, was die herakleitische Lehre von den früher entwickelten wesentlich unterscheiden könnte; aber ein anderer Punkt in seiner Lehre läßt ihn ganz aus der Reihe jener Ioner heraustreten. Jene nämlich gingen in ihren Untersuchungen von dem Zwecke aus, den Grund der einzelnen Naturerscheinungen und Naturkräfte, deren wahrhaftiges Für-sich-sein vorausgesetzt wurde, zu finden; Herakleitos dagegen, um jene Voraussetzung unbekümmert, suchte nur den Begriff der höchsten und vollkommensten Lebenskraft aufzufassen, welche in allen Erscheinungen sich erweise und offenbare. So trat ihm der Begriff eines unbeschränkten, eines vollkommenen lebendigen Wesens mit unbesieglicher Kraft hervor, mit einer Kraft, welche sich am meisten darin offenbart, daß sie alle Vorstellungen, welche sich ihr entgegenstellen möchten, überwindet. Vor der Kraft des vollkommenen Lebens kann natürlich nichts Anderes bestehen; sie ist das allein Wahre und immerdar Bleibende [2]); aber als Kraft

---

1) Nach der Meinung Einiger, unter welchen Aenesidemos, der die herakleitische Philosophie erneuern wollte, war das Urwesen und die Seele nach Herakleitos nicht Feuer, sondern Luft. Sext. Emp. adv. math. X. 233; IX. 360; Tertullian. de anima. 9.

2) Arist. de coelo III. 1. ἓν δέ τι μόνον ὑπομένειν, ἐξ οὗ ταῦτα πάντα μετασχηματίζεσθαι πέφυκεν, ὅπερ ἐοίκασι βούλεσθαι λέγειν ἄλλοι τε πολλοὶ καὶ Ἡρ. Cf. Plat. Soph. p.

des vollkommenen Lebens ist sie auch immer ohne alle Hemmung in Thätigkeit, so daß nichts, was sie bildet, bleibt, sondern Alles im beständigen Werden ist. Daher verschlingt das ewige Leben des Feuers dem Herakleitos alles Bleiben irgend einer einzelnen Erscheinung und irgend eines einzelnen Dinges; ihm ist, wie die Alten sagen, Alles und ist auch nicht, indem es zwar entsteht, aber auch sogleich wieder vergeht; Alles ist ihm in Bewegung, Ruhe dagegen und Stillstand hob er gänzlich auf [1]). Er selbst drückte sich hierüber in seiner bildlichen Weise so aus: „Nicht vermag man zweimal in denselben Fluß zu steigen, denn andere Wasser strömen herzu; er zerstreut und sammelt sich wieder, tritt zusammen und läßt ab, geht hinzu und davon [2])," und damit auch nicht etwa der Hineinsteigende als etwas Beharrendes erscheine: „in dieselben Flüsse steigen wir hinein und steigen auch nicht hinein, sind wir und sind auch nicht [3])."

Weswegen nun Herakleitos den Urgrund alles Erscheinens, auf physische Weise ihn sich darstellend, im Feuer zu finden glaubte, erklärt sich wohl ungezwungen aus der Beweglichkeit des Feuers, welche ihm das reine Leben selbst, das Leben und die Bewegung an sich, bedeuten

---

202, wo Herakleitos nicht genannt, aber deutlich bezeichnet wird. Seine Lehre ist hier anders gewendet.

1) Arist. l. l.; Met. IV. 3; 7; Plut. Theaet. p. 152.

2) Plut. de El ap. Delph. 18. ποταμῷ γὰρ οὐκ ἔστιν ἐμβῆναι δὶς τῷ αὐτῷ, καθ' Ἡράκλ. — σκίδνησι καὶ πάλιν συνάγει — συνίσταται καὶ ἀπολείπει καὶ πρόσεισι καὶ ἄπεισι. Vergleiche Schleierm. Fragm. 20.

3) Heracl. alleg. Hom. p. 443 ap. Gale.

mochte. Nun ist es merkwürdig, daß wir gar keine Gründe des Herakleitos dafür angeführt finden, das Feuer sei der wahre Grund der Dinge, während die übrigen Jonier ihre Lehre vom Urelement sorgsam zu beweisen suchten. Es mag dies daraus erklärt werden, daß es ihm weniger auf das besondere Element ankommt, als auf die Grundanschauung, daß Alles in einem vollkommen lebendigen Wesen begründet sei. Ja es ist nicht unwahrscheinlich, daß er das Feuer als Urwesen, als Grund aller Erscheinungen, sich ganz verschieden dachte von dem Elemente, welches wir Feuer nennen *), indem dies doch auch nur zu den Erscheinungen gehöre. Wäre dies der Fall, so müßte es ihm freilich mehr, als den übrigen Joniern, zum Bewußtsein gekommen sein, daß die Art, wie er vom Urwesen sprach, nur bildlich sei. Dies würde auch mit seiner übrigen bildlichen Darstellungsweise wohl übereinstimmen. Ueberlegen wir alles wohl, so können wir nicht anders, als der Muthmaßung einige Glaubwürdigkeit beilegen, daß Herakleitos in seiner Lehre vom Urwesen sich begnügt habe mit der Idee, ein allgemeines und vollkommenes Leben müsse allen Naturerscheinungen zum Grunde liegen, und am meisten verkünde sich dies in dem Leben des Feuers und der vernünftigen Seele, welche dem Feuer gleich sei, in andern Erscheinungen dagegen sei zwar das allgemeine Leben auch, trete jedoch nicht so kenntlich hervor.

Nun mußte aber Herakleitos eben dies zu erklären suchen, wie es komme, daß in einigen Naturerscheinungen das Werden und die Bewegung offenbarer sei, in andern

---

*) Vergl. Joann. Phil. l. 1.

dagegen weniger offenbar oder ganz verborgen, und indem er das Denken selbst, welchem das Werden und die Bewegung offenbar oder verborgen sich, als eine Naturerscheinung betrachtete, d. h. als eine Aeußerung des allgemeinen Lebens, konnte er den Grund nicht bloß in der größern oder geringern Fähigkeit der Seele, die Wahrheit aufzufassen, suchen, sondern, so wie Alles seiner Lehre nach in dem Urwesen seinen ersten Grund hat, so müssen auch die geringere Erkennbarkeit und die geringere Fähigkeit zu erkennen in dem Urwesen selbst ihm ihren Grund haben.

Wir wollen zuerst seine Meinungen über die geringere Erkennbarkeit des Lebens in den Naturerscheinungen uns entwickeln, da sie mit seiner Lehre über das allgemeine Leben am unmittelbarsten zusammenhängen. In dem Begriffe des Lebens liegt der Begriff der Veränderung, welche von den Alten überhaupt unter der Form der Bewegung gedacht wird. Das allgemeine Leben ist also eine ewige Bewegung, und strebt daher auch, wie jede Bewegung, nach einem Ziele, sollte auch dieses Ziel selbst im Verlaufe der Entwicklung des Lebens nur wieder als ein Durchgangspunkt zu einem andern sich erweisen. Herakleitos nahm deswegen in dem lebendigen Feuer ein Verlangen *) an, durch welches es sich in eine bestimmte Form des Seins verwandle, ohne jedoch sie festhalten zu

*) Χρησμοσύνη entgegengesetzt dem κόρος. Phil. alleg. leg. III, 3. p. 88. ed. Mang. c. not.; cf. Plut. de EI ap. Delph. 9, wo jedoch nur von Theologen überhaupt und alles untereinander mischend gesprochen wird.

wollen, sondern allein ein Verlangen zu leben oder sich aus einer Form in die andere zu verwandeln; denn an ein wahres Ziel der Entwicklung ist für das ewig lebendige Feuer nicht zu denken, welches Heraklit dadurch ausdrückte, daß er jeden Zweck des weltlichen Daseins verwerfend in einem kühnen Bilde sagte: Zeus spiele, indem er die Welt bilde [1]).

Auf welche Art nun die Veränderung des Lebens in der Welt vor sich gehe, darüber scheint er nichts festgesetzt zu haben. Zwar werden die Veränderungsarten, welche andere Physiker annehmen, wie Ausscheidung und Mischung, Verdichtung und Verdünnung [2]), auch ihm zugeschrieben, allein solcher Uebertragungen aus dem einen System in das andere ist man bei den spätern ungenauern Berichterstattern über die Meinungen der ältesten Philosophen gewohnt. Aristoteles dagegen sagt [3]), er habe nicht bestimmt, auf welche oder ob auf alle Weise sich Alles bewege, und dies scheint sich auch aus den einzelnen physischen Erklärungen des Herakleitos zu bestätigen, in welchen er unter sehr verschiedenartigen Bildern den Uebergang aus der einen Form in die andere beschreibt. Bald stellt er ihn bloß als ein Sich-Entzünden oder Verlö-

1) Procl. in Tim. p. 101. ἄλλοι δὲ καὶ τὸν δημιουργὸν ἐν τῷ κοσμουργεῖν παίζειν εἰρήκασι, καθάπερ Ἡρ. Clem. Alex. paed. I. p. 90.

2) Beide Arten der Verwandlung, die doch ganz verschiedene Principien voraussetzen, werden zusammen dem Heraklit beigelegt v. Simpl. phys. fol. 310 a.

3) Phys. VIII. 3, ohne den Heraklit zu nennen, aber offenbar auf ihn bezüglich.

schen dar, welche Verwandlungsarten auch auf solche Gegenstände bezogen werden, die nicht wirklich als Feuer oder als in Feuer übergehend uns erscheinen [1]), bald bezeichnet er ihn als Uebergang vom Tode zum Leben und vom Leben zum Tode [2]); dann wieder ist ihm von der größesten Bedeutung in seinen Naturerklärungen die helle und die dunkle Ausdampfung, als Uebergang in das Feuer und in die Feuchtigkeit [3]), und endlich beschreibt er auch alle Verwandlungsarten als den Weg nach oben und nach unten, welchen die Erscheinungen durchwanderten [4]). Diese letztere Bezeichnungsweise scheint ihm die größeste Bedeutung unter den übrigen gehabt zu haben, denn an sie schließen sich mehrere Vorstellungsweisen an, welche großen Einfluß auf seine Lehre hatten. Es ist zu bemerken, daß ihm der Weg nach oben und der Weg nach unten nicht bloß eine räumliche Bewegung bezeichnet, sondern auch eine Veränderung der Erscheinungsweisen; denn der Weg nach oben ist ihm die Verwandlung nach dem Feuer zu, der Weg nach unten aber die Verwandlung aus dem Feuer in die übrigen Elemente [5]).

Demgemäß mochte Herakleitos dem allgemeinen Lebensprincip in seinen Erscheinungen in der Welt eine bald

---

1) Clem. Alex. strom. IV. p. 580.

2) Sext. Emp. hyp. Pyrrh. III. 230; Maxim. Tyr. XXV. p. 257 Heins.

3) Arist. de anima I. 2; Diog. L. IX. 9—11; cf. Arist. probl. XIV. 6.

4) Max. Tyr. l. l.; Diog. L. IX. 8, 9; Jambl. ap. Stob. ecl. I. p. 906.

5) Diog. L. IX. 9.

vollkommnere oder schnellere, bald weniger vollkommne oder langsamere Bewegung zuschreiben, wie er denn selbst von einem Bleiben in einer bestimmten Region, welches aber natürlich nur relativ genommen werden darf, gesprochen haben soll [1]). Damit verknüpfen sich ihm die räumlichen Verhältnisse; denn das Uebergehen aus der schnellern in die langsamere Bewegung ist ihm zugleich ein Herabsteigen des Lebens in die niedere Region, der Weg nach unten, so wie umgekehrt das Uebergehen aus der langsamern in die geschwindere Bewegung ein Hinaufsteigen in die höhere Region, indem das lebendige und vernünftige Feuer nach dem Himmel strebt, und der Himmel über uns feuriger und vernünftiger Natur ist [2]). Das Feuer also betrachtet er als das, was in der Welt den höchsten, den vollkommensten Ort einnimmt, seiner vollkommenen Natur gemäß; indem es aber von dort herniedersteigt nach den tiefern Regionen der Welt, verliert es zugleich von der Geschwindigkeit seiner Bewegung, und gelangt endlich zu den äußersten Grenzen des Wegs nach unten, zu der Erde, in welcher die Bewegung und das Leben zu verschwinden scheinen, indem jedoch hier nur die Rückkehr beginnt zu den höhern Regionen und zu der schnellern Bewegung, zu dem vollkommnern Leben. Nach dieser Vorstellungsweise treten nun dem Herakleitos zwei Endpunkte der Entwicklung in der Welt hervor, das Feuer, das Höchste und Bewegteste, und die Erde, das Niedrigste und scheinbar Unbewegte, welches jedoch nur die lang-

1) Jambl. ap. Stob. l. l.

2) Stob. ecl. I. p. 500; Sext. Emp. adv. math. VII. 127.

sanfte Bewegung hat; zwischen beiden Endpunkten aber scheint er nur eine mittlere Stufe angenommen zu haben, das Wasser oder das Meer, wie er es nennt, indem ihm die Luft aus der Reihe der Elemente ausfiel, und von ihm wahrscheinlich nur als Uebergangspunkt, theils zum Meere als dunkle und feuchte, theils zum Feuer als helle und trockne Ausdampfung, angesehen wurde. Denn so sagt er selbst: „des Feuers Verwandlungen sind zuerst Meer, des Meeres zur Hälfte Erde, zur Hälfte Feuerstrahl [1]),“ und das Meer, als das Mittlere, durch welches hindurch alle Verwandlungen gehen, nannte er den Samen der Weltbildung [2]). Man erkennt in dieser Vorstellungsweise den Charakter der herakleitischen Lehre, das Uebergewicht der Speculation über empirische Vorstellungen, welche weder eine solche Abtheilung der Elemente oder der Verwandlungsstufen, noch ein solches Abschneiden derselben nach gewissen höhern und niedern Regionen begünstigen konnten. Nur dies scheint Herakleitos der Erfahrung nachgegeben zu haben, daß er auch in den niedern Regionen der Welt einen gleichsam ausgewanderten Theil des Feuers in der Seele der Menschen annahm [3]).

---

1) Clem. Alex. strom. V. p. 599. *πυρὸς τροπαὶ πρῶτον θάλασσα, θαλάσσης δὲ τὸ μὲν ἥμισυ γῆ, τὸ δὲ ἥμισυ πρηστήρ.* Von drei Elementen spricht auch Diog. L. IX. 9; Stob. ecl. p. 304 giebt zwar auch nur drei Elemente an, doch hat Plut. de pl. ph. I, 3 vier Elemente, und jenes Ueberlieferung scheint nur abgebrochen. Die Meisten sprechen natürlich von vier Elementen des Heraklit.

2) Clem. Alex. l. l.

3) Sext. Emp. adv. math. VII. 130; Plut. de Is. et Os. 77.

Doch hierin liegt erst der Keim der sinnreichen Erklärung, durch welche Herakleitos den scheinbaren Tod und Stillstand in gewissen Naturerscheinungen mit seiner Lehre zu vereinbaren suchte; denn wenn er auch der Bewegung in der irdischen Region geringe Geschwindigkeit beilegte, so läßt sich daraus doch nicht einsehen, warum sie in dieser Region und auch sonst in vielen Dingen ganz zu fehlen scheint. Wenn man nun aber ferner annimmt, daß ein Theil des Feuers sich nach der niedern Region wendet und deren Beschaffenheit annimmt, während ein anderer von der entgegengesetzten Seite aufstrebt, so werden beide in einem Punkte zusammentreffen müssen, und dieser wird durch eine scheinbar bleibende Beschaffenheit erfüllt sein, indem dieselbe Beschaffenheit, welche sie nach der einen Seite zu verließ, von der andern Seite her wieder in dieselbe Stelle eingeht. So ist, wie Herakleitos sagt, „das Meer ausgegossen, und wird gemessen nach demselben Verhältniß, wie es früher war, ehe es Erde wurde [1]),“ indem nämlich zu gleicher Zeit von der Seite der Erde auch wieder ebenso viel in Meer sich verwandelt und in die Region des Meers emporsteigt. Von dieser Ansicht ausgehend, erklärte sich Herakleitos alle Naturerscheinungen aus einem Zusammentreffen entgegengesetzter Bestrebungen und Richtungen in der Bewegung des einen lebendigen Wesens [2]), aus welchem sich die schönste

---

1) Clem. Alex. V. p. 599. θάλασσα διαχέεται καὶ μετρέεται εἰς τὸν αὐτὸν λόγον, ὁκοῖος πρῶτον ἦν, ἢ γενέσθαι γῆν.

2) Stob. ecl. I. p. 60; Diog. L. IX. 7. διὰ τῆς ἐναντιοτροπῆς ἡρμόσθαι τὰ ὄντα. Sext. Emp. hyp. Pyrrh. I. 210—212.

Harmonie erzeuge [1]). Nach seiner Weise drückte er diese Lehre wieder in verschiednen Bildern aus: Alles sei aus Entgegengesetztem, so daß auch dasselbe gut und böse sei [2]), Lebendes und Todtes, Wachendes und Schlafendes, Junges und Altes [3]); auf der einen Seite halte die Harmonie zwischen dem Entgegengesetzten alle Erscheinungen zusammen [4]), und „entgegengesetzter Spannung ist," wie er sagt, „die Harmonie der Welt, wie die der Leier und des Bogens [5])," auf der andern Seite sei der Streit zwischen den entgegengesetzten Richtungen der Vater aller Dinge [6]). Daher schmähte er auch den Homer, weil er gewünscht habe, daß der Zwist aus den Göttern und Menschen vertilgt sein möchte; denn damit würde Alles untergehen, weil keine Harmonie sei ohne Hohes und Tiefes, und kein Lebendiges ohne Männliches und Weibliches [7]), und gleichsam eine Vorschrift für die Zusammen-

---

1) Arist. eth. Nic. VIII. 2.

2) Arist. top. VIII. 5. οἷον ἀγαθὸν καὶ κακὸν εἶναι ταὐτόν, καθάπερ Ἡράκλ. φησιν. Phys. I, 2.

3) Plut. consol. ad Apoll. 10.

4) Plat. Soph. p. 242.

5) Plut. de Is. et Os. 45. παλίντονος γὰρ ἁρμονίη κόσμου, ὥσπερ λύρης καὶ τόξου, καθ' Ἡράκλ.

6) Procl. in Tim. p. 54. πόλεμος πατὴρ πάντων. Plut. de Is. et Os. 48. Arist. eth. Nic. VIII. 2. καὶ Ἡράκλειτος το ἀντίξουν συμφέρον καὶ ἐκ τῶν διαφερόντων καλλίστην ἁρμονίαν, καὶ πάντα κατ' ἔριν γίγνεσθαι.

7) Diog. L. IX. 1. Arist. eth. Eud. VII. 1. καὶ Ἡράκλειτος ἐπιτιμᾷ τῷ ποιήσαντι· ὡς ἔρις ἔκ τε θεῶν καὶ ἀνθρώπων ἀπόλοιτο· οὐ γὰρ ἂν εἶναι ἁρμονίαν μὴ ὄντος ὀξέος καὶ βαρέος, οὐδὲ τα ζῶα ἄνευ θήλεος καὶ ἄῤῥενος, ἐναντίων ὄντων.

setzung aller weltlichen Erscheinungen gebend, sagte er: Verbinde Ganzes und Nicht-Ganzes, Zusammentretendes und Auseinandergehendes, Zusammenstimmendes und Misstimmiges, und aus Allem Eins und aus Einem Alles *)."
Nach dieser Vorstellung ist ihm denn wirklich keine Naturerscheinung auf irgend eine Weise festgehalten oder gehemmt, sondern alles, was uns als ein Bleibendes erscheint, ist nur ein gesetzmäßiges und auf gleiche Weise sich erneuendes Zusammentreffen gleichartiger und entgegengesetzter Lebensbewegungen.

Aber durch ein Gesetz muß nothwendig das Zusammentreffen der Erscheinungen geordnet sein, wenn sie eine bleibende Form oder eine gleichmäßige Folge darstellen sollen. Ein solches Gesetz liegt nun schon in dem allgemeinen Wege nach unten und nach oben, indem ihm gemäß in derselben Region sich immer wieder dieselben Beschaffenheiten treffen, in der obersten Region das Feuer, in der mittlern das Meer, und in der untersten die Erde. Jedoch dies Gesetz ist nur dazu gemacht, die großen Massen der Erscheinungen zu ordnen, während sich doch Herakleitos nicht verhehlen konnte, daß nicht Alles nach dieser Einförmigkeit der drei Regionen sich bilde. Nun war er auch keineswegs gesonnen, die größere Mannigfaltigkeit der Erscheinungen in den drei Regionen nur als gesetzlose Ausnahme zuzugeben, sondern Alles ließ er nach einer gesetzmäßigen Ordnung entstehen. Diese drückte er aus mehr nach der ethischen Seite, indem er sagte, Al-

*) Arist. de mundo 5. Zur Erklärung des οὖλα καὶ οὐχὶ οὖλα dient Sext. Emp. adv. math. IX. 337.

les werde nach vernünftiger Einsicht geordnet [1]), nach der physischen Seite aber, indem er alles, was geschieht, unter das Verhängniß stellte [2]). Noch auf eine andere Weise äußerte er sich auch über das Gesetz, unter welchem Alles steht, indem er die Naturerscheinungen berücksichtigte, welche nur eine Zeit lang dauern, nachher aber wieder verschwinden. Zu diesen rechnete er die Sonne, welche täglich entstehe und täglich vergehe. Von ihr sagte er, sie werde ihr Maaß nicht überschreiten, sollte sie doch, so würden sie die Erinnyen, die Dienerinnen der Gerechtigkeit, auffinden [3]). So gesellte er auch die Gerechtigkeit dem Kriege und dem Streite zu, durch welche alle Dinge sind [4]), wodurch er wohl nichts Anderes ausdrücken wollte, als daß auch der Streit der Gegensätze sein gerechtes Maaß haben müsse.

Wenn nun aber in den einzelnen Naturerscheinungen dies Gesetz gilt, daß sie nicht immer auf dieselbe Weise sich wiedererzeugen, so mußte auch wohl Herakleitos, der überall in jedem Einzelnen das All und in dem All jedes Einzelne erblickte [5]), die ganze Erscheinung der Welt und

---

1) Plut. de Is. et Os. 77.

2) *Εἱμαρμένη*. Plut. de pl. ph. I. 28; Stob. ecl. I. p. 58; p. 178. Alle Stellen, welche den Begriff der heraklit. Heim. betreffen, lassen größere Bestimmtheit wünschen.

3) Plut. de Is. et Os. 48; de exil. 11. *ἥλιος γὰρ οὐχ ὑπερβήσεται μέτρα, φησὶν ὁ Ἡρ., εἰ δὲ μή, Ἐριννύες μιν, Δίκης ἐπίκουροι ἐξευρήσουσι.*

4) Orig. contr. Cels. VI. p. 303. ed. Spencer. Nach Schleiermacher lese ich *εἰδέναι* f. *εἰ δὲ*, u. *ἔχειν* f. *ἐρεῖν*.

5) Arist. de mundo l. l. *ἐκ πάντων ἓν καὶ ἐξ ἑνὸς πάντα.*

17 *

ihre Entwicklung aus dem Feuer nur für etwas Vorübergehendes ansehen. Dies schließt sich auch daran an, daß er die Weltbildung als aus dem Verlangen des Feuers hervorgehend sich dachte; denn es war natürlich, dem Verlangen auch die Sättigung entgegenzusetzen [1]), wie der Weltbildung die Rückkehr der Welt in das Feuer. Und wenn wir ferner bedenken, daß dem Herakleitos das Feuer die schnellste Bewegung und das vollkommenste Leben bedeutete, das Herabsteigen zur Erde dagegen die langsamere Bewegung und das weniger vollkommne Leben [2]), so scheint es uns ganz natürlich, daß er die Verwandlung des Feuers in die übrigen Elemente oder Stufen des Daseins nur als einen vorübergehenden Proceß sich dachte, der gleichsam nur dazu diene, das Leben im Fluß zu erhalten, daß er aber im Gegensatz gegen die Bedürftigkeit des Lebens in den niedern Formen eine höchste Entwicklung des Lebens setzte, als das Ziel der Weltentwicklung, nach welchem Alles strebe. Und dieses Ziel konnte nach seinen Vorstellungen von der Vortrefflichkeit des Feuers nichts Anderes sein, als die Rückkehr aller Dinge in das Feuer, von welchem sie ausgegangen sind, und von welchem sie alle Kraft und alles Leben haben. Dies ist die

---

1) Phil. alleg. legg. III. 2. p. 88; cf. Plut. de El ap. Delph. 9.

2) Jambl. ap. Stob. ecl. I. p. 906. καὶ τὸ μὲν ἐν τοῖς αὐτοῖς ἐπιμένειν (d. h. natürlich nur die relative Ruhe, die langsamere Veränderung) κάματον εἶναι, τὸ δὲ μεταβάλλειν (d. h. die schnellere Bewegung) φέρειν ἀνάπαυσιν. Cf. p. 894. Dasselbe liegt in vielen Aussprüchen des Herakleitos, welche die niedern Stufen des Lebens herabsetzen; z. B. Plut. symp. IV. qu. IV. 3. νέκυες γὰρ κοπρίων ἐκβλητότεροι. Stob. serm. V. 120.

Lehre, welche von Spätern dadurch bezeichnet wird, daß sie dem Herakleitos die Meinung zuschreiben, einst würde eine allgemeine Weltverbrennung alle Dinge verzehren [1]). Jedoch darf nach der herakleitischen Vorstellungsweise die Weltverbrennung nicht als das letzte Ziel alles Werdens angesehen werden, weil ja damit ein Ende dem ewigen Flusse der Dinge gesetzt sein würde, sondern nur als der Uebergangspunkt zu einer neuen Weltbildung ist sie zu denken, weswegen auch der Wechsel zwischen ihr und der Weltbildung angedeutet wird, und Herakleitos in bestimmten Perioden diesen Wechsel sich erneuernd gedacht haben soll [2]). Wenn diese Perioden auf das Verhängniß zurückgeführt werden [3]), welches sie bestimme, so erblicken wir darin nur die Ansicht, welche der ganzen herakleitischen Lehre zum Grunde liegt, es sei das Wesen des ewig lebendigen Feuers, nach einer bestimmten Ordnung sich zu verwandeln und auch wieder in sich selbst zurückzukehren.

---

1) Ἐκπύρωσις ist der gewöhnliche Ausdruck. Diog. L. IX. 8. *γεννᾶσθαί τε αὐτὸν (sc. τὸν κόσμον) ἐκ πυρός, καὶ πάλιν ἐκπυροῦσθαι κατά τινας περιόδους ἐναλλὰξ τὸν σύμπαντα αἰῶνα.* Arist. de coelo I. 10; met. XI. 10; phys. III. 5. *ὥσπερ Ἡράκλειτός φησιν, ἅπαντα γίγνεσθαί ποτε πῦρ.* Schleiermacher in der oben angeführten Abhandlung über den Heraklit, zu Fragm. 41, S. 456 f., hat zu zeigen gesucht, daß die Lehre von der Weltverbrennung dem Heraklit mit Unrecht beigelegt werde. S. was ich dagegen erinnert habe, in m. Gesch. der ionischen Philos. S. 128 f.

2) Simpl. phys. fol. 6 a. Auch die Bestimmung des großen Jahres wird darauf wohl mit Recht bezogen. Plut. de pl. ph. II. 32. Stob. ecl. I. p. 264.

3) Simpl. l. l.; de coelo fol. 68 b.

So stellte sich dem Herakleitos das Erkennbare dar. Wir haben nun noch das zu betrachten, was von der Seite des Erkennenden sich ihm ergab für seine Erklärung des Scheins aus der Wahrheit. Hier mußte ihm nun der Gegensatz entstehen zwischen der vollkommnen Einsicht und zwischen der unvollkommnen Meinung, als deren verschiedne Träger er das göttliche und das menschliche Wesen betrachtete, indem er lehrte: „menschliches Gemüth hat keine Einsicht, göttliches aber hat sie*);" denn „der thörichte Mann vernimmt von Gott so viel, als der Knabe vom Manne." Schön nimmt sich dieser Gegensatz aus, wenn Herakleitos mit dem Gedanken an das beschränkte Maaß menschlicher Erkenntniß den andern Gedanken verknüpft, daß doch alle Erscheinung nach ihrem Grunde strebe und von ihm gesättigt zu werden verlange, indem er in einem schon angeführten Fragmente sagt: „Eins, das Weise, will genannt sein und auch nicht, der Name des Zeus."

In der unvollkommnen Erkenntniß des Menschen liegt also auch ein Grund des Scheins, als wenn Vieles in dieser Welt bliebe und sich nicht veränderte. Nun wird man sich darüber nicht wundern dürfen, daß Herakleitos hierin den Menschen als ein abgesondertes Wesen für sich in der Welt gewissermaaßen voraussetzt, denn dies liegt als nothwendige Folge darin, daß überhaupt der Schein

*) Orig. c. Cels. VI. p. 283 Spenc. ἦθος γὰρ ἀνθρώπειον μὲν οὐκ ἔχει γνώμας, θεῖον δὲ ἔχει· — ἀνὴρ νήπιος ἤκουσε πρὸς δαίμονος, ὅκωσπερ παῖς πρὸς ἀνδρός. Das Kriterion der Wahrheit ist die göttliche Vernunft. Sext. Emp. adv. math. VII. 126.

erklärt werden soll; aber man wird auch auf der andern Seite erwarten müssen, solche Bestimmungen in der Lehre hervortreten zu sehen, welche das wahrhafte Sein und Für-sich-bestehen des Menschen wieder aufheben sollen. Auf solche Bestimmungen zielt schon die Lehre hin, daß wir nur der allgemeinen Vernunft folgen dürften, wenn wir die Wahrheit erkennen wollten [1]); denn „das Erkennen sei Allen gemein, und die mit Vernunft Redenden müßten an dem, was Allen gemeinschaftlich ist, festhalten, so wie am Gesetze der Staat, und noch viel fester [2]).“ Diese Lehre, wenn sie auch im dialektischen Sinne genommen werden konnte, lag doch dem speculativen Charakter der herakleitischen Physik noch viel näher. Noch klarer drückte sich seine Meinung aus, wenn er sagte, die Seele des Menschen sei nur ein ausgewanderter Theil des allgemeinen Feuers oder der allgemeinen Vernunft, welche den Himmel umfasse und Alles regiere [3]); daher werde sie auch nur durch das immer wieder herzuströmende Feuer erhalten; endlich aber den stärksten Ausdruck dieser Lehre finden wir darin, daß Herakleitos deutlich aussprach, der

---

1) Sext. Emp. adv. math. VII. 129; 130; 133.

2) Stob. serm. III. 84. *ξυνόν ἐστι πᾶσι τὸ φρονεῖν· ξὺν νόῳ λέγοντας ἰσχυρίζεσθαι χρὴ τῷ ξυνῷ πάντων, ὅκωσπερ νόμῳ πόλις καὶ πολὺ* (vulg. *πόλις*) *ἰσχυροτέρως.*

3) Plut. de Is. et Os. 77. *ἡ δὲ ζῶσα καὶ βλέπουσα καὶ κινήσεως ἀρχὴν ἐξ αὑτῆς ἔχουσα καὶ γνῶσιν οἰκείων καὶ ἀλλοτρίων φύσις ἄλλοθεν* (vulg. *ἄλλως τε*) *ἔσπακεν ἀποῤῥοὴν καὶ μοῖραν ἐκ τοῦ φρονοῦντος, ὅπως κυβερνᾶται τὸ σύμπαν καθ' Ἡρ.* Sext. Emp. ad. m. VII. 126. *περιέχον λογικὸν καὶ φρενῆρες.* Stob. ecl. I. p. 500. *Ἡρ. — πυρινὸν εἶναι τὸν οὐρανόν.*

Mensch sei von Natur unvernünftig, nur der Alles umfassende Himmel vernünftig[1]), und nur in der unverständigen Meinung des Menschen liege der Wahn, daß er eigene Vernunft habe, denn: „obgleich die Vernunft gemeinsam ist, lebt die Menge, als hätte sie eigene Einsicht[2]).“

Indem nun so dem Herakleitos das Leben des Menschen für sich nur Schein war, das Denken des Menschen aber der Sitz des Scheins, mußte wohl bei ihm die Verachtung des menschlichen Lebens, welche der Gesinnungsart der Alten so gemäß ist, tiefe Wurzel schlagen. Dies spricht sich bei ihm in mancherlei Beziehungen aus. Schon die Geburt des Menschen ist ihm etwas Unglückseliges, indem sie nur Geburt zum Tode ist[3]); unser Leben ist nicht ein wahres Leben, sondern „das Leben und das Sterben ist in unserm Leben und in unserm Tode[4]);“ „der schönste Affe ist häßlich, mit dem menschlichen Geschlechte verglichen, aber auch der weiseste Mensch erscheint gegen Gott ein Affe[5]), denn die menschlichen

---

1) Philostr. ep. 18; Sext. Emp. VIII. 286. καὶ μὴν ῥητῶς ὁ Ἡράκλ. φησι τὸ μὴ εἶναι λογικὸν τὸν ἄνθρωπον, μόνον δ' ὑπάρχειν φρενῆρες τὸ περιέχον.

2) Sext. Emp. adv. m. VII. 133. τοῦ λόγου δὲ ἐόντος ξυνοῦ, ζώουσιν οἱ πολλοὶ ὡς ἰδίαν ἔχοντες φρόνησιν.

3) Clem. Al. strom. III. p. 432; 434.

4) Sext. Emp. hyp. Pyrrh. III. 230. ὁ δὲ Ἡρ. φησιν, ὅτι καὶ τὸ ζῆν καὶ τὸ ἀποθανεῖν καὶ ἐν τῷ ζῆν ἡμᾶς ἐστὶ καὶ ἐν τῷ τεθνάναι.

5) Plat. Hipp. maj. p. 289; nach Schleiermacher's Verbesserung.

Meinungen sind nur Spiele der Knaben [1])," und „die Menschen sind sterbliche Götter, die Götter unsterbliche Menschen, lebend jener Tod, sterbend jener Leben [2])." Auch dies hing wieder genau mit seiner physischen Ansicht zusammen, denn das Herabsteigen der vernünftigen Kraft aus dem feurigen Himmel, dem Sitze der Götter, zu der Erde, wo die Menschen in gefesselter Bewegung Noth leiden, ist das Aufleben der Menschen, aber der Tod des göttlichen Lebens.

An dieselbe physische Lehre knüpfte es sich an, daß Herakleitos die Unvollkommenheit der menschlichen Seele in ihrer Verbindung mit dem irdischen Körper suchte [3]), weil nämlich dieser das Starre, das am wenigsten Bewegte ist. Deswegen suchte er auch in der Unvollkommenheit der Sinne die Ursache des Scheins, als wenn Vieles nicht bewegt sei [4]), und verwarf besonders das Zeugniß des Gesichts [5]), weil es am meisten bleibende Formen uns darstellt, denn „was wir wachend sehen, ist Tod, was schlafend, Schlaf [6])," und „schlechte Zeugen

---

1) Jambl. ap. Stob. ecl. II. p. 12.

2) Clem. Al. paedag. III. 1. p. 215; Schleierm. a. a. O. Fragm. 51. S. 499. ἄνθρωποι θεοὶ θνητοί, θεοί τ' ἄνθρωποι ἀθάνατοι, ζῶντες τὸν ἐκείνων θάνατον, θνήσκοντες τὴν ἐκείνων ζωήν.

3) Philo alleg. leg. I. fin.

4) Arist. phys. VIII. 3. καί φασί τινες, κινεῖσθαι τῶν ὄντων οὐ τὰ μέν, τὰ δ' οὔ, ἀλλὰ πάντα καὶ ἀεί, ἀλλὰ λανθάνειν τοῦτο τὴν ἡμετέραν αἴσθησιν. Herakleitos ist nicht genannt, aber deutlich bezeichnet.

5) Diog. L. IX. 7.

6) Clem. Alex. strom III. p. 434. Cf. not. ad h. l. ed. Sylb.

sind Augen und Ohren der Menschen, welche ungebildete Seelen haben [1])."

Jedoch nicht alle Wahrnehmung ist trüglich nach der Lehre des Herakleitos, sondern nur die, welche nicht das allgemeine Leben in den Erscheinungen der Welt zu erkennen vermag [2]). Ueberhaupt dürfen wir bei dem Herakleitos nicht eine dialektische Entwicklung über die Lehre von den Erkenntnißkräften suchen, sondern alles, was er in seiner Schrift über die Fähigkeiten des Menschen zur Erkenntniß der Wahrheit vortragen mochte, ist gewiß nur aus seiner allgemeinen Lehre über die physischen Kräfte in der Welt hervorgegangen. Und daher faßte er auch nicht das, was in der Wahrnehmung uns zur Erkenntniß kommt, in einen allgemeinen Begriff zusammen, seine Bedeutung für die Wissenschaft bestimmend, sondern nur vieles in der Wahrnehmung schien ihm der Wahrheit fremd zu sein, anderes dagegen ihr gemäß. Daher sagte er: „die Augen sind genauere Zeugen, als die Ohren [3])," wahrscheinlich, weil jene uns das Licht des Feuers offenbaren, und wie sehr ihm die Wahrnehmung durch das Gesicht von Wichtigkeit war, das zeigt auch, wie er die Erkenntniß des Schlafenden und des Blinden gegen die des Wachenden und Sehenden zurücksetzt, den Schlafenden mit dem Todten, den Blinden mit dem Schlafenden vergleichend [4]).

---

1) Sext. Emp. adv. m. VII. 126, wo für *ἀνθρώποις* zu lesen ist *ἀνθρώπων* nach Stob. serm. IV. 56.

2) Sext. Emp. adv. math. VIII. 8.

3) Polyb. XII. 27.

4) Clem. Alex. strom. IV. p. 530. Eine Stelle, welche schwer zu interpungiren ist.

Den Wachenden ist daher, wie er sagt, eine gemeinsame Welt, ein jeder der Schlafenden aber wird zu einer ihm eignen Welt gewendet [1]), wobei man sich daran erinnern muß, daß dem Herakleitos das Gemeinsame das Wahre, das vom Gemeinsamen Getrennte aber das Falsche ist.

Wenn wir aber aus der Mitte seiner physischen Lehre seine Meinung von der menschlichen Erkenntniß uns zu erklären haben, so müssen wir auf der einen Seite darauf sehen, wie ihm in jedem Einzelnen die allgemeine Kraft des Lebens ist, von der andern Seite aber auch nur ein unvollkommner Strahl des ewigen Feuers in ihm sich darstellt. Daher mußte ihm auch ein jedes Einzelne von der einen Seite Theil haben an der ewigen Wahrheit des Feuers, von der andern Seite seine Erkenntniß nur unvollkommen mitgetheilt erhalten von der allgemeinen Quelle des körperlichen und geistigen Lebens. Das Erstere drückte er darin aus, daß er fragte: „wie möchte wohl das nie untergehende Feuer jemand vergessen [2])?" und das Wahre mochte daher nach seinem Sinne genannt werden das, was sich nicht verbirgt [3]). Von der andern

---

1) Plut. de superst. 3. ὁ Ἡράκλ. φησι, τοῖς ἐγρηγορόσιν ἕνα καὶ κοινὸν κόσμον εἶναι, τῶν δὲ κοιμωμένων ἕκαστον εἰς ἴδιον ἀποστρέφεσθαι.

2) Clem. Al. paedag. II. 10. p. 196. τὸ μὴ δῦνόν ποτε, πῶς ἄν τις λάθοιτο (f. λάθοι mit Schleierm.). Das eine untergehende Feuer, d. h. das ewig lebendige Feuer, entgegengesetzt dem untergehenden Feuer der Sonne.

3) Sext. Emp. l. l. ἀληθὲς τὸ μὴ λῆθον, ein etymologisches Wortspiel.

Seite mußten ihm die sinnlichen Werkzeuge nach seiner physischen Denkart als Canäle erscheinen, durch welche das uns äußere Leben der Welt, und mit ihm die Wahrheit in uns eingeht. Hiernach finden wir im Ganzen den Bericht, welchen uns Sextos über die Lehre des Herakleitos von der Erkenntniß des Menschen giebt, nicht unrichtig: „Die göttliche Vernunft durch den Athem einziehend, werden wir vernünftig, und im Schlafe unserer unbewußt, nach dem Erwachen aber wieder einsichtig. Denn im Schlafe, wenn unsere Sinnenwerkzeuge geschlossen sind, wird die Vernunft in uns von dem Zusammenhange mit dem umfassenden Himmel (d. h. der allgemeinen Vernunft) getrennt, indem allein die Verbindung durch das Athmen übrig bleibt, wie eine Wurzel; getrennt nun verliert sie die Kraft der Erinnerung, welche sie früher hatte. Bei dem Erwachen aber, durch die Sinnenwerkzeuge wieder, wie durch Thüren hervorbringend und mit dem umfassenden Himmel sich verbindend, nimmt sie die einsichtige Kraft an. So wie demnach die Kohlen, dem Feuer sich nähernd, sich verändern und feurig werden, getrennt aber verlöschen, so ist auch der in unsere Leiber aus dem umfassenden Himmel eingewanderte Theil nach der Trennung fast vernunftlos, nach der Verbindung aber durch die meisten Poren dem Ganzen ähnlich. Diese allgemeine und göttliche Vernunft nun, durch deren Theilnahme wir vernünftig werden, nennt Herakleitos das Kriterion der Wahrheit, weswegen das, was gemeinschaftlich Allen erscheint, gewiß und wahr sei; denn durch die gemeinsame und göttliche Vernunft wird es aufgefaßt; das aber, was jemandem allein erscheint, dem sei nicht zu trauen aus der entgegengesetzten Ursache [1]).

Wir sehen in diesen Lehren, wie dem Herakleitos das allgemeine Leben in der Seele sich abspiegelt, sobald sie sich nicht von dem allgemeinen Leben trennt, sondern mit offnen Sinnen das Ganze in sich aufnimmt und in sich abbildet. So durfte er von der Seele mit Recht sagen, sie möchte wohl niemand finden, wenn er auch jeden Weg durchwanderte, ein so tiefes Verständniß verlange sie [2]),

1) Sext. Emp. adv. m. VII. 129 sq. τοῦτον δὴ τὸν θεῖον λόγον καθ' Ἡράκλ. δι' ἀναπνοῆς σπάσαντες νοεροὶ γινόμεθα καὶ ἐν μὲν ὕπνοις ληθαῖοι, κατὰ δὲ ἔγερσιν πάλιν ἔμφρονες. ἐν γὰρ τοῖς ὕπνοις μυσάντων τῶν αἰσθητικῶν πόρων χωρίζεται τῆς πρὸς τὸ περιέχον συμφυΐας ὁ ἐν ἡμῖν νοῦς, μόνης τῆς κατὰ ἀναπνοὴν προσφύσεως σωζομένης, οἱονεί τινος ῥίζης, χωρισθείς τε ἀποβάλλει, ἣν πρότερον εἶχε μνημονικὴν δύναμιν· ἐν δὲ ἐγρηγορόσι πάλιν διὰ τῶν αἰσθητικῶν πόρων, ὥσπερ διά τινων θυρίδων προκύψας καὶ τῷ περιέχοντι συμβάλλων, λογικὴν ἐνδύεται δύναμιν. ὅνπερ οὖν τρόπον οἱ ἄνθρακες πλησιάσαντες τῷ πυρὶ κατ' ἀλλοίωσιν διάπυροι γίνονται, χωρισθέντες δὲ σβέννυνται, οὕτω καὶ ἡ ἐπιξενωθεῖσα τοῖς ἡμετέροις σώμασιν ἀπὸ τοῦ περιέχοντος μοῖρα κατὰ μὲν τὸν χωρισμὸν σχεδὸν ἄλογος γίνεται, κατὰ δὲ τὴν διὰ τῶν πλείστων πόρων σύμφυσιν ὁμοειδὴς τῷ ὅλῳ καθίσταται. τοῦτον δὴ τὸν κοινὸν λόγον καὶ θεῖον, καὶ οὗ κατὰ μετοχὴν γινόμεθα λογικοί, κριτήριον ἀληθείας φησὶν ὁ Ἡρ., ὅθεν τὸ μὲν κοινῇ πᾶσι φαινόμενον τοῦτ' εἶναι πιστόν· τῷ κοινῷ γὰρ καὶ θείῳ λόγῳ λαμβάνεται· τὸ δέ τινι μόνῳ προσπίπτον ἄπιστον ὑπάρχειν διὰ τὴν ἐναντίαν αἰτίαν. Nach dieser Darstellung scheint mir die Angabe Theoph. de sens. 1, daß Heraklit die Wahrnehmung oder gar, nach Alcin. de doctr. Plat. 14 p. 489 Heins., die Erkenntniß des Ungleichen durch das Ungleiche erklärt habe, nur aus der ἐναντιοδρομία des Her. entnommen zu sein.

2) Diog. L. IX. 7. λέγεται δὲ καὶ ψυχῆς πέρι εἰπεῖν, ὡς οὐκ ἂν ἐξεύροι ὁ πᾶσαν ἐπιπορευόμενος ὁδόν· οὕτω βαθὺν λό-

und als den Zweck seines Lebens angeben, er habe sich selbst gesucht [1]).

Was nun die Meinungen des Herakleitos über die einzelnen Naturerscheinungen betrifft, so können wir über sie kurz sein, weil er selbst nur wenig darüber sich entwickelt zu haben scheint. Dies ist natürlich, da ihm alles Einzelne in der allgemeinen Entwicklung der Natur verschwand. Nach seiner allgemeinen Ansicht erschien ihm Alles in der Natur als ein Belebtes oder Beseeltes und Göttliches [2]), woher der bekannte Ausspruch: tritt ein, denn auch hier sind Götter [3]). Aber das, in welchem sich das Leben am offenbarsten darstellt, das Organische, scheint von ihm auch für das Vollkommenste gehalten worden zu sein, wenn wir anders einen seiner dunklen Sätze richtig auslegen, in welchem er sagt, die verborgene Harmonie sei besser, als die offenbare [4]). Ueber die auffallendern Erscheinungen in der Welt, wie über Sonne und Gestirne, konnte er natürlich nicht schweigen, aber das, was er von ihnen sagte, offenbart am meisten, wie sehr sie ihm in seiner Schätzung der Dinge hinter dem Lebendigen, welches seine ganze Aufmerksamkeit in Anspruch nahm,

---

γαν ἔχει. Nach der Conj. v. Casaubonus. Hermann schlägt vor: λέγει δὲ καὶ ψυχῆς πείρατα οὐκ ἂν ἐξεύροι κτλ.

1) Plut. adv. Colot. 20. ἐδιζησάμην ἐμεωυτόν. Cf. Diog. L. IX. 5; Plot. enn. V, 9, 5.

2) Diog. L. IX. 7. καὶ πάντα ψυχῶν εἶναι καὶ δαιμόνων πλήρη.

3) Arist. de part. anim. I. 5.

4) Plut. de anim. procreat. 27. S. Schleierm. Fragm. 36. S. 420.

zurücktraten. Denn er sah sie nur als Meteore an, und die Sonne ist ihm nicht größer als ein Fuß [1]) und entzündet sich täglich und verlöscht auch täglich wieder [2]). Daß Herakleitos diesen Erscheinungen, welche in der ältesten Physik und in der ältesten Theosophie die Aufmerksamkeit am meisten auf sich zogen, eine so geringe Bedeutung beilegte, zeigt wohl am offenbarsten, daß es ihm bei seiner Philosophie am wenigsten auf die Erklärung der einzelnen Naturerscheinungen, am meisten auf die Feststellung einer allgemeinen Ansicht von der Weltentwicklung ankam.

Das göttliche Leben in allen Erscheinungen der Welt wiederzufinden, war die allgemeine Aufgabe, welche er seiner Philosophie gestellt hatte, und da ihm das Göttliche in dem Leben der Vernunft am vernehmlichsten sich offenbarte, so konnte er nicht wohl anders, als auch in den Erscheinungen der Sittlichkeit dasselbe anerkennen. So wie nun aber bei den edlern Griechen, so lange ihr Volksleben blühte, fast alles Sittliche auf den Staat sich bezog, so finden wir auch vom Herakleitos besonders das Politische hervorgehoben. Dies drückt sich in seinem Ausspruche aus: „Das Volk soll streiten für das Gesetz, wie für die Mauer [3]),“ und indem er das einzelne Sittliche auf das höchste Gesetz für die ganze Weltbildung zurück-

1) Diog. L. IX. 7; Plut. de plac. ph. II. 21; 28.

2) Arist. meteor. II. 2; Plat. de rep. VI. p. 498. Diese Lehre ist am meisten gegen die Meinung derer, welche die Lehre des Herakleitos aus orientalischen Traditionen ableiten wollen.

3) Diog. L. IX. 2.

führt: „Es werden ernährt alle menschlichen Gesetze von dem einen göttlichen, denn dieses vermag so viel, als es will, und es thut Allen genug und besiegt Alles [1]).“ Daher war ihm auch jeder Uebermuth verhaßt, welchen man mehr löschen müsse als Feuersbrunst [2]), und er hielt es für Gesetz, dem Rathe Eines zu folgen [3]), woraus man erkennen mag, wie ihm auch im Sittlichen die Unterordnung des Einzelnen galt. Diese spricht sich am stärksten darin aus, daß er die Zufriedenheit (εὐαρέστησις) als das höchste Gut pries [4]), welche ihm in nichts Anderm ihre Quelle haben konnte, als in der Einsicht, daß so, wie Alles geschieht, so es von dem höchsten Gesetze, welchem sich der Mensch unterordnen soll, angeordnet ist; denn „den Menschen ist es nicht besser, daß ihnen das werde, was sie wollen; Krankheit macht die Gesundheit angenehm und gut, Hunger die Sättigung, Arbeit die Ruhe [5]).“ So sind die Gegensätze in dem obersten Gesetze angeordnet als die erste Bedingung alles Daseins, und so darf sich auch niemand beklagen, daß sie in seinem Leben überall vorherrschen; denn nur durch sie lebt er und nur durch

1) Stob. serm. III. 84. τρέφονται γὰρ πάντες οἱ ἀνθρώπινοι νόμοι ὑπὸ ἑνὸς τοῦ θείου· κρατεῖ γὰρ τοσοῦτον, ὁκόσον ἐθέλει, καὶ ἐξαρκεῖ πᾶσι καὶ περιγίγνεται.

2) Diog. L. l. l.

3) Clem. Al. strom. V. p. 604.

4) Clem. Alex. strom. II. p. 417. Clemens nimmt dies freilich in einem ganz andern Sinne, als wir.

5) Stob. serm. III. 83; 84. ἀνθρώποις γίγνεσθαι ὁκόσα θέλουσιν, οὐκ ἄμεινον· νοῦσος ὑγιείην ἐποίησεν ἡδὺ καὶ ἀγαθόν, λιμὸς κόρον, κάματος ἀνάπαυσιν.

sie genießt er sein Leben; er hat Ursache auch mit dem Uebel zufrieden zu sein. „Verständig zu sein, ist die höchste Tugend, und Weisheit ist es, Wahres zu sagen und zu thun, nach der Natur es vernehmend [1].“ So ist es weise, die nothwendigen Gesetze der Natur zu erkennen und ihnen zu folgen.

Auch noch auf andere Weise schloß sich ihm diese sittliche Betrachtung der Dinge an seine physische Lehre an. Denn er leitete des Trunkenen Unverstand und Unvermögen daraus ab, daß er eine nasse Seele habe, wogegen die trockne Seele die weiseste und beste sei, welche den Leib durchzucke, wie ein Blitz die Wolke [2], und nicht bloß im Einzelnen scheint er diese Verbindung des Physischen mit dem Sittlichen verfolgt zu haben, sondern auch im Allgemeinen, indem er meinte, da, wo das Land trocken sei, sei die Seele die weiseste und beste, wodurch er Griechenland als das wahre Land der Menschen bezeichnet haben soll [3].

Dieses ist das, was wir von der alterthümlichen Weisheit des Herakleitos uns zur Sicherheit zu bringen oder mit geschichtlicher Wahrscheinlichkeit zu vermuthen im Stande sind. Sie erscheint uns durchaus als der ältesten Anschauungsweise angehörig, mit religiöser Begeisterung, so

---

1) Stob. serm. III. 84. σωφρονεῖν ἀρετὴ μεγίστη· καὶ σοφίη, ἀληθέα λέγειν καὶ ποιεῖν, κατὰ φύσιν ἐπαΐοντας.

2) Ib. V. 120. αὔη ψυχὴ σοφωτάτη καὶ ἀρίστη. Plut. Rom. 28; Clem. Alex. paed. II., 2 p. 156.

3) Philo ap. Euseb. pr. ev. VIII. 14.

weit dieser das Alterthum fähig war, aufgefaßt, hierin den orientalischen Denkweisen verwandt, aber auch wesentlich in der philosophischen Bestimmtheit und in der damit verknüpften folgerechten Entwicklung, endlich überhaupt in der griechischen Vaterlandsliebe und Staatsansicht allem Barbarischen entgegengesetzt. Die Verwandtschaft mit dem Orientalischen würde kaum zu erwähnen sein, wenn nicht hierauf Viele zu viel zu bauen geneigt gewesen wären; es ist aber offenbar, daß die pantheistische Richtung, welche wir beim Herakleitos finden, durchaus nicht auf einen historischen Anknüpfungspunkt an orientalische Vorstellungsweisen schließen läßt, denn sie ist zu sehr mit dem Edelsten und Wahrsten im menschlichen Geiste verwandt, als daß nicht überall und unter allen Verhältnissen diese Verirrung oder diese Einseitigkeit in der menschlichen Denkart hervortreten könnte. Die besondern Bestimmungen, welche die herakleitische Neigung zum Pantheismus charakterisiren, sind auch keineswegs von der Art, daß sie in historischer Beziehung auf den Orient uns hinwiesen, vielmehr sind sie eigenthümlich griechischer Art. Schon das Finden des Göttlichen in dem ungehemmten Leben, in der rastlosen Thätigkeit und das Abweisen aller Vorstellungen, welche auf Ruhe deuten, ist der orientalischen Denkweise gar nicht gemäß, in welcher dies wohl in einzelnen Momenten hervortreten kann, das höchste göttliche Sein aber doch immer in der Ruhe gesucht worden ist. So ist auch das Zurücktreten aller sinnlichen Bilder bei der Erklärung der Verwandlungen des Feuers, indem diese nur in dem Widerstreite entgegengesetzter Bewegungen gesucht wird, der orientalischen

Vorstellungsart ganz entgegengesetzt [1]), und wenn man auch in der Zufriedenheit mit dem Geschick, welche er empfiehlt, einen Anklang des Orientalischen zu finden glauben möchte, so ist doch diese Resignation keineswegs der griechischen Denkart fremd, und dagegen tritt auch die andere Seite der menschlichen Gesinnung, die praktische Tüchtigkeit, das Streben, die Gegensätze im allgemeinen Gesetze und in der allgemeinen Vernunft zu überwinden, bedeutsam genug hervor. Ferner, wenn man die mythischen Vorstellungen des Herakleitos betrachtet, so sind auch diese durchaus griechisch, wie sich an der Heimarmene, der Dike, den Erinnyen, der Eris, dem Apollon, welche nicht selten von ihm erwähnt werden, zeigen läßt, während nirgends ein asiatischer Cultus durchschimmert [2]), der nicht

1) Zwar hat Kreuzer (Symbol. II. S. 189) das Bild vom Bogen und der Lyra, welches Herakleitos mit dem Bewußtsein, daß es nur Bild ist, gebraucht, als ein Zeugniß orientalisches Ursprungs bezeichnet; aber daß er darauf sehr groses Gewicht legt, beweist nur die Schwäche seiner Gründe; denn es konnte wohl nicht leicht ein Bild dem Griechen näher liegen, als dieses.

2) In dem Cultus der ephesischen Artemis scheint allerdings etwas Orientalisches gelegen zu haben. Auch will Kreuzer hierauf die Wahrscheinlichkeit der Verbindung herakleitischer Lehre mit orientalischen Mythen gründen, indem er die Angabe, Herakleitos habe sein Werk in den Tempel der Artemis niedergelegt (Diog. L. IX. 6), als Zeugniß gebraucht. Allein diese Angabe hat keine größere Sicherheit, als andere Anekdoten des Diogenes, und wird überdies durch die Umgebung, welche von der Geheimhaltung seiner Lehre spricht, charakterisirt. Wenn die Lehre des Herakleitos in besonderer Verbindung mit der Verehrung des Artemis gestanden hätte, warum ist in seinen mythischen Bildern von der Artemis nie die Rede? warum weiß keiner der Alten etwas davon, da doch seine Schrift lange erhalten worden ist?

18 *

längst vor dem Herakleitos Eigenthum der Griechen gewesen wäre. Wenn man aber zuletzt noch auf Einzelheiten in der herakleitischen Lehre achten will, so wird man besonders zwei Punkte finden, welche der Meinung, daß sie sich orientalischer Ueberlieferung angeschlossen habe, entgegen sind, nämlich daß er hellenisches Land und hellenisches Volk vor Allem preist, dagegen die Sonne und die Gestirne herabsetzt zu bloßen untergeordneten, täglich sich erneuenden und täglich verschwindenden Erscheinungen, welches doch den Vorstellungen aller der Völker, bei denen der Feuerdienst herrschte, geradezu widerspricht.

Hiermit soll jedoch nicht in Abrede gestellt werden, daß sich an die herakleitische Lehre orientalische Vorstellungen anschließen konnten; vielmehr bei dem Verkehr, in welchem die asiatischen Griechen mit den Orientalen lebten, ist es nicht unwahrscheinlich, daß eine solche Vermischung der Vorstellungsweisen stattfand, und man könnte sie wohl in Nachrichten wiederfinden, welche uns von den spätern Herakleiteern gegeben werden *). Denn diese werden uns als Enthusiasten geschildert, bei denen keine Ordnung der Rede und des Lehrens stattfand, indem sie Alles aus ihrer innern Anschauung und Begeisterung schöpfen zu müssen glaubten. Sie müssen als Ausartungen der griechischen wissenschaftlichen Denkart angesehen werden, bei welchen keine weitere Ausbildung der Wissenschaft stattfinden konnte. Sonst werden aber auch noch andere spätere Herakleiteer erwähnt, unter denen Kratylos, der Lehrer des

*) Plat. Theaet. p. 179 sqq.

Platon [1]), bekannt ist, ein Mann, welcher zwar auch jener Art der Herakleiteer sich genähert zu haben scheint, denn er hob alle Rede auf, den Finger allein bewegend [2]), von dem wir aber doch wohl nach der Art, wie ihn Platon im Kratylos uns schildert, und wenn er selbst auch nur als Lehrer des Platon betrachtet wird, nicht denselben Grad der Uebertreibung voraussetzen dürfen. Wie übrigens der historische Zusammenhang dieser spätern Herakleiteer mit dem Herakleitos gewesen sein möge, darüber kann nichts Sicheres beigebracht werden. Uns muß es genügen, hierdurch angedeutet zu haben, wie sich die Lehre, welche Herakleitos zuerst mit Bewußtsein ausgesprochen hat, auch unter den spätern Griechen fortpflanzte und so in die weitere Entwicklung der griechischen Philosophie eingreifen mußte.

Wenn man betrachtet, wie in den dynamischen Naturphilosophen, welche sich an Thales anschließen, das philosophische Streben immer nur darauf ausging, das Göttliche in dem Weltlichen wiederzuerkennen oder es als das Princip aufzufassen, welches in dem Leben der Welt waltet und von diesem gar nicht geschieden ist: so muß man gestehen, daß Herakleitos ihnen sehr nahe steht, und nur darin von ihnen verschieden ist, daß er nicht, von dem Leben des Einzelnen ausgehend, den Grund desselben in der allgemeinen Kraft des Lebens suchte, sondern voraussetzend, daß Alles nur in einer absoluten lebendigen Kraft gegründet sein könne, aller vernünftigen Wissenschaft

1) Arist. met. I. 6.

2) Ib. IV. 5.

das Ziel stellte, diese Kraft zu erkennen. Indem er aber diese Idee verfolgte, verschwand ihm das Dasein des Einzelnen, in welchem doch der Standpunkt des philosophischen Forschens wurzelt, so gänzlich, daß er es als bloßen Schein betrachten zu müssen glaubte. Es ging ihm wie vielen Philosophen, welche, in die Idee des Vollkommnen sich versenkend und von ihr gleichsam berauscht, den Rückweg zu dem sich vollendenden Dasein nicht finden konnten. Hiermit ist der wesentliche Unterschied zwischen seiner Philosophie und der Philosophie der früher betrachteten Dynamiker bezeichnet. Herakleitos faßte das Ziel des philosophischen Strebens reiner, als diese, auf, indem er die Gegensätze, welche den übrigen Dynamikern als Erzeugnisse der höchsten Kraft erschienen waren, als solche bezeichnete, die nicht in dem höchsten Gegenstande des Wissens selbst, sondern nur in den unvollkommnen Vorstellungen der Menschen gesetzt sein konnten, und dadurch führte er auf Untersuchungen, welche das Allgemeingültige von dem Eigenthümlichen, das Wahre von dem Scheinbaren in unserm Denken unterscheiden sollten. Aber einmal ausgegangen von der Wahrheit der allgemeinen Kraft, deren Leben Alles durchdringt, konnte ihm das Einzelne, gegen das Allgemeine gehalten, nur als Schein sich darstellen, und indem ihm das Einzelne in dem Allgemeinen verschwand, mußte ihm dieses Grund des Scheins werden. Hierzu bot sich ihm seine Idee von dem vollkommnen Leben wie von selbst und ungezwungen dar, indem dieser gemäß der Schein sich wohl als ein vorübergehendes Moment der Entwicklung denken ließ. So mußte ihm denn das Absolute selbst als ein Werdendes erscheinen, welches zwar ein scheinbares Ziel seines Werdens hat, die Weltverbrennung, aber doch nicht ein wirkliches, denn die Weltverbrennung, der Gipfel des Lebens, ist doch selbst nur ein Uebergangspunkt zu einer neuen Weltbildung. Damit ist denn auf der einen Seite zwar die Realität des Erkennens gesetzt, indem in der Idee des höchsten Lebens die Einheit des Denkens und des Seins ausgedrückt liegt, aber auf der andern Seite, weil diese Realität unter der Form des Lebens auftritt, ist doch die Einheit der Gegensätze nicht vollkommen ausgesprochen, sondern die Entwicklung muß ihr folgen und das Auseinandertreten der Gegensätze ist etwas Nothwendiges. Diese Unvollkommenheit ist aber von der ganzen Ansicht, in welcher Herakleitos aufwuchs, unzertrennlich, denn sie liegt in der physischen Betrachtungsweise, welcher das Werden als ein nothwendiges und die Evolution der Kräfte als eine unaufhörliche erscheinen muß.

Zweiter Abschnitt der Geschichte der ionischen Philosophie.

Mechanische Physik.

Siebentes Capitel.

Anaximandros von Miletos.

Wir wenden uns nun zu einer andern Reihe der Entwicklungen in der ionischen Philosophie, welche gleichzeitig neben der, welche bisher unsere Aufmerksamkeit auf sich zog, sich ausbildete. Da wir hier zuerst auf die Erscheinung gleichzeitiger Entwicklungen in der Geschichte der griechischen Philosophie kommen, so wird es vielleicht nicht überflüssig sein, zu erwähnen, daß in den ersten Zeiten der Philosophie die historischen Zeugnisse von einer Wechselwirkung der einen und der andern Reihe untereinander entweder ganz mangeln, oder sehr unzuverlässig sind; aus innern Zeichen aber hierüber auch nicht viel geschlossen werden kann, indem gänzliche Unbekanntschaft mit den

Begriffen, welche die eine Reihe entwickelte, bei der andern nicht leicht nachgewiesen, Bekanntschaft mit denselben aber, welche übrigens nicht sehr groß ist, kein sicheres Zeichen abgiebt, weil alle ältesten Philosophen aus derselben Quelle schöpften, aus der Denkart ihres Volks. In der weitern Entwicklung dieser verschiednen Richtungen dagegen finden wir in polemischen Bemerkungen Zeichen eines Verkehrs mit entgegengesetzten Ansichten von der Natur und der Welt. Wenn wir die geringen Mittel bedenken, welche den ältesten Philosophen zur Verbreitung ihrer Ansichten zu Gebot standen, so ist es wohl sehr wahrscheinlich, daß ihre Philosophie geraume Zeit nur in sehr engen Kreisen bekannt wurde. Geht man aber davon aus, daß sich das philosophische Streben in diesen Zeiten aus einem wahrhaft nationalen Bedürfnisse erzeugte, so wird man es von vorn herein wahrscheinlich finden, daß sich Elemente der Philosophie fast zu gleicher Zeit in Ionien ohne äußern Zusammenhang zu regen begannen.

Anaximandros ist der erste, welcher die Art der Naturansicht ausbildete, von der wir jetzt zu reden haben. Er war ein Milesier und nach dem Apollodoros im 2. Jahre der 42. Ol. geboren [1]), also nicht viel jünger als Thales, dessen Schüler oder Freund er genannt wird [2]).

1) Diog. L. II. 2; cf. Plin. hist. nat. II. 8.

2) Strab. I. p. 10 Tauchn.; Diog. L. I. 13; Cic. acad. II. 37. Schleiermacher glaubt in Jambl. vit. Pyth. 11 u. 12 die Spuren einer andern Tradition zu finden S. 114 f. Abhandlung über den Anax. in den Abhandlungen der Berl. Akad. 1815. Daß die Angabe des Simplikios phys. fol. 6a., Anax. sei Schüler und Nachfolger des Thales gewesen, aus dem Theophrast geflossen sei, wie

Doch darauf ist aus schon angeführten Gründen nicht viel zu bauen. Man erzählt von seiner politischen Wirksamkeit [1]), und sein Name ist im Alterthum so berühmt, daß mancherlei wunderbare Thaten und wichtige Erfindungen ihm zugeschrieben werden. Er soll zuerst eine geographische Tafel entworfen haben [2]), und wenn ihm auch nicht mit Recht die Erfindung der Sonnenuhr zugeschrieben wird, so scheint er doch unter den Griechen zuerst ihren Gebrauch gezeigt zu haben [3]). Ein glaubhafter Zeuge berichtet, daß er die ersten Untersuchungen über Größe und Entfernung der Himmelskörper angestellt habe [4]). Seine Meinungen und Kenntnisse vertraute er einer kurzen Schrift, welche für die erste philosophische Schrift in griechischer Prosa nicht mit Unrecht gehalten wird [5]); unwahrscheinlich aber ist es, daß er mehr als dies eine Werk verfaßt habe [6]). Seine Schrift scheint zwar früh verloren gegangen zu sein, doch kam sie wohl gewiß bis auf die ersten, welche mit der Geschichte der Philosophie sich beschäftig-

---

Brandis annimmt, kann ich wieder nur als unsichere Muthmaaßung gelten lassen.

1) Er war der Anführer einer Colonie nach Apollonia. Ael. var. hist. III. 17.

2) Strab. I. 1, l. l.; Diog. L. II. 2.

3) Diog. L. II. 1; Euseb. pr. ev. X. 14 p. 504. Der Gnomon ist eine Erfindung der Babylonier nach Herod. II. 109. Plinius, hist. nat. II. 76, legt seine Erfindung dem Anaximenes bei.

4) Eudemus ap. Simpl. de coelo fol. 115 a.

5) Diog. L. II. 2; Themist. orat. XXVI p. 317 ed. Hard.

6) Suid. s. v. Ἀναξ. legt ihm mehrere Schriften bei, an deren Titeln man zum Theil die Spuren des Misverständnisses noch entdecken kann.

ten, und gewährte so auch den Berichten der Spätern größere Sicherheit.

Anaximandros soll zuerst den griechischen Namen für das Princip aller Dinge (ἀρχή) gebraucht haben [1]). Ueber das, was er für das Princip hielt, finden sich aber bei den Alten verschiedene Angaben; denn wenn man auch darüber einig ist, daß er es das Unendliche (τὸ ἄπειρον) nannte, so ist doch dadurch die Frage nicht entschieden, was er unter dem Unendlichen verstanden habe. Bei den sehr verschiedenen Angaben hierüber können wir nur annehmen, daß die meisten derselben aus Misverständniß entstanden sind [2]), und uns an den sichersten Zeugnissen des Aristoteles und des Theophrastos halten, welche darin übereinstimmen, daß Anaximandros unter dem Unendlichen eine Mischung verschiedenartiger Bestandtheile, aus welcher die einzelnen Dinge sich ausscheiden sollten, sich gedacht habe [3]). Diese Vorstellung würde also der Vor-

---

1) Simpl. phys. fol. 6 a; Orig. phil. 6.

2) S. hierüber die scharfsinnige Untersuchung Schleiermacher's a. a. O. S. 98 f.

3) Arist. phys. I. 4: οἱ δ' ἐκ τοῦ ἑνὸς ἐνούσας τὰς ἐναντιότητας ἐκκρίνεσθαι, ὥσπερ Ἀναξ. φησι καὶ ὅσοι δ' ἓν καὶ πολλά φασιν εἶναι, ὥσπερ Ἐμπεδοκλῆς καὶ Ἀναξαγόρας. Met. XII. 2. Ἐμπεδοκλέους τὸ μίγμα καὶ Ἀναξιμάνδρου. Simpl. phys. fol. 6 b. καὶ ταῦτά φησιν ὁ Θεόφραστος παραπλησίως τῷ Ἀν. λέγειν τὸν Ἀναξαγόραν· ἐκεῖνος γάρ φησιν ἐν τῇ διακρίσει τοῦ ἀπείρου τὰ συγγενῆ φέρεσθαι πρὸς ἄλληλα καὶ ὅ τι μὲν ἐν τῷ παντὶ χρυσὸς ἦν, γίνεσθαι χρυσόν, ὅ τι δὲ γῆ γῆν, ὁμοίως δὲ καὶ τῶν ἄλλων ἕκαστον, ὡς οὐ γινομένων, ἀλλ' ὑπαρχόντων πρότερον. Ebenso ib. fol. 33 a. Cf. August. de civ. D. VIII. 2. Sidonius Apollin. carm. XV. v. 84. Principiis propriis semper res quasque creari, Singula qui quosdam

stellung der Alten vom Chaos sehr nahe kommen, wenn man sich dieses als den ersten ungesonderten Zustand denkt, aus welchem sich Alles entwickelt habe zu einem gesonderten Dasein.

---

fontes decrevit habere Aeternum irriguos, ac rerum seminae plenos. Das irriguos stammt wohl aus der Phantasie derer, welche die Lehre d. An. mit der des Thales in Verbindung bringen wollten. Diese Stellen, von welchen man ausgehen muß, weisen die Lehre des Anax. unzweideutig der mechanischen Naturerklärung zu. Schleiermacher und nach ihm Andere haben dagegen die Lehre des Anax. so deuten wollen, als wären die ἐναντιότητες nicht der Wirklichkeit, sondern nur dem Vermögen nach in dem Unendlichen. Brandis (Handbuch der Gesch. d. Gr. Röm. Phil. S. 132 f.; Rhein. Museum f. Phil. III S. 118) hat dies durch Deutung der angeführten Stellen des Arist. u. Theophr. rechtfertigen wollen. Aber das μῖγμα des Arist. und οὐ γιγνομένων, ἀλλ' ὑπαρχόντων πρότερον des Theophr. kann durch diese Deutungen nicht weggeschafft werden. Für Brandis's Ansicht spricht keine Angabe der Alten, als nur Irenaeus II, 19 Anaximander — immensum —, seminaliter habens in semet ipso omnium genesin, welche nicht einmal unzweideutig ist, wie die gleich darauf folgenden semina des Anaxagoras zeigen, und deren Glaubwürdigkeit ich dahingestellt sein lasse. Brandis findet die mechanische Ansicht mit der Annahme eines an sich kraftthätigen Urwesens, welche er dem Anax. zuschreibt, unvereinbar; allein es kommt nur darauf an, in welchem Sinn Anax. die Kraft seines Urwesens sich dachte; in der Nothwendigkeit oder der allgemeinen Gravitationskraft der Atomisten ist auch eine gewisse Einheit der Kraft aller Dinge gesetzt. Die Angabe des Theophrast: τὰ συγγενῆ φέρεσθαι πρὸς ἄλληλα, und was wir aus den eigenen Worten des Anax. wissen, daß er das Hervortreten der Gegensätze aus dem Unendlichen einer Ungerechtigkeit der einzelnen Dinge zuschrieb, alles dies spricht sehr dafür, daß Anax. die bewegende Kraft mehr in die einzelnen Dinge, als in das Unendliche verlegte. Man könnte ja freilich fragen, ob Aristoteles und Theophrast den Anaximandros richtig verstanden hätten, wie auch Schleiermacher frägt; aber ich finde keinen hinlänglichen Grund hier ein Mißverständniß der ältesten Berichterstatter anzunehmen.

Weswegen Anaximandros das Urwesen als ein unendliches ansah, erklärt sich ganz natürlich aus der Unendlichkeit der Entwicklungen der Welt, welche in ihm begründet sind. Er soll auch selbst bemerkt haben, unendlich müsse das Urwesen sein, damit dem Werden, in welchem wir sind, nichts mangele[1]). Wenn nun dieses Unendliche vom Aristoteles als eine Mischung bezeichnet wird, so dürfen wir es deswegen nicht als eine bloße Vielheit von Urstoffen betrachten, sondern nach der Vorstellungsweise des Anaximandros ist es eine Einheit, unsterblich und unvergänglich[2]), ein ewig Erzeugendes[3]). Das Erzeugen der einzelnen Dinge leitete er aus der ewigen Bewegung des Unendlichen ab[4]), worin wir wohl ausgedrückt finden mögen, daß er dem Unendlichen eine ihm eigne lebendige Kraft beilegte, ohne jedoch Leben und Erzeugung in einem andern Sinne zu nehmen, als es der Charakter der ganzen Lehre gestattet, nämlich zur Bezeichnung der Bewegung, in welcher die ursprünglichen Be-

---

1) Simpl. de coelo fol. 151 a.; Plut. de pl. ph. I. 3. Cf. Arist. phys. III. 8. Anax. soll auch gelehrt haben, das Urwesen könne nicht eins der vier Elemente sein, weil sonst durch seine Unendlichkeit das Dasein der übrigen Elemente aufgehoben werden würde. Simpl. phys. fol. 111 a. Wenn diese Angabe sicher wäre, so würde die Bemerkung, welche sie enthält, eine polemische Tendenz gegen die Lehre des Thales verrathen; doch darf man wohl an ihre Richtigkeit zweifeln.

2) Arist. phys. III. 4. καὶ τοῦτο εἶναι τὸ θεῖον, ἀθάνατον γὰρ καὶ ἀνόλεθρον, ὥσπερ φησὶν ὁ Ἀναξ. Cf. Diog. L. II. 1; Orig. phil. 6.

3) Euseb. pr. ev. I. 8.

4) Simpl. phys. fol. 6 a; 9 b; Orig. l. l.

standtheile des Unendlichen aus ihrer Mischung sich voneinander scheiden.

Denn nicht aus der Verwandlung des Urwesens in seinen Beschaffenheiten werden dem Anaximandros die sinnlichen Beschaffenheiten der Dinge, sondern nur dadurch, daß sich die ihrer Art nach entgegengesetzten Elemente, welche in dem Unendlichen ungesondert zur Einheit umfaßt sind, durch die ewige Bewegung sondern [1]). Demnach ist zwar das Urwesen des Anaximandros eine Einheit, es hat aber doch schon die Vielheit der Elemente, aus welchen die Dinge zusammengesetzt sind, in sich [2]), und diese brauchen nur ausgeschieden zu werden, um sich als verschiedenartige Erscheinungen in der Natur darzustellen. So würden demnach in der Sonderung des Unendlichen die verwandten Elemente zueinander geführt, und das, was im All Gold war, ohne, mit seinen Gegensätzen vermischt, als Gold zu erscheinen, erscheine als Gold, was Erde war, als Erde, indem nichts Neues entstehe oder andere Beschaffenheiten annehme, sondern Alles zuvor schon war, als was es sich nachher zeige [3]). Hierbei liegt offenbar die Vorstellung der mechanischen Physik zum Grunde, daß kein Ding seine Beschaffenheit

---

1) Simpl. phys. fol. 6 b. *οὗτος δὲ οὐκ ἀλλοιουμένου τοῦ στοιχείου τὴν γένεσιν ποιεῖ, ἀλλ' ἀποκρινομένων τῶν ἐναντίων διὰ τῆς ἀϊδίου κινήσεως.* Themist. in Arist. phys. I. p. 18 a.

2) August. de civ. D. VIII. 2. Non enim ex una re, sicut Thales ex humore, sed ex suis propriis principiis quasque res nasci putavit.

3) Simpl. phys. l. l.; fol. 51 b. *οἱ — τὴν γένεσιν ἀναιροῦντες, ὡς Ἀν.*

verändere, sondern immer dasselbe bleibe und nur unter den übrigen Elementen sich bewege, wodurch in der veränderten Mischung dasselbe Element bald so, bald anders erscheine. Diese Vorstellungsarten werden wir auch in den einzelnen Naturerklärungen des Anaximandros wiederfinden, und durch sie ist seine Lehre der ionischen Dynamik ganz entgegengesetzt [1]).

Die Entstehung der Dinge aus dem unendlichen All erklärte sich nun Anaximandros auf folgende Weise. Der Mittelpunkt der Weltbildung war ihm die Erde; denn diese, in der Form eines Cylinders, dessen Tiefe sich zu seiner Länge wie 1 : 3 verhalte, werde durch die Luft und den gleichen Abstand von den Grenzen der Welt im Mittelpunkte fest gehalten; die Gestirne dagegen bewegten sich um sie herum nach gleichen Abständen von einander, zu unterst die Planeten und der Fixstern-Himmel, dann der Mond und zuletzt die Sonne, ein jeder dieser Körper von einem eigenen, einem Rade ähnlichen Ringe (seiner Sphäre) getragen [2]). Nach dieser Vorstellung von der Welt scheint ihm nun aus der unendlichen erzeugenden Einheit, welche

1) Daher stellt Aristoteles ihn immer mit den übrigen Mechanikern zusammen, wie mit dem Anaxagoras, Empedokles und Demokritos. Phys. I. 4; III. 4; Met. XII. 2. Dies bemerkt auch Simpl. phys. fol. 6 a und sonst.

2) Arist. de coelo II. 13; Diog. L. II. 1, wo Manches, so wie auch in den folgenden Stellen, zu berichtigen ist. Euseb. praep. ev. I. 8.; Plut. de pl. ph. II. 15; 16; 20; 25; III. 10; Stob. ecl. I. pag. 498; 510; 522; Orig. phil. l. l.; Plin. hist. nat. II, 79, womit vielleicht die Angabe des Eudemos nach Theo Smyrn. b. Menag. ad Diog. L. l. l. zusammenhängt, daß die Erde in der Mitte der Welt sich bewege.

alle Gegensätze in sich enthält, zuerst der Gegensatz zwischen dem Mittelpunkte und dem Umkreise herausgetreten zu sein; diesen Gegensatz scheint er aber auch auf den Gegensatz zwischen der Welt und dem Himmel zurückgeführt zu haben, von welchen jene ihm das Kalte und dieser das Warme bedeutet [1]), so daß sich mithin zuerst die kalten von den warmen Elementen trennen, und jene den Mittelpunkt, diese den Umkreis der Welt bilden. Diese Vorstellung waltet überhaupt beim Anaximandros, daß alle Bildung, so der ganzen Welt, wie aller einzelnen Dinge, nothwendig im Gegensatz zwischen dem Innern und dem Aeußern sich entwickeln müßte, indem das Aeußere das Innere umschließe, wie die Rinde den Baum. Die Erde besteht ihm daher ihrer ersten Bildung nach aus der Mischung kalter, wässeriger und erdiger Elemente, die sich aus dem Unendlichen durch die ewige Bewegung abgesondert hätten von dem Warmen und Feurigen [2]), der Himmel dagegen erscheint ihm als eine feurige Hohlkugel, welche die atmosphärische Luft in sich umschließt. Die Welt aber nach dieser ersten Gestaltung fahre fort, sich weiter zu entwickeln, und so wie durch die Kraft des

---

1) Euseb. l. l. φησὶ δὲ τὸ ἐκ τοῦ ἀϊδίου γονιμοῦ (vulg. — ὸν) θερμόν τε καὶ ψυχρὸν (vulg. θερμοῦ — ψυχροῦ) κατα τὴν γένεσιν τοῦδε τοῦ κόσμου ἀποκριθῆναι καί τινα ἐκ τούτου φλογὸς σφαῖραν περιφῆναι τῷ περὶ τὴν γῆν ἀέρι, ὡς τῷ δένδρῳ φλοιόν.

2) [illegible]g. phil. l. l.; Plut. de pl. ph. III. 16; Theophr. ap. Alex. Aphr. meteorol. fol. 91 a. Wer hierin Aehnlichkeit und Zusammenhang mit der Lehre des Thales finden will, dem bleibe es unbenommen, nur suche er darin nicht den Mittelpunkt der Lehre, wie der Welt.

Feuers die Erde weiter ausgebildet werde, indem Feste und Meer sich scheiden [1]), so erfahre auch der Himmel eine weitere Sonderung. Die Revolution, durch welche dies geschehen sei, beschrieb Anaximandros als ein Zerplatzen der Himmelssphäre, durch welche sich einzelne feurige Systeme gebildet hätten, die gegenwärtigen Himmelskörper, die sodann, in Luftsphären eingeschlossen, nur durch gewisse Oeffnungen uns sichtbar würden [2]). Auch hier erblicken wir wieder diesen Gegensatz zwischen Aeußerm und Innerm, der umschließenden Luft und dem umschlossenen Feuer, nur daß er sich am Umkreise der Welt anders gestaltet, als in dem Mittelpunkte oder vielmehr in der ganzen Welt; denn für diese ist der Kern oder die Welt im engern Sinne das Kalte, und das Aeußere oder der Himmel das Warme, dagegen für die himmlischen Körper ist das Innere das Warme, und die umschließende Hülle das Kalte. Man kann nicht wohl anders, als hierin einen geflissentlich gesuchten Gegensatz vermuthen, welcher sich auch darin aussprechen mochte, daß Anaximandros an die polytheistischen Vorstellungen des Volks anschließend die unendlichen Welten und Himmel, worunter er die Gestirne verstand, Götter nannte [3]). Wenn er aber so von unendlichen Welten, welche nebeneinander bestehen, sprach,

---

1) Plut. l. l.

2) Eus. l. l. (gleich nach dem vorher angeführten). ἥστινος ἀποῤῥαγείσης καὶ εἴς τινας ἀποκλεισθείσης κύκλους, ὑποστῆναι τὸν ἥλιον καὶ τὴν σελήνην καὶ τοὺς ἀστέρας. Plut. de pl. ph. II. 20; 25; Achill. Tat. isag. 19 p. 138 Pet.

3) Cic. de nat. D. I. 10; Stob. ecl. I. p. 56; Plut. de pl. ph. I. 7.

so konnte er, seiner ganzen Ansicht gemäß, den Begriff der Welt nur in einem untergeordneten Sinne nehmen, indem ja die Einheit der Welt nach allen seinen Vorstellungen ihm fest stand, da er theils eine Einwirkung der himmlischen Körper auf die Bildung der Erde, theils ein nach bestimmten Abständen geordnetes System der Himmelskörper und der Erde annahm.

In allen diesen Bildungen haben wir nun ein mechanisches Entstehen zu erkennen; denn die ewige Bewegung ist es, welche die Gegensätze ausscheidet und die warmen Elemente nach dem Umkreise, die kalten aber nach dem Mittelpunkte zu sammelt. Es scheint hierbei auch der Gegensatz zwischen dem Schweren und dem Leichten dem Anaximandros eine Rolle gespielt zu haben und als Grund der Bewegung angesehen worden zu sein [1]). Auch das, was den mechanischen Vorstellungen von der Natur sehr nahe verwandt ist, die mathematische Bestimmung, vermissen wir dabei nicht, denn sie zeigt sich in der Bestimmung der Verhältnisse zwischen der Länge und Dicke der Erde und in der Berechnung der Abstände der einen von der andern Welt und der Größe der Sonne gegen die Größe der Erde [2]).

Aber in einem andern Punkte zeigt sich auf eine noch auffallendere Weise, wie genau seine Vorstellungsweise mit der mechanischen Naturbetrachtung zusammenhängt, und

---

1) Vergl. die der anaximandrischen Vorstellungsart verwandte Lehre von der Entstehung der Welt b. Diod. Sic. I. 7.

2) Plut. de pl. ph. II. 21; Theodoret. gr. aff. cur. I. p. 718 ed Hal.

da wir denselben Punkt auch bei den übrigen Mechanikern der ionischen Schule auf ganz ähnliche Weise hervortreten sehen, bei den Dynamikern aber nichts Aehnliches gefunden wird, so dient er zugleich dazu, im Einzelnen den historischen Zusammenhang dieser Lehren erkennen zu lassen, welcher aus der allgemeinen Ansicht schon klar sein möchte. Der mechanischen Naturansicht muß es die größeste Schwierigkeit haben, die organische Bildung lebendiger Wesen zu erklären, da diese Ansicht keine ursprünglich lebendige und in veränderlichen Zuständen sich wahrhaft verwandelnde Kraft anerkennt. Daher finden wir denn auch die Mechaniker immer damit beschäftigt, Hypothesen zu bilden, welche zur Erklärung der Erscheinungen des Pflanzen- und Thier-Lebens nach mechanischen Gesetzen dienen sollen. Die Hypothese des Anaximandros ist uns nur sehr unvollständig überliefert worden, wir sehen aber doch, daß sie mit seiner ganzen Vorstellung von der allmäligen Ausbildung der Welt durch die sich entwickelnden Gegensätze zwischen dem Warmen und Kalten zusammenhängt, und die größeste Aehnlichkeit mit einer alten Vorstellungsweise über die Entstehung der Thiere und Menschen, welche uns Diodor von Sicilien im Zusammenhange überliefert hat*), an sich trägt. Ana-

*) I. 7. Diodor findet diese Hypothese auch beim Euripides, welchen er als einen Schüler des Anaxagoras betrachtet; sie gehört auch dem Archelaos dem Physiker; dadurch und durch einige andere Andeutungen sind wir berechtigt, sie auch dem Anaxagoras, dem Lehrer des Euripides und des Archelaos, zuzueignen. An den Anaximandros fügt in dieser Beziehung Censorin. de die nat. 4 den Parmenides und den Empedokles an.

ximandros nahm an, daß unsere Erde sich aus einer ursprünglichen Mischung des Wassers mit der Erde herausgebildet habe, indem der Einfluß der Sonne mehr und mehr zunahm und die ursprüngliche Feuchtigkeit austrocknete [1]). Solange nun die Erde schlammartiger und weniger fest war, als jetzt, konnte die Sonne größere Wirkungen in ihr hervorbringen, und so wie auch jetzt noch ähnliche Wirkungen in sumpfigen Gegenden erblickt werden, zog sie Blasen in der Feuchtigkeit auf, diese ward dadurch im Innern zum lebendigen Wesen gebildet, aber von außen durch die Blasen umschlossen [2]). So entstanden die ersten Thiere nach dem Anaximandros in der Feuchtigkeit, von der Sonne hervorgelockt und mit dornigen Rinden umgeben, wie er denn auch hier wieder den Gegensatz zwischen dem Innern und dem Aeußern nicht vergaß; mit fortschreitendem Alter aber zerbrachen die Thiere ihre Rinde und stiegen auf das Trockne, wo sie jedoch nur kurze Zeit lebten [3]). Diese erste Geburt der Thiere scheint er sich also als eine unvollkommene gedacht zu haben, so daß erst eine fortschreitende Entwicklung der Erde

1) Plut. de pl. ph. III. 16. Cf. Theophr. ap. Alex. Aphrod. meteorol. fol. 91. a. Offenbar um den Anax. an den Thales heranzuziehen, läßt sich Brandis Gesch. S. 134 verleiten in Beziehung auf jene Mischung zu sagen, als Substrat des Werdens scheine Anax. eine ursprüngliche Flüssigkeit angenommen zu haben.

2) Diod. Sic. l. l.

3) Plut. de pl. phil. V. 19. *Ἀν. ἐν ὑγρῷ γεννηθῆναι τὰ πρῶτα ζῶα, φλοιοῖς περιεχόμενα ἀκανθώδεσι· προβαινούσης δὲ τῆς ἡλικίας ἀποβαίνειν ἐπὶ τὸ ξηρότερον καὶ περιρρηγνυμένου τοῦ φλοιοῦ ἐπ' ὀλίγον χρόνον μεταβιῶναι.* Orig. phil. l. l. *τὰ δὲ ζῶα γίνεσθαι ἐξατμιζόμενα ὑπὸ τοῦ ἡλίου.*

verlangt würde, um lebende Wesen hervorzubringen, welche längere Dauer hätten und sich untereinander fortpflanzen könnten [1]). Den Menschen scheint sich Anaximandros als das letzte lebendige Product der Einwirkung der Sonne auf die Erde gedacht zu haben [2]); denn er bemerkte, daß der Mensch von allen Thieren die meiste Hülfe zu seiner Erhaltung bedürfe [3]); daher sei er auch zuerst nicht in vollkommner Gestalt zur Welt gekommen, sondern in Fischgestalt, und erst, nachdem er aufgezogen und fähig geworden, sich selbst zu helfen, sei er auf das Trockne ausgeworfen worden [4]). In diesen Hypothesen offenbart sich die Schwierigkeit, welche man in der Erklärung lebendiger Organisationen fand, darin, daß die Entstehung des Organischen als die Wirkung einer langen und zusammengesetzten Reihe von Naturprocessen angesehen wurde.

So wie nun aber das Unendliche nach dem Anaxi-

1) Diod. Sic. I. 1.

2) Wenn man nicht etwa nach dem Diodor auch die Annahme einer fortdauernden generatio aequivoca geringerer Thierarten dem Anax. beilegen will.

3) Euseb. pr. ev. I. 8.

4) Euseb. pr. ev. I. 8; Plut. symp. VIII. qu. 8, 4. — ἀλλ' ἐν ἰχθύσιν ἐγγενέσθαι τὸ πρῶτον ἀνθρώπους ἀποφαίνεται καὶ τραφέντας ὥσπερεὶ παιδία (mit Wyttenb. f. ὥσπερ οἱ παλαιοί) καὶ γινομένους ἱκανοὺς ἑαυτοῖς βοηθεῖν, ἐκβληθῆναι τηνικαῦτα καὶ γῆς λαβέσθαι. Orig. l. l. Daß Anax. den ersten Menschen Fischgestalt zugeschrieben haben soll, scheint mir aus einem Misverständnisse entstanden zu sein. Er nahm wahrscheinlich nur an, daß die Menschen, so wie alle andere Thiere, mit dornigen Rinden umgeben in dem Urschlamm zur Welt gekommen seien, und diese dornigen Rinden mochte er mit den Schuppen und Flossen der Fische vergleichen.

mandros der Grund alles Entstehens ist, so ist es ihm auch der Grund alles Vergehens, beides durch die ewige Bewegung, welche die verschiednen Elemente des Unendlichen aus ihrer ursprünglichen Mischung scheidet, aber sie auch wieder in die erste Mischung zurückführt [1]). Dies sprach Anaximandros in einer an das Sittliche anstreifenden Vorstellung aus, indem er sagte: „Woraus die Entstehung den Dingen ist, in dasselbe wird ihnen auch das Vergehen nach dem Geschick; denn sie geben Buße und Strafe der Ungerechtigkeit nach der Ordnung der Zeit [2])." Doch das Sittliche in dieser Vorstellungsweise ist wohl nur als sehr untergeordnet anzusehen, und die Ungerechtigkeit des Hervortretens der einzelnen Elemente aus dem Unendlichen möchte wohl in nichts Andrem bestehen, als in der ungleichmäßigen Vertheilung verschiedenartiger Elemente, welche bei ihrer Sonderung durch die Bewegung hervorgebracht wird. Nun sah aber auch, wie wir schon bemerkt haben, Anaximandros den obersten Gegensatz zwischen Welt und Himmel oder zwischen Kaltem und Warmem als einen solchen an, der sich selbst wieder in einer fortlaufenden Reihe von Wechselwirkungen oder Ausscheidungen aufzuheben strebt; denn die Sonne wirkt immerfort, auch jetzt noch [3]), auf die Erde, sie erwärmend und austrocknend, d. h. sie zieht die kalten Elemente, aus wel-

---

1) Plut. de pl. ph. I. 3; Eus. l. l.

2) Simpl. phys. fol. 6 a. ἐξ ὧν δὲ ἡ γένεσις ἐστι τοῖς οὖσι, καὶ τὴν φθορὰν εἰς ταῦτα γίνεσθαι κατὰ τὸ χρεών· διδόναι γὰρ αὐτὰ τίσιν καὶ δίκην τῆς ἀδικίας κατὰ τὴν τοῦ χρόνου τάξιν, ποιητικωτέροις ὀνόμασιν αὐτὰ λέγων.

3) Theophr. l. l.

chen die Erde zusammengesetzt ist, in ihr Gebiet und wird dadurch selbst kälter, während sich die warmen Elemente auf der Erde häufen. Das Ende dieses fortlaufenden Naturprocesses kann nun wohl nicht anders gedacht werden, als in der völligen Ausgleichung beider Gegensätze, so daß Alles wieder in die gleichmäßige Mischung des Unendlichen aufgelöst wird [1]).

Wenn man nun aber dabei nicht vergißt, daß die Bewegung dem Anaximandros ewig ist, so muß man auch wohl annehmen, daß die Auflösung aller weltlichen Gegensätze ihm nur als der Uebergangspunkt zu einer neuen Weltbildung erschien [2]). Er betrachtete also das Unendliche als ein Wesen, welches in beständigem Werden ist; aber sein Werden ist nichts Anderes, als eine beständige Entmischung und Vermischung der unveränderlichen Elemente, und so mochte auch wohl seiner Lehre gemäß gesagt werden können, die Theile des Ganzen veränderten sich zwar, aber das Ganze sei unveränderlich [3]), wenn man nämlich unter der Veränderung der Theile nur die Veränderung der verschiedenen Mischungen versteht, welche Himmel und Welten bilden.

In dieser mechanischen Naturbetrachtung des Anaxi-

---

1) Wenn man auf das Uebergehen der Erde in ihren Gegensatz sah, so konnte man wohl sagen, nach Anax. werde die Welt durch Feuer verzehrt werden. Stob. ecl. I. p. 416.

2) Simpl. phys. fol. 257 b. οἱ μὲν γὰρ ἀπείρους τῷ πλήθει τοὺς κόσμους ὑποθέμενοι, ὡς οἱ περὶ Ἀναξίμανδρον κ. τ. λ. — γινομένους αὐτοὺς καὶ φθειρομένους ὑπέθεντο ἐπ' ἄπειρον, ἄλλων μὲν ἀεὶ γινομένων, ἄλλων δὲ φθειρομένων.

3) Diog. L. II, 1.

mandros wird nun noch die Idee des Ganzen festgehalten, so wie der wechselseitige Zusammenhang unter den Elementen und den Systemen der Elemente, ja das Ganze erscheint gewissermaaßen als ein lebendiges Wesen, indem es durch die ihm eigne bewegende Kraft Mischung und Entmischung seiner Theile leitet. Demungeachtet kann die mechanische Richtung dieser Lehre nicht in Zweifel gestellt werden, indem von ihr alles Werden nur aus der Veränderung örtlicher Verhältnisse abgeleitet wird.

Es konnten sich nun in der weitern Entwicklung der Naturlehre zwei verschiedne Versuche an diese Ansicht anschließen, indem man entweder auch die Einheit des Ganzen und den dadurch gesetzten Zusammenhang unter den Theilen aufhob, oder zwar die Einheit des Ganzen und den Zusammenhang aller Theile der Natur festhielt, dagegen die bewegende Kraft dem Ganzen absprach und sie aus einem andern Princip ableitete. Der erste Versuch wurde von den Atomisten gemacht, der andere vom Anaxagoras, beider Lehren aber sind von sehr verschiednem Werthe für die Entwicklung der Philosophie. Denn die Atomisten, indem sie den Zusammenhang des Ganzen leugneten, hoben auch das philosophische Streben nach der Erkenntniß des Ganzen und der Gründe auf, wie wir später sehen werden; Anaxagoras dagegen erweiterte die philosophische Erkenntniß, indem er die Erkenntniß des Gegensatzes zwischen der bewegenden Kraft und dem bewegten Stoff ausbildete. Daher werden wir die atomistischen Lehren, welche übrigens auch später als die anaxagorische Philosophie zu sein scheinen, erst unter den antiphilosophischen Richtungen dieses Zeitraums erwähnen, an die Lehre des Anaximandros aber sogleich die Lehre des Anaxagoras anknüpfen, obgleich dieser hundert Jahre später war, als jener. Wir finden hier eine Lücke in unserer Kenntniß von der allmäligen Ausbildung der mechanischen Naturlehre; denn es ist nicht wahrscheinlich, daß während der hundert Jahre, die zwischen dem Anaxagoras und dem Anaximandros liegen, diese Naturansicht nicht weiter sollte ausgebildet worden sein. Diese Lücke wird jedoch dadurch wohl größtentheils ausgefüllt, daß wir annehmen dürfen, während dieser Zeit habe auch die dynamische Naturlehre auf die entgegengesetzte Ansicht Einfluß gewonnen. Mit dem wachsenden Bewußtsein im griechischen Volke mußten auch die entgegengesetzten Ansichten miteinander in Verkehr treten; wie man denn auch wohl den Einfluß der dynamischen Naturlehre auf die Meinungen des Anaxagoras bemerken kann.

Achtes Capitel.

Anaxagoras von Klazomenä.

Anaxagoras war zu Klazomenä in der Ol. 70 geboren *), von vornehmer und reicher Familie; er entzog sich aber

*) Nach dem Apollodor Diog. L. II. 7. Dies stimmt mit seiner Freundschaft mit dem Perikles überein, so wie mit der Angabe des Demokritos, daß er 40 Jahre jünger als Anaxagoras. Ib. IX.

den Staatsgeschäften und vernachlässigte seine Güter [1]) aus Liebe zu wissenschaftlichen Untersuchungen, wie er denn der Meinung gewesen sein soll, daß der wahre Zweck des Lebens die Beschauung der wunderbaren Ordnung der Natur sei [2]). Er wird gewöhnlich für einen Schüler des Anaximenes gehalten, wogegen die Zeitrechnung nicht geradezu stimmen würde, aber nur weil die Zeit des Anaximenes sich nicht genau bestimmen läßt; allein die Richtung Beider in der Philosophie war entgegengesetzter Art, und daher können sie nicht im eigentlichen Sinne derselben Schule zugezählt werden. Noch weniger ist denen zu trauen, welche, einer Andeutung des Aristoteles [3]) folgend, ihn zu einem Schüler des Hermotimos von Klazomenä, eines ekstatischen Schwärmers der grauen Vorzeit [4]), machen. Außerdem werden dem Anaxagoras, so wie den meisten alten Weisen, weite Reisen zugeschrieben, unter andern nach Aegypten, aber ohne sichere Gewährsmänner. Er wanderte von Klazomenä nach Athen aus [5]), wahr-

---

41. Ueber die Schwierigkeiten in den chronologischen Bestimmungen s. Ed. Schaubach Anaxagorae Clazomenii fragmenta etc. Lips. 1827. Cap. I. Diese Schrift enthält gute Sammlungen über das Leben und die Lehren des Anaxagoras.

1) Plat. Hipp. maj. p. 281; 283; Cicer. Tusc. V. 39.

2) Diog. L. II. 10; Clem. Alex. strom. II. p. 416; cf. Arist. eth. Nic. X. 9; eth. Eud. I. 4.

3) Met. I. 3.

4) Carus über die Sagen von Hermotimos aus Klazomenä in Fülleborn's Beiträgen z. Gesch. d. Phil. 3. Bd. 9. Stck.

5) Die Zeit seiner Auswanderung ist ungewiß. Entweder unter dem Archon Kallias (Ol. 80, 1) oder Kalliades (Ol. 75, 1).

scheinlich von dem geistigen Leben angezogen, welches zu seiner Zeit in Athen einen Mittelpunkt sich bildete. In Athen finden wir ihn in der engsten Verbindung mit dem Perikles, dessen Lehrer er genannt wird und auf dessen Beredtsamkeit er durch seine Lehre großen Einfluß ausgeübt haben soll [1]). Ob er übrigens eine öffentliche Schule zu Athen gehalten habe, wie spätere Schriftsteller annehmen, darf bezweifelt werden. Zu seinen Schülern werden indessen viele berühmte Männer gezählt, die meisten nach sehr zweifelhafter Sage, und nur vom Euripides, dem Tragödiendichter, und vom Archelaos, dem Physiker, ist es wahrscheinlich, daß sie in genauerm Verkehr mit ihm standen [2]). Seine Verbindung mit dem mächtigsten Athener gereichte ihm nicht zum Vortheil; denn nicht nur soll er in seinem Alter in großer Armuth gelebt haben, sondern auch von der Verfolgung blieb er nicht verschont,

---

S. Clinton fasti hell. unter Ol. 75, 1; Brandis Gesch. d. Gr. Röm. Phil. S. 233 f.

1) Plut. v. Pericl. 4—6; Aristid. orat. III. p. 218 ed. Cant., welcher die Quelle angiebt, nämlich Plat. Phaedr. p. 270; cf. Alcib. I. p. 118. Das Ganze beruht auf einer Wendung des platonischen Dialogs, in welcher die Ironie sehr deutlich ist. Lieber möchte ich dem Anax. einen Einfluß auf die von Aberglauben freie Gesinnung des Perikles zuschreiben, wie sie sich in der Anekdote vom Steuermann, der durch die Sonnenfinsterniß erschreckt wurde, ausspricht.

2) Auch Thukydides, der Geschichtschreiber, Demokritos, Empedokles, Metrodoros von Lampsakos, Aesopos der Tragiker, Sokrates, ja Themistokles werden seine Schüler genannt. S. Schaubach p. 16 sq. Ich bemerke nur, daß die Stelle des Aristides, welche S. 23. angeführt wird, offenbar ein Mißverständniß aus Plat. Alcib. I. l. l. ist, wodurch Sokrates mit dem Perikles verwechselt wird.

welche die Freunde des Perikles traf, als dessen Ansehen schwankte. Er wurde des Frevels gegen die Götter und vielleicht auch der Anhänglichkeit an die Perser[1]) angeklagt, in das Gefängniß geworfen[2]) und mußte nach Lampsakos fliehen[3]). Die Veranlassung, welche er zu der Anklage wegen Frevels gegen die Götter gegeben haben mochte, lag in seiner Denkart, welche mit der Volksreligion freilich nicht übereinstimmte, indem er Sonne und Mond für Stein und Erde hielt[4]), wunderbare Anzeichen bei Opfern für gewöhnliche Naturerscheinungen erklärte[5]), den Mythen des Homeros einen moralischen Sinn unterlegte und die Namen der Götter allegorisch deutete[6]). Nach Lampsakos kam Anaxagoras als ein alter Mann, und starb daselbst bald darauf in der 88. Olympiade[7]). Sein Andenken wurde von den Lampsakenern durch Feste gefeiert[8]).

Dem Anaxagoras werden außer seiner philosophischen Lehre noch mancherlei Kenntnisse zugeschrieben, selbst Vor-

1) Diog. L. II. 12.

2) Plut. de exil. 18; de profect. in virt. 15; Diog. L. II. 13.

3) Diog. L. II. 14.

4) Plat. apol. p. 26.

5) Plut. v. Pericl. 6.

6) Diog. L. II. 11; Georg. Syncell. chron. p. 149. ed. Par.; cf. Heyne comm. de Apoll. bibl. III. p. 932.

7) Diog. L. II. 7, wo die Lesart zu ändern ist. S. not. Menag. ad h. l. Nach Suid. v. v. Ἀναξαγ. und ἀποκαρτερήσαντα tödtete er sich selbst durch Hunger.

8) Alcidamas ap. Arist. rhet. II. 23; Diog. L. II. 14; Plut. reip. ger. praec. 27.

herverkündigung zukünftiger, zum Theil ungewöhnlicher Ereignisse, welche doch wohl nur sehr im Allgemeinen von ihm angedeutet worden waren. Er beschäftigte sich viel mit der Mathematik und den mit ihr verbundenen Wissenschaften, besonders mit der Astronomie, wie viele Lehren beweisen, deren Erfindung ihm zugeschrieben wird. Die richtige Erklärung des Mondlichts [1]) und der Sonnen- und Mondfinsternisse [2]) soll er zuerst geahnt haben. Seine Schrift über die Natur, aus welcher uns besonders Simplikios mehrere Fragmente erhalten hat, war im Alterthum sehr berühmt und bekannt [3]).

Von Anaxagoras wurde der Grundsatz der einseitig mechanischen Naturerklärung schon ganz bestimmt ausgesprochen, indem er sagte [4]): „Daß Etwas werde und ver-

---

1) Plat. Crat. p. 409.

2) Doch auch Anaxagoras erklärte die Mondfinsternisse noch nicht genau. Stob. ecl. I. p. 560 nach dem Theophrast; Orig. phil. 8. Wie wenig den Angaben der Spätern über solche Dinge zu trauen ist, sieht man daraus, daß dem Anax. auch zugeschrieben wird, er habe den Fall eines Meteorsteins vorhergesagt. Plin. hist. nat. II, 58; Diog. L. II, 10. u. A. S. Schaubach p. 41 sqq. Die mathematischen Kenntnisse des Anax. erhellen besonders daraus, daß er eine Schrift über die Perspective des Theatrums schrieb. Vitruv. VII. praef.

3) Plat. apol. p. 26. Die Fragmente hat Schaubach in der angeführten Schrift gesammelt; auch Schorn mit den Fragmenten des Diogenes von Apollonia, s. oben. Nach Diog. L. I. 16 war dies die einzige Schrift des Anax., womit aber Vitruv nicht stimmt, wenn Diog. nicht allein von philosophischen Schriften sprechen soll.

4) Simpl. phys. fol. 34 b. *τὸ δὲ γίγνεσθαι καὶ ἀπόλλυσθαι οὐκ ὀρθῶς νομίζουσιν οἱ Ἕλληνες· οὐδὲν γὰρ χρῆμα γίγνεται, οὐδὲ ἀπόλλυται, ἀλλ' ἀπ' ἐόντων χρημάτων συμμίσγεταί τε καὶ διακρίνεται· καὶ οὕτως ἂν ὀρθῶς καλοῖεν τό τε γίγνεσθαι*

gehe, meinen die Griechen nicht mit Recht; denn kein Ding wird, noch vergeht, sondern aus seienden Dingen wird es gemischt und geschieden, und so würden sie mit Recht nennen das Werden Gemischt-Werden und das Vergehen Geschieden-Werden." Dieser Grundsatz, welcher alle Veränderung und lebendige Entwicklung der Dinge aufhebt, konnte sich nur darauf stützen, daß eine jede Veränderung der Dinge ein Werden eines Etwas aus dem Nichts sein würde, daß aber aus dem Nicht-Seienden nichts werden könne [1]), und so sprach er denselben Grundsatz auch wohl in der Formel aus [2]), daß durch die Scheidung der Dinge voneinander nicht mehr, noch weniger Dinge würden, denn es sei unmöglich, daß mehr sei als alle Dinge, sondern alle Dinge blieben immer von gleicher Zahl.

Wenn nun nach diesem Grundsatze Anaxagoras alle Veränderung auf die Entmischung oder Mischung der einfachen Theile zurückführte, so mußte er zur Erklärung der Entstehung der Welt auf einen Urzustand zurückgehen, in welchem entweder Alles gemischt oder Alles entmischt sei, wenn er auch einen solchen nur zum Behuf der Darstellung angenommen haben sollte [3]). Daß er nun eine ur-

---

συμμίσγεσθαι καὶ τὸ ἀπόλλυσθαι διακρίνεσθαι. Cf. Arist. met. I. 3.

1) Arist. phys. I. 4; Simpl. phys. fol. 36 a; Plut. de pl. ph. I. 3.

2) Simpl. phys. fol. 33 b. τούτων δὲ οὕτω διακεκριμένων γιγνώσκειν χρή, ὅτι πάντα οὐδὲν ἐλάσσω ἐστίν, οὐδὲ πλείω· οὐ γὰρ ἀνυστὸν πάντων πλείω εἶναι, ἀλλὰ πάντα ἴσα ἀεί.

3) Arist. phys. III. 4; VIII. 1. wirft dem Anax. vor, daß

sprüngliche Mischung aller Dinge voraussetzte, kann nur aus seiner Vorstellung von der bewegenden Ursache, welche er in der Anordnung der weltlichen Erscheinungen zu erblicken glaubte, erklärt werden. Indem er nämlich auf diese die Ordnung der Dinge zurückführte, erschien ihm der Urzustand, d. h. die Gesammtheit der Elemente, ohne die bewegende Ursache gedacht, als eine ordnungslose Mischung. Seine Schrift begann daher mit der Lehre, daß Alles vor der Weltbildung in einem Zustande der Mischung gewesen sei, aus unendlich kleinen Urbestandtheilen oder Samen und Dingen, wie er sich ausdrückte *), zu-

er einen Anfang der Welt angenommen habe; dagegen vertheidigt ihn aber Simplikios phys. fol. 257 b. Weiter unten kommen wir auf diesen Punkt zurück.

*) Daß der Ausdruck Homöomerie, welcher gewöhnlich auch bei den Alten (Simpl. phys. fol. 258 a; Stob. ecl. I. p. 296; Plut. de plac. phil. I. 3; Lucret. I. 830 sqq.) dem Anaxagoras beigelegt wird, nicht anaxagorisch sei, bin ich noch immer überzeugt, was auch dagegen Schaubach S. 89 und Brandis, Gesch. der Gr. Röm. Phil. S. 244 f. gesagt haben. Die Uebereinstimmung der alten Berichterstatter, auf welche Schaubach sich beruft, ist nicht vorhanden. Dies beweist Simpl. de coelo fol. 148 b, besonders aber Galen. de dogm. Hipp. et Plat. VIII. 4 p. 673 Kühn, welcher weitläufig auseinandersetzt, daß erst Aristoteles nach Anregung des Platon den Ausdruck ὁμοιομερὲς gefunden habe. Vergl. Philipson ὕλη ἀνθρωπίνη p. 188 ff. Die Sache betrifft zwar nur einen Namen, ist aber dennoch wichtig genug; denn der Begriff des ὁμοιομερές, wenn er zur Bildung eines neuen Namens geführt haben sollte, müßte auch im Gegensatz gegen den Begriff des ἀνομοιομερές entschieden herausgetreten sein; davon findet sich aber in der Lehre des Anaxagoras keine Spur. In der Lehre des Aristoteles dagegen tritt der Gegensatz hervor zwischen den gleichartig und ungleichartig zusammengesetzten Gliedern des thierischen Körpers, denn darauf gehen die Wörter ὁμοιομερὲς und ἀνομοιομερές, und daher kann ich auch nicht anders meinen, als daß Aristoteles zuerst

sammengesetzt, so daß die Beschaffenheit keines dieser Samen hervortreten konnte, wegen ihrer Kleinheit und wegen ihrer Mischung [1]); oder, wie er selbst sagte [2]): „Zusammen waren alle Dinge, unendlich an Menge und an Kleinheit, denn auch das Kleine war unendlich, und da Alles zusammen war, war nichts erkennbar wegen der Kleinheit." Als unendlich klein mußte er die Urbestandtheile sich denken, weil doch die Entmischung und die Mischung derselben unserer Wahrnehmung entgeht. „Ehe aber gesondert wurde, da Alles zusammen war, war auch keine Beschaffenheit bemerkbar, denn dies verhinderte die Vermischung aller Dinge, des Feuchten und des Trocknen, des Warmen und des Kalten, des Hellen und des Dunkeln und der vielen Erde, welche darin war, und der Menge unendlicher Samen, die in nichts einander gleichen [3])." Die unendliche Kleinheit der Elemente bewies er auch aus der unendlichen Theilbarkeit der wahrnehm-

sie gebildet habe, womit seine eigenen Aeußerungen vollkommen übereinstimmen. Vergl. z. B. de part. anim. II, 1. ὁμοιομέρεια ist ein Wort noch späterer Bildung. Aristoteles und Theophrast legen es dem Anaxagoras nicht bei.

1) Arist. met. X, 6; Phys. I, 4.

2) Simpl. phys. fol. 33 b. λέγων ἀπ' ἀρχῆς· ὁμοῦ πάντα χρήματα ἦν, ἄπειρα καὶ πλῆθος καὶ σμικρότητα· καὶ γὰρ τὸ σμικρὸν ἄπειρον ἦν· καὶ πάντων ὁμοῦ ἐόντων οὐδὲν ἔνδηλον ἦν ὑπὸ σμικρότητος.

3) Simpl. phys. fol. 33 b. πρὶν δὲ ἀποκριθῆναι, φησί, πάντων ὁμοῦ ἐόντων, οὐδὲ χροιὴ ἔνδηλος ἦν οὐδεμία· ἀπεκώλυε γὰρ ἡ σύμμιξις πάντων χρημάτων τοῦ τε διεροῦ καὶ τοῦ ξηροῦ καὶ τοῦ θερμοῦ καὶ τοῦ ψυχροῦ καὶ τοῦ λαμπροῦ καὶ τοῦ ζοφεροῦ καὶ γῆς πολλῆς ἐνεούσης καὶ σπερμάτων ἀπείρων πλήθους οὐδὲν ἐοικότων ἀλλήλοις.

baren Dinge, indem das Große wie das Kleine in gleiche Theile getheilt werden könne, und also nichts Wahrnehmbares eine Einheit sei [1]).

Die Masse der zusammengemischten Elemente betrachtete nun Anaxagoras als eine Einheit [2]), welches ihm besonders an der Stetigkeit der Raumerfüllung hervorgetreten zu sein scheint; denn selbst die Scheidung der Dinge ist nicht ein Abreißen derselben voneinander, sie sind nicht wie mit dem Beile von einander gehauen [3]), und es giebt keinen leeren Raum, welcher die Dinge voneinander

---

1) Anax. ap. Simpl. phys. fol. 35 a. *καὶ ὅτε δὲ ἴσαι μοῖραί εἰσι τοῦ τε μεγάλου καὶ τοῦ σμικροῦ, πλῆθος καὶ οὕτως ἂν εἴη. — — οὔτε γὰρ σμικροῦ γέ ἐστι τόγε ἐλάχιστον, ἀλλ' ἔλασσον ἀεί. — εἰ γὰρ πᾶν ἐν παντί, καὶ πᾶν ἐκ παντὸς ἐκκρίνεται, καὶ ἀπὸ τοῦ ἐλαχίστου δοκέοντος ἐκκριθήσεταί τι ἔλασσον ἐκείνου, καὶ τὸ μέγιστον δοκέον ἀπό τινος ἐξεκρίθη ἑωυτοῦ μείζονος.* Dieser letzte Beweis läßt keinen Zweifel übrig, daß in diesen Stellen von den wahrnehmbaren Dingen die Rede ist. Man könnte übrigens wohl zweifeln, ob Anaxagoras die Theilbarkeit in das Unendliche im strengen Sinn genommen hätte; wenigstens Aristoteles dehnt sie auch auf die Ursamen aus, und folgert daraus viele Widersprüche im Systeme des Anaxagoras. S. phys. I. 4. Allein daß die Ursamen untheilbar sind, scheint Voraussetzung des Systems zu sein, und auch in dem Ausdruck *ἄπειρα καὶ σμικρότητα* zu liegen. Wie hätte auch sonst Anax. sagen können *πάντα ἴσα ἀεί*, d. h. es bleibt immer die gleiche Zahl der Dinge? Simplikios also möchte Recht behalten, wenn er a. a. O. sagt: *τοιαύτας δὲ ὑπετίθετο τὰς ἀρχὰς Ἀν. καὶ οὐδὲ διαιρετὰς ταύτας.*

2) Arist. met. XII. 2; Theophr. ap. Simpl. phys. fol. 6 b; Anax. ib. 8 a; 33 b, wo jedoch die Lesart zwischen *ἓν εἶναι* und *ἐνεῖναι* schwankt.

3) Simpl. phys. fol. 106 b, 37 b, 38 a. *οὐδὲ ἀποκέκοπται πελέκει.* Cf. Arist. phys. III. 4.

trennte. Dies Letztere suchte Anaxagoras, wohl im Gegensatz gegen atomistische oder auch pythagorische Lehre [1]), durch Versuche zu beweisen, indem in den leeren Schläuchen und in den Wasseruhren da, wo ein leerer Raum zu sein scheine, doch der Widerstand der Luft vom Gegentheil zeuge [2]). Diese Polemik, unvollkommen wie sie ist, konnte nicht wohl aus einem andern, als aus einem speculativen Grunde hervorgehen, welcher darin gelegen zu haben scheint, daß Anaxagoras die Einheit und den Zusammenhang aller Urbestandtheile festhalten wollte. Folgen wir dieser Ansicht, so läßt sich daraus auch der Sinn anderer seiner Sätze erklären. Zuvörderst würden wir damit in Zusammenhang bringen, daß er lehrte, in allen Dingen sei ein Theil von Allem [3]), woraus man hat fol-

1) Dies bestreitet Brandis Gesch. der Gr. Röm. Phil. und meint dagegen durch die eleatische Beweisführung überzeugt. Allein 1) warum ist alsdann seine Beweisführung so mangelhaft, wie Aristoteles sagt? 2) die eleatische Beweisführung setzt schon eine Lehre voraus, welche das Leere annimmt, wie denn auch offenbar die Eleaten gegen die pythagorische Lehre polemisirten; 3) die Beweise der Eleaten gegen das Leere kommen erst beim Parmenides vor, dessen Lehre in Athen nicht früher bekannt war, als die anaxagorische; 4) wenn Anax. die Lehre des Parmenides berücksichtigt haben sollte, warum findet sich bei ihm keine Spur der Polemik gegen den Begriff des *πέρας*, da das *ἄπειρον* Voraussetzung seiner Lehre ist?

2) Arist. phs. IV. 6.

3) Simpl. phys. fol. 33 b. *ἐν παντὶ γὰρ παντὸς μοῖρα ἔνεστιν.* Daß dies nicht bloß von den zusammengesetzten Dingen gelte, sieht man daraus, daß in dem angeführten Fragm. von dem Gegensatze zwischen der bewegenden Kraft und den Urbestandtheilen die Rede ist. Simplikios widerspricht sich in seiner Meinung über diese Lehre und schwankt. Vergl. fol. 8 a; 37 a; 106 b. S. m. Gesch. der ionischen Phil. S. 214 f.

gern wollen, daß Anaxagoras nicht eine unendliche Menge, sondern eine unendlichemal unendliche Menge der Samen angenommen habe [1]), eine Folgerung jedoch, welche nicht im Geiste der anaxagorischen Lehre zu liegen scheint. Denn der Satz: Alles sei in Allem, dürfte ihm wohl nur bedeutet haben, durch den durchgängigen Zusammenhang der Urbestandtheile unter einander sei die Wirksamkeit aller in einem jeden [2]). Aber auch der früher schon erwähnte Satz: kein Same gleiche dem andern, scheint mit dieser Lehre zusammenzuhängen, indem er aus der Betrachtung hervorgegangen sein möchte, daß jedes Einzelne durch sein Verhältniß zum Ganzen bestimmt werde, und da ein jedes ein ihm eignes Verhältniß zum Ganzen habe, auch einem jeden eine eigne Natur beiwohnen müsse [3]).

---

1) Arist. phys. I. 4; III. 4; Simpl. phys. fol. 37 a; 106 a. Es hängt dies mit der unendlichen Theilbarkeit des Räumlichen zusammen.

2) Simpl. phys. fol. 106 b. Wenn Simplikios (ib. fol. 38 a) sagt: *καὶ διακέκριται οὖν καὶ ἥνωται κατὰ Ἀναξαγόραν τὰ εἴδη, καὶ ἄμιγα διὰ τὸν νοῦν ἔχει*, so hebt er nur die eine Seite des weltlichen Daseins der Elemente hervor; denn so wie eine ursprüngliche Sonderung der Elemente vor der Weltbildung vom Anaxagoras angenommen wurde, so nahm er auch eine ursprüngliche Einigung derselben an.

3) Brandis Gesch. der Gr. Röm. Phil. S. 272 will dies nicht zugeben, und bestimmte Zeugnisse lassen sich darüber freilich nicht beibringen, weil dieser Zusammenhang seiner Sätze dem Anax. unstreitig noch nicht zur dialektischen Deutlichkeit gekommen war. Aber in physischen Lehren bildete sich die dialektische Einsicht vor, wovon wir die Spuren auch in der Lehre des Diogenes von Apollonia, daß alle Dinge von einander verschieden seien, gefunden haben. Auch die Bestreitung des Zufalls, von welcher gleich mehr, hängt damit zusammen.

20 *

Ehe wir nun weiter die Lehre des Anaxagoras von den Urbestandtheilen der Dinge verfolgen, wird es nöthig sein, in seine Ansicht von der bewegenden Kraft einzugehen. Diese Kraft nannte er den Geist (νοῦς). Damit steht gewiß in einem innern Zusammenhange, wenn derselbe auch in der Darstellung der Lehre nicht entschieden herausgetreten sein sollte, daß Anaxagoras auf der einen Seite den Zufall, auf der andern Seite die Nothwendigkeit als Ursache des Geschehens verwarf. Er wird zu denen gezählt, welche behaupteten, Zufall werde nur da angenommen, wo dem menschlichen Nachdenken die Ursache verborgen geblieben [1]), welches ja auch nur der allgemeine Ausdruck für den Grundsatz seiner Naturforschung sein würde; aber durch diesen Satz wurde er nun nicht verführt, Nothwendigkeit oder Verhängniß als den Grund alles Werdens zu setzen; sondern in ähnlicher Weise, wird ihm zugeschrieben, habe er diesen Grund verworfen, denn Verhängniß sei nur ein leerer Name [2]). Nach Aufhebung dieser beiden Arten der Ursache blieb ihm aber nun wohl kein anderer Ausweg übrig, als nur als Ursache alles Geschehens die Vernunft zu setzen. Diese Lehre läßt sich leicht aus der Stufe der Bildung, welche zu seiner Zeit das griechische Volk erreicht hatte, erklären. Denn schon bei den frühern Physikern, wie beim Anaximenes, haben

---

1) Plut. de plac. phil. I. 29. Ἀναξαγόρας καὶ οἱ Στωϊκοὶ (τὴν τύχην) ἄδηλον αἰτίαν ἀνθρωπίνῳ λογισμῷ.

2) Alex. Aphrod. de fato 2. Ἀναξ. ὁ Κλαζ. — — ἀντιμαρτυρῶν τῇ κοινῇ τῶν ἀνθρώπων πίστει περὶ εἱμαρμένης, λέγει γὰρ οὗτός γε μηδὲν τῶν γινομένων γίνεσθαι καθ' εἱμαρμένην, ἀλλὰ εἶναι κενὸν τοῦτο τοὔνομα.

wir gefunden, wie sie das belebende und die Welt bewegende Princip in der Seele suchten, und nahe genug spielte dies an die vernünftigen Thätigkeiten, welche fast zu gleicher Zeit mit dem Anaxagoras vom Diogenes von Apollonia hervorgehoben wurden, an, ja auch schon früher hatten Herakleitos und Xenophanes, dessen Lehre wir später kennen lernen werden, das Princip aller Dinge in einem vernünftigen Wesen gesucht. Im Verhältniß zu diesen Lehren erscheint nun die Ansicht des Anaxagoras nicht als ein so gewaltiger Fortschritt, wie Viele gemeint haben, vielmehr beruht sie auf demselben Grunde, auf welchem die erwähnten übrigen, nämlich auf der Erkenntniß, daß die Ordnung der weltlichen Dinge in einem vernünftigen Wesen gegründet sein müsse. Die Verwandtschaft dieser Meinungen unter einander zeigt sich schon darin, daß Anaxagoras zwischen Geist und Seele nicht unterschied [1]); noch mehr aber darin, daß er den Geist die Ursache des Schönen und Rechten nannte [2]), wie er denn eben das Anordnen als das eigenthümliche Geschäft des Geistes ansah und, weil zu diesem Einsicht in das vergangene und in das zukünftige Werden gehöre, dem Geiste auch Einsicht in Vergangenes und Zukünftiges zuschrieb [3]).

---

1) Arist. de anima I. 2. τὸν νοῦν εἶναι τὸν αὐτὸν τῇ ψυχῇ. Cf. Plat. Crat. p. 400.

2) Arist. l. l. πολλαχοῦ μὲν γὰρ τὸ αἴτιον τοῦ καλῶς καὶ ὀρθῶς τὸν νοῦν λέγει. Cf. Plat. Crat. p. 413.

3) Diog. L. II. 6. πάντα χρήματα ἦν ὁμοῦ· εἶτα νοῦς ἐλθὼν αὐτὰ διεκόσμησε. Simpl. phys. fol. 33 b. καὶ τὰ συμμισγόμενά τε καὶ ἀποκρινόμενα καὶ διακρινόμενα, πάντα ἔγνω νοῦς. καὶ ὁποῖα ἔμελλεν ἔσεσθαι, καὶ ὁποῖα ἦν, καὶ ὅσα νῦν

Hierbei fehlte nun wohl gewiß nicht die Rücksicht auf die geordneten Bewegungen der Gestirne, welche so sehr in seinem Interesse für die Naturwissenschaft vorherrschte, daß er deswegen das Leben für besser hielt, als das Nicht-Leben, weil wir den Himmel beschauen können und den Lauf der Sonne und des Mondes *).

Wenn nun aber Anaxagoras diese Lehre vom Geiste dazu gebrauchte, die Naturerscheinungen auf mechanische Weise zu erklären, so mußte sich ihm daraus eine unversöhnliche Spaltung in der Natur ergeben, indem das Geistige als das sich innerlich Entwickelnde den mechanischen Gesetzen äußerlicher Bildung nicht unterworfen werden kann, und hieraus mußte sich ihm auch eine wesentlich von den frühern Vorstellungen verschiedne Lehre über den Geist bilden. Betrachten wir ihn nun in dieser Rücksicht in seinem Verhältnisse zum Anaximandros, so kann man sich nicht verleugnen, daß durch seine Spaltung der Natur in zwei verschiedne Principe ein reiner Dualismus entstand, welcher nur als ein Rückschritt angesehen werden kann gegen die Einheit des Princips, welche Anaxi-

ἔστι, καὶ ὁποῖα ἔσται, πάντα διεκόσμησε νοῦς· καὶ τὴν περιχώρησιν ταύτην, ἣν νῦν περιχωρέει τά τε ἄστρα καὶ ὁ ἥλιος καὶ ἡ σελήνη καὶ ὁ ἀὴρ καὶ ὁ αἰθὴρ οἱ ἀποκρινόμενοι. Arist. met. XII. 10. Ἀναξαγόρας δὲ ὡς κινοῦν τὸ ἀγαθὸν ἀρχήν· ὁ γὰρ νοῦς κινεῖ, ἀλλὰ κινεῖ ἕνεκά τινος. Die Beziehung auf die Idee des Guten, obgleich sie auch sonst dem Anaxagoras zugeschrieben wird, scheint ihm doch zurückgetreten zu sein; das Vorherrschende ist ihm die Ordnung und das Schöne.

*) Jambl. adhort. 9 p. 146 Kiessl.; Diog. L. II. 10. ἐρωτηθείς ποτε, εἰς τί γεγένηται; εἰς θεωρίαν, ἔφη, ἡλίου καὶ σελήνης καὶ οὐρανοῦ. S. oben S. 298. Anm. 2.

manidros gesetzt hatte, den Grund auch der Bewegung im Unendlichen findend. Es scheint fast, als wenn Anaxagoras selbst hiervon eine Ahnung gehabt hätte, indem er seine Trennung der bewegenden Kraft von der bewegten Masse dadurch zu rechtfertigen suchte, daß es dem Begriff des Unendlichen zuwider sei, ihm Bewegung beizulegen. Denn da es in sich sei und von nichts Andern umfaßt werde, bleibe auch Alles da, wo es sei *). Dieser Grund, meine ich, da er die Möglichkeit der Bewegung in der unendlichen Mischung selbst nicht aufhebt, kann ihm nur in Polemik gegen eine seiner Lehre entgegengesetzte Meinung über das Unendliche entstanden sein.

Blicken wir dagegen auf den Gegensatz selbst, welcher dem Anaxagoras entstand, zwischen der an sich bewegungslosen Masse der Ursamen, welche unveränderliche äußerliche Eigenschaften haben, und dem Geiste, welcher bewegt und Ordnung und Schönheit hervorbringt, so werden wir darin einen bedeutenden Fortschritt nicht verkennen dürfen, und zwar einen Fortschritt, welcher, wie es scheint, nur durch jenen Rückschritt gewonnen werden konnte. Bei den frühern Philosophen nämlich war der Gegensatz zwischen Körperlichem und Geistigem noch gar nicht hervorgetreten oder in irgend einer bestimmten Form festgehalten worden, vielmehr Körperliches und Geistiges

---

*) Arist. phys. III. 5. Ἀν. δ' ἀτόπως λέγει περὶ τῆς τοῦ ἀπείρου μονῆς· στηρίζειν γὰρ αὐτο αὐτὸ φησι τὸ ἄπειρον· τοῦτο δὲ ὅτι ἐν αὐτῷ· ἄλλο γὰρ οὐδὲν περιέχει, ὡς ὅπου ἄν τι ᾖ πεφυκός, ἐνταῦθα εἶναι. Cf. Simpl. phys. fol. 112 a; 113 b; 128 b; Themist. paraphr. in Ar. phys. p. 211. interpr. lat. Basil. 1533.

wurden in gleichgültiger Mischung nebeneinander gestellt, und dem Geistigen nur etwa ein höherer Rang, gegen das Körperliche gehalten, zugeschrieben. Da nun aber dem Anaxagoras der Geist als entgegengesetzt der Raum erfüllenden Masse sich darstellte, so mußte von nun an auf die Erforschung dieses Gegensatzes die philosophische Thätigkeit sich richten, und man mag es von dem Erfinder dieses Gegensatzes nicht anders erwarten, als daß er, nur bei ihm stehen bleibend, keine Art der Auflösung dieses Gegensatzes, durch welche die Welt auf einen Grund zurückgeführt werden möchte, gesucht hat.

Schon Anaxagoras hat die Erforschung des Gegensatzes zwischen Körperlichem und Geistigem in mehrern einzelnen Punkten weiter ausgeführt. So wie die unendliche Masse der Homöomerien ihm das ist, was die Bewegung empfängt, so ist ihm der Geist das, was die Bewegung giebt, aber selbst unbewegt ist; wenn jene die Bewegung erleidet, so ist dieser unveränderlich und erleidet nichts [1]); die übrigen Dinge sind ein jedes von allen übrigen verschieden und zusammengesetzt, der Geist dagegen ist durchaus gleichartig, und sowohl im Kleinen als im Großen derselbe [2]). Am klarsten tritt aber dem Anaxago-

1) Arist. phys. VIII. 5. διὸ καὶ Ἀν. ὀρθῶς λέγει, τὸν νοῦν ἀπαθῆ φάσκων καὶ ἀμιγῆ εἶναι, ἐπειδήπερ κινήσεως ἀρχὴν ποιεῖ αὐτὸν εἶναι· οὕτω γαρ μόνως ἂν κινοίη, ἀκίνητος ὢν, καὶ κρατοίη, ἀμιγὴς ὢν. Simpl. phys. fol. 285 a.

2) Anax. ap. Simpl. phys. fol. 33 b. νοῦς δὲ πᾶς ὅμοιός ἐστι καὶ ὁ μείζων καὶ ὁ ἐλάσσων. ἕτερον δὲ οὐδέν ἐστιν ὅμοιον οὐδενὶ ἄλλῳ, ἀλλ' ὅτεο πλεῖστα ἔνι, ταῦτα ἐνδηλότατα ἓν ἕκαστόν ἐστι καὶ ἦν.

ras dieser Gegensatz darin hervor, daß der Geist von ihm als ein durchaus Selbstständiges betrachtet wird, welches in sich die Quelle aller Thätigkeit hat, und unvermischt mit den Ursamen und nicht verflochten in den Zusammenhang derselben Alles beherrscht und bewegt. Denn so sagt Anaxagoras selbst: „Der Geist aber ist unendlich und nach eigner Macht herrschend, und vermischt ist er mit keinem Dinge, sondern allein selbst ist er für sich. Denn wenn er nicht für sich wäre, sondern mit einem andern gemischt, würde er an allen Dingen Theil haben, wäre er mit irgend einem gemischt. Denn in Allem ist ein Theil von Allem, wie in dem Frühern von mir gesagt ist, und es würde ihn das Beigemischte verhindern, daß er über kein Ding Macht hätte auf gleiche Weise, als wenn er allein für sich wäre *).“ Dies aber drückt sehr bestimmt aus,

---

*) Ich setze das ganze Fragment des Anaxagoras hierher, damit man den Zusammenhang übersehen könne. Simpl. phys. fol. 33 b. νοῦς δέ ἐστιν ἄπειρον καὶ αὐτοκρατὲς καὶ μέμικται οὐδενὶ χρήματι, ἀλλὰ μόνος αὐτὸς ἐφ᾽ ἑωυτοῦ ἐστιν. εἰ μὴ γὰρ ἐφ᾽ ἑωυτοῦ ἦν, ἀλλά τεῳ ἐμέμικτο ἄλλῳ, μετεῖχεν ἂν ἁπάντων χρημάτων, εἰ ἐμέμικτό τεῳ. ἐν παντὶ γὰρ παντὸς μοῖρα ἔνεστιν, ὥσπερ ἐν τοῖς πρόσθεν μοι λέλεκται· καὶ ἂν ἐκώλυεν αὐτὸν τὰ συμμεμιγμένα, ὥστε μηδενὸς χρήματος κρατεῖν ὁμοίως, ὡς καὶ μόνον ἐόντα ἐφ᾽ ἑωυτοῦ. ἐστὶ γὰρ λεπτότατόν τε πάντων χρημάτων καὶ καθαρώτατον καὶ γνώμην γε περὶ πάντος πᾶσαν ἴσχει καὶ ἰσχύει μέγιστον. ὅσα γε ψυχὴν ἔχει καὶ μείζω καὶ ἐλάσσω, πάντων νοῦς κρατεῖ. καὶ τῆς περιχωρήσιος τῆς συμπάσης νοῦς ἐκράτησεν, ὥστε περιχωρῆσαι τὴν ἀρχήν. καὶ πρῶτον ἀπὸ τοῦ σμικροῦ ἤρξατο περιχωρῆσαι, ἔπειτε πλεῖον περιχωρέει καὶ περιχωρήσει ἐπὶ πλέον· καὶ τὰ συμμισγόμενά τε καὶ ἀποκρινόμενα καὶ διακρινόμενα πάντα ἔγνω νοῦς. καὶ ὁποῖα ἔμελλεν ἔσεσθαι, καὶ ὁποῖα ἦν, καὶ ἅσσα νῦν ἐστι, καὶ ὁποῖα ἔσται, πάντα διεκόσμησε νοῦς, καὶ τὴν περιχώρησιν

wie der Zusammenhang der einzelnen Samen untereinander eine Bedingtheit des einen durch den andern setzt, der Geist dagegen ein wahrhaft Unbedingtes und Unendliches ist.

Nun ist aber die selbstständige Macht des Geistes dem Anaxagoras doch, wie wir finden, nur eine beschränkte,

---

ταύτης, ἣν νῦν περιχωρέει τά τε ἄστρα καὶ ὁ ἥλιος καὶ ἡ σελήνη καὶ ὁ ἀὴρ καὶ ὁ αἰθὴρ οἱ ἀποκρινόμενοι. ἡ δὲ περιχώρησις αὐτὴ (s. αὔξη) ἐποίησεν ἀποκρίνεσθαι· καὶ ἀποκρίνεται ἀπό τε τοῦ ἀραιοῦ τὸ πυκνὸν καὶ ἀπὸ τοῦ ψυχροῦ τὸ θερμὸν καὶ ἀπὸ τοῦ διεροῦ τὸ ξηρόν. μοῖραι δὲ πολλαὶ πολλῶν εἰσι. παντάπασι δὲ οὐδὲν ἀποκρίνεται ἕτερον ἀπὸ τοῦ ἑτέρου, πλὴν νοῦ. νοῦς δὲ πᾶς ὅμοιός ἐστι κτλ. wie oben. Der Ausdruck λεπτότατον möchte auf eine materialistische Vorstellung vom Geiste zu deuten scheinen, und so haben es vielleicht auch einige alte Ausleger genommen (s. Plut. de plac. phil. IV. 3; Stob. ecl. I. p. 796), welche sagen, Anax. hätte die Seele für luftartig und für einen Körper gehalten, indem sie seine Lehre an die des Anaximenes und des Apolloniaten anschließen. Wenn Brandis Gesch. der Gr. Röm. Phil. S. 249 diese Angaben auf die Seele im organischen Körper deutet, so scheint er auch hierin zu sehr seiner Neigung nachzugeben, zwischen dem Anaxagoras und jenen Philosophen eine Verbindung zu finden. Wenigstens der consequenten Ausbildung der anax. Lehre würde diese Deutung zuwider sein. Man darf aber wohl nicht zu streng an dem Ausdruck des alten Philosophen sich halten, sonst würde auch das καθαρώτατον gegen andere unzweideutige Ausdrücke des Anax. Anstoß erregen. Da dem Anax. der Begriff der ursachlichen Verbindung an den Begriff der continuirlichen Erfüllung des Raums (ursachliche Verbindung durch Berührung) sich anschloß, so konnte er dem Geiste keine räumliche Existenz beilegen, ohne ihn unfrei und abhängig von der Mischung der räumlich existirenden Samen sich zu denken. Da er nun aber das Letztere ausdrücklich verneinte, so muß er auch dem Geiste jede Art von räumlicher Existenz abgesprochen haben. Auch daß er den Geist, wie Platon Crat. p. 413 sagt, den Alles durchdringenden nannte, scheint der Undurchdringlichkeit des Körperlichen entgegengesetzt zu sein.

und wie der Begriff des Unendlichen überhaupt von ihm nicht in strengem Sinne genommen wird [1]), so konnte ihm auch die unendliche Macht des Geistes nur eine beschränkte sein, indem nach seiner dualistischen Ansicht der Geist die unveränderliche Beschaffenheit der Ursamen nicht in seiner Gewalt hat, sondern an ihr in seiner Bildung der Welt gebunden ist. Die Thätigkeit des Geistes ist also darauf beschränkt, die verschiedenartigen Samen durch Bewegung zu ordnen (κοσμεῖν, διακοσμεῖν), so daß keineswegs im Geiste der Grund alles Seins in der Welt sich findet. Dies ist die Ursache mannigfaltiger Klagen über das System des Anaxagoras schon bei den Alten gewesen: nicht den Geist gebrauche er zur Einrichtung der Dinge, noch führe er auf ihn die Ursache zurück, sondern Luft und Aether und Wasser und vieles andere Ungereimte gebe er als Ursache an [2]); der Geist sei ihm nur das Werkzeug für die Weltbildung, und nur, wenn er frage, weswegen diese nothwendig sei, ziehe er ihn herbei, sonst aber sei ihm alles Andere von den gewordenen Dingen mehr Ursache, als der Geist [3]). Diese Klagen jedoch geben dem Anaxa-

1) Beim Simpl. phys. fol. 33 b. sagt er vom Aether und der Luft ἀμφότερα ἄπειρα ἐόντα, und das ἄπειρον ist ihm also so viel, als das comparative μέγιστον.

2) Plat. Phaed. p. 98. — προϊὼν καὶ ἀναγιγνώσκων ὁρῶ ἄνδρα τῷ μὲν νῷ οὐδὲν χρώμενον, οὐδέ τινας αἰτίας ἐπαιτιώμενον εἰς τὸ διακοσμεῖν τὰ πράγματα, ἀέρας δὲ καὶ αἰθέρας καὶ ὕδατα αἰτιώμενον καὶ ἄλλα καὶ ἄτοπα.

3) Arist. met. I. 4. Ἄν. τε γὰρ μηχανῇ χρῆται τῷ νῷ πρὸς τὴν κοσμοποιίαν, καὶ ὅταν ἀπορήσῃ, διὰ τίν' αἰτίαν ἐξ ἀνάγκης ἐστι, τότε παρέλκει αὐτόν, ἐν δὲ τοῖς ἄλλοις πάντα μᾶλλον αἰτιᾶται τῶν γιγνομένων ἢ νοῦν. Eudemus ap. Simpl.

goras noch mehr Schuld, als nothwendig mit seinem Dualismus verbunden sein mußte, denn nach denselben scheint er nicht einmal alle Bewegungen in der Welt vom Geiste hergeleitet zu haben. Und dies ist eben nicht sehr zu verwundern, denn gewiß war es nicht leicht, alle Bewegungen in der Natur auf den vernünftig oder nach dem Gedanken der Schönheit ordnenden Geist zurückzuführen. Der mechanischen Naturbetrachtung liegt es überdies nahe, die äußerliche Fortpflanzung der Bewegung durch den Stoß zur Erklärung der Naturerscheinungen zu gebrauchen, und so wie sie überhaupt zur empirischen Ansicht sich neigt, wird sie auch leicht zur Erklärung der Erscheinungen aus den Erscheinungen hingezogen. Diesem Zuge seiner Vorstellungsart ist auch Anaxagoras gefolgt, zu nicht geringem Nachtheil seiner Lehre vom Geiste. Nach seiner Meinung nämlich bewegte der Geist zuerst nur Weniges, nachher mehr, und er wird noch immer mehr bewegen [1]); die Bewegung aber selbst, welche kreisförmig ist, wahrscheinlich nach vorherrschend astronomischer Ansicht, befördert die Fortpflanzung der Bewegung und Sonderung [2]); oder wie er selbst sich darüber ausdrückt: „Da der Geist anfing zu bewegen, sonderte er aus dem bewegten All, und so viel der Geist bewegte, alles dieses wurde ausgeschieden; der bewegten aber und gesonderten Dinge Umkrei-

phys. fol. 73 b. καὶ Ἀν. δὲ τὸν νοῦν ἐάσας καὶ αὐτοματίζων τὰ πολλὰ συνίστησι.

1) Simpl. phys. fol. 33 b, nach dem vorher angeführten Bruchstücke.

2) L. l.

sung machte noch um vieles mehr ausscheiden[1])." Nach dieser Vorstellungsweise erscheint nun zwar der Geist als die erste Ursache aller Bewegung, aber er bewegt keinesweges mit unumschränkter Macht Alles, sondern nur Weniges zuerst, indem seine Wirksamkeit nur im Kleinen beginnen kann; das aber, was von ihm bewegt worden ist, bleibt bewegt und pflanzt selbst die Bewegung weiter fort, damit die Wirksamkeit des Geistes auch auf andere Theile der noch unbewegten Masse übergehen könne[2]).

So weit mögen wir mit Recht den Anaxagoras beschuldigen, er habe seinen Grundsatz von der bewegenden Kraft des Geistes nicht durchzuführen gewußt oder nicht durchführen wollen; aber mit Unrecht scheint man ihm den Vorwurf zu machen, er habe die Idee nicht festgehalten, daß der Geist die alleinige Ursache der Bewegung in der Welt sei, gewisse unvernünftige Wirbel abmalend, bei der Unthätigkeit und Vernunftlosigkeit des Geistes[3]). Denn wenn er auch die Umkreisung der bewegten Dinge als eine Ursache der Bewegung setzte, so ist doch auch diese als eine Wirkung, wenn auch nur als eine mittel-

---

1) Ib. fol. 67 a. ἐπεὶ ἤρξατο ὁ νοῦς κινεῖν, ἀπὸ τοῦ κινουμένου παντὸς ἀπεκρίνετο, καὶ ὅσον ἐκίνησεν ὁ νοῦς, πᾶν τοῦτο διεκρίθη. κινουμένων δὲ καὶ διακρινομένων ἡ περιχώρησις πολλῷ μᾶλλον ἐποίει διακρίνεσθαι.

2) Dies scheint ein nicht wenig verdorbenes Fragment des Anaxagoras sagen zu sollen. Simpl. phys. fol. 33 b. ὁ δὲ νοῦς ὅσα ἔστησε (nach Carus für ἐστί τε), κάρτα καὶ νῦν ἐστιν, ἵνα καὶ τὰ ἄλλα πάντα ἐν τῷ πολλῷ περιέχοντι καὶ ἐν τοῖς προσκριθεῖσι καὶ ἐν τοῖς ἀποκεκριμένοις —, wo ein Verbum zu ergänzen ist, welches das ordnende Geschäft des Geistes bezeichnet.

3) Clem. Alex. strom. II. p. 364.

bare, des Geistes anzusehen, und daß bei dieser mittelbaren Wirkung der Zwischenursachen die ursprüngliche Wirkung des Geistes vom Anaxagoras nicht vergessen wurde, zeigen seine eignen Worte, indem er den Geist den Wächter nannte [1]) und von ihm sagte, er bewege und ordne nicht nur das Vergangene, sondern auch das Gegenwärtige und Zukünftige, Alles [2]).

Nach der Vorstellungsweise des Anaxagoras schreitet nun die Bewegung und die Anordnung in der Welt unaufhörlich fort; immer mehr wird bewegt und gesondert. Doch zu einer gänzlichen Sonderung aller Ursamen kommt es ihm nicht [3]), welches man daraus ableiten kann, daß er theils an seinem Grundsatze festhielt, Alles sei in Allem, theils auch dem ordnenden Geiste immer Gegenstände seiner Thätigkeit übrig lassen wollte. Geht man nun aber in Gedanken von dem gegenwärtigen Standpunkte der Weltbildung in die Vergangenheit zurück, so erscheint uns in ihr die Wirksamkeit des Geistes immer geringer und geringer werdend, und dies möchte so in das Unbestimmte zurückgehend gedacht werden können. Demnach wäre nun auch nicht ein plötzlicher Anfang der Bewegung zu denken. Auch wenn wir bedenken, daß der Geist von Anfang an ist und nicht unthätig gedacht werden kann, muß es uns einleuchten, daß Anaxagoras sich eine Weltbildung ohne Anfang gedacht habe. Dessenungeachtet sagt uns

---

1) Suid. s. v. Ἀναξαγόρας.

2) S. das Bruchstück oben.

3) Simpl. phys. fol. 106 b. μηδ' ἐνδέχεσθαι πάντα διακριθῆναι.

Aristoteles [1]), der Geist wirke von einem Anfange an, so daß auch die Bewegung einmal beginne, nachdem vorher Alles unendliche Zeit geruht habe. Und nach derselben Vorstellungsweise wird auch vom Eudemos gefragt [2]), was es verhindere, daß es dem Geiste nicht einmal einfalle, alle Bewegung aufhören zu lassen. Beiden Vorstellungsweisen nämlich liegt die Meinung zum Grunde, daß es dem Geiste nicht wesentlich sei, die Dinge zu bewegen und zu ordnen. Wenn wir aber diese Meinung zurückweisen müssen nach der Ansicht des Anaxagoras, so bleibt uns nur übrig, anzunehmen, daß Aristoteles sich zu wörtlich an die Aeußerungen des Anaxagoras von einem frühern Zustande der Bewegungslosigkeit und einem Anfange der bewegenden Thätigkeit des Geistes gehalten habe, und mit dem Simplikios [3]) die Meinung zu theilen, Anaxagoras habe nur der Lehrordnung wegen, d. h. um die Weltbildung genetisch zu erklären, von einem Anfange der Bewegung gesprochen.

Sobald nun Anaxagoras in die Betrachtung der einzelnen Naturerscheinungen einging, mußte er seine allgemeinen Grundsätze festzuhalten suchen; aber freilich mit dem Geiste wußte er zur Erklärung einzelner Naturerscheinungen wenig anzufangen, da schon das Feststehende der

1) Phys. III. 4. ὁ δὲ νοῦς ἀπ' ἀρχῆς τινὸς ἐργάζεται νοήσας, ὥστε ἀνάγκη, ὁμοῦ πάντα ποτ' εἶναι καὶ ἄρξασθαί ποτε κινούμενα. Ib. VIII. 1. φησὶ γὰρ ἐκεῖνος, ὁμοῦ πάντων ὄντων καὶ ἠρεμούντων τὸν ἄπειρον χρόνον, κίνησιν ἐμποιῆσαι τὸν νοῦν καὶ διακρῖναι.

2) Ap. Simpl. phys. fol. 273 a.

3) Phys. VIII. fol. 257 b.

sinnlichen Ursamen jede weitere vernünftige Erklärung ihrer Beschaffenheit ausschloß, auch nirgends dem Anaxagoras ein fruchtbarer Begriff hervortrat, nach welchem er die ordnende Wirksamkeit des Geistes hätte bestimmen können. Dies ist eben das, weswegen die Alten über den wenigen Zusammenhang in seiner Naturerklärung klagen. Und so finden wir denn auch alle seine physischen Erklärungen, welche uns hie und da aufbewahrt worden sind [1]), durchaus ohne Rückblick auf den Geist, nur Erscheinung mit Erscheinung verknüpfend auf eine nach der damaligen Beschränktheit der Erfahrungen sehr willkürliche Weise. Deswegen werden wir auch nur sehr wenig hiervon zu erwähnen haben und uns fast nur an das Allgemeinere seiner Ansicht halten.

Da ihm die Weltbildung als ein Werk des Einen Geistes erschien, war es natürlich, daß er auch nur Eine Welt annahm [2]), wiewohl er in einem untergeordneten Sinne des Worts auch von einer Mehrheit der Welten gesprochen haben mag [3]). Die Welt der geordneten Dinge war ihm nach dem Vorigen nicht sogleich über Alles ausgebreitet, denn der Geist bewegte zuerst nur wenig, und daher mußte dem Anaxagoras ein Gegensatz entstehen zwischen dem schon Ausgesonderten und zwischen dem, was noch in der ungesonderten Mischung verharrt [4]). Doch die

---

1) Vergl. z. B. Plut. de pl. phil. II. 23; 30; III. 1; 3; IV. 1.

2) Simpl. phys. fol. 33 a.

3) Ib. fol. 6 b.

4) Ib. fol. 33. b. τὸ πολλὰ περιέχον und τὰ προσκριθέντα καὶ ἀποκεκριμένα. Diesen Gegensatz führt Simplikios auf den Ge-

erste Unvollkommenheit der Sonderung und Anordnung durch den Geist ist von zweierlei Art, einestheils, daß nicht Alles auf einmal der unmterscheidbaren Mischung entzogen wird, wie schon bemerkt, dann aber auch, daß alles, was zuerst gesondert ward, doch nur unvollkommen gesondert ist und die Anlage zu vielen spätern und vollkommnern Sonderungen noch in sich enthält. Denn zuerst, nimmt Anaxagoras an, habe sich das Dichte, das Feuchte, das Kalte und Finstere da zusammengegeben, wo jetzt die Erde ist, das Leichte dagegen, das Warme und das Trockne habe sich nach den höhern Gegenden des Aethers ausgeschieden, und dies sei die erste und einfachste Scheidung der bemerkbaren Gegensätze, daraus aber entständen wieder andere zusammengesetztere Scheidungen, wie unsere jetzige Erde *). Es ist hierbei zu bemerken, daß

gensatz zwischen der intelligibeln und der sinnlichen Welt zurück, wobei er sich noch auf andere Aeußerungen in der Schrift des An. bezieht. Wir haben diesem verkehrten Synkretismus manches Fragment des Anaxagoras zu danken.

*) Ib. fol. 38 b. καὶ μετ' ὀλίγα δέ, τὸ μὲν πυκνόν, φησί, καὶ διερὸν καὶ ψυχρὸν καὶ ζοφερὸν ἐνθάδε συνεχώρησεν, ἔνθα νῦν ἡ γῆ· τὸ δὲ ἀραιὸν καὶ τὸ ξηρὸν ἐξεχώρησεν εἰς τὸ πρόσω τοῦ αἰθέρος. καὶ τὰ μὲν ἁπλοειδῆ ταῦτα καὶ ἁπλούστατα ἀποκρίνεσθαι λέγει, ἄλλα δὲ τούτων συνθετώτερα, ποτὲ μὲν συμπήγνυσθαι λέγει ὡς σύνθετα, ποτὲ δὲ ἀποκρίνεσθαι, ὡς τὴν γῆν· οὕτω γάρ, φησίν, ἀπὸ τουτέων ἀποκρινομένων συμπήγνυται γῆ· ἐκ μὲν γὰρ τῶν νεφελῶν ὕδωρ ἀποκρίνεται, ἐκ δὲ τοῦ ὕδατος γῆ, ἐκ δὲ τῆς γῆς λίθοι συμπήγνυνται ὑπὸ τοῦ ψυχροῦ. Es herrscht hierin der Gegensatz zwischen dünn und dicht, zwischen warm und kalt. Teophr. de sensu 59. ὅσα τὸ μὲν μανὸν καὶ λεπτὸν θερμόν, τὸ δὲ πυκνὸν καὶ παχὺ ψυχρόν, ὥσπερ Ἀν. διαιρεῖ τὸν ἀέρα καὶ τὸν αἰθέρα.

die erste Scheidung nach dem Gegensatze zwischen den höhern und niedern Theilen der Welt, wohin das Leichte und das Schwere streben, geschieht [1]), daß aber auch dadurch nicht eine völlige Entmischung der vier Elemente hervorgebracht wird, sondern eine Mischung der Erde mit dem Wasser und der Luft, welcher das Feuer, denn das, was er den Aether nannte, war ihm das Feuer [2]), entgegengesetzt wird. Aus jener Mischung der drei Elemente, welche Anaxagoras Luft [3]), d. h. Wolkendunst, genannt zu haben scheint, sondern sich nun später erst die einzelnen Elemente, in dem Aether aber, der eine sehr schnelle kreisförmige Bewegung empfangen hat [4]), bilden sich ferner steinartige Massen, welche durch den Aether in Glut gesetzt und in Gestirne verwandelt werden. Es wird hierdurch ein ähnliches Fortschreiten in der Weltbildung angenommen, wie es nach der Lehre des Anaximandros im Gegensatze zwischen der Erde und dem Himmel oder zwischen Warmem und Kaltem stattfinden sollte, ein Fortschreiten, in welchem auch die Wechselwirkung der entgegengesetzten Massen nicht fehlt [5]), wie denn die zuerst schlammartige Erde durch den Brand der Sonne ausgetrocknet worden und das Meer als Ueberbleibsel der ersten Feuchtigkeit zurückgeblieben sein soll [6]). So bildete

1) Arist. meteorol. II. 7; Diog. L. II. 8.

2) Arist. de coelo I. 3; III. 3.

3) Ap. Simpl. phys. fol. 33 b.

4) Xenoph. mem. IV. 7; cf. Plat. de leg. XII. p. 967; Plut. v. Lysand. 12; de plac. ph. II. 13; Diog. L. II. 12.

5) Arist. probl. XI. 33; Plut. sympos. VIII. 3, 3; 4.

6) Plut. de pl. ph. III. 16; Diog. L. II. 8.

sich die Ordnung der Elemente, die Erde unten, das Feuer oben und in der Mitte das Wasser und die Luft.

Doch selbst die Sonderung der vier Elemente ist nach der Lehre des Anaxagoras nicht rein, indem auch in den einzelnen ausgeschiedenen Naturerscheinungen Alles ist, und ein jedes nur nach den überwiegenden Bestandtheilen sich von den andern Dingen unterscheidet [1]); eine Annahme, welche der mechanischen Naturerklärung nothwendig ist. Daß dieser Grundsatz auch für die sinnlichen Dinge galt, geht aus mehrern Aeußerungen des Anaxagoras hervor, und ist auch deswegen natürlich, weil Anaxagoras nicht übersehen konnte, daß aus allen sinnlichen Dingen Alles werde, und also auch in allen Dingen Alles enthalten sein müsse, weil nichts seine Beschaffenheit verändere [2]). Allein wenn auch die mechanische Physik in den Erscheinungen, welche einer Veränderung fähig sind, das Reine nicht suchen konnte, so mußte sie doch ihrem Principe gemäß etwas Reines annehmen; und dies zu bestimmen, war in der Lehre des Anaxagoras um so nöthiger, da sie doch nach dem Uebergewichte der reinen Bestandtheile den Charakter eines jeden Dinges bezeichnen wollte [3]). Daß er nun zur Bestimmung des Reinen in den gemischten Dingen nicht auf die vier Elemente zurückging, sondern

1) Simpl. phys. fol. 6 b.

2) Arist. phys. I. 4. διό φασι πᾶν ἐν παντὶ μεμῖχθαι, διότι πᾶν ἐκ παντὸς ἑώρων γιγνόμενον.

3) Simpl. phys. l. l. καὶ ὅτῳ πλεῖστα ἔνι, ταῦτα ἐνδηλότατα ἓν ἕκαστόν ἐστι καὶ ἦν. Simplikius und Andere drückten dies in der Formel aus: ἕκαστον κατὰ τὸ ἐπικρατοῦν ἐν αὐτῷ χαρακτηρίζεσθαι.

21 *

auf andere, mehr besondere Naturerscheinungen, ist aus bestimmten Aeußerungen der ältesten Zeugen klar, kann aber nur aus der eigenthümlichen Wendung seiner Naturlehre erklärt werden. Die Elemente nämlich, wie Feuer und Luft, sind ihm zusammengesetzter, oder weniger reine und vollkommne Ausscheidungen, als Fleisch und Knochen*). So wie also die Bestandtheile der allgemeinen Mischung sich zuerst in die vier Elemente sondern, ist noch eine unvollkommne Ausscheidung gesetzt. Man kann hierin die Idee durchgeführt finden, daß die Weltbildung durch den Geist allmälig weiter fortschreite von dem Zusammengesetztern und weniger Reinen zu dem Einfachern und Reinern.

Wie nun die reinen Ursamen gedacht werden müssen, dies ganz ausführlich anzugeben, konnte dem Anaxagoras nicht in den Sinn kommen, weil er annahm, daß die Ursamen nicht nur unendlich an Zahl seien, sondern auch von unendlich verschiedner Art, keiner dem andern gleichend. Aber Einiges mochte er doch wohl hervorheben aus dieser Unendlichkeit, um genauer wenigstens die Art, wenn auch nicht die eigenthümliche Beschaffenheit der er-

*) Arist. de gen. et corr. I. 1. *ἐναντίως δὲ φαίνονται λέγοντες οἱ περὶ Ἀν. τοῖς περὶ Ἐμπεδοκλέα. ὁ μὲν γάρ φησι πῦρ καὶ ὕδωρ καὶ ἀέρα καὶ γῆν στοιχεῖα τέσσαρα καὶ ἁπλᾶ εἶναι μᾶλλον ἢ σάρκα καὶ ὀστοῦν καὶ τὰ τοιαῦτα τῶν ὁμοιομερῶν, οἳ δὲ ταῦτα μὲν ἁπλᾶ καὶ στοιχεῖα, γῆν δὲ καὶ πῦρ καὶ ὕδωρ καὶ ἀέρα σύνθετα· πανσπερμίαν γὰρ εἶναι τούτων.* De coelo III. 3; Theophr. hist. plant. III. 1. Weniger bestimmte Stellen, welche auch die Elemente für gleich einfach wie die Knochen u. s. w. ansehen, können gegen die angeführten Zeugnisse nicht in Betracht kommen.

sten Bestandtheile zu bezeichnen. Hierin mußte sich nun eben seine eigenthümliche Ansicht von dem wahren Grunde der Natur zeigen. Wir finden von den Arten der Ursamen zum Theil sinnliche Beschaffenheiten angeführt, welche verschiedenartigen Dingen zukommen können und zu verschiednen Zeiten andern, wie Farbe, Kälte, Wärme und dergleichen [1]), zum Theil aber auch Bestandtheile, welche nur gewissen Arten von Dingen zukommen, wie Fleisch, Blut, Mark, Knochen, Gold, Blei und Anderes solcher Art [2]). Aber die erste Art der Bezeichnung bezieht sich wohl nur auf seine Lehre, daß in der Mischung aller Dinge keine bestimmte Beschaffenheit der Ursamen wahrnehmbar sei, dagegen durch die zweite Bezeichnungsweise möchte er das ganze Wesen der Urbestandtheile haben ausdrücken wollen, und deswegen wird sie auch besonders in der Ueberlieferung hervorgehoben [3]). Diese Art der Bestimmung über die Homöomerien hat nun offenbar die besondern Arten der Dinge im Auge, und der Grund der anaxagorischen Theorie dürfte daher darin zu suchen sein, daß er aus der ursprünglichen Beschaffenheit der Samen erklären wollte, wie in der geordneten Welt gewisse natürlich voneinander geschiedne Arten von Dingen entständen, theils einfachere, wie das Gold, theils zusammenge-

1) Anax. ap. Simpl. phys. 33 b.

2) Arist. l. l.; Simpl. phys. fol. 35 b; de coelo p. 148 b.

3) Arist. de coelo III. 4; Simpl. de coelo fol. 149 a. Daß solche Homöomerien, wie das Fleisch und andere Theile der Thiere, das Letzte in der Zusammensetzung der Dinge sind, sagt ausdrücklich Simpl. phys. fol. 35 b. οὐδὲν γὰρ τούτων ἁπλούστερον κατ' αὐτόν.

letztere, wie die Thiere, deren Hauptbestandtheile alle schon in der Beschaffenheit der Urbestandtheile gegründet wären.

Eine besondere Berücksichtigung verdient es aber, daß unter den Arten der Homöomerien vorzüglich organische Bestandtheile der Thiere angeführt werden. Wir haben schon früher bei der Lehre des Anaximandros erwähnt, wie die Erklärung des organischen Lebens der mechanischen Naturlehre ganz eigne Schwierigkeiten darbieten mußte. Hiervon finden wir auch Spuren beim Anaxagoras; aber seine ganze Lehre von den Urbestandtheilen scheint ihren Mittelpunkt in der Betrachtung des Organischen gehabt zu haben und recht eigentlich darauf angelegt gewesen zu sein, die organische Natur aus mechanischen Grundsätzen zu erklären.

Dies bemerken wir besonders, wenn wir einen der Gründe betrachten, auf welchen er seine Lehre baute, daß in Allem Alles sei. Denn bei der Nahrung der Thiere zeige es sich, daß durch sie alle Theile des thierischen Leibes wüchsen, und daß mithin alle diese Theile auch in der Nahrung enthalten sein müßten *). Daß er auf diese Beobachtung allein sein System, wie manche wohl glauben, gebaut habe, möchten wir zwar nicht behaupten, aber daß er ihr doch großes Gewicht beilegte, scheint uns daraus zu erhellen, daß die meisten seiner Homöomerien Bestandtheile des thierischen Leibes bezeichnen.

---

*) Plut. de pl. ph. I. 3. καὶ ἐκ ταύτης τῆς τροφῆς τρέφεται θρὶξ, φλέψ, ἀρτηρία, νεῦρα, ὀστᾶ, καὶ τὰ λοιπὰ μόρια. τούτων οὖν γινομένων ὁμολογητέον ἐστίν, ὅτι ἐν τῇ τροφῇ τῇ προσφερομένῃ πάντα ἐστὶ τὰ ὄντα. Arist. de gen. anim. I. 18; Simpl. phys. fol. 106 a.

Aber auch seine bewegende Ursache, der Geist, deutet auf die Erklärung des thierischen Lebens hin; denn der Geist ist ihm im Wesentlichen von der thierischen Seele nicht unterschieden, und nur den Unterschied zwischen beiden scheint er nicht sowohl ausgeführt, als angedeutet zu haben, daß die allgemeine bewegende Ursache der Geist, die besondere bewegende Ursache aber in einem einzelnen System von Homöomerien die Seele sei*). Es ist merkwürdig, wie er bei der Betrachtung der beseelten Dinge den Geist gleichsam theilt, und von einem kleinern und größern Geiste spricht, oder auch sagt, ein jeder Geist sei gleich, als wenn nämlich nicht Ein Geist, sondern mehrere Geister das Bewegende in der Welt wären. Diese Ausdrücke darf man wohl nicht in zu strengem Sinne nehmen; aber sie beweisen doch, daß Anaxagoras die Einheit des bewegenden Geistes nicht eben strenger aufgefaßt hatte, als die Einheit der unendlichen bewegten Masse. Verfolgt man nun die Spuren seiner Lehre, welche von dieser Einerleiheit des Geistes mit der Seele handeln, so muß man gestehen, daß die Vorstellung des Anaxagoras

*) Arist. de anima I. 2. Ἀν. δὲ ἧττον διασαφεῖ περὶ αὐτῶν· πολλαχοῦ μὲν γὰρ τὸ αἴτιον τοῦ καλῶς καὶ ὀρθῶς τὸν νοῦν λέγει· ἑτέρωθι δέ, τὸν νοῦν εἶναι τὸν αὐτὸν τῇ ψυχῇ. ἐν ἅπασι γὰρ ὑπάρχειν αὐτὸν τοῖς ζώοις καὶ μεγάλοις καὶ μικροῖς καὶ τιμίοις καὶ ἀτιμωτέροις. — — Ἀν. δὲ ἔοικε μὲν ἕτερον λέγειν ψυχήν τε καὶ νοῦν, ὥσπερ εἴπομεν καὶ πρότερον· χρῆται δ' ἀμφοῖν ὡς μιᾷ φύσει· πλὴν ἀρχήν γε τὸν νοῦν τίθεται μάλιστα πάντων. Simpl. de anima fol. 7 b; Anax. ap. Simpl. phys. fol. 33 b. ὅσα γε ψυχὴν ἔχει καὶ μείζω καὶ ἐλάσσω, πάντων νοῦς κρατεῖ. — νοῦς δὲ πᾶς ὅμοιός ἐστι καὶ ὁ μείζων καὶ ὁ ἐλάσσων.

von dem unendlichen Geiste keineswegs rein von mancherlei beschränkenden Bestimmungen war. Und dies war wohl eine natürliche Folge seines Dualismus, der auf gewisse Weise eine Rückwirkung des Bewegten auf die bewegende Kraft nicht abweisen konnte. So finden wir, daß er den Geist von der körperlichen Masse, mit welcher er verbunden ist, sich abhängig dachte, indem er den Schlaf als eine Wirkung des Körpers auf die Seele betrachtete [1]. Und überhaupt war es unmöglich, daß ihm nicht herabwürdigende Vorstellungen von der Kraft des Geistes hätten entstehen sollen, indem er betrachtete, wie der Geist, der ihm doch überall gleich ist, in den endlichen Erscheinungen belebter Dinge sich vom Körper gebunden zeigt. Dies mußte ihm um so mehr hervortreten, je weiter er das Gebiet des Geistes zog, nicht nur im Menschen, sondern auch in den Thieren und in den Pflanzen dasselbe findend; denn die Pflanzen seien in der Erde wurzelnde lebendige Wesen, mit Verlangen, Lust und Unlust, ja mit Geist und Erkenntniß begabt [2]. Scheint es doch fast, als wenn Anaxagoras, die unabhängigen Thätigkeiten des Geistes wenigstens so, wie er in den lebendigen Wesen ist, ganz verkennend, von der Bildung körperlicher Organe alle geistigen Entwicklungen abgeleitet habe [3]. Eine

1) Plut. de pl. ph. V. 25.

2) Arist. de plant. I. 1; 2; Plut. qu. nat. 1. init.

3) In der unreinen Angabe Plut. de pl. ph. V. 20. Ἀν. πάντα τὰ ζῶα λόγον ἔχειν τὸν ἐνεργητικόν, τὸν δ' οἱονεὶ νοῦν μὴ ἔχειν τὸν παθητικόν, τὸν λεγόμενον τοῦ νοῦ ἑρμηνέα, scheint etwas dergleichen zu stecken. Doch baue ich darauf nichts, sondern auf folgende Ueberlieferungen: Arist. de part. anim. IV.

sehr bestimmte Aeußerung wenigstens erinnert daran, wie man aus der mechanischen Zusammensetzung des Körpers die geistigen Thätigkeiten belebter Wesen zu erklären gesucht hat. Obgleich nämlich, bemerkte Anaxagoras, die unvernünftigen Thiere in einigen Stücken besser gebaut wären, als die Menschen, so sei dieser doch durch den Besitz der Hände das allervernünftigste Thier und vermöge so durch Erfahrung, Gedächtniß, Weisheit und Kunst sich aller übrigen Thiere zu seinem Nutzen zu bedienen. Es ist nicht leicht zu verkennen, wie Anaxagoras hierdurch den einzelnen Geist, und wenn dieser als Theil des allgemeinen Geistes gedacht wird, auch den allgemeinen Geist als eine von der Zusammensetzung des Körperlichen abhängige Kraft sich vorstellte.

Dasselbe tritt auch fast noch auffallender in seiner Lehre von der sinnlichen Wahrnehmung hervor. Denn wenn er anders die Empfindung, wie es doch seiner Ansicht gemäß ist, als einen Vorgang des geistigen Lebens betrachtete, so ergab sich ihm daraus auch natürlicher Weise, daß der Geist durch äußere Eindrücke bewegt werde und keineswegs ohne alles Leiden sei, wie Anaxagoras im Allgemeinen behauptet hatte. Dies folgt schon aus seinem allgemeinen Grundsatze, daß die Empfindung durch

---

10. Ἀν. μὲν οὖν φησὶ διὰ τὸ χεῖρας ἔχειν φρονιμώτατον εἶναι τῶν ζώων τὸν ἄνθρωπον. Plut. de frat. amore 2; de fortuna 3. ἀλλ' ἐν πᾶσι τούτοις ἀτυχέστεροι τῶν θηρίων ἐσμέν· ἐμπειρίᾳ δὲ καὶ μνήμῃ καὶ σοφίᾳ καὶ τέχνῃ κατὰ Ἀναξαγόραν σφῶν τε αὐτῶν χρώμεθα καὶ βλίττομεν καὶ ἀμέλγομεν καὶ ἄγομεν συλλαμβάνοντες. In dieser letztern Stelle ist nur eine Erklärung der erstern zu suchen.

das Entgegengesetzte geschehe, wenn er zum Beweis hinzufügte, das Gleiche verhalte sich leidenlos gegen das Gleiche [1]. Denn wenngleich jener Grundsatz nur auf das Verhältniß der Sinnenorgane zu den Einflüssen, welche durch die Poren dringen, sich beziehen sollte, wie wir aus der Ausführung im Einzelnen sehen [2], so hat er doch offenbar auch seine nothwendige Rückwirkung auf den empfindenden Geist, wie Anaxagoras sich nicht wohl verhehlen konnte. Wenn er daher die Ursache der Empfindung darauf zurückführte, daß wir alle entgegengesetzten Beschaffenheiten der Dinge enthielten, und wenn Mangel an der einen eingetreten gewesen, nachher das Erfülltwerden durch die entgegengesetzten bemerkten [3], so setzt dieser Vorgang, indem er zur Erkenntniß des Geistes kommt, offenbar ein Leiden des Geistes voraus, welches diesem Leiden des Körpers entspricht. Daher erklärte er auch, eine jede Empfindung sei verbunden mit einer Unlust [4]. Dies sind Widersprüche, welche der Dualismus des Anaxagoras nicht wohl vermeiden konnte, wenn er bei Betrachtung der lebendigen Dinge in eine genauere Untersuchung über das Verhältniß zwischen Körper und Geist einging.

---

1) Theophr. de sensu 1; 27. Ἀν. δὲ γίνεσθαι μὲν (sc. τὴν αἴσθησιν) τοῖς ἐναντίοις· τὸ γὰρ ὅμοιον ἀπαθὲς ὑπὸ τοῦ ὁμοίου.

2) Ib. 27 — 30.

3) Ib. 28. ἀλλὰ τῷ μὲν θερμῷ τὸ ψυχρόν, τῷ δ' ἁλμυρῷ τὸ πότιμον, τῷ δ' ὀξεῖ τὸ γλυκὺ (sc. γνωρίζειν) κατὰ τὴν ἔλλειψιν τὴν ἑκάστου· πάντα γὰρ ἐνυπάρχειν ἐν ἡμῖν.

4) Ib. 17; 28. ἅπασαν δ' αἴσθησιν μετὰ λύπης.

Wenn nun dennoch die Lehre des Anaxagoras vom Geiste der Erklärung des Organischen, und besonders des thierischen Lebens günstig sich zeigt, so ist es um so mehr zu verwundern, daß er doch, gleichsam als wäre die Entstehung des Organischen mit vielen Schwierigkeiten verbunden, alles Lebendige nur ganz allmälig beim Fortschreiten der Weltbildung aus dem Elementarischen hervorgehen ließ. Es ist dies jedoch erklärlich aus der Seite seiner Naturbetrachtung, welche sich dem Mechanischen zuwandte, und es läßt sich hierin eine Verwandtschaft seiner Vorstellungen mit der Lehre des Anaximandros nicht wohl verkennen. Man sollte meinen, zur Bildung des Lebendigen habe es ihm weiter nichts bedurft, als anzunehmen, ein Theil des Geistigen gehe in irgend eine Mischung von Ursamen ein [1]), verbinde sich mit ihr und gebe ihr eine eigenthümliche Bewegung. Allein die Beobachtung mochte den Anaxagoras leiten, daß zur Erhaltung der einzelnen lebendigen Wesen, wie wir sie auf der Erde sehen, mancherlei Bedingungen gehören, welche sich zuvor bilden müssen, ehe das Organische entstehen kann. Und daher setzt er die Bildung der Sonne und der Erde, welche ihm, wie alle Weltkörper, unbelebt sind, früher, als die Entstehung der Pflanzen, deren Vater und Mutter jene sind [2]), und läßt die Thiere aus der ursprünglich

1) Ap. Simpl. phys. fol. 35 a. ἐν παντὶ παντὸς μοῖρα ἔνεστι, πλὴν νοῦ, ἔστιν οἷσι καὶ νοῦς ἔνι. Stob. ecl. phys. I. p. 790. θύραθεν εἰσκρίνεσθαι τὸν νοῦν.

2) Arist. de plant. I. 2; Iren. II. 19. facta animalia decidentibus e coelo in terram seminibus.

schlammartigen Feuchtigkeit der Erde durch Einwirkung der Wärme entstehen, anfangs, wie es scheint, in einer unvollkommnen Bildung, indem sie erst später die natürliche Fortpflanzung auseinander erhalten sollen[1]).

Bei dieser spätern Entwicklung des thierischen Lebens fehlt nun nach der Meinung des Anaxagoras auch nicht das Zusammentreffen allgemeiner Weltumwälzungen mit den irdischen Erscheinungen. Denn er nahm an, daß die Erde, welche in der Mitte der Welt steht und von der Umströmung der Luft dahin geführt und dort getragen wird[2]), zuerst eine solche Stellung zu den Gestirnen hatte, daß der Himmelspol über der Mitte der Erde war, nachdem aber die Thiere aus der Erde entstanden wären, habe sich die Welt oder die Erde nach Süden geneigt, und die Gestirne seien in ihre jetzige Stellung zur Erde gekommen, damit die Erde theilweis unbewohnbar, theilweis bewohnbar werde durch Temperatur des Klima[3]).

1) Diog. L. II. 9; Orig. phil. 8. Wenn man hiermit die Lehre zweier Schüler des Anaxagoras, des Euripides, s. Diod. Sic. I. 7, und des Archelaos vergleicht, so kann man nicht zweifeln, daß eine Verwandtschaft der anaxagorischen und der anaximandrischen Lehre stattfindet, eine Verwandtschaft, welche so besonderer Art ist, daß man sie nur aus Ueberlieferung ableiten kann. Es ist doch merkwürdig, daß diese Vorstellungen sich nur bei den mechanischen Physikern finden.

2) Die Gründe, weswegen die Erde in der Mitte ruhe, finden sich Arist. de coelo II. 13; Simpl. de coelo fol. 91 a u. b; 126 b; 128 a; phys. 87 b; Orig. phil. l. l.; sie sind insgesammt mechanischer Art, und haben zwar Berührungspunkte mit dem philosophischen System des Anaxagoras, greifen aber nicht wesentlich in dasselbe ein.

3) Diog. L. II. 9; Plut. de pl. ph. II. 8. Cf. Schaubach p. 175 sq.

Hierin wird wohl nicht mit Unrecht ein Werk des in der Welt waltenden Geistes geahnt.

An diese größern Erscheinungen der Natur schließt sich nun natürlich auch eine würdigere Vorstellung von der Wirksamkeit des Geistes an. Man muß das Streben nach einer solchen aber auch schon darin finden, daß Anaxagoras die Thätigkeit des Geistes in einer so großen Ausdehnung aufzufassen suchte, als nur immer nach seiner von empirischen Bestimmungen nicht unabhängigen Denkweise ihm möglich erscheinen mochte. Dahin gehört es denn auch, daß er das Vorhandensein des erkennenden Geistes nicht nur in den Menschen, sondern auch in den geringern Thierarten, ja selbst in den Pflanzen setzte, in welchen er es wohl nicht gefunden haben würde, wenn sein Streben nicht dahingegangen wäre, das Reich des geistigen Lebens sich so weit ausgedehnt zu denken, als möglich. Aber wir finden noch überzeugendere Beweise hiervon. Denn nicht nur auf der Erde, wo es die Erfahrung nachweist, sondern auch auf andern Weltkörpern nahm er geistige Wesen an, wie er denn vom Monde gelehrt haben soll, er sei wie die Erde, habe Gefilde, Berge und Thäler und Wohnungen *), natürlich für geistige Wesen. Ja er scheint sich sogar ein vollkommneres Leben geistiger Wesen auf andern Weltkörpern, als auf der Erde, gedacht zu haben, indem er annahm, daß auch anderswo in der Welt Menschen seien in ähnlichen Verhältnissen und mit ähnlichen Werken, nur daß dort die Schnellig-

*) Stob. ecl. I. p. 550; 662; Plut. de pl. phil. II. 25; Orig. phil. 8; Diog. L. II. 8.

nung von der Erkenntniß des Menschen sei ihm nur aus seiner Naturlehre entsprungen. Der Grundsatz seiner mechanischen Erklärungsweise, daß kein Bestandtheil der Welt werden könne, ist als ein reines Ergebniß des verständigen Nachdenkens zu betrachten, und so waren ihm auch die ersten Bestandtheile aller sinnlich erkennbaren Dinge etwas, was nicht durch die Sinne, sondern nur durch den Verstand erkannt werden könne [1]). Daher wird auch mit Recht gesagt, Anaxagoras habe die Vernunft für das erkannt, wodurch wir die Wahrheit finden [2]). Die Sinne dagegen sind ihm zu schwach, die wahren Bestandtheile der Dinge zu entdecken, denn wenn wir zwei flüssige Farben nehmen, schwarz und weiß, und aus der einen tropfenweis in die andere gießen, so wird das Gesicht die allmälige Veränderung der Farbe nicht unterscheiden können, wenn sie gleich der Natur nach stattfindet [3]). Diese

1) Arist. de coelo III. 3. ἐξ ἀοράτων ὁμοιομερῶν. Phys. I. 4. ἐξ ἀναισθήτων ἡμῖν. Simpl. de coelo fol. 148 b; phys fol. 35 b. Simpl. beruft sich mit Recht auf den Satz des Anaxagoras: πάντα ἔγνω νοῦς.

2) Sext. Emp. adv. math. VII. 91. Ueber die Art, wie Anaxagoras die sinnliche Empfindung erklärte, ist Theophr. de sensu 27—37 nachzusehen. Das Wichtigste haben wir schon oben berührt. Nur als Notiz dürfte noch nachzuholen sein, daß in seiner Lehre auch das Gehirn eine Rolle spielte. Sonst sind seine Annahmen nicht sehr bemerkenswerth und nach der Ueberlieferung bei Theophrast wenigstens nicht so ausgebildet als die Lehre des Diogenes von Apollonia über denselben Gegenstand.

3) Ib. 90. ἔνθεν ὁ μὲν φυσικώτατος Ἀν. ὡς ἀσθενεῖς διαβάλλων τὰς αἰσθήσεις, ὑπὸ ἀφαυρότητος αὐτῶν φησὶ οὐ δυνατοί ἐσμεν κρίνειν τἀληθές. τίθησι δὲ πίστιν αὐτῶν τῆς ἀπιστίας τὴν παρὰ μικρὸν τῶν χρωμάτων ἐξαλλαγήν. εἰ γὰρ

Vorstellung von der Sinnenerkenntniß schließt sich an seine Lehre an, daß Alles in Allem sei, aber wegen der Mischung mit andern nur das hervorstechende Element erkannt werden könne. Wegen dieser Lehre aber hat ihm auch Aristoteles den Vorwurf gemacht, daß darnach von keinem Dinge Wahres ausgesagt werden könne, indem ein jedes sowohl das Eine, als sein Gegentheil sei [1]); ein Vorwurf, der nur halb gegründet ist, indem er sich nur auf die Erkenntniß der sinnlichen Dinge bezieht. Die Unzulänglichkeit dieser, indem sie nur die Erscheinungen auffasse, scheint dem Anaxagoras ganz klar gewesen zu sein, denn es wird ein Ausspruch von ihm erwähnt, daß einem Jeden die Dinge das seien, als was er sie auffasse [2]). Mit dieser Vorstellungsweise könnte es in Widerspruch zu stehen scheinen, daß Anaxagoras gelehrt haben soll, der Schnee sei nicht weiß, sondern schwarz, weil das Wasser, aus welchem er zusammengefroren sei, schwarz sei [3]); allein wenn man voraussetzt, in jener vorher betrachteten Aeußerung habe Anaxagoras bloß von der sinnlichen Vorstellung, in dieser aber von der Erkenntniß durch

---

δύο λάβοιμεν χρώματα, μέλαν καὶ λευκόν, εἶτα ἐκ θατέρου εἰς θάτερον κατὰ σταγόνα παρεκχέοιμεν, οὐ δυνήσεται ἡ ὄψις διακρίνειν τὰς παρὰ μικρὸν μεταβολάς, καίπερ πρὸς τὴν φύσιν ὑποκειμένας.

1) Met. IV. 4; 5; 7; XI. 6.

2) Arist. met. IV. 5. Ἀναξαγόρου δὲ καὶ ἀπόφθεγμα μνημονεύεται πρὸς τῶν ἑταίρων τινάς, ὅτι τοιαῦτ᾽ αὐτοῖς ἔσται τὰ ὄντα, οἷα ἂν ὑρολάβωσι.

3) Cic. qu. acad. II. 31; Sext. Emp. hyp. Pyrrh. I. 33; II. 244.

vernünftiges Nachdenken gesprochen, so wird man keinen Widerspruch zwischen beiden finden. Jedoch in beiden Aussprüchen kann man auch den Beweis finden, daß dem Anaxagoras keineswegs die sinnliche Empfindung etwas ganz Untaugliches für die Erkenntniß der Wahrheit war, denn er fand doch in der sinnlichen Auffassungsweise eines Jeden eine gewisse Wahrheit, und daß die sinnlich erkannte Farbe des Wassers ihm wahrhaft zukomme, mochte er nicht leugnen. Die Bestätigung hiervon finden wir in seiner Lehre, die Erscheinungen gäben den Maaßstab ab für die Erkenntniß des Nicht-Offenbaren *). Dieser Ausdruck belehrt uns sehr gut über den Weg, auf welchem er die Erkenntniß der Natur suchte. Ihm kam es seiner mechanischen Ansicht nach darauf an, zu bestimmen, aus welchen Bestandtheilen die erscheinenden Dinge zusammengesetzt wären, und die Natur dieser Bestandtheile glaubte er zu finden, indem er aus der sinnlichen Beschaffenheit einer jeden Mischung schloß, das überwiegende Bestandtheil in dieser Mischung müsse jener Beschaffenheit gleichen.

Wenn man nun das ganze System des Anaxagoras in Verhältniß zu seiner Erkenntnißlehre übersieht, so kann man sich leicht davon überzeugen, daß ihm die Summe der Erkenntnisse, welche er erlangt zu haben glaubte, nur sehr gering erscheinen konnte. Denn so wie der allgemeine Geist die unendliche Mischung aller Samen überschaut und weiß, was war, was ist und was sein wird, so erkennt der menschliche Geist von allem diesem nur Weniges. Er

*) Sext. Emp. adv. math. VII. 140. τῆς τῶν ἀδήλων καταλήψεως, τὰ φαινόμενα, ὥς φησιν Ἀν. (sc. εἶναι κριτήρια).

vermag nicht die unendliche Verschiedenheit der Samen zu überblicken und einen jeden nach seiner Eigenthümlichkeit zu bestimmen, sondern nur ihre allgemeinere Art kann er einigermaßen sich entwickeln; er vermag auch nicht die Ordnung der Bewegung, der Mischung und Entmischung der Ursamen in Allem genau nachzuweisen, sondern nur Einiges hierüber kann er sich zur Erkenntniß bringen. Indem nun dies dem Anaxagoras zum Bewußtsein gekommen war, und indem er unsere wirkliche Erkenntniß mit der unendlichen Masse des zu Erkennenden verglich, konnte ihm wohl die Klage entschlüpfen, nichts könne erkannt, nichts vernommen, nichts gewußt werden; eng sei der Sinn, schwach der Geist, kurz der Lauf des Lebens[1]. Doch man muß hierin bei der ganz entgegengesetzten Richtung seiner Lehre eine Neigung zum Skepticismus nicht suchen, wiewohl ihm nicht ohne Grund vom Aristoteles[2]) vorgeworfen wird, daß seine Annahme einer unendlichen Zahl von Urwesen von unendlich verschiedener Beschaffenheit und, können wir hinzusetzen, einer unendlichen Entmischung derselben die Möglichkeit der Erkenntniß aufhebe.

Wenn man noch zuletzt die Methode des Anaxagoras mit der Methode der frühern Naturphilosophen vergleicht,

---

1) Cic. qu. acad. I. 12.

2) Phys. I. 4. Man könnte zu Gunsten des Anaxagoras sagen, der Begriff des ἄπειρον sei bei ihm nur unbestimmt, und solle nur eine sehr große, für uns unübersehbare Zahl bedeuten; allein wenn aus diesem Begriffe das Feststehen des Unendlichen erschlossen werden sollte, mußte er in strengerm Sinne von ihm genommen werden.

so kann man sich nicht verhehlen, daß sie, obgleich nicht von mancherlei ungegründeten Voraussetzungen frei, doch viel strenger gehalten ist. Das Zurückführen des ganzen Systems auf den Grundsatz der mechanischen Naturlehre, das Streben nach Beweisen für die Mischung und unendliche Theilbarkeit der wahrnehmbaren Dinge, ja selbst für die Unbeweglichkeit der Mischung an sich, die klare Einsicht von dem durchgängigen Zusammenhange und der unendlichen Eigenthümlichkeit der Elemente, das scharfe Festhalten des Gegensatzes zwischen der beweglichen Masse und dem bewegenden Geiste, endlich die Art, wie die Zufälligkeit und die Nothwendigkeit der Ursachen beseitigt werden, um für die Thätigkeit des Geistes Raum zu gewinnen, alles dies zeugt von einem bedeutenden Fortschritt in der dialektischen Gewandtheit, und gewiß verdiente der Mann nicht bloß, weil er die vernünftige Ursache der Naturerscheinungen fand, sondern auch wegen seines Strebens nach Folgerichtigkeit im wissenschaftlichen Verfahren ein besonnener genannt zu werden *).

Neuntes Capitel.

Archelaos der Physiker.

Dieser Philosoph wird der gemeinen und nicht unwahrscheinlichen Meinung nach für einen Schüler des Anaxa-

*) Arist. met. I. 3.

goras gehalten [1]); ferner gilt er mit größerer Wahrscheinlichkeit für einen Athenienser, als für einen Milesier [2]), und endlich läßt ihn die Sage anfangs zu Lampsakos, nachher zu Athen Philosophie lehren [3]). Ob er mit dem Sokrates bekannt gewesen sei, bleibt zweifelhaft, ungeachtet der Menge der spätern Zeugen [4]), und wenn er es gewesen, so wäre es das sicherste Zeugniß für seine geringe Bedeutung, daß ihn weder Xenophon, noch Platon, noch Aristoteles erwähnen [5]). Ueber seine Lebensverhältnisse sind die Nachrichten überaus sparsam, so wie auch über seine Lehre, so daß es schwer hält, irgend etwas Eigenthümliches und Sicheres darüber zu ermitteln.

Von ihm wird gesagt, er habe zwar in der Entstehung der Welt und in dem Uebrigen etwas Eigenthümliches vorzubringen gesucht, aber dieselben Urwesen wie Anaxagoras angenommen [6]). Andere Angaben über die Gründe der Natur, welche Archelaos angenommen haben soll, lassen sich hiermit nicht in Uebereinstimmung brin-

---

1) Diog. L. II. 16; Simpl. phys. fol. 6 b.

2) Einen Athenienser nennen ihn die meisten Zeugnisse, unter welchen ich auf das Zeugniß des Simplikios a. a. Orte am meisten baue, weil es vielleicht auf den Theophrastos zurückgeht. Diog. L. l. l. nennt ihn auch einen Milesier.

3) Euseb. praep. ev. X. 14.

4) Diog. L. l. l.; Simpl. l. l. u. Andere.

5) Die Quelle der spätern Ueberlieferungen über die Philosophie des Arch. scheint die Schrift des Theophrastos über dessen Lehre zu sein (Diog. L. V. 42), da sich nirgends eine Stelle aus seinem Buche, denn wahrscheinlich schrieb er doch, angeführt findet.

6) Simpl. phys. fol. 7 a; de coelo fol. 148 b; August. de civ. D. VIII. 2.

gen, möchten jedoch aus Misverständnissen entstanden sein [1]). Es scheint, als wenn Archelaos die neue Lehre des Anaxagoras vom Gegensatze zwischen dem bewegenden Geiste und den bewegten Ursamen nicht festgehalten, vielmehr den Geist als ein ursprünglich Gemischtes angesehen hätte [2]), wozu die Veranlassung in der Lehre des Anaxagoras lag, indem sie den Geist von der thierischen Seele nicht genau unterschied, und hieraus konnte die Ueberlieferung sich bilden, daß die Luft ihm Grund der Natur gewesen sei [3]), als wenn er nämlich den Geist als etwas Luftartiges sich gedacht hätte.

Von seinen physischen Lehren finden wir nur die Art, wie er die Absonderung der Elemente geschehen läßt und daran die Entstehung der Thiere und der Menschen anknüpft, bemerkenswerth; beide Punkte zeigen auch auf eine merkwürdige Art seine Verwandtschaft mit dem Anaxagoras und dem Anaximandros. Zuerst nämlich, lehrt er, hätten sich das Wasser und das Feuer abgesondert, und durch die Einwirkung des Feuers auf das Wasser wäre die Erde zu einer schlammartigen Masse geronnen, später aber fester geworden; die Luft hätte sich aus dem Wasser durch seine Bewegung erzeugt, und so würde die Erde von der Luft, die Luft von dem Feuer gehalten [4]). An

---

1) Plut. de pl. ph. I. 3; Stob. ecl. I. p. 56; 298; Orig. phil. 9; Diog. L. II. 16; Sext. Emp. adv. math. IX. 360.

2) Orig. l. l. οὗτος δὲ τῷ νῷ ἐνυπάρχειν τι εὐθέως μίγμα.

3) Plut., Stob., Sext. Emp. ll. ll.

4) Diog. L. II. 16. ἔλεγε δὲ δύο αἰτίας εἶναι γενέσεως, θερμὸν καὶ ψυχρόν. 17. τηκόμενόν (πηγνύμενόν?) φησι τὸ ὕδωρ ὑπὸ τοῦ θερμοῦ, καθὸ μὲν εἰς πυρῶδες (τυρῶδες ist ein

die Bildung der Erde schließt sich ihm die Bildung der Thiere an. Als die Erde durch die Einwirkung der Wärme sich gebildet hatte, sei durch Mischung des Warmen mit der kalten und feuchten Erde das Thiergeschlecht gebildet worden, von vielerlei Art, ein jedes Thier von dem andern verschieden, doch alle dieselbe Nahrung habend; denn sie hätten sich vom Schlamm genährt, in welchem sie geboren und welchen ihnen die Erde wie nährende Milch dargeboten hätte. Anfangs jedoch wären sie nur eines kurzen Lebens theilhaftig gewesen, und erst später wäre ihnen die Erzeugung auseinander entstanden, es wären die Menschen von den übrigen Thieren gesondert worden, und hätten Herrscher und Gesetze und Künste und Städte und das übrige, was zum menschlichen Leben gehört, aufgestellt; doch wäre allen Thieren der Geist auf gleiche Weise eingeboren, und alle hätten einen Körper zum Gebrauch, nur einige langsamer, andere schneller *).

---

sehr wahrscheinlich) συνίσταται, ποιεῖν γῆν, καθὸ δὲ περιῤῥεῖ, ἀέρα γεννᾷν· ὅθεν ἡ μὲν ὑπὸ τοῦ ἀέρος, ὁ δὲ ὑπὸ τῆς τοῦ πυρὸς περιφορᾶς κρατεῖται. Orig. l. l. ἀποκρίνεσθαι ἀπ' ἀλλήλων τὸ θερμὸν καὶ τὸ ψυχρὸν, καὶ τὸ μὲν θερμὸν κινεῖσθαι, τὸ δὲ ψυχρὸν ἠρεμεῖν.

*) Orig. l. l. περὶ δὲ ζώων φησὶν, ὅτι θερμαινομένης τῆς γῆς τὸ πρῶτον ἐν τῷ κατὰ μέρος (f. κάτω μέρει), ὅπου τὸ θερμὸν καὶ τὸ ψυχρὸν ἐμίσγετο, ἀνεφαίνετο τά τε ἄλλα ζῶα πολλὰ καὶ ἀνόμοια, πάντα τὴν αὐτὴν δίαιταν ἔχοντα ἐκ τῆς ἰλύος τρεφόμενα· ἦν δὲ ὀλιγοχρόνια. ὕστερον δὲ αὐτοῖς καὶ ἐξ ἀλλήλων γένεσις ἀνέστη καὶ διεκρίθησαν ἄνθρωποι ἀπὸ τῶν ἄλλων καὶ ἡγεμόνας καὶ νόμους καὶ τέχνας καὶ πόλεις καὶ τὰ ἄλλα συνέστησαν. νοῦν δὲ λέγει πᾶσιν ἐμφύεσθαι ζώοις ὁμοίως· χρήσασθαι γὰρ ἕκαστον καὶ τῷ σώματι ὁμοίως (f. τῶν σωμάτων ὅσῳ), τὸ μὲν βραδυτέρως, τὸ δὲ ταχυτέρως.

An die Art, wie Archelaos die allmälige Ausbildung des Menschen sich dachte, mochte sich das anschließen, was uns von seiner Ethik gesagt wird [1]). Doch ist die Bedeutung desselben in hohem Grade zweifelhaft. Sein Grundsatz nämlich wird in der Formel ausgedrückt: das Böse und Gute sei nicht von Natur, sondern aus Uebereinkunft [2]). Wenn man nun bedenkt, daß Archelaos Zeitgenosse der Sophisten war, könnte man sich geneigt fühlen, ihm diesen Ausdruck in sophistischem Sinne, in welchem er alle Sittlichkeit aufhebt, zu deuten; wenn man aber auf seine mechanische Ansicht von der Natur sieht, könnte man auch wohl einer mildern Deutung Gehör geben. Nach dieser nämlich war ihm überhaupt alles in der wahrnehmbaren Welt ein durch Vertheilung der Ursamen Entstandenes, nichts aber, was als ein Werdendes erscheint, von Natur, und so konnte von ihm auch die Vertheilung (νόμος) der Ursamen durch den Geist als der Ursprung des Guten und des Bösen in der Welt angesehen werden [3]). Nach dieser Erklärung würde man

1) Diog. L. II. 16; Sext. Emp. adv. math. VII. 14.

2) Diog. L. l. l. καὶ τὸ δίκαιον εἶναι καὶ τὸ αἰσχρὸν οὐ φύσει, ἀλλὰ νόμῳ.

3) Um diese Erklärung nicht gezwungen zu finden, muß man sich an die Bedeutung, welche νόμος und φύσις bei den ältesten Mechanikern hatten, erinnern. So wird auch vom Anaximandros die ἀδικία in der ungleichen Vertheilung gesucht, vom Empedokles die φύσις überhaupt geleugnet (Plut. adv. Col. 10) und von Demokritos gelehrt, durch den νόμος allein sei süß und bitter, warm und kalt und Farbe, d. h. überhaupt sinnliche Beschaffenheit (Sext. Emp. adv. math. VII. 135; Galen. de elem. sec. Hipp. I. 2. p. 417 Kühn.); in dieser Lehre kann νόμος auch nicht das Gesetz

denn allerdings ein Zeugniß dafür finden, daß der Schule des Anaxagoras der Geist ein nach sittlichen Zwecken Wirksames gewesen sei, indem er den Gegensatz zwischen dem Guten und Bösen zu entwickeln strebe.

Mit dem Archelaos scheint die Wirksamkeit der anaxagorischen Schule ausgestorben zu sein, doch natürlich nicht so, daß nicht noch hie und da ähnliche Ansichten von der Natur sich erhalten hätten *). Die ionische Philosophie wirkte aber zunächst auf die Sophisten ein, deren Lehren wir jedoch zu entwickeln verschieben müssen, bis wir auch die philosophischen Ansichten betrachtet haben werden, welche neben der ionischen Philosophie gleichzeitig sich in andern Stämmen des griechischen Volks hervorgethan hatten.

Die mechanische Naturlehre, welche wir in den Meinungen des Anaximandros, des Anaxagoras und des Archelaos finden, schließt sich genau an die Beobachtung über die Veränderung der Erscheinungen durch die Veränderung chemischer und mechanischer Mischungen an, und ist in so fern der Erfahrung mehr zugewendet, als die dynamische Naturlehre; auch hat gewiß die mathematische Vorstellungsweise von der Erfüllung des Raums durch körperliche Größen und von der Erfüllung der Zeit durch räumliche Bewegungen großen Einfluß auf ihre Ausbildung gehabt; aber sie verbindet sich auch mit speculativen Ge-

---

bedeuten, sondern nur das Zusammentreffen der körperlichen Systeme in ihrer Bewegung.

*) Dem Eudoxos, einem Zeitgenossen des Platon, wird eine ähnliche Meinung beigelegt. Arist. met. I. 9. Auch spricht Aristoteles zuweilen von Anaxagoräern.

danken, in wie fern sie das unveränderlich Wahre in der Erscheinung aufsuchen lehrt, und wenn sie gleich in dem Irrthum befangen ist, daß sich dies auf irgend eine Weise räumlich und sinnlich darstellen lasse, so ist sie doch geeignet, mehr im Einzelnen, als dies die dynamische Lehre vermag, darauf aufmerksam zu machen, wie die sinnlichen Beschaffenheiten, in welchen uns die Dinge erscheinen, nicht unmittelbar diesen beigelegt werden können. Hiervon haben wir den offenbaren Beweis in der Lehre des Anaxagoras, daß der Schnee schwarz sei. Aus dieser mechanischen Ansicht bildete sich nun auf sehr natürliche Weise der Gegensatz zwischen dem Körperlichen, an sich Unbewegten, welchem aber die Bewegung mitgetheilt werden kann, und zwischen dem Geistigen, dem bewegenden Grunde in der Natur, ein sehr wichtiger Fortschritt, wie schon früher angedeutet. Weiter als zur Ausbildung dieses Gegensatzes konnte die mechanische Naturlehre nicht führen; denn ein jeder Versuch, den dadurch hervorgetretenen Zwiespalt in der Natur aufzulösen, ging aus ihrem Gesichtskreis heraus, indem er auf eine Zurückführung alles Wahren entweder auf den bewegenden Geist oder auf das bewegte Körperliche geleitet haben würde, von welchen beiden Wegen der eine über die Physik hinaus, der andere zur Verleugnung des Philosophischen führen mußte. Man könnte meinen, ein Fortschritt in dieser Lehre sei noch möglich gewesen, nämlich in Rücksicht auf die Gründe des Bewegten nachzuweisen, daß nicht nur einige, sondern daß alle sinnliche Beschaffenheiten, in welchen uns die Dinge erscheinen, das wahre Wesen dieser Dinge nicht unmittelbar ausdrücken; allein möchte man nun dieses Wesen in der bloß räumlichen Ausdehnung, d. h. in der geometrischen Form, oder in einem übersinnlichen Charakter gesucht haben, auf gleiche Weise wäre man dadurch aus dem Kreise der Physik herausgetreten. So schloß sich denn auf natürliche Weise die Ausbildung der mechanischen Physik mit der Lehre des Anaxagoras und seiner Schüler. Wir sehen in ihr, so wie in andern Theilen der Geschichte der Philosophie, wie die Fortbildung der philosophischen Erkenntniß nur durch große Irrthümer gewonnen werden konnte. Noch dies ist zu erinnern, daß auch die Vorstellung von der Thätigkeit des Geistes aus der Unbestimmtheit, in welcher sie vom Anaxagoras aufgefaßt wurde, nicht herausgezogen werden konnte auf dem Wege der Physik. Dies sehen wir an der Bestrebung des Archelaos, die Begriffe des Guten und des Bösen zu bestimmen; denn welcher Auslegung seiner Lehre wir auch folgen, so ging doch seine Meinung dahin, entweder Gutes und Böses bloß zu Satzungen der Menschen zu machen, oder diesen Begriffen eine bloß physische Bedeutung zu geben. In diesem Gebiete wesentlich physischer Untersuchungen mußte man sich damit begnügen, auf den Begriff des Geistes gestoßen zu sein; man befand sich damit offenbar an der Schwelle, welche am Ausgange der Physik liegt.

Viertes Buch.

Der Geschichte der vorsokratischen Philosophie zweite Abtheilung. Die pythagorische Philosophie.

Erstes Capitel.

Pythagoras und die Pythagoräer.

Fast um dieselbe Zeit, als die ionische Philosophie in Klein=Asien sich zu entwickeln begann, entstand auch in den Colonien der Griechen in Italien eine philosophische Denkweise. Die Colonien in Italien waren größestentheils von Achäern und Dorern gestiftet worden; sie entbehrten eines politischen Mittelpunkts, standen aber doch in mannigfaltigen Verbindungen untereinander, wie von ihrer dunklen Geschichte bewiesen wird; auch mit den benachbarten Griechen in Sicilien fand lebhafter Verkehr statt. Das dorische Element scheint in diesen Gegenden das Uebergewicht gehabt zu haben; wenigstens neigte sich ihre Sprache zum Dorismus mit örtlichen Eigenthümlichkeiten. Daß sich hier früh geistige Erregung zeigte, davon geben uns Zeugniß die gepriesenen Gesetzgebungen eines Zaleukos und eines Charondas, die Blüthe der Dichtkunst und der Redekunst, hauptsächlich in Sicilien, und die Bildung einer eigenen Schule von Aerzten in Kroton. Der Wohlstand der Städte war bedeutend, wovon auch die vielen Sieger in den olympischen Spielen zeugen; er führte bald zur Ueppigkeit und Verweichlichung.

Nun ist es auffallend, daß die Philosophie in diesen Pflanzstädten nicht von Einheimischen zuerst ausgebildet, sondern von ionischen Fremdlingen hierher gebracht wurde, nachher aber, sobald der erste Anstoß gegeben war, viele Förderer und Bewunderer unter den Eingeborenen fand. Dies ist dem Bildungsgange der Griechen gemäß. Von der Philosophie, welche sich in den dorischen und achäischen Städten ausbreitete, müssen wir hier zuerst reden, weil sie nicht nur der Zeit nach um etwas früher, als die Philosophie in der ionischen Pflanzstadt Elea, entstanden zu sein scheint, sondern auch, weil sie der ionischen Philosophie näher verwandt ist, als diese. Dies muß denen auffallend sein, welche von der Verwandtschaft der Stämme auf Verwandtschaft der Denkart mit Sicherheit schließen zu dürfen glauben; allein es ist nicht anders; der Mensch überhaupt trägt allerlei Sinnesart in sich, und veränderte Verhältnisse des Lebens ziehen auch andere Seiten seines Denkens an das Licht.

Nach Kroton, einer achäischen Pflanzstadt, kam ein ionischer Grieche, Pythagoras, geboren zu Samos in der 49. Ol. *), ein weiser Mann, dessen Abstammung auf

*) Clem. Alex. strom. I. p. 309; cf. Diod. Sic. XII 9. Die Annahme ist freilich nicht sicher; so wie die Zeitrechnung über den Pythagoras und über die Geschichte, welche mit ihm zusammenhängt, überhaupt sehr schwankend ist. Diese Geschichte ist zuerst durch die Sage hindurchgegangen, nachher als historischer Roman behandelt worden. Daß dies schon von den Schülern des Platon und des Aristoteles geschehen sei, noch mehr aber vom Apollo-

die tyrrhenischen Pelasger zurückgeführt wird [1]). Das Leben dieses Mannes ist noch mehr, als das Leben aller übrigen ältesten Philosophen, von einem mythischen Dunkel umhüllt, und die fabelhaften Sagen über ihn sind fast so alt, als die Geschichte [2]). Es kann uns daher auch nur wenig über ihn aufklären, daß wir ausführliche Erzählungen über seine Schicksale und Thaten aus den spätern Zeiten des Alterthums besitzen [3]), welche aus mancherlei Fabeln und Anekdoten zusammengesetzt sind, über den Charakter des Mannes aber uns selten belehren. Alle Ueberlieferungen jedoch lassen uns glauben, daß Pythagoras mit nicht gewöhnlichen Kenntnissen versehen war [4]).

---

nios und den Neu-Pythagoräern und Neu-Platonikern, ist mir außer Zweifel. Krische, de societatis a Pythagora in urbe Crotoniatarum conditae scopo politico. Gott. 1830. 4. baut zu viel auf die Glaubhaftigkeit des Aristoxenos, Dikäarchos und Apollonios. Es ist seltsam, daß der Ionier Pythagoras ein Ideal dorischer Weisheit sein soll.

1) Nach dem Aristoxenos, Aristarchos, Theopompos, Kleanthes. Clem. Alex. strom. I. p. 300; Diog. L. VIII. 1; Porphyr. vita Pythag. 1; 2, cf. Kiessling ad. h. l. Auch Phliasier wird Pythagoras genannt, welches auf Abkunft seiner Familie aus Phlius zu deuten scheint. Lycus ap. Porphyr. v. Pyth. 5; Pausan. II. 13; cf. Krische p. 3. Daß er vom Lykos auch Metapontiner genannt wurde, geht sehr wahrscheinlich nur auf seinen Aufenthalt in Metapont.

2) Herodot. IV. 95.

3) Porphyrii vita Pythagorae; Jamblichus de vita Pythagorae; Diog. L. VIII. 1—50; Phot. bibl. cod. CCLIX. enthält nur wenig über das Leben des Pyth., auch über die Lehren der Pythagoräer nur wenig Bedeutendes.

4) Herodot. IV. 95. καὶ Ἑλλήνων οὐ τῷ ἀσθενεστάτῳ σοφιστῇ Πυθαγόρῃ. Heraclit. ap. Diog. L. IX. 1. schreibt dem Pythagoras πολυμαθίην zu, und sagt von ihm b. Diog. L. VIII.

Ueber die Gegenstände, auf welche sich seine Forschung bezog, können wir einigermaaßen urtheilen, wenn auch nicht über den Umfang, welchen seine Kenntnisse in denselben erreicht hatten. Pythagoras wird zu den ausgezeichnetsten Begründern der wissenschaftlichen Mathematik gezählt [1]), wofür auch die Richtung seiner Schule spricht; daran schließt es sich an, daß er mit der Bestimmung des Maaßes und des Gewichts sich beschäftigt haben soll [2]), die Verhältnisse der musikalischen Töne maß [3]) und auch in der Astronomie Manches entdeckt haben soll [4]). Alles dies hat jedoch mehr Wahrscheinlichkeit, wenn wir den Gang der wissenschaftlichen Entwicklung in der Schule des Pythagoras betrachten, als wenn wir die einzelnen Zeugnisse untersuchen. Aus demselben Grunde sind wir auch geneigt, dem Pythagoras Versuche in der Arzneikunst zuzuschreiben [5]), welche jedoch hauptsächlich an die Wirkungen der Musik auf das Gemüth des Menschen sich ange-

---

6: Πυθαγόρης Μνησάρχου ἱστορίην ἤσκησεν ἀνθρώπων μάλιστα πάντων καὶ ἐκλεξάμενος ταύτας τὰς συγγραφὰς ἐποιήσατο ἑαυτοῦ σοφίην, πολυμαθίην, κακοτεχνίην.

1) Cic. de nat. D. III. 36; Diog. L. I. 25; VIII. 11; 12. Diese und andere ähnliche Stellen beweisen, daß die Spätern die Verdienste des Pythagoras um die Mathematik nicht mehr zu bestimmen wußten.

2) Aristox. ap. Diog. L. VIII. 14. in sehr übertriebenen Ausdrücken.

3) Porphyr. in Ptolem. harm. 3. p. 213; Diog. L. VIII. 12; Boeth. de mus. I. 10; 11.

4) Diog. L. VIII. 14; Plin. hist. nat. II. 8; 21.

5) Diog. L. VIII. 12; Cels. de medic. I. praef.; cf. III. 4.

schlossen zu haben scheinen [1]); und wenn wir bedenken, daß sein Bestreben auf Erziehung der Menschen durch Sitte und Lebensweise abzweckte [2]), und daß Gymnastik als ein Haupttheil der Erziehung von den Griechen überhaupt, und besonders von den Pythagoräern anerkannt wurde, so ist es uns auch nicht unwahrscheinlich, daß er für die Gymnastik gewisse Grundsätze aufstellte oder ihre allgemeine Bedeutung für das sittliche Leben anerkennen lehrte [3]).

Allein alle diese Kenntnisse und Geschicklichkeiten scheinen weniger den Mittelpunkt seines Lebens zu bezeichnen, als der Sagenkreis, welcher um sein Leben verbreitet ist. Alle diese Fabeln und Geschichtchen, welche uns über ihn erzählt werden, verkündigen uns in dem Pythagoras den Wunderthäter, den heiligen Mann, den Verkünder göttlicher Weisheit. Daher ist schon seine Geburt mit Wundern umgeben; von Einigen wird er ein Sohn des Apollon, von Andern ein Sohn des Hermes genannt; seine Erscheinung wird in göttlichem Glanze erblickt, einen goldnen Schenkel soll er gezeigt haben, Abaris der Skythe kam zu ihm auf goldnem Pfeile geflogen, zu derselben

---

1) Porph. v. P. 80; 33; Jambl. v. P. 164; 244. Es braucht nur erwähnt zu werden, daß dem Pythagoras auch der Gebrauch von Formeln und andern Mitteln der Zauberei zugeschrieben wird.

2) Plat. de rep. X. p. 600.

3) In dem, was von seinen gymnastischen und musikalischen Uebungen und Kenntnissen gesagt wird, sind übrigens Verwechslungen zu fürchten, da auch der Philosoph Pythagoras von einem Athleten und einem Musiker dieses Namens unterschieden wird. Es noch andere dieses Namens. Diog. L. VIII. 46; 47; Aristox. harm. elem. II. p. 36 ap. Meibom.

23 *

Zeit wurde er an verschiednen Orten gesehen, Thiere folgten seinem Rufe, der Flußgott redete ihn an, vom Hermes besaß er das Geschenk der Erinnerung an sein früheres Leben und in Andern wußte er dieselbe Erinnerung zu erwecken, die Harmonie der Sphären soll er gehört haben, und seine Aussprüche galten als untrügliche Wahrheit; wie ist es nun zu verwundern, daß er von den Krotoniaten der hyperboreische Apollon genannt wurde [1])! Es ist aber klar, daß alle diese Meinungen und Fabeln nur über einen Mann entstehen konnten, der entweder sich selbst, oder dem doch seine nächste Umgebung ein näheres Verhältniß zu dem Göttlichen zuschrieb, als andern Menschen zukomme. Darüber sind auch die unzweideutigsten Zeugnisse des Alterthums vorhanden, von welchen wir nur das älteste anführen wollen, das Zeugniß des Herodotus, welcher von einem geheimen Gottesdienste der Pythagoräer, den pythagorischen Orgien, und von einer heiligen Erzählung oder Formel dieses Gottesdienstes spricht [2]). Wenn wir nun finden, daß Zahlenlehre und Geometrie, Musik und Astronomie, ja selbst Medicin und Gymnastik, zu welcher auch die Orchestik zu rechnen ist, bei den Pythagoräern in der innigsten Verbindung mit der Verehrung der Götter standen, so wird man wohl nicht zwei-

1) Die Erzählungen sind bekannt; ich will daher nur bemerken, daß für einige derselben Aristoteles als Gewährsmann angeführt wird. Aelian. v. h. II. 26; Apollon. Dysc. hist. mir. 6.

2) II. 81; cf. Arist. ap. Jambl. v. P. 31. Noch älter ist das Zeugniß des Xenophanes (Diog. L. VIII. 36) über den Pythagoras selbst, doch kann es nur indirect für unsern Zweck gebraucht werden.

feln dürfen, daß der Mittelpunkt aller Kenntnisse der Pythagoräer, und muthmaaßlich auch des Pythagoras, in dem geheimen Gottesdienste, welcher vom Pythagoras abgeleitet wurde, zu suchen sei, einem Gottesdienste, welcher von seinen Anhängern für heiliger gehalten wurde, als der öffentliche, vom Staate angeordnete und geleitete.

Wenn man nun einen solchen wunderbaren Mann, wie den Pythagoras, betrachtet, so möchte man wohl gern wissen, wie er zu dem geworden sei, als welchen er sich später zeigte, und wie er die Mittel zu seiner ausgebreiteten Wirksamkeit erlangte. Dieses Verlangen hat zu vielen Vermuthungen geführt, welche zum Theil auf geschichtlicher Ueberlieferung beruhen mögen. Allein wenn man bedenkt, welche Masse von Fabeln an die Ueberlieferungen über den Pythagoras im Verlauf der Zeiten sich angeknüpft hat, wie dagegen das, was wir von den ältesten Zeugen über ihn wissen, nur sehr wenig ist, so darf man kaum hoffen, hier das Wahre von dem Ersonnenen scheiden zu können. Die Ueberlieferungen der spätern Zeit über die Bildung des Pythagoras führen uns in so weite Räume, daß wir darin alle Bestimmtheit verlieren. Die Lehrer des Pythagoras in der Geometrie sollen die Aegypter, in der Arithmetik die Phöniker*), in der Astronomie die Chaldäer, in den heiligen Dingen und in den

*) Hiermit hängt zusammen, daß Pythagoras der Schüler des Phönikers Mochos oder Moschos, des Urhebers der Atomenlehre nach dem Poseidonios, genannt wird. Moschos ist von Einigen für Moses gehalten worden; damit hängt dann wieder zusammen, daß Pythagoras von der jüdischen Religionslehre Kenntniß gehabt aben soll.

Vorschriften für das Leben die Mager gewesen sein [1]); dabei bleibt den Griechen gar nichts übrig, und Pythagoras erscheint wie ein orientalisch Gebildeter. Von der andern Seite werden von griechisch gelehrten Männern zwei unbekannte Weise der Vorzeit, Kreophylos [2]) und Hermodamas [3]), von den sieben Weisen Bias [4]) und Thales [5]), außerdem Anaximandros der Physiker [6]), und nach der am meisten verbreiteten Meinung Pherekydes der Mythograph [7]) seine Lehrer genannt. Von allen diesen Meinungen und Sagen aber verdienen nur zwei eine etwas ausführlichere Betrachtung, nämlich daß Pythagoras ein Schüler der ägyptischen Priester und daß er ein Schüler des Pherekydes gewesen.

Wenn wir bedenken, daß Aegypten vorzugsweise das Wunderland der alten Griechen war, und bei seiner seltsamen und verschlossenen Bildung, welche sich doch in ihren großartigen Werken den Augen aufdrang, den Griechen wunderbar erscheinen mußte, sobald sie mit ihm bekannter wurden: so kann es uns nicht auffallen, daß man

---

1) Porphyr. v. P. 6; Apulej. flor. I. fin. Andere Ueberlieferungen übergehe ich.

2) Jambl. v. P. 9.

3) Porph. v. P. 2; Diog. L. VIII. 2. Cf. Jambl. v. P. 11; Diog. L. l. l. cum not. Menag. Kreophylos und Hermodamas sollen auch nur eine Person gewesen sein.

4) Jambl. v P. 11.

5) Ib.

6) Ib.; Porph. l. l.; Apulej. flor. l. l

7) Nach dem Andron, Duris und Aristoxenos. Diog. L. I. 118; 119; Cic. de divin. I. 50.

den seltsamen Mann Pythagoras mit den Aegyptern in Verbindung brachte. Es kommt nun hinzu, daß die Lehre des Pythagoras von der Seelenwanderung und manche seiner ascetischen Vorschriften, wenigstens wie man sie in späterer Zeit sich dachte, mit ägyptischen Lehren und Gebräuchen Aehnlichkeit hatten; woher konnte man sie also schicklicher ableiten, als aus Aegypten? Ferner ist die Sage ziemlich alt, daß Pythagoras, ehe er nach Kroton kam, große und lange dauernde Reisen gemacht habe, und schwerlich möchten diese, wenn wir der Wahrscheinlichkeit folgen, in Zweifel gezogen werden. Samos überdies stand in Verkehr mit Aegypten, theils durch Privatleute, theils durch die Verbindungen, welche der Tyrann Polykrates daselbst unterhielt; die Sage aber bringt den Pythagoras auch mit dem Polykrates in Verbindung. Es läßt sich also wohl die Wahrscheinlichkeit nicht leugnen, daß Pythagoras nach Aegypten gereist sei. Jedoch möchten wir hieraus nicht schließen, er sei auch in die Geheimnisse der ägyptischen Priester eingeweiht worden *), da theils die Zeugnisse nicht genügen, theils die Einrichtung des ägyptischen Kastenwesens es durchaus unwahrscheinlich macht. Auch ist eine oberflächliche Kenntniß der ägyptischen Meinungen und Gebräuche vollkommen hinlänglich, uns das zu erklären, was auf sie zurückgeführt wird. Die Geometrie, von welcher Herodot meint, daß sie aus Aegypten zu den Griechen gekommen sei, war überhaupt damals in der Kindheit; die Griechen mußten ihr erst eine wissenschaftliche Gestalt geben, und konnten nichts als

*) Antiphon ap. Porph. v. P. 7; 8; Jambl. v. P. 18; 19.

Handgriffe und eine gewisse Uebung von den Aegyptern erlernen. Die Lehre von der Seelenwanderung war eine öffentliche Lehre bei den Aegyptern, und Pythagoras brauchte sie nicht eben von den Aegyptern zu entlehnen [1]). Außerdem werden einige Gebräuche bei der Bestattung der Todten und in der Enthaltung von Lebensmitteln den Pythagoräern, wie den Aegyptern beigelegt, doch dies sind äußerliche Dinge, welche auf die innere Bildung der Menschen keinen bemerkbaren Einfluß haben und Kenntniß der priesterlichen Geheimnisse nicht voraussetzen. Ueberdies ist hierüber Vieles in spätern Zeiten ersonnen worden [2]). Nur Eins ist noch zu erwähnen, nämlich die symbolische Darstellungsweise, welche den Pythagoräern und Aegyptern gemein war. Daß eine symbolische Darstellungsweise einem jeden öffentlichen und geheimen Gottesdienste sich anschließen müsse, liegt in dessen Natur; nur beim öffentlichen Cultus ist der Sinn offenbar, beim geheimen nur den Eingeweihten zugänglich. Nun haben aber die ägyptische Symbolik und die pythagorische, so viel wir urtheilen können, nur eine sehr entfernte Aehnlichkeit. Bei den Pythagoräern finden wir Zahlensymbole vorherrschend, sonst aber gewisse symbolische Lebensregeln, welche ganz die Farbe griechischer Lebensweisheit und griechischer Verhältnisse haben; nur in den geometrischen Symbolen der Pythagoräer könnte man eine entfernte Aehnlichkeit mit den ägyptischen Hieroglyphen suchen. Wenn man aber bemerkt, daß die geometrischen Symbole der Pythagoräer

1) S. oben S. 163.

2) S. weiter unten.

mit ihren Zahlensymbolen in der genauesten Verbindung stehen, so wird man auch diese Aehnlichkeit nicht weiter verfolgen wollen.

Mit dem Pherekydes setzen den Pythagoras einige Anekdoten in Verbindung, in welchen man an die Stelle seines Namens fast jeden andern Namen setzen könnte. Unter den Meinungen des Pythagoras hat man seine Lehre von der Seelenwanderung von dem Pherekydes ableiten wollen. Man hat also die Wahl, ob man die Bekanntschaft des Pythagoras mit dieser Lehre von dem Pherekydes oder von den Aegyptern herleiten will. Sonst finden wir keine Spuren, daß Pythagoras von den mythischen Erzählungen des Pherekydes etwas in seine Philosophie aufgenommen hätte, vielmehr legt Aristoteles dem Pherekydes und den Pythagoräern ganz entgegengesetzte Meinungen über den Ursprung der Dinge bei *).

Wir sehen also, daß die Bildungsgeschichte des Pythagoras mit geschichtlicher Wahrscheinlichkeit aus keiner der Ueberlieferungen, welche sie betreffen, nachzuweisen ist. Das Meiste werden wir ihm wohl selbst als Ergebniß eigner Forschung und den Einwirkungen seiner Zeit, welche nach wissenschaftlicher Erkenntniß mächtig emporstrebte, zuschreiben müssen. Wenn wir diese Einwirkungen seiner Zeit auf ihn gehörig würdigen, so werden wir aber auch zur Genüge uns erklären können, wie er bei eignem wissenschaftlichen Streben das werden konnte, als was wir ihn erkennen müssen, ein Mann, welcher auf die wissen-

*) Met. I. 7; ap. Stob. ecl. I. p. 380; cf. Diog. L. I. 119; Arist. met. XIV. 4; cf. XII. 7.

schaftliche Einsicht und sittliche Gesinnung seiner Zeitgenossen und der Folgezeit einen nicht geringen Einfluß ausgeübt hat. Schon hatten sich unter den Griechen die ersten Anfänge der wissenschaftlichen Mathematik gebildet; mit ihr in Verbindung stand die astronomische Beobachtung und die Frage nach der Entstehung und kosmischen Bedeutung der Gestirne; Musik und Gymnastik wurden als Bildungsmittel des Geistes und des Leibes geübt; in den Gnomen der Dichter und Weisen sprach sich Lebensweisheit aus, und die religiöse Betrachtung der Dinge war in dem Volke noch lebendig und einer weitern Ausbildung fähig. Wenn wir in dieser religiösen Richtung den Mittelpunkt des Strebens, welches im Pythagoras war, finden, so werden wir auch wohl schwerlich uns geneigt fühlen, an eine ausländische Weisheit des Pythagoras zu glauben; denn das, was wir in derselben Bildungsperiode des griechischen Volks, theils vor, theils nach dem Pythagoras, von ähnlichen Versuchen einer mysteriösen Auffassung des Heiligen finden, zeigt offenbar, wie es ganz rein aus dem griechischen Wesen hervorgegangen ist. Man möge sich hierbei an den Epimenides und den Empedokles erinnern. Auch finden wir, daß die Sage den Pythagoras aus griechischen Quellen seine religiösen Vorstellungen schöpfen läßt. Denn außerdem, daß seine Geheimlehre mit der orphischen nicht selten zusammengestellt wird, soll er auch in Kreta gewesen sein und sich in die Geheimnisse der idäischen Höhle haben einweihen lassen *); auch wird erzählt, daß er die meisten sei-

*) Jambl. v. P. 25; Porphyr. v. P. 17; Diog. L. VIII. 3.

ner ethischen Lehren, d. h. wohl seiner ascetischen, mit der Religion in Verbindung stehenden Vorschriften, von der delphischen Priesterin Themistokleia empfangen habe [1]). Als eine Muthmaaßung mag es hier stehen, daß Pythagoras schon durch seine Abstammung von den tyrrhenischen Pelasgern eine heilige Sage überliefert erhalten haben konnte, welche er seinen Zwecken gemäß nur weiter auszubilden brauchte [2]).

Daß er seine religiösen Ansichten in einer geheimen Lehre fortpflanzte, liegt schon in dem Worte Orgien, mit welchem sie Herodot bezeichnet; es wird uns aber auch

1) Aristoxen. ap. Diog. L. VIII. 8; 21; Porphyr. v. P. 41.

2) Bekanntlich hat Lobeck im Aglaophamos die orphisch-bakchischen Mysterien auf die Pythagoräer und den Pythagoras zurückzuführen gesucht. Darin ist vielleicht zu viel gesagt oder geleugnet. Wenn man aber dagegen hauptsächlich den Zusammenhang des Pythagoras mit der Verehrung des Apollon, welche in mehrern Punkten der Sage heraustritt, geltend gemacht hat und wie Krische p. 22 sq.; 33 sq. behauptet, daß Pythagoras gar nichts, sondern erst seine sogleich nach seinem Tode ausgearteten Schüler mit den bakchischen Mysterien zu thun gehabt hätten, so müssen wir billig Bedenken tragen, ein anderes Urtheil über den Pythagoras zu fällen, als das, was durch den Mund dieser Schüler zu uns gekommen ist. Die Sache abzuthun ist unseres Orts nicht; aber aufmerksam möchten wir darauf machen, daß nicht allein der Apollodienst, sondern auch der Dienst des Hermes in vielen, bedeutenden Sagen über den Pythagoras heraustritt, was eine Verbindung mit den samothrakischen Mysterien errathen läßt, und daß wir beim Philolaos, dem echtesten Schüler pythagorischer Philosophie, auch eine Beziehung auf die bakchischen Culte finden (Böckh's Philol. S. 153), wie ja auch sein Buch die Bakchen genannt wurde. Böckh a. a. O. S. 34 ff. Alles dies läßt uns vermuthen, was ja auch von diesen neugebildeten Mysterien an sich wahrscheinlich ist, daß sie eine eklektische Vermischung und allgemeinere Deutung früherer Culte enthielten.

ausdrücklich auf glaubhafte Weise versichert, daß die Pythagoräer den Grundsatz hatten, nicht Allen sei Alles zu verkünden [1]). Diese Orgien scheinen auch im eigentlichen Griechenland verbreitet gewesen zu sein; wenigstens spricht Herodot von ihnen als von einer allgemein bekannten Sache; die meiste Verbreitung haben sie aber wohl in den italischen Pflanzstädten gefunden. Warum nun hierher Pythagoras seine Wirksamkeit verlegte, darüber giebt es verschiedne Sagen, unter welchen die wahrscheinlichere schwer zu finden ist; genug wir wissen, daß er von Samos nach Kroton auswanderte. Dies soll im vierzigsten Jahre seines Alters geschehen sein [2]). Wir übergehen die wunderbaren Erzählungen von seinem Auftreten in Kroton, von der göttergleichen Verehrung, welche er daselbst gefunden, von der plötzlichen Sittenveränderung, welche er bewirkt haben soll, und bemerken nur, daß er nach glaubhaften Ueberlieferungen eine eigenthümliche Art des Privatlebens unter denen, welche sich ihm anschlossen, einrichtete [3]). Daß dieses Leben, welches sich auch später unter seinen Anhängern erhielt, eben als ein Privatleben bezeichnet wird, beweist auch, daß alle die Erzählungen der Spätern, welche vom Pythagoras selbst eine Umwälzung der Staatsform nicht nur in Kroton, sondern auch in andern Städten Italiens bewirken lassen, übertreiben, wiewohl dadurch nicht ausgeschlossen wird, daß Pythagoras seinen

1) Aristox. ap. Diog. L. VIII. 15; Arist. ap. Jambl. v. P. 31.

2) Aristox. ap. Porph. v. P. 9. Nach Cicero de rep. II. 15 in der 62. Olymp.

3) Plat. de rep. X. p. 600.

Anhängern auch politische Grundsätze einpflanzen mochte, welche auf eine Veränderung der Staatsverfassung abzwecken konnten. Von politischen Grundsätzen der Pythagoräer wird uns wenigstens sehr viel erzählt [1]); sie sollen aristokratischer Richtung gewesen sein [2]), und wenn man die spätern Schicksale der Pythagoräer bedenkt, so ist beides wahrscheinlich, so wie denn auch die innige Verbindung der alten Religion mit dem Politischen bei den pythagorischen Orgien etwas Aehnliches erwarten läßt. Nur muß man nicht glauben, die Geheimnisse der Pythagoräer seien bloß politischer Art gewesen, vielmehr berechtigen uns die wahrscheinlichsten Ueberlieferungen durchaus, den Mittelpunkt der pythagorischen Genossenschaft in einer geheimen Religionslehre zu suchen.

Die Gesellschaft, welche Pythagoras stiftete, wird als ein geheimer Bund angesehen. Damit hängen viele Ueberlieferungen zusammen, welche zum Theil in spätern Zeiten in's Unglaubliche, ja fast in's Unmögliche übertrieben worden sind. Vor der völligen Einweihung in die Orgien sind wohl unstreitig nach der Art solcher Einrichtungen Prüfungen oder niedere Arten der Weihen vorhergegangen. Als etwas dem Pythagoras Eigenthümliches wird erzählt, daß er zuvor die Gesichtszüge der Einzuweihenden untersucht habe [3]); nachher soll er sie, während der Zeit der ersten Weihungen, zum Stillschweigen (ἐχε-

1) Varro ap. August. de ordine II. 54; Posidon. ap. Senec. ep. 90.

2) Diog. L. VIII. 3; Jambl. v. P. 257.

3) Gell. noct. Att. I. 9.

μυθία) gewöhnt haben [1]); die Zeit der ersten Weihungen wird aber verschieden angegeben; wie wir denn über diese Dinge nichts mit großer Zuversicht versichern möchten. Nur scheint es uns der Einrichtung solcher Genossenschaften gemäß zu sein, daß sich nach dem Grade der Weihen die Pythagoräer in mehrere Classen abtheilten, über deren Benennungen man nichts Sicheres angeben kann, welche aber gewöhnlich unter den Namen der Esoteriker und der Exoteriker unterschieden werden. Bei solchen heilgen Gesellschaften kann es nicht auffallen, daß man über Vieles auf das Ansehen des ersten Stifters sich berufen mußte, und dies ist die wahrscheinlichste Deutung, welche man dem berühmten αὐτὸς ἔφα der Pythagoräer geben kann [2]). Auch kann es dabei nicht auffallen, daß Weiber, die vielfältig gepriesenen Pythagoräerinnen, an den Geheimnissen Theil hatten [3]). Zusammengehalten wurde der Bund durch gemeinschaftliche Lebensweise und Sitte, durch Uebungen allerlei Art des Leibes und des Geistes; Vorschriften gab es für die Mitglieder, zum Theil in symbolischen Sprüchen, deren Bedeutung sich errathen, aber nicht mit Gewißheit entziffern läßt [4]), zum Theil in deutlicher ausgesprochnen Lebensregeln, von welchen ein Theil in die sogenannten goldenen Sprüche des Pythagoras übergegangen sein mag. Zu der gemeinschaftlichen Lebensart der Pythagoräer gehörten ihre gemeinschaftlichen Mahle (συσσι-

1) Gell. I. 1.; Jambl. v. P. 68; 72; 226.

2) Cic. de nat. D. I. 5.

3) Jambl. v. P. 267 fin.

4) Darüber weitläuftig Jambl. protrept. 21.

τία), und auch besondere Speiseverordnungen sollen sie vom Pythagoras empfangen haben; doch sind die Ueberlieferungen hierüber nicht in Uebereinstimmung[1]). Endlich hatten sie auch eigenthümliche Verordnungen für das Begräbniß der Eingeweihten[2]). Als eine Uebertreibung Späterer ist es anzusehen, daß sie Gemeinschaft des Vermögens gehabt hätten[3]), denn dagegen stimmen manche Erzählungen, welche von eignem Vermögen einzelner Pythagoräer sprechen, und mehr Wahrscheinlichkeit haben, als die allgemeine Angabe.

Der Bund der Pythagoräer gedieh nun auch zu einer eigenthümlichen wissenschaftlichen Entwicklung. Auf welche Gegenstände diese sich bezog, ist schon früher angedeutet worden, als von den Kenntnissen des Pythagoras die Rede

---

1) Verbot des Bohnenessens nach einer wahrscheinlich unechten Schrift des Aristoteles (Diog. L. VIII. 34), ein ägyptisches Institut nach Herodot. II. 37; Aristoxenos dagegen sagt, Pythagoras habe die Bohnen von allen Gemüsen am meisten empfohlen. Gell. IV. 11. Verbot des Fischessens, ebenfalls gleich den Aegyptern; die Sage hierüber ist nicht sehr verbreitet und beruht auf Fabeln. Verbot des Fleischessens; darüber wären verschiedene Sagen. Eudox. ap. Porphyr. v. P. 7; Jambl. v. P. 85; 108; Diog. L. VIII. 20. Das Sicherste ist, dem Arist. zu folgen, nach welchem die Pythag. nur einige Eingeweide und einige Arten Fische nicht aßen. Gell. l. l.; Diog. L. VIII. 19. Cf. Porphyr. de abstin. I. 26. Die Angabe des Aristoxenos, sie hätten nur des Ackerstiers und des Widders sich enthalten, natürlich ihrer Nützlichkeit wegen, scheint eine spätere Deutung zu sein. Diog. L. VIII. 20; cf. Athen. X. 13 p. 418.

2) Herodot. II. 81.

3) Gell. noct. Att. I. 9. Die Sage ist wohl theils daraus entstanden, daß die Pythag. zu ihren gemeinschaftlichen Mahlen etwas von ihrem Vermögen zusammenbringen mußten, theils daraus, daß sie den Grundsatz hatten, den Freunden sei Alles gemein.

war. Als durchlaufender, verbindender Faden ist die religiöse Gesinnung anzusehen; Hauptgegenstände des wissenschaftlichen Strebens aber waren Mathematik und Musik; diese verzweigten sich so mit ihrer ganzen Ansicht von der Wissenschaft, daß nicht mit Unrecht gesagt werden kann, durch Mathematik und Musik sei ihre ganze Lehre verbunden. Daß nun an die religiöse Gesinnung, sobald sie mit wissenschaftlichem Streben zusammentrifft, auch philosophische Forschungen sich anschließen, ist ganz natürlich, und so dürfen wir auch wohl schon beim Pythagoras selbst eine gewisse Entwicklung des Philosophischen vermuthen. Uebrigens müssen wir hier unsere Unwissenheit gestehen; was Pythagoras selbst philosophirt habe, darüber können wir nicht urtheilen, da die Schriftsteller unter den Alten, welche am besten und am meisten kritisch von den Lehren älterer Philosophen sprechen, Platon und Aristoteles, dem Pythagoras nie irgend ein Philosophem beilegen, die Nachrichten Späterer aber hierüber gar nicht zu berücksichtigen sind, indem sie alles, was die Pythagoräer lehrten, auch auf das eine Haupt des Pythagoras zurückwerfen. Wir können nur vermuthen, daß die ersten Keime der philosophischen Ansicht, welche später unter seinen Schülern sich weiter ausbildeten, schon beim Pythagoras vorhanden gewesen sind.

Nun hat man gemeint, die Eintheilung des Bundes der Pythagoräer habe sich auch auf die Ueberlieferung der Philosophie bezogen, so daß gewisse Lehren nur den Esoterikern mitgetheilt worden seien, andere auch den Exoterikern, außer dem Bunde aber habe man niemandem die philosophische Lehre mitgetheilt. Hierauf beziehen sich mehrere Sagen, welche von Ausgestoßenen wegen ihrer Schwatzhaftigkeit und von unglücklichem Geschick derer, welche die geheime Lehre verriethen, erzählen. Wenn wir nun bemerken, daß bei den ältern Zeugen zwar von Geheimnissen der Pythagoräer die Rede ist, aber nicht von philosophischen *), daß aber die Spätern, welchen Geheimnißkrämerei auch in der Philosophie lieb war, von einer geheimen Philosophie der Pythagoräer reden: so wird wohl jeder die unreine Quelle der Ueberlieferung ahnen. Das, was genau mit der religiösen Lehre der Pythagoräer verknüpft war, mußte wohl geheim gehalten werden, das dagegen, was als etwas rein Wissenschaftliches frei und allgemein verständlich dargestellt werden konnte, dies geheim zu halten, dazu war keine Veranlassung vorhanden. Nun ist es wohl natürlich, daß, je länger das Philosophische unter den Pythagoräern ausgebildet wurde, um so mehr auch sein wissenschaftlicher Gehalt an den Tag trat, dagegen in den frühern Zeiten es mehr mit der Quelle seines Ursprungs, den religiösen Sagen und Vorschriften, verwachsen war, und also auch mehr in dem

*) Aristoxenos bemerkt nur im Allgemeinen, die Pythagoräer hätten die Regel aufgestellt, man dürfe nicht allen alles sagen; doch ist die Stelle aus einer Schrift über die Gesetze für die Erziehung, wo so etwas leicht eine besondere Beziehung haben konnte. Diog. VIII. 15. Aristot. sagt Jambl. v. P. 31, zu den tiefsten Geheimnissen der Pythagoräer habe es gehört, daß es drei Arten vernünftiger Wesen gebe, Götter, Menschen und ein Mittleres, von welcher Art Pythagoras, welches hoffentlich niemand für etwas Philosophisches halten wird. Mehr an das Philosophische streift zwar das, was Platon, Phaed. p. 62., als Geheimniß anführt, doch auch dies ist nur mythische Einkleidung und nicht einmal mit Sicherheit auf die Pythag. zu beziehen. Cf. Cratyl. p. 400.

Innern des Bundes verborgen gehalten wurde. Damit stimmen auch die Ueberlieferungen überein, daß Pythagoras und auch seine ersten Schüler nichts geschrieben haben*), wodurch die philosophischen Lehren hätten allgemein bekannt werden können, und daß erst viel später in Griechenland pythagorische Lehren verbreitet wurden.

Dies hängt mit den Schicksalen des pythagorischen Bundes zusammen. Die Pythagoräer, wird uns erzählt, ohne daß wir alles für verbürgt halten möchten, hatten einen bedeutenden Einfluß auf die politischen Angelegenheiten von Kroton gewonnen und dem Staatswesen fast eine aristokratische Gestalt gegeben. Auch auf andere griechische Colonien in Italien, auf Sybaris, Metapont, Lokri, Tarent, soll sich ihr Einfluß erstreckt haben, besonders der Tyrannei feindlich. Nun warf sich aber zu dieser Zeit ein gewisser Telys zum Tyrannen über Sybaris auf, und die ihm feindlichen Aristokraten flohen nach Kroton. Da ihre Auslieferung verlangt, von den Krotoniaten aber auf Betrieb des Pythagoras verweigert wurde, entstand Krieg zwischen beiden benachbarten Staaten. Unter Anführung des Pythagoräers Milon besiegten die Krotoniaten die mächtigen, aber verweichlichten Sybariten und

*) Plut. de Alex. fort. I. 4; Porph. v. P. 57; Diog. L. I. 16; VIII. 15; Jambl. v. P. 199. Die Schriften, welche dem Pythagoras und den ältern Pythagoräern zugeschrieben werden, sind untergeschobene Schriften; davon nehme ich nur mystagogische Schriften aus, welche schon früh zu allerlei Aberglauben in Gebrauch gewesen zu sein scheinen. Vielleicht sind einige von diesen aus den ersten Zeiten des pythag. Bundes. Vergl. Diog. L. VIII. 7. c. not. Menag.

zerstörten ihre Stadt. Dies gereichte jedoch auch den Pythagoräern zum Verderben; denn über die Vertheilung der sybaritischen Beute entstand Streit zwischen den Pythagoräern und der Volkspartei, deren Anführer Kylon, wie man sagt, wegen unreiner Sitten von den Pythagoräern zu ihrem Bunde nicht zugelassen, in einem Aufstande die im Hause des Milon versammelten Pythagoräer angriff, wobei die meisten der Pythagoräer umgekommen sein sollen. Pythagoras selbst soll dieser Gefahr entflohen und nach andern Städten Italiens gegangen sein; da aber auch über diese die Verfolgung gegen die Pythagoräer sich ausbreitete, soll er seinen Tod in Metapont gefunden haben[1]. Nach seinem Tode wurde er von den italischen Griechen in hohen Ehren gehalten[2], und noch dem Cicero zeigte man zu Metapont den Ort, wo er gestorben sein sollte[3].

Die Verfolgung gegen die Pythagoräer führte zu einer großen Bewegung in den italischen Städten. Die Versammlungshäuser der Pythagoräer wurden verbrannt, die ersten Bürger der Städte vertrieben, bis durch die Vermittlung der Achäer eine Versöhnung der Parteien gelang, und die achäische, d. h. die demokratische, Regierungsform eingeführt wurde[4]. Wahrscheinlich müssen wir

1) Diod. Sic. XII. 9; Plut. de gen. Socr. 13; de repugn. Stoic. 37; Porphyr. v. P. 56; Jambl. v. P. 255.

2) Arist. rhet. II. 23; Justin. XX. 4; Porphyr. v. P. 4; Jambl. v. P. 170.

3) Cic. de fin. V. 2.

4) Polyb. II. 39. Daß die achäische Regierungsform demokratisch war, sagt Pol. ausdrücklich im vorhergehenden Capitel.

24*

diese Unruhen, in welchen die Pythagoräer und ihre politischen Grundsätze unterlagen, als Ursache der Erscheinung vieler Pythagoräer im eigentlichen Griechenland ansehen. Doch blieben andere in Italien, und hatten hier zum Theil großen politischen Einfluß. . . . . .

Ueber die Fortpflanzung der pythagorischen Schule haben wir mehrere Ueberlieferungen [1]), welche offenbar ersonnen sind. Durch die Verfolgungen, welche die Pythagoräer erlitten, scheint ihre Geschichte gleich nach dem Pythagoras verdunkelt worden zu sein. Auch Verzeichnisse der Pythagoräer finden wir, welche dieser Schule eine unglaubliche Ausdehnung geben, so wie denn überhaupt viele Männer Pythagoräer genannt werden, welche in gar keiner Verbindung mit den Pythagoräern gestanden haben können. Daß man in spätern Zeiten, und auch wohl schon sehr früh [2]), der pythagorischen Schule einen viel größern Kreis der Wirksamkeit beilegte, als sie gehabt hat, dies liegt hauptsächlich in drei Ursachen, theils in dem Bestreben der Pythagoräer, auf ihre Schule allerlei Ehre zu häufen, theils in der Verwechslung derer, welche an den pythagorischen Orgien, mit denen, welche an der pythagorischen Philosophie Theil hatten, theils in der Art, wie man italische und pythagorische Philosophen in demselben Sinn sagte. Aus dem Eifer, welcher kurz vor Christi Geburt für mysteriöse und wunderthätige Philosophie, auch mit dem Namen pythagorischer Philosophie benannt, erwachte, ist es herzuleiten, daß wir viele Schrif-

1) Jambl. v. P. 265; 265; Diog. L. I. 15.

2) Herodot. IV. 95.

ten und Bruchstücke von Schriften überliefert erhalten haben, welche die Namen von ältern Pythagoräern mit Unrecht an der Stirn tragen. Die neuere Kritik hat gezeigt oder bestätigt, daß die Schriften, welche dem Timäos und dem Archytas zugeschrieben werden, unecht sind, und daß die Schrift über die Natur des All, welche dem Okellos von Lukanien beigelegt wird, wenigstens von keinem Pythagoräer herrühren könne. So sind auch viele Bruchstücke, angeblich des Archytas, und alle, welche dem Bronkinos, dem Euryphamos und andern Pythagoräern der ältern Zeit zugeschrieben werden, offenbar untergeschoben. Ferner ist nachzuweisen, daß Alkmäon, der krotoniatische Arzt, ein Zeitgenosse des Pythagoras, von dessen Meinungen wir Manches überliefert erhalten haben, nicht zu den Pythagoräern zu zählen sei, und auch Hippasos, Ekphantos, Empedokles und Eudoxos gehören nicht zu der Reihe philosophischer Entwicklungen, welche wir mit dem Namen der pythagorischen Schule zu bezeichnen haben. Dies würde uns um Vieles leichter zu beweisen sein, wenn wir noch die Schriften des Aristoteles über und gegen die Pythagoräer und den Archytas besäßen, allein auch aus der Vergleichung der angeblichen Schriften und Bruchstücke der Pythagoräer mit dem, was über pythagorische Lehre Aristoteles in zerstreuten Bemerkungen berichtet hat, kann uns kein Zweifel über den Abschluß unsers Urtheils übrig bleiben *).

*) Hier ist nicht Raum genug für kritische Erörterungen; man kann diese in meiner Geschichte der pythagorischen Philosophie nachlesen.

Erst gegen die Zeiten des Sokrates erhalten unsere Nachrichten über die Pythagoreer einige geschichtliche Sicherheit. Diese knüpft sich besonders an vier oder fünf Namen und Männer, an den Philolaos, den Lysis, den Kleinias, den Eurytos und den Archytas. Von diesen werden Philolaos, Eurytos und Archytas vom Aristoteles erwähnt [1]); der erstere und der letztere sind auch außerdem geschichtlich festgestellt; vom Lysis wissen wir, daß er zu Theben lebte und der Lehrer des Epameinondas war [2]); weniger gewiß ist das, was von Kleinias erzählt wird, jedoch hat es einen hohen Grad der Wahrscheinlichkeit. Ueber das Zeitalter dieser Männer kann so viel mit Sicherheit gesagt werden, daß Philolaos zu Theben der Lehrer des Simmias und des Kebes war, ehe diese nach Athen zum Sokrates kamen [3]), daß Lysis etwas später der Lehrer des Epameinondas, und wieder etwas später Archytas der Zeitgenosse des jüngern Dionysios und des Platon war. Der Uebrigen Zeit bestimmt sich nach diesen Angaben, denn sie werden alle mit einander in eine gewisse Verbindung gebracht. Nun bin ich auch noch geneigt, einer Angabe bis auf einen gewissen Punkt zu trauen, welche uns sagt, Philolaos, Kleinias und Eurytos nebst einigen Andern seien Schüler des Aresas, welcher in Italien pythagorische Philosophie lehrte, gewo-

1) Met. VIII. 2; XIV. 5; probl. XVI. 9; rhet. III. 11; eth. Eud. II. 8; cf. Theophr. met. 3; Diog. V. 25.

2) Corn. Nep. Epam. 2; Plut. de gen. Socr. 13.

3) Plat. Phaed. p. 61. Darnach setzt Böckh (Philolaos des Pythagoreers Lehren nebst den Bruchstücken seines Werks, S. 5 ff.) das Leben des Philolaos zwischen der 70. und 95. Ol.

sen[1]). Dadurch würde nun die Ausbildung der Lehre, welche wir pythagorische nennen, um ein Menschenalter weiter zurückgeschoben werden, ohne daß geleugnet werden soll, die ersten Linien derselben seien auch schon früher im pythagorischen Bunde vorhanden gewesen. Doch haben wir sie nur in der Gestalt überliefert erhalten, in welche sie vom Philolaos, Eurytos und Archytas gebracht worden ist; denn wenn auch unter dem Namen des Aresas ein Bruchstück angeführt wird[2]), so ist dies doch seinem Inhalte nach für unecht zu halten, sonst wird uns gar nicht vom Aresas gesagt, daß er etwas geschrieben, vielmehr ist es eine alte, wie es scheint, wohlgegründete Ueberlieferung, daß zuerst Philolaos oder seine Zeitgenossen etwas Schriftliches über pythagorische Philosophie verfaßt hätten[3]). Von den zuerst angeführten fünf Männern scheinen auch Lysis und Kleinias nichts Schriftliches öffentlich gemacht zu haben[4]), und selbst vom Eurytos darf dasselbe geglaubt werden, da ein altes Zeugniß nur aus dem Munde des Archytas von seiner Lehre zu reden weiß[5]). Vom Philolaos dagegen sind uns Fragmente er=

---

1) Jambl. v. P. 266. Dieser Angabe ist freilich Unrichtiges beigemischt (s. Böckh's Philolaos S. 13 f.), sie trennt sich aber merklich von den übrigen fabelhaften Nachrichten über die Folge der Pythagoräer, weswegen sie mir Glauben zu verdienen scheint. Plut. de gen. Socr. l. l. meint wohl mit dem Pythagoräer Arkesos keinen andern, als den Aresas.

2) Stob. ecl. I. p. 846.

3) S. Böckh's Philol. S. 16. f.

4) Einige Fragmente, welche dem Kleinias zugeschrieben werden, sind sehr zweifelhaft.

5) Theophr. l. l. Spätere führen freilich Fragmente von

halten worden, deren Echtheit Böckh dargethan hat, und vom Archytas, wenn auch viele Schriften ihm untergeschoben worden sind, kann nicht bezweifelt werden, daß er mancherlei Werke hinterlassen habe. Von der Lehre dieser Männer nun und wohl auch einiger anderer, deren Namen weniger bekannt sind, spricht alles, was Platon und Aristoteles, so wie andere glaubwürdige Zeugen, als pythagorische Lehre uns überliefert haben.

Diese Pythagoräer werden uns überhaupt als ehrsame Männer, welche nach Unsträflichkeit des Lebenswandels trachteten, geschildert. Ihr bedeutender Einfluß auf das Leben und die Wissenschaft ihrer Zeit leuchtet aber besonders in dem hervor, was uns vom Archytas erzählt wird. Wie dunkel jedoch ihre Geschichte sei, läßt sich daraus abnehmen, daß auch von diesem berühmten Staatsmanne und Gelehrten nichts Zusammenhängendes gesagt werden kann, was offenbar hauptsächlich der Vergessenheit zuzuschreiben ist, in welche die Geschichte der italischen Pflanzstädte gerathen. Dieser Mann, der angesehenste Bürger seiner Vaterstadt Tarent, welcher sechs- oder siebenmal das Amt eines Strategen verwaltete, niemals besiegt, ein großes Vertrauen bei seinen Mitbürgern besaß und verdiente, welcher sich auszeichnete durch Mäßigung im Zorn, durch Schamhaftigkeit, und mit kluger Menschenkenntniß eine kindliche Liebe und eine solche Einfachheit der Sitten verband, daß er mit seinen Hausgenossen wie ein

---

ihm an; Stob. ecl. I. p. 210, wo jedoch Eurysos steht, und Syrian. ad Arist. met. fol. 118 a, wo auch der Name corrumpirt ist.

wahrer Familienvater lebte [1]), fand bei seinen häuslichen und öffentlichen Geschäften Zeit genug, die wichtigsten wissenschaftlichen Erfindungen zu machen und überdies vielerlei Schriften zu verfassen. Seine Erfindungen betreffen besonders die Mathematik und die mit ihr verbundenen Wissenschaften [2]). Nicht nur mit der theoretischen, sondern auch mit der praktischen Mechanik beschäftigte er sich [3]), und die Erfindungen, welche er in dieser Wissenschaft machte, lassen große Fortschritte in ihr muthmaaßen. Ueber die Musik stellte er eine eigene Lehre auf, welche von allen spätern theoretischen Musikern berücksichtigt wurde [4]). Ueberdies schrieb er über den Landbau [5]). Auch von seinen philosophischen Lehren wird uns vieles berichtet, wobei jedoch, wenn es von spätern Schriftstellern geschieht, sehr zu besorgen ist, daß sie von untergeschobenen Schriften betrogen worden, denn die philosophischen Bruchstücke, welche ihm zugeschrieben werden, sind fast alle unecht [6]).

---

1) Die Anekdoten, aus welchen diese Charakterzüge geschöpft sind, beim Plutarch, Aelian, Diogenes Laertios, Athenäos und Andern, tragen meistentheils einen eigenthümlichen Charakter an sich, welcher ihre Wahrheit verbürgt.

2) Diog. L. VIII. 83; Vitruv. IX. 3.

3) Diog. L. l. l.; Arist. probl. XVI. 9; polit. VIII 6; Gell. X. 12.

4) Ptolem. harm. I. 13; Boeth. de mus. V. 16.

5) Varro de re rust. I. 1; Colum. I. 1.

6) S. meine Gesch. d. pyth. Phil. S. 67. Neuerdings hat Hartenstein die beste und brauchbarste Monographie über den Archytas geliefert, welche aber, so viel ich weiß, nicht in den Buchhandel gekommen. Er erkennt an, daß die angeblichen Fragmente des

Ueber die Ausbreitung der pythagorischen Philosophie in ihren letzten Zeiten geben uns das Vaterland und der Aufenthalt der zuletzt erwähnten Pythagoräer die meiste Auskunft. Philolaos war nach den Meisten ein Tarentiner, nach dem Diogenes Laertios ein Krotoniat; daß er zu Theben lehrte, ist schon früher erwähnt worden; doch scheint sein Aufenthalt daselbst nur vorübergehend gewesen zu sein [1]), und nach einer nicht unwahrscheinlichen Sage soll er auch zu Herakleia in Lukanien gelebt haben [2]). Auch Kleinias, ein Tarentiner, lebte zu Herakleia; Eurytos, von Kroton oder Tarent gebürtig, lebte zu Metapont; Archytas zu Tarent. Daß Lysis, ein Tarentiner, zu Theben lehrte, ist schon erwähnt worden; er

---

Archytas b. Stob. ecl. 710 sq.; 780 sq. in der vorliegenden Form nicht von ihm herstammen können. So wie sie aber immer wegen der scheinbaren Tiefe ihres Inhalts die Aufmerksamkeit gereizt und den Wunsch erzeugt haben, sie als Quelle der Geschichte benutzen zu können, so hat auch H. dieser Versuchung nicht widerstehen können. Er hält sich für berechtigt, die Fragmente zu theilen und einen Theil für Original, einen andern Theil für Bearbeitung archyteischer Lehre anzusehen. Dies Verfahren ist mir zu künstlich. Ein Freund meinte, diese Fragmente könnten Rückübersetzungen aus den Auszügen des Aristoteles aus den archyteischen Schriften (τὰ ἐκ τοῦ Τιμαίου καὶ τῶν Ἀρχυτείων. Diog. L. V. 25) in den dorischen Dialekt sein; daher die vielen peripatetischen Ausdrücke. Dagegen muß ich bemerken, daß der Gebrauch des Ausdrucks οὐσία für ὕλη ohne alle nähere Bestimmung entschieden auf stoischen Sprachgebrauch hindeutet und eine Zeit voraussetzt, in welcher peripatetische und stoische Terminologie in eklektischer Weise gebraucht wurde. συστοιχία hat Hartenst. nach dem Arist. Met. I. 5 für ein pythagorisches Wort in Anspruch genommen, aber selbst στοιχεῖον ist im philosophischen Sinne erst vom Platon gebraucht worden.

1) Plat. Phaed. p. 61.

2) Iambl. v. P. 266; Plut. de gen. Socr. 13.

soll aber auch vorher im Peloponnes sich aufgehalten haben [1]). Als die letzten Pythagoräer werden uns Xenophilos aus Chalkis in Thrakien, Phanton, Echekrates, Diokles und Polymnastos, welche zu ihrem gemeinschaftlichen Vaterlande Phlius hatten, erwähnt; mit diesen soll Aristoxenos, der Schüler des Aristoteles, bekannt gewesen sein [2]).

Von diesen philosophirenden Pythagoräern dürfen wir nun wohl muthmaaßlich andere Pythagoräer unterscheiden, welche mancherlei abergläubische Gebräuche und vorgeblich zauberisches Wesen nach Griechenland brachten. Zwar sind die Zeugnisse über einen solchen Misbrauch der pythagorischen Orgien, denn für einen solchen möchten wir zwar nicht alles, aber doch das meiste dieser Art halten, nicht sehr alt, sondern erst aus den Zeiten des Cicero [3]); wenn wir aber bedenken, daß überhaupt erst um diese Zeiten der Aberglaube recht offenbar wurde, wie leicht auch an solche geheime Gebräuche und Verbindungen wie die der Pythagoräer der gröbste Aberglaube sich anschließt, daß der Keim des Aberglaubens ganz natürlicher Weise in den pythagorischen Religionsübungen stecken mußte, und daß wir mehrere Spuren von der Ausartung der pythagorischen Schule schon früh finden [4]), so tragen wir kein Beden-

1) Jambl. v. P. 250.

2) Diog. L. VIII. 46; Jambl. v. P. 251.

3) Früher ist gewöhnlich von orphischen Mysterien die Rede.

4) Dahin gehören die Spielereien mit den Zahlensymbolen und der Kynismus der spätern Pythagoräer. Athen. IV. p. 161 sq.; Diog. L. VIII. 37, 38 aus den Komödienschreibern.

ken, anzunehmen, daß auch schon zu den Zeiten der ältern pythagorischen Schule Männer, welche zu den Pythagoräern gezählt wurden, den Aberglauben des Volks zu betrügerischen Künsten benutzten [1]). Auch ist es nicht unwahrscheinlich, daß zur Verbreitung und Beglaubigung des Aberglaubens schon früh sogenannte pythagorische Schriften vorhanden waren, wie die heilige Rede und die Reise nach der Unterwelt, über welche schon zu des Augustus Zeit kritische Untersuchungen festzusetzen suchten, daß sie nicht den Pythagoras, sondern alte Pythagoräer, wie den Kerkops und den Brontinos, zu Verfassern hätten [2]). Wenn nun auch von ältern Zeugen Meinungen der Pythagoräer angeführt werden, so muß man doch bedenken, ob diese den philosophirenden Pythagoräern, oder jenen religiösen Gauklern angehören mochten [3]).

Da wir der Meinung sind, daß schon vom Pythagoras selbst die philosophische Entwicklung der pythagorischen Schule angefangen, und bis zum Archytas der philosophische Geist in ihr sich erhalten habe, so müssen wir auch eine Reihe von Ausbildungen der Philosophie durch mehrere Grade hindurch unter den Pythagoräern voraussetzen. Da aber die ersten Pythagoräer bis auf den Philolaos herab wahrscheinlich nicht geschrieben haben, so ken-

1) Vergl. Lobeck Aglaoph. p. 904.

2) Ueber solche Schriften s. Diog. L. VIII. 7 c. not. Men. Auf die κατάβασις εἰς Ἅιδου spielte schon der Komödienschreiber Aristophon an. Diog. L. VIII. 38.

3) Beim Aristoteles bin ich geneigt Spuren der Letztern in anal. post. II. 11, cf. meteorol. II. 9, und in meteorol. I. 8 zu finden.

nen wir weniger die Anfänge dieser Art zu philosophiren, als ihre letzten Ergebnisse. Von anderer Art ist die Frage, ob nicht auch in der pythagorischen Schule, so wie in der ionischen, Ansichten, welche ihrem Grunde nach ganz verschieden sind, sich ausgebildet haben, und wir daher unter dem Namen der pythagorischen Philosophie etwas zur Einheit zusammenfassen, was, verschiedenen Charakters, gar nicht unter einen und denselben Lehrbegriff gebracht werden kann. Wenn wir diese Frage uns beantworten wollen, so müssen wir vorausnehmen, daß allerdings verschiedne Richtungen in der Philosophie der Pythagoräer bemerkbar sind, jedoch keineswegs einander so entgegengesetzte, daß wir nicht im Stande sein sollten, sie auf eine gemeinsame Grundansicht zurückzuführen. In dieser Rücksicht sind die Pythagoräer nicht mit den Ioniern, sondern mit den Eleaten zu vergleichen, bei welchen wir auch einerlei Grundansicht nach verschiednen Seiten sich ausbildend finden werden. Um Einerleiheit der Meinung in den Hauptsachen zu erhalten, dazu mußte auch die enge Verbrüderung der Pythagoräer wirken, ja es ist nicht unwahrscheinlich, daß den Sagen, welche wegen ihrer Lehre verworfene und ausgestoßne Pythagoräer erwähnen, so viel Wahres zum Grunde liegt, daß die Pythagoräer selbst auf Reinheit ihrer Lehre hielten, worauf auch deutet, daß fremdartige Auslegungen der pythagorischen Zahlenlehre ausdrücklich vom echten Pythagorismus unterschieden werden *). Man hat sich jedoch auf den Aristoteles berufen,

*) Hierher gehört die Lehre des Hippasos; s. Jambl. in Nicom. p. 11; v. P. 81; Villois. anecd. II. p. 216; Syrian. in

um zu beweisen, daß unter den Pythagoräern verschiedne Grundansichten geherrscht hätten [1]), wie es mir scheint, ohne Grund. Zwar wird vom Aristoteles zuweilen gesagt, einige Pythagoräer seien dieser oder jener Meinung gewesen; solche Ausdrücke aber werden von ihm theils nur dann gebraucht, wenn von Nebendingen die Rede ist [2]), theils, wenn er sie in Beziehung auf eine Hauptlehre gebraucht [3]), sieht man wohl, indem er dieselbe Lehre sonst den Pythagoräern ohne Unterschied zuschreibt, daß er in diesen Stellen nur von den echten und ihm bekannten philosophirenden Pythagoräern redet, sonst aber diese von andern unterscheidet, welche auch Pythagoräer mit Recht oder mit Unrecht genannt wurden. Von noch anderer Art ist es, wenn Aristoteles eine sehr bedeutende Lehre der Pythagoräer nur einigen Pythagoräern beilegt, welche von anders Lehrenden ganz bestimmt unterschieden werden [4]).

Arist. met. XII. fol. 71 b; 85 b; Simpl. phys. fol. 104 b, und die Lehre des Ekphantos Orig. phil. 15; Stob. ecl. phys. I. p. 308; 446; 496.

1) Brandis über die Zahlenlehre der Pythagoräer und Platoniker im Rheinischen Museum 2. Jahrg. S. 210; Hoffmeister in der kritischen Bibliothek f. d. Schul- und Unterrichtswesen. 1828. Nr. 51. Genauer bestimmt hat Brandis seine Ansichten hierüber ausgedrückt in seiner Gesch. der gr. röm. Phil. S. 445: „Daß aber die Pythagoräer dieser Verschiedenheiten ungeachtet in Bezug auf den Grund der Lehre übereinstimmten, giebt Aristoteles gleichfalls zu erkennen, indem er — — immer nur von den Pythagoräern im Allgemeinen oder einigen Pythagoräern redet, ohne in genauere Unterscheidungen einzugehen.“ Dies möchte nun von meiner Ansicht um nichts, oder um wenig entfernt sein.

2) Meteor. I. 6; 8; de anim. I. 2; de sensu et sensil. 5.

3) De coelo III. 1.

4) Met. I. 5.

Hierin würden wir hinlänglichen Grund finden, verschiedne Ansichten der Pythagoräer sorgfältig zu unterscheiden, wenn nicht auch diese, der Gesammtheit der Pythagoräer ausdrücklich abgesprochne Lehre nur eine weitere Ausführung der allen übrigen Pythagoräern zukommenden Lehre von den Gegensätzen in der Welt wäre. Da aber dies der Fall ist, so haben wir nur anzunehmen, daß diese Lehre der Pythagoräer wahrscheinlich erst in der spätern Zeit zu einer ganz bestimmten Form sich ausgebildet habe. Aristoteles, welcher uns der sicherste Führer in der Erforschung der pythagorischen Lehre ist *), betrachtet offenbar, wenn wir die Gesammtheit seiner Aeußerungen über die Philosophie der Pythagoräer überblicken, ihre Lehre als eine Einheit, welche ihm in einem bestimmten Gegensatze sowohl gegen die ionische und eleatische, als auch gegen die platonische Philosophie steht, von welcher es sich aber auch von selbst verstehe, daß sie verschiedne Grade der Ausbildung und verschiedne Seiten der Betrachtung zulasse. Dies ist uns um so gewisser, je weniger Aristoteles aus der

*) Dies schließt jedoch keinesweges aus, daß in den Berichten des Arist. über pythag. Lehre nicht manches von uns gefunden werden könnte, was einer Berichtigung bedarf. Vielmehr sind wir der Ueberzeugung, daß Arist. schon durch seine Neigung, pythagorische mit platonischer Lehre zu parallelisiren, zu manchen schiefen Urtheilen über die erstere geführt wurde. Wenn man seine einzelnen Aussagen mit einander vergleicht, so kann man eine gewisse Unsicherheit über den Sinn der pythagorischen Lehre bei ihm nicht leicht verkennen. So wie er die platonische Lehre oft gemißdeutet hat, so auch die pythagorische und überhaupt alle die Lehren, welche in mythischer Darstellung sich bewegten und daher zu ihrem Verständniß eine größere Beweglichkeit der Phantasie verlangten, als dem Aristoteles zu Gebote stand.

Masse der Pythagoräer irgend einen persönlich heraustreten läßt. Uns scheint es überhaupt, als wenn die Kenntniß, welche die Alten von der pythagorischen Philosophie hatten, sich hauptsächlich auf die Schriften des Philolaos und des Archytas gegründet habe. Auch von den philosophischen Lehren des Archytas wird uns nur selten etwas angeführt, und unter allen Pythagoräern tritt uns daher nur Philolaos mit persönlicher Bestimmtheit hervor. Deswegen ist es auch unmöglich, die verschiednen Ausbildungen und Richtungen in der pythagorischen Philosophie geschichtlich zu verfolgen.

Zweites Capitel.

Die Lehren der Pythagoräer.

Wenn wir uns in der Darstellung dieser Lehren hauptsächlich an den Aristoteles und die ältern Schriftsteller, ferner an die Fragmente pythagorischer Schriften, außerdem aber nur mit äußerster Vorsicht an die Ueberlieferungen der Spätern halten, so wird dies niemanden befremden, welcher diese Ueberlieferungen kennt. Denn außer der gewöhnlichen Ungenauigkeit herrscht in dem, was die Schriftsteller nach Christi Geburt von pythagorischer Lehre berichten, die Vermischung der verschiedenartigsten Ansichten, welche daraus hervorgeht, daß sie theils von untergeschobnen Schriften getäuscht wurden, theils die Lehre der neuern Pythagoräer, welche nur in der äußern Form Manches mit dem ältern Pythagorismus gemein hat, mit diesem vermischten. Dies macht nun allerdings einige Schwierigkeit, aus den spätern Ueberlieferungen das zu scheiden, was der ältern pythagorischen Lehre zugehört und was nicht; aber eine andere, vielleicht noch größere Schwierigkeit liegt darin, daß die Pythagoräer sich einer symbolischen Bezeichnungsart bedienten, welche nach verschiedenen Seiten gewendet werden konnte, weil das Symbol der bezeichneten Sache niemals vollkommen entspricht. Daher finden wir, daß sie in verschiedenem Sinne ein und dasselbe Zeichen gebrauchten, und es ist nicht immer leicht zu errathen, welchen Sinn sie in der einen oder der andern Formel einem Worte beilegten.

Schon die Formel, in welcher sie den Hauptsatz ihrer Lehre ausdrückten: die Zahl ist das Wesen (οὐσία) oder der Urgrund (ἀρχή) aller Dinge, ist nur in symbolischem Sinne zu nehmen. Es frägt sich, was sie unter Zahl, sofern sie als Urgrund der Dinge gedacht wird, verstanden. So viel ist klar, daß sie in dieser Lehre vom Mathematischen, also von der Form, nicht vom Inhalte des Sinnlichen, ausgingen. Daher leitete auch Aristoteles die Lehre der Pythagoräer aus ihrer Vorliebe für die Mathematik ab, welche sie zuerst bearbeiteten und weiter förderten, indem sie zugleich die Zahlen als Gründe des Mathematischen betrachteten. Wir haben in dieser Rücksicht die Zahlenlehre der Pythagoräer als eine der Vorstellungsweisen zu erkennen, welche aus einer besondern Vorliebe sich herausbildeten und in deren Ausbildung die Urheber, wie es zu geschehen pflegt, von ihrer Vorliebe verleitet, manche schiefe Vergleichung und manchen lahmen Beweis zur Bestätigung ihrer Meinung gebrauchten. Es sind uns außer der pythagorischen noch mehrere Lehren bekannt, welche aus Vorliebe zur Mathematik Alles auf Zahl und Maaß zurückführen wollten, oder nach einer der menschlichen Natur tief inwohnenden Neigung in Figuren und Zahlen ein tiefes Geheimniß ahnten, und von allen diesen wissen wir auch, daß sie zur Bestätigung ihrer Lehre zu mancherlei phantastischen und leeren Analogien ihre Zuflucht zu nehmen gezwungen waren. Wir werden uns daher auch nicht wundern dürfen, daß schon Aristoteles bemerkt, die Pythagoräer hätten zur Unterstützung ihrer Lehre manche Aehnlichkeiten zwischen den Zahlen und den Dingen herausgebracht, und wenn die Verhältnisse nicht zutreffen wollten, hie und da zu der Wirklichkeit hinzugedichtet *). Diese Beweisart beruht wesentlich darauf, daß

*) Arist. met. I. 5. οἱ καλούμενοι Πυθ. τῶν μαθημάτων ἁψάμενοι πρῶτοι ταῦτα προήγαγον καὶ ἐντραφέντες ἐν αὐτοῖς τὰς τούτων ἀρχὰς ᾠήθησαν εἶναι πάντων. ἐπεὶ δὲ τούτων οἱ ἀριθμοὶ φύσει πρῶτοι, ἐν δὲ τούτοις ἐδόκουν θεωρεῖν ὁμοιώματα πολλὰ τοῖς οὖσι καὶ γιγνομένοις.. μᾶλλον ἢ ἐν πυρὶ καὶ γῇ καὶ ὕδατι, ὅτι τὸ μὲν τοιονδὶ τῶν ἀριθμῶν πάθος δικαιοσύνη, τὸ δὲ τοιονδὶ ψυχὴ καὶ νοῦς, ἕτερον δὲ καιρὸς καὶ τῶν ἄλλων ὡς εἰπεῖν ἕκαστον ὁμοίως· ἔτι δὲ τῶν ἁρμονικῶν ἐν ἀριθμοῖς ὁρῶντες καὶ τὰ πάθη καὶ τοὺς λόγους, ἐπειδὴ τὰ μὲν ἄλλα τοῖς ἀριθμοῖς ἐφαίνετο τὴν φύσιν ἀφομοιωθῆναι πᾶσαν, οἱ δὲ ἀριθμοὶ πάσης τῆς φύσεως πρῶτοι, τὰ τῶν ἀριθμῶν στοιχεῖα τῶν ὄντων στοιχεῖα πάντων εἶναι ὑπέλαβον καὶ τὸν ὅλον οὐρανὸν ἁρμονίαν εἶναι καὶ ἀριθμόν κτλ. Cf. ib. c. 6. Brandis im Rhein. Mus. a. a. O., S. 212 f., macht ohne Noth einen Unterschied zwischen der Lehre, die Dinge seien ὁμοιώματα der Zahlen, und der andern, sie seien μιμήσει τῶν ἀριθμῶν. Diese

die Pythagoräer ihre Lehre, Alles sei Zahl, dadurch wahrscheinlich zu machen suchten, daß sie bemerken ließen, wie die Beschaffenheit vieler Erscheinungen von Zahlenverhältnissen abhänge, auch selbst solche Zahlenverhältnisse durch willkürliche Annahmen noch häufend. Aus der Bemerkung jedoch, daß in der Natur gewisse Zahlenverhältnisse immer wiederkehren, ist natürlich das Philosophische ihrer Lehre nicht hervorgegangen.

Nun finden wir aber noch mehrere andere und ähnliche Formeln, in welchen die Lehre der Pythagoräer von den Zahlen ausgedrückt wird, und vor allen ist darauf die Aufmerksamkeit zu richten, daß bald gesagt wird, die Zahlen seien der Grund der Dinge, bald die Zahl oder auch die Elemente der Zahl. Daß nun alles dieses nicht in demselben Sinne gesagt werden könne, ist an sich klar, es ist aber der Sinn eines jeden dieser Ausdrücke näher zu erläutern.

Wir wollen von dem Ausdrucke: die Zahl ist der Grund der Dinge, anfangen. In den Bruchstücken des philolaischen Werks finden wir mehrmals das Wesen der Zahl erwähnt *); daß mit diesem die Zahl selbst als Eins gedacht wird, ist natürlich. Die Zahl aber faßt nach der Lehre der Pythagoräer zwei Arten in sich, nämlich das Gerade und das Ungerade; sie ist also die Einheit dieser beiden Entgegengesetzten, sie ist das Gerade und das Un-

---

Lehre ist sehr alt; beim Philolaos finden sich viele Spielereien der Art; die Spätern aber haben diese wahrscheinlich sehr vervielfältigt.

*) In der Sammlung der Fragmente des Philolaos von Böckh, Nr. 18.

gerade. Nun sagten aber die Pythagoräer auch, das Eins sei das Gerade und das Ungerade, und so kommen wir auf das Ergebniß, das Eins sei das Wesen der Zahl oder die Zahl schlechthin *). Als solche ist es auch der Grund

---

*) Arist. l. l. φαίνονται δὴ καὶ οὗτοι τὸν ἀριθμὸν νομίζοντες ἀρχὴν εἶναι καὶ ὡς ὕλην τοῖς οὖσι καὶ ὡς πάθη τε καὶ ἕξεις, τοῦ δὲ ἀριθμοῦ στοιχεῖα τό τε ἄρτιον καὶ τὸ περιττόν, τούτων δὲ τὸ μὲν πεπερασμένον, τὸ δὲ ἄπειρον, τὸ δὲ ἓν ἐξ ἀμφοτέρων εἶναι τούτων (καὶ γὰρ ἄρτιον εἶναι καὶ περιττόν), τὸν δ᾽ ἀριθμὸν ἐκ τοῦ ἑνός. — — οἱ δὲ Πυθ. δύο μὲν τὰς ἀρχὰς κατὰ τὸν αὐτὸν εἰρήκασι τρόπον, τοσοῦτον δὲ προσεπέθεσαν, ὃ καὶ ἴδιον αὐτῶν ἐστίν, ὅτι τὸ πεπερασμένον καὶ τὸ ἄπειρον καὶ τὸ ἓν οὐχ ἑτέρας τινὰς ᾠήθησαν εἶναι φύσεις, οἷον πῦρ ἢ γῆν ἤ τι τοιοῦτον ἕτερον, ἀλλ᾽ αὐτὸ τὸ ἄπειρον καὶ αὐτὸ τὸ ἓν οὐσίαν εἶναι τούτων, ὧν κατηγοροῦνται· διὸ καὶ ἀριθμὸν εἶναι τὴν οὐσίαν πάντων. Man sieht schon aus diesen Stellen, wie Arist. nach Pythag. Gebrauch ἄρτιον für ἄπειρον, πεπερασμένον, oder sonst besser πέρας, für περιττὸν und auch für ἓν und umgekehrt setzt. Diesen Sprachgebrauch muß man sich merken. Aber auch ἀριθμὸς wird in der letzten Stelle für ἓν gesetzt, als der Grund des Gegensatzes zwischen dem Geraden und Ungeraden, so daß auch hieraus schon hervorgeht, daß den Pythagoräern das Eins eine doppelte Bedeutung hat, theils die Einheit, welche als Repräsentant des Ungeraden steht, theils das Eins, welches Gerades und Ungerades ist, bezeichnend. Der Schluß des Aristoteles im letzten Satze ist folgender: Das, von welchem Einheit und Unendlichkeit prädicirt werden, ist nichts Anderes, als Eins und Unendliches seinem Wesen nach; nun kann von Allem Einheit und Unendlichkeit prädicirt werden, also ist Alles nichts Anderes, als Eins und Unendliches. Ferner aber ist Eins und Unendliches oder Ungerades und Gerades überhaupt Zahl, folglich ist Alles Zahl. Folgendes dient noch zum Beweise des im Text Gesagten: Philol. ap. Stob. I. p. 456. Böckh Nr. 2. ὅ γα μὰν ἀριθμὸς ἔχει δύο μὲν ἴδια εἴδη, περισσὸν καὶ ἄρτιον, τρίτον δὲ ἀπ᾽ ἀμφοτέρων μιχθέντων ἀρτιοπέρισσον. Das ἓν ἐξ ἀμφοτέρων τούτων d. Arist. bedeutet nicht, aus beiden geworden, sondern aus beiden bestehend. Denn die Zahl, d. h. Gerades und Ungerades, soll ja

aller Zahlen, und daher wird es das erste Eins genannt, über dessen Ursprung nichts weiter gesagt werden konnte [1]). In dieser Rücksicht drückt nun die Zahlenlehre der Pythagoräer wesentlich nichts Anderes aus, als daß Alles aus dem ursprünglichen Eins sei, aus Einem Wesen, welches sie auch Gott nannten, wie denn Philolaos sagte, Gott umfasse und bewache Alles und sei nur Einer [2]). Niemand wird etwas Wesentliches darin finden, daß die Pythagoräer das Ureins auch die Zahl vorzugsweise nannten; daß sich aber daran etwas Wesentliches anknüpfen ließ, soll nicht geleugnet werden.

---

erst aus dem Einen werden. Arist. ap. Theon. Smyrn. I. 5 p. 30. διὸ καὶ ἀρτιοπέριττον καλεῖσθαι τὸ ἕν· συμφέρεται δὲ τούτοις καὶ Ἀρχύτας. Brandis Gesch. der gr. röm. Phil. S. 445; 465 f. zieht eine andere bei Weitem weniger beglaubigte Deutung des ἀρτιοπέριττον vor, welche jedoch neben der angegebenen stattgefunden haben kann.

1) Arist. met. XIII. 6. ὅπως δὲ τὸ πρῶτον ἓν συνέστη ἔχον μέγεθος ἀπορεῖν ἐοίκασιν. — ὅσοι τὸ ἓν στοιχεῖον καὶ ἀρχήν φασιν εἶναι τῶν ὄντων. Cf. ib. XIV. 8. Philol. ap. Jambl. ad. Nic. arithm. p. 109. Böckh Nr. 19. ἓν ἀρχὰ πάντων. Brandis a. a. O. Anm. 60 meint, in den angeführten Stellen des Arist. sei von dem ausgedehnten Eins als einem abgeleiteten die Rede; dann hätte aber Aristoteles nicht sagen können, sie gäben keine Ableitung desselben an. Der Zusatz ἐκεῖνοι δ' ἔχοντα μέγεθος widerlegt jene Meinung hinlänglich nach Arist. met. XIII. 6. Aristoteles nämlich in dieser Stelle ausgehend von der Annahme der Pythagoräer, daß die sinnlichen Dinge aus Zahlen beständen, folgert daraus, daß sie die Einheiten als ausgedehnte Größen, nicht als mathematische Größen gesetzt hätten. Daß die Pythagoräer selbst das Eins eine ausgedehnte Größe genannt haben sollten, muß ich aus später auszuführenden Gründen bezweifeln.

2) Phil. de mundi opif. p. 24. ἔστι γάρ, φησίν, ὁ ἡγεμὼν καὶ ἄρχων ἁπάντων θεός, εἷς ἀεὶ ἐών. S. Böckh Nr. 19.

Denselben Gedanken, welchen wir hiermit der pythagorischen Zahlenlehre zum Grunde legen, finden wir noch in andern Formeln ausgedrückt. So soll Philolaos gesagt haben, die Zahl sei das herrschende und selbsterzeugte Band des ewigen Beharrens der weltlichen Dinge [1]). Eine andere Lehrart, welche das Wesen der Zahl in der Zehnheit findet, strebt auch nicht weniger diesen Gedanken darzustellen. Indem nämlich die Einheit als der Grund der Vielheit von den Pythagoräern angesehen wurde, alle Zahl ihnen aber nach dem dekadischen System in der Zehnheit begründet ist, werden Zehnheit und Einheit von ihnen als Symbole des Grundes aller Dinge angesehen. Von der Zehnheit lehrten sie daher, sie umgrenze jede Zahl, jede Natur in sich umfassend, des Geraden und Ungeraden, des Bewegten und Unbewegten, des Guten und Bösen [2]); die Werke und das Wesen der Zahl müsse man erblicken nach der Kraft, welche in der Zehnheit liege, denn sie sei groß und Alles vollbringend und bewirkend, und des göttlichen und himmlischen Lebens, auch des menschlichen, Grund und Führerin [3]). Nicht weniger aber drückten die Pythagoräer das Wesen der Zahl auch in dem Symbole der Tetraktys aus, welche ihnen die Quelle und die Wurzel

---

1) Jambl. ad Nic. arithm. p. 11; Syrian. in Arist. met. fol. 71 b, 85 b; Böckh Nr. 17.

2) Theon. Smyrn. Plat. math. II. 49.

3) Philol. ap. Stob. ecl. I. p. 8; Böckh Nr. 18. θεωρεῖν δεῖ τὰ ἔργα καὶ τὰν ἐσσίαν τῶ ἀριθμῶ καττὰν δύναμιν, ἅτις ἐντὶ ἐν τᾷ δεκάδι· μεγάλα γὰρ καὶ παντελὴς καὶ παντοεργὸς καὶ θείω καὶ οὐρανίω βίω καὶ ἀνθρωπίνω ἀρχὰ καὶ ἁγεμών.

der ewig fließenden Natur ist [1]), mögen sie nun unter der großen Tetraktys die Summe der vier ersten Zahlen, also die Zehn, oder die Summe der ersten vier geraden und der ersten vier ungeraden Zahlen, also die Zahl 36 verstanden haben [2]); denn das Wesentliche liegt nicht im Symbol, sondern in dem, was damit bezeichnet wird. Endlich nannten sie auch noch die Dreiheit die Zahl des Ganzen, weil sie Anfang, Mitte und Ende habe [3]). In allen diesen Symbolen ist aber unzweideutig dasselbe ausgedrückt, daß eine Einheit, welche zugleich die Vielheit in sich trage, der Grund aller Dinge sei; eine solche Einheit wird unter dem ersten Eins, der Zehnheit, der Tetraktys oder der Dreiheit verstanden.

In dem Wesen der Zahl oder in dem ersten ursprünglichen Eins sind nun aber auch alle Zahlen und mithin auch die Elemente der Zahlen enthalten und die Elemente der ganzen Welt und der ganzen Natur. Die Elemente der Zahlen sind das Gerade und das Ungerade; deswegen ist auch das erste Eins das Geradungerade, welches die Pythagoräer nach ihrer zuweilen schielenden symbolisirenden Weise daraus zu beweisen suchten, daß, zum Geraden hinzugesetzt, das Eins Ungerades, zum Ungeraden hinzugesetzt, Gerades mache [4]). Die ersten Elemente der

---

1) Der bekannte Schwur beim Pythagoras, dem Lehrer der Tetraktys. Carm. aur. v. 47; Jambl. v. P. 162.

οὐ μὰ τὸν ἁμετέρᾳ γενεᾷ παραδόντα τετρακτύν,
παγὰν ἀενάου φύσεως ῥίζωμά τ' ἔχουσαν.

2) Plut. de Isid. et Os. 76; de anim. procr. 30.

3) Arist. de coelo I. 1.

4) Arist. ap. Theon. Smyrn. I. 5. Die Pythagoräer nah-

Natur oder der ganzen Welt haben auch einige Pythagoräer in eine Tafel entgegengesetzter Begriffe gebracht, welche beim Aristoteles folgendermaaßen lautet:

Die Grenze und das Unbegrenzte,
die ungerade Zahl und die gerade Zahl,
das Eins und die Menge,
das Rechte und das Linke,
das Männliche und das Weibliche,
das Ruhende und das Bewegte,
die gerade Linie und die krumme Linie,
das Licht und die Finsterniß,
das Gute und das Böse,
das Quadrat und das längliche Viereck *).

Man muß jedoch nicht glauben, daß die Pythagoräer alle die Elemente, aus welchen sie die Natur zusammengesetzt

men jedoch die Ausdrücke geradungerade und ungeradgerade Zahlen auch noch in einem andern Sinne. S. Nicom. inst. arithm. I. 9; 10.

*) Arist. met. I. 5. ἕτεροι δὲ τῶν αὐτῶν τούτων τὰς ἀρχὰς δέκα λέγουσιν. εἶναι γὰρ κατὰ συστοιχίαν λεγομένας πέρας καὶ ἄπειρον, περιττὸν καὶ ἄρτιον, ἓν καὶ πλῆθος, δεξιὸν καὶ ἀριστερόν, ἄῤῥεν καὶ θῆλυ, ἠρεμοῦν καὶ κινούμενον, εὐθὺ καὶ καμπύλον, φῶς καὶ σκότος, ἀγαθὸν καὶ κακόν, τετράγωνον καὶ ἑτερόμηκες. Daß Aristoteles die Pythagoräer, welche diese Tafel aufstellten, nicht ihrer ganzen Lehre nach von den übrigen Pythagoräern unterscheiben, sondern, indem er die Tafel nur einigen Pythagoräern beilegt, nur sagen wollte, nur einige Pythagoräer hätten die entgegengesetzten Elemente nach einer bestimmt abgeschlossenen Tafel angegeben, geht daraus hervor, daß er a. a. O. den Pythagoräern, welchen er die Tafel beilegt, keine andere Lehre zuschreibt, als den übrigen, und daß er auch eth. Nic. I. 4; II. 5 den Pythagoräern schlechthin die Reihe entgegengesetzter Begriffe zueignet.

sich dachten, in diese Reihe der Gegensätze eingeordnet haben, denn es ist offenbar, daß sie nach einem äußerlichen Bestimmungsgrunde abgeschlossen ist, nach der Meinung nämlich, daß die Zahl Zehn die vollkommene Zahl sei; denn zehn sind dieser Gegensätze. Deswegen scheint aus der Tafel manches weggeblieben zu sein, was doch sonst denselben Pythagoräern, welche sie aufstellten, für die Betrachtung der Gegensätze in der Welt von großer Wichtigkeit war. Auffallend aber ist bei der Betrachtung der Tafel, daß unter den Gegensätzen in der Welt auch das steht, was doch von den Pythagoräern als Grund aller Gegensätze betrachtet wurde, das Eins nämlich, dem hier die Menge entgegengesetzt wird, als nicht in ihm enthalten. Dies führt uns darauf, zu bemerken, daß die Pythagoräer den Begriff des Eins und des Grundes nicht immer in derselben Bedeutung nahmen, sondern in zwei verschiednen Bedeutungen, einmal als den ersten und letzten Grund bezeichnend, der über allen Gegensatz ist und alle Gegensätze in sich beschließt, dann aber auch als einen der untergeordneten, abgeleiteten und in Gegensatz gegen ein Anderes stehenden Gründe bedeutend*). Wenn

---

*) Dies setzt am bestimmtesten Simplikios nach dem Eudoros auseinander. Simpl. phys. fol. 39 a. *γράφει δὲ περὶ τούτων ὁ Εὔδωρος τάδε· κατὰ τὸν ἀνωτάτω λόγον φατέον, τοὺς Πυθαγορικοὺς τὸ ἓν ἀρχὴν τῶν πάντων λέγειν· κατὰ δὲ τὸν δεύτερον λόγον δύο ἀρχὰς τῶν ἀποτελουμένων εἶναι, τό τε ἓν καὶ τὴν ἐναντίαν τούτῳ φύσιν· ὑποτάσσεσθαι δὲ πάντων τῶν κατὰ ἐναντίωσιν ἐπινοουμένων τὸ μὲν ἀστεῖον τῷ ἑνί, τὸ δὲ φαῦλον τῇ πρὸς τοῦτο ἐναντιουμένῃ φύσει· διο μηδὲ εἶναι τὸ σύνολον ταύτας ἀρχὰς κατὰ τοὺς ἄνδρας· εἰ γὰρ ἡ μὲν τῶνδε, ἡ δὲ τῶνδέ ἐστιν ἀρχή, οὐκ εἰσὶ κοιναὶ πάντων ἀρχαί, ὥσπερ*

wir dies bemerken, so werden wir auch darüber nicht in Zweifel sein können, daß in den Gliedern der Gegensätze eine verschiedene Bedeutung liegen müsse, denn da ein dem ersten Grunde Gleichnamiges wieder unter den abgeleiteten und entgegengesetzten Gründen der Dinge vorkommt, so mußte dieses wohl natürlich als etwas dem Göttlichen Verwandteres und Vollkommneres angesehen werden, als das andere, ihm entgegengesetzte Glied, und so finden wir überhaupt in der ganzen Reihe der Gegensätze, daß den Pythagoräern das zuerst stehende Glied immer das Schönere und Bessere bedeutet, das folgende aber das weniger Werthe und weniger Vollkommne, weswegen auch die Alten geradezu die erste Reihe die Reihe des Guten [1]), die andere die Reihe des Schlechten nennen [2]). In dunkel liegt dieser Anordnung der Tafel gewiß der Gedanke zum Grunde, daß die zweite Reihe immer nur etwas Verneinendes bezeichne, weswegen auch Aristoteles die in ihr

---

το ἕν. καὶ πάλιν· διό, φησί, καὶ κατὰ ἄλλον τρόπον ἀρχὴν ἔφασαν εἶναι τῶν πάντων τὸ ἕν, ὡς ἂν καὶ τῆς ὕλης καὶ τῶν ὄντων πάντων ἐξ αὐτοῦ γεγενημένων, τοῦτο δὲ εἶναι τὸν ὑπεράνω θεόν. καὶ λοιπὸν ἀκριβολογούμενος ὁ Εὔδωρος ἀρχην μὲν αὐτοὺς τὸ ἓν τίθεσθαι λέγει, στοιχεῖα δὲ ἀπὸ τοῦ ἑνὸς γενέσθαι φησίν, ἃ πολλοῖς ὀνόμασιν αὐτοὺς προσαγορεύειν· λέγει γάρ· φημὶ τοίνυν, τοὺς περὶ τὸν Πυθαγόραν τὸ μὲν ἓν ἀρχὴν πάντων ἀπολιπεῖν, κατ' ἄλλον δὲ τρόπον δύο τὰ ἀνωτάτω στοιχεῖα παρεισάγειν, καλεῖν δὲ τὰ δύο ταῦτα στοιχεῖα πολλαῖς προσαγορίαις· τὸ μὲν γὰρ αὐτῶν ὀνομάζεται τεταγμένον, ὡρισμένον, γνωστόν, ἄῤῥεν, περιττόν, δεξιόν, φῶς· τὸ δὲ ἐναντίον τούτῳ ἄτακτον, ἀόριστον, ἄγνωστον, θῆλυ, ἄρτιον, ἀριστερόν, σκότος.

1) Arist. eth. Nic. I. 4.

2) Eudor. l. l.

ausgedrückten Gründe beraubende nennt [1]). In dieser Rücksicht drückt die Tafel der Gegensätze aus, daß in der Welt Alles aus Vollkommnem und Unvollkommnem bestehe.

Noch ist zu bemerken, daß die Pythagoräer durch diese Tafel der Gegensätze nicht etwa die Meinung ausdrücken wollten, die Welt sei aus zwanzig Elementen zusammengefügt, vielmehr sind alle die in der Tafel enthaltenen Gegensätze nichts anderes, als nur die verschiedenartige Bezeichnung eines und desselben Gegensatzes. Dies sagen die Alten theils ausdrücklich [2]), theils sehen wir es daran, daß besonders die Grenze und das Unbegrenzte, und das Eins mit der ungeraden und geraden Zahl beständig vertauscht werden [3]), so wie auch an allen den Gegensätzen, welche uns einigermaaßen näher bekannt sind; so ist ihnen das Eins auch die Grenze und die ungerade Zahl, das Ruhende, das Licht und das Gute, und sein Gegentheil auch das Gegentheil dieser. Daß es nun bei dieser Gleichsetzung so vieler und verschiedenartiger Begriffe nicht ganz ohne Verwirrung abgehen konnte, ist wohl klar, wenn wir die Reihe der Gegensätze überblicken, wir müssen uns aber dabei erinnern, daß auch in dieser Tafel der allgemeine sinnbildliche Charakter der pythagorischen Darstellungsweise sich nicht verleugnete.

Daß nun die Pythagoräer das Eins, welches ihnen

---

1) Phys. III. 2. *τῆς δὲ ἑτέρας συστοιχίας αἱ ἀρχαὶ διὰ τὸ στερητικαὶ εἶναι ἀόριστοι.* Dies haben schon Eudemos, und nach ihm die spätern Ausleger des Aristot. auf die Pythagoräer bezogen. Simpl. ad. h. l. fol. 98.

2) Eudor. l. l.

3) Arist. met. I. 5; 7; XIV. 4; Phys. III. 6.

Grund aller Zahl und aller Dinge ist, das Geradungerade, doch auch unter die abgeleiteten Gründe oder Elemente der Dinge stellten, scheint noch von tieferer Bedeutung zu sein. Denn sie wollten wohl damit ausdrücken, daß der Grund aller Dinge selbst in den Gegensatz der Erscheinungen eingehe, und gar nicht geschieden sei von dem, woraus sich die Welt ihrer Mannigfaltigkeit nach bilde, doch so, daß eben die Vollkommenheit und das wahre Wesen der Dinge in ihm ihr Bestehen habe. Dies liegt schon darin, daß Aristoteles ohne Unterscheidung sagt, die Zahl oder das Eins sei der Grund und auch das Wesen der Dinge, und es bestätigt sich auch in dem, was Philolaos über die Zahl als das Wesen der Dinge sagt: „Das Wesen der Dinge, welches ewig ist, und die Natur an sich selbst läßt eine göttliche, aber nicht eine menschliche Erkenntniß zu, außer nur in so weit, daß es nicht möglich wäre, einem der seienden und von uns erkannten Dinge von uns erkannt zu werden, wenn nicht das Wesen enthalten wäre in den Dingen, aus welchen die Welt besteht, den begrenzenden und den unbegrenzten *)." Und etwas Aehnliches wird auch von der Zehnzahl und der Natur der Zahl von demselben Philolaos gesagt, daß ohne sie nichts erkannt werden könnte, sie aber alles der Seele anpasse, erkennbar und befreundet mache, so daß man nicht

---

*) Stob. ecl. I. p. 458; Böckh Nr. 4. *ἁ μὲν ἐστὼ τῶν πραγμάτων ἀΐδιος ἔσσα καὶ αὐτὰ μὲν ἁ φύσις θείαν τε καὶ οὐκ ἀνθρωπίναν ἐνδέχεται γνῶσιν πλέον γα, ἢ ὅτι οὐχ οἷόν τ' ἦς οὐθενὶ τῶν ἐόντων καὶ γιγνωσκομένων ὑφ' ἁμῶν γνωσθῆμεν, μὴ ὑπαρχούσας αὐτᾶς ἐντὸς τῶν πραγμάτων, ἐξ ὧν ξυνέστα ὁ κόσμος, τῶν τε περαινόντων καὶ τῶν ἀπείρων.*

nur in den dämonischen und göttlichen Dingen die Natur und die Kraft der Zahl gewaltig sehen könnte, sondern auch in den menschlichen Werken und Reden überall, und in allen künstlichen Handwerken und auch in der Musik[1]). Hierdurch wird nun unzweifelhaft bewiesen, daß den Pythagoräern das Göttliche oder der erste Grund aller Dinge etwas in der ganzen Welt Verbreitetes war, daß sie es aber auch zugleich als etwas an sich Unerkennbares setzten, welches sich nur eben in den weltlichen Dingen als das zeige, was alle Dinge einander befreundet, zu einander passend und dadurch erkennbar mache. Es erscheint als die Quelle alles Seins und auch aller Wahrheit in den Dingen, denn, wie Philolaos sagt, die Lüge hat an der Zahl keinen Theil; denn feindlich und verhaßt ist sie ihrer Natur; die Wahrheit aber ist verwandt und angeboren dem Geschlechte der Zahl[2]). Die Summe dieser

---

1) Stob. ecl. I. p. 10; Böckh Nr. 18. Ich setze nur das, was mir hier das Wichtigste ist, her: ἴδοις δὲ καὶ οὐ μόνον ἐν τοῖς δαιμονίοις καὶ θείοις πράγμασι τὰν τῶ ἀριθμῶ φύσιν καὶ τὰν δύναμιν ἰσχύουσαν, ἀλλὰ καὶ ἐν τοῖς ἀνθρωπικοῖς ἔργοις καὶ λόγοις πᾶσι παντᾶ καὶ κατὰ τὰς δαμιουργίας τὰς τεχνικὰς πάσας καὶ κατὰ ταν μουσικάν.

2) L. l. ψεῦδος δὲ οὐδαμῶς ἐς ἀριθμὸν ἐπιπνεῖ· πολέμιον γὰρ καὶ ἐχθρὸν αὐτῶ τᾷ φύσι· ἁ δ' ἀλάθεια οἰκεῖον καὶ σύμφυτον τᾷ τῶ ἀριθμῶ γενεᾷ. Sehr gut hat Brandis a. a. O., II. 1, ausgeführt, daß in diesen und ähnlichen Stellen die Neigung ausgedrückt sei, von welcher die Pythagoräer zu ihrer Philosophie kamen, und wie diese Neigung sie verleiten konnte, in der Mathematik die Gründe aller Wissenschaft zu suchen. Nur war diese Mathematik nicht die unsere, sondern eine mit philosophischen Gedanken durchwebte, wie auch Brandis selbst bemerkt, und der Gesch. der Phil. ist es daher Aufgabe, die philosophischen Gedanken, welche sich mit der ersten wissenschaftlichen Behandlung der

gleicht, daß sich Alles aus einem Ursamen entwickelt habe. Nicht sehr verschieden hiervon erklärt sich auch Theophrastos über diesen Punkt der pythagorischen Lehre; weil nämlich den Pythagoräern in dem Princip der Menge das Unbegrenzte und Ungeordnete und alle Formlosigkeit liege, an ihm aber die Natur des Ganzen Theil habe, mehr oder weniger, könnten auch die, welche auf Gott die Ursache zurückführten, nicht annehmen, daß er Alles zum Besten führe, sondern nur, so weit es möglich sei; vielleicht aber möge er auch nicht, indem dadurch alles Wesen aufgehoben werden würde, welches aus Entgegengesetztem und für Entgegengesetztes sei *). Hierin liegt offenbar ausgedrückt, wie die Betrachtung, daß Alles aus Vollkommenem und auch aus Unvollkommenem sei, Rückwirkung haben mußte auf die Betrachtung des ersten Princips, indem dies, das Unvollkommene zulassend oder se-

---

Schüler, sondern auch auf den Brontinos beziehen. Dagegen muß ich bekennen, daß diese Ausleger mir kein großes Vertrauen zu verdienen scheinen, wo sie sich gegen die Autorität des Aristoteles auflehnen, welches beim Syrianos besonders in diesem Punkte gewöhnlich ist.

*) Die sehr verderbte Stelle lautet Met. 9. *Πλάτων δὲ καὶ οἱ Πυθαγ. μακρὰν τὴν ἀπόστασιν ἐπιμιμεῖσθαί γε θέλειν ἅπαντα· καίτοι καθάπερ ἀντίθεσίν τινα ποιοῦσι τῆς ἀορίστου δυάδος καὶ τοῦ ἑνός· ἐν ᾗ καὶ τὸ ἄπειρον καὶ τὸ ἄτακτον καὶ πᾶσα, ὡς εἰπεῖν, ἀμορφία καθ' αὑτήν· ὅλως δὲ οὐχ οἷόν τε ἄνευ ταύτης τὴν τοῦ ὅλου φύσιν, ἀλλ' οἷον ἰσομοιρεῖν, ἢ καὶ ὑπερέχειν τῆς ἑτέρας ἢ καὶ τὰς ἀρχὰς ἐναντίας. διὸ καὶ οὐδὲ τὸν θεόν, ὅσοι τῷ θεῷ τὴν αἰτίαν ἀνάπτουσι, δύνασθαι πάντ' εἰς τὸ ἄριστον ἄγειν, ἀλλ' εἴπερ, ἐφ' ὅσον ἐνδέχεται· τάχα δ' οὐκ ἂν προέλοιτ', εἴπερ ἀναιρεῖσθαι συμβήσεται τὴν ὅλην οὐσίαν, ἐξ ἐναντίων γε καὶ ἐναντίοις οὖσαν.*

zend, auf alle Weise in seiner Wirksamkeit beschränkt erscheint. Das Gute also ist nicht zuerst, sondern es soll erst werden, wie das Thier oder die Pflanze aus dem Samen, und wodurch könnte dies anders geschehen, als dadurch, daß sich das Eins selbst hineinbegiebt in die Weltbildung und das Wesen der Zahl Grund der Zahlen wird?

Aus diesen Bestimmungen über den ersten Grund ist nun aber keineswegs klar geworden, weswegen er von den Pythagoräern eben die Zahl oder das erste Eins, das Geradungerade genannt wurde. Denn eben so gut hätte er hiernach das Männlichweibliche, wie wir ihn auch sonst benennen hören [1]), oder das Gutböse, oder das Wesen schlechthin, oder sonst wie heißen können. Denn daß nur ein Princip ist, aus welchem eine Mehrheit von Dingen hervorgehe, konnte in verschiedenen Formen ausgesprochen werden, unter welchen die Wahl nur davon abhängig sein mußte, wie man sich das Wesen der aus dem Princip hervorgehenden Dinge dachte [2]). Ganz unabhängig hiervon sind nun mit Fleiß unsere bisherigen Untersuchungen über das Grundwesen der Pythagoräer geblieben, damit die Eigenthümlichkeit ihrer Vorstellungsweise im Folgenden reiner an das Licht treten könne. Im Allgemeinsten stellt sich aber die Lehre der Pythagoräer über die einzelnen Dinge in der Formel dar: die Zahlen sind der Grund

1) Theol. arithm. I. p. 7.

2) In dem bisher Ausgeführten liegt im Grunde kein anderer Gedanke, als der, welcher auch der Lehre vieler ionischen Philosophen zum Grunde liegt, daß nämlich die Welt sich aus einem unentwickelten Principe, aus einem Samen etwa, zu einem entwickeltern Leben bilde und gestalte und dabei die in ihm ungesonderten Gegensätze zur Erscheinung bringe.

oder das Wesen der Dinge [1]). Wie sie sich dies vorstellten, dies muß nun eben der Gegenstand unserer gegenwärtigen Untersuchung sein.

Zur Beantwortung unserer Frage müssen wir die abgeleiteten Gründe der Dinge etwas genauer untersuchen. Unter diesen Gründen zeichnen sich die Grenze und das Unbegrenzte, die ungerade und die gerade Zahl, das Eins und die Menge schon dadurch aus, daß sie in der Tafel der entgegengesetzten Begriffe obenan stehen. Die beiden letzten derselben hängen auch unmittelbar mit dem Begriffe der Zahl zusammen; der erste Gegensatz aber scheint nicht so genau der Zahlenlehre sich anzuschließen, und doch beginnt auch Philolaos, in Uebereinstimmung mit der pythagorischen Kategorientafel, damit die Darstellung seiner Lehre, daß er zu zeigen sucht, Alles müsse aus Begrenzendem, d. h. aus Grenze, und aus Unbegrenztem bestehen [2]). Der Beweis dafür ist uns nur mangelhaft überliefert worden, man kann ihn aber aus der Darstellungsweise der Pythagoräer einigermaaßen sich ergänzen. Sie

---

1) Arist. de coelo III. 1. ἔνιοι γὰρ τὴν φύσιν ἐξ ἀριθμῶν συνιστᾶσι, ὥσπερ καὶ τῶν Πυθ. τινές. Met. I. 6. καὶ τὸ τοὺς ἀριθμοὺς αἰτίους εἶναι τοῖς ἄλλοις τῆς οὐσίας ὡσαύτως ἐκείνοις (sc. Πυθαγορείοις ἔλεγεν ὁ Πλάτων) — — οἱ δ' ἀριθμοὺς εἶναί φασιν αὐτὰ τὰ πράγματα. Der Unterschied zwischen Zahlen und Zahl ist wohl zu bemerken.

2) Stob. ecl. I. p. 454. Böckh. Nr. 1. ἀνάγκα τὰ ἐόντα εἶμεν πάντα ἢ περαίνοντα ἢ ἄπειρα ἢ περαίνοντά τε καὶ ἄπειρα. — — — ἐπεὶ τοίνυν φαίνεται οὔτ' ἐκ περαινόντων πάντων ἐόντα, οὔτ' ἐξ ἀπείρων πάντων, δῆλόν τ' ἄρα, ὅτι ἐκ περαινόντων τε καὶ ἀπείρων ὅ τε κόσμος καὶ τὰ ἐν αὐτῷ συναρμόχθη.

bemerkten, daß alles, was erkannt werden könne, ein Begrenztes sein müsse [1]), welches Anfang, Mitte und Ende habe [2]); Anfang und Ende sind aber natürlich das Begrenzende oder die Grenzen, die Mitte dagegen das Unbegrenzte, welches Letztere sie auch daraus entnommen zu haben scheinen, daß die Mitte zwischen den Grenzen in das Unbegrenzte getheilt werden kann [3]). Das, worauf es uns jedoch hier zuerst nur ankommt, ist, zu zeigen, daß die Begriffe des Begrenzenden und des Unbegrenzten ihnen für ihre Lehre, d. h. für die Zahlenlehre, von der größesten Bedeutung sein mußten. Die Ordnung der Kategorientafel und des philolaischen Werkes sind uns hinlängliche Beweise.

Wir müssen, um den wahren Sinn dieser Lehre aufzufassen, die Begriffe, welche die Pythagoräer von dem Begrenzenden und dem Unbegrenzten hatten, noch genauer zu bestimmen suchen. Wenn die Grenze der Dinge als Anfang und Ende derselben betrachtet wird, so ist sie natürlich als eine Vielheit gesetzt; daher spricht auch Philolaos von begrenzenden Dingen. Die begrenzenden Dinge sind aber für das Körperliche zuletzt die räumlichen Punkte,

---

1) Philol. ap. Jambl. ad Nic. arithm. p. 7. ἀρχὰν γὰρ οὐδὲ τὸ γνωσούμενον ἐσσεῖται πάντων ἀπείρων ἐόντων.

2) Arist. de coelo I. 1. καθάπερ γάρ φασι καὶ οἱ Πυθ., τὸ πᾶν καὶ τὰ πάντα τοῖς τρισὶν ὥρισται· τελευτὴ γὰρ καὶ μέσον καὶ ἀρχὴ τὸν ἀριθμὸν ἔχει τὸν τοῦ παντός.

3) Joann. Philop. in Arist. phys. III. 4. τὸ δὲ ἄρτιον τῆς ἐπ' ἄπειρον τομῆς αἴτιόν ἐστιν. Man erinnere sich, daß ἄρτιον und ἄπειρον in gleichem Sinne gebraucht werden.

welche die Pythagoräer Einheiten nannten [1]). Aristoteles sagt, zwar nicht ausdrücklich die Pythagoräer nennend, aber sie doch hinlänglich durch ihre Stellung vor dem Platon und den Platonikern bezeichnend: „Es scheinen aber Einigen die Grenzen des Körpers, wie die Fläche und die Linie und der Punkt und die Einheit, Substanzen zu sein, und zwar mehr als der Körper und das Solide [2])." Und etwas weitläufiger setzen dies Andere auseinander: die Pythagoräer hätten die Zahlen für Gründe der Dinge gehalten, weil ihnen das Erste und Nicht-Zusammengesetzte Princip zu sein geschienen; das Erste der Körper aber wären die Flächen, das Erste der Flächen die Linien, und das Erste der Linien die Punkte, von ihnen Einheiten genannt, welche, durchaus unzusammengesetzt, nichts Früheres hätten; da nun die Einheiten Zahlen wären, so müßten die Zahlen Principe der Dinge sein [3]). Wir se-

---

1) Arist. de coelo III. 1.

2) Met. VII. 2. *δοκεῖ δέ τισι τὰ τοῦ σώματος πέρατα, οἷον ἐπιφάνεια καὶ γραμμὴ καὶ στιγμὴ καὶ μονάς, εἶναι οὐσίαι καὶ μᾶλλον ἢ τὸ σῶμα καὶ τὸ στερεόν.* Cf. ib. III. 5; XIV. 3; de coelo l. l.

3) Alex. Aphrod. in Ar. de prim. phil. I. fol. 10 b ap. Brandis de perditis Arist. libris p. 30. *ἀρχὰς μὲν τῶν ὄντων τοὺς ἀριθμοὺς Πλάτων τε καὶ οἱ Πυθ. ὑπετίθεντο, ὅτι ἐδόκει αὐτοῖς τὸ πρῶτον ἀρχὴ εἶναι καὶ τὸ ἀσύνθετον, τῶν δὲ σωμάτων πρῶτα τὰ ἐπίπεδα εἶναι. τὰ γὰρ ἁπλούστερά τε καὶ μὴ συναιρούμενα πρῶτα τῇ φύσει, ἐπιπέδων δὲ γραμμαὶ κατὰ τὸν αὐτὸν λόγον, γραμμῶν δὲ στιγμαί, ἃς οἱ μαθηματικοὶ σημεῖα, αὐτοὶ δὲ μονάδες ἔλεγον, ἀσύνθετα παντάπασιν ὄντα καὶ οὐδὲν πρὸ αὐτῶν ἔχοντα· αἱ δὲ μονάδες ἀριθμοί, οἱ ἀριθμοὶ ἄρα πρῶτοι τῶν ὄντων.* Cf. Sext. Emp. hyp. Pyrrh. III. 152; adv. math. X. 249, wo vieles Ungehörige beigemischt ist.

hen, daß diese Zahlenlehre auf eine Erklärung des Körperlichen aus nicht körperlichen Gründen, denn die räumlichen Punkte sind noch nicht Körper, ausgeht [1]), und alles, was hierüber gesagt wird, bestätigt uns das, was schon in dem Ausdrucke „Grenze" liegt, daß die Pythagoräer das körperliche Dasein aus Punkten sich erklärten, welche die letzte Begrenzung der Körper bilden. Das Begrenzende überhaupt ist ihnen in Beziehung auf die körperlichen Dinge nichts, als eine Vielheit von Punkten, welche auf irgend eine Weise im Raum zusammengesetzt sind; und alle Dinge bestehen aus in ihnen enthaltenen Zahlen, heißt auch nichts Anderes, als: alle Dinge sind aus Punkten oder räumlichen Einheiten, welche zusammengenommen eine Zahl bilden, zusammengesetzt [2]).

Theon. Smyrn. math. Plat. I. 7; II. 31; Arist. Quint. de mus. III. p. 122. Darauf läuft auch hinaus Arist. met. I. 5. *ἐπεὶ δὲ τούτων* (sc. *τῶν μαθημάτων*) *οἱ ἀριθμοὶ φύσει πρῶτοι.*

1) Aristoteles sagt daher in Bezug auf diese Lehre von den Grenzen der Körper met. III. 5. *διόπερ οἱ μὲν πολλοὶ καὶ οἱ πρότερον τὴν οὐσίαν καὶ τὸ ὂν ᾤοντο τὸ σῶμα εἶναι, τὰ δὲ ἄλλα τούτου πάθη, ὥστε καὶ τὰς ἀρχὰς τὰς τῶν σωμάτων τῶν ὄντων εἶναι ἀρχάς· οἱ δὲ ὕστερον καὶ σοφώτεροι τούτων εἶναι δόξαντες, ἀριθμούς.*

2) Zuerst hat E. Reinhold, Beitrag zur Erläuterung der pythagorischen Metaphysik. Jena 1827. S. 28. f., und mit ihm Andere gegen meine Meinung über die Nicht-Ausgedehntheit der pythagorischen Einheiten sich erklärt. Schon oben habe ich bemerkt, daß Arist. zu schließen scheint, die Einheiten der Pythagoräer wären ausgedehnt. Darüber vergl. noch Arist. met. XIII. 6; 8 p. 279. 11 sqq. Brand. In der ersten Stelle ist die Schlußweise des Arist. am klarsten. Er sagt: *καὶ οἱ Πυθαγόρειοι δ' ἕνα τὸν μαθηματικὸν* (sc. *ἀριθμόν*, d. h. sie nehmen nicht zwei Arten der Zahlen an, wie Platon), *πλὴν οὐ κεχωρισμένον, ἀλλ' ἐκ τού-*

Hat man so den Begriff des Begrenzenden sich bestimmt, so kann man nicht leicht in Verlegenheit sein, wie

---

του τὰς αἰσθητὰς οὐσίας συνεστάναι φασίν· τὸν γὰρ ὅλον οὐρανὸν κατασκευάζουσιν ἐξ ἀριθμῶν, πλὴν οὐ μοναδικῶν, ἀλλὰ τὰς μονάδας ὑπολαμβάνουσιν ἔχειν μέγεθος· ὅπως δὲ τὸ πρῶτον ἓν συνέστη ἔχον μέγεθος ἀπορεῖν ἐοίκασιν. Diese Sätze enthalten eine Reihe von Schlüssen des Arist., welche er im Sinn der Pythagoräer macht; sie gehen aber von dem Satze der Pythagoräer aus, daß der Himmel (die Welt) aus Zahlen zusammengesetzt sei, und dies ist der einzige Satz, welcher in der ganzen Reihe der angeführten Sätze den Pythagoräern selbst angehört; denn es wird daraus geschlossen: 1) daß die Zahl der Pythagoräer nicht abstract sei, welches die Pythag. gewiß nicht gesagt haben, weil der Gegensatz zwischen nicht-abstracter oder mathematischer und zwischen abstracter oder idealer Zahl zu ihrer Zeit noch nicht erfunden war; 2) daß sie sagten, die sinnlichen Wesen bestünden aus Zahlen, welches sie auch nicht sagen konnten, weil zu ihrer Zeit der Unterschied zwischen αἰσθητὸν und νοητὸν noch keine Bezeichnung gefunden hatte; 3) daß die Zahlen der Pythag. nicht einheitlich wären, welches die Pyth. gewiß nicht zugestanden haben würden; diesen Schlüssen zähle ich nun 4) und 5) auch noch bei, daß die Zahlen Größe haben (eins und dasselbe mit dem Satze, daß sie nicht einheitlich, s. Met. XIII. 8), und daß ebenso das erste Eins Größe habe, natürlich, weil aus ihm alle Größen hervorgehen sollen. Doch nicht immer schließt Arist. so, legt auch hierauf keinen besondern Werth; denn de anim. I. 4 sagt er: δόξειε δ' ἂν οὐδὲν διαφέρειν μονάδας λέγειν ἢ σωμάτια μικρά (cf. de coelo III. 4, wo es von den Atomisten heißt: τρόπον γάρ τινα καὶ οὗτοι πάντα τὰ ὄντα ποιοῦσιν ἀριθμοὺς καὶ ἐξ ἀριθμῶν), und giebt überhaupt zu erkennen, daß er diesen Punkt nicht für wesentlich halte, indem er die Pythag. [illegible] mit den Atomisten zusammenstellt, zu welchen sie darnach gehören würden. Seine Auslegung scheint hierüber zu schwanken; denn an andern Stellen sagt er ausdrücklich, daß die Einheiten der Pythag. keine Körper seien, sondern aus ihnen als den Gründen des Seins das Körperliche erst entstehe. De coelo III, 1. ἔνιοι γὰρ τὴν φύσιν ἐξ ἀριθμῶν συνιστᾶσι, ὥσπερ τῶν Πυθ. τινές· τὰ μὲν γὰρ φυσικὰ σώματα φαίνεται βάρος ἔχοντα καὶ κουφότητα, τὰς δὲ μονάδας οὔτε σῶμα ποιεῖν οἷόν τε συντι-

der Begriff des ihm entgegengesetzten Unbegrenzten zu fassen sei. Bezeichnet das Begrenzende die äußersten Enden, so muß das Unbegrenzte das Mittlere zwischen den Grenzen, den Zwischenraum, bezeichnen [1]). Daher hat in der ganzen Lehre der Pythagoräer von Alters her der Begriff des Zwischenraumes die größeste Bedeutung gehabt, nicht nur für die musikalische Theorie [2]), sondern auch für die

---

θεμένας, οὔτε βάρος ἔχειν. Met. XIV. 5 wird diese Lehre besonders dem Eurytos zugeschrieben: ἀριθμοὶ αἴτιοι τῶν οὐσιῶν καὶ τοῦ εἶναι — ὡς ὅροι οἷον αἱ στιγμαὶ τῶν μεγεθῶν καὶ ὡς Εὔρυτος κτλ. Hier sind also die Einheiten nicht allein nicht Körper, sondern auch nicht Größen, sondern nur Grenzen der Größen als Punkte. Eben dasselbe wird vorausgesetzt, nur daß hier die Grenze mit dem Unbegrenzten zusammen Grund der Größe sein soll, Met. I. 8: ἔτι δὲ εἴτε δῴη τις αὐτοῖς ἐκ τούτων (sc. τοῦ πέρατος καὶ τοῦ ἀπείρου) εἶναι τὸ μέγεθος, welche Stelle in ihrem weitern Verlaufe der früher angeführten de coelo III. 1 genau entspricht. Nach allen diesen Stellen entsteht die Größe erst aus den Zahlen, welche Punkte bedeuten. Das Schwanken des Arist. über diese Ansicht hat nach met. I. 8 einen guten Grund in der Lehrweise der Pythagoräer, welche zwar sprachen, als hätten sie es nur mit der sinnlichen Welt zu thun — daher jene Schlüsse des Arist. —, aber doch Principien annahmen, welche geeignet sind höher hinaufzusteigen. Auch Plat. de legg. p. 668 d sind die ἀριθμοὶ τοῦ σώματος, welchen θέσεις zugeschrieben werden, auf diese pythag. Lehre zu beziehen, welche daher wohl so sicher als alt erwiesen ist, als nur irgend eine andere Lehre der Pythagoräer.

1) Vom Aristoteles de coelo II. 13 wird nach pythag. Lehre dem πέρας das μεταξύ entgegengesetzt, so wie ebend. I. 1 das μέσον der ἀρχή und τελευτή entgegensteht. Wir lernen aber auch aus der erstern Stelle, daß die Pythag. die πέρατα nicht immer als die äußern Grenzen der Körper nahmen, denn die Grenzen der Weltkugel sind ihnen der Mittelpunkt und der Umfang.

2) Cf. Plat. de rep. VII. p. 531.

geometrische Bildung der räumlichen Verhältnisse [1]). Sie setzten nach jener Theorie Zwischenräume (διαστήματα, intervalla) nach verschiedenen Verhältnissen, und leiteten daraus die Zusammenstimmung der verschiedenen Tonarten ab [2]), eine Lehre, welche so alt ist, als die wissenschaftliche Behandlung der Musik, so weit wir diese kennen. Dieses Begriffes vom Zwischenraum bedurften die Pythagoräer, um durch ihre einheitlichen Zahlen den Raum sich erfüllt zu denken. An sich nämlich sind ihnen ihre Einheiten wahre geometrische Punkte, also unkörperlich, und wenn man zwei solcher Einheiten zusammensetzen wollte, so würde daraus auch nicht ein Körper, nicht einmal eine Linie entstehen, weil aus der Zusammensetzung des Nicht-Ausgedehnten an sich keine Ausdehnung entstehen kann [3]). Man sieht, wie hier nothwendig das zweite Princip der Pythagoräer in das Mittel oder recht eigentlich in die Mitte treten muß, um den nach drei Maaßen ausgedehnten Körper zu erzeugen. Denn wenn die Einheiten, die Punkte, Anfang und Ende oder die Grenzen bilden, das Unbegrenzte aber die Mitte, so wird eben durch das in die Mitte Treten des Unbegrenzten erst die Ausdehnung, und zwar die geometrische Ausdehnung nach drei Maaßen, erst durch ein dreifaches Intervall zwischen vier Punkten, wie Philolaos sich gedacht zu haben scheint [4]),

1) Nicom. arithm. II. p. 72. Nach dem Philolaos bei Böckh Nr. 9. Arist. Quint. de mus. III. p. 121.

2) Ich muß hierüber auf Böckh's Philol. Nr. 5 f. verweisen.

3) Daher die Polemik des Arist. gegen diese Lehre met. I. 9; XIII. 8; de coelo III. 1 und sonst.

4) Theol. arithm. p. 56; Böckh Nr. 21. μαθηματικὸν μέ-

so daß auch, nach demselben Philolaos, der Kubus aus drei gleichen Intervallen besteht [1]). Wenn man dieses alles bedenkt, so wird man in der Art, wie spätere pythagorisirende Mathematiker die körperlichen Maaße aus Punkten oder Einheiten und aus Intervallen erklären, die alterthümliche Denkweise der Pythagoräer genau wiedergegeben finden. Darnach war ihnen das Princip des nach drei Dimensionen ausgedehnten Körpers die Fläche, denn der Körper bestehe aus in verschiedenen Intervallen zusammengesetzten Flächen; aber die Fläche sei nicht selbst der Körper, da sie nur nach zwei Dimensionen ausgedehnt; das Princip der nach zwei Dimensionen ausgedehnten Fläche sei ferner die Linie, denn die Fläche sei aus Linien in verschiednen Intervallen zusammengesetzt, aber die Linie nicht selbst die Fläche, denn sie habe nur eine Dimension; endlich das Princip der Linie sei der Punkt, denn die Linie bestehe aus Punkten, welche, in einem bestimmten Intervall zusammengesetzt, die Linie erst bilden, aber nicht selbst Linien seien, denn der Punkt habe kein Intervall und keine Dimension; er sei eine wahre Einheit [2]). So konnte Aristoteles nach pythagorischer Lehre

---

γεθος τριχῇ διαστὰν ἐν τετράδι. Die platonische Zahlenlehre, von welcher Arist. de anim. I. 2. §. 7. handelt, knüpft an diese Ableitung des Körpers nur noch die Ableitung der Erkenntnißweisen an.

1) Vergl. die Stellen des Nikomachos (arithm. II. p. 72) und Cassiodor (expos. in Psalm. IX. p. 36. ed. Garet.) b. Böckh Nr. 9.

2) Boëth. arithm. II. 4; Nic. inst. arithm. II. 6. p. 115. ἔσται μὲν οὖν ἡ μονὰς σημείου λόγον ἐπέχουσα καὶ τόπον, ἀρχὴ μὲν διαστημάτων καὶ ἀριθμῶν, οὔπω δὲ γραμμή, οὐδὲ διάστημα· ἀμέλει οὔτε σημεῖον σημείῳ συντεθὲν πλέον τι ποιεῖ·

mit Recht sagen, daß aus der Grenze oder den Einheiten und aus dem Unbegrenzten oder den Intervallen die räumliche Größe erst werde [1]). Es ist in dieser Lehre eine wahre mathematische Construction der räumlichen Größe enthalten, bei welcher nichts vorausgesetzt wird, außer nur, daß es voneinander getrennte Einheiten gebe, welche auf einander bezogen werden können, und daß nur drei solcher Beziehungen nach den drei körperlichen Dimensionen möglich seien. Doch wird auch die Nothwendigkeit, die Einheiten aufeinander zu beziehen, den Pythagoräern darin gegründet gewesen sein, daß alle Einheiten von der ersten Einheit zu einer Welt umfaßt werden [2]).

ἀδιάστατον γὰρ ἀδιαστάτῳ συντεθὲν διάστημα οὐχ ἕξει, ὥσπερ εἴ τις τὸ οὐδὲν οὐδενὶ συντεθὲν σχήσοιτο· οὐδὲν γὰρ ποιεῖ. — — ἀδιάστατος ἄρα ἡ μονὰς καὶ ἀρχοειδής, πρῶτον δὲ διάστημα εὑρίσκεται καὶ φαίνεται ἐν δυάδι, εἶτα ἐν τριάδι, εἶτα ἐν τετράδι καὶ ἑξῆς ἐν τοῖς ἀκολούθοις (cf. Philol. in theolog. arithm. p. 56)· διάστημα γάρ ἐστι δυοῖν ὅρων τὸ μεταξὺ θεωρούμενον· πρῶτον δὲ διάστημα γραμμὴ λέγεται· γραμμὴ γάρ ἐστι τὸ ἐφ' ἓν διαστατόν· δύο δὲ διαστήματα ἐπιφάνεια· ἐπιφάνεια γάρ ἐστι τὸ διχῇ διαστατόν· τρία δὲ διαστήματα στερεόν· στερεὸν γάρ ἐστι τὸ τριχῇ διαστατόν. Vergl. Arist. met. VII. 11. καὶ ἀνάγουσι πάντα εἰς τοὺς ἀριθμοὺς καὶ γραμμῆς τὸν λόγον τὸν τῶν δύο εἶναί φασιν. Ohne den Namen der Pythag., aber aus der Stellung ersichtlich, daß es auf sie zu beziehen. Philo de mundi opif. 16. p. 11. Mang.

1) Met. I. 8. ἐκ τούτων (sc. πέρατος καὶ ἀπείρου) εἶναι τὸ μέγεθος. De coelo III. 1. Gegen die Pythagoräer: τὰς δὲ μονάδας οὔτε σῶμα ποιεῖν οἷόν τε συντιθεμένας, οὔτε βάρος ἔχειν.

2) Brandis Gesch. der gr. röm. Phil. S. 487 giebt zwar zu, daß die von mir ausgeführte Erklärung des Räumlichen durch die Zahl alt-pythagorisch sein möchte, nimmt aber an, auf Arist. met. XIV. 3. (τοῦ ἑνὸς συσταθέντος εἴτ' ἐξ ἐπιπέδων, εἴτ' ἐκ

Wenn man sich nun festgestellt hat, daß die Pythagoräer unter dem Unbegrenzten, welches von dem Begrenzenden eingenommen und umfaßt wird [1]), den Zwischenraum zwischen den begrenzenden Punkten sich gedacht haben, so kann wohl Jemandem noch die Frage einfallen, aus was denn dieser Zwischenraum bestehen solle? Man hat gemuthmaaßt, die Pythagoräer hätten sich den Zwischenraum oder das Unbegrenzte als Hauch oder als luftartig gedacht [2]); allein wenn man bemerkt, daß die Luft von ihnen als ein bestimmter Körper betrachtet und, wie wir später sehen werden, auf eine bestimmte Figur zurückgebracht wurde, so verschwindet die Wahrscheinlichkeit dieser Meinung. Vielmehr, im Gegensatz gegen die begrenzenden Enden, welche schlechthin bloße Einheiten sind, haben wir das Unbegrenzte auch als bloßen Zwischenraum zu denken.

χροιᾶς, εἴτ᾽ ἐκ σπέρματος, εἴτ᾽ ἐξ ὧν ἀποροῦσιν εἰπεῖν) gestützt, daß noch andere Versuche der Pythag. stattgefunden haben möchten, das Ausgedehnte abzuleiten. Die Stelle des Arist. aber so erklärt findet sonst gar keinen Haltpunkt in andern Ueberlieferungen, scheint dagegen durch eine andere Stelle des Arist. met. XIII. 6. ὅπως δὲ τὸ πρῶτον ἓν συνέστη ἔχον μέγεθος ἀπορεῖν ἐοίκασιν wenigstens beschränkt zu werden. Daher glaube ich, daß sie einer andern Deutung bedürfe in dem Sinne: die Pythag. wissen nicht zu sagen, ob das Eins entstanden sei aus Flächen oder aus Farbe u. s. w. Die Worte ἐξ ὧν ἀποροῦσιν εἰπεῖν geben in der That entweder gar keinen passenden Sinn oder können nur als ein Ausdruck des Unwillens in der Polemik des Arist. erklärt werden. In diesem Falle käme man ohne Correctur ab, in jenem würde ich vorschlagen, δὴ hinter ὧν einzuschieben.

1) Arist. phys. III. 4.

2) Brandis a. a. O. II. 8. Es bezieht sich diese Hypothese auf den Ausdruck ἄπειρον πνεῦμα b. Arist. Phys. IV. 6. und πνοή Stob. ecl. I. p. 380 sq. Davon weiter unten.

Und indem die Pythagoräer in dem zweiten Gliede ihrer Gegensätze das Verneinende in der Welt ausdrücken wollten, scheinen sie auch in dem Unbegrenzten etwas Verneinendes gesehen zu haben, einen leeren Zwischenraum. Daß die Pythagoräer ein Leeres setzten, ist aus vielen Zeugnissen unleugbar [1]), und daß sie es als einen der Gründe aller Dinge betrachteten, ist schon daraus wahrscheinlich, daß alle, welche ein Leeres in strengem Sinne angenommen haben, es auch als etwas Ursprüngliches sich dachten, weil kein Raumerfüllendes dem Leeren gleichartig werden kann. Doch wir bedürfen solcher Analogien nicht, um zu beweisen, daß die Pythagoräer das Leere als ein Princip der Dinge betrachteten; denn Aristoteles sagt ausdrücklich, das Leere trenne nach den Pythagoräern zuerst die Zahlen und bestimme ihre Natur [2]), so wie es auch die Oerter aller Dinge bestimme [3]). Hierdurch wird also gesetzt, daß die Trennung der Zahlen oder Einheiten voneinander erst

---

1) Arist. phys. IV. 6; ap. Stob. ecl. I. p. 380; Plut. de pl. ph. II. 9; Stob. ecl. I. p. 388. Hierher kann auch gezogen werden Arist. phys. IV. 7. *διό φασί τινες εἶναι τὸ κενὸν τὴν τῶν σωμάτων ὕλην, οἵ περ καὶ τόπον τὸ ταὐτὸ οὕτω λέγοντες.* Gleich darauf erinnert an die Pythagoräer der Satz: *τὸ γὰρ κενὸν οὐ σῶμα ἀλλὰ σώματος διάστημα βούλεται εἶναι.* Ich meine nicht, daß dies geradezu auf die Pythagoräer bezogen werden sollte; aber wenn auch auf den Platon und die Platoniker zu beziehen, giebt es doch die Verwandtschaft dieser platonischen Darstellungsweise (im Timäos) mit der pythagor. Lehre zu erkennen.

2) Phys. IV. 6. *καὶ τοῦτ' (sc. τὸ κενὸν εἶναι χωρισμόν τινα τῶν ἐφεξῆς) εἶναι πρῶτον ἐν τοῖς ἀριθμοῖς, τὸ γὰρ κενὸν διορίζειν τὴν φύσιν αὐτῶν.*

3) Ap. Stob. ecl. I. p. 380. *τὸ κενόν, ὃ διορίζει ἑκάστων τὰς χώρας ἀεί.*

durch das Leere entstehe, oder, was dasselbe ist, daß die Einheiten oder Zahlen erst durch das Leere werden. Wenn aber das Leere ein Princip der Zahlen ist und die Zahlen Princip aller Dinge sind, so ist es klar, daß die Pythagoräer das Leere auch als ein Princip aller Dinge betrachteten [1]). Es kann demnach nur die Frage sein, welcher von den beiden entgegengesetzten Gründen der Dinge das Leere sein solle, ob das Begrenzende oder das Unbegrenzte? Aber auch hierüber giebt Aristoteles befriedigende Auskunft, denn an zwei Orten spricht er davon, daß von dem Begrenzenden das Unbegrenzte, welches auch das Gerade sei, angezogen, eingenommen und begrenzt werde [2]), an einem dritten und vierten Orte aber sagt er, das Leere gehe in den Himmel ein, und der Himmel sei eins, und aus dem Unbegrenzten werde das Leere, welches aller Dinge

---

1) Daher wird auch dem Ekphantos nur deswegen eine von der pythagorischen abweichende Lehre beigelegt, weil er die Einheiten als untheilbare Körper ansah, nicht aber weil er neben diesen das Leere als Princip setzte. Stob. ecl. I. p. 308. *Ἔκφαντος Συρακούσιος, εἷς τῶν Πυθαγορείων, πάντων (ἀρχὰς) τὰ ἀδιαίρετα σώματα καὶ τὸ κενόν· τὰς γὰρ Πυθαγορικὰς μονάδας οὗτος πρῶτος ἀπεφήνατο σωματικάς.* Ueber die Zeit und Lehre dieses Mannes ist sonst nichts Zureichendes auszumitteln. Angaben über seine Lehre finden sich Stob. ecl. I. p. 448; 496; Orig. phil. 15.

2) Met. XIV. 3. *φανερῶς γὰρ λέγουσιν, ὡς τοῦ ἑνὸς συσταθέντος — εἴτ' ἐξ ἐπιπέδων, εἴτ' ἐκ χροιᾶς, εἴτ' ἐκ σπέρματος, εἴτ' ἐξ ὧν ἀποροῦσιν εἰπεῖν — εὐθὺς τὰ ἔγγιστα τοῦ ἀπείρου ὅτι εἵλκετο καὶ ἐπεραίνετο ὑπὸ τοῦ πέρατος.* Ueber die Erklärung des Zwischensatzes s. oben S. 410 2) Phys. III. 4. *καὶ οἱ μὲν τὸ ἄπειρον εἶναι τὸ ἄρτιον· τοῦτο γὰρ ἐναπολαμβανόμενον καὶ ὑπὸ τοῦ περιττοῦ περαινόμενον παρέχει τοῖς οὖσι τὴν ἀπειρίαν.* Nach den Auslegern nämlich die Unendlichkeit der Theilbarkeit.

Oerter bestimme, in ihn eingeführt *). In diesen Stellen vertreten nun offenbar der eine Himmel und das Leere dieselbe Rolle, welche in jenen das begrenzende Eins und das Unbegrenzte spielen, so daß wir auf keine Weise zweifeln können, das Leere nach den Vorstellungen der Pythagoräer als den Grund der Weltbildung zu betrachten, welcher sonst von ihnen als das Unbegrenzte bezeichnet wird.

Auf den ersten Anblick mag es etwas Seltsames haben, daß nach dieser Lehre die Pythagoräer das körperliche Dasein der Welt aus Punkten und aus dem Leeren zusammengesetzt sich dachten, wenn man aber den Sinn dieser Lehre genauer sich überlegt, wird man begreiflich fin-

*) Phys. IV. 6. *εἶναι δ' ἔφασαν καὶ οἱ Πυθ. κενόν, καὶ ἐπεισιέναι αὐτὸ τῷ οὐρανῷ.* Ap. Stob. ecl. I. p. 380. *τὸν οὐρανὸν εἶναι ἕνα, ἐπεισάγεσθαι δ' ἐκ τοῦ ἀπείρου χρόνον τε καὶ πνοὴν καὶ τὸ κενόν, ὃ διορίζει ἑκάστων τὰς χώρας ἀεί.* Aus dieser Stelle und aus Met. l. l. *εὐθὺς τὰ ἔγγιστα τοῦ ἀπείρου κτλ.* hat man schließen wollen, das *κενὸν* sei nur ein Theil des *ἄπειρον*, indem es zugleich mit der *πνοὴ* und dem *χρόνος* in diesem sei. Allein als ein Bestimmtes kann es doch nicht mit andern Bestimmten in dem Unbestimmten, als welches sich auf jeden Fall die Pyth. das *ἄπειρον* dachten, sein, ja das Unbestimmte kann überhaupt keine Arten haben. Der Gedanke, welcher in jenen Stellen ausgedrückt werden soll, ist, daß zuerst das Nächste des Unbestimmten in die Welt eingezogen wird, und dadurch in dieser der leere Zwischenraum im Oertlichen und Zeitlichen, welche beide zum Leben oder Athem der Welt gehören, sich bilde. Hierauf bezieht sich auch Arist. de coelo I. 9. *ἅμα δὲ δῆλον, ὅτι οὐδὲ τόπος, οὐδὲ κενόν, οὐδὲ χρόνος ἐστὶν ἔξω τοῦ οὐρανοῦ.* Noch eine andere Parallele zwischen *ἄπειρον* und *κενὸν* ist zu bemerken. Arist. phys. III. 4. *καὶ εἶναι δὲ τὸ ἔξω τοῦ οὐρανοῦ ἄπειρον.* Plut. de pl. ph. II. 9. *ἐκτὸς εἶναι τοῦ κόσμου κενόν, εἰς ὃ ἀναπνεῖ ὁ κόσμος, καὶ ἐξ οὗ.*

den, wie sie auf dieselbe gekommen. Eine idealistische Richtung ist darin nicht zu verkennen. Wesentlich geht sie darauf aus, den Stoff des Körperlichen verschwinden zu lassen, um dagegen die Form als das allein Wahre festzuhalten. Daher werden die begrenzenden Punkte, welche zuletzt die Form bestimmen, als das gepriesen, was im Räumlichen allein Bedeutung hat, während dagegen das Unendliche des unbestimmten Stoffes, welcher erst durch das Begrenzende eine Form gewinnen soll, als das Nichtige im Raume, d. h. als das Leere erscheint. Indem nun aber diese Ableitung des Körperlichen darauf ausging, den Stoff desselben verschwinden zu lassen und an seine Stelle ein rein Negatives zu setzen, konnte sie nicht leicht folgerichtig durchgeführt werden, vielmehr schob sich der pythagorischen Lehre, wie es allen Lehren zu gehen pflegt, welche ein rein negatives Princip setzen, im Verfolg ihrer Sätze an seine Stelle etwas Positives unter. Dies sehen wir, wenn wir finden, daß sie das Unendliche nicht allein das Leere, sondern auch das Böse, die Menge, die ungerade Zahl, das Weibliche u. s. w. nennen. Ja wenn wir bemerken, daß der Begriff des Leeren nicht einmal so entschieden von ihnen hervorgezogen wurde, als mehrere der Begriffe, welche ihm zur Seite stehen, so dürfen wir wohl muthmaaßen, daß die Pythagoräer ein heimliches Gefühl von diesem wunden Fleck ihrer Lehre hatten, welches sie sich selbst zu verbergen suchten, indem sie hinter mancherlei gezwungenen Wendungen ihren unbestimmten Begriff vom Unendlichen versteckten *).

*) Meiner Ansicht, daß der positive Grund der Welt nach den

Diese Untersuchungen führen uns aber auf ein noch weiteres Gebiet, indem sie uns die Frage anregen, wie die Pythagoräer ihrer entgegengesetzten Begriffe sich bedient haben möchten, um die Entstehung der Welt zu erklären. Wir werden sehen, daß ihre Erklärungsart genau zu der Vorstellung paßt, welche sie von dem Bestehen der Dinge nach unserer Auffassungsweise hatten, und daher auch diese bestätigt. Wie von uns gezeigt worden ist, sagte ihnen ihre Zahlenlehre in Rücksicht auf das Sein der Dinge aus, alle Dinge beständen aus Einheiten, welche in verschiedenen Zwischenräumen zueinander geordnet wären, sie bildeten also eine Zahl von Einheiten und darin liege ihr Wesen. Nun gingen aber die Pythagoräer, wie auch schon früher gezeigt, von einer ursprünglichen Einheit aus, und wenn sie daher jene Ansicht von der Natur der Dinge mit dieser Ansicht von ihrem ersten Grunde in Einklang bringen wollten, so mußten sie zeigen, wie eine Vielheit von Einheiten aus der ursprünglichen Einheit entstehen könne.

Pythagoräern nur das Eine sei, hat Brandis Gesch. der gr. röm. Phil. S. 486 unter Anderm auch entgegengesetzt, daß Arist. met. XIII. 6. sage: *καὶ ἐκ τούτου (τοῦ ἑνός) καὶ ἄλλου τινὸς εἶναι τὸν ἀριθμόν.* Aber das *ἄλλου* in dieser Stelle drückt eben nur den negativen Grund aus, welchen Aristoteles nicht genauer bezeichnet, weil die Pyth. selbst ihn auf sehr verschiedene Weise bezeichneten. Es ist mir nicht ganz unwahrscheinlich, daß die Pyth. wegen der oben angedeuteten Schwierigkeiten ihrer Lehre das Unendliche das Leere zu nennen vermieden, sondern nur etwa nach dem Arist. b. Stob. a. a. O. ihre Ansicht in der Form ausdrückten, daß aus dem Unendlichen das Leere und die Zeit und der Lebensathem in die Welt kämen, indem sie alles dies aus der Negation ableiteten, die Trennung (die Differenz) der Zahlen und der Dinge, die Zeit und das unvollkommene, des Einathmens bedürftige Leben.

Die Pythagoräer schilderten das Entstehen der Welt als eine werdende Verbindung unter den entgegengesetzten Urgründen des Unbegrenzten und des Begrenzenden, des Geraden und des Ungeraden. Doch wurde diese Verbindung auch als eine ursprüngliche von ihnen gedacht, indem sie das oberste Princip das Geradungerade nannten. Es möchte daher ihre Schilderung von der Entstehung der Welt wohl nur als eine genetische Erklärung zu betrachten sein, und in diesem Lichte erblickten sie auch die Alten, indem sie überlieferten, die Pythagoräer hätten gelehrt, daß die Welt nicht der Zeit, sondern nur der menschlichen Denkweise nach entstanden sei [1]). Die Pythagoräer dachten sich nun das erste Eins oder das Ungerade, nach dessen Entstehung sie nicht suchten [2]), als vom Unendlichen oder Leeren umgeben [3]); das Unendliche ist ihnen der

---

1) Stob. ecl. I. p. 450. Es scheint nur eine Consequenz des Arist., welche sich auch nicht schlechthin auf die Pyth., sondern auch auf Platoniker bezieht, wenn er sagt Met. XIV. 4. ὥστε φανερὸν ὅτι οὐ τοῦ θεωρῆσαι ἕνεκεν ποιοῦσι τὴν γένεσιν τῶν ἀριθμῶν.

2) Arist. l. l. τοῦ μὲν οὖν περιττοῦ γένεσιν οὔ φασιν. Ohne den Namen der Pythagoräer.

3) Auf diese Vorstellung führen die schon angeführten Stellen Arist. met. XIV. 3; phys. III. 4; IV. 6; ap. Stob. ecl. I. p. 380; 388; Plut. de pl. ph. II. 9; Simpl. phys. fol. 108. a. Ἀρχύτας δέ, ὥς φησιν Εὔδημος, οὕτως ἠρώτα τὸν λόγον· ἐν τῷ ἐσχάτῳ, ἤγουν τῷ ἀπλανεῖ οὐρανῷ γενόμενος πότερον ἐκτείναιμι ἂν τὴν χεῖρα ἢ τὴν ῥάβδον εἰς τὸ ἔξω, ἢ οὐκ ἄν; τὸ μὲν οὖν μὴ ἐκτείνειν ἄτοπον· εἰ δὲ ἐκτείνω, ἤτοι σῶμα ἢ τόπος τὸ ἐκτὸς ἔσται· διοίσει δὲ οὐδέν, ὡς μαθησόμεθα· ἀεὶ οὖν βαδιεῖται τὸν αὐτὸν τρόπον ἐπὶ τὸ ἀεὶ λαμβανόμενον πέρας καὶ ταὐτὸν ἐρωτήσει καὶ εἰ ἀεὶ ἕτερον, ἐφ᾽ ὃ ἡ ῥάβδος, δηλονότι καὶ ἄπειρον· καὶ εἰ μὲν σῶμα δέδεικται τὸ προκείμενον· εἰ δὲ τόπος, ἔστι δὲ τόπος, ἐν ᾧ σῶμά ἐστιν ἢ δύναιτ᾽ ἂν εἶναι, τὸ δὲ δυ-

Ort des Einen [1]). Aber zugleich setzten sie auch ein Streben der so voneinander getrennten Gegensätze, sich mit einander zu verbinden [2]). Daher ziehe sogleich das begrenzende Eine das, was ihm vom Unendlichen am nächsten liegt, an sich und in sich ein und begrenze es. Dies nannten die Pythagoräer das Einathmen des Unendlichen oder auch einen unendlichen Athemzug, durch welchen das Leere in die Welt trete und nun die Dinge voneinander trenne [3]). Man sieht, daß nach dieser Vorstellungsweise das Eins der Pythagoräer ursprünglich als ein durchaus

---

νάμει ὡς ὂν χρὴ τιθέναι ἐπὶ τῶν ἀϊδίων, καὶ οὕτως ἂν εἴη σῶμα ἄπειρον καὶ τόπος. S. Brandis Gesch. der gr. röm. Phil. S. 477. Offenbar sind aristotelische Begriffe in dieser Angabe eingemischt; nicht allein das δυνάμει ὂν führt darauf, sondern besonders der Schluß vom δυνάμει ὂν auf das ἐνεργείᾳ ὄν, woraus sich erst die Körperlichkeit des Unendlichen ergiebt. Wie weit Eudemos den Schluß des Archytas erweitert habe, läßt sich nicht wohl ausmachen.

1) Ohne den Namen der Pythagoräer und nicht allein auf die Pyth. bezüglich ist folgende und die zunächst anzuführende Stelle. Arist. XIV. 4. καὶ τὸ κακὸν τοῦ ἀγαθοῦ χώραν εἶναι. Cf. ib. 5. p. 303, 2. Brand.

2) L. l. καὶ ὀρέγεσθαι τοῦ φθαρτικοῦ· φθαρτικὸν γὰρ τοῦ ἐναντίου τὸ ἐναντίον.

3) Arist. phys. IV. 6. εἶναι δ' ἔφασαν καὶ οἱ Πυθ. κενόν, καὶ ἐπεισιέναι αὐτὸ τῷ οὐρανῷ ἐκ τοῦ ἀπείρου πνεύματος, ὡς ἂν ἀναπνέοντι καὶ τὸ κενόν, ὃ διορίζει τὰς φύσεις. Brandis Geschichte der gr. röm. Phil. S. 491. erklärt dies, als wenn unter dem unendlichen πνεῦμα das Unendliche außer der Welt zu verstehen wäre. Ob er nun gleich die peripatetischen Ausleger für sich hat, halte ich doch eine andere Erklärung für zulässig, daß nämlich das unendliche πνεῦμα nur den unendlichen Athem der Welt bezeichne, durch welchen das Leere eingeathmet werde. Dafür stimmt Plut. de pl. ph. II. 9.

ungesondertes, als eine stetige und ungetheilte Größe gedacht wird, welcher aber zugleich das Vermögen beiwohne, sich selbst vermittelst des trennenden leeren Raums in eine Vielheit von Dingen zu spalten. Dasselbe wird auch vom Unbegrenzten angenommen; an und für sich ist es ungetrennt, und erst dadurch, daß es in das Begrenzende eingeht, wird es in mehrere Theile getheilt [1]). So dachten sich also die Pythagoräer das Entstehen der Welt als ein Zusammentreten der beiden entgegengesetzten Urgründe, wobei aber nicht zu übersehen ist, daß die Rolle, welche das Unbegrenzte in der Weltbildung spielt, nur eine verneinende ist; denn es verhält sich leidend, indem es eingeathmet wird, und in der Welt selbst bildet es auch nichts, als den leeren Zwischenraum zwischen den Einheiten, welche ursprüngliche Bestandtheile der ewigen Ureinheit sind. Hierin erblicken wir wieder, wie das wahre Sein, das Vollkommene der Dinge, ihnen allein in der Grenze gegründet ist. Diese wird auf der einen Seite als Einheit gedacht, aber auch als das wahre Princip der Vielheit [2]); sie stellt die in sich selbst bestimmte Einheit der Welt dar, das Alles Umfassende, und als solches wird auch das Eins vom Philolaos als Grund aller Dinge, als Gott gepriesen, welcher Alles lenke und führe, ein einiger und ewiger, bleibend und unbewegt, sich selbst gleich und verschieden

---

1) Arist. phys. III. 5. ἅμα γὰρ οὐσίαν ποιοῦσι τὸ ἄπειρον καὶ μερίζουσι.

2) Daher ist beim Aristoteles gewöhnlich vom πέρας die Rede, während Philolaos die περαίνοντα als Gründe der Welt setzt.

27 *

von allen andern Dingen [1]). Die Entwicklung der Welt erscheint ihnen als ein Lebensproceß, welcher durch die in ihr enthaltenen Urgrunde bedingt ist; daher hängt auch von dem Eingehen des unendlichen Leeren in den Uranos oder in die Welt der Athem oder das Leben der Welt ab, und mit dem Athem geht auch erst die Zeit, welche Archytas das Intervall der ganzen Natur nannte [2]), in die Welt ein, natürlich, denn die Zeit ist nur durch die Unterscheidung einer Folge verschiedner Momente, welche doch wieder durch die begrenzenden Momente zu einer Einheit umfaßt werden [3]).

So erscheint uns die Lehre der Pythagoräer von zwei entgegengesetzten Urgründen im Zusammenhang mit ihrer Lehre, daß Alles aus Einem stamme und von einem höchsten Gott regiert werde. Denn die Urgründe sind in der ursprünglichen Einheit Gottes, in dem Geradungeraden,

---

1) Phil. de mundi opific. p. 24. Böckh Nr. 19. *ἔντι γάρ φησιν ὁ ἁγεμὼν καὶ ἄρχων ἁπάντων θεός, εἷς ἀεὶ ἐών, μόνιμος, ἀκίνατος, αὐτὸς αὑτῷ ὅμοιος, ἕτερος τῶν ἄλλων.* Dle Gleichheit, Unbewegtheit und das Bleibende des philolaischen Gottes muß man nicht seinem durch verschiedene Entwicklungen hindurchgehenden Leben entgegensetzen, wie dies Reinhold a. a. O. S. 65 f. gethan hat; alle diese Ausdrücke beziehen sich auf die Person Gottes, um mich dieses Ausdrucks zu bedienen, nicht aber auf seine veränderliche Entwicklung. S. Böckh S. 151.

2) Simpl. phys. fol. 165 a.

3) Daß die Pythagor. nicht nur die räumliche, sondern auch die zeitliche Größe aus Grenzen und Intervallen sich construirten, darauf deutet Aristot., indem er an mehrern Stellen, welche sich auf pythagor. Lehre beziehen, das *νῦν*, als Element der Zeit, der *στιγμή*, als Element des Raums, vergleicht. De coelo III. 1 fin.; met. III. 5. p. 59, 7. Brand.

in der Urzahl vereinigt, indem von Anbeginn die lebendige Entwicklung des ganzen Himmels oder der Welt war. Daher ist auch der ganze Himmel Zahl [1]), und Zahl das Wesen aller Dinge [2]), die Dreiheit aber umfaßt die Zahl des All, weil sie Anfang, Mitte und Ende in sich umschließt [3]). Die ganze Welt aber ist nur dadurch Zahl, daß die in ihr zur Einheit umfaßten Einheiten voneinander getrennt sind durch den leeren Zwischenraum; denn die Zahlen werden erst durch das Leere; und so erscheint auch die wahrnehmbare Welt, indem sie die Zahl aller Dinge umfaßt, zwar als das, was überhaupt ist [4]), aber auch zugleich als ein Wesen, an welchem die Unvollkommenheit haftet, welche im Leeren, in dem Unbegrenzten, überhaupt im zweiten Princip ausgedrückt ist. Die Pythagoräer mögen sich nun so viel als möglich versteckt haben, daß sie durch die Einführung ihrer Gegensätze in das Seiende auch das, was Alles umfaßt und Grund aller Dinge ist, Gott, die allgemeine Weltkraft, selbst mit an der Unvollkommenheit der Dinge Theil nehmen ließen: so konnte ihnen doch nicht verborgen bleiben, daß bei dem Uebel, welches wenigstens in einem Theile der Welt herrscht, auch Gott nicht im Stande sei, Alles zum Besten zu führen. Aber so viel als möglich sollte er doch dahin stre-

---

1) Arist. met. I. 5.

2) Ib.

5) Arist. de coelo I. 1.

4) Arist. met. I. 8. ὡς ὁμολογοῦντες τοῖς ἄλλοις φυσιολόγοις, ὅτι τό γε ὂν τοῦτ' ἔστιν, ὅσον αἰσθητόν ἐστι καὶ περιείληφεν ὁ καλούμενος οὐρανός.

den, und so nahmen sie an, das Schönste und Beste sei nicht im Beginn der Dinge, sondern werde erst durch die Entwicklung des göttlichen Wesens in der Welt.

Wir finden also das Wesentliche der pythagorischen Zahlenlehre darin begründet, daß aus den mathematischen Verhältnissen alles in der Welt abgeleitet und die räumlichen und zeitlichen Verhältnisse aus den Verhältnissen der Einheiten oder der Zahlen zueinander erklärt werden sollten. Alles ist aus dem ursprünglichen Eins oder aus der Urzahl, und, weil sich das Eins, in seiner lebendigen Entwicklung das Leere einathmend, in die Vielheit der Einheiten spaltet, aus der Vielheit dieser Einheiten oder aus den Zahlen. Nun wird hierbei vorausgesetzt, daß durch die Zusammensetzung der Einheiten verschiedenartige Verhältnisse entstehen nach Verschiedenheit der Intervallen; denn darauf scheinen die Pythagoräer, ihrer musikalischen Lehre gemäß, alle Verschiedenheit zurückgebracht zu haben, und mußten es wohl, da sie in den Einheiten oder Punkten keine Verschiedenheit finden konnten *). Es kam nun aber, wenn die pythagorische Lehre nicht bloß bei den Grundsätzen stehen bleiben sollte, darauf an, die Verschiedenheit der Verhältnisse in der Welt nachzuweisen. Allein wer die Schwierigkeit einer solchen Nachweisung bedenkt, wird sich nicht wundern, wenn er bemerkt, daß hierbei die Pythagoräer zu willkürlichen Annahmen ihre Zuflucht nahmen. In so weit kann man noch einen allgemein ver-

*) So wird auch von den Spätern die unbestimmte Zweiheit oder das Unbegrenzte als das Princip aller Verschiedenheit angesehen.

ständlichen Gedanken hierbei zum Grunde liegend finden, als die Pythagoräer verlangten, daß alle Verhältnisse in der Welt harmonisch oder überhaupt symmetrisch geordnet sein müßten [1]). Der Begriff der Harmonie, welcher ihnen alle nach einem bestimmten Gesetze geordneten Verhältnisse umfaßt zu haben scheint, schloß sich an ihre Lehre auf eine doppelte Weise an. Sie bemerkten nämlich, da die Einheit der Welt aus entgegengesetzten Elementen, wie sie diese in ihrer Tafel der Gegensätze verzeichneten, zusammengesetzt sei, so müsse es ein passendes Band für sie geben, daß sie in Ordnung untereinander erhalten würden, und dieses Band sei die Harmonie. Daher sagte Philolaos: „Da nun die Gründe der Dinge weder ähnlich, noch gleichartig waren, war es auch unmöglich für sie, geordnet zu werden, wenn nicht Harmonie hinzugetreten wäre, auf welche Weise sie auch wurde. Aehnliche und gleichartige Dinge hätten zwar der Harmonie nicht bedurft, unähnliche aber und nicht gleichartige und nicht gleichmäßige, solche mußten nothwendig durch Harmonie zusammengebunden werden, wenn sie in einer geordneten Welt enthalten sein sollten [2])." Nun aber ist die Ver-

1) Harmonie und Symmetrie werden oft für gleichbedeutend genommen, z. B. Plut. de pl. ph. I. 3.

2) Stob. ecl. I. p. 460; Böckh's Philol. Nr. 4. ἐπεὶ δὲ τα ἀρχαὶ ὑπᾶρχον οὐχ ὁμοῖαι οὐδ' ὁμόφυλοι ἔσσαι, ἤδη ἀδύνατον ἦς ἂν καὶ αὐταῖς κοσμηθῆμεν, εἰ μὴ ἁρμονία ἐπεγένετο, ᾧτινι ἂν τρόπῳ ἐγένετο. τὰ μὲν ὦν ὁμοῖα καὶ ὁμόφυλα ἁρμονίας οὐδὲν ἐπεδέοντο· τὰ δὲ ἀνόμοια μηδὲ ὁμόφυλα μηδὲ ἰσοτελῆ ἀνάγκα τὰ τοιαῦτα ἁρμονίᾳ συγκεκλεῖσθαι, εἰ μέλλοντι ἐν κόσμῳ κατέχεσθαι. Vergl. den Begriff der Harmonie nach dem Philol. b. Böckh Nr. 3. Nicom. instit. arithm. II. 19: ἔστι γὰρ

bindung der Gegensätze auch schon in dem ersten Princip der Pythagoräer, in dem ersten Eins, gesetzt, und dies ist ihnen also auch Grund der harmonischen Verbindungen in der Welt oder Grund-Harmonie. Deswegen sagten die Pythagoräer auch in demselben Sinne, die Zahl oder die Harmonie sei Grund aller Dinge, und die ganze Welt Harmonie und Zahl, und überhaupt wurden Harmonie und Zahl von ihnen in derselben Bedeutung genommen *). In diesem Sinne nun ist ihnen die Harmonie Grund der Einheit aller Dinge, und die ganze Welt eine Harmonie der nach bestimmten Verhältnissen zusammengesetzten Einheiten oder Zahlen.

Einen andern Anknüpfungspunkt für ihre Lehre von der Harmonie finden wir darin, daß durch die ganze Lehre der Pythagoräer der Gedanke hindurchgeht, Ordnung in den Verhältnissen halte die ganze Welt zusammen und bestimme das Wesen der Dinge, so daß auch das ganze Leben der Welt nicht bloß als ein Verbinden der Gegensätze, sondern auch als ein ordnungs- und gesetzmäßiges Verbinden derselben betrachtet wird. Dieses drückt sich nun weniger in dem Begriffe des ersten Eins, als in dem Begriffe der Harmonie aus. Am meisten wird man diesen Gedanken da wiedererkennen, wo er zu willkürlichen Annahmen führt, wie zu der, daß es zehn Weltkörper gebe, welche in harmonischen Abständen zueinander stün-

---

ἁρμονία πολυμιγέων ἕνωσις καὶ διχᾶ φρονεόντων σύμφρασις. Cf. Ast. ad h. l. Dasselbe b. Philop. in Arist. de an. I. 2.

*) Arist. met. I. 5; Philol. ap. Stob. ecl. I. p. 8. Böckh's Philol. Nr. 18.

den [1]), ferner in mancherlei andern Bemerkungen, welche zeigen sollten, wie die Erscheinungen in der Natur und in dem vernünftigen Leben nach bestimmten Zahlenverhältnissen angeordnet seien, und welche im Allgemeinen vom Aristoteles in den Satz zusammengefaßt werden, daß die Pythagoräer in den Zahlen viele Aehnlichkeiten mit dem Seienden und Werdenden zu erblicken gemeint hätten [2]). So ist auch ihre Tafel der entgegengesetzten Elemente nach der vollkommenen Zahl Zehn geordnet, so bemerkten sie die gesetzliche Wiederkehr gewisser Zahlen in bestimmten Naturerscheinungen, z. B. daß es 7 Saiten oder Harmonien gebe, 7 Plejaden, 7 Vocale, und daß im siebenten Jahre einige Thiere regelmäßig die Zähne wechseln [3]). Aus demselben Grunde ging auch die Weise der Pythagoräer hervor, Begriffe nach gewissen Zahlen zu bestimmen, z. B. die Begriffe der Gerechtigkeit, der Seele, der gelegenen Zeit, und überhaupt das Wesen der Dinge in Zahlenverhältnissen begründet zu finden, welches Eurytos am weitesten getrieben zu haben scheint, indem er eine bestimmte Zahl für das Wesen des Menschen, eine andere für das Wesen des Pferdes und so der übrigen Dinge festsetzte [4]). Hierin mußte nun wohl gewiß viel Willkür herrschen; allein es lag dabei doch die richtige Ansicht zum Grunde, daß alles in der Welt nach einer bestimmten

---

1) Arist. l. l.

2) L. l. *ἐν δὲ τούτοις (τοῖς ἀριθμοῖς) ἐδόκουν θεωρεῖν ὁμοιώματα πολλὰ τοῖς οὖσι καὶ γιγνομένοις.*

3) Arist. met. XIV. 6.

4) Theophr. met. 5; Arist. met. XIV. 5.

Ordnung der Verhältnisse sich bilden müsse. Auch steht dies im Zusammenhange mit der Lehre der Pythagoräer, daß aus dem Unvollkommnern das Vollkommnere sich entwickle.

Wenn nun aber die Pythagoräer diese ihre Vorstellungsweise zu einer zusammenhängenden Lehre ausbilden wollten, so bedurften sie eines Maaßes für die harmonischen Verhältnisse. Dies glaubten sie hauptsächlich in den Verhältnissen der Octave gefunden zu haben*), unstreitig von ihrer Liebe zur Theorie der Musik geleitet. Doch wollten sie damit keineswegs alle übrigen arithmetischen und geometrischen Verhältnisse von ihrer Betrachtung und Nachweisung harmonischer Anordnung ausschließen, wie denn gewiß die Verehrung der Zehn, als einer vollkommenen Zahl, und die Bedeutung, welche sie den vier ersten Zahlen und den fünf regelmäßigen Körpern beilegten, nicht musikalisches, sondern mathematisches Ursprungs ist. Der Natur der Sache gemäß konnte bei den willkürlichen Bestimmungen der Pythagoräer über die regelmäßigen Verhältnisse in der Welt kein System aus sich ganz gleichbleibenden Grundsätzen verfolgt werden.

Wie weit nun die Pythagoräer diese allgemeinen Ansichten von der Natur der Dinge im Besondern nachwiesen, darüber sind uns im Ganzen nur sehr ungenügende und fragmentarische Nachrichten übrig geblieben, welche überdies dadurch verdunkelt werden, daß sich in vielen Fällen das echt alterthümlich Pythagorische nicht von dem unterscheiden läßt, was spätere Neu-Pythagoräer, mit

*) Böckh's Philol. Nr. 6.

Zahlen und Figuren spielend, gefabelt haben. Nur so viel sehen wir wohl im Allgemeinen, daß die Pythagoräer mit großer Kühnheit ihre Meinung verfolgten, daß alles Wesen der Dinge in harmonischen Verhältnissen gegründet sei, und eben in dieser Kühnheit offenbart sich uns, wie kräftig und lebendig ihre Lehre ihnen war.

Wir müssen zuerst hier ausführen, wie ihnen die physische Beschaffenheit der Körper in den mathematischen Verhältnissen gegründet war. Besonders von der Farbe und vom Tone wird uns gesagt, daß sie dieselben aus der Oberfläche der Körper abgeleitet hätten [1]); es gilt dies aber auch wohl auf gleiche Weise von allen übrigen sinnlichen Beschaffenheiten. Nachdem sie nämlich gezeigt hatten, wie die Einheit der Punkt, die Zweiheit die Linie, die Dreiheit die Fläche, die Vierheit der geometrische Körper sei, nahmen sie weiter an, die Fünfheit sei der physische Körper mit seinen sinnlichen Beschaffenheiten [2]). Dies steht in Verbindung mit der Lehre von den Elementen, deren sie zuerst fünf gezählt zu haben scheinen, ausgehend von der Ableitung derselben aus den fünf regelmäßigen Körpern. Auf diese nämlich brachten sie die Figur der Elemente zurück, indem der Kubus die Erde, die Pyramide das Feuer, das Oktaeder die Luft, das Ikosaeder

---

1) Arist. de sens. 3. *διὸ καὶ οἱ Πυθ. τὴν ἐπιφάνειαν χροιὰν ἐκάλουν.* Plut. de pl. ph. IV. 20; Heraclides ap. Porphyr. in harm. Ptol. c. 3. p. 213.

2) Theol. arithm. 8. p. 56. *Φιλόλαος δὲ μετὰ μαθηματικὸν μέγεθος τριχῆ διαστὰν ἐν τετράδι ποιότητα καὶ χρῶσιν ἐπιδειξαμένης τῆς φύσεως ἐν πεντάδι κτλ.* S. Böckh's Phil. Nr. 21.

das Wasser, und das Dodekaeder das fünfte Element sei [1]), welches erst später den Namen des Aethers erhalten zu haben scheint. Eine Analogie hiermit bot sich den Pythagoräern auch zwischen den fünf Elementen und den fünf Sinnen dar, welche sie wohl nicht vernachlässigten [2]).

Unter allen Elementen nahm den Pythagoräern das Feuer die erste Stelle ein. Sie betrachteten es gewissermaaßen als das Princip des Lebens in der Welt [3]). Deswegen wiesen sie ihm auch die geehrteste Stelle in der Welt an, d. h. nach ihrer Vorstellungsweise die Grenze nach außen und nach innen, also die Mitte der Weltkugel und ihre Kugelfläche. In der Mitte der Welt daher, lehrten sie, ruhe das Feuer, die Wache oder die Burg des Zeus (*Διὸς φυλακή*, *Ζηνὸς πύργος*), ein Kubus, weil der Kubus wegen seiner drei gleichen Intervallen ihnen der vollkommenste Körper ist, daher auch der Altar des Weltalls, welcher zuerst sich bildet, ehe noch Ordnung die übrige Welt durchdringt, und so die Anordnung der

---

1) Philol. ap. Stob. ecl. I. p. 10. *καὶ τὰ ἐν τᾷ σφαίρᾳ σώματα πέντε ἐντί, τὰ ἐν τᾷ σφαίρᾳ πῦρ, ὕδωρ καὶ γᾷ καὶ ἀὴρ καὶ ἁ τᾶς σφαίρας ὁλκὰς πέμπτον.* Plut. de pl. ph. II. 6. *Πυθαγόρας, πέντε σχημάτων ὄντων στερεῶν, ἅπερ καλεῖται καὶ μαθηματικά, ἐκ μὲν τοῦ κύβου φησὶ γεγονέναι τὴν γῆν, ἐκ δὲ τῆς πυραμίδος τὸ πῦρ, ἐκ δὲ τοῦ ὀκταέδρου τὸν ἀέρα, ἐκ δὲ τοῦ εἰκοσαέδρου τὸ ὕδωρ, ἐκ δὲ τοῦ δωδεκαέδρου τὴν τοῦ παντὸς σφαῖραν.* Theol. arithm. 5. p. 26 fin. Herm. irris. phil. gent. 16. p. 225. in einer freilich seltsamen Uebereinstimmung mit dem Platon. Es beziehen sich hierauf auch einige der Erzählungen, welche vom Verrath des Hippasos handeln.

2) Stob. ecl. I. p. 1104; theol. arithm. l. l.; Arist. Quint. III. p. 122.

3) Diog. L. VIII. 27.

ganzen Welt leitet. Von diesem mittlern Feuer aber ausgehend, dringe auch das Feuer durch die ganze Welt und umfasse wieder ihre äußerste Grenze [1]). Dieser Vorzug, welchen sie dem Feuer vor allen übrigen Elementen gaben, hängt nun wohl auf das Genaueste damit zusammen, daß sie das Licht in ihrer Tafel der Gegensätze zu den Gründen des Vollkommenen, die Finsterniß aber zu den Gründen des Unvollkommenen rechneten. Daher ist ihnen auch das Feuer in der Mitte der Welt und um die Welt herum das Ruhende, ebenfalls einer der Gründe des Vollkommenen; um dasselbe herum aber drehen sich die zehn Weltkörper, welche die Pythagoräer nach ihrer Vorstellung von der Vollkommenheit der Zahl Zehn annahmen, nämlich der Fixsternhimmel, die fünf Planeten, die Sonne, der Mond, die Erde und die Gegenerde [2]), welche

---

1) Arist. de coelo II. 13. *ἐπὶ μὲν γὰρ τοῦ μέσου πῦρ εἶναί φασι. — — τῷ γὰρ τιμιωτάτῳ οἴονται προσήκειν τὴν τιμιωτάτην ὑπάρχειν χώραν, εἶναι δὲ πῦρ μὲν γῆς τιμιώτερον, τὸ δὲ πέρας τῶν μεταξύ· τὸ δὲ ἔσχατον καὶ τὸ μέσον πέρας. — — ἔτι δ' οἵ γε Πυθ. καὶ διὰ τὸ μάλιστα προσήκειν φυλάττεσθαι τὸ κυριώτατον τοῦ παντός· τὸ δὲ μέσον εἶναι τοιοῦτον· ὃ Διὸς φυλακὴν ὀνομάζουσι τὸ ταύτην ἔχον τὴν χώραν πῦρ.* Stob. ecl. I. p. 488. *Φιλόλαος πῦρ ἐν μέσῳ περὶ τὸ κέντρον, ὅπερ Ἑστίαν τοῦ παντὸς καλεῖ καὶ Διὸς οἶκον καὶ μητέρα θεῶν, βωμόν τε καὶ συνοχὴν καὶ μέτρον φύσεως· καὶ πάλιν πῦρ ἕτερον ἀνωτάτω τὸ περιέχον· πρῶτον δ' εἶναι φύσει τὸ μέσον.* S. Böckh's Philol. Nr. 11. Vergl. Stob. ecl. I. p. 452; 468. Brandis sagt Geschichte der gr. röm. Phil. S. 475, das Umschließende sei unstreitig das Unbegrenzte, und meint S. 486, das Unendliche sei nach den Pythagoräern feuerartig und ätherisch; alles dies läuft wohl nur auf eine Verwechslung des *περιέχον* mit dem *ἔξω τοῦ οὐρανοῦ* hinaus.

2) Stob. ecl. I. p. 488. *περὶ δὲ τοῦτο (τὸ μέσον) δέκα*

als bewegte Körper auf die Seite des Unvollkommenen gehören. In der Bestimmung der Intervallen dieser Körper herrscht wieder das Gesetz der musikalischen Harmonie vor [1]) und giebt ihnen den Grund für ihre berühmte Lehre von der Harmonie der Sphären. Denn die Geschwindigkeit der Weltkörper in ihren Bewegungen dachten die Pythagoräer zu ihren Abständen voneinander in gleichem Verhältniß, und weil jeder regelmäßig schwingende Körper einen Ton von sich gebe, so entspringe aus der Gesammtheit der himmlischen Bewegungen eine Harmonie der Töne, welche aber von uns überhört werde, weil wir von Geburt an sie vernähmen und jeder Ton nur gegen die entgegengesetzte Stille von uns unterschieden werde [2]), oder auch, weil die Harmonie des Ganzen wegen der Größe der Töne unser Vermögen zu hören übersteige [3]). Daß die Bewegung der himmlischen Körper um das Centralfeuer herum im Kreise geschehen soll, scheint sich mit der Vorstellung der Pythagoräer verbunden zu haben, daß die Kreisbewegung die vollkommenste sei, weil sie in sich

---

σώματα θεῖα χορεύειν, οὐρανόν, πλανήτας, μεθ' οὓς ἥλιον, ὑφ' ᾧ σελήνην, ὑφ' ᾗ τὴν γῆν, ὑφ' ᾗ τὴν ἀντίχθονα, μεθ' ἃ σύμπαντα τὸ πῦρ, ἑστίας ἐπὶ τὰ κέντρα τάξιν ἐπέχον. Arist. met. I. 5.

1) Nicom. harm. manual. I. p. 6. Meibom.; Plut. de mus. 44.

2) Arist. de coelo II. 9.

3) Porphyr. in harm. Ptol. 4. p. 257. Freilich ist das hier angeführte Fragment nicht ohne allen Verdacht, so wie ähnliche Fragmente der Pythagoräer, welche das Platonische: καὶ αὗται ἀλλήλων ἀδελφαί τινες αἱ ἐπιστῆμαι εἶναι, ὡς οἵ τε Πυθ. φασι καὶ ἡμεῖς (de rep. VII. p. 530. von der Astronomie und Musik gesagt) zu commentiren oder zu erweitern scheinen.

selbst zurückkehre[1]). In Verbindung mit ihrer Vorstellung von der Vollkommenheit des Lichts und der Unvollkommenheit der Finsterniß scheint auch ihre Abtheilung der Welt in die rechte und linke Seite derselben gestanden zu haben, indem ihnen die rechte Seite die Morgenseite, die linke aber die Abendseite[2]), also die Seite des Lichts und die Seite der Finsterniß bedeutet. Daher haben auch in ihrer Tafel der Gegensätze Linkes und Rechtes neben Bösem und Gutem ihre Stelle gefunden. Auf eine ähnliche Weise scheinen aber auch die Gegensätze zwischen unten und oben und zwischen vorn und hinten von ihnen gefaßt worden zu sein[3]); indem sie das Obere und Vordere das Gute, das Niedere aber und das Hintere das Böse nannten.

Die einzelnen Himmelskörper nannten die Pythagoreer auch in einer untergeordneten Bedeutung Welten[4]), und sie scheinen sich dieselben der Erde ähnlich gedacht zu haben. Von dem Monde wenigstens wird uns gesagt, daß er nach ihrer Lehre erdartig sei und bewohnt werde, und zwar von vollkommnern und schönern Wesen, als die Erde[5]), von Wesen, welche auch größer sind, als die lebenden Wesen auf der Erde, wie es scheint, im Verhältniß der Umlaufszeit des Mondes zu der Umlaufszeit der Er-

---

1) Arist. probl. XVI. 9.

2) Plut. de pl. phil. II. 10; Stob. ecl. I. p. 358.

3) Arist. de coelo II. 2; ap. Simpl. de coelo fol. 94 a; 95 b; cf. Philol. ap. Stob. ecl. I. p. 360; Böckh's Philol. Nr. 10, wonach Philol. die Relativität dieser Gegensätze bemerkte.

4) Plut. de plac. ph. II. 13; Stob. ecl. I. p. 514.

5) Plut. de plac. ph. II. 30; Stob. ecl. I. p. 562.

de [1]). Die Meinung von der größern Vollkommenheit der Wesen auf dem Monde und, wenn die Vermuthung richtig ist, auch auf den übrigen Weltkörpern, scheint aber überhaupt aus der Neigung der Pythagoräer hervorgegangen zu sein, Alles in der möglichsten Vollkommenheit sich zu denken, gegen welche nun freilich die unleugbare Unvollkommenheit der irdischen Dinge anzustoßen schien. Die Unvollkommenheit der Welt, stammend aus der Nothwendigkeit, daß sich bei den entgegengesetzten Gründen der Weltbildung das Bessere aus dem weniger Guten entwickle [2]), schien aber den Pythagoräern hauptsächlich auf der Erde ihren Sitz zu haben; deswegen meinten sie, in der übrigen Welt sei vollkommene Ordnung, unter dem Monde aber unordentliche Veränderung [3]). Demgemäß theilte Philolaos die Welt in drei Theile, den Olympos nämlich, welcher die Reinheit der Elemente, d. h. wohl das Centralfeuer und das die Welt äußerlich umfassende Feuer, in sich schließt, den Kosmos im engern Sinne,

---

1) Böckh's Philol. Nr. 15.

2) Vom Philolaos wird Diog. L. VIII. 85 gesagt: δοκεῖ δὲ αὐτῷ πάντα ἀνάγκῃ, καὶ ἁρμονίᾳ γίνεσθαι. Die Nothwendigkeit wird hier, glaube ich, der Harmonie entgegengesetzt, wie die Ursache des Unvollkommenen der Ursache des Vollkommenen.

3) Sehr verwirrt mit fremdartigen Vorstellungen findet sich dies Vita Pythag. ap. Phot. 10; 11 und sonst. Daß die Hauptsache aber pythagorisch ist, geht aus der Eintheilung des Philolaos hervor. Stob. ecl. I. p. 420; Böckh's Philol. Nr. 22. καὶ τὸ μὲν ἀμετάβλαστον αὐτοῦ (sc. τοῦ κόσμου), τὸ δὲ μεταβάλλον ἐστί, καὶ τὸ μὲν ἀμετάβολον ἀπὸ τᾶς τὸ ὅλον περιεχούσας ψυχᾶς μέχρι σελάνας περαιοῦται, τὸ δὲ μεταβάλλον ἀπὸ τᾶς σελάνας μέχρι τᾶς γᾶς.

d. h. die vollkommen geordnete Welt, welche alle übrigen Weltkörper außer der Erde umfaßt, und den Uranos, d. h. den Theil der Welt, welcher der Erdsphäre angehört [1]. Zu dem Kreise der Erde gehörte den Pythagoräern die Tugend, welche unvollkommen und noch im Ordnen begriffen ist, zum Kreise des Kosmos aber die vollkommene Weisheit. In der ungeordneten Veränderung auf der Erde mochten sie auch die Ursache suchen, daß uns so Vieles als etwas Zufälliges erscheine [2], welches doch nicht sein könnte, wenn Alles nach vollkommen harmonischen Gesetzen geordnet wäre. Auch sahen sie bei der Betrachtung der irdischen Unvollkommenheit wohl darauf, daß uns das Licht des Centralfeuers nur mittelbar zukomme durch die Sonne und die übrigen Gestirne, diese es aber unmittelbar von dem allgemeinen Weltfeuer empfangen [3]; so wie sich denn diese ganze Vorstellungsart ihnen noch auf mehrere Weise verzweigte.

---

1) Stob. ecl. I. p. 488: τὸ μὲν οὖν ἀνωτάτω μέρος τοῦ περιέχοντος, ἐν ᾧ τὴν εἰλικρίνειαν τῶν στοιχείων, Ὄλυμπον καλεῖ, τὰ δὲ ὑπὸ τὴν Ὀλύμπου φοράν, ἐν ᾧ τοὺς πέντε πλανήτας μεθ' ἡλίου καὶ σελήνης τετάχθαι, κόσμον· τὸ δ' ὑπὸ τούτοις ὑποσεληνόν τε καὶ περίγειον μέρος, ἐν ᾧ τὰ τῆς φιλομεταβόλου γενέσεως, οὐρανόν. καὶ περὶ μὲν τὰ τεταγμένα τῶν μετεώρων γίγνεσθαι τὴν σοφίαν, περὶ δὲ τὰ γενόμενα τῆς ἀταξίας τὴν ἀρετήν, τελείαν μὲν ἐκείνην, ἀτελῆ δὲ ταύτην. Die Eintheilung hat manche Schwierigkeit, vorzüglich weil die Gegenerde und das Centralfeuer nicht erwähnt werden; auch ist wohl der Olympos als περιέχον nicht mit der Sphäre der Fixsterne zu verwechseln. Vergl. Böckh's Philol. Nr. 11. und meine Gesch. der pythag. Phil. S. 201.

2) Aristoxen. ap. Stob. ecl. I. p. 206; vita Pyth. ap. Phot. 11.

3) Philol. ap. Stob. I. p. 528; Böckh's Philol. Nr. 14.

Es scheint nun diese Lehre, daß auf der Erde das Unvollkommene und die ungeordnete Veränderung sei, zwar aus der Erfahrung geflossen zu sein, allein, so wie es überhaupt der Charakter der pythagorischen Ansicht war, Alles mit gewissen Eigenheiten der Zahlen in Verbindung zu bringen, so findet sich auch für diese Lehre eine Analogie der Zahlen, welche uns einen tiefern Blick in die Verzweigung der Zahlensymbolik mit der physischen Lehre der Pythagoräer verstattet und überhaupt zeigt, wie kühn diese Männer ihren Gedanken verfolgten, daß Alles nach einer bestimmten Ordnung der Zahlen in der Welt bestehe. Es wird nämlich erwähnt, daß die Pythagoräer das Oben und Unten in der Welt an gewisse Begriffe knüpften und z. B. sagten, in dem einen Theile der Welt sei Meinung und schickliche Zeit (καιρός), etwas höher oder tiefer aber Ungerechtigkeit, nach Zahlen bestimmt, welche jenen Orten in der Welt zukämen *). Es ist hieraus klar, daß die Pythagoräer den einzelnen Weltkörpern, welche einen bestimmten Ort in dem All inne haben, einen höhern oder tiefern, auch bestimmte Begriffe beilegten, den Zahlen gemäß, welche den Ort der Weltkörper bestimmen, voraussetzend nämlich, daß einer jeden Zahl ein bestimmter Begriff entspreche. So bestimmten sie, daß derjenige Welt-

---

*) Arist. met. I. 8. ὅταν γὰρ ἐν τῳδὶ μὲν τῷ μέρει δόξα καὶ καιρὸς αὐτοῖς ᾖ, μικρὸν δὲ ἄνωθεν ἢ κάτωθεν ἀδικία καὶ κρίσις ἢ μῖξις, ἀπόδειξιν δὲ λέγωσιν, ὅτι τούτων μὲν ἓν ἕκαστον ἀριθμός ἐστι, συμβαίνει δὲ κατὰ τοῦτον ἤδη τὸν τόπον πλῆθος εἶναι τῶν συνισταμένων μεγεθῶν διὰ τὸ τὰ πάθη ταῦτα ἀκολουθεῖν τοῖς τόποις ἑκάστοις, πότερον οὗτος ὁ αὐτὸς ἀριθμός ἐστιν ὁ ἐν τῷ οὐρανῷ, ὃν δεῖ λαβεῖν ὅτι τούτων ἕκαστόν ἐστιν, ἢ παρα τοῦτον ἄλλος;

körper, welcher die zweite Stelle einnehme, der Meinung anheimfalle, weil die Zahl Zwei ihnen das Symbol der Meinung ist; dem Weltkörper aber, welcher die siebente Stelle habe, komme die gelegene Zeit zu, weil die Zahl Sieben ihnen die gelegene Zeit bezeichne [1]). Gewiß ein kühner Versuch, nach allgemeinen Begriffen alles in der Welt zu bestimmen, ebenso kühn, als ihre Zahlensymbolik willkürlich war. Nun finden wir aber, daß die Pythagoreer der Zweiheit allein unter allen Zahlen der Dekade mancherlei Symbole von nicht löblicher Art beilegten, weil sie als Princip des Geraden und der Menge betrachtet wurde. Schon die Meinung konnte ihnen im Gegensatz gegen die Wissenschaft oder die Gewißheit als etwas Unvollkommenes sein; sonst heißt die Zweiheit aber auch Zwist und Verwegenheit [2]). Wenn wir aber die pythagorische Ordnung der Weltkörper vergleichen, so finden wir, von dem Centralfeuer aus zählend, daß die Gegen-

1) Alex. Aphrod. in Arist. met. I. 7. fol. 14 a. Sed de ordine coelesti numerorum, quem Pythagorici asserebant, meminit (Aristoteles) in secundo libro de opinionibus Pythagoreorum. Darauf zu den oben angef. Worten des Arist. Qui res numeros esse dicebant, in hoc ordine ipsas in coelo collocabant, quo hoc, quod res ipsas esse dicebant, ex. gr. quem ordinem dualitatem habere rebantur, hunc opinionem in mundo obtinere confirmabant, quoniam his dualitas erat opinio. Rursus quem ordinem numerus septem obtineret, hunc in mundo assignabant tempestivitati, utique quoniam hunc numerum tempestivitatem esse censebant. Cf. Alex. Aphrod. in met. I. 5.

2) Plut. de Is. et Os. 76; cf. theol. arithm. 8, wo freilich Alles untereinander gemischt ist. Dahin gehört auch wohl, daß Philolaos die Zweiheit *Κρόνου σύνευνον* nannte. Joann. Lyd. de mens. April. I p. 86. Schow.

erde die erste, die Erde aber die zweite Stelle unter ihnen einnimmt; darin mußten sie nun einen wahrhaft pythagorischen Beweis finden, daß der Erde allein die Unvollkommenheit in der Welt zukommen müsse.

Wenn wir nun bedenken, daß die Pythagoräer die Weltbildung als eine harmonische Entwicklung des ersten Eins sich dachten, fortschreitend von dem weniger Schönen und Guten zu dem Schönern und Bessern, so geht uns daraus auch die Vermuthung hervor, daß sie mehrere Abschnitte des Fortschreitens in der Weltbildung angenommen haben werden. Darauf deutet auch Philolaos, wenn er das mittlere Feuer in der Welt das Erste nennt, welches sich harmonisch gebildet habe. Das jetzige Bestehen der Welt aber konnte doch den Pythagoräern nur als eine im Ganzen weit vorgeschrittene Entwicklung erscheinen, da die Sphärenharmonie als das Ergebniß derselben erscheint. Eine Spur davon, daß die Pythagoräer eine frühere und weniger regelmäßige Bewegung der Weltkörper annahmen, könnte man darin finden, daß sie die Milchstraße, anknüpfend an die Mythe vom Phaethon, aus dem Fall eines Sterns oder aus der Bahn, welche vor der jetzigen Weltordnung die Sonne gehabt hätte, sich erklärten *). Was aber die jetzige Welt betrifft, so scheinen auch in ihr die Pythagoräer größere Veränderungen zugelassen zu haben. Zwar bemerkte Philolaos, daß diese gesammte Welt von Ewigkeit sei und in Ewigkeit bleibe, eine, von Einem, ihr Verwandten und Mächtigsten und Höchsten regiert, weil weder außer ihr, noch in ihr eine

*) Arist. meteorol. I. 8.

gewaltigere Ursache sei, welche sie verderben könnte [1]); aber das ewige Bleiben der Welt schließt doch nicht die Vergänglichkeit der einzelnen Theile in ihr aus, und besonders der Erdkörper, in welchem die unordentliche Bewegung ist, mußte den Pythagoräern als ein Vergängliches erscheinen. Daher soll auch Philolaos von der Ernährung und von dem Vergehen der Erde gesprochen haben [2]), welche ihren Ursprung theils in dem Feuer des Himmels, theils in dem Wasser des Mondes hätten, und wenn es auch wahrscheinlich ist, daß dies nur von einem beständigen Wechsel des Vergehens und Werdens auf der Erde gelten sollte [3]), so scheint doch auch darin schon die Vergänglichkeit der Gestaltung des ganzen Erdenlebens angedeutet zu sein, welches vielleicht den Pythagoräern zu einer noch vollkommenern Entwicklung aufgespart scheinen mochte.

So wie wir nun in der pythagorischen Lehre, daß sich das himmlische Feuer theils unmittelbar, theils mittelbar über alle Weltkörper ausgieße, den Ausdruck finden für die Ansicht, daß alle Weltkörper Theil haben an dem allgemeinen Leben der Welt, so spricht sich dies auch darin aus, daß die Pythagoräer allen einzelnen Dingen Leben

---

1) Stob. ecl. I. p. 418; Böckh's Philol. Nr. 22. Φιλόλαος ἄφθαρτον τὸν κόσμον. λέγει γοῦν οὕτως ἐν τῷ περὶ ψυχῆς· παρὸ καὶ ἄφθαρτος καὶ ἀκαταπόνατος διαμένει τὸν ἄπειρον αἰῶνα· οὔτε γὰρ ἔντοσθεν ἄλλα τις αἰτία δυναμικωτέρα αὐτᾶς εὑρεθήσεται οὔτ' ἔκτοσθεν, φθεῖραι αὐτὸν δυναμένα, ἀλλ' ἦς ὅδε ὁ κόσμος ἐξ αἰῶνος καὶ ἐς αἰῶνα διαμένει, εἷς ὑπὸ ἑνὸς τῶ ξυγγενέω καὶ κρατίστω καὶ ἀνυπερθάτω κυβερνώμενος.

2) Plut. de pl. ph. II. 5. Daß der Kosmos in dieser Stelle nur die Erde ist, hat Böckh bewiesen. Philol. Nr. 12.

3) S. Böckh a. a. O.

beilegten, wenigstens dem Keime nach. Das Leben der Dinge aber ordneten sie nach gewissen Stufen. Am eigenthümlichsten ist uns diese Lehre in einem Fragmente des Philolaos erhalten worden, nach welchem vier Stufen des Daseins angenommen werden, zuerst das Dasein, welches allen Dingen zukommt, Auswurf des Samens und Erzeugung, gebunden an dem Organ der Schamtheile, dann das Leben der Pflanzen, welchem Anwurzelung und Aufkeimung und als Organ der Nabel zugeschrieben wird, ferner das Leben der Thiere, welchem Seele und Empfindung und als Organ das Herz eigen ist, und endlich das Leben des Menschen, welchem Vernunft und als Organ Kopf und Gehirn beiwohnt. Alle diese Stufen lebendigen Daseins sind so geordnet, daß die höhere Stufe alles das mit in sich schließt, was den niedern zukommt *). Auch mit dieser Lehre müssen wir die Zahlentheorie uns in Verbindung denken; doch hält es schwer, sich über die Art der Verbindung sichere Auskunft zu verschaffen. Nur so viel ist klar, daß Philolaos, so wie die Pythagoreer überhaupt aus der Einheit bis zur Vierheit die Verhältnisse des mathematischen Körpers, aus der Fünfheit aber die sinnliche Beschaffenheit des physischen Kör-

---

*) Theolog. arithm. 4. p. 22. Böckh's Philol. Nr. 21. καὶ τέσσαρες ἀρχαὶ τοῦ ζώου τοῦ λογικοῦ, ὥσπερ καὶ Φιλόλαος ἐν τῷ περὶ φύσεως λέγει, ἐγκέφαλος, καρδία, ὀμφαλός, αἰδοῖον· κεφαλὰ μὲν νόω, καρδία δὲ ψυχᾶς καὶ αἰσθήσιος, ὀμφαλος δὲ ῥιζώσιος καὶ ἀναφύσιος τῶ πρώτω, αἰδοῖον δὲ σπέρματος καταβολᾶς τε καὶ γεννάσιος· ἐγκέφαλος δὲ τὰν ἀνθρώπω ἀρχάν, καρδία δὲ τὰν ζώω, ὀμφαλὸς δὲ τὰν φυτῶ, αἰδοῖον δὲ τὰν ξυμπάντων. Hiermit stimmt überein, daß die Seele, nämlich des Menschen, vom Herzen bis zum Gehirn reiche. Diog. L. VIII. 30.

pers sich zusammensetzten, so aus den folgenden Zahlen die Ordnungen des höhern lebendigen Daseins bestimmte. Es sei gewagt, hier eine Vermuthung auszusprechen, welche allerdings nicht mit sichern Beweisen, sondern nur mit hie und da durchschimmernden Andeutungen belegt werden kann. Gewiß ist es, wie gesagt, daß mit der Fortschreitung der Zahlen in der ersten Dekade die höhern Stufen des Daseins bezeichnet wurden. Demnach würde nach der Ableitung des physischen Körpers aus der Fünfzahl auf die Zahl Sechs das Pflanzenleben fallen, auf die Zahl Sieben das thierische, auf die Zahl Acht das menschliche Leben, wie es auf der Erde ist. Bedenkt man nun, daß Philolaos dem menschlichen Leben auf der Erde nur die Tugend, dem höhern Leben aber im Kosmos, d. h. auf den übrigen Planeten, die Weisheit zutheilte, so leuchtet ein, daß für dieses göttliche oder dämonische Leben die Zahl Neun das Symbol gewesen sein dürfte; daß aber endlich die Zahl Zehn den Pythagoräern das ganze Leben der Welt und das letzte Princip der Dinge bedeutet habe, ist schon früher erwähnt worden *). Da nun aber die

---

*) Theol. arithm. 8. p. 56. Böckh a. a. O. Φιλ. δὲ μετὰ τὸ μαθηματικὸν μέγεθος τριχῇ διαστὰν ἐν τετράδι ποιότητα καὶ χρῶσιν ἐπιδειξαμένης τῆς φύσεως ἐν πεντάδι, ψύχωσιν δὲ ἐν ἑξάδι, νοῦν δὲ καὶ ὑγείαν καὶ τὸ ὑπ' αὐτοῦ λεγόμενον φῶς ἐν ἑβδομάδι, μετὰ ταῦτά φησιν ἔρωτα καὶ φιλίαν καὶ μῆτιν καὶ ἐπίνοιαν ἐπ' ὀγδοάδι συμβῆναι τοῖς οὖσιν. Vielleicht ist in diesem Berichte einige Verwirrung. Wenn ψύχωσις der Sechs und νοῦς der Sieben zugeschrieben wird, so scheint dies nach dem zuvor angeführten Fragmente des Philol. mehr auf Thier und Mensch, als auf Pflanze und Thier zu deuten; allein daß νοῦς auch den Thieren von den Pyth. beigelegt wurde, ist aus andern Stellen

niedern Stufen des Daseins auch durch eine gewisse Organisation sich voneinander unterscheiden, so scheinen die Pythagoräer auch den lebendigen Wesen auf den übrigen Weltkörpern eine andere Organisation zugeschrieben zu haben, als dem Menschen, welches daraus hervorgeht, daß Philolaos ihnen alle Absonderungen absprach [1]). Von der ganzen Welt ist es bekannt, daß sie ihr die Gestalt einer Kugel beilegten [2]).

Nun sehen wir aber auch in dieser Art, wie die Pythagoräer die ganze Zusammensetzung und das Leben der Welt sich vorstellten, hie und da Begriffe, welche auf das geistige, besonders das sittliche Leben Beziehung haben, hervortreten; das Physische dagegen, so weit es nicht in der bloßen Form der Erscheinungen, d. h. in Zahl und Figur, gegründet ist, ist ihnen untergeordnet und wird von ihnen vernachlässigt [3]). Daher scheint denn besonders die Lehre von der Seele ein Gegenstand ihrer Untersuchung gewesen zu sein. Daß sie die Seele eine Zahl [4])

---

gewiß, und ψύχωσις konnte auch wohl den Pflanzen zugeschrieben werden; daß aber die Pythagoräer in ihrer aufsteigenden Vergleichung der Zahlen mit den Weisen des Daseins und des Lebens die Pflanzen vergessen haben sollten, ist nicht wahrscheinlich; μῆνις u. ἐπίνοια passen wieder trefflich auf das Menschengeschlecht. Daß der Neunzahl, als der nächsten an der Zehn, besondere Vortrefflichkeit zugeschrieben wurde, geht aus theol. arithm. 9 hervor.

1) Stob. ecl. I. p. 662.

2) Philol. ap. Stob. ecl. I. p. 452; 468.

3) Dies und nicht mehr will wohl Arist. met. I. 8. sagen: διὰ περὶ πυρὸς ἢ γῆς ἢ τῶν ἄλλων τῶν τοιούτων οὐδ' ὁτιοῦν εἰρήκασιν, ἅτε οὐθὲν περὶ τῶν αἰσθητῶν οἶμαι λέγοντες ἴδιον.

4) Plut. de pl. phil. IV. 2; de anim. procr. 2.

oder auch eine Harmonie [1]) nannten, zeigt nur, daß sie bei der Betrachtung derselben ihre allgemeine Vorstellungsweise nicht außer Augen ließen, es giebt uns aber keine nähere Bestimmung über das, was sie sich unter der Seele dachten. Wenn sie nun nicht unterlassen konnten, die Erscheinungen des einzelnen Seelenlebens auf die allgemeine beseelende Kraft in der Welt zurückzuführen, so ist es auch keinem Zweifel unterworfen, daß ihnen alle Seelen nur ein Ausfluß der allgemeinen Weltseele waren [2]). Dies drückten die Spätern in der Formel aus, von außen komme die Seele in den Körper [3]); genauer aber möchte es wohl gelautet haben, die Seele sei dem Körper eingepflanzt durch Zahl und harmonisches Verhältniß [4]). Wenn man nun bemerkt, wie den Pythagoräern aus den Verhältnissen der Zahlen oder der Einheiten das Körperliche entsteht, und wie Platon die Lehre, daß die Seele die Harmonie des Körpers sei, behandelt und sie dem Simmias, welcher den Philolaos gehört hatte, in den Mund legt [5]), so wird es wohl der pythagorischen Lehre am nächsten kommen, wenn wir ihr gemäß die Seele als das Zahlenverhältniß, welches ihren Körper harmonisch bildet, betrachten, womit überdies auch die Lehre des Philolaos, daß verschiedne Arten der Organe auch verschiedne Arten

1) Philol. ap. Macrob. somn. Scip. I. 14; Claud. Mamert. II. 7; cf. Arist. de anim. I. 4; Plat. Phaed. p. 85 sq.

2) Cic. de nat. D. I. 11; Plut. de pl. ph. IV. 7.

3) Stob. ecl. I. p. 790.

4) Claud. Mam. l. l. anima inditur corpori per numerum et immortalem eandemque incorporalem convenientiam.

5) Phaed. p. 85 sq.

der Seelen voraussetzen, auf das Beste zusammenstimmt. Darnach würde nun die Seele zwar unkörperlich sein [1]), wie ja auch die Zahlen den Pythagoräern unkörperlich sind, als Gründe des Körperlichen; sie würde aber auch nur in irgend einem körperlichen Verhältnisse erscheinen können.

Mit der Lehre von der Seele steht den Pythagoräern auch die Lehre von den Dämonen und Heroen in genauer Verbindung. Die Pythagoräer wunderten sich, wenn jemand sagte, daß er keinen Dämon gesehen hätte [2]), so daß sie dämonische Erscheinungen für etwas nicht Ungewöhnliches gehalten haben müssen. Von guten und bösen Dämonen wird nach pythagorischer Lehre gesprochen [3]), von ihnen sollen den Menschen die Anzeigen der Krankheit und der Gesundheit und die Träume stammen [4]), auf sie mancherlei heilige Gebräuche sich beziehen [5]). Wenn wir nun mit diesen Ueberlieferungen das vergleichen, was Aristoteles über die Seele nach pythagorischer Lehre sagt, daß nämlich Einige die Sonnenstäubchen in der Luft, Andere das, was diese bewegt, Seele genannt hätten [6]), und dabei bemerken, daß die in der Luft schwebenden Seelen

---

1) Claud. Mam. l. l.; Plat. Phaed. l. l. ὡς ἡ μὲν ἁρμονία ἀόρατόν τι καὶ ἀσώματον.

2) Arist. ap. Apulej. de deo Socr. p. 53. ed. Francof.

3) Plut. de Is. et Os. 25; de plac. phil. I. 8.

4) Diog. L. VIII. 32. Die Pythagoräer hielten auf Traumdeutung. Cic. de div. I. 3; II. 58.

5) Diog. L. l. l.

6) De anim. I. 2. ἔφασαν γάρ τινες αὐτῶν, ψυχὴν εἶναι τὰ ἐν τῷ ἀέρι ξύσματα, οἱ δὲ τὸ ταῦτα κινοῦν.

von den Pythagoräern Dämonen und Heroen genannt wurden [1]), so müssen wir wohl annehmen, daß die Pythagoräer der Meinung waren, daß auch außer dem organischen Körper die Seelen ein Leben hätten, wenn auch nur ein unvollkommenes Traumleben [2]), den Schatten, welche im Hades sind, gleichend; ja es scheint, daß ihnen Dämonen und Heroen nichts Anderes bedeutet haben, als Seelen, welche noch nicht in thierische oder menschliche Körper eingegangen oder aus solchen schon wieder ausgeschieden sind. Hieran konnte sich nun ihre Lehre von der Seelenwanderung anschließen, indem sie annahmen, daß die aus den Körpern ausgesonderten Seelen wieder in andere Körper eingehen könnten [3]), die ihnen zukommende Harmonie bildend. Diese Vorstellungsweise ist zu bekannt, als daß es nöthig wäre, darüber weitläufiger zu sein. Es ist jedoch zu bemerken, daß die Verbindung, welche eine Seele mit einem Leibe eingeht, nicht als zufällig angesehen werden darf, sondern der pythagorischen Lehre die Vorstellung zum Grunde liegt, daß die Seele dem Leibe passen müsse. Auch ist nicht zu übersehen, daß die Lehre der Pythagoräer eine Wanderung der Seelen

---

1) Diog. L. l. l.

2) Porphyr. de antr. Nymph. 28. Freilich eine unsichere Autorität. Was Servius in Aen. III, 68 über den Unterschied zwischen der platonischen Metempsychose und der pythagorischen Palingenesie hat, ist spätere Erfindung und wahrscheinlich nur aus den Erzählungen über die Wiedergeburten des Pythagoras entnommen.

3) Arist. de anim. I. 3. *ὥσπερ ἐνδεχόμενον κατὰ τοὺς Πυθαγορικοὺς μύθους τὴν τυχοῦσαν ψυχὴν εἰς τὸ τυχὸν ἐνδύεσθαι σῶμα.* Die älteste Spur davon findet sich in den Versen des Xenophanes b. Diog. L. VIII. 36.

nur durch die Thiergeschlechter annimmt [1]), weil nach dem Philolaos die Pflanzen zwar Leben, aber nicht Seele haben [2]), und daß nach derselben auch andere Weisen des Seelenlebens stattfinden, als die während der Wohnung in irgend einem thierischen oder menschlichen Leibe, nämlich theils ein Zustand der Seele vor dem Eingehen in den organischen Leib, theils ein Zwischenzustand zwischen den Einwanderungen in verschiedne Leiber. Uebrigens ist in diesen Lehren Manches unklar; die Lehre von der Seelenwanderung gehörte wohl gewiß zu den heiligen Mythen der Pythagoräer [3]), und daher läßt sich vermuthen, daß Manches in ihr den philosophirenden Pythagoräern nur bildlich gegolten habe, um nur die Lehre von der Unsterblichkeit der Seele zu bezeichnen; besonders scheint die Lehre von dem Leben der Seele außer dem organischen Körper nicht gut vereinbar mit der Meinung, daß die Seele die Harmonie des Körpers und in ihren Thätigkeiten an gewisse Organe des Leibes gebunden sei; nur so viel sehen wir aus einer Erzählung, welche ganz pythagorisch klingt, daß man auch den Zuständen der Seele außer dem thierischen Körper eine gewisse Harmonie bei-

1) So viel ich weiß, hat nur Theodoret. haeret. fab. comp. V. 20 eine andere Angabe, welcher aber nicht zu trauen ist.

2) S. oben; Diog. L. VIII. 28.

3) Dafür spricht auch der Ausdruck des Arist. a. a. O. Man hat Plat. Phaed. p. 62. b. zum Beweis gebraucht, vielleicht mit Unrecht. S. Lobeck Aglaoph. p. 795 sq. Doch können die Angaben des Philolaos und des Euritheos auch nicht als Beweis gelten, daß diese Lehre von den frühern Pythagoräern nicht als ein Geheimniß behandelt wurde.

legte, und auch nicht etwa die einzelne Seele in die allgemeine Harmonie sich auflösen ließ; es wird uns nämlich erzählt, Eurytos habe einem Hirten geglaubt, daß aus dem Grabe des Philolaos dessen Stimme gehört werde, und nur gefragt, welche Harmonie sie singe [1]). Auch ist mit der Lehre von der Seelenwanderung der Glaube an Vergeltung nach dem Tode eng verbunden, und schließt natürlich jede Auflösung der Persönlichkeit aus. Den Bösen wird ihr Aufenthalt in dem Tartaros angewiesen, wo der Donner sie schreckt [2]), sie sind von der Gemeinschaft mit den Guten ausgeschlossen und werden von den Erinnyen in unzerbrechlichen Banden gehalten; die Guten aber sollen in den höchsten Ort eingehen und dort ein gemeinsames Leben leben [3]).

Die Verbindung der Seele mit dem Körper bietet den Pythagoräern noch eine andere Seite dar, von welcher aus sie auf ihre allgemeine Lehre zurückgeblickt haben. So wie nämlich Alles einer göttlichen Verwaltung der Dinge unterliegt, so wird es auch als ein göttliches Geschick betrachtet, daß die Seele in dem Körper ist und gleichsam in ihm, wie in einem Grabe begraben, wohnt, zur Strafe

1) Jambl. v. P. 139. 148.

2) Arist. anal. post. II. 11. Warum man, wie Lobeck (Aglaoph. p. 893) ohne Anführung eines Grundes will, hierbei an die Titanen, welche nämlich in dem homerischen Tartaros wohnen, denken soll, sehe ich nicht ein; ich denke an den platonischen Tartaros Phaed. p. 113; de rep. X. p. 616, wo Vieles, und auch die Furcht vor dem Gebrüll des Abgrundes, pythagorisirt. Dabei habe ich auch die Auslegung des Themistios auf meiner Seite.

3) Diog. VIII. 31; Plut. n. posse suav. vivi sec. Epic. 28.

allein es ist sehr gegründeter Verdacht gegen die Richtigkeit dieser Angabe [1]). Eine andere Ueberlieferung empfiehlt sich wegen der Eigenthümlichkeit der Ausdrücke, in welchen die Eintheilung mitgetheilt wird. Die Pythagoreer sollen die dem Menschen eigenthümliche Kraft der Seele φρένες, das Thierische aber νοῦς und θυμὸς genannt haben, so daß der θυμὸς seinen Sitz im Herzen, der νοῦς und die φρένες aber in dem Gehirn hätten [2]). Dies ließe sich so mit der philolaischen Eintheilung der Arten des Lebens vereinigen, daß doch nicht unbemerkt bleiben konnte, wie auch die Thiere Gehirn haben, wenn auch nicht als so vollkommenes Organ wie die Menschen. Mit andern Ausdrucksweisen des Philolaos aber, welche den νοῦς als das Eigenthümliche des Menschen zu bezeichnen scheinen, stimmt jene Ueberlieferung nicht überein, und man müßte, wenn man sie retten wollte, wenigstens annehmen, daß über diesen Punkt verschiedne Ausdrucksweisen in der pythagorischen Schule stattgefunden hätten.

Die Eintheilung der Seele in das Vernünftige und in das Unvernünftige hat übrigens, wenn wir auf die Ueberlieferungen sehen, eine offenbare Beziehung zu dem Han-

1) S. meine Gesch. der pyth. Phil. S. 220 f.

2) Diog. L. VIII. 30. τὴν δὲ ἀνθρώπου ψυχὴν διαιρεῖσθαι τριχῆ, εἴς τε νοῦν καὶ φρένας καὶ θυμόν. νοῦν μὲν οὖν εἶναι καὶ θυμὸν καὶ ἐν τοῖς ἄλλοις ζώοις· φρένας δὲ μόνον ἐν ἀνθρώπῳ. εἶναι δὲ τὴν ἀρχὴν τῆς ψυχῆς ἀπὸ καρδίας μέχρι ἐγκεφάλου. καὶ τὸ μὲν ἐν τῇ καρδίᾳ μέρος αὐτῆς ὑπάρχειν θυμόν· φρένας δὲ καὶ νοῦν τὰ ἐν τῷ ἐγκεφάλῳ. Nicht in den Worten, aber in der Sache stimmt damit überein Plut. de pl. ph. IV. 5. *Πυθ.* τὸ μὲν ζωτικὸν περὶ τὴν καρδίαν, τὸ δὲ λογικὸν καὶ νοερὸν περὶ τὴν κεφαλήν.

deln; aber auch wohl eben so sehr zu dem Erkennen. Denn daß die Pythagoräer von diesem bei der Betrachtung der Seele gehandelt haben, darf keinem Zweifel unterworfen werden. Wie sehr aber das Erkennen mit der Organisation von ihnen verknüpft wurde, geht daraus hervor, daß sie auch den Thieren einen Keim der Vernunft beilegten, nur daß diese, wegen der unverhältnißmäßigen Mischung des Körpers und wegen ihres Mangels an Sprache, zu keiner vernünftigen Thätigkeit kommen könne [1]). Dieser Satz ist nun gewiß nicht aus der Erfahrung hervorgegangen, so daß wir ihn wohl nur aus dem Streben der Pythagoräer, überall in der Welt wenigstens die Möglichkeit der Vernunft zu erblicken, ableiten dürfen. Ein solches Streben ist überdies auch unverkennbar in der ganzen Lehre der Pythagoräer. Die Verknüpfung aber des Vernünftigen mit der leiblichen Beschaffenheit drückt sich auch in dem schon früher Erwähnten aus, daß sie nämlich den Sinnen eine bedeutende Rolle in unserer wissenschaftlichen Thätigkeit zuschrieben, wenn auch nicht die wichtigste; denn freilich mußte ihnen die mathematische Forschung, welche nicht durch die Sinne vollzogen wird, unter allen wissenschaftlichen Thätigkeiten die größeste Bedeutung haben. So wie sie nun angenommen haben sollen, daß nur das Gleiche durch das Gleiche erkannt werde [2]), so mochten sie auch meinen, daß durch den körperlichen Sinn auch nur Körperliches, nicht aber die Gründe der sinnlichen Erscheinung erkannt werden könnten; so sol-

1) Plut. de pl. ph. V. 20.

2) Sext. Emp. adv. math. VII. 92.

len sie die Erscheinungen der musikalischen Harmonie durch das Ohr gemessen, ihr Verhältniß aber durch die Vernunft bestimmt haben [1]), und hiermit übereinstimmend wird auch dem Philolaos die Lehre zugeschrieben, daß der mathematische Verstand das Kriterion der Wahrheit sei [2]). Die Zahl nämlich und die Harmonie ist die Quelle aller Wahrheit, und wenn sie nicht in den Dingen wäre, so wäre nichts Wahres zu erkennen; sie fügt auch in der Wahrnehmung die Dinge der Seele, denn das Organische besteht nur durch Harmonie der Zahlen, und wenn wir auch nicht die Quelle aller Wahrheit, das ewige Wesen der Dinge und ihre Natur selbst an und für sich zu erkennen vermögen, so erblicken wir sie doch durch Sinn und Vernunft in den Dingen [3]). So knüpft sich den Pythagoräern alles Erkennen an ihre Zahlentheorie an.

Aber die Eintheilung der Seele hat den Pythagoräern auch eine sittliche Bedeutung gehabt. Sie haben zuerst, wie Aristoteles sagt, Einiges in der Sittenlehre zu bestimmen versucht [4]), allein was sich ihnen hiervon wissenschaftlich und von ihrer allgemeinen Ansicht der Dinge abgesondert ausbildete, scheint doch nur von geringer Bedeutung gewesen zu sein. Ob sie etwas über das höchste

---

1) Porphyr. in Ptol. harm. 2 p. 208; Boeth. de mus. I. 9; cf. V. 16.

2) Sext. Emp. l. l.

3) S. oben. Stob. ecl 1. p. 8. Böckh's Philol. Nr. 18. οὐ γὰρ ἦς δῆλον οὐθενὶ οὐθὲν τῶν πραγμάτων οὔτε αὐτῶν ποθ' αὑτὰ οὔτε ἄλλω ποτ' ἄλλο, εἰ μὴ ἦς ἀριθμὸς καὶ ἁ τούτω ἐσσία· νῦν δὲ κτλ. Theol. arithm. 10. p. 61.

4) Eth. magn I. 1.

Gut oder über das Ziel alles vernünftigen Handels festgesetzt haben, bleibt zweifelhaft bei sehr verschiednen Angaben der Spätern hierüber [1]); daß sie aber den Begriff der Tugend erörterten, möchte schon daraus hervorgehen, daß Philolaos die Tugend als das Eigenthümliche des sittlichen Lebens auf Erden bezeichnete. Sie sollen die Tugend eine Harmonie genannt haben [2]), welches aber zur nähern Bestimmung die Nachweisung bedarf, worin die Harmonie der Tugend bestehe. Nicht unwahrscheinlich ist es, daß die Pythagoräer dieselbe in der Uebereinstimmung des Vernünftigen und des Unvernünftigen durch den ganzen Lauf unsers Lebens suchten. Denn von der einen Seite gebrauchten sie die Musik zur Beschwichtigung der Leidenschaft und zur Erregung der Thatkraft [3]). Von der andern Seite, daß sie nach Zusammenhang und Uebereinstimmung des ganzen Lebens strebten, finden wir darin ausgedrückt, daß sie die Ueberlegung des Vergangenen und des Zukünftigen zu sittlichen Zwecken empfahlen [4]). Das, was über einzelne Tugenden nach pythagorischer Lehre gesagt wird, ist meist zweifelhaft oder entschieden zu verwerfen; nur über die Gerechtigkeit wissen wir aus sichern

---

1) Stob. ecl. II. p. 64; 66; serm. XI. 25; Clem. Alex. serm. IV. p. 535; Jambl. v. P. 137; Procl. in Plat, Alcib. prim. III. p. 72; in Plat. Parm. II. p. 78; 112. ed. Cous.; Heracl. Pont. ap. Clem. Alex. strom. II. p. 417.

2) Diog. L. VIII. 33.

3) Plut. de Is. et Os. 81; de virt. mor. 3; Porphyr. v. P. 30; Jambl. v. P. 64.

4) Carm. aur. v. 40 sq.; Cic. de senect. 11; Porph. v. P. 40; Jambl. v. P. 165.

Nachrichten, daß sie dieselbe eine gleichmal gleiche Zahl nannten, womit sie ausdrücken wollten, es sei gerecht, daß jeder das, was er verübt habe, wieder erleide [1]). Man wird sich nicht wundern, in der Kindheit der Ethik einen so rohen Begriff zu finden.

Von einer wissenschaftlichen Entwicklung politischer Grundsätze bei den Pythagoräern finden wir keine Spur, welche sicher leiten könnte, wiewohl es nicht unwahrscheinlich ist, daß sie auch hierüber gewisse allgemeine Lehren sich entwickelt hatten. Dagegen finden wir eine Menge von Lebensregeln den Pythagoräern beigelegt, deren innerer Zusammenhang allein aus den Oertlichkeiten und den Verhältnissen, welche sich in der pythagorischen Gesellschaft gebildet hatten, abgeleitet werden kann. Wenn wir aber diese Gesellschaft als das Erzeugniß ihrer Gesinnung betrachten müssen, so sind uns jene Maximen auch von Wichtigkeit, um den Charakter der pythagorischen Schule zu bestimmen. Im Allgemeinen, denn auf das Einzelne uns einzulassen, ist hier der Ort nicht, zeigt sich uns in diesen Vorschriften das Festhalten an alterthümlicher Religiosität, welches den Spätern als Aberglaube erschien und an welches sich auch freilich eine große Masse des Abergläubischen anschloß. So wird den Pythagoräern der Spruch in den Mund gelegt, wir würden besser, wenn wir zu den Göttern gingen [2]); so bemerkte Philolaos, wir stünden unter Gründen, welche gewaltiger wären, als wir,

1) Arist. eth. magn. I. 1.; I. 34; eth. Nic. V. 8.

2) Plut. de def. orac. 7; de superst. 9.

womit er auf göttliche Eingebung gedeutet haben soll [1]); so wird das ganze Leben des Menschen als ein Leben unter der Führung der Götter betrachtet, als ein Werk, welches wir nach göttlichem Geschick vollbringen müssen, und daraus die Verwerflichkeit des Selbstmordes abgeleitet [2]); so sagte Archytas, dasselbe sei der Schiedsrichter und der Altar, denn zu beiden nehme der, welchem Unrecht geschah, seine Zuflucht [3]); so wurde auch die Beleidigung der Ehefrau verboten, weil sie als Schutzflehende vom Altare weggeführt werde [4]). Die meisten Lebensregeln der Pythagoräer sind ascetischer Art; sie dringen auf Mäßigung in den sinnlichen Begierden und in den Leidenschaften, wie uns denn der Pythagoräer Besiegung des Zorns besonders gerühmt wird, auf Bewahrung der Treue und auf Liebe und Freundschaft, deren Muster, wie Damon und Phintias, den Pythagoräern zugezählt werden, endlich auch auf Abhärtung in Hunger und Durst, in Arbeit und allerlei Beschwerden, so daß es eine ihrer Vorschriften war, dem Tragenden nichts von der Last abzunehmen, sondern ihr zuzulegen [5]). Wir erkennen hierin den strengen, aber auch durch Philosophie gemilderten Charakter

---

1) Arist. eth. Eud. II. 8. εἶναί τινας λόγους κρείττους ἡμῶν. S. Brandis Gesch. d. gr. röm. Phil. S. 496 gegen Böckh Phil. S. 185.

2) Vergl. Böckh's Philol. Nr. 23.

3) Arist. rhet. III. 11.

4) Arist. oecon. I. 4; Jambl. v. P. 84.

5) Jambl. protrept. 21. p. 131 sq.; Porphyr. v. P. 42. c. not. Ritterh.; Plut. de frat. am. 17; de exil. 8; Aristoxen. ap. Stob. serm. X. 67. etc.

der Dorer. So wie sie nun durch Ascetik das Sittliche in sich auszubilden suchten, mußten sie auch bemerken, daß nur die Ascetik sich einen sichern Erfolg versprechen könne, welche schon mit der frühesten Jugend dem Menschen eingepflanzt wird, und daher finden wir denn auch, daß die Pythagoräer sich hauptsächlich um das bemüht haben, was bei den Griechen nothwendiger Bestandtheil der Erziehung war, um Gymnastik und Musik, beide in ihrer weitern Bedeutung, und daß sie überhaupt die Wichtigkeit der Erziehung für den Einzelnen und für den Staat erkannt hatten *).

Doch das Ethische drückt sich bei den Pythagoräern weniger in einzelnen Lehren, als in ihrer ganzen Ansicht aus. Wenn man das Ganze ihrer Meinungen überblickt, so ist nicht zu verkennen, wie ihnen Alles in einem ethischen Lichte erscheint. Die ganze Weltordnung ist ihnen eine harmonische Entwicklung des ersten Grundes aller Dinge, nicht zu äußerer Schönheit, sondern zu Tugend und Weisheit, auf Erden und im Kosmos; diese sind nicht zuerst, sondern sie sollen werden durch das Leben des All und in ihm der einzelnen Seelen, welche an der allgemeinen belebenden Kraft Theil haben. Daher ist die ganze Harmonie der Welt, unvollkommen, wie sie noch immer ist, nach sittlichen Begriffen geordnet, und hier ist in der Welt Ungerechtigkeit, hier gelegene Zeit oder Tugend und Weisheit; den einzelnen Seelen aber ist auch Strafe und Belohnung für ihr Thun von dem Ordner der Welt bestimmt. Dieses möchte die eine Seite der py-

*) Aristoxen. ap. Stob. serm. XLIII. 49.

thagorischen Ansicht von der Welt sein; die andere dagegen wendet sich der Mathematik zu, verknüpft sich jedoch mit der erstern durch die allgemeine Vorstellung von der Ordnung, welche im Begriffe der Harmonie ausgedrückt wird. Von dieser Seite ist nun das Eigenthümliche der pythagorischen Lehre darin zu suchen, daß sie das Mathematische zum Grunde der Naturerscheinungen machte, also aus der Form der Sinnlichkeit Alles abzuleiten bestrebt war, die Form der Sinnlichkeit selbst aber wieder darin gegründet fand, daß die Einheit des unvollkommenen Urgrundes in eine Mehrheit von Dingen und Erscheinungen sich entwickeln müsse. So liegt also hierbei wieder die Voraussetzung der ursprünglichen Unvollkommenheit, welche aus der Nothwendigkeit des Gegensatzes abgeleitet wird, zum Grunde, und diese Voraussetzung dürfte daher wohl als das Band angesehen werden, durch welches die beiden Seiten der pythagorischen Lehre zusammengehalten werden.

Dabei können wir uns nun nicht verleugnen, daß die Pythagoräer zu sehr phantastischen Vorstellungsweisen hingerissen wurden. Die ganze Gesellschaft, welcher sie angehörten, hatte offenbar hierzu eine starke Neigung, welche in ihrem religiösen Aberglauben und in der damit verbundenen Zahlensymbolik am stärksten sich zu erkennen gab. Dieselbe Neigung verkündet sich auch in ihren Philosophemen. Die philosophirenden Pythagoräer versuchten, wie Aristoteles sagt, selbst in ihren Vorstellungen die Weltbildung zu betreiben *). Aber in einer wissenschaft-

*) De coelo II. 13. οὐ πρὸς τὰ φαινόμενα τοὺς λόγους

lich ernsten Zeit gehen solche Spiele der Phantasie nur aus einem ernstlich gefühlten Bedürfnisse der Wissenschaft hervor. Auch dies deutet Aristoteles an, wenn er sagt, die Principien der Pythagoräer wären geeignet über das Sinnliche und Physische emporzusteigen in höhere Gebiete der Wissenschaft*). Zwar wenn sie die sinnlichen Beschaffenheiten der Dinge aus der Figur und die Figur aus der Zahl zu erklären suchten, so gingen sie damit nur auf die Form des Sinnlichen zurück; aber die Richtung dieser Bestrebungen, in welcher das Materielle fast zum völlig Nichtigen herabgesetzt wurde, konnte doch hierbei nicht stehen bleiben, sondern mußte zu Meinungen führen, welche ein höheres Ziel, wenn auch nicht ausdrücken, so doch andeuten. Fassen wir nun zuerst auf, was sie offenbar geleistet haben, so müssen wir zwei Verdienste ihnen anrechnen. Das eine ist, daß sie mehr als andere griechische Philosophen ihrer Zeit auf die mathematische Seite der Erscheinung aufmerksam machten, das andere, daß sie auf die Erkenntniß des Einfachen drangen, ohne doch dadurch zu dem Irrthum derer verleitet zu werden, welche das Einfache in der körperlichen Erscheinung suchten oder über das Für-sich-sein der einfachen Elemente ihren Zusammenhang zum Ganzen vergaßen. Sie hingegen gin-

---

καὶ τὰς αἰτίας ζητοῦντες, ἀλλὰ πρός τινας λόγους καὶ δόξας αὐτῶν τὰ φαινόμενα προσέλκοντες καὶ πειρώμενοι συγκοσμεῖν.

*) Met. L. 8. ὡς ὁμολογοῦντες τοῖς ἄλλοις φυσιολόγοις, ὅτι τό γε ὂν τοῦτ᾽ ἐστίν, ὅσον αἰσθητόν ἐστι καὶ περιείληφεν ὁ καλούμενος οὐρανός. τὰς δ᾽ αἰτίας καὶ τὰς ἀρχάς, ὥσπερ εἴπομεν, ἱκανὰς λέγουσιν ἐπαναβῆναι καὶ ἐπὶ τὰ ἀνωτέρω τῶν ὄντων καὶ μᾶλλον ἢ τοῖς περὶ φύσεως λόγοις ἁρμοττούσας.

gen darauf aus, es in der zusammenhaltenden Kraft zu finden, wie sie theils als Einheit die ganze Welt umfaßt und bestimmt, theils den besondern Dingen ihre begrenzende Form gewährt.

Schon hierin verkündet sich uns ein noch tieferes Streben dieser Männer, welches aber freilich weniger zu wissenschaftlicher Deutlichkeit sich durchgearbeitet hat. Wie konnte es anders sein, als daß diese ersten Regungen, welche von der Erscheinung auf das Wesen vorzudringen strebten, nur unbeholfen sich zu äußern wußten? Indem sie das Gebiet des Anschaulichen verließen, mußten sie nur symbolisch sich auszudrücken, und indem sie das Symbol nicht mit Sicherheit von dem Bezeichneten zu unterscheiden vermochten, mußte ihre Darstellungsweise in Verwirrung gerathen. Daher finden wir auch bei ihnen eine größere dialektische Unbeholfenheit, als bei den ionischen Philosophen, welche derselben Zeit angehören. Aristoteles nennt sie die Ersten, welche das Wesen der Dinge zu bestimmen und Begriffserklärungen zu geben versucht hätten, bemerkt aber dabei, daß sie hierin sehr kunstlos verfahren wären *), welches mit ihrer symbolischen Darstellungsweise natürlich zusammenhängt. Mittel für die Definition

---

*) Arist. met. I. 5. καὶ περὶ τοῦ τί ἐστιν ἤρξαντο μὲν λέγειν καὶ ὁρίζεσθαι, λίαν δ' ἁπλῶς ἐπραγματεύθησαν· ὡρίζοντό τε γὰρ ἐπιπολαίως καὶ ᾧ πρώτῳ ὑπάρξειεν ὁ λεχθεὶς ὅρος, τοῦτ' εἶναι τὴν οὐσίαν τοῦ πράγματος ἐνόμιζον. Das Verfahren des Eurytos hierbei wird besonders erwähnt Arist. met. XIV. 5; Theophr. met. 3. Es geht darauf hinaus, daß die Form der Dinge durch Zahlen bestimmt werden soll, wobei aber auch die Lage der Punkte, der Ort der Einheiten berücksichtigt wurde. S. Arist. met. I. 8. fin.; cf. ib. I. 5. in.

war ihnen nur die Zahl, d. h. ein Verhältniß von Einheiten, in welchem das Wesen der Dinge liege, welches aber auch zurückgeführt werden sollte auf die erste Einheit, den lebendigen Grund der Zahl. Diese betrachteten sie als die Seele der Welt, welche die Vielheit aus sich entwickle und dadurch Grund eines jeden harmonischen Verhältnisses werde, nach einer Ansicht, welche der griechischen Denkweise sehr entsprechend auch an die ethischen Lehren der Pythagoräer sich anschloß und ihnen das ganze Leben der Welt aus einem sittlichen Standpunkte zeigte. Alles dies jedoch kann nur als eine erste, noch sehr rohe Andeutung dessen angesehen werden, was in der sokratischen Philosophie als Dialektik und Ethik sich entwickeln sollte.

Fünftes Buch.

Der Geschichte der vorsokratischen Philosophie dritte Abtheilung. Die eleatische Philosophie.

Erstes Capitel.

Allgemeines.

Die Schule der eleatischen Philosophen hat von jeher, und nicht bloß in den neuern Zeiten[1]), die Aufmerksamkeit der Philosophen auf sich gezogen. Das, was sie vor der ionischen und der pythagorischen Philosophie auszeichnet, liegt in ihrem rücksichtslosen Streben nach der Erkenntniß des Uebersinnlichen. Denn wenn jene Arten der Philosophie den Grund und die Erklärung des Sinnlichen in dem Uebersinnlichen suchten, so sahen dagegen die Eleaten von dem Sinnlichen gänzlich ab und hielten dafür, daß alle Wahrheit nur in einem Nicht=Sinnlichen gesucht werden müsse[2]). Wie nun hierin einer der wichtigsten

1) Man vergleiche von den neuern Schriften über eleatische Philosophie Brandis commentationum Eleaticarum pars prima. Alton. 1813. Sie handelt vom Xenophanes, Parmenides und Melissos; den zweiten Theil ist uns der Verf. bis jetzt schuldig geblieben.

2) Aristocles ap. Euseb. praep. ev. XIV. 17. ἄλλοι δ' ἐγένοντο τούτοις τὴν ἐναντίαν φωνὴν ἀφιέντες· οἴονται γὰρ

Fortschritte der Philosophie liege, und wie die Eleaten selbst diesem Fortschritte entgegenarbeiteten, indem sich ihre Lehre im Streit gegen die übrigen ersten Philosophenschulen entwickelte, müssen wir im Verfolg unserer Geschichte anschaulich zu machen suchen.

Die eleatische Schule hat ihren Namen von Elea, einer griechischen Pflanzstadt im untern Italien, weil hier vielleicht schon der Stifter der Schule, Xenophanes, lebte und auch hier vorzüglich seine Lehre ausbreitete, denn die berühmtesten Philosophen dieser Schule, Parmenides und sein Schüler Zenon, waren Eleaten. Doch wird auch mit Recht wegen der Aehnlichkeit seiner Lehre ein ionischer Grieche, Melissos von der Insel Samos, zu der Familie der Eleaten gezählt, und dient uns zum Beweise, daß auch in andern Gegenden Griechenlands, außer der entfernten Pflanzstadt, ein gleicher Geist der philosophischen Forschung etwa zu derselben Zeit sich zu regen begann.

Derjenige, welcher auf zufällige Erregungen, auf die Macht der Verhältnisse, welche doch auch im Ganzen gegründet sind, gar nichts oder doch nur sehr Weniges zu geben pflegt, mag sich wundern, wie Elea, eine nicht sehr bedeutende Pflanzstadt, die sich eben sonst durch nichts Wichtiges vor andern griechischen Pflanzstädten auszeichnete, der Mittelpunkt einer sehr einflußreichen philosophischen Schule werden konnte. Wir müssen aber darin den Einfluß zusammentreffender Umstände, deren Gewalt zu

δεῖν τὰς μὲν αἰσθήσεις καὶ τὰς φαντασίας καταβάλλειν, αὐτῷ δὲ μόνον τῷ λόγῳ πιστεύειν. Dasselbe bezeugen von den Eleaten in einer andern Form Plat. soph. p. 242 sq.; Arist. met. I. 5.

erkennen wir nicht immer im Stande sind, so wie den Zug der Geister, welcher eine einmal ergriffene Bahn freudig verfolgt, endlich das Walten der Vorsehung, welches durch die Umstände und durch die Verschiedenheit der Menschen ein der Menschheit förderliches Streben leiten wollte, erblicken. Und was hat es denn Entehrendes, zu gestehen, daß wir aus unsern mangelhaften Vorstellungen von der Verschiedenheit der Stämme und der Oerter, wo sie angesiedelt, nachzuweisen nicht im Stande sind, warum an diesem oder jenem Orte eine Fertigkeit oder eine Wissenschaft, deren Entstehung und Ausbildung wir im Allgemeinen als nothwendig anerkennen müssen, sich hervorgethan habe? Uebrigens ist es bemerkenswerth, daß überall die erste Philosophie der Griechen von den Ionern ihren Ursprung genommen. Denn so wie Pythagoras in einem ionischen Staate erwuchs, so war auch Xenophanes ein Ioner, nur daß beide in der Fremde die Stätte ihrer Wirksamkeit fanden. Auch darf nicht vergessen werden, daß Elea ein nicht unpassender Ort für die Ausbildung der Philosophie war. Denn es war erwachsen aus der Ansiedelung der tapfern und freiheitsliebenden Phokäer, welche ihre Vaterstadt in Ionien verlassen hatten, um nicht in die Knechtschaft der Perser zu fallen *). Und so wie Abdera, die Pflanzstadt der eben so freiheitsliebenden Tejer, bald emporblühte und durch kenntniß- und geistreiche Männer sich auszeichnete, so waren auch die Pflanzstädte der durch Handel und kühne Schifffahrt berühmten Phokäer, Massilia in Gallien und Elea in Italien, durch

*) Herod. I. 164.

weise Gesetze und durch Wissenschaft und Gewerbe ausgezeichnet. Ueberhaupt waren bedeutende Pflanzstädte auch zu Sitzen geistiger Bildung besonders geeignet, indem in ihnen Menschen vielerlei Art und verschiedner Stämme, mithin auch verschiedner Bildung zusammenzuströmen pflegten, so also in ihnen zuerst sich das im Kleinen fand, wodurch im Großen Athen später berühmt geworden ist.

Uebrigens ist schon früher angedeutet worden, wie sich diese Schule der Philosophie zu der ionischen und pythagorischen verhält. Sie bildete sich später als diese aus und fand also schon philosophische Gedankenreihen vor, an welche sie sich aber nur in sofern anschloß, als sie ihre Grundlage einer Untersuchung unterwerfen zu müssen glaubte. Daher hat auch die Ausbildung der frühern Philosophien nur wenig Einfluß auf die strengen Folgerungen der Eleaten gehabt, mehr aber auf die Art gewirkt, wie von ihnen gegen falsche Vorstellungen gestritten wurde. Alle frühern Lehren beruhten auf der Voraussetzung des Werdens; sie suchten das Geschehen aus seinen Ursachen oder aus seinen Gründen abzuleiten. Die Eleaten dagegen griffen diese Voraussetzung selbst an und forschten, ob man ein Werden annehmen dürfe. Wie sich ihnen hierüber eine verneinende Meinung bildete und dadurch der ganze Gang ihrer Philosophie bestimmt wurde, dies muß man aus ihrer Geschichte selbst lernen.

Zweites Capitel.

Xenophanes von Kolophon.

Der Stifter der eleatischen Schule, Xenophanes, war geboren zu Kolophon, einer ionischen Stadt in Kleinasien. Die Zeit seiner Geburt kann nicht mit Gewißheit angegeben werden, doch scheint er um die Ol. 60 geblüht zu haben *). Seine Geburtsstadt war schon vor seiner Zeit berühmt als der Sitz elegischer und gnomischer Dichtung, die Vaterstadt des Mimnermos. Aehnlicher Dichtung widmete sich auch Xenophanes und übte sie von seinem 25.

*) Cf. Bayle dictionn. art. Xenoph. not. A. Zwei verschiedne Annahmen, welche selbst durch das hohe Alter des Xenophanes nicht miteinander vereinigt werden können, herrschen über seine Zeit. Die eine ist die des Apollodoros, welcher die Zeit seiner Geburt in die 40. Ol. setzt; die andere die des Timäos, welcher ihn zum Zeitgenossen des Hieron und des Epicharmos macht. Clem. Alex. strom. I. p. 301; Sext. Emp. adv. math. I. 258; Plut. reg. apophth. Hiero 4. Das Mittlere aus diesem Aeußersten bezeichnen Diog. L. IX. 18; 20; Euseb. chron. Olymp. 56 u. 60. Uns gewährt für eine wahrscheinliche Annahme unter diesen auseinandergehenden Angaben einigen Stützpunkt, daß Xenophanes den Krieg der Perser gegen die Griechen besang, von dem Pythagoras wie von einer geschichtlichen Person sprach und vom Herakleitos und Epicharmos erwähnt wurde. Athen. II. p. 54; Diog. L. VIII. 36; IX. 1; Arist. met. IV. 5. Mit Cousin (Xénophane fondateur de l'école d'Elée in Nouveaux fragmens philosophiques p. 12 sq.) nehme ich an, daß die Verse des Xenophanes, von welchen gesprochen worden, nicht auf den persischen Krieg gegen das eigentliche Griechenland, sondern auf den persischen Angriff der griechischen

bis wenigstens zu seinem 92. Jahre[1]). Aus seiner Vaterstadt vertrieben, scheint er durch Sicilien gewandert zu sein und sich zuletzt in Elea niedergelassen zu haben[2]). Es wird von seiner Armuth erzählt[3]) und daß er seine Gedichte rhapsodirte[4]), woraus auch hervorzugehen scheint, daß er ein herumwanderndes Leben geführt habe. Seine Gedichte waren theils epischer, theils elegischer Art; weniger gewiß ist es, daß er auch Jamben verfaßte[5]). Seine epischen Gedichte waren zum Theil erzählenden Inhalts, wie seine Geschichte der Gründung Kolophons und der

---

Colonien in Asien sich beziehen. Vergl. S. Karsten Xenophanis Colophonii carminum reliquiae §. 2—4.

1) Diog. L. IX. 19. Das Fragment seiner Elegien ist freilich zweideutig.

2) Diog. L. IX. 18. Daß er zu Elea gewohnt habe, wird zwar nicht ausdrücklich gesagt, ist aber aus seiner Verbindung mit den Eleaten und aus andern Umständen wahrscheinlich. Cf. Arist. rhet. II. 23; Diog. L. IX. 20.

3) Plut. l. l.

4) Diog. L. IX. 18.

5) Diog. L. IX. 18. Wir haben keine jambischen Fragmente von ihm; das, welches Karsten fragm. XXV. gefunden zu haben glaubt, beruht nur auf Conjectur; es wird ein Jambendichter desselben Namens angeführt Diog. L. IX. 20; auch lag die Verwechslung seiner polemischen Gedichte mit der jambischen Dichtart nahe. So werden auch Gedichte des Xenophanes Sillen und Parodien und von der andern Seite Tragödien genannt. Alles dies beruht wahrscheinlich nur theils auf einem Sprachgebrauch, welcher diese Worte in einem weitern Sinne nahm, theils auf Mißverständnissen. Scholia ad Aristoph. equ. 406; Strab. XIV. 1. p. 179; Eustath. ad Il. B. p. 204; Athen. II. 44. p. 54; Euseb. chron. Ol. 60, 2. Procl. in Hesiod. p. 67. ed. Heins. Vergl. Karsten p. 20 sqq. Nach Welcker's Conjectur Rhein. Mus. f. Philol. I. S. 38, 92 würde auch Schol. ad Aristoph. pac. hieher gehören.

Auswanderung nach Elea [1]), zum Theil sind sie gewiß didaktisch gewesen, wie wir aus den Bruchstücken sehen, welche man gewöhnlich aus einem Gedichte über die Natur entnommen haben will, einem Gedichte, welches vielleicht nie gewesen ist [2]). Aber auch seine Elegien folgten einer didaktischen Richtung [3]). Die tugendhaften Grundsätze, welche er äußerte [4]), scheinen mit dem Charakter dieser Dichtungsart zusammenzuhängen, wie auch nicht minder mit seiner Bestreitung des griechischen Polytheismus; sofern dieser den Göttern allerlei Unsittliches andichtete. In dieser Rücksicht mochte er auch den Hesiodos und Homeros, so wie den priesterlichen Epimenides anfeinden, aus anderer Rücksicht aber gegen den Thales und Pythagoras streiten [5]). Seine Werke, welche übrigens wegen ihres Versbaus nicht gelobt werden [6]), sind früh verloren gegangen [7]).

Woher Xenophanes seine Lehre genommen, darüber

1) Diog. L. IX. 20.

2) Stob. ecl. I. p. 294; Porphyr. de antro nymph. p. 264. ed. Cant.; Poll. onomast. VI. 46. Die Richtigkeit des Titels περὶ φύσεως ist bei jüngern Berichterstattern, besonders wenn sie die Schrift nicht selbst vor Augen hatten, immer zu bezweifeln.

3) Diog. L. VIII. 36. Nach dieser Stelle, bemerke ich, scheinen die Elegien des Xenophanes gar keine Ueberschrift gehabt zu haben.

4) Plut. de vitioso pud. 5. Vergl. d. Fragmente seiner Elegien Athen. X. p. 413; XI. p. 462.

5) Diog. L. IX. 18; Sext. Emp. adv. math. IX. 193; Arist. rhet. II. 23.

6) Cic. qu. acad. II. 23. Dagegen Athen. XIV. 32 p. 632.

7) Brandis comment. El. p. 10—14; Karsten p. 28 sq.

30 *

hat man mancherlei Meinungen aufgestellt. Einige nannten ihn einen Schüler eines Atheniensers Boton, eines unbekannten Mannes [1]); Andere haben seine Lehre auf den Pythagoras zurückführen wollen [2]), dessen Meinungen er verspottete [3]); noch Andere erinnern sich bei seiner Lehre an orientalische Vorstellungen [4]), aber auch dies mit Unrecht, denn in ihm war auf der einen Seite ein ganz hellenischer Geist, auf der andern ein gänzliches Verwerfen aller polytheistischen und phantastischen Vorstellungen vom Göttlichen, von welchen keine Religion und keine Lehre Asiens frei war. Wenn Platon meint, die Lehre der Eleaten sei noch vor dem Xenophanes gewesen [5]), so scheint er damit nur andeuten zu wollen, entweder die Keime derselben hätten von jeher in den Seelen der Menschen gelegen, oder sie hätten auch schon früher, obgleich nicht wissenschaftlich entwickelt, in Aussprüchen der Dichter oder in mystischen Lehren sich kund gegeben [6]). Um so leichter konnte sie einem nachdenkenden Manne ohne eigentliche Belehrung entstehen; weswegen wir auch geneigt sind, der Meinung beizustimmen, daß Xenophanes ohne Lehrer aus sich zur Philosophie gekommen [7]). Denn Form und Inhalt seiner Lehren sind einfach und den Anfängen der Phi-

1) Diog. L. l. l.

2) Diog. L. I. 15.

3) Diog. L. l. l.; VIII. 36.

4) Schlosser's Gesch. der alten Welt. I. S. 423. Vergl. S. 411, 424.

5) Soph. p. 242.

6) Karsten p. 92 sq.

7) Diog. L. IX. 18.

losophie würdig. Der fromme Eifer, mit welchem er den Polytheismus und die anthropopathischen Vorstellungen von den Göttern bekämpft, scheint darauf zu deuten, daß er besonders in Widerspruch gegen die Volksreligion seine Lehre ausbildete. Wenn sie auf solchem Grunde ruht, wer wird dann es für nöthig halten, ihm einen Lehrer zu suchen?

Die Art, wie die Lehre des Xenophanes zusammengefaßt wird, ist sehr einfach, aber nicht sehr zusammenhängend. Es sind wohl zwei Punkte, an welche seine Beweise anknüpften, der Begriff Gottes, eines allgewaltigen Wesens, und die Verneinung alles Werdens. Beide Punkte aber verbanden sich ihm miteinander. Denn Gott könne nicht werden, ebenso wenig als vergehen; es heiße ebenso viel sagen, es seien keine Götter, als sagen, sie würden oder vergingen [1]. Das, was Xenophanes so der göttlichen Natur zuwider fand, das Werden, hat er aber auch überhaupt geleugnet, und ihm wird eine eigne Beweisführung beigelegt, durch welche er gezeigt haben soll, das Werden sei überhaupt undenkbar [2]. Denn sollte es

1) Ar. met. I. 5. οἷον Ξεν. ἔλεγεν, ὅτι ὁμοίως ἀσεβοῦσιν οἱ γενέσθαι φάσκοντες τοὺς θεοὺς τοῖς ἀποθανεῖν λέγουσιν. Diog. L. IX. 19. πρῶτός τε ἀπεφήνατο, ὅτι πᾶν τὸ γινόμενον φθαρτόν ἐστι.

2) Die Lehre des Xenophanes in der Form zusammenhängender Beweise findet sich hauptsächlich in der dem Aristoteles zugeschriebenen Schrift de Xenophane, Zenone et Gorgia c. 3 und Simpl. phys. fol. 5 b fin. – 6 nach dem Theophrast. Brandis hat bemerkt, daß diese Zusammenstellungen mit andern Argumentationen, welche man dem Xenophanes beilegt, nicht gut übereinstimmen. Man kann überhaupt daran zweifeln, ob Xenophanes

was werden, so würde es entweder aus einem ihm Gleichen oder aus einem ihm Ungleichen werden. Aber nicht aus einem ihm Gleichen, denn das Gleiche könne nicht das Gleiche erzeugen, noch von dem Gleichen erzeugt werden, indem Gleiches zu Gleichem sich auf gleiche Weise verhalte; und ebenso wenig aus einem ihm Ungleichen; denn würde aus dem Schwächern das Stärkere, oder aus dem Kleinern das Größere, oder aus dem Schlechtern das Bessere, oder umgekehrt, so würde aus dem Seienden das Nicht-Seiende, welches unmöglich sei. Deswegen sei der Gott ewig *).

Von dem Begriffe Gottes geht eine andere Reihe von Beweisen aus, welche alle Vielheit leugnen. Eine Mehrheit der Götter kann nicht gedacht werden, denn der Gottheit wohnt nothwendig bei, daß sie das Gewaltigste und Beste ist; wenn es aber mehrere Götter gäbe, so würde Gott nicht das Gewaltigste und Beste von Allen sein,

---

eine solche Kette von Schlüssen gebildet habe. Die Peripatetiker möchten wohl aus den einzelnen Beweisen einen Zusammenhang der Lehre zu bilden gesucht haben.

1) Arist. de Xenoph., Zen. et Gorg. c. 3. ἀδύνατόν φησιν εἶναι, εἴ τι ἔστι, γενέσθαι, τοῦτο λέγων ἐπὶ τοῦ θεοῦ· ἀνάγκη γὰρ ἤτοι ἐξ ὁμοίων ἢ ἐξ ἀνομοίων γενέσθαι τὸ γενόμενον· δυνατὸν δὲ οὐδέτερον. οὔτε γὰρ ὅμοιον ὑφ' ὁμοίου προσήκειν τεκνωθῆναι μᾶλλον ἢ τεκνῶσαι (ταὐτὰ γὰρ ἅπαντα τοῖς γε ἴσοις ὁμοίως ὑπάρχειν πρὸς ἄλληλα)· οὔτ' ἂν ἐξ ἀνομοίου τὸ ἀνόμοιον γενέσθαι· εἰ γὰρ γίγνοιτο ἐξ ἀσθενεστέρου τὸ ἰσχυρότερον, ἢ ἐξ ἐλάττονος τὸ μεῖζον, ἢ ἐκ χείρονος τὸ κρεῖττον, ἢ τοὐναντίον τὰ χείρω ἐκ τῶν κρειττόνων, τὸ οὐκ ὂν ἐξ ὄντος (l. τὸ ὂν ἐξ οὐκ ὄντος) ἂν γενέσθαι· ὅπερ ἀδύνατον· ἀΐδιον μὲν οὖν διὰ ταῦτ' εἶναι τὸν θεόν. Theophr. ap. Simpl. phys. fol. 6 a.

denn es gäbe gleich Gewaltige und Gute, und er würde nicht alles vermögen, was er wollte; denn wenn Mehreres wäre, so käme einem Jeden eine Kraft zu und Eins für sich allein würde nichts vermögen [1]). Hieraus sehen wir, daß dem Xenophanes Alles in Eins zusammenging, welches er Gott nannte, welches ihm aber auch Eins ist mit dem Himmel oder der Welt [2]). So wie er keinen andern Gott neben dem einen Gott setzen konnte, so konnte er auch kein anderes Ewiges, welches allein doch sein könnte, neben dem allein Seienden, welches Gott ist, zugeben.

Von diesem Gedanken ausgehend, mußte er nun natürlich in Streit gerathen mit der polytheistischen Ansicht von den Göttern. Diese mußte ihm erscheinen als ein altes Vorurtheil, von welchem nur mit der Zeit die Menschen durch Nachdenken sich losreißen konnten. Denn, wie er sagt,

Nicht vom Beginn her Alles verkündeten Götter den Menschen;

---

1) Simpl. l. l. Ἕν (sc. θεόν) ἕνα μὲν δείκνυσιν ἐκ τοῦ πάντων κράτιστον εἶναι· πλειόνων γάρ φησιν ὄντων ὁμοίως ἀνάγκη ὑπάρχειν πᾶσι τὸ κρατεῖν. Arist. l. l. εἰ δ' ἐστὶν ὁ θεὸς ἁπάντων κράτιστον, ἕνα φησὶν αὐτὸν προσήκειν εἶναι. εἰ γὰρ δύο ἢ ἔτι πλείους εἶεν, οὐκ ἂν ἔτι κράτιστον καὶ βέλτιστον αὐτὸν εἶναι πάντων κτλ.

2) Arist. met. I. 5. Dagegen haben Cousin p. 75 sqq. und Karsten p. 95 sq; 156 sqq. sich erklärt. Der letztere gesteht zu, daß Aristoteles darüber in Irrthum gewesen sei, welchen allem Anscheine nach auch Platon getheilt haben würde. Ihre Zweifel über diesen Punkt schließen sich an die Schwierigkeit an, ihn mit der Lehre des Xenophanes von der sinnlichen Welt in Uebereinstimmung zu bringen. Darüber später.

Nur mit der Zeit vielmehr nachforschend finden sie Beſſ'res [1]).

Da nun Gott nach seiner Lehre das Beste ist, so mußte ihm die Götterlehre, welche von Freveln der Götter redet, gottlos und verrucht erscheinen. Daher stammt sein Tadel der Mythendichter, dessentwegen er ein Schmäher des Homer genannt wurde [2]). In diesem Sinne sagte er:

Jegliches sagen Homer und Hesiodos über die Götter,
Was nur irgend dem Menschengeschlecht ist Tadel und Schmähung,
Stehlen und Ehebruch und daß Einer den Andern betrüge [3]).

Aber nicht nur gegen die unsittlichen Beimischungen des griechischen Polytheismus, sondern auch gegen alle vermenschlichende Vorstellungen von den Göttern richtete Xenophanes seinen Eifer. Er leitete dieselben von der Sucht aller Wesen ab, das ihnen Aehnliche für das Beste zu halten.

Aber die Menschen vermeinen, es würden Götter geboren,
Hätten unser Gewand und unsere Stimm' und Gestaltung.
Doch wenn Hände besäße der Rinder Schaar und der Löwen,
Oder könnten sie malen und Werk ausbilden, wie Menschen,

1) Stob. ecl. I. p. 224; serm. XXIX. 41.
2) Timo ap. Diog. L. IX. 18.
3) Sext. Emp. adv. math. IX. 193; cf. I. 289.

Würden Pferde den Pferden und Rinder den Rindern vergleichbar
Malen der Götter Gestalt, und Leiber würden sie bilden
Aehnlicher Art, gleich wie sie selbst gestaltet von Körper [1]).

Zur Bestätigung hiervon machte er auch darauf aufmerksam, daß die Aethiopen ihre vaterländischen Götter schwarz und mit eingebogner Nase abbildeten, so wie sie selbst sind, die Thraker dagegen blauäugig und roth, und überhaupt ein jedes Volk nach der Aehnlichkeit mit sich [2]). Aber:

Nur ein Gott ist allein, bei Göttern und Menschen der Größte,
Sterblichen weder an Körper vergleichbar, noch an Gedanken [3]).

Als eine weitere Ausbildung dieser polemischen Be-

---

1) Clem. Alex. strom. V. p. 601.
ἀλλὰ βροτοὶ δοκέουσι θεοὺς γεννᾶσθαι ...
καὶ σφετέρην δ' ἐσθῆτα ἔχειν, φωνήν τε, δέμας τε.
καὶ πάλιν· ἀλλ' εἴτοι χεῖρας γ' εἶχον βόες ἠὲ λέοντες,
ἢ γράψαι χείρεσσι καὶ ἔργα τελεῖν, ἅπερ ἄνδρες,
ἵπποι μέν θ' ἵπποισι, βόες δέ τε βουσὶν ὁμοίας
καὶ κε θεῶν ἰδέας ἔγραφον καὶ σώματ' ἐποίουν
τοιαῦθ', οἷόνπερ κ' αὐτοὶ δέμας εἶχον ὁμοῖον.

2) Theodoret. affect. curat. III. p. 780. ed. Hal.

3) Clem. Al. l. l.
εἷς θεὸς ἔν τε θεοῖσι καὶ ἀνθρώποισι μέγιστος,
οὔτι δέμας θνητοῖσι ὁμοίϊος, οὐδὲ νόημα.

stimmungen gegen die Vielgötterei der Griechen sind nun auch die Sätze des Xenophanes zu betrachten, in welchen er gegen die philosophischen Vorstellungen, welche zu seiner Zeit über das Göttliche herrschten, zu streiten scheint. Von der Art ist seine Lehre, Gott sei weder bewegt, noch unbewegt; denn unbewegt sei das Nicht-Seiende, indem es weder zu einem Andern, noch zu ihm ein Anderes komme; bewegt aber sei das, was mehr ist als Eins, indem das Eine zum Andern komme[1]). Wenn diese Beweise besonders gegen ionische Philosophen gerichtet zu sein scheinen, so nehmen dagegen andere offenbar auf pythagorische Vorstellungen Rücksicht. Er lehrte nämlich, Gott sei weder begrenzt, noch unbegrenzt, denn unendlich sei nur das Nicht-Seiende, als weder Anfang, noch Mitte, noch Ende habend, begrenzt aber das Eine gegen das Andere sei nur das, was zur Vielheit der Dinge gehört[2]). Damit hängt aber auch seine Lehre zusammen, daß Gott keine Theile habe, sondern sich durchaus gleich sei; denn wenn er Theile hätte, so würde der eine Theil von dem andern beherrscht werden und die andern beherrschen, welches unmöglich sei, da Gott seinem Begriffe nach durch-

---

1) Simpl. l. l. παραπλησίως δὲ καὶ τὴν κίνησιν ἀφαιρεῖ καὶ τὴν ἠρεμίαν· ἀκίνητον μὲν γὰρ εἶναι τὸ μὴ ὄν, οὔτε γὰρ ἂν εἰς αὐτὸ ἕτερον, οὔτε αὐτὸ πρὸς ἄλλο ἐλθεῖν· κινεῖσθαι δὲ τὰ πλείω τοῦ ἑνός· ἕτερον γὰρ εἰς ἕτερον μεταβάλλει. Arist. de Xen., Zen. et Gorg. l. l.

2) Simpl. l. l. καὶ οὔτε δὲ ἄπειρον, οὔτε πεπερασμένον εἶναι· διότι ἄπειρον μὲν τὸ μὴ ὄν, ὡς οὔτε ἀρχὴν ἔχον, μήτε μέσον, μήτε τέλος. περαίνειν δὲ πρὸς ἄλληλα τὰ πλείω. Arist. l. l.

aus herrsche [1]). In diesem Beweise wird der durchgängige Zusammenhang alles Seienden vorausgesetzt.

An diese verneinenden Lehren über Gott knüpft sich auch das an, was Xenophanes von Gott bejahte. Denn aus der Lehre, daß Gott keine Theile habe, lockte er hervor, daß er durchaus gleich sei, und dies auf das geistige Sein Gottes beziehend, lehrte er, Gott oder Alles sei durchaus Vernunft und Einsicht [2]), und mit der Vernunft die Macht Gottes verbindend, sagte er von dem Allmächtigen:

Sonder Bemühn regiert er das All mit sinnigem Geiste [3]).

Die vernünftige Thätigkeit Gottes aber ist ihm auch gar nicht von der sinnlichen Empfindung verschieden, so daß Xenophanes vielmehr Gottes ganzes Wesen ebenso von Sehen und Hören durchdringen läßt wie vom vernünf-

---

1) Arist. l. l. *ἕνα δ' ὄντα ὅμοιον εἶναι, πάντῃ ὁρᾷν τε καὶ ἀκούειν, τάς τε ἄλλας αἰσθήσεις ἔχοντα πάντῃ. εἰ γὰρ μή, κρατεῖν ἂν καὶ κρατεῖσθαι ὑπ' ἀλλήλων τὰ μέρη θεοῦ ὄντα· ὅπερ ἀδύνατον.*

2) Diog. L. IX. 19. *σύμπαντά τε εἶναι νοῦν καὶ φρόνησιν.*

3) Simpl. l. l.

ἀλλ' ἀπάνευθε πόνοιο νόου φρενὶ πάντα κραδαίνει.

Ich verbinde anders als Brandis, will jedoch nicht entscheiden; nur möchte ich die pythagorische Unterscheidung zwischen *φρὴν* und *νοῦς* dem Xen. nicht beilegen, wozu Brandis geneigt ist. Unterscheidet doch Xen. nicht einmal zwischen *αἴσθησις* und *νοῦς*. Nach Diog. L. IX. 19, *ἔφη δὲ καὶ τὰ πολλὰ ἥττω νοῦ εἶναι*, glaubt sogar Brandis, wiewohl zweifelhaft, ihm die Eintheilung der Seele in drei Theile beilegen zu können. Diese Stelle aber erkläre ich ganz anders, auch anders als Bayle (Xenoph. not. D.); sie sagt nichts Anderes, als der obige Vers: Die Vielheit der Dinge ist der Vernunft unterworfen. Vergl. Cousin p. 85.

tigen Denken [1]). Doch wenn irgendwo seine Art, alle vermenschlichenden Vorstellungen von Gott abzuweisen, hervorteten mußte, so war es gewiß auch hier ihm natürlich, durch verneinende Formeln daran zu erinnern, daß Gott den Menschen auch nicht an Gedanken gleiche [2]).

Aber nicht bloß auf das geistige Sein bezog Xenophanes seine Lehre von der völligen Einheit Gottes, sondern er blickte dabei zugleich auf die ganze körperliche Welt, auf den Himmel [3]). Ein Bild dieser völligen Gleichheit fand er in der Kugel, und deswegen nannte er Gott eine leidenlose Kugel [4]), worin denn nach seiner Ansicht die Einheit des Unbegrenzten und des Begrenzten liegt, denn die Kugel begrenzt sich selbst. Auf eine ganz ähnliche Weise löste sich ihm auch der Gegensatz zwischen dem Bewegten und dem Unbewegten, denn wenn er leugnete,

---

1) Sext. Emp. adv. math. IX. 144. οὖλος ὁρᾷ, οὖλος δὲ νοεῖ, οὖλος δέ τ' ἀκούει.

2) Eine Spur hiervon findet man darin, daß Diog. l. l. zu dem angeführten Verse hinzusetzt: μὴ μέντοι ἀναπνεῖν. Sollte hierin schon eine Spur der Polemik gegen die pythagorische Lehre liegen?

3) Arist. met. I. 5.

4) Arist. de Xen. l. l. πάντῃ δ' ὅμοιον ὄντα σφαιροειδῆ εἶναι· οὐ γὰρ τῇ μέν, τῇ δ' οὐ τοιοῦτον εἶναι, ἀλλὰ πάντῃ. ἀΐδιον δ' ὄντα καὶ ἕνα καὶ σφαιροειδῆ, οὔτ' ἄπειρον, οὔτε πεπεράσθαι. Sext. Emp. hyp. I. 225; III. 218. Ξενοφ. δὲ (sc. τὸν θεὸν εἶναι) σφαῖραν ἀπαθῆ. Hierin liegt die Verbindung seiner Vorstellungen von der Kugelgestalt und der Unbegrenztheit Gottes, welche doch auch nicht Unendlichkeit ist. Daraus floß auch die Meinung derer, welche sagten, Xenophanes habe Gott endlich, während Andere behaupteten, er habe ihn unendlich genannt. Simpl. l. l.; Orig. philos. 14.

Gott sei unbewegt, so scheint es, als habe er damit nur sagen wollen, Gott habe nicht irgend ein bleibendes Verhältniß zu einem Andern. Sonst aber sagte er selbst, das Seiende bleibe unbeweglich:

Immer bleibt es an selbigem Ort, in keiner Bewegung,
Wechselt die Stellung nicht, jetzt so, jetzt anders erscheinend [1]).

Hierin liegt nun auch, wenn ich mich nicht täusche, eine ziemlich klare Hindeutung auf den Gegensatz zwischen der wahren Erkenntniß und der Erkenntniß der Erscheinungen, welche wir von einer Vielheit der Dinge und ihrer Veränderung zu haben meinen. Daß dieser Gegensatz dem Xenophanes hervorgetreten war, davon finden wir mehrere Spuren, besonders wenn wir seine Lehre mit der des Parmenides vergleichen. So fing er eine seiner Elegien an:

Jetzt nun beginn' ich ein anderes Wort und zeige den Weg euch [2]),

auf eine ganz ähnliche Weise, wie auch Parmenides seinen Vortrag von den Erscheinungen begann [3]). Und eine

1) Simpl. l. l. Die aufgelösten Verse lassen sich nicht verkennen, und verlangen nur geringe Abänderungen, um sie wieder herzustellen:

ἀεὶ δ' ἐν ταὐτῷ μένει κινούμενον οὐδέν,
οὐδὲ μετέρχεσθαι μὴν, ἐπεὶ πρέπει ἄλλοτε ἄλλῃ.

Ich schlage vor, γε hinter ταὐτῷ einzuschieben und für μὴν zu lesen χρή. Karsten verändert μένει in μένειν, setzt τε hinter ταὐτῷ, μιν für μὴν, und ἐπιπρέπει für ἐπεὶ πρέπει, welches einen andern Sinn geben würde.

2) Diog. L. VIII. 36.
νῦν αὖτ' ἄλλον ἔπειμι λόγον, δείξω δὲ κέλευθον.

3) Fragm. Parm. ap. Brand. v. 111; cf. v. 35.

weitere Auseinandersetzung der Lehre von den Erscheinungen scheint es vorauszusetzen, wenn er sagt:

Dieses wird also gemeint, als nahe kommend dem Wahren [1]).

Damit stimmt es denn auch überein, daß viele Meinungen des Xenophanes angeführt werden, welche allein in einer Naturlehre von den Erscheinungen ihre Stelle finden konnten.

Es ist uns wegen des Zusammenhanges der eleatischen Philosophen untereinander nothwendig, etwas mehr in das Einzelne der Naturlehre des Xenophanes einzugehen. Wir haben nur jüngere Zeugnisse über dieselbe [2]), und daher kann es nicht verwundern, daß sie wenig miteinander übereinstimmen, weil die Jüngern die Schriften des Xenophanes wenig oder gar nicht kannten. So wird denn aus zwei Versen des Xenophanes geschlossen, er habe Wasser und Erde für die Gründe der Natur gehalten [3]); aus einem andern Verse folgerte man, ihm sei die Erde einziger Grund der Erscheinungen [4]); endlich aber wird auch die Meinung angeführt, er habe vier Elemente angenommen [5]), unstreitig die vier gewöhnlichen. Was die Folgerungen aus einzelnen Versen betrifft, so können sie we-

1) Plut. symp. IX. 14. 7.
ταῦτα δεδόξασται μὲν ἐοικότα τοῖς ἐτύμοισι.

2) Arist., Theophrast beim Simpl. und der Verf. der Schrift über den Xenoph. u. s. w. schweigen. Die Schriftsteller, welche Brandis §. 13 anführt, sind sämmtlich jünger.

3) Porphyr. ap. Simpl. phys. fol. 41 a. Ξενοφάνην ist für Ἀναξιμένην zu lesen nach Joann. Philop. in phys. Ar. D, p. 2. S. Brandis fragm. 4. Sext. Emp. adv. math. X. 314.

4) Sext. Emp. adv. math. X. 313; Stob. ecl. I. p. 294.

5) Diog. L. IX. 19.

gen ihres Widerstreits untereinander und auch deswegen nicht für sicher gehalten werden, weil man nicht weiß, ob sie nicht bloß von der Bildung der Erde reden. In diesem Fall würde unter der Erde wahrscheinlich eine Mischung des Starren mit dem flüssigen Elemente zu verstehen sein, aus welcher nach der Meinung der ältern Physiologen erst später die Feste der Erde sich bildete [1]). Folgen wir dieser Vermuthung, so werden wir genöthigt, zu den beiden Elementen der Erde und des Wassers noch die beiden andern, Luft und Feuer, als Gründe der Natur nach der Lehre des Xenophanes hinzuzunehmen, denn es wird gesagt, er habe gelehrt, durch die Einwirkung der Luft und des Feuers sei die Erde fest geworden [2]). So würden wir also die Meinung für wahrscheinlich halten, daß Xenophanes die vier Elemente als die ursprünglichen Gründe aller Naturerscheinungen angesehen habe [3]).

---

1) Vergl. die Meinungen des Anaximandros, des Anaxagoras und des Archelaos. Die Entstehung der jetzigen festen Erde aus der feuchten Mischung ist auch Lehre des Xenoph., welcher sie aus dem Vorkommen von versteinerten Seethieren auf hohen Gebirgen erschloß. Orig. phil. c. 14.

2) Plut. de pl. ph. III. 9. Die Meinung des Xenoph. ist hier nur ungeschickt ausgedrückt. Auch dies stimmt mit der Meinung der ältesten Physiologen überein. Anders erklären Karsten p. 156 und Brandis Gesch. der gr. röm. Phil. S. 372, der erstere etwas gewaltsamer als ich; der letztere glaubt annehmen zu müssen, in der angeführten Stelle des Plut. und in der entsprechenden Stelle des Pseudo-Galen müsse Xenokrates für Xenophanes gelesen werden.

3) Beim Schwanken der alten Ueberlieferungen ist hierüber natürlich nur Wahrscheinliches zu sagen, und es liegt auch für unsere Ansicht nicht viel daran, ob man annimmt, Xenoph. habe vier oder zwei Elemente angenommen, welches letztere Brandis Gesch. der

Diese Wahrscheinlichkeit scheint uns fast zu dem Grade der Gewißheit zu werden, welcher in solchen Untersuchungen allein zu erreichen ist, wenn wir die Naturlehre des Xenophanes mit der anderer Eleaten und mit dem Charakter seiner Philosophie überhaupt vergleichen. Keiner der Eleaten ist in seiner Naturlehre von nur einem Grundwesen ausgegangen, vielmehr nahmen sie alle entweder vier oder zwei Elemente an, zwischen welchen sie einen gewissen Gegensatz fanden, einen Gegensatz, der im Physischen dasselbe darstellt, was im Logischen der Gegensatz zwischen Wahrheit und Meinung. Darüber werden wir beim Parmenides mehr finden. Etwas Aehnliches scheint auch beim Xenophanes stattgefunden zu haben. Es ist aber auch nicht zu übersehen, daß die Allgemeinheit, in welcher er den Satz aufstellte und zu beweisen suchte, nichts könne weder aus dem ihm Gleichen, noch aus dem ihm Ungleichen werden, ihn zur mechanischen Naturbetrachtung führen mußte. Diesen Satz leitete er nämlich nicht, wie den von der Unbeweglichkeit der Dinge, aus dem Begriffe der Einheit ab, sondern aus der Unmöglichkeit, daß aus dem Nicht-Seienden Etwas werde; er mußte ihm also nicht nur für die Einheit Gottes, sondern auch für die Vielheit der erscheinenden Dinge gelten *). Demnach,

---

gr. röm. Phil. S. 370 f. billigt. Doch halte ich Arist. met. I. 4 über die vier Elemente des Empedokles nicht für entscheidend gegen meine Meinung.

1) Anders meint Brandis S. 22, Gesch. der gr. röm. Phil. S. 365 ff., mit Unrecht, wie es mir scheint. Schon daß Platon und Aristoteles die Lehre der Eleaten auf den Xen. ohne Beschränkung zurückführen, streitet gegen ihn. Die Gründe, welche auch

wenn er in seiner Lehre von den Erscheinungen der Natur davon ausging, daß viele Dinge zu sein scheinen, so konnte er ihnen zwar eine wenigstens scheinbare Bewegung beilegen, nicht aber ein wirkliches Anderswerden. Nahm nun aber Xenophanes die Meinung der mechanischen Physik an, daß die Erscheinungen der Natur allein aus der Veränderung der Mischung erklärt werden müßten, so konnte er unmöglich von einem Grundwesen ausgehen, sondern mußte eine Mehrheit derselben annehmen, und nichts war sodann natürlicher, als die vier Elemente als das allen Naturerscheinungen zum Grunde Liegende zu betrachten.

Die mechanische Naturerklärung zeigt sich bei ihm auch in einzelnen Punkten seiner Naturlehre*), welche übrigens für den Philosophen nicht viel Bemerkenswerthes darbietet. Sie ist noch sehr roh und ganz auf Geologie aus-

---

Wendt zu Tennemann's Gesch. d. Philos. I. S. 164 für dieselbe Meinung beibringt, beweisen nicht. Wenn gesagt wird: ἀδύνατόν φησιν εἶναι — γενέσθαι. τοῦτο λέγων ἐπὶ τοῦ θεοῦ, so ist das Letztere nur Zusatz des Berichterstatters, wie die nachher angeführten Gründe beweisen, welche nicht von dem Begriffe Gottes, sondern von dem Begriffe des Seienden überhaupt ausgehen. Also das Seiende überhaupt ist nicht im Werden, welches die Grundlehre der Eleaten ist. Von diesen mit Einschluß des Xenophanes, der gleich nachher besonders genannt wird, sagt Arist. met. I. 5. οὐ γὰρ ὥσπερ ἔνιοι τῶν φυσιολόγων ἓν ὑποθέμενοι τὸ ὂν ὅμως γεννῶσιν ὡς ἐξ ὕλης τοῦ ἑνός, ἀλλ' ἕτερον τρόπον οὗτοι λέγουσιν· ἐκεῖνοι μὲν γὰρ προστιθέασι κίνησιν, γεννῶντές γε τὸ πᾶν, οὗτοι δὲ ἀκίνητον εἶναί φασιν.

*) So die Mischung des Meeres Orig. phil. l. l., die Zusammensetzung der Sonne aus kleinen Feuertheilchen ib.; Plut. ap. Euseb. praep. ev. I. 8, und daß er eine unendliche Menge von Welten, welche sich nicht verändern, annahm. Diog. L. l. l.

gehend [1]). Dies tritt besonders darin hervor, daß er die Erde als unendlich ansah, nach unten zu auf ihren eigenen Wurzeln gegründet, so wie auch die Luft oder der Aether nach oben zu in das Unendliche sich ausdehne [2]). Als eine Ausführung seines Grundsatzes, daß alles, was entstehe, auch vergänglich sei, kann man es ansehen, daß er auch die Erde und das Menschengeschlecht für vergänglich hielt [3]). Dies mag auch wohl zusammengehangen haben mit der traurigen Vorstellung von der Natur des Menschen, welche wir bei ihm voraussetzen müssen, da ihm die dem Menschen nothwendige Denkart nur als Wahn und Trug erscheinen konnte [4]).

Von größerer Wichtigkeit muß uns aber die Beantwortung der Frage sein, wie Xenophanes sich das Verhältniß seiner Naturlehre zur Erkenntniß der Wahrheit gedacht habe. Wir müssen hierbei von einer Bemerkung ausgehen, welche nicht nur den Xenophanes, sondern alle Philosophen seiner Richtung trifft, daß nämlich keiner von ihnen in den wenigen abstracten Formeln, welche er über Gott aufstellen mochte, in ihm die Wahrheit und Kraft aller Dinge findend, das ganze Wesen Gottes ausgedrückt zu haben glaubte. Wie hätte wohl jemand meinen kön-

---

1) Er leitete die Gestirne aus der Erde ab und hielt sie für täglich sich erneuernde Erscheinungen. S. Brandis §. 15. Die Stellen Cic. qu. acad. IV. 39; Lactant. div. instit. III. 23 enthalten, wie ich mit Brandis meine, Misverständnisse.

2) Arist. de coelo II. 13; de Xen., Zen. et Gorg. 2; Achill. Tat. in Arat. 4 p. 127.

3) Orig. l. l.; Plut. ap. Euseb. l. l.

4) Deutlicher findet sich dies beim Parmenides.

nen, in einigen, meist verneinenden Sätzen die ganze Fülle der lebendigen Wahrheit erschöpfend ausgesprochen zu haben? Daher sah sich denn auch gewiß Xenophanes nach einer tiefern und bedeutungsvollern Erkenntniß Gottes um, und wenn nach seiner Lehre Gott alle Dinge regiert und leitet, so konnte er auch in der Welt der erscheinenden Dinge diese Erkenntniß suchen. Alles daher in seiner Naturlehre mochte ihm nicht bloßer Schein sein, sondern Zweck der Naturlehre selbst, in der scheinbaren Vielheit und Veränderlichkeit der Dinge die eine Wahrheit, wenn auch nur annäherungsweise, zu finden. Dahin deutet sein früher schon angeführter Vers:

Dieses wird also gemeint als nahe kommend dem Wahren.

Die natürliche Vielheit der Dinge also mochte ihm als eine unvollkommene und gleichsam theilweise Enthüllung des göttlichen Wesens erscheinen, und keinen andern Sinn lassen auch seine Worte zu, daß Gott, obgleich seine Stellung nicht verändernd, oder sonder Bemühn, jetzt so, jetzt anders erscheine. Daher sagt auch Aristoteles von den Eleaten überhaupt, sie hätten, weil sie kein anderes Wesen außer den sinnlichen Gegenständen angenommen, auf diese die Begriffe übertragen, welche der Erkenntniß der ewigen Wahrheit angehören *). Aber die wenigsten von denen, welche dieser Richtung des Forschens folgten, ha-

*) De coelo III. 1. *ἐκεῖνοι δὲ διὰ τὸ μηθὲν μὲν ἄλλο παρὰ τὴν τῶν αἰσθητῶν οὐσίαν ὑπολαμβάνειν εἶναι, τοιαύτας δέ τινας νοῆσαι πρῶτοι φύσεις, εἴπερ ἔσται τις γνῶσις ἢ φρόνησις, οὕτω μετήνεγκαν ἐπὶ ταῦτα τοὺς ἐκεῖθεν λόγους.*

den in Wahrheit zu sagen gewußt, wie in der veränderlichen Welt die ewige Wahrheit erkannt werden möge. Sie wußten wohl vom Ziele zu sagen, aber nicht vom Wege. So scheint es auch dem Xenophanes als eine Aufgabe erschienen zu sein, an deren Lösung der Mensch verzweifeln möchte, in der scheinbaren Mannigfaltigkeit wechselnder Erscheinungen, in welcher sich immer nur Theile des Untheilbaren zu zeigen scheinen, nach dem wahren Sinn des göttlichen Seins zu forschen, und daher dürfen wir uns denn nicht wundern, wenn wir ihn klagen hören:

Doch das Gewisse, nicht einer weiß es der Menschen, noch wird es
Jemand wissen von Gott und was ich sage von Allem.
Wenn auch einer zumeist Vollkommenes träf' in der Rede,
Dennoch weiß er es nicht; denn Wahn ist allen bereitet *).

So erblicken wir den alten Denker in Sorgen um sein eignes Wissen. Ihm war die Erkenntniß aufgegangen, daß Gott nur einer ist, neben dem keine Kraft besteht und in welchem alle Einsicht und Wahrheit ist; indem er

---

*) Sext. Emp. adv. math. VII. 49, 110; VIII. 326.
καὶ τὸ μὲν οὖν σαφὲς οὔτις ἀνὴρ ἴδεν, οὐδέ τις ἔσται
εἰδὼς ἀμφὶ θεῶν τε καὶ ἅσσα λέγω περὶ πάντων·
εἰ γὰρ καὶ τὰ μάλιστα τύχοι τετελεσμένον εἰπών,
αὐτὸς ὅμως οὐκ οἶδε, δόκος δ' ἐπὶ πᾶσι τέτυκται.

Wie weit dies vom Skepticismus entfernt ist, den man ihm hat andichten wollen, Diog. L. IX. 72; Plut. ap. Euseb. pr. ev. I 8; cf. Brandis ad fragm. XIV, bedarf keiner Auseinandersetzung. In der von uns angegebenen Beziehung scheint auch Aristoteles die skeptischen Aeußerungen des Xenophanes aufzufassen, Met. IV. 5.

aber Gott nicht der Wahrheit nach zu erkennen vermochte, einsah, daß der Mensch gezwungen ist, Einzelnes, welches doch für sich und getrennt von Gott nicht sein kann, sich vorzustellen, indem er auch nicht zu sagen wußte, wie die Erkenntniß der Erscheinungen zur Erkenntniß Gottes führen könne, sah er sich in einer peinlichen Lage zwischen zwei Betrachtungsweisen, der einen, nach welcher wir Gott, welcher die Wahrheit ist, erkennen wollen, der andern, nach welcher wir auf die einzelnen, an und für sich unwahren Erscheinungen zu blicken gezwungen sind. Diese Lage und Denkart schildert der Sillograph Timon schön und wahr, indem er dem Xenophanes die Worte in den Mund legt:

Würde mir nur das Geschenk des festen Geistes, nach beiden
Seiten blickend! Allein vom trügrischen Wege betrogen
Bin ich nun altersgrau und gewiß, auf Zweifel zu stoßen
Allerlei Art; denn wohin ich auch rettete meinen Gedanken,
Immer löst' er sich auf ins Eins und Alles *). —

Daß jedoch Xenophanes schon die Ursache unserer man-

---

*) Sext. Emp. hyp. Pyrrh. I. 224.
ὡς καὶ ἐγὼν ὄφελον πυκινοῦ νόου ἀντιβολῆσαι,
ἀμφοτερόβλεπτος· δολίῃ δ' ὁδῷ ἐξαπατήθην,
πρεσβυγενὴς ἔτ' ἐὼν καὶ ἀναμφήριστος ἁπάσης
σκεπτοσύνης· ὅππῃ γὰρ ἐμὸν νόον εἰρύσαιμι
εἰς ἓν ταὐτό τε πᾶν ἀνελύετο. —
ἀμφοτερόβλεπτος erkläre ich von der doppelten Seite des Seins, des erscheinenden und des wahren; ἀναμφήριστος f. ἀπενθήριστος mit Schneider, bis jemand etwas Besseres bietet.

gelhaften Erkenntniß auf die Sinne zurückgeführt haben sollte, wie Einige sagen [1]), ist mir zweifelhaft, theils weil die Zeugen nicht genügen, theils weil Xenophanes zwischen sinnlicher Empfindung und vernünftiger Einsicht noch gar nicht unterschied, wie früher gezeigt. Daß ihm aber der Gegensatz zwischen reiner Wahrheit und der sinnlichen Erscheinung derselben vorschwebte, muß aus der ganzen Darstellung seiner Lehre klar geworden sein. Dies ist der wichtige Fortschritt, welchen die Philosophie durch ihn gewann.

Drittes Capitel.

Parmenides der Eleat.

Parmenides, der zweite in der Reihe der eleatischen Philosophen, war nach dem einstimmigen Zeugnisse des Alterthums zu Elea geboren. Ueber die Zeit seiner Blüthe sind die Berichte nicht übereinstimmend, doch trauen wir der wiederholten Angabe des Platon [2]), daß Parmenides

1) Aristocles ap. Euseb. praep. ev. XIV. 17; Plut. ap. Euseb. ib. I. 8, wo der Irrthum offenbar.

2) Parm. p. 127; Theaet. p. 183; Soph. p. 217. Aus Diog. L. IX. 23 hat man eine andere Zeitbestimmung finden wollen; die Stelle ist aber nicht sicher. Mit unserer Annahme stimmt freilich die auch sonst unwahrscheinliche Angabe nicht, daß Parmenides den Anaximandros gehört habe. Diog. L. IX. 21; Suid. s. v. Παρμ. angeblich nach dem Theophrast.

in seinem 65. Jahre nach Athen gekommen und dort mit dem noch sehr jungen Sokrates zusammengetroffen sei. Hiernach würde man etwa in die 65. Ol. seine Geburt zu setzen haben. Auch wäre es hiernach nicht unmöglich, daß er als Jüngling den Xenophanes, als dieser schon Greis war, gehört habe [1]). Jedoch berichtet uns eine nicht unwahrscheinliche Sage [2]), daß er weniger dem Xenophanes, als dem Ameinias und dem Diochätes gefolgt sei, von welchen dieser ein Pythagoräer heißt [3]); dem Diochätes habe er ein Heroon errichtet, und vom Ameinias sei er, der von edlem Geschlechte und reich war, zur philosophischen Ruhe geführt worden. Dies läßt uns ahnen, daß er früher, von seinen glänzenden Verhältnissen verführt, ein zerstreutes Leben ohne höhern sittlichen Zweck geführt habe, nachher aber durch philosophische Beschäftigung zu dem sittlichen Ernste gelangt sei, welcher von ihm gerühmt wird [4]). Diesem steht nicht entgegen, daß er mit dem Zenon, seinem Schüler, im vertrautesten Um=

---

1) Arist. met. I. 5 drückt sich vorsichtig aus: ὁ γὰρ Παρμενίδης λέγεται τούτου (sc. τοῦ Ξενοφάνους) μαθητής. Wie viel bestimmter versichern es die Spätern!

2) Diog. L. IX. 21 nach dem Sotion.

3) Ich vermuthe, mit Unrecht, so wie häufig dieser Name gebraucht wird; man könnte muthmaaßen, Diochätes und Ameinias wären Schüler des Xenophanes gewesen. Eine Verbindung der eleatischen Schule mit der pythagorischen hat man oft behauptet. Strab. VI. init.; Diog. L. I. 15; Procl. in Parm. I. p. 5. ed. Cous. nach dem Kallimachos; es sind auch einige Spuren dieser Verbindung vorhanden, welche jedoch nur in einigen Punkten der Lehre deutlicher hervortreten.

4) Plat. ll. ll.; Cebet. tab. init. Παρμενίδειος βίος.

gange lebte [1]). Doch hinderte sein philosophisches Streben ihn nicht, an dem politischen Leben seiner Vaterstadt Antheil zu nehmen; denn er soll seinen Mitbürgern Gesetze gegeben haben [2]), welche für so heilsam gehalten wurden, daß anfangs in jedem Jahre die Bürger schworen, bei den Gesetzen des Parmenides bleiben zu wollen [3]). Von ihm wissen wir mit Gewißheit, daß er seine Lehre auf den Zenon, seinen Landsmann, fortpflanzte; daß diese aber auch später für sehr wichtig gehalten wurde, bezeugt die Verehrung, welche ihm Platon und Aristoteles zollten, indem sie ihn für den wichtigsten unter den eleatischen Philosophen erklären [4]).

Parmenides schrieb ein Werk, welches gewöhnlich unter dem Titel: über die Natur, angeführt wird [5]), sonst aber auch andere Ueberschriften geführt hat, ein episches Gedicht, dessen Verse nicht eben gelobt werden [6]). Von ihm sind uns bedeutende Fragmente erhalten worden, wel-

---

1) Plat. Parm. l. l.; Diog. L. IX. 25.

2) Diog. L. IX. 23 nach dem Speusippos; Strab. VI. init.

3) Plut. contr. Colot. 32.

4) Plat. Theaet. p. 183; Arist. met. I. 5.

5) Sext. Emp. adv. math. VII. 111. Daß er nur ein Werk schrieb, sagt Diog. L. I. 16.

6) Cic. qu. acad. II. 23; Plut. de recta rat. aud. 13. Daß er auch in Prosa geschrieben, folgt nicht aus Plat. Soph. p. 237, denn es kann hier von mündlichen Auseinandersetzungen seiner Lehre die Rede sein. Wenn Simpl. phys. fol. 7 b eine prosaische Stelle aus der Mitte seines Werks angeführt wird, so kann ich mich nicht überreden, daß diese vom Parmenides selbst in sein Epos gesetzt worden sei; sie mag ein Glossem sein oder eine summarische Abkürzung eines Abschreibers.

che die Einrichtung und den Gang des Ganzen uns errathen lassen. Es begann mit einer Allegorie, welche das Streben der Seele nach Wahrheit darstellen sollte. Die Seele wird von Rossen geführt und von Jungfrauen geleitet, auf einem Wege, welchen Menschen nicht zu betreten pflegen, zu der Wohnung der Dike gebracht, welche ihr Alles zu eröffnen verspricht, sowohl das unerschütterliche Herz der leicht beredenden Wahrheit, als auch der Sterblichen Meinungen, denen nicht wahre Gewißheit beiwohnt. Dike ermahnt die Seele, diesen nicht zu folgen und von der Gewohnheit sich nicht leiten zu lassen, sondern mit Vernunft den kampffertigen Beweis, welchen sie ihr reden werde, zu beurtheilen; nur Muth gehöre zum Wege *). Nach dieser Einleitung zerfällt sein Werk in zwei Theile, welche auch in den Uebergängen genau bezeichnet sind, und zuerst läßt er die Dike seine Lehre von der Wahrheit auseinandersetzen, nachher seine Lehre von den Meinungen der Menschen, welche eine von ihm selbst ersonnene Physiologie umfaßt.

Nun setzt er auch sogleich hinzu, welches der Weg der Meinung ist:

---

*) Siehe die Fragmente des Parmenides b. Brandis a. a. O. und b. Fülleborn (Beiträge zur Gesch. der Phil. Stck. 6) v. 1—38. Dies Fragm. ist hauptsächlich genommen aus Sext. Emp. adv. math. VII. 111, wo auch eine Auslegung der Allegorie zu finden, welche meiner Meinung nach nicht zu den glücklichen gehört. Das schwierige Fragm. läßt manche Erklärungen zu, daher bin ich auch zuweilen von Fülleborn und von Brandis abgewichen. Gründe zu geben, würde zu weitläufig sein; Vieles bleibt der Meinung überlassen.

Folgen dem nicht=einsichtigen Aug' und dem schallenden Ohre
Und der Zunge,

und welches der Weg der Wahrheit: mit Vernunft den Beweis zu beurtheilen [1]). Diese Unterscheidung der sinnlichen Vorstellung von der vernünftigen Erkenntniß ist eine der wichtigsten Erweiterungen, welche er der Lehre des Xenophanes gegeben zu haben scheint, wiewohl er den Keim umfassender Untersuchungen, welcher hierin lag, noch nicht weiter entwickelt zu haben scheint [2]). Sonst sind seine Lehren dem Wesen nach wenig von denen des Xenophanes unterschieden, die Beweise aber anders gewendet. Man kann bemerken, wie nach der in dichterischen Bildern gehaltenen Einleitung seine Darstellung einen andern Charakter annimmt und fast ganz lehrend wird.

In seinen Beweisen geht nun Parmenides nicht, wie Xenophanes, von der eigentlichen Mitte des Systems, von dem Begriffe Gottes aus, sondern von dem Begriffe des Seins.

Auf denn, was ich dir sag', aufhorchend folge der Rede,
Welche Wege allein der Forschung bleiben zu denken.
Jener, daß Alles ist und daß unmöglich das Nicht=Sein,
Ist der Gewißheit Weg, denn Wahrheit ist ihm Begleitung.

---

1) V. 33. ἀλλὰ σὺ τῆς δ' ἀφ' ὁδοῦ διζήσιος εἶργε νόημα,
μηδέ σ' ἔθος πολύπειρον ὁδὸν κατὰ τήνδε βιάσθω
νωμᾶν ἄσκοπον ὄμμα καὶ ἠχήεσσαν ἀκουὴν
καὶ γλῶσσαν· κρῖναι δὲ λόγῳ πολύδηριν ἔλεγχον
ἐξ ἐμέθεν ῥηθέντα·

2) S. unten.

Dieser, daß etwas nicht, und daß nothwendig das Nicht-Sein,
Solchen nenne ich Dir den ganz unglaublichen Irrweg.
Denn Nicht-Seiendes ist zu erkennen nicht, noch zu erfassen,
Keiner vermag es zu sagen [1]).

Auch diejenigen widersprechen sich, welche das Sein und das Nicht-Sein für dasselbe halten und nicht für dasselbe [2]), indem sie nämlich beides als seiend setzen und beide voneinander unterscheiden.

Hiervon gehen nun alle Folgerungen des Parmenides aus. Das Seiende ist ungeworden und unveränderlich,

---

1) V. 39—46. *εἰ δ' ἄγε τῶν ἐρέω, κομίσαι δὲ σὺ μῦθον ἀκούσας,*
αἵπερ ὁδοὶ μοῦναι διζήσιός εἰσι νοῆσαι·
ἡ μέν, ὅπως ἔστι τε καὶ ὡς οὐκ ἔστι μὴ εἶναι,
πειθοῦς ἐστὶ κέλευθος, ἀληθείη γὰρ ὀπηδεῖ·
ἡ δ' ὡς οὐκ ἔστιν τε καὶ ὡς χρεών ἐστι μὴ εἶναι,
τὴν δή σοι φράζω παναπειθέα ἔμμεν' ἀταρπόν.
οὔτε γὰρ ἂν γνοίης τό γε μὴ ἐόν, οὐ γὰρ ἀφικτόν,
οὔτε φράσαις. —

Wenn der Vers *χρὴ τὸ λέγειν, τὸ νοεῖν τὸ ὂν ἔμμεναι* sich an die oben angeführte Stelle angeschlossen hat, so muß man mit Heindorf zu Plat. Soph. p. 347 für *λέγειν* u. *νοεῖν* lesen *λέγεις* u. *νοεῖς* oder mit Grauert *χρή σε λέγειν τε νοεῖν τ' ἐὸν ἔμμ.* Der Lehre des Parmenides liegt der Satz zum Grunde: das Nicht-Seiende schlechthin ist nicht denkbar und nicht aussprechbar. Plat. Soph. p. 237. Diejenigen, welche bei diesem Verse an Idealismus gedacht haben, mußten wohl nicht recht überlegen, was es heißen könne: das Sagen muß das Seiende sein.

2) V. 52. — — — *οἱ δὲ φοροῦνται*
κωφοὶ ὁμῶς τυφλοί τε, τεθηπότες, ἄκριτα φῦλα,
οἷς τὸ πέλειν τε καὶ οὐκ εἶναι ταὐτὸν νενόμισται
κοὐ ταὐτόν.

Ganz und allein aus sich, unwandelbar, ohne Begrenzung;
Niemals war es, noch wird es sein, denn ganz ist es jetzt schon,
Eins in steliger Folge; denn welche Geburt ihm ersönnst Du?
Woher würd' es ernährt? denn aus Nicht-Seiendem lass' ich
Dich nicht sagen, noch denken; denn weder denken, noch sagen
Darfst Du, Nicht-Sein sei. Denn welches Bedürfniß vermöcht' es,
Später zu werden oder auch eh'r, anhebend das Dasein?
Also ist es gewiß, daß Alles oder daß nichts sei.
Auch verwehrt der Gewißheit Gewalt, aus Seiendem werde
Etwas außer ihm selbst *).

So wie nun hiernach Parmenides das zeitliche Nachein-

---

*) V. 59 sq. οὖλον, μουνογενές τε καὶ ἀτρεμὲς ἠδ' ἀτέλεστον·
οὐδέ ποτ' ἦν, οὐδ' ἔσται, ἐπεὶ νῦν ἔστιν ὁμοῦ πᾶν
ἓν συνεχές· τίνα γὰρ γενεὴν διζήσεαι αὐτοῦ;
ἢ πόθεν αὐξήθη; οὐδ' ἐκ μὴ ἐόντος ἐάσω
φάσθαι σ' οὐδὲ νοεῖν· οὐ γὰρ φατόν, οὐδὲ νοητόν
ἐστὶν ὅπως οὐκ ἔστι· τί δ' ἄν μιν καὶ χρέος ὦρσεν
ὕστερον ἢ πρόσθεν τοῦ μηδενὸς ἀρξάμενον φῦν;
οὕτως ἢ πάμπαν πέλεναι χρεών ἐστιν ἢ οὐχί.
μηδέ ποτ' ἐκ μὴ ἐόντος ἐφήσει πίστιος ἰσχὺς
γίγνεσθαί τι παρ' αὐτό.
Einige Vermuthungen, welche Versbau oder Sinn angab, zum Theil von Andern schon vorgeschlagen, sind hier wie später in den Text aufgenommen worden.

ander in die eine Idee des Ewigen zusammenzieht, so hebt er auch das räumliche Auseinandersein der Erscheinungen auf, um das Seiende als Eins zu denken:

Was abwesend erscheint, als gegenwärtig erkenn' es.
Denn nicht kann abschneiden das Sein, am Sein sich zu halten,
Da es weder zerstreut durchaus umher durch das Weltall,
Noch sich zusammenzieht [1]).

Das räumliche Auseinandersein würde nämlich ein Leeres oder ein Nicht-Sein voraussetzen, es kann aber nicht mehr oder weniger sein, als das Sein überhaupt, und Alles ist daher erfüllt [2]).

Wenn nun hierdurch die räumlichen und zeitlichen Verhältnisse aufgehoben werden, so schließt sich daran auch auf ungekünstelte Weise das Leugnen der Bewegung und aller Veränderung der Beschaffenheiten an. Es sind nur Meinungen der Menschen, daß etwas werde und vergehe,

---

1) V. 78. λεῦσσε δ' ὅμως ἀπιόντα νόῳ παρεόντα βεβαίως
οὐ γὰρ ἀποτμήξει (— ξεις? Brand.) τὸ ἐὸν τοῦ ἐόντος ἔχεσθαι,
οὔτε σκιδνάμενον πάντῃ πάντως κατὰ κόσμον,
οὔτε συνιστάμενον.
Wenn auch Klemens von Alexandria strom. V. p. 552 diese Verse auf die Zeit bezieht, so glaube ich doch nicht, daß Brandis ihm darin mit Recht gefolgt ist. Die Ausdrücke deuten, wie er selbst bemerkt, auf Lehren der Physiker von dem räumlichen Dasein hin. Parm. kommt v. 83 auf die Lehre, daß das Seiende nicht trennbar ist, leitet sie aber aus der Gleichheit des Ganzen ab. Dies setzt schon den Beweis für die Gleichheit des Ganzen voraus, welchen er an die angeführte Stelle anschließen konnte. Dann spricht aber diese auch gewiß vom Räumlichen.

2) V. 83—86; 107—110.

sei und nicht sei, den Ort und die Farbe verändere [1]). Das Ganze, in sich selbst gegründet, ruht immer, denn die gewaltige Nothwendigkeit hält es in den Banden der Grenze und schließt es ringsumher ein; das Seiende darf nicht unvollendet sein, denn es ist nicht bedürftig; denn wäre es dies, so würde es Alles bedürfen [2]). Es ist bemerkenswerth, wie Parmenides, wenn auch mehr den Worten, als dem Sinne nach, vom Xenophanes darin abweicht, daß er das All nicht als weder begrenzt, noch unbegrenzt setzt, sondern ihm seine Grenze in sich selbst anweist, gehalten durch die Macht der Nothwendigkeit [3]). Der Gedanke, welcher hierbei zum Grunde liegt, findet sich aber auch schon beim Xenophanes, denn so wie dieser, schließt Parmenides aus der durchgängigen Gleichheit und aus der Vollendetheit des All auf die Kugelgestalt desselben:

Aber dieweil vollendet die letzte Grenze sich hinstreckt,
Gleicht es der Kugelgestalt, von allen Seiten gerundet,
Von der Mitte heraus gleichwuchtig [4]).

---

1) V. 100—102.

2) V. 90—94. ταὐτόν τ' ἐν ταὐτῷ τε μένον καθ' ἑαυτό τε κεῖται·
οὕτως ἔμπεδον αὖθι μένει· κρατερὴ γὰρ ἀνάγκη
πείρατος ἐν δεσμοῖσιν ἔχει, τό μιν ἀμφὶς ἐέργει·
οὕνεκεν οὐκ ἀτελεύτητον τὸ ἐὸν θέμις εἶναι·
ἔστι γὰρ οὐκ ἐπιδευές· μὴ ὂν γὰρ ἂν παντὸς ἐδεῖτο.
Für μὴ ὂν lies ἐόν.

3) Ueber die bei den Alten vorkommende Meinung, Parmenides habe das All unendlich genannt, s. Brandis p. 110 ad v. 61. Daß Brandis für ἠδ' ἀτέλεστον zu lesen vorschlägt οὐδ' ἀτ., billige ich nicht, denn die Sache läuft nur auf eine verschiedne Auffassungsweise hinaus.

4) V. 103. αὐτὰρ ἐπεὶ πεῖρας πύματον τετελεσμένον ἐστίν,

Nur begründet er auch dieses wieder auf seine ihm eigenthümliche Weise dadurch, daß er bemerkt, wie es kein Nichtsein gebe, welches das Sein verhindern könnte in Eins zusammenzugehen, noch ein Sein, welches verursachen könnte, daß hier mehr, dort weniger Sein sei.

Auf dieselbe dialektische Weise erzeugt sich nun auch aus dem Lehrgange des Parmenides derselbe Gedanke, welcher dem Xenophanes aus seinem Begriffe von Gott unmittelbar klar war, daß nämlich das All Gedanke und vernünftige Einsicht sei.

Eins ist Denken mit dem, weswegen ist der Gedanke;
Denn nicht ohne das Sein, in welchem beruhet der Ausspruch,
Ist der Gedanke zu finden; denn nichts ist oder auch wird sein,
Anderes außer dem Seienden [1]).

Daher sagt Parmenides auch:

Die Fülle des Seins ist Gedanke [2]).

πάντοθεν εὐκύκλου σφαίρης ἐναλίγκιον ὄγκῳ,
μεσσόθεν ἰσοπαλὲς πάντῃ· τὸ γὰρ οὔτε τι μεῖζον,
οὔτε τι βαιότερον πέλεμεν χρεών ἐστι τῇ ἢ τῇ.
οὔτε γὰρ οὐκ ἐὸν ἔστι, τό κεν παύοι μιν ἱκέσθαι
εἰς ὁμόν, οὔτ' ἐὸν ἔστιν, ὅπως κενὸν εἴη ἐόντος
τῇ μᾶλλον, τῇ δ' ἧσσον· ἐπεὶ πᾶν ἐστιν ἄσυλον.

Wenn Simpl. phys. fol. 31 b dies nur für eine mythische Fiction hält, so trifft er damit doch wohl nicht das Richtige.

1) V. 95. ταὐτὸν δ' ἐστὶ νοεῖν τε καὶ οὕνεκεν ἔστι νόημα·
οὐ γὰρ ἄνευ τοῦ ἐόντος, ἐν ᾧ πεφατισμένον ἐστίν,
εὑρήσεις τὸ νοεῖν· οὐδὲν γὰρ ἢ ἔστιν ἢ ἔσται
ἄλλο πάρεξ τοῦ ἐόντος.

Ueber πεφατισμένον s. Brandis ad. h. l.

2) V. 150. τὸ γὰρ πλέον ἐστὶ νόημα. Hegel Gesch. der

Hierzu ist er auf keine andere Weise gekommen, als wie er es selbst ausspricht: das Denken, das Erkennen mußte er als etwas Wirkliches, nicht dem Scheine, sondern der Wahrheit Angehöriges betrachten; es war ihm also ein Seiendes, und da das Seiende ihm eins und durchaus sich gleich ist, so mußte er schließen, daß auch Alles Gedanke ist. Man würde aber eine falsche Ansicht von seiner Lehre sich bilden, wenn man glauben wollte, er habe außer dem Gedanken keine andere Wahrheit des Seienden anerkannt; der Gedanke scheint ihm vielmehr nur die eine Seite des All darzustellen, während die durchaus gleichartige Kugelgestalt des All ihm die Wahrheit des den körperlichen Erscheinungen zum Grunde Liegenden bezeichnet *).

Wenn auch diese ganze Entwicklung den Gang des parmenideischen Gedichts über das, was von der Vernunft erkannt wird, uns nicht vollständig wiedergeben sollte, so ist sie doch hinreichend, um uns das Wesen der Beweisführung dieses Philosophen anschaulich zu machen. Es

---

Phil. S. 300 übersetzt τὸ πλέον das Meiste, Brandis Gesch. der gr. röm. Phil. S. 392 das Mächtigere; es ist aber das Volle; vergl. v. 85; 125. Daher Theophr. de sensu 4. καὶ ὅλως δὲ πᾶν τὸ ὂν ἔχειν τινὰ γνῶσιν.

*) Richtig erklärt sich darüber Brandis S. 176. Anders Suckow de Platonis Parmenide, Ritter Gesch. der Phil. I. S. 109. Sie beziehen sich auf die so eben angeführten Stellen und auf den schon oben angeführten Vers χρὴ τὸ λέγειν, τὸ νοεῖν, τὸ ὂν ἔμμεναι, welchen sie falsch erklären. Wenn Arist. met. I. 5 sagt, Parmenides habe das Eins nach der Vernunft ergriffen und dies dem Eins nach der Materie entgegengesetzt, so heißt dies nichts Anderes, als das Eins des Parmenides sei ein Uebersinnliches.

ist merkwürdig, daß in derselben gar nicht auf die Idee Gottes gesehen wird, welche doch beim Xenophanes den Mittelpunkt der Lehre bildete [1]). Doch ist es keineswegs zweifelhaft, daß Parmenides unter dem Seienden, von dessen Begriff er ausging, das ewige Wesen, den Grund aller Dinge verstand. Nur in zwei Punkten, finde ich, beziehen sich die Beweise des Parmenides auf den Begriff des Vollkommenen, darin, daß er sagte, kein Bedürfniß könne das Seiende antreiben, früher oder später zu werden [2]), und darin, daß er das Seiende vollendet nennt, weil es nicht bedürftig sei, denn nur das Nicht-Seiende würde Alles bedürfen [3]). In dieser Veränderung der Beweisführung erkennen wir wohl einen Fortschritt der dialektischen Entwicklung, aber auch ein Zurücktreten der Idee, welche das ganze System belebte; denn daß diese der Begriff des Vollkommenen, des Göttlichen sei, wird niemand bezweifeln. Der Fortschritt der dialektischen Entwicklung ist aber daraus klar, daß auf den obersten Begriff der Metaphysik, auf den Begriff des Seins, Alles zurückgeführt, und so der erste Versuch gemacht wird, diesen Begriff festzustellen in seinen wissenschaftlichen Beziehungen. Noch mehr aber zeigt sich der wissenschaftliche Gehalt der parmenideischen Lehre darin, daß der Begriff des Denkens, der vernünftigen Einsicht (τὸ νοεῖν) dem Begriffe

---

1) Brandis p. 153 sq. führt Stellen der Alten an, wo das Eins des Parmenides Gott genannt wird, zweifelt aber aus gutem Grunde, daß Parm. selbst es so genannt habe.

2) V. 66; 67.

3) V. 93; 94.

des Seins zur Seite gestellt und die nothwendige Verknüpfung beider nachgewiesen wird, indem der Gedanke vorherrscht, das Denken und das, weswegen das Denken ist, das Seiende, müßten als Eins gedacht werden, denn die vernünftige Einsicht sei das Wahre und Volle und sie sei in dem Seienden gegründet. . .

Das Gedicht des Parmenides setzte nun ferner in seinem zweiten Theile die Meinungen dieses Philosophen über die Natur oder über das scheinbare Werden der Dinge auseinander. Hier herrscht der Gegensatz zwischen der Gewißheit der Vernunft und der menschlichen Meinung. Mit ihm fängt er seine Lehre von der Natur an:

Hiermit schließ' ich Dir nun der Gewißheit Red' und Gedanken
Ueber die Wahrheit; aber von nun an der Sterblichen Meinung
Lerne, den trüg'rischen Schmuck in meiner Rede vernehmend *).

Bei der Klarheit, in welcher dem Parmenides dieser Gegensatz hervorgetreten war, mußte er sich auch wohl Rechenschaft über das Verhältniß der beiden Glieder desselben zueinander gegeben haben. Die Auskunft jedoch, welche wir hierüber in den Bruchstücken seiner Schrift finden, ist unzureichend; sie besteht nur darin, daß die wahre Erkenntniß die Erkenntniß der Vernunft aus sichern Beweisen sei, die menschliche Meinung dagegen von den Sin-

*) V. 111. ἐν τῷ σοι παύσω πιστὸν λόγον ἠδὲ νόημα ἀμφὶς ἀληθείης· δόξας δ' ἀπὸ τοῦδε βροτείας μάνθανε, κόσμον ἐμῶν ἐπέων ἀπατηλὸν ἀκούων.

nen abhänge [1]). Auch scheint es nicht, als wenn Parmenides in seinem Gedichte auf eine ganz entscheidende Weise über diesen Punkt seine Meinung ausgesprochen hätte, indem die Ausleger seiner Lehre darüber verschiedner Meinung sind [2]). Man ist daher genöthigt, aus einzelnen Andeutungen und aus der Art, wie Parmenides die Lehren der Wahrheit und die Lehren der Meinung entwickelte, sich seine Meinung über das Verhältniß beider zueinander zu entziffern. Zuvörderst ist nun gewiß, daß er nur ein Seiendes, welches ewig und unveränderlich, allen Raum erfüllt, aber doch durchaus in sich einig und untheilbar ist, annahm, und die Wahrheit alles Werdens und aller Vielheit, wie sie räumlich auseinander tritt, leugnete. Von der andern Seite aber darf auch wohl nicht bezweifelt werden, daß er die Meinungen der Menschen nicht als von aller Wahrheit leer durchaus und gänzlich verwarf, denn sonst würde er wohl nicht mit Auseinandersetzung derselben, einer Auseinandersetzung, welche bis in das Einzelste einging und vielseitige Forschungen voraussetzt, sich unnütze Mühe gegeben haben. Ferner ist aber auch hier wieder dasselbe zu bemerken, was beim Xenophanes, daß Parmenides wohl schwerlich glauben konnte, in seinen wenigen, mehr verneinenden, als bejahenden Sätzen über das Eins die ganze Fülle der Wahrheit erschöpft zu haben, und wenn man nun noch hinzunimmt, daß er doch auch wohl die Wahrheit dessen, was sich uns sinnlich beglaubigt, nicht gänzlich leugnen konnte, so wird

1) V. 33 sq. S. oben.

2) S. Brandis §. 26. p. 148 sqq.

man sich einen richtigen Begriff von seiner Meinung bilden können. Die Eleaten hatten erkannt und glaubten beweisen zu können, daß die Wahrheit aller Dinge nur eine und unveränderlich sei; nun fanden sie aber, daß wir in unserm menschlichen Denken gezwungen sind, den Erscheinungen zu folgen und Veränderliches und Vieles aufzufassen; darum meinten sie, die göttliche Wahrheit könnten wir nicht fassen, außer nur in einigen allgemeinen Sätzen; wenn wir nun aber der menschlichen Denkart gemäß meinten, es sei Vieles und Veränderung, so sei dies nur Trug und Täuschung der Sinne, dagegen wohl anzuerkennen, daß auch in dem, was uns als Vieles und als Veränderung erscheine, zu welchem ja auch die einzelnen und sich in uns entwickelnden Gedanken gehören, das Göttliche sei, nur durch unsere menschliche Blindheit verkannt und wie unter einer Hülle unkennbar geworden. Wenn man dieses dem Parmenides zugesteht, so ist es leicht erklärlich, wie die Alten in ihm eine Neigung zum Skepticismus finden konnten [1]), und wie ihm Klagen entschlüpfen mußten über die traurige Lage der Sterblichen [2]). Aber es erklärt sich daraus auch, wie er dennoch das Unternehmen nicht aufgab, in den sinnlichen Erscheinungen nach der Wahrheit des einen und unveränderlichen Wesens zu forschen.

1) Cic. qu. ac. II. 23. Parmenides et Xenophanes, minus bonis quamquam versibus, sed tamen illis versibus increpant eorum arrogantiam, quasi irati, qui cum sciri nihil possit, audeant, se scire dicere. Plut. adv. Colot. 26. Cf. Diog. L. IX. 71—72, aus welcher Stelle man lernt, wie die Skeptiker die alten Philosophen in ihre Sache zu ziehen suchten.

2) Davon weiter unten mehr.

Nach dieser ganzen Ansicht ist nun auch seine Naturlehre gestaltet, deren Grundgedanken Aristoteles uns am genauesten charakterisirt: gezwungen, den Erscheinungen zu folgen, und annehmend, nur Eins sei der Vernunft nach, Mehreres aber der sinnlichen Empfindung nach, habe er zwei Ursachen und zwei Urgründe gesetzt, von welchen er den einen zum Seienden rechnete, den andern aber zum Nicht-Seienden[1]). Und damit stimmt auch der Anfang seiner Lehre von den Meinungen der Menschen überein:

Zwei der Gestaltungen setzten sie fest in ihrem Bedünken,
Deren eine gewiß nicht ist, worinnen sie irren[2]).

So kam also auch Parmenides schon auf den Versuch, aus dem, was wir durch unsere Sinnlichkeit an Vorstellungen einsammeln, das herauszuscheiden, was der Wahrheit angehört, von dem, was scheinbar ist, beide Arten der Vorstellungen aber im Allgemeinen zu bestimmen. In-

1) Met. I. 5. *ἀναγκαζόμενος δ' ἀκολουθεῖν τοῖς φαινομένοις, καὶ τὸ ἓν μὲν κατὰ τὸν λόγον, πλείω δὲ κατὰ τὴν αἴσθησιν ὑπολαμβάνων εἶναι, δύο τὰς αἰτίας καὶ δύο τὰς ἀρχὰς πάλιν τίθησι, θερμὸν καὶ ψυχρόν, οἷον πῦρ καὶ γῆν λέγων· τούτων κατὰ μὲν τὸ ὂν τὸ θερμὸν τάττει, θάτερον δὲ κατὰ τὸ μὴ ὄν.* Phys. I. 5; de gener. et corr. I. 3. Von derselben Bedeutung ist im Grunde auch Alex. Aphrod. met. fol. 6 b nach dem Theophrast. Das Original bei Brandis Gesch. der gr. röm. Phil. S. 387 lautet: *κατὰ δόξαν δὲ τῶν πολλῶν εἰς τὸ γένεσιν ἀποδοῦναι τῶν φαινομένων δύο ποιῶν τὰς ἀρχάς, πῦρ καὶ γῆν, τὸ μὲν ὡς ὕλην, τὸ δὲ ὡς αἴτιον καὶ ποιοῦν.* Cf. Theophr. de sensu 3; Diog. L. IX. 21. *Παρμ. δύο τε εἶναι στοιχεῖα, πῦρ καὶ γῆν· καὶ τὸ μὲν δημιουργοῦ τάξιν ἔχειν, τὴν δὲ ὕλης.*

2) V. 114. *μορφὰς γὰρ κατέθεντο δύο γνώμαις ὀνομάζειν,*
τῶν μίαν οὐ χρεών ἐστιν, ἐν ᾧ πεπλανημένοι εἰσίν.

dem er sich aber auf diesen Versuch einließ, mochte er fühlen, daß dies keine reine Wissenschaft gewähre, theils weil er, wenigstens soweit wir aus den Bruchstücken seines Werks urtheilen können, keine Gründe für seine Meinung über das, was das Wahre in der Natur sei, anzugeben vermochte, theils weil er doch hierbei genöthigt war, von sinnlichen Vorstellungen, denen nicht wahre Gewißheit beiwohnt, auszugehen. Seine Naturlehre wird daher fast wie die Erzählung einer Geschichte vorgetragen.

Zwei entgegengesetzte Arten des Seins sind in der Natur, welche durch entgegengesetzte Eigenschaften bezeichnet werden. Die eine Art ist das ätherische Feuer der Flamme, das Dünne, das Warme, das Licht, das Weiche und Leichte; die andere ist die Nacht, das Dichte, das Kalte, die Finsterniß, das Harte und das Schwere [1]). Beide sind sich einander so entgegengesetzt, daß keiner etwas mit der andern gemein ist, beide einander gewissermaaßen gleich sind, Alles aber zugleich Theil hat an der einen und der andern [2]). Diese Vorstellungsweise entsteht dem Parme-

1) V. 116. ἀντία δ' ἐκρίναντο δέμας καὶ σήματ' ἔθεντο
χωρὶς ἀπ' ἀλλήλων· τῇ μὲν φλογὸς αἰθέριον πῦρ,
ἤπιον ὄν, μέγ' ἀραιόν, ἑωυτῷ πάντοσε τωὐτόν,
τῷ δ' ἑτέρῳ μὴ τωὐτόν, ἀτὰρ κἀκεῖνο κατ' αὐτό·
ἀντία (ἀντὶ δὲ?) νυκτάδαῆ (νύκτ' ἀδαῆ?) πυκινὸν δέμας
ἐμβριθές τε.

Hierauf folgt die schon oben erwähnte prosaische Stelle: ἐπὶ τῷδε ἔστι τὸ ἀραιὸν καὶ τὸ θερμὸν καὶ τὸ φάος καὶ τὸ μαλθακὸν καὶ τὸ κοῦφον· ἐπὶ δὲ τῷ πυκνῷ ὠνόμασται τὸ ψυχρὸν καὶ τὸ ζόφος καὶ τὸ σκληρὸν καὶ τὸ βαρύ. ταῦτα γὰρ ἀπεκρίθη ἑκατέρως ἑκάτερα.

2) V. 123. αὐτὰρ ἐπειδὴ πάντα φάος καὶ νὺξ ὀνόμασται,
καὶ τὰ κατὰ σφετέρας δυνάμεις ἐπὶ τοῖσί τε καὶ τοῖς,

nides natürlich aus seinem Gegensatze zwischen dem Wahren in der Natur und dem Scheinbaren in ihr. Das Feuer ist ihm das Wahre; er nennt es daher auch, so wie das Seiende, das überall sich selbst Gleiche [1]); die Nacht dagegen ist ihm das bloß Scheinbare, weswegen er sie auch unerkennbar (ἄφαντος) nennt [2]), so wie das Nicht-Seiende ihm undenkbar ist.

Da Parmenides aus der Mischung zweier unveränderlicher Elemente die Erscheinungen der Natur erklären wollte, so neigte er sich natürlich, wie Xenophanes, zur mechanischen Naturlehre hin. Ueber die Ausführung derselben, welche jedoch hauptsächlich auf die Bildung des Weltsy-

---

πᾶν πλέον ἐστὶν ὁμοῦ φάεος καὶ νυκτὸς ἀφάντου
ἴσων ἀμφοτέρων, ἐπεὶ οὐδετέρῳ μέτα μηδέν.

Der dunkle Ausdruck ἴσος findet sich auch beim Empedokles in gleicher Verbindung.

1) V. 118. Brandis Gesch. d. gr. röm. Phil. S. 384; 396 ist geneigt aus der Uebereinstimmung des Parm. mit dem Herakleitos darin, daß beide das Feuer als das Wahre setzten, einen historischen Zusammenhang derselben anzunehmen. Solche Aehnlichkeiten sind aber trügerisch. Beide Philosophen scheinen sehr verschiedene Gründe gehabt zu haben, weswegen sie dem Feuer den Vorzug vor den übrigen Elementen gaben, Herakleitos, weil es das beweglichste Element, Parm., weil es das Lichte und das Warme ist. Der Begriff der Nothwendigkeit, welchen beide Philosophen mit einander gemein haben, ist auch nur ein schwacher Beweis ihres Zusammenhangs, und der Begriff des Gegensatzes, welchen Brandis ebenfalls anführt, ist bei beiden Philosophen von sehr verschiedener Bedeutung.

2) V. 135. So werden auch die Thore des Tages und der Nacht, d. h. der Wahrheit und des Scheins, einander entgegengesetzt. V. 11. Aristoteles nennt dies zweite Element des Parm. die Erde.

stems sich bezogen haben muß [1]), wissen wir wenig Sicheres. Es kann uns auch hier nur darauf ankommen, die Hauptzüge zu verfolgen, besonders inwiefern sie mit dem ganzen System des Parmenides im Zusammenhang stehen. Schon an sich ist es wahrscheinlich, daß er seiner Vorstellung von der Natur die möglichste Aehnlichkeit mit seinen Lehren von der Wahrheit zu geben suchte. Dies finden wir darin bestätigt, daß er der erscheinenden Welt Kugelgestalt beilegt [2]), wie dem Seienden, und in der Mitte der Welt einen Dämon walten läßt, welcher Alles zur Einheit verbindet und Alles regiert [3]); denn darin drückt sich das Streben aus, alles scheinbare Viele immer wieder auf die Einheit zurückzuführen. Die Regierung der Welt aber besteht ihm nach seiner mechanischen Ansicht in der Vermischung der entgegengesetzten Elemente, welcher auch wieder die Scheidung der vermischten zur Seite gestellt werden muß. Wenn er daher das Werk des waltenden Dämon als eine Vermischung des Männlichen mit dem Weiblichen beschreibt, so hat man in diesen Ausdrücken die entgegengesetzten Elemente wiederzuer-

---

1) V. 134—146.

2) V. 161; 162. Wenn ihm diese Verse zukommen. Stob. ecl. I. p. 482; Cic. de nat. D. I. 11.

3) V. 129. *ἐν δὲ μέσῳ τούτων δαίμων, ἣ πάντα κυβερνᾷ·
πάντα (παντὸς? Br.) γὰρ στυγεροῖο τόκου καὶ μίξιος ἀρχή,
πέμπουσ' ἄρσενι θῆλυ μιγέν, τοτ' ἐναντίον αὖθις
ἄρσεν θηλυτέρῳ.*

Sonst wird der allwaltende Dämon auch Dike und Nothwendigkeit und Vorsehung (?) genannt. Stob. ecl. I. p. 158; 484; Plut. de plac. phil. I. 25. Doch beziehe ich diese Stellen nur zweifelhaft auf jenen Dämon.

kennen. So wie aber dieses Werk von doppelter Art sein muß, Vermischung nämlich und Entmischung, so theilt sich dem Parmenides auch die bewegende Kraft, gleich der Masse der bewegten Elemente, in entgegengesetzte Kräfte, in Liebe und Zwietracht:

Denn von allen Göttern zuerst ersann sie den Eros, welchem sodann auch Krieg, Zwietracht und Begierde beigegeben werden [1]), wohl gewiß als Kräfte, welche der Mischung der Elemente vorstehen. Aus der Mischung des Feuers und der Erde entstehen sodann das Wasser und die Luft [2]).

Die Vorstellung des Parmenides vom Weltbau ist uns auf eine Weise überliefert worden, welche uns nur Weniges mit Gewißheit ermitteln läßt [3]). Er nahm an, die Erde sei in der Mitte der Welt, sphärisch und durch das Gleichgewicht in schwingender Bewegung gehalten [4]);

---

1) Arist. met. I. 4. καὶ γὰρ οὗτος (ὁ Παρμ.) κατασκευάζων τὴν τοῦ παντὸς γένεσιν·

πρώτιστον μὲν Ἔρωτα θεῶν μητίσατο πάντων.

Cic. l. l. Quippe qui (sc. Parm.) bellum, qui discordiam, qui cupiditatem caeteraque generis ejusdem ad deum revocat. Hierauf spielt auch Plat. conv. p. 195 an. Schleiermacher nimmt zwar an, es sei in dieser Stelle auf eine Verspottung ungeschickter Gegner abgesehen, allein ohne Grund. Es kam wohl gewiß in der Kosmologie des Parm. viel Mythologisches vor. Menand. de encom. I. 2. p. 30 Heer.; Arist. met. I. 5. δύο τὰς αἰτίας καὶ δύο τὰς ἀρχὰς πάλιν τίθησι. Auch dies scheint auf die Unterscheidung der bewegenden von den materiellen Ursachen sich zu beziehen.

2) Arist. de gen. et corr. II. 3.

3) Besonders Stob. ecl. I. p. 482; Cic. l. l.

4) Diog. L. IX. 21; Plut. de pl. ph. III. 15.

um sie herum lägen gewisse Kränze, die obersten aus dem dünnen Elemente, dem Feuer, unter ihnen aus Licht und Finsterniß gemischte, zu unterst aber ganz aus Nacht zusammengesetzte, von welchen ich vermuthe, daß sie ihm die Oberfläche der Erde bedeuten, deren Mitte er vielleicht wieder von Feuer einnehmen ließ [1]). Das Wichtigste in dieser Lehre ist für uns, daß er sich die mittlern Gegenden, in welchen unser Wohnsitz ist, als eine Mischung des Feuers und der Nacht dachte, und daher auch in diesen Gegenden überall nur Unvollkommenes annahm. Es scheint übrigens, als wenn Parmenides in dieser Lehre von den Meinungen der Menschen mehr von dem Göttlichen geredet habe, als in der Lehre von der Wahrheit [2]).

Auch von der Entstehung des Menschen und von der Bildung der einzelnen Glieder [3]) handelte das Gedicht des

---

1) V. 127, 128. αἱ γὰρ στεινότεραι ποίηντο πυρὸς ἀκρίτοιο
αἱ δ' ἐπὶ ταῖς νυκτός· μετὰ δὲ φλογὸς ἵεται αἶσα.
Das μετὰ ist dunkel; man kann es für μετέπειτα nehmen, aber auch darauf deuten, daß ein Theil des Feuers auch durch die Kreise der Nacht dringe, welches ich auf das Leben der Menschen auf der Erde beziehen würde. Noch mehr Schwierigkeiten hat die Stelle b. Stobäos, wo ich für das sinnlose περὶ ὧν lesen möchte πασῶν. Es würde mich in zu große Weitläufigkeiten führen, wenn ich meine Meinung über das parmenideische Weltsystem und über seine Verwandtschaft mit dem pythagorischen auseinandersetzen wollte. Daher hier nur einige Stellen, auf welche man Rücksicht zu nehmen hat. Cic. qu. ac. II. 37; Diog. L. IX. 21; 23; Stob. ecl. I. p. 516.

2) Himmel und Elemente und bewegende Kräfte werden als Götter bezeichnet. Cic. de nat. D. I. 11; Clem. Alex. adm. ad gent. p. 42.

3) Plut. adv. Colot. 13; Simpl. de coelo fol. 138 b; cf. Peyron p. 55.

Parmenides. Die Nachrichten, welche wir von seinen Lehren hierüber haben, deuten darauf hin, daß er sich den Meinungen angeschlossen habe, welche später vom Empedokles, früher aber auch schon vom Anaximandros vorgetragen worden waren [1]). Es wird uns gesagt, Parmenides habe zuerst aus der gleichsam schwangern Erde einzelne Glieder entstehen lassen; diese hätten sich später verbunden und den ganzen Leib des Menschen gebildet, der zugleich aus Feuer und Feuchtigkeit bestehe [2]). Bei der Betrachtung des Menschen, sehen wir ferner, war ihm die Geschlechtsverschiedenheit des Männlichen und des Weiblichen von großer Bedeutung [3]), indem darin seine Haupt=

---

1) Ueberhaupt findet sich manches Aehnliche zwischen seiner und des Anaximandros Naturlehre, und hierauf gründet sich auch wohl die Sage, daß Parm. den Anaxim. gehört habe. Diog. L. IX. 21, angeblich nach dem Theophrast, welcher vielleicht gesagt hatte, Parmen. sei dem Anax. in seiner Lehre gefolgt. Aehnlichkeit mußte wohl zwischen den Lehren des Parm. und des Anax. stattfinden, da beide der mechanischen Naturerklärung folgten, beide aus einem Wesen Alles ableiteten, das Werden aber aus Warmem und Kaltem erklärten. Spuren der Aehnlichkeit im Einzelnen aber finden sich auch in der Zusammenordnung der Sphären und in der πίλησις der Erde, aus welcher die Luft werde. Stob. ecl. I. p. 484.

2) Censorin. de die nat. c. 4: (Empedocles) primo membra singula ex terra quasi praegnante passim edita, deinde coisse et effecisse solidi hominis materiam, igni simul et humori permistam. — — Haec eadem opinio etiam in Parmenide Veliate fuit, pauculis exceptis ab Empedocle dissensis. Diog. L. IX. 22. *γένεσίν τε ἀνθρώπων ἐξ ἡλίου πρῶτον γενέσθαι*, für *ἡλίου* lesen Andere *ἰλύος*; beides zusammen drückt die Lehre des Parm. vollständig aus. Vergl. Xenophan. über die Bildung der Erde aus dem Schlamm. Zenon, der Schüler des Parm., lehrte, *γένεσιν τε ἀνθρώπων ἐκ γῆς εἶναι*. Diog. L. IX. 29.

3) Arist. de part. anim. II. 2; Plut. de plac. phil. V. 7;

lehre von der Entstehung der Dinge aus entgegengesetzten Elementen sich ausspricht. Ein Theil seiner Weltansicht drückt sich auch darin aus, daß er das Erzeugungsgeschäft als einen Kampf zwischen Männlichem und Weiblichem betrachtete [1]).

In dem Menschen nun ist am offenbarsten das Zusammengehören des Denkens mit dem Gegenständlichen zur ununterscheidbaren Einheit, wie sie Parmenides sich dachte. Denn dasselbe, was denkt, ist auch das, was gedacht wird, und wie der Körper des Menschen sich verhält, so auch sein Gedanke:

So wie jeglicher hat die Mischung gewundener Glieder,
Also wird den Menschen Vernunft zu Theil; denn dasselbe
Ist, was denkt, und der Glieder Natur dem Menschengeschlechte,
Allen und jedem zugleich; denn das Volle ist der Gedanke [2]).

So habe nun auch Alles Erkenntniß, und zwar die seines Gleichen; denn das Todte, weil in ihm kein Feuer

---

11; Censorin de die nat. 5; 6. Es scheint eine Anomalie seiner Denkart gewesen zu sein, daß er das weibliche Geschlecht für wärmer hielt, als das männliche.

1) V. 151—156; Censorin. c. 6.

2) Arist. met. IV. 5. καὶ γὰρ Ἐμπεδοκλῆς μεταβάλλοντας τὴν ἕξιν μεταβάλλειν φησὶ τὴν φρόνησιν· —— καὶ Παρμ. δὲ ἀποφαίνεται τὸν αὐτὸν τρόπον·

ὡς γὰρ ἕκαστος ἔχει κρᾶσιν μελέων πολυκάμπτων,
τὼς νόος ἀνθρώποισι παρίσταται· τὸ γὰρ αὐτὸ
ἔστιν ὅπερ φρονέει μελέων φύσις ἀνθρώποισι
καὶ πᾶσιν καὶ παντί· τὸ γὰρ πλέον ἐστὶ νόημα.

ist, nehme zwar nicht das Warme und die Stimme wahr, aber wohl das, was diesem entgegengesetzt ist, das Kalte und das Schweigen [1]). Hiernach also setzte Parmenides in seiner Lehre von der Meinung das Erkennen dem sinnlichen Wahrnehmen gleich, welches man auch in der Formel aussprach, ihm sei der vernünftige Geist dasselbe, was die Seele [2]). Da nun aber im Menschen die Mischung des Lichts und der Nacht ist, so hat er auch an der Erkenntniß beider Theil, und so wie die Mischung beider im Menschen nach verschiednen Verhältnissen sein kann, so auch kann seine Erkenntniß verschiedne Grade der Reinheit haben, und zwar wird sie alsdann vollkommener und reiner sein, wenn das Feuer in der Mischung vorherrscht; da jedoch alles Sterbliche nicht aus reinem Feuer bestehen kann, so muß auch zur Wahrnehmung immer eine ge-

---

1) Theophr. de sens. 4. ὅτι δὲ καὶ τῷ ἐναντίῳ καθ' αὑτὸ ποιεῖ τὴν αἴσθησιν (ὁ Παρμ.), φανερὸν ἐν οἷς φησὶ τὸν νεκρὸν φωτὸς μὲν καὶ θερμοῦ καὶ φωνῆς οὐκ αἰσθάνεσθαι διὰ τὴν ἔκλειψιν τοῦ πυρός· ψυχροῦ δὲ καὶ σιωπῆς καὶ τῶν ἐναντίων αἰσθάνεσθαι· καὶ ὅλως δὲ πᾶν τὸ ὂν ἔχειν τινὰ γνῶσιν.

2) Diog. L. IX. 22 nach dem Theophrast; Theophr. l. l. τὸ γὰρ αἰσθάνεσθαι καὶ τὸ φρονεῖν ὡς ταὐτὸ λέγει. Dasselbe sagt Arist. met. IV. 5. (s. oben) und sogar de coelo III. 1. ἐκεῖνοι δὲ (sc. Μέλισσος καὶ Παρμ.) διὰ τὸ μηθὲν μὲν ἄλλο παρὰ τὴν τῶν αἰσθητῶν οὐσίαν ὑπολαμβάνειν εἶναι κτλ., wogegen es met. I. 5. ganz anders lautet. Bei allen jenen Ueberlieferungen wird auf die Lehre des Parm. von der einen Wahrheit gar keine Rücksicht genommen, wie etwas Aehnliches Arist. und Theophr. auch bei andern Philosophen in Gebrauch haben. Dies scheint unsere frühere Vermuthung zu rechtfertigen, daß die Unterscheidung zwischen sinnlicher und verständiger Erkenntniß vom Parmenides noch nicht weiter ausgeführt, sondern nur in der Anlage seines Gedichtes angedeutet wurde.

wisse Mischung des Feuers mit dem entgegengesetzten Elemente verlangt werden [1]). So tritt in diesen und auch noch in andern Bestimmungen seine Meinung hervor, daß in dem Grade des Warmen der Grad der Vollkommenheit liege [2]), und vielleicht steht auch seine Meinung damit in Verbindung, daß die Seele ihren Sitz im Bauche habe [3]).

Wenn wir uns nun erinnern, daß alles dies doch nur Meinungen der Menschen giebt, Meinungen, welche dem Menschen nur deswegen nothwendig sind, weil er von der reinen Erkenntniß der Wahrheit fern ist: so können wir dem Parmenides nur eine betrübende Ansicht von der Lage des Menschen zuschreiben. Der Mensch ist einer harten Nothwendigkeit unterworfen. Deswegen sagte Parmenides auch, der Dämon schicke die Seelen bald aus dem Lichten in das Dunkele, bald den umgekehrten Weg [4]). Aber dem Menschen ist dieses traurige Geschick mit allem Werdenden und Vergehenden in der Welt gemein, wel-

1) Theophr. ib. 3. *Παρμ. μὲν γὰρ ὅλως οὐδὲν ἀφώρικεν, ἀλλὰ μόνον, ὅτι δυοῖν ὄντοιν στοιχείοιν κατὰ τὸ ὑπερβάλλον ἐστὶν ἡ γνῶσις· ἐὰν γὰρ ὑπεραίρῃ τὸ θερμὸν ἢ τὸ ψυχρόν, ἄλλην γίγνεσθαι τὴν διάνοιαν· βελτίω δὲ καὶ καθαροτέραν τὴν διὰ τὸ θερμόν· οὐ μὴν ἀλλὰ καὶ ταύτην δεῖσθαί τινος συμμετρίας· — — διὸ καὶ τὴν μνήμην καὶ τὴν λήθην ἀπὸ τούτων γίγνεσθαι διὰ τῆς κράσεως.*

2) Das Alter tritt ein durch Abnahme des Warmen. Stob. serm. CXV. 29. Ebenso der Schlaf. Tertull. de anima 43 Seml.

3) Plut. plac. phil. IV. 5.

4) Simpl. phys. fol. 9 a. *καὶ τὰς ψυχὰς πέμπειν (sc. τὸν δαίμονα) ποτὲ μὲν ἐκ τοῦ ἐμφανοῦς εἰς τὸ ἀειδές, ποτὲ δὲ ἀνάπαλιν.*

ches sich am deutlichsten darin ausdrückt, daß Parmenides die Geburt traurig nannte*); besser wäre es ihnen, daß sie in dem Schooße des Eins vergraben blieben. Hieraus leuchtet eine Denkart hervor, welche dem Alterthume überhaupt nicht ungewöhnlich war, welche aber besonders von der Schule der Eleaten begünstigt werden mußte, denn dieser mußte ja das Sein des Menschen in Schein verschwinden. Wir glauben nicht zu kühn zu sein, wenn wir annehmen, daß Parmenides aus dem Herabsteigen der Seelen in die Finsterniß die Nothwendigkeit des Scheins, welcher der Mensch unterliegt, abgeleitet habe; vielleicht verband sich ihm damit auch die weit verbreitete Ansicht, daß dies in einer Schuld der von der Gesammtheit des Seins sich trennenden Seele gegründet sei. Uebrigens scheint er fern davon gewesen zu sein, diese traurige Lage des Menschen auf irgend einen weiter zurückführenden Grund zu beziehen, vielmehr, soweit wir seine Lehre verfolgen können, blieb er dabei stehen, daß Eins sei und Vieles zu sein scheine, ohne zu versuchen, die Ursache des Scheinens, welches doch auch nur in der scheinbaren Vielheit der Dinge ist, nachzuweisen.

*) V. 130.

Viertes Capitel.

Zenon der Eleat.

Zenon von Elea, der Schüler des Parmenides, welcher mit diesem nach Athen kam, ein schon ausgebildeter Mann [1]), verdient hier eine Stelle, weil er nicht nur die eleatische Lehre fortpflanzte, sondern auch gegen die Verspottung Anderer zu vertheidigen suchte. Zenon's Geburt mag um die Ol. 71 fallen [2]). Er wird nicht nur der Liebling, sondern auch der angenommene Sohn des Parmenides genannt [3]). Er ist wegen seiner Vaterlandsliebe berühmt [4]) und soll dieselbe auch durch seinen Tod bewährt haben, indem er in einer Verschwörung gegen einen Tyrannen Elea's mit der äußersten Standhaftigkeit duldend sein Ende fand [5]).

1) Plat. Parm. p. 127. Daß er auch zu Megara Philosophie gelehrt habe (Alex. Aphr. in met. fol. 116 a), ist wohl ein Irrthum, aus der Verwandtschaft der eleatischen mit der megarischen Philosophie entnommen. Ueber den Zenon vergl. Cousin nouveaux fragmens philosophiques p. 96—150.

2) Plat. l. l; Diog. L. IX. 29.

3) Diog. L. IX. 25. Strab. VI. 1 in. muthmaaßt, daß er thätig an der Gesetzgebung des Parmenides Theil genommen.

4) Ib. 28.

5) Die Umstände werden verschieden erzählt. Diog. L. IX. 26; 27; Plut. adv. Colot. 32; de garrul. 8; Cic. qu. Tusc. II. 22; de nat. D. III. 33; Philo quod omnis prob. lib. 16 p. 462

Von seinen Schriften, deren mehrere angeführt werden [1]), ist eine im Alterthum besonders berühmt, welche er schon zu Athen vorgelesen haben soll [2]), gerichtet gegen die, welche sagen, daß Vieles sei. Diese Schrift hatte den Zweck, die Lehre des Parmenides zu vertheidigen, indem sie zeigte, daß auf nicht wenigere Widersprüche die Annahme vieler Dinge führe, als die Lehre, daß nur Eins sei [3]). Sie war abgetheilt in vier Abschnitte mit mehrern Unterabtheilungen, von welchen eine jede den Beweis führen sollte, daß nicht Vieles sei, und in Fragen und Antworten wurde dies durchgeführt [4]), so wie denn Zenon der erste genannt wird, welcher sich des Gesprächs zur Darstellung philosophischer Lehren bedient habe [5]). Da er bei seiner Beweisführung von dem ausging, was der gewöhnlichen Meinung nach für wahr gehalten wird, so konnte er wohl vom Aristoteles für den Erfinder der Dia-

---

Mang. Ob Arist. rhet. I. 12 eine Anspielung auf den Tod des Zenon ist? Aus Diod. Sic. exc. p. 557 od. Wessel. will Cousin entnehmen, daß Zenon in jener Verschwörung nicht umgekommen, welches ich aber nicht darin finden kann.

1) Suid. s. v. Ζήνων. Unter seinen Werken ist auch eine Schrift über die Lehre des Empedokles, ein Wink für die Verbindung der Eleaten mit diesem Manne.

2) Plat. l. l. Daß er sie in seiner Jugend verfaßt und daß sie gegen seinen Willen öffentlich gemacht worden sei, sagt Platon vielleicht nur, um ihn wegen seiner Verwandtschaft mit dem Parmenides gegen den Vorwurf sophistischer Künste zu vertheidigen.

3) Plat. l. l.; vergl. Procl. in Plat. Parm. I. p. 6.

4) Arist. de repr. soph. I. 9.

5) Diog. L. III. 47.

lektik gehalten werden [1]). Wegen der wissenschaftlichen Manier, in welcher er Gegensätze an einem jeden Dinge nachwies, wird er auch vom Platon der eleatische Palamedes genannt [2]). An die Form des Gesprächs, welche er seinem Werke gab, hat sich später ein Zweig der Sophistik angeschlossen [3]), auch läuft manches in seinen Beweisen ziemlich klar auf sophistische Täuschung aus, und so ist auch wohl Zenon für einen Sophisten gehalten worden [4]); allein bei dem ernsten Ziele, welches er verfolgte, darf man wohl annehmen, daß er solche täuschende Kunstgriffe nur als scherzhaftes Beiwerk seiner Dialoge oder als kecke Verspottung der Unbeholfenheit seiner Gegner behandelte.

Die Beweise gegen die Annahme, daß Vieles sei, scheint Zenon nicht im Zusammenhang, sondern einen jeden für sich gegeben zu haben, sie fanden aber alle ihren Mittelpunkt in der Lehre des Parmenides. Es scheinen nun drei Hauptpunkte vom Zenon verfolgt worden zu sein, nämlich zu zeigen, daß bei der Annahme, es sei Vieles, ein Jedes sowohl als sich ähnlich, als auch als sich unähnlich, als Eins und als Vieles, und als ruhend zugleich und als bewegt erscheinen würde; diese drei Punkte

---

1) Diog. L. VIII. 57; IX. 25; Sext. Emp. adv. math. VII. 7; cf. Arist. top. I. 1.

2) Phaedr. p. 161. Vergl. d. Anm. Schleierm.; Diog. L. l. l.

3) Man erkennt dies besonders in dem Euthydemos des Platon.

4) Vielleicht trug hierzu auch die Sage bei, welche auf Plat. Alcib. I. p. 119. zurückzugehen scheint, daß Zenon für Geld Unterricht ertheilt habe, welches aber mit den übrigen Nachrichten

bezeichnet uns Platon[1]), und unter sie lassen sich auch alle Beweise bringen, welche dem Zenon zugeschrieben werden.

Der Beweis, daß ein jedes der vielen Dinge als gleich und als ungleich erscheinen würde, kann sich, wenn er von den übrigen Beweisen unterschieden wird, nur auf die sinnlichen Beschaffenheiten der Dinge bezogen haben. Von diesem Satze finden wir aber das wenigste angeführt. Nur eine Folgerung scheint zu ihm zu rechnen zu sein, welche Zenon gegen den Protagoras, den Wortführer der sinnlichen Vorstellung, ausgeführt haben soll. Er fragte nämlich, ob ein Korn oder das Zehntausendtheil eines Korns, wenn es herabfiele, ein Geräusch machen würde oder nicht. Auf die verneinende Antwort fragte er weiter, ob aber ein Scheffel Körner herabfallend Geräusch errege. Da dies nun bejaht werden mußte, untersuchte er weiter, ob nicht der Scheffel zum Korn und das Geräusch des Scheffels zum Geräusche des Korns ein Verhältniß haben müßte, und da dies nicht zu leugnen ist, konnte er schließen, entweder mache der Scheffel Körner beim Fallen kein Geräusch oder es mache auch der kleinste Theil des Korns, wenn er fiele, Geräusch[2]). Wie diese

---

über sein Leben wenig zusammenstimmen will. Cf. Plut. v. Pericl. 4.

1) Phaedr. p. 261; cf. Parm. p. 127; 129.

2) Arist. phys. VII. 5; Simpl. phys. fol. 255 a. — τὸν Ζήνωνος τοῦ Ἐλεάτου λόγον, ὃν ἤρετο Πρωταγόραν τὸν σοφιστήν· εἰπὲ γάρ μοι, ἔφη, ὦ Πρωτ., ἆρα ὁ εἷς κέγχρος καταπεσὼν ψόφον ποιεῖ, ἢ τὸ μυριοστὸν τοῦ κέγχρου; τοῦ δὲ εἰπόντος μὴ ποιεῖν, ὁ δὲ μέδιμνος, ἔφη, τῶν κέγχρων κατα-

Fragen geeignet waren, die Unähnlichkeit und die Aehnlichkeit der sinnlichen Dinge mit sich selbst nachzuweisen, ist klar, aber auch ebenso klar, wie daraus sich ein Beweis für die Lehre des Parmenides ergab, daß die sinnliche Wahrnehmung die Wahrheit des Seienden uns nicht darstelle. Es kann hierin die Ausführung des Satzes gefunden werden, daß unsere sinnliche Wahrnehmung zu ungenau sei, um der Wahrheit des Seienden gleich zu kommen.

Zu den Beweisen, daß, wenn viele Dinge sind, ein jedes sowohl Eins als Vieles sei, rechne ich alles das, was Zenon aus den Vorstellungen vom Großen und Kleinen folgerte, so wie auch alles das, was er über das räumliche Dasein der Dinge sagte; denn es beruht alles dies auf demselben Grundsatze, daß nämlich die Vorstellung des räumlichen Daseins Widersprüche in sich enthalte. So griff Zenon unmittelbar die Vorstellung des Raums an, indem er fragte, worin der Raum sei, denn wenn alles, was ist, im Raum sein solle, so müsse der Raum selbst in einem andern Raume sein und so in das Unendliche; da dies nun aber unmöglich, so würde der Raum selbst nicht sein, da er nicht in einem andern Raume

---

πεσὼν ποιεῖ ψόφον ἢ οὔ; τοῦ δὲ ψοφεῖν εἰπόντος τὸν μέδιμνον, τί οὖν; ἔφη ὁ Ζήνων, οὐκ ἔστι λόγος τοῦ μεδίμνου τῶν κέγχρων πρὸς τὸν ἕνα καὶ τὸ μυριοστὸν τοῦ ἑνός; τοῦ δὲ φήσαντος εἶναι, τί οὖν, ἔφη ὁ Ζήνων, οὐ καὶ τῶν ψόφων ἔσονται λόγοι πρὸς ἀλλήλους οἱ αὐτοί; ὡς γὰρ τὰ ψοφοῦντα καὶ οἱ ψόφοι. τούτου δὲ οὕτως ἔχοντος, εἰ ὁ μέδιμνος τοῦ κέγχρου ψοφεῖ, ψοφήσει καὶ ὁ εἷς κέγχρος καὶ μυριοστὸν τοῦ κέγχρου. Der Manier des Zenon gemäß nehme ich einen doppelten Ausgang des Schlusses an.

sein könne [1]). Mit dieser Beweisführung hängt nun eine andere auf das genaueste zusammen, schließt sich aber unmittelbar an die Vorstellung von der Vielheit der Dinge an. Denn, lehrte Zenon, wenn viele Dinge sind, so sind sie nothwendig entweder von bestimmter Zahl oder unendlich an Zahl. „Nun sind aber die vielen Dinge nothwendig so viele, als sie sind, und weder mehr noch weniger, als sie sind; wenn sie aber so viele sind, als sie sind, so sind sie von bestimmter Zahl.“ Im Gegentheil aber, „wenn viele Dinge sind, so sind sie auch unendlich an Zahl, denn es müssen immer andere Dinge zwischen den Dingen sein und zwischen diesen wieder andere, und so werden sie von unendlicher Zahl sein [2]).“ Zenon meint nämlich, der Zwischenraum zwischen den Dingen, wenn die Dinge wirklich voneinander getrennt sein sollten, müsse selbst wieder ein Ding sein.

Eine andere Beweisführung derselben Art, welche zeigen sollte, daß, wenn viele Dinge wären, sie zugleich unendlich klein und unendlich groß sein müßten, wird uns

---

1) Arist. phys. IV. 1; 5; Simpl. phys. fol. 130 b. *ὁ Ζήνωνος λόγος ἀναιρεῖν ἐδόκει τὸν τόπον, ἐρωτῶν οὕτως· εἰ ἔστιν ὁ τόπος, ἐν τίνι ἔσται; πᾶν γὰρ ὂν ἔν τινι· τὸ δὲ ἔν τινι καὶ ἐν τόπῳ· ἔσται ἄρα καὶ ὁ τόπος ἐν τόπῳ, καὶ τοῦτο ἐπ' ἄπειρον· οὐκ ἄρα ἔστιν ὁ τόπος.*

2) Simpl. phys. fol. 30 b. *δεικνὺς γάρ, ὅτι εἰ πολλά ἐστι, τὰ αὐτὰ πεπερασμένα ἐστὶ καὶ ἄπειρα, γράφει ταῦτα κατὰ λέξιν ὁ Ζήνων· εἰ πολλά ἐστιν, ἀνάγκη τοσαῦτα εἶναι, ὅσα ἐστὶ καὶ οὔτε πλείονα αὐτῶν, οὔτε ἐλάττονα· εἰ δὲ τοσαῦτά ἐστιν, ὅσα ἐστί, πεπερασμένα ἂν εἴη. καὶ πάλιν· εἰ πολλά ἐστιν, ἄπειρα τὰ ὄντα ἐστίν· ἀεὶ γὰρ ἕτερα μεταξὺ τῶν ὄντων ἔστι καὶ πάλιν ἐκείνων ἕτερα μεταξύ· καὶ οὕτως ἄπειρα τὰ ὄντα ἐστί.*

nicht so deutlich mitgetheilt, doch kann man den Sinn derselben wohl fassen. Zenon ging nämlich davon aus, daß ein jedes der vielen Dinge, was ist, eine Größe haben müsse, welche, einem andern hinzugesetzt, dies vergrößere, von einem andern weggenommen, es verkleinere; das dagegen, was weder hinzugesetzt vergrößere, noch weggenommen verkleinere, sei gar nicht ein Seiendes [1]). Indem er nun zeigte, daß eine Größe nur dann sein könne, wenn ein Theil derselben von dem andern abstände, dies aber ein Trennendes voraussetze, und das Trennende auch wieder eine Größe habe, aber auch wieder durch ein anderes Trennendes von dem Getrennten getrennt sei, und so in das Unendliche: konnte er schließen, daß ein jedes Ding unendlich groß sein müsse, weil es aus unendlichen Theilen, deren jeder eine Größe hat, bestehe. Dasselbe Verfahren sollte ihm aber auch dazu dienen, zu zeigen, daß ein Jedes unendlich klein sei, wobei er sich entweder darauf stützte, daß der Zwischenraum, welcher doch nicht zu dem Dinge gehöre, unendlich sei, oder daß die wahre Einheit keine Theile zulasse, sondern, sich durchaus gleich seiend, unendlich klein sei, eine Vielheit unendlich kleiner Dinge aber immer nur unendlich Kleines gewähre [2]). Alle

---

1) Arist. met. III. 4. ἔτι εἰ ἀδιαίρετον αὐτὸ τὸ ἕν, κατὰ μὲν τὸ Ζήνωνος ἀξίωμα οὐθὲν ἂν εἴη. ὃ γὰρ μήτε προστιθέμενον μήτε ἀφαιρούμενον ποιεῖ μεῖζον μηδὲ ἔλαττον, οὔ φησιν εἶναι τοῦτο τῶν ὄντων. Simpl. phys. fol. 30 a; Alex. Aphr. in met. fol. 89.

2) Simpl. phys. fol. 30 b. προδείξας γὰρ ὅτι εἰ μὴ ἔχει τὸ ὂν μέγεθος, οὐδ' ἂν εἴη, ἐπάγει· εἰ δὲ ἔστιν, ἀνάγκη ἕκαστον μέγεθός τι ἔχειν καὶ πάχος καὶ ἀπέχειν αὐτοῦ τὸ ἕτερον ἀπὸ τοῦ ἑτέρου. καὶ περὶ τοῦ προύχοντος ὁ αὐτὸς λόγος·

diese Beweise haben nun offenbar denselben Zweck, aus der Unmöglichkeit des Gegentheils zu zeigen, daß Alles nur Eins ist, in welchem keine Theile, ein gänzlich Raumloses; wie dies Parmenides geradezu, vom Begriff des Seienden ausgehend, zu beweisen gesucht hatte.

Der dritte Theil der Beweise des Zenon, gegen die Wirklichkeit der Bewegung gerichtet, stimmt auf dieselbe Weise mit der Lehre des Parmenides zusammen, daß keine Bewegung des einen Seienden sein könne. Zenon führte dies in vier Beweisen aus, welche sich theils auf die unendliche Theilbarkeit des Raums, theils auf die Schwierigkeit, sich die Stetigkeit der Bewegung zu denken, beziehen. Diese Beweise sind offenbar von verschiedenem Gehalte; einige haben etwas Scheinbares und schwer zu Lösendes, andere dagegen sind von der Art, daß sie uns auf die Vermuthung führen, Zenon habe sie nur zum Scherz, und um die Ungenauigkeit seiner Gegner zu verspotten, vorgebracht *). Von dieser Art ist besonders der

---

καὶ γὰρ ἐκεῖνο ἕξει μέγεθος καὶ προέξει αὐτοῦ τι. ὅμοιον δὴ τοῦτο ἅπαξ τε εἰπεῖν καὶ ἀεὶ λέγειν· οὐδὲν γὰρ αὐτοῦ τοιοῦτον ἔσχατον ἔσται, οὔτε ἕτερον πρὸς ἕτερον οὐκ ἔσται. οὕτως εἰ πολλά ἐστιν, ἀνάγκη αὐτὰ μικρά τε εἶναι καὶ μεγάλα, μικρὰ μὲν ὥστε μὴ ἔχειν μέγεθος, μεγάλα δὲ ὥστε ἄπειρα εἶναι. Ib. fol. 30 a. καὶ ταῦτα οὐχὶ τὸ ἓν ἀναιρῶν ὁ Ζήνων λέγει, ἀλλ' ὅτι, εἰ μέγεθος ἕκαστον ἔχει τῶν πολλῶν καὶ ἀπείρων, οὐδὲν ἔσται ἀκριβῶς ἓν διὰ τὴν ἐπ' ἄπειρον τομήν· δεῖ δὲ ἓν εἶναι, ὃ δείκνυσι, προδείξας ὅτι οὐδὲν ἔχει μέγεθος ἐκ τοῦ ἕκαστον τῶν πολλῶν ἑαυτῷ ταὐτὸν εἶναι καὶ ἕν.

*) Arist. phys. VI. 9. τέτταρες δ' εἰσὶ λόγοι περὶ κινήσεως Ζήνωνος οἱ παρέχοντες τὰς δυσκολίας τοῖς λύουσι· πρῶτος μὲν ὁ περὶ τοῦ μὴ κινεῖσθαι διὰ τὸ πρότερον εἰς τὸ ἥμισυ

vierte Beweis *), aber auch der zweite, der sogenannte Achilleus. Der schnellfüßige Achilleus, wird in diesem angenommen, sei in einem Wettlaufe begriffen mit der langsamen Schildkröte, es soll bewiesen werden, daß er diese in einer unendlichen Zeit nicht einholen werde. Denn wenn er zu dem Orte gekommen, wo die Schildkröte beim Anfange des Laufes war, so wird diese schon wieder einen Vorsprung haben, und so in das Unendliche. Es läßt sich nicht denken, daß Zenon, welcher in seinen Beweisen die unendliche Theilbarkeit des Räumlichen überall festhielt, nicht auch die unendliche Theilbarkeit eines jeden Zeitlichen berücksichtigt haben sollte, und darauf, daß diese übersehen wird, beruht doch allein das Trügerische dieses Beweises. Wenn nun in diesen Beweisen der eigentliche Zweck und die Grundsätze versteckter sind, so treten sie dagegen in den andern ganz deutlich hervor. Der erste

---

δεῖν ἀφικέσθαι τὸ φερόμενον, ἢ πρὸς τὸ τέλος. — δεύτερος δὲ ὁ καλούμενος Ἀχιλλεύς. ἔστι δὲ οὗτος, ὅτι τὸ βραδύτερον οὐδέποτε καταληφθήσεται θέον ὑπὸ τοῦ ταχίστου· ἔμπροσθεν γὰρ ἀναγκαῖον ἐλθεῖν τὸ διῶκον, ὅθεν ὥρμησε τὸ φεῦγον, ὥστ' ἀεί τι προέχειν ἀναγκαῖον τὸ βραδύτερον. — τρίτος δὲ — ὅτι ἡ ὀϊστὸς φερομένη ἕστηκε, συμβαίνει δὲ παρὰ τὸ λαμβάνειν τὸν χρόνον συγκεῖσθαι ἐκ τῶν νῦν. — τέταρτος δὲ ὁ περὶ τῶν ἐν τῷ σταδίῳ κινουμένων ἐξ ἐναντίας ἴσων ὄγκων παρ' ἴσους, τῶν μὲν ἀπὸ τέλους τοῦ σταδίου, τῶν δὲ ἀπὸ μέσου, ἴσῳ τῷ τάχει, ἐν ᾧ συμβαίνειν οἴεται ἴσον εἶναι χρόνον τῷ διπλασίῳ τὸν ἥμισυν. Ib. VI. 2. Simpl. phys. fol. 236 b sq.; Sext. Emp. hyp. pyrrh. II. 242.

*) Ich verweise darüber auf Tennemann's Gesch. d. Phil. Bd. I. S. 199; in der Ausg. v. Wendt S. 217. Eine Probe, genügt für unsern Zweck, daher halte ich es nicht für nöthig, über diesen Beweis weitläufig zu werden.

Beweis suchte das Nicht-Sein der Bewegung zu zeigen, weil das Bewegte eher die Hälfte des Raums zurücklegen müsse, ehe es das Ziel erreichen könnte, und so in das Unendliche; der dritte, dasselbe, was bewegt werde, ruhe zugleich, denn jetzt sei es in diesem Raume, jetzt in einem andern, aber immer, solange es in diesen Räumen sei, ruhe es in ihnen. Diese Beweise waren allerdings geeignet, auf die Schwierigkeiten aufmerksam zu machen, welche in dem allgemeinen Begriffe der Bewegung liegen. Dies sind die berühmten Beweise des Zenon gegen die Wahrheit des räumlichen Daseins und der zeitlichen Bewegung. So wie alles Sinnliche von den Eleaten geleugnet wurde, so mußten auch die Formen der Sinnlichkeit von ihnen angegriffen werden. Sie haben nicht mit Unrecht darauf aufmerksam gemacht, daß die unbestimmten Vorstellungen, welche in unserer sinnlichen Auffassungsweise liegen, der Vernunft keinen verständlichen Begriff gewähren [1]). Man kann sich aber auch nicht verhehlen, daß zum Theil die Beweise des Zenon schon einen starken Hang zu sophistischen Kunststückchen bei der Zeit, für welche sie erfunden wurden, voraussetzen.

Man findet die Meinung angeführt, daß Zenon nicht nur das Viele, sondern auch das Eins geleugnet habe [2]); aber wahrscheinlich ist diese Meinung nur daraus entstan-

1) Nach Isocr. laud. Helen. init. soll Zenon auch bewiesen haben, dasselbe sei möglich und unmöglich. Ob ich dieser Autorität trauen soll, weiß ich nicht.

2) Simpl. phys. fol. 80 a nach dem Alexandros von Aphrodisia, dessen Meinung auf den Eudemos zurückgeführt wird; Senec. ep. 88 fin.

den, daß er die Einheit der einzelnen Dinge leugnete. Uebrigens erkennt auch Zenon, wie sein Meister, daß in den allgemeinen Sätzen, welche über das Eins aufgestellt werden könnten, die volle und wahre Erkenntniß des Eins nicht ausgedrückt sei. Er soll daher gesagt haben, wenn ihm jemand erklären wolle, was das Eins sei, so wolle er sagen, was alle Dinge seien[1]). Dies setzt auf der einen Seite voraus, daß ihm doch die Dinge nicht durchaus nichts waren, sondern er eine Wahrheit derselben in der unbedingten Wahrheit des Eins suchte, auf der andern Seite aber auch, daß er keine andere Wahrheit der Dinge anerkannte, als die, welche in dem Eins ist.

Nach der Wahrheit der Dinge aber in dem Eins mochte er auch, wie Xenophanes und Parmenides, in der Natur suchen. Die wenigen Nachrichten, welche wir über seine Naturlehre haben[2]), bezeugen im Allgemeinen, daß ihr Charakter im Wesentlichen mit der Naturlehre der übrigen Eleaten übereinstimmte. Er nahm vier Elemente an, das Warme und das Kalte, das Trockne und das Nasse[3]), worin man die Eigenschaften der gewöhnlichen vier Elemente wiedererkennt, außerdem eine bewegende Kraft, welche Alles regiert, die Nothwendigkeit, deren Arten Zwist

---

1) Eudemus ap. Simpl. fol. 21 a, 30 a. καὶ Ζήνωνά φασι λέγειν, εἴ τις αὐτῷ τὸ ἓν ἀποδοίη, τί ποτέ ἐστι, ἕξειν (Brandis nach Cod.) τὰ ὄντα λέγειν. Cf. Simpl. phys. fol. 31 a.

2) Eine Schrift des Zenon περὶ φύσεως führt Suidas an.

3) Diog. L. IX. 29. γεγενῆσθαι δὲ τὴν τῶν πάντων φύσιν ἐκ θερμοῦ καὶ ψυχροῦ καὶ ξηροῦ καὶ ὑγροῦ, λαμβανόντων αὐτῶν εἰς ἄλληλα τὴν μεταβολήν. Der Zusatz λαμβανόντων κτλ. darf wohl für einen Irrthum gehalten werden.

und Liebe sind [1]). Von der Seele lehrte er, wie Parmenides, sie sei eine Mischung der vier Elemente, so daß zwar ein Uebergewicht unter diesen in ihr stattfinden könnte, aber nicht der gänzliche Mangel des einen oder des andern. In dem Uebergewichte des reinen Elements gegen die unreinen scheint er die Reinheit und Göttlichkeit der Seele gesucht zu haben [2]).

---

1) Stob. ecl. I. p. 60. *Μέλισσος καὶ Ζήνων τὸ ἓν καὶ πᾶν καὶ μόνον ἀΐδιον καὶ ἄπειρον τὸ ἕν· καὶ τὸ μὲν ἓν τὴν ἀνάγκην, ὕλην δὲ αὐτῆς τὰ τέσσαρα στοιχεῖα, εἴδη δὲ τὸ νεῖκος καὶ τὴν φιλίαν. λέγει* (*λέγουσι*?) *δὲ καὶ τὰ στοιχεῖα θεοὺς καὶ τὸ μίγμα τούτων τὸν κόσμον· καὶ πρὸς* (*εἰς*? Heeren) *ταῦτα ἀναλυθήσεται τὸ μονοειδές.* Für *ὕλην δὲ αὐτῆς* hat Heeren *ὕλην δὲ αὐτὰ* geschrieben, welches nicht nöthig zu sein scheint, denn daß den Eleaten die bewegende Kraft und die materiellen Elemente eins sind, nur nach verschiednen Gesichtspunkten betrachtet, muß aus dem Frühern klar sein, das folgende *εἴδη* verlangt auch *αὐτῆς*. Uebrigens versteht es sich, daß die Lehre des Zenon in diesem Auszuge in ihm fremde Ausdrücke übersetzt ist. Das *πρὸς ταῦτα ἀναλυθήσεται τὸ μονοειδές*, wenn es überhaupt nur durch eine leichte Conjectur geheilt werden kann, kann nicht anders erklärt werden, als durch Hinzufügung einer Bedingung, etwa: in diese vier Elemente wird sich das Eins auflösen, wenn wir es der Meinung nach betrachten.

2) Diog. L. l. l. *καὶ ψυχὴν κρᾶμα ὑπάρχειν ἐκ τῶν προειρημένων κατὰ μηδενὸς τούτων ἐπικράτησιν.* Das Letztere ist wieder ein Misverständniß, welches ich im Texte berichtigt habe. Stob. ecl. I. p. 62. *καὶ θείας μὲν οἴεται τὰς ψυχάς, θείους δὲ καὶ τοὺς μετέχοντας αὐτῶν καθαροὺς καθαρῶς.*

Fünftes Capitel.

Melissos von Samos.

In dem Melissos ist offenbar dieselbe Denkart, welche in den übrigen Eleaten. Er war jedoch ein Joner, von der Insel Samos stammend, lebte in seinem Vaterlande in bedeutenden Staatsgeschäften [1]) und überwand als Anführer eine Flotte der Athenienser in einem Seetreffen [2]). Seine Blüthe wird um die 84. Ol. gesetzt [3]). Daß er den Parmenides gehört, wagen wir nicht mit Gewißheit zu behaupten [4]); vielleicht kannte er nur die Schriften der Eleaten. Seine Lehre legte er in eine Schrift in ungebundener Rede nieder. Sie soll den Titel über das Seiende und die Natur geführt haben [5]).

1) Diog. L. IX. 24; Aelian. v. h. VII. 14.

2) Plut. adv. Colot. 32; v. Pericl. 26 (auch Suid. s. v. Μέλιτος), wo Aristoteles als Zeuge angeführt wird. Es sind zwei samische Kriege zu unterscheiden. S. Krüger ad Clinton. fast. Hell. Ol. 84. I.

3) Diog. L. l. l.

4) Spätere Schriftsteller sagen es; Platon und Aristoteles deuten davon nichts an. Die äußern Verhältnisse sind der Annahme nicht günstig. Wenn Diog. L. IX. 24. auch den Herakleitos als seinen Lehrer nennt, so ist darauf nichts zu geben.

5) Bessar. in calumn. Plat. II. 11 nach dem Alex. Aphrod. und Nikol. v. Damask; Suid. l. l. hat nur περὶ τοῦ ὄντος. Daß er nur eine Schrift geschrieben, sagt Diog. L. I. 16.

Da Melissos in der Entwicklung seiner Lehren über das Seiende mit der Art des Parmenides die größeste Aehnlichkeit hat, so können wir hier Manches übergehen, und heben nur dasjenige heraus, was ihm eigenthümlich ist und sein Verhältniß zu andern philosophischen Lehren bezeichnet. Dies besteht besonders darin, daß er seiner ganzen Stellung nach, als unter Jonern lebend, die Punkte hauptsächlich hervorheben mußte, welche gegen die ionische Naturphilosophie festzustellen waren. Melissos hat es mit Parmenides gemein, daß er nicht von dem Begriffe Gottes, sondern von dem Begriffe des Seienden aus seine Beweise führt. Darin weicht er so weit von dem Xenophanes ab, daß er ganz ausdrücklich sagt, man solle von den Göttern nicht sprechen, denn wir hätten keine Erkenntniß von ihnen [1]). Dadurch tritt nun der Mittelpunkt des Systems, der Begriff des Vollkommnenen, noch mehr zurück, als beim Parmenides, und die ganze Beweisführung erhält den Schein eines leeren Sophisma. Deswegen wird auch Melissos von den Alten weniger geachtet, als Parmenides [2]), und Aristoteles sagt ausdrücklich, daß die Gründe des Melissos gar keine Schwierigkeiten erregten [3]).

---

1) Diog. L. IX. 24. ἀλλὰ καὶ περὶ θεῶν ἔλεγε μὴ δεῖν ἀποφαίνεσθαι· μὴ γὰρ εἶναι γνῶσιν αὐτῶν. Wenn Stob. ecl. I. p. 60 das ἓν καὶ πᾶν des Melissos Gott genannt wird, so ist dies wahrscheinlich nur eine ihm fremdartige Ausdrucksweise.

2) Plat. Theaet. p. 185; Arist. met. I. 5.

3) Phys. I. 2. Dies bezieht sich auf die Art, wie Melissos schloß, das Seiende sei unendlich. Arist. repreh. soph. 5; 6; 28; phys. I. 3.

Eine andere Abweichung der Lehrart des Melissos von den übrigen Eleaten finden die Alten darin, daß er lehrte, das Seiende sei unendlich. Sein Beweis ist sehr ungenau: aus dem Seienden könne nicht das Seiende werden, denn so wäre es ja schon und würde nicht erst, und in das Seiende könne das Seiende nicht übergehen, denn so bliebe es ja wieder und verginge nicht [1]). Wenn es aber nicht entsteht, so hat es keinen Anfang, und wenn es nicht vergeht, so hat es kein Ende; das aber, was weder Anfang noch Ende hat, ist unendlich, und mithin ist das Seiende unendlich [2]). In dieser Beweisart ist es nun sehr auffallend, wie die Verschiedenartigkeit des Seienden uns fast gewaltsam aus den Augen gerückt wird, indem wir nur aufgefordert werden, auf den allgemeinen Begriff des Seienden zu blicken. Noch auffallender aber ist es, daß Melissos von der Unendlichkeit des zeitlichen Seins sogleich auf die Unendlichkeit des Seienden überhaupt schließt. Dies scheint jedoch Melissos selbst gefühlt zu haben, und wir finden daher, daß er einen Beweis versucht hat, daß nichts ewig sein könne, was nicht unendlich an Größe und Alles sei [3]). Vielleicht berief er sich

1) Ap. Simpl. phys. fol. 22 b. οὔτε ἐκ τοῦ ἐόντος (οἷόν τε γίγνεσθαι τὸ ἐόν), εἴη γὰρ ἂν οὕτω καὶ οὐ γίγνοιτο — — οὔτε εἰς ἐόν (sc. οἷόν τε μεταβάλλειν τὸ ἐόν)· μένοι γὰρ ἂν πάλιν οὕτω γε καὶ οὐ φθείροιτο.

2) Ib. ἀλλ' ἐπειδὴ τὸ γενόμενον ἀρχὴν ἔχει, τὸ μὴ γενόμενον ἀρχὴν οὐκ ἔχει· τὸ δ' ἐὸν οὐ γέγονεν, οὐκ ἂν ἔχοι ἀρχήν. ἔτι δὲ τὸ φθειρόμενον τελευτὴν ἔχει· εἰ δέ τί ἐστιν ἄφθαρτον τελευτὴν οὐκ ἔχει· τὸ δὲ μήτε ἀρχὴν ἔχον μήτε τελευτὴν ἄπειρον τυγχάνει ἐόν· ἄπειρον ἄρα τὸ ἐόν.

3) Ap. Simpl. phys. fol. 23 b. οὐ γὰρ ἀεὶ εἶναι ἀνυστόν,

daher auf die Nothwendigkeit, daß alles, was mit andern zusammen ist, von diesen leiden und verändert werden müsse.

Von diesem unsichern Grunde seiner Lehre aus leitete nun Melissos auch die Einheit, die Unveränderlichkeit und die Untrennbarkeit des Seienden ab[1]). Da aber seine ganze Lehre auf der Einerleiheit dessen, was im abstracten Begriffe des Seienden gesetzt ist, beruht, so war er auch nur darauf bedacht, jeden Unterschied, welcher sich den Physikern dargeboten hatte, abzuweisen. Daß die Bekämpfung der irrigen Meinungen der Naturphilosophen sein Hauptzweck sei, giebt er selbst zu erkennen, indem er gleich zu Anfange seiner Schrift einen Satz als Grundsatz aufstellt, welchen er nicht weiter zu beweisen für nöthig hält, weil er auch von den Physikern eingeräumt werde[2]). Sein Streit richtet sich aber hauptsächlich dagegen, daß es Bewegung und daß es Verwandlung der Dinge geben könne. Bewegung sei unmöglich, theils weil nur Eins sei, theils weil es kein Leeres gebe; denn Bewegung könne nur sein, wo Eins zu dem Andern komme und wo ein Leeres dem Bewegten Raum gebe[3]). Ver-

---

ὅ τι μὴ πᾶν ἐστί. — — ἀλλ' ὥσπερ ἔστιν ἀεί, οὕτω καὶ τὸ μέγεθος ἄπειρον ἀεὶ χρὴ εἶναι.

1) Simpl. phys. fol. 22 b.

2) Ap. Simpl. l. l. συγχωρέεται γὰρ καὶ τοῦτο ὑπὸ τῶν φυσικῶν.

3) Ap. Simpl. l. l. τὸ γὰρ ἠντιναοῦν κίνησιν κινεόμενον ἔκ τινος καὶ εἰς ἕτερόν τι μεταβάλλει· οὐδὲν δὲ ἦν ἕτερον παρὰ τὸ ἐόν, οὐκ ἄρα τοῦτο κινήσεται· καὶ κατ' ἄλλον δὲ τρόπον· οὐδὲν κενεόν ἐστι τοῦ ἐόντος· τὸ γὰρ κενεὸν οὐδέν

änderung könne ebenfalls nicht sein, weil sonst das Vorherseiende vergehen und das Nicht-Seiende werden müßte, wenn auch nur zum Theil; wenn aber dies in dreißigtausend Jahren dem Ganzen widerführe, so würde es in der ganzen Zeit ganz vergangen sein [1]). Aber auch das Nichtsein des Leeren verhindere die Veränderung, denn wenn man annähme, es würde aus dem Dichten das Dünne oder aus dem Dünnen das Dichte, so setze das erste ein Mehrwerden, das andere ein Minderwerden des Leeren voraus [2]). Man bemerkt hierin deutlich den Streit auf der einen Seite gegen die mechanische, auf der andern Seite gegen die dynamische Naturphilosophie, welche aus Verdünnung und Verdichtung eines Urwesens alle Veränderung ableiten wollte.

Daraus, daß keine Bewegung sei, schloß nun ferner Melissos, daß auch das Seiende nicht getheilt werden könne [3]); wenn es aber nicht getheilt werden könne, so habe es keine Theile und mithin auch keinen Körper, denn

---

ἐστιν· οὐκ ἂν οὖν εἴη τό γε μηδέν. οὐ κινέεται οὖν τὸ ἐόν· ὑποχωρῆσαι γὰρ οὐκ ἔχει οὐδαμῆ, κενεοῦ μὴ ἐόντος· κτλ.

1) Ib. fol. 24 a. εἰ γὰρ ἑτεροιοῦται, ἀνάγκη τὸ ἐὸν μὴ ὅμοιον εἶναι, ἀλλ' ἀπόλλυσθαι τὸ πρόσθεν ἐόν, τὸ δὲ οὐκ ἐὸν γίγνεσθαι· εἰ τοίνυν τρισμυρίοισι ἔτεσιν ἑτεροῖον γίγνοιτο τὸ πᾶν, ὄλοιτο ἂν ἐν τῷ παντὶ χρόνῳ· κτλ.

2) Ib. fol. 22 b. ἀλλ' οὐδὲ εἰς ἑωυτὸ συσταλῆναι δυνατόν· εἴη γὰρ ἂν οὕτως ἀραιότερον ἑωυτοῦ καὶ πυκνότερον· τοῦτο δὲ ἀδύνατον. τὸ γὰρ ἀραιὸν ἀδύνατον ὁμοίως εἶναι πλῆρες τῷ πυκνῷ, ἀλλ' ἤδη τὸ ἀραιόν γε κενεώτερον γίγνεται τοῦ πυκνοῦ· τὸ δὲ κενεὸν οὐκ ἔστιν.

3) Ib. fol. 24 a. εἰ διῄρηται τὸ ἐόν, κινέεται· κινεόμενον δὲ οὐκ ἂν εἴη ἅμα.

der Körper könne nicht ohne Dicke gedacht werden [1]). Diese Folgerung ist dem Melissos eigenthümlich, obgleich auch Parmenides denselben Gedanken verfolgte, indem er von dem Eins lehrte, es sei weder hier noch dort. Uebrigens ist auch diese Folgerung ebenso vorschnell, als andere desselben Mannes. Wenn nun Melissos dem Seienden das körperliche Dasein absprach, so könnte man meinen, er habe ihm um so mehr, dem Xenophanes und dem Parmenides folgend, geistige Kraft beigelegt; aber wir finden überhaupt keine Spur davon, daß Melissos bei seinen Bestimmungen über das Seiende auf das Geistige blickte, vielmehr scheint das Gegentheil ihm den Vorwurf des Aristoteles zugezogen zu haben, daß er ein materielles Eins sich gedacht habe [2]). Daher mag die Verwerfung des Körperlichen ihm auch nur in seiner verneinenden Weise entstanden sein.

Dieselbe verneinende Weise herrscht auch in seiner Betrachtung des menschlichen Denkens. Wenn das wahr sein sollte, was wir sehen und hören, meinte er, so müßte es

---

1) Ib. *εἰ μὲν ἐὸν εἴη, δεῖ αὐτὸ ἓν εἶναι· ἓν δ' ἐόν, δεῖ αὐτὸ σῶμα μὴ ἔχειν· εἰ δὲ ἔχει πάχος, ἔχοι ἂν μόρια καὶ οὐκέτι ἂν εἴη ἕν.*

2) Arist. met. I. 5. *Παρμενίδης μὲν γὰρ ἔοικε τοῦ κατὰ τὸν λόγον ἑνὸς ἅπτεσθαι, Μέλ. δὲ τοῦ κατὰ τὴν ὕλην.* Dies bezieht sich allerdings wohl ursprünglich auf den Begriff des *ἄπειρον* (s. Wendt zu Tennemann's Gesch. d. Phil. S. 201), mittelbarer Weise aber auch auf die ganze Lehre des Melissos. S. was dagegen Simpl. phys. fol. 24 b bemerkt. Wenn Brandis comm. Eleat. S. 209 den Melissos als den Erfinder des Idealismus ansieht, weil er das Eins unkörperlich nennt, so ist dagegen zu erinnern, daß dies zwar mit der negativen Seite des Idealismus zusammentrifft, von dessen positiver Lehre aber beim Mel. nichts vorkommt.

auch dem Seienden gleich sein, dessen allgemeine Bestimmungen er früher schon auseinandergesetzt hatte; es würde sich also nicht verändern können, sondern müßte immer dasselbe bleiben. Nun schiene uns aber das, was wir sehen und hören, sich zu verändern, das Warme kalt und das Kalte warm, das Harte weich und das Weiche hart zu werden, das lebende Wesen zu sterben und aus einem Lebenden ein Nicht-Seiendes zu werden, woraus wir schließen müßten, daß wir das Seiende nicht sähen oder durch die Sinne empfänden; die Vielheit der Dinge also, welche nur unserer sinnlichen Empfindung nach zu sein scheine, sei nicht wirklich [1]). So finden wir überall das Verneinende in seiner Lehre vorherrschend. Dies war der Ausgang, welcher der eleatischen Lehre natürlich war, daß sie immer mehr und mehr verneinend wurde, beim Zenon und beim Melissos, bis sie einer ganz vernichtenden Sophistik Nahrung gab, wie wir später sehen werden.

Beim Melissos jedoch ist noch nicht Alles verneinend; das Bejahende schimmert noch aus dem Hintergrunde hervor. Als das wahrhaft Seiende, mochte er noch behaupten, sei nichts besser [2]); auch sehen wir, daß er Schmerz und Kummer dem wahrhaft Seienden absprach, dagegen Gesundheit dem wahrhaft Seienden zuschrieb [3]). Güte

1) Aristocl. ap. Eus. pr. ev. XIV. 17; Simpl. de coelo f. 138 b.

2) Ap. Simpl. phys. fol. 24 b; de coelo fol. 138 bei Brandis Gesch. der gr. röm. Phil. S. 404. τοῦ γὰρ ἐόντος ἀληθινοῦ κρέσσον οὐδέν.

3) Ap. Simpl. phys. fol. 24 a. οὐ γὰρ ἂν δύναιτο ἀεὶ εἶναι χρῆμα ἀλγέον, οὐδὲ ἔχειν (vulg. ἔχει) ἴσην δύναμιν τῷ ὑγιεῖ. — — οὐδ' ἂν τὸ ὑγιὲς ἀλγῆσαι δύναιτο· ἀπὸ γὰρ ἂν

daher und Gesundheit des Seienden zu erkennen, selbst in den trügerischen Meinungen über die Natur, das scheint auch dem Melissos, wie den übrigen Eleaten, als ein würdiges Streben erschienen zu sein [1]).

Wir finden jedoch nur wenige Nachrichten über seine Naturlehre. Eigenthümlich mag es ihm gewesen sein, daß er zwar das Ganze für unendlich, die Welt des Werdens aber und des Vergehens für endlich ansah [2]), gleichsam als hätte er sagen wollen, in dieser vergänglichen Welt könne doch nie das volle Wesen des Seienden erkannt werden. Sonst kommen die übrigen Naturlehren, welche ihm beigelegt werden, mit der Physik der übrigen Eleaten überein. Nothwendigkeit beherrscht ihm die Welt und theilt sich in die entgegengesetzten bewegenden Kräfte der Liebe und des Streites, und ebenso trennte er die bewegte Masse, der Eine sagt in vier, ein Anderer in zwei Elemente, in Feuer und in Wasser [3]); beide Angaben lassen sich leicht mit der Art der eleatischen Physik vereinen.

ὄλοιτο τὸ ὑγιὲς καὶ τὸ ἐόν. Arist. de Xen., Zen. et Gorg. 1. τοιοῦτο δὲ ὂν τὸ ἓν ἀνώδυνόν τε καὶ ἀνάλγητον ὑγιές τε καὶ ἄνοσον εἶναι.

1) Simpl. de coelo fol. 188 b.

2) Stob. ecl. I. p. 440.

3) Stob. ecl. I. p. 60; Joann. Philop. phys. b. p. 6.

Sechstes Capitel.

Empedokles von Akragas.

Wenn jemand begierig sein sollte, eine etwas genauere Meinung sich zu bilden über die Art, wie die Eleaten ihre Physik ausgeführt haben möchten, dem rathe ich, von den wenigen Ueberlieferungen über dieselbe ausgehend, die Physik des Empedokles zu untersuchen, und ich glaube, er wird finden, daß diese und jene auf gleichen Grundsätzen erbaut wurden. Meine Meinung ist zwar nicht, daß Empedokles in seiner Philosophie durchaus mit den Eleaten übereingekommen sei, aber seine Physik, dies ist aus den Ueberlieferungen klar, ist aus der Physik der Eleaten entsprungen, und auch dasselbe Verhältniß, welches die Eleaten, wies er ihr an zur wahren Erkenntniß. Wenn man nun noch hinzurechnet, daß die zuverlässigern Ueberlieferungen, Nachbarschaft des Vaterlandes und die epische Darstellungsweise ihn mit dem Xenophanes und dem Parmenides verbinden, so weiß ich nicht, was uns abhalten sollte, wenn von geschichtlicher Wahrscheinlichkeit die Rede ist, ihn den Eleaten anzuschließen. Doch wir wollen uns nicht durch vorausgenommene Muthmaaßungen den Blick trüben *); seine Geschichte und seine Lehre mögen selbst sprechen.

---

*) Nur muß ich freilich auch hoffen, daß man von den Annahmen, welchen Aristoteles gewöhnlich über die Lehre des Em-

Des Empedokles Geburtsstadt war Akragas (Agrigentum) in Sicilien, die Nebenbuhlerin von Syrakus, eine

---

pedokles folgt, sich nicht täuschen lasse. Wir haben schon früher erwähnt, daß Aristoteles in Deutung mythischer Darstellungsweisen nicht glücklich ist; dies trifft wie den Platon und die Pythagoräer, so auch den Empedokles. Eine solche Lehrweise war nicht nach dem Geschmack des Arist. und daher äußert er auch eine gewisse Abneigung nicht allein gegen sie, sondern auch überhaupt gegen den Empedokles (phys. VIII. 1. Tadel, daß er keine Gründe angebe; met. I. 4. ψελλίζεται; ib. 3 τοῖς ἔργοις ὕστερος (τοῦ Ἀναξαγόρου); poët. 1. ungünstige Zusammenstellung mit dem Homer; rhet. III. 5; s. überdies de gen. et corr. I. 1; II. 6.). Zuweilen aber giebt auch Arist. selbst seine Unsicherheit über die Lehre des Empedokles zu erkennen, und zwar über sehr bedeutende Punkte, z. B. de anima I. 4., wo er zweifelt, ob der λόγος die φιλία sein solle; und noch bedeutender de gen. et corr. I. 1. (ἄδηλον δὲ καὶ πότερον ἀρχὴν αὐτῶν θετέον τὸ ἓν ἢ τα πολλά, λέγω δὲ πῦρ καὶ γῆν καὶ τὰ σύστοιχα τούτων). Am meisten jedoch sprechen die Zusammenhangslosigkeit und die Widersprüche in den einzelnen Angaben des Arist. dagegen, daß er als ein sicherer Führer in der Beurtheilung der Lehre des Emp. angesehen werden könne. Wir bemerken über diesen Punkt im voraus das Wichtigste. Arist. legt 1) gewöhnlich dem Emp. die Lehre von den 4 Elementen als 4 Principien bei, zu welchen sich alsdann noch 2 bewegende Principien, die Liebe und der Haß, gesellen, also 6 Principien, 2) hierzu aber kommen nun noch a) der Zufall, wie bekannt, und b) die Nothwendigkeit, phys. VIII. 1., und endlich c) erfahren wir auch, daß Emp. einen Gott im eigentlichen Sinne (ὁ εὐδαιμονέστατος θεός) angenommen habe, welcher aber freilich unwissender sein soll, als alle übrige Dinge, met. III. 4; de anima I. 5. Wenn wir nun richtig zählen, so haben wir jetzt 9 Principien des Emp. nach den Angaben des Arist. Da diese jedoch eine starke Neigung verrathen, sich gegenseitig in einander aufzulösen, so läßt sich wohl erwarten, daß sie nicht alle nebeneinander und in gleicher Geltung werden bestehen können. Wir finden denn auch, daß Arist. 1) eingesteht, Emp. hätte die 4 Elemente nur wie zwei gebraucht, met. I. 4; de gen. et corr. II. 3., ja 2) zu erkennen giebt, daß alle 4 Elemente eigentlich geworden sind aus einer allen Verschiedenhei-

dorische Pflanzstadt. Seine Blüthe fällt um die 84. Ol., gleichzeitig mit der Blüthe seiner Vaterstadt [1]). Die Familie, aus welcher er stammte, scheint zu den angesehensten und reichsten gehört zu haben. Gewöhnlich wird er den Pythagoräern zugezählt; aber die Nachrichten hierüber sind theils neu, theils fabelhaft und gegen die richtige Zeitrechnung [2]). In seiner Lehre finden sich zwar einige Spuren seiner Kenntniß pythagorischer Lehren, aber das, was er von diesen sich aneignen mochte, ist doch

ten zum Grunde liegenden Natur, de gen. I. 1., also nur als untergeordnete Principien betrachtet werden können; 3) aber nennt Arist. jene Natur die φιλία, met. III. 1; 4., so daß also hiernach auch die bewegende Kraft mit der bewegten Materie zusammenfällt; 4) endlich ergiebt sich, daß Gott im eigentlichen Sinne nach dem Emp. eben diese eine Natur ist, met. III. 4. Aus allen diesen Angaben des Arist. selbst folgt unzweideutig, daß er uns nicht hinlänglich belehrt über den Unterschied, welcher zwischen den höchsten und den untergeordneten Principien des Empedokles zu machen ist, sondern gewöhnlich bei den letztern stehen bleibt. Wir fügen noch hinzu, daß aus andern wahrscheinlichen Angaben fließt, daß auch die entgegengesetzten bewegenden Kräfte unter den Begriff der Nothwendigkeit zusammenfallen. Daß aber der Zufall als Princip vom Emp. angegeben werde, folgert Arist. selbst aus Stellen des empedokleischen Gedichts, welche nur in gar zu wörtlicher Auslegung zu einem solchen Misverständnisse führen konnten.

1) Diog. L. VIII. 74. Ueber den Empedokles hat sehr gelehrt, aber geflissentlich der höhern Kritik sich enthaltend, gehandelt Sturz Empedocles Agrigentinus. Lips. 1805; über die Fragmente, welche Sturz gesammelt, ist zum Theil zu vergleichen Am. Peyron Empedoclis et Parmenidis fragmenta etc. Lips. 1810. Ueber seine Philosophie vergl. meine Abhandlung über die phil. Lehre des Emped. in Wolf's liter. Analekten IV.

2) Sturz §. 3. Nur die Angabe d. Simpl. phys. fol. 6 b. würde alt sein, wenn sie nach dem Theophrast wäre, wie Brandis Gesch. d. gr. röm. Phil. S. 189 annimmt, was ich aber bezweifle.

nur gering und nicht in das Wesentliche eindringend. Dagegen wird er nach dem Theophrastos und dem Alkidamas ein Schüler und Nachahmer des Parmenides genannt [1]), und wenn Hermippos ihn einen Schüler des Xenophanes nannte, dessen epische Dichtart er auch nachgeahmt habe [2]), so ist das erste zwar gegen die Zeitrechnung, das andere aber scheint aus einer Vergleichung der Werke beider Männer hervorgegangen zu sein und zeugt für die Verwandtschaft der empedokleischen und der eleatischen Darstellungsweise. Daß Empedokles auch den Anaxagoras gehört habe [3]), scheint nur aus der Aehnlichkeit seiner mechanischen Naturerklärung mit der anaxagorischen entnommen zu sein. Von den Reisen, welche dem Empedokles zugeschrieben werden, sind die nach Italien [4]) und die nach Athen [5]) bemerkenswerth. Das Leben des Empedokles ist mit manchen Fabeln ausgeschmückt worden, welche ihm wunderthätige Heilungen, Beschwichtigung der Pest und der Winde, endlich ein wundersames Ende zu-

1) Diog. L. VIII. 55; 56; Suid. s. v. Παρμενίδης; Olympiod. ad Plat. Gorg. bei Starz p. 54; Simpl. in phys. l. l. Ἐμπ. — Παρμενίδου πλησιαστὴς καὶ ζηλωτής. Alkidamas war ein Schüler des Gorgias, welcher wieder ein Schüler des Empedokles war. Doch ist das, was für seinen Bericht ausgegeben wird, mit offenbaren Unrichtigkeiten in Verbindung gebracht. Meine Annahme über die Person des Alkidamas ist die gewöhnliche, wird aber von Brandis Gesch. d. gr. röm. Phil. S. 190 bezweifelt. Vergl. dagegen Foss de Gorg. Leont. p. 17.

2) Diog. L. l. l.

3) Ib.

4) Diog. L. VIII. 52.

5) Suid. s. v. Ἄκρων.

schreiben. Wenn wir alles Einzelne hiervon, welches keine sichere Beglaubigung hat, bei Seite setzen, so ist es doch gewiß, daß er vom Alterthum als ein wunderthätiger Mann betrachtet wurde [1]), und die Bruchstücke seiner Schriften beweisen, daß er selbst Kenntnisse sich zuschrieb, welche über das Maaß der menschlichen Beschränktheit hinauszugehen scheinen [2]). Damit stimmt auch die Meinung, welche er von sich erregt, überein; er erscheint sich als ein unsterblicher Gott, der, wohin er auch kommt, von Männern und Weibern verehrt wird, schon durch seine Kleidung als ein Priester und Liebling der Götter sich verkündend [3]). Worauf er diese Würde stützt, das ist seine übermenschliche Heilkunde, seine Gewalt über das Wetter, seine Gabe der Weissagung, seine Einsicht in die Entstehung und in das Wesen der Dinge [4]); wenn er durch alles dies selbst zur göttlichen Würde erhoben zu sein glaubte, so eignete er sich damit nur im voraus etwas zu, was er allen ausgezeichneten Menschen, Wahrsagern, Dichtern, Aerzten und Führern des Volks, nach ihrem Tode versprach [5]). Sein Leben war seiner Lehre und seiner Meinung von sich gemäß; seinen großen Reichthum und das Ansehen in seiner Vaterstadt, welches ihm seine Freigebigkeit, sein uneigennütziger Gemeinsinn und

---

1) Diog. L. VIII. 59.

2) V. 399—406; v. 373 Sturz, dessen Ausgabe der Fragmente ich immer citiren werde.

3) V. 364 sq. Sturz §. 7.

4) V. 92; Sturz erklärt diesen Vers nicht richtig.

5) V. 407 sq.

seine geistigen Gaben verschafften, benutzte er nicht, um sich großen Einfluß in Staatsgeschäften zu erringen, vielmehr, als ihm die Herrschaft über Akragas angetragen wurde, soll er sie ausgeschlagen haben [1]); und dennoch wird ihm Hochmuth vorgeworfen, welcher in seiner ausgezeichneten, priesterlichen Kleidertracht offenbar geworden sein soll. Dieser anscheinende Widerspruch wurzelt wohl darin, daß Empedokles weltliches Ansehen verschmähte, um als ein göttlicher Mann zu erscheinen. Damit hängt denn auch auf das Genaueste zusammen, daß er, dem Pythagoras sich anschließend, ein Leben harter Tugendübungen empfahl [2]). Ueber seinen Tod wird mancherlei Seltsames, wie es dem Manne geziemt, gefabelt und Verschiedenes erzählt. Das Wahrscheinlichere von diesen Erzählungen ist, daß er, aus seiner Vaterstadt vertrieben, nach dem Peloponnes entwichen sei und dort seinen Tod gefunden habe [3]).

Unter den Schriften, welche von den Alten dem Empedokles zugeschrieben wurden, sind einige unecht, anderer Dasein darf bezweifelt werden [4]). Berühmt sind unter ihnen drei Bücher über die Natur [5]), welche sich lange

---

1) Diog. L. VIII. 63—67. Angeblich nach dem Aristoteles.

2) V, 377—392.

3) Diog. L. VIII. 67; 71; 73; cf. Sturz §. 8. Die von uns angenommene Erzählung ist vom Timäos, welcher den Emp. in seiner Geschichte öfters erwähnte. Die bekannte Erzählung von seinem Tode im Aetna läßt sich auf den Herakleides von Pontos, einen wenig zuverlässigen Zeugen, zurückführen, welcher jedoch an das Wunder glaubte.

4) Sturz p. 85 sq.

5) Das dritte wird angeführt Tzetzes chil. VII. 522.

erhalten haben [1]) und aus welchen uns bedeutende Bruchstücke gerettet sind [2]). Wenn sonst noch ein Werk unter dem Titel „Reinigungen" von ihm angeführt wird, so scheint dies einen Theil der Schrift über die Natur gebildet zu haben [3]). Dieses Werk war in epischer Form abgefaßt, nach der Art, wie das Lehrgedicht des Parmenides; seine dichterische Kraft wird von den Alten gelobt. Aristoteles aber tadelt den Empedokles, daß er keine Gründe für seine Meinungen angebe [4]), welches sich jedoch aus der epischen Form, in welcher alles mehr als Erzählung auftreten mußte, wie es auch mit der Physik der Eleaten der Fall war, und aus dem priesterlichen Ansehen, welches Empedokles sich beilegte, erklären läßt [5]).

---

1) Simplikios besaß sie noch.

2) Sturz hat 418 Verse gesammelt, von welchen aber freilich einige wegfallen möchten, wenn man die unechten und die sich wiederholenden abrechnet; dagegen sind sie zu vervollständigen aus der oben angeführten Schrift von Peyron. Die ganze Schrift soll 5000 Verse umfaßt haben; wir würden also etwa noch den zehnten Theil des Ganzen besitzen.

3) *Καθαρμοί*, religiöse Reinigungen. Diog. L. VIII. 77.

4) Phys. VIII. 1.

5) Wenn Empedokles nach dem Arist. der Erfinder der Rhetorik genannt wird, Quint. III. 1; Diog. L. VIII. 57; IX. 25; cf. Sturz p. 24; 25; 29 sq.: so ist dies entweder ein Misverständniß, oder vom Arist. im Scherz gesagt worden, weil Emped. Lehrer des Gorgias war, der in dem Sophisten des Arist., wahrscheinlich einem Gespräche, dem Verfasser als Zielscheibe dienen mochte. Wenigstens sehen wir nicht ein, wie Empedokles in sein Werk rhetorische Regeln habe einflechten können. Wendt zu Tennemann S. 276 bezieht es auf seine mündlichen Vorträge, von welchen wir keine Nachrichten haben. Dagegen hat von Leutsch Allg. Litt. Zeit. 1834 Nr. 198 den Einfluß der rhetorischen Hal-

Der Form epischer Gedichte gemäß ging wohl wahrscheinlich Empedokles von einem Anrufe der Muse oder irgend einer begeisternden Gottheit aus, als deren Belehrungen er sodann, gleich dem Parmenides, seine Meinungen aufstellen mochte. Diese Vermuthung begünstigen mehrere Stellen seines Gedichts, welche den Beistand der Götter und der Muse anflehen. So sagt er, nachdem er das Treiben derer verworfen hat, welche der wahren Vernunft nicht trauen:

Haltet zurück, ihr Götter, von Dieser Rasen die Zunge;
Nur aus heiligem Mund ergießet lautere Quelle.
Und dich, Muse, mit Vielen vertraut, weißarmige Jungfrau,
Fleh' ich an, zu vernehmen, was Tagesgebornen vergönnt ist *).

Und alsdann setzt er auseinander, daß ihm die Muse nicht mehr verkünden solle, als zu offenbaren fromm ist, und setzt darauf hinzu, daß wir vermittelst der Sinne

---

tung des emp. Gedichts auf die Beredtsamkeit des Gorgias nachzuweisen gesucht, welchen wir nicht leugnen wollen.

*) V. 339. ἀλλὰ θεοί, τῶν μὲν μανίην ἀποτρέψατε γλώσσης,
ἐκ δ' ὁσίων στομάτων καθαρὴν ὀχετεύσατε πηγήν.
καί σε, πολυμνήστη, λευκώλενε, παρθένε Μοῦσα,
ἄντομαι, ὧν θέμις ἐστὶν ἐφημερίοισιν, ἀκούειν.
πέμπε πὰρ εὐσεβίης ἐλάουσ' εὐήνιον ἅρμα,
μηδέ σέ γ' εὐδόξοιο βιήσεται ἄνθεα τιμῆς,
πρὸς θνητῶν ἀνελέσθαι, ἐφ' ᾧ θ' ὁσίης πλέον εἰπεῖν.
Aus diesen Versen sieht man schon, wie schwer es ist, den genauen Sinn derselben zu entdecken; noch mehr zeigt sich dies in den folgenden, aus welchen man nur das im Text Gesagte erräth. Der Commentar von Sturz befriedigt nicht und kann nicht befriedigen wegen der Schwierigkeit der Sache.

durch den Verstand zur Erkenntniß der Wahrheit gelangen sollten.

Diesen Versen gemäß setzt uns auch Sextos der Empiriker die Lehre des Empedokles vom Erkennen auseinander: nicht durch die Sinne würde die Wahrheit erkannt, sondern durch die richtige Vernunft, diese aber sei theils eine göttliche, theils eine menschliche, jene unaussprechbar, diese aussprechbar [1]). Von Klagen über der Menschen geringe Erkenntniß ist sein Gedicht voll:

Kurzes Geschicks, gleich Rauch vor dem Wind' erhoben verwehn sie,
Dem allein vertrauend, worauf nur eben der Sinn stieß,
Stets umhergetrieben. Er wünschet das Ganze zu finden,
Doch umsonst; nicht schaubar ist es den Männern, noch hörbar,
Nicht der Verstand erreicht's; Du nun, wenn Du also geirrt hast,
Wirst vertrauen; nicht weiter ja reicht der Menschen Erkenntniß [2]).

Obgleich nun diese Klagen über das menschliche Elend der griechischen, ja der menschlichen Ansicht überhaupt gemäß

1) Adv. math. VII. 122. κριτήριον εἶναι τῆς ἀληθείας οὐ τὰς αἰσθήσεις, ἀλλὰ τὸν ὀρθὸν λόγον· τοῦ δὲ ὀρθοῦ λόγου τὸν μέν τινα θεῖον ὑπάρχειν, τὸν δὲ ἀνθρώπινον· ὧν τὸν μὲν θεῖον ἀνέξοιστον εἶναι, τὸν δὲ ἀνθρώπινον ἐξοιστόν.

2) V. 327. ὠκύμοροι, καπνοῖο δίκην ἀρθέντες ἀπέπταν, αὐτὸ μόνον πεισθέντες, ὅτῳ προσέκυρσεν ἕκαστος, πάντοσ' ἐλαυνόμενοι. τὸ δὲ οὖλον ἐπεύχεται εὑρεῖν αὔτως, οὐδ' ἐπιδερκτὰ τάδ' ἀνδράσιν, οὔτ' ἐπακουστά οὔτε νόῳ περιληπτά. σὺ οὖν, ἐπεὶ ἆδ' ἐλιάσθης, πεύσεαι, οὐ πλεῖόν γε βροτείη μῆτις ὄρωρε.

sind, so erkennt man doch schon in ihrer vorherrschenden Richtung auf die Erkenntniß, noch mehr in der Anklage der Sinne, ja selbst in den einzelnen Ausdrücken [1]) die Verwandtschaft des Empedokles mit den Eleaten.

Für die philosophische Lehre des Empedokles ist es besonders zu merken, wie er einen Gegensatz zwischen menschlicher und göttlicher Erkenntniß macht, und diese, der eleatischen Lehre gemäß, als die Erkenntniß Gottes, des einen, welcher Alles regiert, betrachtet; denn Gott ist, wie die göttliche Wahrheit, unaussprechbar, kein Sterblicher hat die Vereinigung aller Dinge durch die Liebe gesehen [2]), und ganz wie Xenophanes streitet unser Philosoph gegen die vermenschlichenden Vorstellungen von Gott:

Nicht an Gliedern gebaut ist er mit menschlichem Kopfe,
Nicht vom Nacken herab ein Paar des Gezweiges ihm ausstrebt,
Nicht sind Füß' ihm gegeben, nicht schnelle Schenkel, noch Schamtheil,
Sondern heiliger Geist, unsagbarer, ward ihm zum Loose,
Welcher mit schnellen Gedanken umher durchfähret das Weltall [3]).

---

1) Man vergleiche: die höchste Wahrheit heißt πίστις beim Parm. u. d. Emp., ihr entgegengesetzt die δόξα v. 301, νόος u. νοεῖν, bei beiden in doppeltem Sinne, das οὖλον u. πλέον bei beiden, die γυῖα des Emped. entsprechen den μέλη des Parmenides. Man könnte dies Verzeichniß leicht noch vermehren.

2) V. 57.

3) V. 295. οὔτε γὰρ ἀνδρομέῃ κεφαλῇ κατὰ γυῖα κέκασται,
οὐ μὲν ἀπαὶ νώτων γε δύο κλάδοι ἀΐσσουσιν,
οὐ πόδες, οὐ θοὰ γοῦν', οὐ μήδεα λαχνήεντα,

Nun scheint er sich hierbei von den Eleaten nur darin entfernt zu haben, daß er die verneinende Seite ihrer Lehre, in welcher sie das unaussprechliche Eins als untheilbar, von allem Werden geschieden, unzeitlich und unräumlich darstellten, in seiner Darstellung zurücktreten ließ, dagegen in der Natur, soweit es menschlichen Gedanken vergönnt ist, das Wahre zu erforschen suchte. Man kann sagen, Empedokles und Zenon stellen uns die beiden entgegengesetzten Seiten der eleatischen Lehre dar; beide sind als Schüler des Parmenides zu betrachten, der eine aber hat, der Hauptsache nach, nur die Lehre vom Uebersinnlichen vertheidigt, der andere dagegen seine Naturlehre weiter entwickelt.

In dieser ging nun Empedokles ganz von der Ansicht der Eleaten aus, daß alles Wahre Eins sei. In seiner Einheit ist es einer Kugel gleich; er nennt es den Sphäros, in welchem schon die Alten den Gott des Empedokles erkannt haben *):

ἀλλὰ φρὴν ἱερὴ καὶ ἀθέσφατος ἔπλετο μοῦνον
φροντίσι κόσμον ἅπαντα καταΐσσουσα θοῇσι.

Cf. v. 302—304.

*) Arist. de anim. I. 5; met. III. 4. τίθησι μὲν γὰρ (ὁ Ἐμπ.) ἀρχήν τινα τῆς φθορᾶς τὸ νεῖκος· δόξειε δ' ἂν οὐθὲν ἧττον τοῦτο γεννᾶν ἔξω τοῦ ἑνός· ἅπαντα γὰρ ἐκ τούτου τἄλλα ἐστὶ πλὴν ὁ θεός — — εἰ γὰρ μὴ ἦν (τὸ νεῖκος) ἐν τοῖς πράγμασιν, ἓν ἂν ἦν ἅπαντα, ὥς φησιν. De gen. et corr. II. 6. ὁ δὲ (Ἐμπ.) τὴν μῖξιν μόνον ἐπαινεῖ. καίτοι τά γε στοιχεῖα διακρίνει οὐ τὸ νεῖκος, ἀλλ' ἡ φιλία τὰ φύσει πρότερα τοῦ θεοῦ· θεοὶ δὲ καὶ ταῦτα. Daß die Elemente φύσει πρότερα τοῦ θεοῦ seien, ist Folgerung des Arist., welche er selbst sonst dem Emp. nicht zuzuschreiben wagt. S. de gen. et corr. I. 1.

Also stehet er fest im starken Busen des Einklangs,
Rund der Sphäros umher, vergnüglicher Ruhe sich freuend [1]).

Als eine vollkommene Einheit wird er auch als ein Werk der Liebe betrachtet; von ihr wird er regiert, der Herrscherin der vollkommenen Glückseligkeit und Unschuld des Lebens [2]), ja mit ihr ist er eins. Denn auch dem Empedokles, so wie den Eleaten, ist das Materielle von der wirkenden Kraft nicht geschieden. Die Liebe, als die einigende Gottheit, als die einzig wahre Kraft, denkt sich Empedokles, so wie Parmenides, als von der Mitte der Welt aus wirksam und Alles durchdringend [3]). Sie ist ihm das Eins als die Ursache, welches alles einigt [4]), ja

---

Daß der Sphäros der Gott des Empedokles sei, sagt ausdrücklich Procl. in Alcib. I. p. 115 Creuz. S. Sturz p. 277—292.

1) Simpl. phys. fol. 272 b; cf. Peyron p. 62 sq.; Brandis comment. Eleat. p. 132; Sturz v. 23.
οὕτως ἁρμονίης πυκινῷ κρυφῷ ἐστήρικται,
σφαῖρος, κυκλοτερής, μονίῃ περιηγέϊ γαίων.

2) V. 97, 186 sq., 305 sq., wo die uralte Gottheit die Kypris ist. Dies bezweifelt Brandis Gesch. der gr. röm. Phil. S. 206; Rhein. Museum III. S. 127. Das Fragment ist ja allerdings räthselhaft, wenn es aber nach der philosophischen Lehre des Empedokles gedeutet werden soll, so sprechen für meine Auslegung die Ausdrücke Zeus und Poseidon, von welchen der erste entschieden das Feuer, der andere wahrscheinlich das Wasser bedeutet, und mithin scheint die Abwesenheit des Dienstes dieser Götter auf einen Zustand zu gehen, in welchem die Elemente noch nicht auseinandergetreten sind.

3) V. 67; 186 sqq.; theol. arithm. p. 8 sq.

4) Arist. met. III. 4. Ἐμπ. — — λέγει, ὅ τί ποτε τὸ ἕν ἐστι· δόξειε γὰρ ἂν λέγειν τοῦτο τὴν φιλίαν εἶναι· αἰτία γοῦν ἐστὶν αὕτη τοῦ ἓν εἶναι πᾶσιν.

er scheint sie als alleinigen Grund aller Dinge und als das einzig Seiende bezeichnet zu haben [1]), so wie er auch in anderer Beziehung die vier Elemente als die materiellen Grundlagen alles Daseins als Eins gesetzt haben soll [2]). In einer andern Richtung seiner Darstellung nannte er auch die eine bewegende Kraft, die Einheit der Liebe und des Hasses, die Nothwendigkeit, von welcher alles abhange [3]). Diese Seite der Weltkraft scheint Empedokles dann besonders hervorgehoben zu haben, wenn er auf die traurige Lage der Dinge, auf den Irrthum, in welchem wir leben, blickte [4]), so wie er alsdann auch den Widerstreit der Kräfte untereinander, welcher der Liebe entgegengesetzt ist, als Ursache in die Weltbildung einführte; denn:

Alle stritten nun nacheinander die Glieder des Gottes [5]).

Die Erkenntniß dieses Weltganzen ist nun das, nach welchem der Mensch streben soll; aber nur unvollkommen

---

1) Ib. 1. ἔτι δὲ τὸ πάντων χαλεπώτατον καὶ πλείστην ἀπορίαν ἔχον, πότερον τὸ ἓν καὶ τὸ ὄν, καθάπερ οἱ Πυθαγόρειοι καὶ Πλάτων ἔλεγεν, οὐχ ἕτερόν τί ἐστιν, ἀλλ' οὐσία τῶν ὄντων ἢ οὔ, ἀλλ' ἕτερόν τι τὸ ὑποκείμενον, ὥσπερ Ἐμπ. φησὶ φιλίαν, ἄλλος δέ τις πῦρ, ὁ δὲ ὕδωρ, ὁ δὲ ἀέρα.

2) Arist. de Xen., Zen. et Gorg. 2. καὶ εἶναι τῇ μὲν μίξει πολλά τε καὶ τῇ διακρίσει, τῇ δὲ φύσει τέτταρ' ἄνευ τῶν αἰτίων ἢ ἕν.

3) Von der Nothwendigkeit im Allgemeinen Arist. phys. VIII. 1; Cic. de fato 17; von ihr neben den beiden andern bewegenden Ursachen Simpl. phys. fol. 107 a; von der Nothwendigkeit als allgemeiner bewegenden Kraft. Simpl. phys. fol. 43 a; Plut. de plac. phil. I. 26; de anim. procr. 27.

4) V. 3 sq.; 192; Simpl. phys. fol. 272 b; cf. Peyron p. 62.

5) Peyron l. l. πάντα γὰρ ἑξείης πολεμίζετο γυῖα θεοῖο.

kann er sie erreichen, indem er in sich selbst die Werke der Liebe erblickt. Von dieser sagt daher Empedokles:

Schau' im Geiste sie an und sitze nicht staunenden Auges,
Sie, die auch sterblichen Gliedern sich eingeboren erzeiget,
Durch sie denken sie Liebes und schaffen auch ähnliche Werke,
Rufen sie Freudigkeit und Aphrodite mit Namen.
Doch niemand ersah sie in aller Dinge Umkreisung,
Keiner der Sterblichen [1]).

Die menschliche Erkenntniß nämlich, weil der Mensch nur als ein aus der göttlichen Einheit herausgeschrittener Theil der Welt betrachtet werden kann, ist durch den Streit und den Haß unvollkommen; sie kann zwar alle Elemente des Ganzen erkennen, aber nicht in ihrer vollendeten Einheit, in welcher doch ihre Wahrheit besteht. Die wahre Einheit der Dinge ist nur sich selbst offenbar; sie ist der göttlichen Erkenntniß vorbehalten [2]).

1) V. 68. τὴν σὺ νόῳ δέρκευ, μηδ' ὄμμασιν ἧσο τεθηπώς,
ἥτις καὶ θνητοῖσιν νομίζεται ἔμφυτος ἄρθροις,
τῇ τε φίλα φρονέουσ' ἰδ' ὁμοῖα ἔργα τελοῦσι,
γηθοσύνην καλέοντες ἐπώνυμον ἠδ' Ἀφροδίτην.
τὴν οὔτις μεθ' ἅπασιν ἑλισσομένην δεδάηκε
θνητὸς ἀνήρ.

2) Ich setze hier eine Stelle des Arist. her, welche beweist, wie dem Empedokles eigentlich das Eins Liebe und Alles ist, wie er aber in seinen physischen Erklärungen doch genöthigt ist, auch von dem Streite wie von etwas Seiendem zu reden. Met. III. 4. τίθησι μὲν γὰρ ἀρχήν τινα τῆς φθορᾶς τὸ νεῖκος· δόξειε δ' ἂν οὐθὲν ἧττον καὶ τοῦτο γεννᾶν ἔξω τοῦ ἑνός· ἅπαντα γὰρ ἐκ τούτου τἆλλα ἐστὶ πλὴν ὁ θεός. — διὸ καὶ συμβαίνει αὐτῷ τὸν εὐδαιμονέστατον θεὸν ἧττον φρόνιμον εἶναι τῶν ἄλλων·

In der Einheit des Sphäros sind nun alle Elemente des Seins in Liebe beschlossen ohne alle Verschiedenheit [1]; von allem Streite fern, führen sie in ihm ein seliges Leben voller Heiligkeit:

Jenen war nicht Ares ein Gott, noch gewaltiger Schlachtlärm,
Noch auch Zeus der Herrscher, noch Kronos, noch auch Poseidon,
Sondern Königin Kypris.

Und so beschreibt Empedokles weiter, wie dort nicht unreine blutige Opfer der Göttin dargebracht wurden und man sich der Fleischspeisen enthielt [2], alles nach seinen

---

οὐ γὰρ γνωρίζει τὰ στοιχεῖα πάντα· τὸ γὰρ νεῖκος οὐκ ἔχει, ἡ δὲ γνῶσις τοῦ ὁμοίου τῷ ὁμοίῳ. — οἱ δὲ περὶ φύσεως, οἷον Ἐμπ. ὡς εἰς γνωριμώτερον ἀνάγων λέγει, ὅ τί ποτε τὸ ἕν ἐστι· δόξειε γὰρ ἂν λέγειν τοῦτο τὴν φιλίαν εἶναι· αἰτία γοῦν ἐστιν αὕτη τοῦ ἓν εἶναι πᾶσιν. Der mittlere Satz enthält eine Folgerung des Arist., welche das Innerste der Lehre des Empedokles trifft.

1) Arist. de gen. et corr. I. 1. Ἐμπ. — — ὅταν εἰς ἓν συναγάγῃ τὴν ἅπασαν φύσιν πλὴν τοῦ νείκους, ἐκ τοῦ ἑνὸς γίγνεσθαι πάλιν ἕκαστον· ὥς ἐξ ἑνός τινος δῆλον ὅτι διαφοραῖς τισι χωριζομένων καὶ πάθεσι ἐγένετο τὸ μὲν ὕδωρ, τὸ δὲ πῦρ κτλ. — — ἀφαιρουμένων οὖν τούτων διαφορῶν (εἰσὶ γὰρ ἀφαιρεταί, γενόμεναί γε) κτλ. — — ὥσπερ καὶ τότε ἐξ ἑνὸς ἐγεννήθησαν, οὐ γὰρ δὴ πῦρ γε καὶ γῆ καὶ ὕδωρ ἔτι ὄντα ἓν ἦν τὸ πᾶν. Diese Stelle muß ich der Ansicht entgegensetzen, welche Brandis im rhein. Mus. a. a. O. S. 131 äußert, daß der Haß auch für den Sphäros noch seine Bedeutung habe, indem er verhindere, daß die verschiedenen Elemente nicht durch das Band der Liebe zusammenwüchsen. Es giebt in der That keine verschiedenen Elemente im Sphäros, sondern die verschiedenen Elemente sind nur untergeordnete Principien.

2) V. 305. οὐδέ τις ἦν κείνοισιν Ἄρης θεός, οὐδὲ Κυδοιμός, οὐδὲ Ζεὺς βασιλεύς, οὐδὲ Κρόνος, οὐδὲ Ποσειδῶν,

Vorstellungen von einem heiligen Leben. Dann aber erwähnt er auch, wie diese Einheit der Natur durch die eigne Schuld der Glieder des Gottes aufgehoben worden sei:

So Nothwendigkeit ist's, der Götter ewiger Ausspruch,
Sollte mit Schuld, mit Mord die holden Glieder beflecken
Sich ein Dämon, bestimmt zu ewig dauerndem Leben,
Daß er tausend Zeiten umirr', entfremdet den Sel'gen,
Wie denn auch ich jetzt bin ein Flüchtling von Gott und im Irrsal,
Rasendem Zwiste gehorsam [1]).

Man sieht hierin, wie ihm die Kraft des verderblichen Hasses (νεῖκος, ἔχθος, κότος [2]), nicht außer den Dingen selbst liegt, sondern in ihnen, so wie ihm ja auch die Liebe in den Dingen ist, und man begreift, wie ihm überhaupt eine Vorstellungsart eigen ist, welche die Einheit des Bewegenden und des Bewegten, des Erkennenden

---

ἀλλὰ Κύπρις βασίλεια. —
τὴν οἵ γ' εὐσεβέεσσιν ἀγάλμασιν ἱλάσκοντο,
γραπτοῖς τε ζώοισι, μύροισί τε δαιδαλεόδμοις,
σμύρνης τ' ἀκρήτου θυσίαις, λιβάνου τε θυώδους
ξουθῶν τε σπονδὰς μελιτῶν ῥιπτοῦντες ἐς οὖδας,
ταύρων δ' ἀκρήτοισι φόνοις οὐ δεύετο βωμός,
ἀλλὰ μύσος τοῦτ' ἔσκεν ἐν ἀνθρώποισι μέγιστον,
θυμὸν ἀποῤῥαίσαντες ἐέδμεναι ἠέα γυῖα.

1) V. 5. ἔστιν ἀνάγκης χρῆμα, θεῶν ψήφισμα παλαιόν,
εὖτέ τις ἀμπλακίῃσι φόνῳ φίλα γυῖα μιήνῃ
δαίμων, οἵ τε μακραίωνος λελάχασι βίοιο,
τρίς μιν μυρίας ὥρας ἀπὸ μακάρων ἀλάλησθαι·
τῆ καὶ ἐγὼ νῦν εἰμί, φυγὰς θεόθεν καὶ ἀλήτης,
νείκεϊ μαινομένῳ πίσυνος.

2) V. 50; 51; 74; 98; 132.

und des Erkannten festhält, und in welcher er sogar der Liebe Länge und Breite zuschreibt, also ihr ein körperliches Dasein beilegt [1]), ob er sie gleich nicht mit den Augen will schauen lassen.

Aber indem er in die Sonderung der natürlichen Dinge einging, unterschied er auch die bewegende Kraft von der bewegten Masse. Daß ihm die Kräfte in der Welt nur bewegende, auf keine Weise aber verändernde Kräfte sind, bezeichnet seine Naturlehre als eine mechanische. Den Grundsatz der mechanischen Physik spricht er mehrmals in seinem Gedichte deutlich aus:

Thörichte! nicht ist ihnen gewährt weitreichende Einsicht,
Welche hoffen, es werde zuvor Nicht-Seiendes werden
Oder sterben etwas und gänzlich gehen zu Grunde [2]).

Es ist unmöglich, daß aus dem Nicht-Seienden Etwas werde und daß jemals das Seiende aufhöre zu sein [3]):

Andres verkünd' ich Dir, nicht ist natürliches Werden
Sterblicher Dinge und nicht Vollendung verderblichen Todes,
Sondern allein Gemisch und Entmischung besteht der Gemischten;

---

1) V. 80. νεῖκος οὐλόμενον δίχα τῶν ἀτάλαντον ἁπάντῃ,
καὶ φιλίη μετὰ τοῖσιν, ἴση μῆκός τε πλάτος τε.
Cf. Arist. met. XII. 10.

2) V. 109. νήπιοι! οὐ γάρ σφιν δολιχόφρονές εἰσι μέριμναι,
οἳ δὴ γίγνεσθαι πάρος οὐκ ἐὸν ἐλπίζουσιν,
ἠὲ καταθνήσκειν τε καὶ ἐξόλλυσθαι ἁπάντῃ.

3) V. 124 sq.

Sterblichen Menschen wird sie genannt natürliches Werden[1]).

Sätze und Lehren, welche ganz der eleatischen Ansicht und Ausdrucksweise entsprechen.

Empedokles mußte demnach gewisse ursprüngliche Stoffe annehmen, und er schloß sich hierin der gewöhnlichen Vorstellung von den vier Elementen an. Diese Elemente, welche er mit Götternamen schmückt, die alte Mythologie in physischem Sinne deutend[2]), denn sie erscheinen als göttliche, unsterbliche Kräfte in der Natur, diese bilden alles das, aus welchem sich die einzelnen Erscheinungen in der Natur zusammensetzen:

Aller Dinge höre zuerst vier Wurzelgeschlechter,
Feuer und Wasser und Erd' und Aethers gewaltige Tiefe,
Denn aus diesen ist alles, was war, was ist und was sein wird[3]).

Damit nun niemand die Verwandtschaft dieser Lehre mit der des Parmenides verkenne, ist uns auch überliefert worden, daß Empedokles die vier Elemente wie zwei betrachtete, indem er das Feuer allen übrigen Elementen, welche ihm eins sind, entgegensetzte[4]); und offenbar ist es aus

---

1) V. 105. ἄλλο δέ τοι ἐρέω· φύσις οὐδενός ἐστιν ἁπάντων
θνητῶν, οὐδέ τις οὐλομένου θανάτοιο τελευτή,
ἀλλὰ μόνον μῖξίς τε διάλλαξίς τε μιγέντων
ἐστι, φύσις δὲ βροτοῖς ὀνομάζεται ἀνθρώποισιν.

2) V. 26 sq.

3) V. 160. τέσσαρα γὰρ πάντων ῥιζώματα πρῶτον ἄκουε,
πῦρ καὶ ὕδωρ καὶ γαῖαν ἰδ' αἰθέρος ἄπλετον ὕψος,
ἐκ γὰρ τῶν, ὅσα τ' ἦν, ὅσα τ' ἔσσεται, ὅσσα τ' ἔασιν.

4) Arist. met. I. 4; de gen. et corr. II. 3.

den einzelnen Naturerklärungen, daß ihm das Feuer das Vorzüglichere in der Mischung der einzelnen Dinge war, so wie es dem Parmenides das Wahre in den Dingen bedeutet. Denn die wärmern Geburten sind dem Empedokles die männlichen, die kältern die weiblichen [1]), geringere Einsicht entsteht aus kälterm Blute [2]), und Tod und Schlaf gehen aus der gänzlichen oder theilweisen Trennung des Feuers von den übrigen Elementen hervor [3]). Und hierbei ist wohl Empedokles nicht stehen geblieben, sondern wir haben alle Ursache, einer spätern Ueberlieferung zu trauen, nach welcher er gelehrt hat, das Feuer sei das wahre göttliche Wesen der Dinge, aus Feuer sei Alles und in Feuer löse sich Alles auf [4]).

Die wirkliche Trennung der Elemente voneinander entsteht nun aber erst durch den Haß, denn ursprünglich waren sie miteinander im Sphäros verbunden und unbeweglich feststehend [5]). Empedokles setzt also hiermit ver-

---

1) V. 240—246. Das Umgekehrte nahm Parmenides an.

2) Interpr. Horat. Cruqu. p. 638.

3) Plut. de pl. phil. V. 24; 25.

4) Orig. phil. c. 3. καὶ τὸ τῆς μονάδος νοερὸν πῦρ τὸν θεόν, καὶ συνεστάναι ἐκ πυρὸς τὰ πάντα καὶ εἰς πῦρ ἀναλυθήσεσθαι. Cf. Sturz p. 274 sq. Dies letztere bestätigt sich auch dadurch, daß nach seinem Ausdrucke Kypris dem schnellen Feuer die Herrschaft giebt. Simpl. de coelo ap. Peyron p. 28. v. 24. Brandis Gesch. der gr. röm. Phil. S. 204 macht dagegen auf eine Stelle des Plutarch de primo frig. 16 aufmerksam, nach welcher Empedokles das Feuer als das Substrat des Hasses, weil es zerstreuend wirke, angesehen haben soll, das Wasser dagegen als Substrat der Liebe. Wenn die Angabe richtig ist, so kann sie dennoch nur sehr particuläre Punkte der Physik des Emped. berücksichtigen.

5) V. 45. ταύτῃ δ' αἰὲν ἔασιν ἀκίνητοι κατὰ κύκλον.

schiedne Zeiten und verschiedne Zustände der Welt, indem zuerst Alles von der Liebe vereinigt ist, nachher aber die Elemente und die lebendigen Wesen sich voneinander trennen.

Dopples verkünd' ich, denn bald ist Alles zu Einem erwachsen,
Bald d'rauf spaltet es sich, daß Vieles aus Einem hervorschießt [1]).

Die Alten nehmen diese Erzählung des Empedokles von den Perioden der Weltbildung buchstäblich, indem sie sagen, nach seiner Lehre sei bald Alles Eins durch die Liebe, bald sei Vieles, und dieses sich selbst feind durch irgend einen Zwist [2]). Es ist schwer, sich darüber zu entscheiden, ob auch Empedokles das, was er von den Veränderungen der Welt erzählte, für eine wahre Thatsache hielt, oder nur durch die Form des epischen Gedichts und der Naturlehre sich gezwungen sah, die Bildung der Welt als einen geschichtlichen Verlauf darzustellen, den Meinungen der Menschen nach, während die göttliche Wahrheit sich ganz anders verhalte. In dem letztern Fall würde er das Beispiel der Eleaten für sich gehabt haben, welche nicht anders, als er, in ihrer Naturlehre verfahren konnten, erzählend nämlich, wie erst das Eine, dann das Andere sich gebildet habe; auch stimmt dafür seine Neigung, Vieles nur als Schein der Sinne zu betrachten, ja die ganze Naturlehre in diesem Lichte zu behandeln. In dem ersten

---

1) V. 34. δίπλ' ἐρέω, τοτὲ μὲν γὰρ ἓν ηὐξήθη μόνον εἶναι ἐκ πλεόνων, τοτὲ δ' αὖ διέφυ πλέον' ἐξ ἑνὸς εἶναι κτλ. Cf. v. 93 sq.

2) Plat. soph. p. 242; Arist. phys. I. 4.

Falle dagegen würde er von der Lehre der Eleaten wesentlich abgewichen sein, wozu er wohl geführt werden konnte, wenn er bemerkte, wie doch die traurige Lage des irrenden Menschen in irgend einem wahrhaft Seienden gegründet sein müsse. Auch konnte er sich bei der Annahme, daß die Welt zuweilen durch Liebe vereint, zuweilen durch Haß bewegt wird, auf die alterthümliche Vorstellung stützen, daß selbst die Gottheit der Nothwendigkeit gehorche *). Schwerlich hat Empedokles in seinem Gedichte über diesen Punkt sich deutlich erklärt; vielleicht hat er selbst geschwankt, wie denn ein solches Schwanken der Unterscheidung zwischen der richtigen Vernunft der Menschen und der göttlichen zum Grunde liegen möchte.

Es sei erlaubt, hier eine allgemeine Bemerkung einzuschalten. In der pantheistischen Richtung, in welcher die Eleaten offenbar sich befanden, indem sie das Werden und die Vielheit der Welt aufzuheben und alles auf das einige und bleibende Wesen des Seienden zurückzuführen strebten, kann man doch nie dahin gelangen das Werden und die Vielheit zu einem völlig Nichtigen zu machen, sondern man muß beide in der Vorstellung des Menschen zugeben und die Wahrheit derselben nur dadurch sich verbergen, daß man davon absieht, wie die Vorstellung und das Subjective doch auch objective Wahrheit hat. Daher sind diese Vorstellungsweisen eigentlich in einem dualisti-

---

*) Arist. VIII. 1. ὃ περ ἔοικεν Ἐμπ. ἂν εἰπεῖν, ὡς τὸ κρατεῖν καὶ κινεῖν ἐν μέρει τὴν φιλίαν καὶ τὸ νεῖκος ὑπάρχειν τοῖς πράγμασιν ἐξ ἀνάγκης. Sagte doch auch Parmenides, die starke Nothwendigkeit halte das Eins in den Banden der Grenze.

schen Gegensatz befangen, welchen sie nicht aufzulösen wissen, zwischen dem übersinnlichen Wahren und dem sinnlichen Schein, so jedoch, daß sie den letztern dem erstern gänzlich unterordnen. Beim Empedokles nun scheint dieser dualistische Keim stärker sich entwickelt zu haben, als bei den Eleaten selbst, und die, welche seine Lehre so deuten, als hätte er alles aus dem Streite zwischen der Liebe und dem Hasse, als zwei gleich starken und gleich ursprünglichen Kräften, hervorgehen lassen, betrachten sie wirklich als einen reinen Dualismus. Es ist wohl möglich, daß ihm klar geworden war, daß dem subjectiven Werden und der subjectiven Vielheit ein objectives Werden und eine objective Vielheit zur Seite gesetzt werden müsse, und wäre dies, so würde hierin sein wesentlicher Unterschied von den Eleaten liegen; aber man wird doch gewiß zugeben müssen, daß er dennoch nicht zu einem reinen Dualismus kam, sondern die Welt des Hasses der Welt der Liebe, wenn dieser Ausdruck gestattet ist, durchaus unterordnete und nur in dieser das Göttliche erblickte und das Substrat aller Dinge, in jener dagegen den Schein des Werdens und den menschlichen Irrthum und die Flucht und Qual aller Dinge; denn dafür sprechen zu entschieden alle Ueberlieferungen, welche wir von dem Zusammenhange seiner Principien haben, während für jene dualistische Auslegung nur solche Angaben angeführt werden können, welche lediglich von Einzelheiten seiner Lehre ausgehen *).

---

*) Hierzu rechne ich seine eigenen Ausdrücke v. 51, wo das νεῖκος ἀτάλαντον ἁπάντῃ genannt wird, während die φιλότης

In seiner Erzählung von der Weltbildung durch die bewegenden Kräfte ging er nun aus, wie schon bemerkt, von der Mischung aller Dinge in völliger Einheit. Daher läßt ihn auch Aristoteles lehren, das erste Erzeugende sei das Gute, die Liebe [1]), welche den Sphäros bildet. Hierbei muß man nun bemerken, daß die Liebe als die Kraft erscheint, welche die voneinander verschiednen Elemente verbindet. Sie erscheint nicht schlechthin als die verbindende Kraft, sondern als die das Verschiedenartige verbindende Kraft; daher ist sie überall wirksam, wo eine Mischung verschiedner Elemente stattfindet [2]), besonders in der Bildung des Organischen [3]). Durch den Streit dagegen treten die Elemente gesondert auseinander, nicht so, daß irgend ein leerer Zwischenraum zwischen sie träte, denn es giebt nichts Leeres [4]), sondern nur in der Art, daß nun ein jedes Element sich in eine gleichartige Masse sam-

---

ἴση μῆκός τε πλάτος τε´ heißt; aber es ist, wie der Zusammenhang des, wenn auch sehr zerrissenen Bruchstücks, zeigt, an dieser Stelle nicht davon die Rede, die beiden Kräfte überhaupt gegeneinander zu messen, sondern nur ihr Verhältniß zueinander zu schildern, wie es in der Welt erscheint, sobald diese in die Vielheit zerfallen ist, wie denn auch beim Parmenides v. 126 dieselbe Vergleichung in ähnlichen Ausdrücken vorkommt.

1) Met. XIV. 4. Es ist merkwürdig, daß hier die φιλία geradezu στοιχεῖον genannt wird.,

2) V. 130. ὡς δ' αὔτως ὅσα κρᾶσιν ἐπαρκέα μᾶλλον ἔασιν, ἀλλήλοις ἔστερκται, ὁμοιωθέντ' Ἀφροδίτῃ.

3) V. 203—207; 218; 220 sq.

4) V. 65; 183. οὐδέ τι τοῦ παντὸς κενεὸν πέλει, οὐδὲ περισσόν. Empedokles scheint hierdurch dem Parmenides beizustimmen, daß das Ganze ein τέλειον sei. Vergl. Arist. de Xen., Zen. et Gorg. 2.

melt [1]), und so die Mischung aufgehoben wird, weswegen auch der Haß als der Gegner organischer Bildungen erscheint. Wenn daher auch Empedokles gelehrt hat, die Liebe verbinde Gleiches mit Gleichem [2]), so gilt dies doch nicht von der Gleichheit der Elemente, sondern vielmehr davon, daß der Wahrheit nach und vor der göttlichen Kraft der Liebe Alles einander gleich ist [3]). Noch weniger darf man darin eine Folgewidrigkeit des Empedokles suchen, daß nach ihm zuweilen der Haß verbindet und die Liebe trennt [4]), vielmehr trennen und verbinden beide ihrem Begriffe nach; der Haß trennt die Mischung der Elemente und verbindet Feuer mit Feuer, Luft mit Luft, jeden Elementartheil mit dem ihm Gleichartigen, in umgekehrter Art aber wirkt die Liebe. Dies liegt offenbar in den Begriffen des Empedokles von den entgegengesetzten bewegenden Kräften, wiewohl es scheint, daß er darüber keine deutliche Erklärung abgegeben hat.

So wie nun Empedokles die bewegte Welt aus dem Sphäros, in welchem die Liebe ohne Grenzen waltet, her-

---

1) Arist. met. I. 4. ὅταν μὲν γὰρ εἰς τὰ στοιχεῖα διίστηται τὸ πᾶν ὑπὸ τοῦ νείκους, τότε τὸ πῦρ εἰς ἓν συγκρίνεται καὶ τῶν ἄλλων στοιχείων ἕκαστον. V. 166 sq.

2) Arist. eth. Nic. VIII. 2. ἐξ ἐναντίας δὲ τούτοις ἄλλοι τε καὶ Ἐμπ.· τὸ γὰρ ὅμοιον τοῦ ὁμοίου ἐφίεσθαι. Magn. mor. II. 11; eth. Eud. VII. 1. Die Lust entsteht durch die Mischung mit dem Gleichen, die Unlust durch die Mischung mit dem Ungleichen.

3) Daher werden v. 151 die Dinge in ihrer Verbindung untereinander ὁμοιωθέντ' Ἀφροδίτῃ, nicht als wenn eine Verwandlung aus unähnlichen in ähnliche mit ihnen vorginge, da ja Emp. keine Verwandlung zugiebt. Cf. Arist. de gen. et corr. I. 1.

4) Hierin irrt Arist. met. I. 4.

vorgehen läßt, so, könnte man meinen, habe er auch einen entgegengesetzten Ausgang der Weltbildung sich denken müssen, in welchem der Haß Alles feststellt, nachdem er alle vier Elemente rein voneinander gesondert habe. Mit dieser Vorstellungsart würde es übereinstimmen, daß von einem doppelten Weltuntergange nach der Lehre des Empedokles gesprochen wird, dem einen durch die Herrschaft der Liebe, dem andern durch die Herrschaft des Hasses [1]). Aber wir haben allen Grund, dieser spätern Ueberlieferung zu mistrauen, denn zwar finden wir, daß in seinem Gedichte von reinen Elementen als Werken des Hasses gesprochen wird [2]), nirgends jedoch ist eine gänzliche Entmischung aller Elemente angedeutet, vielmehr scheint es, daß Empedokles neben der bewegten Welt noch immer den selig ruhenden Sphäros sich dachte. So wird uns gesagt, die bewegte Welt sei nur ein kleiner Theil des Ganzen, das Uebrige aber träge Masse [3]). Und damit scheinen auch Stellen seines Gedichts übereinzukommen, in welchen er erzählt, wie zwar einzelne Theile von der Mischung der Elemente sich losreißen, aber da-

---

1) Stob. ecl. I. p. 416.

2) V. 70 sq. Cf. Arist. de gen. et corr. I. 1. Die Meinung, daß Empedokles alle Dinge als aus den vier Elementen gemischt sich gedacht habe, beruht auf nicht genügenden Zeugnissen. Wahrscheinlich eine Vermischung der Lehre des Empedokles mit der des Anaxagoras.

3) Plut. de pl. ph. I. 5; ap. Euseb. pr. ev. XV. 33. Ἐμπ. δὲ κόσμον μὲν ἕνα, οὐ μέντοι τὸ πᾶν εἶναι τὸν κόσμον, ἀλλ' ὀλίγον τι τοῦ παντὸς μέρος, τὸ δὲ λοιπὸν ἀργὴν τὴν ὕλην. Dasselbe lehrte auch Melissos. Die träge Masse ist wohl ohne Zweifel der Sphäros.

bei doch die von der Liebe zusammengehaltene Einheit besteht:

— Wenn nun der Zwist zur äußersten Tiefe gekommen,
Aber inmitten des Stroms der Umkreisung herrschet die Liebe,
Dann kommt in ihm Alles zusammen, so daß es nur Eins ist,
Nicht zerstreut, vielmehr dicht Eins an das Andre gefüget.
Solchem Gemisch hinflossen unzählige Menschengeschlechter;
Vieles jedoch steht noch nicht gemischt in Wechselverbindung;
Welches annoch der Zwist zurückhielt, herrschend von oben*):

Auch setzt seine Lehre, daß die frommen Seelen der Menschen nach dem Tode ein göttliches Leben genießen, voraus, daß der selige Sphäros neben der Welt, welche vom Hasse bewegt wird, sein Bestehen habe:

Wenn den Körper verlassend, zum freien Aether Du aufsteigst,

---

*) V. 136. Cf. Peyr. p. 53.
— ἐπει νεῖκος ἐνέρτατον ἵκετο βένθος,
δίνης ἐν δὲ μέσῃ φιλότης στροφάλιγγι γένηται (?),
ἐν τῇδ' ἤδε τὰ πάντα συνέρχεται ἓν μόνον εἶναι,
οὐκ ἄφορ', ἀλλὰ θέλυμνα συνιστάμεν' ἄλλοθεν ἄλλα.
τῶν δέ τε μισγομένων χεῖτ' ἔθνεα μυρία θνητῶν.
πολλὰ δ' ἄμικτα κατεστήκει κεραϊζομένοισιν
ἀλλάξ, ὅσσ' ἔτι νεῖκος ἔρυκε μετάρσιον.

Wirst Du sein ein unsterblicher Gott, nicht sterblichen Looses [1]).

Alles dies, zusammengenommen mit seiner ganzen Vorstellungsweise, überzeugt uns, daß er überhaupt die Macht des Hasses nur über einen Theil des Seienden ausdehnte, über den Theil, welcher sich vom Ganzen losreißt und sich selbst mit Schuld befleckt, und dadurch auch dem Irrthum der Sterblichen anheimfällt.

Etwas Anderes ist es aber mit der Herrschaft der Liebe; diese tritt wirklich im vollkommenen Maaße ein, so daß selbst von Zwischenzeiten zwischen den verschiednen, aufeinander folgenden Weltbildungen gesprochen wird [2]). Hieran erkennt man am meisten, wie der Haß dem Empedokles nur etwas in der Vorstellung sterblicher Wesen Liegendes ist und ihm nur in dieser Wahrheit haben kann. Wie ganz anders behandelt er dessen Herrschaft und die Herrschaft der Liebe! Und wenn der Haß denn wirklich untergeht und zuletzt nichts mehr ist, als etwa die Grenze des Ganzen, so ist dies ja nach seiner Lehre der stärkste Beweis, daß er kein wahrhaftes Sein hat, da nichts wahrhaft

1) V. 396. *ἢν δ' ἀπολείψας σῶμα ἐς αἰθέρ' ἐλεύθερον ἔλθῃς,*
ἔσσεαι ἀθάνατος θεός, ἄμβροτος, οὐκ ἔτι θνητός.
Ob diese Verse, welche auch am Ende des sogenannten goldenen Gedichts stehen, dem Empedokles angehören, muß bezweifelt werden; die Lehre aber, welche sie enthalten, gehört ihm gewiß. Cf. Clem. Alex. strom. V. p. 607.

2) Arist. phys. VIII. 1. *ἢ ὡς Ἐμπ., ἐν μέρει κινεῖσθαι καὶ πάλιν ἠρεμεῖν· κινεῖσθαι μέν, ὅταν ἡ φιλία ἐκ πολλῶν ποιῇ τὸ ἓν ἢ τὸ νεῖκος πολλὰ ἐξ ἑνός, ἠρεμεῖν δὲ ἐν τοῖς μεταξὺ χρόνοις.* Cf. Plat. Soph. p. 242.

Seiendes vergehen kann. Wenn er dennoch ihm ein wahrhaftes Sein objectiver Art beigelegt haben sollte, so würde dies nur aus einer nicht recht folgerichtigen Zusammensetzung seiner Gedanken erklärt werden können.

Bei der Anwendung der allgemeinen Naturkräfte, welche Empedokles zur Erklärung der Erscheinungen voraussetzte, ist es merkwürdig, daß er nicht von der Herrschaft der Liebe ausgeht, sondern die einzelnen Dinge sich bilden läßt aus einem Zustande, in welchem der Haß sie bewegt und sie elementarisch gesondert hat, obgleich seiner Annahme nach der Urzustand ein ganz anderer ist. Dies hängt aber theils mit seinem priesterlichen Charakter, welchem gemäß er durch sittliche Uebung das vorhandene Böse zum Guten zu führen strebte, theils damit zusammen, daß er nur eine Physik vom Standpunkte des Menschen lehren wollte; denn dieser Standpunkt ist in der Welt, wie sie vom Hasse bewegt wird. Zuerst entstehen ihm nun die Mischungen der elementarischen Dinge, die Sonne, die Luft oder der Aether, das Meer und die Erde, aus welchen nach der alterthümlichen Ansicht der mechanischen Physik Empedokles die organischen Wesen entstehen ließ. Diese sind ihm Bildungen der Liebe, und es liegt in dieser ganzen Ansicht der Gedanke ausgedrückt, daß die Welt im Fortschreiten von dem Unvollkommnern zum Vollkommnern sei. Mit der Ausbildung der unvollkommensten Organisation, welche in den Pflanzen ist, scheint sich Empedokles eine Veränderung des Weltsystems verbunden gedacht zu haben, denn er lehrte, zuerst von allen lebendigen Dingen seien die Pflanzen entstanden aus der Einwirkung der Sonne und der übrigen Elemente, ehe Tag und Nacht sich geschieden und der Sonne Stralen sich um die Erde gebreitet hätten [1]). Es scheint dies eine allmälige Ausbildung des anfangs feuchten Erdkörpers durch Luft und Feuer vorauszusetzen, wie eine solche auch in seinem Gedichte angedeutet wird. Bei der Beschreibung, welche Empedokles von der Entstehung der Thiere macht, zeigt es sich sehr auffallend, wie er mit andern Mechanikern der ersten und auch späterer Zeit die Schwierigkeiten, solche mannigfaltige und kunstvolle Organismen aus dem Zusammenflusse der Elemente zu erklären, groß fand. Aus der feuchten Mischung der Erde läßt er zuerst durch die Einwirkung des Feuers gleichsam eingewickelte Gestalten (οὐλοφυεῖς τύποι) hervorgehen, welche noch nicht den lieblichen Leib der Glieder zeigen, nicht Stimme noch Rede haben [2]). Diese eingewickelten Gestalten werden von den Auslegern nicht unrichtig mit dem Samen der lebendigen Dinge verglichen, nur scheint Empedokles darunter nur den Samen einzelner Glieder verstanden zu haben; denn er läßt zuerst die einzelnen Glieder der Thiere durch die

1) Plut. de pl. ph. V. 26. Ἐμπ. πρῶτα τῶν ζώων τὰ δένδρα ἐκ γῆς ἀναδῦναί φησι, πρὶν τὸν ἥλιον περιαπλωθῆναι καὶ πρὶν ἡμέραν καὶ νύκτα διακριθῆναι. Themist. in Ar. de prim. phil. p. 11. Vergl. die Lehre des Anaxagoras. Die Pflanzen haben nach dem Emp. Empfindung, Begehren, Vernunft und Erkenntniß. Arist. de plant. I. 1; Plut. de pl. phil. V. 26; Sext. Emp. adv. math. VIII. 286.

2) V. 198 sqq. οὐλοφυεῖς μὲν πρῶτα τύποι χθονὸς ἐξανέτελλον,
ἀμφοτέρων ὕδατός τε καὶ οὔδεος αἶσαν ἔχοντες,
τοὺς μὲν πῦρ ἀνέπεμπε, θέλον πρὸς ὁμοῖον ἱκέσθαι,
οὔτε τί πω μελέων ἐρατὸν δέμας ἐμφαίνοντας,
οὔτ' ἐνοπήν, οὔτ' αὖ ἐπιχώριον ἀνδράσι γῆρυν.

Liebe bilden [1]); sie verbinden sich zu keinem Ganzen, weil sie durch den Haß von der Vereinigung zurückgehalten werden [2]); dann, dichtet er weiter, hätten diese Glieder Vereinigung untereinander gesucht, von der Liebe getrieben, aber beim Widerstreben des Hasses wäre es nur zu widernatürlichen Verbindungen von Ungeheuern, halb menschlicher, halb thierischer, halb weiblicher, halb männlicher Art gekommen [3]). Endlich aber gewinnt die Liebe so viel Gewalt, daß sie die Glieder ordnungsmäßig zusammenfügen kann, und Thiere entstehen, welche sich dem Gange der Natur gemäß untereinander durch Zeugung fortpflanzen [4]). Man kann hierin eine vierfache Stufe der Lebensentwicklung erblicken, zuerst die Erzeugung einzelner Glieder, dann die gesetzlose Verbindung derselben zu Ungeheuern, ferner die naturgemäße Verbindung derselben zu dauernden Geschlechtern der Thiere, und endlich die Erzeugung dieser Wesen aus ihrem Geschlechte [5]).

---

1) V. 212. Cf. Peyron. p. 54.
γύμνοι δ' ἐπλάζοντο βραχίονες εὔνιδες ὤμων,
ὄμματά τ' οἶ' ἐπλανᾶτο πενητεύοντα μετώπων.
V. 219. ᾗ πολλαὶ μὲν κόρσαι ἀναύχενες ἐβλάστησαν.

2) V. 221. ἄλλοτε μὲν Φιλότητι συνερχόμεν' εἰς ἓν ἅπαντα
γυῖα, τὰ σῶμα λέλογχε βίου θαλέθοντος ἐν ἀκμῇ,
ἄλλοτε δ' αὖ τε κακῇσι διατμηθέντ' Ἐρίδεσσι
πλάζεται ἄνδιχ' ἕκαστα περὶ ῥηγμῖνι βίοιο.

3) V. 214. πολλὰ μὲν ἀμφιπρόσωπα καὶ ἀμφίστερνα φύεσθαι,
βουγενῆ ἀνδρόπρωρα, τὰ δ' ἔμπαλιν ἐξανατέλλειν
ἀνδροφυῆ βούκρανα, μεμιγμένα τῇ μὲν ὑπ' ἀνδρῶν,
τῇ δὲ γυναικοφυῆ, σκιεροῖς ἠσκημένα γυίοις.

4) Simpl. de coelo ap. Peyron. p. 28.

5) Dunkel werden diese vier Stufen der Thierentwicklung angedeutet Plut. de pl. ph. V. 19. Ἐμπ. τὰς πρώτας γενέσεις

Da es nun nach dem Empedokles nur eine vierfache Verschiedenheit der Urstoffe giebt, so können die mannigfachen Arten der sichtbaren Welt nur aus einer verschiedenartigen Mischung der vier Elemente abgeleitet werden. Verschieden erscheinen sie nach dem verschiednen Verhältnisse, in welchem die Bestandtheile untereinander gemischt sind. Dies setzt nun voraus, daß die Menge der untereinander gemischten Bestandtheile des Feuers und der übrigen Elemente bestimmt werden kann, und daß es mithin untheilbare Theile der Elemente giebt; aber der Grundsatz, daß es kein Leeres gebe, verlangt zugleich, daß die untheilbaren Theile immer nur in der Mischung miteinander erscheinen. Daher wird dem Empedokles die Lehre beigelegt, es gebe zwar untheilbare Theile der Elemente, doch könne niemals die Theilung bis auf das Untheilbare vollzogen werden [1]). Das Verhältniß (λόγος) der Mischung der vier Elemente untereinander in den verschiedenen organischen Gliedern zu bestimmen, scheint ein Hauptbestreben des Empedokles gewesen zu sein [2]). Es wird als ein Werk der Liebe betrachtet werden müssen, dieser ord-

---

τῶν ζώων καὶ φυτῶν μηδαμῶς ἀλοκλήρους γενέσθαι, ἀσυμφύεσι δὲ τοῖς μορίοις διαζευγμένας· τὰς δὲ δευτέρας συμφυομένων τῶν μερῶν εἰδωλοφανεῖς· τὰς δὲ τρίτας, τῶν ἀλληλοφυῶν· τὰς δὲ τετάρτας οὐκ ἔτι ἐκ τῶν ὁμοίων, οἷον ἐκ γῆς καὶ ὕδατος, ἀλλὰ δι' ἀλλήλων ἤδη.

1) Arist. de coelo III. 6. εἰ δὲ στήσεταί που ἡ διάλυσις, ἤτοι ἄτομον ἔσται τὸ σῶμα, ἐν ᾧ ἵσταται, ἢ διαιρετὸν μέν, οὐ μέντοι διαιρεθησόμενον οὐδέποτε· καθάπερ ἔοικεν Ἐμπ. βούλεσθαι λέγειν. Cf. de gen. et corr. I. 8.

2) Plut. de pl. ph. V. 22; v. 206; 207; 208 sq. Cf. Sturz p. 407 sq.

nungsmäßigen Mischung der Elemente vorzustehen [1]). Daher erscheint die organische Natur dem Empedokles als ein Uebergang zum seligen Leben im Sphäros, indem ihm die Natur der Pflanzen und der Thiere mit der menschlichen verwandt ist [2]), die frommen und weisen Menschen aber zum göttlichen Leben bestimmt sind.

Dieses hängt mit seiner sittlichen oder vielmehr priesterlichen Ansicht des Lebens und mit seiner Lehre von der Einwanderung der Geister in verschiedene Körper zusammen. Daß ein priesterlicher Charakter durch seine ganze Lehre hindurchgeht, ist schon früher erwähnt worden. Er spricht sich besonders in dem Gegensatze zwischen dem seligen Leben im Sphäros und dem kläglichen Leben der Menschen und der Dinge in der Welt aus, ferner in der Ableitung dieses Lebens aus einem alten Frevel, welcher gesühnt werden müsse, und in den heiligen Vorschriften für solche Sühnungen (καθαρμοί), endlich auch in der Meinung von einer höhern Einigung der Seele mit dem Göttlichen, welche der Mensch erreichen könne. Um diese ganze priesterliche Ansicht zu begreifen, müssen wir wissen, daß ihm, der eleatischen Lehre gemäß, Alles von Vernunft erfüllt ist und Antheil hat an der Erkenntniß [3]). Daher ist ihm auch alles in der Welt dämonisch und gei-

---

1) So erkläre ich mir v. 205. Arist. de anim. I. 4 zweifelt über die Bedeutung des λόγος in der Lehre des Empedokles.

2) V. 362.

3) V. 361. πάντα γὰρ ἴσθι φρόνησιν ἔχειν καὶ νώματος αἶσαν. Arist. de anim. I. 2.

sterhaft [1]); die Elemente selbst sind in Haß und in Liebe entbrannt, sie auch sind das, was erkennt. Indem er nun ausgeht von unsern Zuständen in der Welt, beschreibt er, wie die einzelnen Elementartheile, vom Sphäros losgerissen und vom Hasse bewegt, jetzt kein ruhiges Leben mehr haben [2]); denn so wie sie vom Hasse bewegt werden gegen die übrigen Dinge, so haßt sie auch Alles:

Denn ätherischer Hauch mit Gewalt verfolget sie meerwärts,
Meer speit aus an der Erde Gestade sie, Erde zum Lichtblick
Unermüdeter Sonne, die Aethers Wirbeln sie preisgiebt,
Einer empfängt sie vom Andern, und jeder ist feindlich gesinnet [3]).

Es ist hierin der Kampf ausgedrückt, welcher im unseligen Leben der weltlichen Dinge stattfindet. Nun haben die vom Haß bewegten Elementartheile keine sichere Richtung in ihrer Bewegung; sie erscheinen zwar als ihre Bewegung in sich selbst habend, denn der Haß erzeugt sich in ihren Gliedern selbst [4]), allein diese Bewegung ist ordnungslos, nicht nach der innern Natur der Elemente, welche ihrer Wahrheit nach nur die Vereinigung mit dem

---

1) Ueber seine mythische Dämonologie s. v. 11 f., 15 f. Es sind dies nichts als Personificationen abstracter Naturkräfte.

2) V. 48. τῇ μὲν γίγνονταί τε καὶ οὔ σφισιν ἔμπεδος αἰών.

3) V. 356. αἰθέριον μὲν γάρ σφε μένος πόντονδε διώκει,
πόντος δ' ἐς χθονὸς οὖδας ἀπέπτυσε, γαῖα δ' ἐς αὐγὰς
ἠελίου ἀκάμαντος, ὁ δ' αἰθέρος ἔμβαλε δίναις,
ἄλλος δ' ἐξ ἄλλου δέχεται, στυγέουσι δὲ πάντες.

4) V. 151. ἀλλ' ὅτε δὴ μέγα Νεῖκος ἐνὶ μελέεσσιν ἐθρέφθη.

Sphäros anstrebt. Darauf beziehen sich viele Stellen in dem Gedichte des Empedokles, in welchen von einer zufälligen Bewegung der Elementartheile die Rede ist, ohne daß wir deswegen genöthigt wären, mit dem Aristoteles zu sagen [1]), Empedokles habe in der Weltbildung dem Zufalle Vieles überlassen; denn der Grund der Bewegung ist in den bewegten Dingen selbst, ihr Haß oder ihre Liebe. In dieser ruhelosen Bewegung kommen nun aber die Elementartheile zu verschiedenen Gestalten, und darin besteht das, was man die Seelenwanderung des Empedokles genannt hat, was aber etwas ganz Anderes ist, als die Seelenwanderung der Pythagoräer. So konnte er wohl von sich sagen, daß er sonst schon ein Knabe war und ein Mädchen, eine Pflanze, ein Vogel und ein Fisch im Meere [2]), meinend, die Elementartheile, welche zu seinem organischen Leibe verbunden, hätten schon vielen andern Gestalten angehört. Diese Wanderung durch alle Gestalten ohne Ruhe ist das Elend der Dinge, welches er beklagt, eine Folge des Hasses; denn der Sterblichen Geschlecht ist aus Zwist und Seufzern entstanden [3]). Das einzige Mittel, von diesem ruhelosen Elende sich zu befreien, ist die Reinigung von allem Hasse, die gänzliche

1) Phys. II. 4; de gen. et corr. II. 6; de anim. I. 4.

2) V. 362. ἤδη γάρ ποτ' ἐγὼ γενόμην κοῦρός τε κόρη τε θαμνός τ' οἰωνός τε καὶ ἐξ ἁλὸς ἔμπυρος ἰχθύς.

3) V. 352. ὢ πόποι, ὦ δειλὸν θνητῶν γένος, ὢ δυσάνολβον,
οἵων ἐξ ἐρίδων ἔκ τε στοναχῶν ἐγένεσθε.

V. 19. ἔνθα φόνος τε κότος τε καὶ ἄλλων ἔθνεα κηρῶν
Ἄτης ἂν λειμῶνα κατὰ σκότον ἠλάσκουσιν.

Hingabe an die beseligende Liebe, vor allem, daß man zurückhalte die Hände vom Morde lebendiger Wesen, der Werke der Liebe, und von andern unheiligen Speisen, welche Vorschriften darauf gegründet werden, daß wir von Natur verwandt sind mit allen Dingen und nur in der Verwandlung der Wesen ihre natürliche Verwandtschaft nicht wiedererkennen [1]).

So wie nun in diesem weltlichen Leben keine Ruhe des Geistes uns vergönnt ist, so auch keine Sicherheit des Denkens [2]), sobald wir uns dem sinnlichen Leben überlassen und nicht in der Tiefe unserer Brust die Wahrheit suchen [3]). Das weltliche Erkennen ist daher, so wie das weltliche Leben, abhängig von dem, was uns in der Bewegung der Elementartheile trifft [4]). Nach der eleatischen Lehre nimmt auch Empedokles an, das Gleiche werde durch das Gleiche erkannt:

Denn durch Erd' erkennen wir Erd', und Wasser durch Wasser,
Göttliche Luft durch Luft, durch Feuer verzehrendes Feuer,

---

1) V. 377—392. Wenn Emp. sagt, der Vater thörichterweise tödte den Sohn, zu den Göttern flehend, und esse sein Fleisch u. s. w., so kann dies wohl auf die allgemeine Verwandtschaft aller Dinge untereinander bezogen werden. Nach Arist. rhet. I. 13. sah er es als ein allgemeines und natürliches Gesetz an, daß wir nichts Beseeltes tödten sollten.

2) V. 333—338.

3) V. 336. ἀλλὰ κακοῖς μὲν κάρτα πέλει κρατέουσιν ἀπιστεῖν·
ὡς δὲ παρ' ἡμετέρης κέλεται πιστώματα Μούσης,
γνῶθι διατμηθέντος ἐνὶ σπλάγχνοισι λόγοιο.

4) V. 360. — τῇδ' ἰότητι τύχης πεφρόνηκεν ἅπαντα.

Liebe durch Liebe nur, und Streit durch verderblichen
Streit nur [1]).

Also aus der Zusammensetzung des Körpers und aus den sie bewirkenden Kräften stammt uns die physische Erkenntniß der voneinander getrennten Elemente und der bewegenden Kräfte. Hiermit ist nun hinlänglich bezeichnet, daß diese Erkenntniß überall auf sinnliche Wahrnehmung hinausläuft [2]). Diese nämlich ist eine Wirkung der mechanischen Verbindung der Körper untereinander, welche daraus entsteht, daß alle Dinge Abflüsse (ἀποῤῥοιαι) haben, welche wieder Einströmungen in andere Körper mit verhältnißmäßigen Poren (κοῖλα) voraussetzen [3]). Die Ver-

---

1) V. 318. γαίῃ μὲν γὰρ γαῖαν ὀπώπαμεν ὕδατι δ' ὕδωρ,
αἰθέρι δ' αἰθέρα δῖον, ἀτὰρ πυρὶ πῦρ ἀΐδηλον,
στοργῇ δὲ στοργήν, νεῖκος δέ τε νείκεϊ λυγρῷ.

2) Daher sagen Arist. und Theophrast, Emp. habe das Wahrnehmen und das Denken für gleich oder ähnlich gehalten. Theophr. de sensu 10. τὸ γὰρ φρονεῖν εἶναι τοῖς ὁμοίοις, τὸ δ' ἀγνοεῖν τοῖς ἀνομοίοις, ὡς ἂν ἢ ταὐτὸν ἢ παραπλήσιον ὂν τῇ αἰσθήσει τὴν φρόνησιν. διαριθμησάμενος γάρ, ὡς ἕκαστον ἑκάστῳ γνωρίζομεν, ἐπὶ τέλει προσέθηκεν, ὡς ἐκ τούτων πάντα πεπήγασιν ἁρμοσθέντα καὶ τούτοις φρονέουσι καὶ ἥδονται καὶ ἀνιῶνται. διὸ καὶ τῷ αἵματι μάλιστα φρονεῖν. ἐν τούτῳ γὰρ μάλιστα κεκρᾶσθαι τὰ στοιχεῖα τῶν μερῶν. Arist. met. IV. 5; de anim. III. 3. καὶ οἵ γε ἀρχαῖοι τὸ φρονεῖν καὶ τὸ αἰσθάνεσθαι ταὐτὸν εἶναί φασιν ὥσπερ καὶ Ἐμπ. εἴρηκε·
πρὸς παρεὸν γὰρ μῆτις ἀέξεται ἀνθρώποισιν
καὶ ἐν ἄλλοις·
— ὅθεν σφισὶν αἰεὶ
καὶ τὸ φρονεῖν ἀλλοῖα παρίσταται.

3) V. 117; Arist. de gen. et corr. I. 8; Plat. Meno p. 76. οὐκοῦν λέγετε ἀποῤῥοάς τινας τῶν ὄντων κατὰ Ἐμπ.; Σφόδρα γε. Καὶ πόρους, εἰς οὓς καὶ δι' ὧν αἱ ἀποῤῥοαὶ πορεύονται; Πάνυ γε. Καὶ τῶν ἀποῤῥοῶν τὰς μὲν ἁρμόττειν ἐνίοις

einigung der sinnlichen Eindrücke im Bewußtsein des Menschen scheint sich Empedokles aus dem Zusammenströmen des Bluts im Herzen erklärt zu haben [1]). Auf die Art daher, wie das Blut des Menschen gemischt ist, führte er alle geistige Vorzüge oder Fehler desselben zurück, ja nahm sogar an, daß die mittlere und verhältnißmäßige Mischung des Blutes in einzelnen Gliedern besondere Geschicklichkeiten begründe [2]). Wir müssen dies als eine natürliche Folge der Einerleiheit des Körperlichen und des Geistigen ansehen, welche Empedokles mit den Eleaten annahm, so wie denn auch die Annahme, daß die verhältnißmäßige Mischung der Elemente das Bessere hervorbringe, an die Lehre des Parmenides erinnert.

τῶν πόρων, τὰς δὲ ἐλάττους ἢ μείζους εἶναι; Ἔστι ταῦτα. Theophr. de sensu 7 sqq. Wer übrigens sehen will, wie die Erklärung der einzelnen Naturerscheinungen auf ganz mechanischem Wege vom Empedokles versucht wird, der gehe in das Einzelne dieser Lehre von den Ausflüssen und Poren ein. S. Sturz p. 341 sq.; Plat. l. l.; Arist. de sensu c. 2; Plut. de plac. ph. IV. 9; 13; 17.

1) V. 315. αἵματος ἐν πελάγεσσι τεθραμμένη (sc. ψυχή) ἀντιθρῶντος,
τῇ τε νόημα μάλιστα κυκλήσκεται ἀνθρώποισιν.
αἷμα γὰρ ἀνθρώποις περικάρδιόν ἐστι νόημα.

2) Theophr. de sensu 11. ὅσοις μὲν οὖν ἴσα καὶ παραπλήσια μέμικται (sc. τὰ στοιχεῖα ἐν τῷ αἵματι) καὶ μὴ διὰ πολλοῦ, μηδ' αὖ μικρὰ, μηδ' ὑπερβάλλοντα τῷ μεγέθει, τούτους φρονιμωτάτους εἶναι καὶ κατὰ τὰς αἰσθήσεις ἀκριβεστάτους κτλ. — — οἷς δὲ καθ' ἕν τι μόριον ἡ μέση κρᾶσίς ἐστι, ταύτῃ σόφους ἑκάστους εἶναι· διὸ τοὺς μὲν ῥήτορας ἀγαθούς, τοὺς δὲ τεχνίτας, ὡς τοῖς μὲν ἐν ταῖς χερσί, τοῖς δ' ἐν τῇ γλώττῃ τὴν κρᾶσιν οὖσαν. Cf. ib. 24.

Diese Erkenntniß durch die Sinne ist aber doch nur eine untergeordnete; sie gewährt Meinung, nicht wahres Wissen. Wir haben schon früher bemerkt, daß er menschliche und göttliche Erkenntniß unterschied. Wenn er nun aber in allen Dingen die Gegenwart des Göttlichen, die Glieder des Gottes, ahnte, selbst wenn der Streit in ihnen mächtig ist [1]), so mußte er gewiß auch dem Menschen einen Antheil an dieser göttlichen Erkenntniß gewähren. Diese setzte er auch entschieden der sinnlichen Erkenntniß entgegen; denn dem Göttlichen könne man sich nicht nähern, weder mit dem Auge, noch mit den Händen es fassen, welchen Sinnen die Menschen am meisten zu vertrauen pflegten [2]). Daher verlangte er auch, man sollte den Gott, die Liebe im Geiste schauen, denn mit Augen könne sie nicht erblickt werden [3]), wodurch er wohl nichts anderes andeuten wollte, als daß sie durch unmittelbare Gegenwart aufgefaßt werden müsse. Hiernach liegt in der That ein strenger Gegensatz zwischen der sinnlichen und der göttlichen Erkenntniß in dem Systeme des Empedokles; denn jene entsteht nur durch Abströmen und Zuströmen voneinander gesonderter Wesen, diese dagegen beruht in der Gegenwart des Wahren, ohne daß ein Fremdes uns ankommen müßte. Daher folgerte auch Theo-

1) Peyron p. 52. πάντα γὰρ ἑξείης πολεμίζετο γυῖα θεοῖο.

2) Clem. Alex. strom. V. p. 587. τὸ γάρ τοι θεῖον, ὁ Ἀκραγαντῖνός φησι ποιητής (v. 302 sqq.)·
οὐκ ἔστιν πελάσασθ', οὐδ' ὀφθαλμοῖσιν ἐφικτὸν
ἡμετέροις ἢ χερσὶ λαβεῖν, ᾗ πέρ γε (valg. τε) μεγίστη
πειθοῦς ἀνθρώποισιν ἀμαξιτὸς ἐς φρένα πίπτει.

3) V. 58. τὴν σὺ νόῳ δέρκευ, μηδ' ὄμμασιν ἧσο τεθηπώς.

phrastos, unter der Herrschaft der Liebe finde keine oder nur geringere Empfindung statt, weil dann nichts abströme, sondern alles gemischt werde [1]). Aber freilich scheint Empedokles diesen Gegensatz nicht weiter entwickelt, sondern die göttliche Erkenntniß nur vorausgesetzt zu haben, ohne ihr Verhältniß zur sinnlichen Erkenntniß nachzuweisen, worin er auf gleicher Stufe mit den Eleaten steht [2]). Deswegen wird auch seine Ansicht von der Erkenntniß, welche über das Sinnliche sich erhebt, nur selten von den Alten erwähnt, und diese wußten sich den Zusammenhang der entgegengesetzten Erkenntnißweisen, welche er annahm, nicht recht zu deuten [3]), ja seine Lehre, indem sie auf der einen Seite von den Sinnen Erkenntnisse ableitet, von der andern Seite die sinnliche Erkenntniß verwirft, erschien Vielen, wie die Lehre des Xenophanes, als Skepticismus [4]).

---

1) Theophr. de sensu 20. συμβαίνει δὲ καὶ ἐπὶ τῆς φιλίας ὅλως μὴ εἶναι αἴσθησιν ἢ ἧττον διὰ τὸ συγκρίνεσθαι τότε καὶ μὴ ἀπορρεῖν.

2) Brandis Gesch. d. gr. röm. Phil. S. 223 sagt, Aristot. leugne entschieden, daß Emp. zwei ganz verschiedene Gebiete der Erkenntniß angenommen hätte; es ist aber nur der Fall, daß Aristoteles die Unterscheidung des Emp. zwischen beiden nicht angiebt, wie er dies ebenfalls bei den Eleaten nicht thut. Ebenso macht es auch Theophrast de sensu; beide behandeln die Erkenntnißlehre des Empedokles immer in Verbindung mit der Erkenntnißlehre des Parmenides, und nach beiden sollte man glauben, auch Parm., so wie Emp., hätte nur die sinnliche Erkenntniß gekannt. Jene Unterscheidung zwischen der Erkenntniß des Sinnlichen und des Uebersinnlichen blieb bei Anfängen stehen, welche die Peripatetiker entweder nicht beachteten oder für der Beachtung nicht werth hielten.

3) Sext. Emp. adv. math. VII. 122.

4) Cic. qu. ac. I. 12; II. 5; 23; Diog. L. IX. 72; 73.

Diese bemerktest wahrscheinlich nicht, daß Empedokles auf eine Reinigung der sinnlichen Vorstellungsweise vom Scheinbaren ausging. Diese mochte ihm als eine Reinigung der Seele von den Bewegungen des Hasses und als ein heiliger Wahnsinn, welcher uns der sinnlichen Welt entrückt, erscheinen. Wenigstens finden wir, daß er zwei Arten des Wahnsinns unterschied, von welchen die eine aus körperlicher Krankheit entstehe, die andere aber aus der Reinigung der Seele *).

So führte die eleatische Lehre von den zwei entgegengesetzten Betrachtungsweisen des Seins, der sinnlichen und der verständigen, den Empedokles zu einer mystischen Ansicht der Dinge. Wie man auch die Ergebnisse der eleatischen Philosophie betrachten möge, so wird doch niemand in Abrede stellen, daß dieser erste Versuch, aus reinen Vernunftbegriffen die sinnliche Vorstellungsweise zu berichtigen oder auf ihren wahren Werth zurückzuführen, in hohem Grade merkwürdig ist. Durch ihn wurde erst das rein speculative Element in unserm Denken von allem Thatsächlichen gesondert, und dadurch das Bewußtsein von dem wahren Begriffe der Philosophie vorbereitet. Aber auch dies kann nicht ohne Antheil bemerkt werden, wie die Eleaten versuchten, aus den sinnlichen Erscheinungen die vollkommene Erkenntniß des wahrhaft Seienden herauszuscheiden, obwohl hiervon ihnen nur wenig gelang. Sie erkannten zu wenig den Unterschied zwischen dem Be-

*) Coel. Aurel. de morbis chron. I. 5. Empedoclem sequentes alium (sc. furorem) dicunt ex animi purgamento fieri, alium alienatione mentis ex corporis causa sive iniquitate.

dingungslosen und dem Bedingten. Diesen richtig aufzufassen, verhinderte sie besonders die geringe Rücksicht, welche sie dem Sittlichen und dem Zwecke des freien Lebens schenkten. Die priesterliche Frömmigkeit zwar, welche im Empedokles herrschte, neigt sich der Betrachtung des Sittlichen zu, aber nur in sehr wenigen Punkten und auf sehr unvollkommene Weise wird dieses von ihm aufgefaßt, so viel wir sehen, nur als Enthaltung vom Frevel gegen das Lebendige und gegen heilige Gebräuche, und als Reinigung der Seele vom Hasse, also nur auf verneinende Weise. Wir müssen den Grund hiervon darin suchen, daß die Eleaten überhaupt alles Wahre als etwas schon Vorhandenes betrachteten und daher auch alle sittliche Bildung nur als ein Abstreifen des nichtigen Scheinlebens ansehen konnten. Auch ihre physische Ansicht mußte dadurch einseitig werden; sie hat alle die Mängel, welche der mechanischen Naturerklärung anhaften.

Sechstes Buch.

Der Geschichte der vorsokratischen Philosophie vierte Abtheilung. Die Sophisten. Schluß.

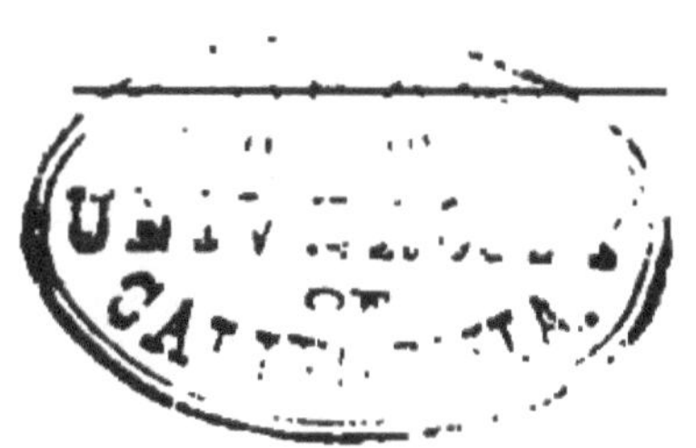

Erstes Capitel.

Allgemeines.

In der Einseitigkeit der ersten philosophischen Schulen war ihnen ihr Untergang vorausbestimmt. Die philosophischen Bestrebungen, welche in ihnen sich offenbarten, mußten, wenn sie zu einer vollkommenen Ausbildung nach der Natur des griechischen Geistes gelangen sollten, nothwendig zusammenfließen und dadurch ihren Charakter verändern. Ehe dies aber geschehen konnte, mußten sie zur höchsten Spitze der Einseitigkeit hinangetrieben werden, um an sich selbst zu erkennen zu geben, wie sie nicht für sich zu einer wahren Philosophie ausgebildet werden könnten. Nur war dies doch nicht möglich in einer philosophischen Seele, denn sobald eine solche dahin gelangt war, den letzten Ausgangspunkt einer einseitigen Richtung zu finden, konnte es ihr nicht unbewußt bleiben, daß dieser nicht die Philosophie sei, und der wahre Philosoph mußte sich alsdann von der einseitigen Ansicht abwenden und die mangelhafte Auffassungsweise zu ergänzen suchen. Also nur mit einer der Wissenschaft entfremdeten Gesinnung ließ es sich vereinigen, daß man das Aeußerste, nach welchem die einseitigen Richtungen strebten, auffaßte und es doch, wenigstens in der Rede, festzustellen suchte. Dies ist die sophistische Gesinnung, welche eine Zeit lang die Philosophie beherrschte.

Hier ist einer der Punkte, in welchen die Gemeinschaft der Philosophie mit der Entwicklung des übrigen Lebens sich am auffallendsten zeigt. Die unwissenschaftliche Gesinnung der Sophisten konnte nur in einer Zeit sich ausbilden, in welcher der Ernst des Lebens verschwunden oder auf eine Zeit lang verdunkelt war und ein leichtsinniges Streben überhand genommen hatte. In dem Leben aller durchgebildeten Völker finden sich solche Uebergänge, in welchen der Glanz ihnen mehr zu gelten scheint, als der Werth, bis sie wieder in sich gehen und sich besinnen, durch irgend ein allgemeines Unglück belehrt, daß bloßes Streben nach äußerm Glanze nur innere Schwäche und Verzagtheit gebiert und des Menschen Schicksal nicht sei, zu genießen, als hätte er, sondern zu arbeiten, als solle er gewinnen. Es ist hier der Ort nicht, die politischen Veranlassungen auseinanderzusetzen, durch welche bei den Griechen dieser Zeitpunkt eintrat, nur so viel ist zu erwähnen, daß, um ihn herbeizuführen, die Verhältnisse des Staatslebens der Entwicklung der Wissenschaften entgegenkommen mußten. Athen hatte sich durch die Perserkriege schnell zu Ansehen und Macht erhoben; es gedachte diese zu eigenem Genusse zu gebrauchen; seiner politischen Macht folgte seine Blüthe in Künsten und Wissenschaften; es wurde bald der Mittelpunkt des gebildeten Griechenlandes. Während der Staatsverwaltung des Perikles sehen wir den Glanz Athens aufblühen, nicht ohne Spuren der schon einbrechenden Verwirrung [1]); noch mehr aber zeigte sich das Streben nach äußerm Glanze in den gleich darauf folgenden Zeiten Athens. Dies gilt besonders von den Künsten der Rede; diese fing man an, aus einem natürlichen Erguß der Gesinnung, welcher mehr nach dem Inhalte, als nach der Form zu beurtheilen sei, eine kunstmäßige, durch Klang und Pracht der Worte Eindruck bezweckende Rednerei zu werden; das Streben nach verfänglichen Künsten der Rede, welche auf augenblickliche Wirkung berechnet sind, war damit natürlich verbunden. Wie dies mit der Demokratie des athenienfischen Staats zusammenhing, ist klar genug. Zu gleicher Zeit aber bildete sich auch in andern hellenischen Staaten die Beredtsamkeit als Kunst aus. Daß dies mit der Wandelbarkeit der Verfassungen und des Eigenthums in Verbindung stand, sagt Aristoteles ausdrücklich, indem er erwähnt, daß zuerst in Sicilien Korax und Tisias Grundsätze der Wohlredenheit schriftlich entworfen hätten [2]), und von daher auch leitet er die sophistische Kunst ab. Die Sophisten sind aber nicht eigentlich merkwürdig als Redner, sondern als Stifter rhetorischer Schulen, welche un-

1) Wie dies den spätern Strenggesinnten erschien, sieht man aus Plat. Gorg. p. 515 sq.

2) Cic. Brut. 12. Itaque ait Aristoteles, cum sublatis in Sicilia tyrannis res privatae longo intervallo judiciis repeterentur, tum primum, quod esset acuta illa gens et controversa natura, artem et praecepta Siculos Coracem et Tisiam conscripisse.

ter ihnen selbst nur in der Mittheilung und Uebung gewisser Kunstgriffe bestanden, später aber eine wissenschaftlichere Richtung gewonnen. Dadurch hauptsächlich erhielten sie Einfluß auf die Erziehung, welche jetzt eine ganz andere zu werden begann, als sie bei den Vätern gewesen war. Wenn man früher nur in gymnastischen Uebungen, in der Grammatik, im Lesen der Dichter und in der Musik aufgewachsen war, so drängten sich jetzt die Sophisten zum Unterrichte der vornehmen und reichen Jugend und theilten dieser mancherlei nützliche Kenntnisse in der Mathematik, Astronomie, in der Sprachforschung, in den Naturwissenschaften, auch über Staatsverfassungen mit, aber auch eine gewisse philosophische Bildung verkehrter Art, eine Ansicht des Lebens und des Rechts, welche dem alterthümlichen Familienleben und den Staaten verderblich wurde. Aus den Händen dieser Sophisten ist nachher die letzte Erziehung der Jugend zum Theil wieder in die Hände der philosophischen Schulen gekommen, welche in der folgenden Periode unserer Geschichte zu wahren Erziehungsanstalten wurden.

Wie dies alles mit der Geschichte der Philosophie zusammenhing, ist hier anzuführen der geeignete Ort. In der frühern Zeit hatte man sich mit einem gewissen frommen Glauben an die Erforschung der Wahrheit gemacht. Man setzte voraus, es sei dem Menschen möglich, sie zu finden, oder wenn auch nicht völlig zu finden, doch immer die Forschung nicht ganz vergeblich. Dabei aber verfuhr man nach entgegengesetzten Richtungen, welche doch immer eine gewisse Wahrheit darboten. Es war natürlich, daß eine jede dieser Richtungen ihren Weg verfolgte, ohne sich viel um die übrigen zu kümmern. Die verschiedenen Schulen der frühern Philosophie scheinen sich sehr, wie früher gezeigt, eine jede für sich gehalten zu haben, so daß sie nur selten miteinander in streitige Berührungen traten; dabei konnte eine jede in ihrem Gebiete sich sicher fühlen. Als aber zu Ende dieser Periode die griechische Bildung in Athen einen Mittelpunkt fand, als auch die politischen Berührungen der einzelnen griechischen Staaten im Kampfe um die Hegemonie häufiger und allgemeiner geworden waren, konnte die gesonderte Entwicklung der einzelnen Schulen nicht mehr bestehen; es mußte ein Kampf um ihre Grundsätze beginnen. Wer sollte ihn schlichten? Es gab unter ihnen keinen Obmann. Ganz natürlich war es, daß nun die Gemüther, welche zwischen ganz verschiedenartige Forschungsweisen und Meinungen sich gestellt sahen, der Zweifel beschlich. Welchen Weg soll man gehen, um die Wahrheit zu finden? Es giebt vielleicht keinen. Welche Meinung soll man wählen, da alle sich wechselsweise bestreiten? —

Nun ist auch dies nicht zu übersehen, daß die ältern Lehren der Philosophen noch an dem Religiösen gewissermaaßen festhielten, aber allmälig doch sich von ihm ablösten. Nach und nach fiel immer mehr von dem religiösen Glauben; er wurde in die Untersuchung gezogen, und wenn die Untersuchung ihn nicht bestätigte, selbst aber auch den Spätern keine Ueberzeugung bot, so mußte zuletzt alle Gewißheit dem Zweifel dahinfallen. Schon Xenophanes hatte den vermenschlichenden Polytheismus angegriffen; die ganze Schaar der Eleaten, den Empedokles nicht ausgenommen, scheint sehr willkürlich und auffallend

37 *

allegorisirend die Göttergeschichten behandelt zu haben; auch die Pythagoräer nahmen die Götterlehre nur in ihrem Sinne an; Herakleitos stritt gegen dieselbe, und Anaxagoras wollte sie in allegorischem Sinne gedeutet wissen, ja Hippon wird für einen Atheisten gehalten. In dieser Zeit also bereitete sich eine freiere Denkart über den Volksglauben vor; bald wurde sie noch allgemeiner; Einige verleugneten die Volksgötter, Andere zweifelten, ob es Götter überhaupt gebe, Andere endlich leugneten sie gänzlich *). So fiel auch diese Stütze der Gewißheit des menschlichen Geistes dahin.

Wenn man nun endlich bedenkt, wie sehr alles Sittliche bei den Griechen mit ihrer Religion und mit ihren Staatseinrichtungen zusammenhing, und wie die Gesetze besonders in dem abwechselnden Kampfe der Demokratie mit tyrannischer Gewalt, aber auch in den aristokratischen Verfassungen immer mehr ihr Ansehen verloren, Willkür dagegen und Leidenschaft mit Verschmähung der gesetzlichen Form oder auch unter gesetzlichen Formen herrschten: so kann man sich nicht wundern, daß auch das Sittliche ungewiß wurde und nur unter Zweifeln festgehalten. Die ältern Philosophen hatten sich wenig mit der Sittenlehre im Einzelnen beschäftigt; wenn das Sittliche auch einigen derselben, wie hauptsächlich den Pythagoräern, dem Herakleitos und dem Empedokles, als die Grundlage al-

*) Die Denkart des Euripides hierüber ist bekannt; Protagoras war, wenn nicht Atheist, doch Zweifler; Diogenes der Melier leugnete offenbar die Götter. Auch Prodikos und Kritias sind hierher zu ziehen.

ler Ordnung in der Welt erschien, so war es doch mehr von ihnen vorausgesetzt, als wissenschaftlich festgestellt worden. Indem man nun aber zur künstlichen Beredtsamkeit sich wandte und dadurch für Privatvortheil und für Staatsverhältnisse zu wirken suchte, mußte man seinen Blick auf das, was gesetzlich bestand, und auf das, was verändert werden konnte, richten. Da die neuen Lehrer der Redekunst nicht einem Staate angehörten, sondern allen, in welchen sie umherwanderten: so konnte es nicht ausbleiben, daß sie auf die Verschiedenheit der Rechte aufmerksam wurden, und indem sie, keinen höhern Standpunkt, aus welchem die scheinbaren Widersprüche des Bestehenden sich auflösen ließen, fanden, wurde ihnen das Eine aus dem Andern schwankend. Und in dieser Gesinnung lehrten sie. Den Regeln oder Formularen für die Wohlredenheit im Ausdrucke mußte eine Vorschrift für den Inhalt der Rede beigegeben werden. Es kam aber nur darauf an, das Recht zu Gunsten des Redenden zu beugen; die allgemeine Vorschrift konnte also auch nur alles wahre Recht beugen. Daher wird als ein Gemeingut der Sophisten der Satz betrachtet: kein Recht von Natur, sondern nur durch Satzung *). Die Redekunst ist ihnen nur dazu vorhanden,

*) *Τὸ δίκαιον καὶ τὸ αἰσχρὸν οὐ φύσει, ἀλλὰ νόμῳ.* V. Plat. Gorg. p. 482 sq.; de leg. X. p. 889; Theaet. p. 167. *τοὺς δέ γε σοφούς τε καὶ ἀγαθοὺς ῥήτορας ταῖς πόλεσι τὰ χρηστὰ ἀντὶ τῶν πονηρῶν δίκαια δοκεῖν εἶναι ποιεῖν· ἐπεὶ οἷά γ' ἂν ἑκάστῃ πόλει δίκαια καὶ καλὰ δοκῇ, ταῦτα καὶ εἶναι αὐτῇ, ἕως ἂν αὐτὰ νομίζῃ.* Der Gegensatz zwischen *νόμος* und *φύσις* wird übrigens in verschiedenem Sinne gebraucht; s. oben beim Archelaos S. 344 u. Plat. Prot. p. 337; Arist. soph. el. 12. *ἦν δὲ τὸ μὲν κατὰ φύσιν αὐτοῖς τὸ ἀληθές, τὸ δὲ κατὰ νόμον τὸ τοῖς πολλοῖς δοκοῦν.*

die Meinungen über das Recht zu verändern und selbst den schwächern Rechtsgrund zum stärkern zu machen *).

Wenn nun so der Glaube an die Wahrheit, an die Götter, an das Recht gefallen, ein lebhaftes Bestreben um den Glanz und den Ruhm der Welt, von Talenten für das Finden und Darstellen unterstützt, noch übrig geblieben war, wer kann sich wundern, daß jetzt ein leichtsinniges Spiel mit philosophischen Begriffen und Lehren begann, dessen Grundlage eben diese Talente und der keckste Zweifel an alle Wahrheit bildeten? In wissenschaftlicher Rücksicht haben wir in der Sophistik nichts anderes, als das Ergebniß dieses Zweifels zu erblicken, zuerst das Schwanken aller Wahrheit, zuletzt das keckste Leugnen der Wahrheit überhaupt. Der Skepticismus, von welchem mit Recht gesagt worden ist, daß er der ärgste Dogmatismus sei, beherrscht die Sophisten, indem sie nicht bloß für sich das Bekenntniß thun, daß sie bisher zum Wissen nicht gekommen, sondern überhaupt dem Menschen absprechen, daß er zum Wissen gelangen könne. Nur darin also unterscheiden sich die Sophisten von den spätern Skeptikern, daß sie weniger vorsichtig ihre Formeln wählen und nicht ihre innere Anmaaßung hinter dem Schein, als

*) *Τὸν ἥττονα λόγον κρείττονα ποιεῖν.* Welches zu bewirken, Protagoras, wie es scheint, zuerst sich rühmte. Arist. rhet. II. 24 fin. Cf. Tzetz. chil. XI. 711. S. Arist. nub. v. 886 sq., wo auch die Veränderung der Erziehung und der Sitten geschildert wird, welche mit der Sophistik zusammenhing. Plat. Phil. p. 58. *ἤκουον γὰρ ἔγωγε, ὦ Σώκρ., ἑκάστοτε Γοργίου πολλάκις, ὡς ἡ τοῦ πείθειν πολὺ διαφέροι πασῶν τεχνῶν· πάντα γὰρ ὑφ' αὑτῇ δοῦλα δι' ἑκόντων, ἀλλ' οὐ διὰ βίας ποιοῖτο καὶ μακρῷ πασῶν ἀρίστη εἴη τῶν τεχνῶν.*

spräche ihre Lehre nur von ihrem eigenen Zustande, verbergen, sondern geradezu bekennen, es sei mit der Wahrheit nichts, und diese ihre Weisheit auch Andern mitzutheilen suchen, damit sie mit der Erforschung der Wahrheit sich nicht unnütze Mühe machen. Dabei ist denn, so wie den spätern Skeptikern, so den Sophisten, noch das thätige Leben als Ziel ihrer Lehre übrig gelassen. Aber Männern, welchen alle Wahrheit verschwunden, zerfließt natürlich auch jedes Ziel des Lebens. Daher hören wir, wie Prodikos von Keos [1]) und wie Demokritos [2]) den Tod gelobt haben, und aus den Schilderungen anderer Sophisten [3]) ersehen wir, daß der Zweck des Lebens ihnen nur als das Wohlleben aller Art, als der Genuß des Augenblicks erschienen ist.

Durch diese allgemeine Schilderung der sophistischen Bestrebungen geben wir dem Begriffe des Sophisten eine allgemeinere Bedeutung, als er bei den Alten hat. Diesen bezeichnet der Name Sophist eine eigene Classe von Leuten, und die sophistische Kunst ist ihnen ein besonderes Handwerk, zu welchem das Herumwandern durch die griechischen Städte, besonders aber der Geldgewinn durch

---

1) Axiochus p. 366 sq. Dieser Spruch des Unschuldigsten der Sophisten, wie man den Prodikos genannt hat, kann freilich auch anders gedeutet werden, wenn man diesem Manne die Lehre von der Unsterblichkeit der Seele beilegt, wie Welcker gethan hat. S. rhein. Museum für Philol. S. 608 ff. Entscheidend sind seine Gründe nicht, aber auch wir wollen über die Persönlichkeit des Prodikos nicht entscheiden, weil die Ueberlieferungen über ihn sehr ungenügend sind.

2) Stob. serm. CXX. 20.

3) Besonders beim Xenophon und Platon.

den Unterricht reicher Jünglinge gehörten [1]). Solche Nebenbedeutungen können uns beim wissenschaftlichen Gebrauche des Namens nicht kümmern; uns muß es gleich sein, ob jemand um Geld oder um flüchtigen Ruhm mit der Wissenschaft buhlt. Wir werden uns daher auch nicht für verbunden halten, allein auf diejenigen, welche von den Alten Sophisten genannt werden, uns zu beschränken, wenn wir die Uebergangsperiode, welche im Allgemeinen mit dem Namen des sophistischen Zeitalters bezeichnet wird, zu schildern unternehmen. Demokritos und die Atomisten dieser Zeit werden von den Alten nicht Sophisten genannt, weil sie an jenen Nebenwerken der sophistischen Kunst keinen Theil hatten; ihre Lehre aber ist im Wesentlichen ebenso antiphilosophisch, als die Lehre der Sophisten, indem die Wahrheit, welche sie allenfalls noch übrig läßt, alle Forschung uns abschneidet [2]).

---

1) Plat. Soph. init.; kurz zusammengefaßt p. 231; Arist. de soph. el. I. 2. In früherer Zeit hatte der Name eines Sophisten keine üble Bedeutung. Auch in den spätern Zeiten der Rhetoren kam er wieder zu Ehren.

2) A. Wendt z. Tennemann's Gesch. der Phil. I. S. 340 schreibt dem Demokrit als Verdienst die Ausbildung einer in dem Fortschreiten der Philosophie nothwendigen Weltansicht, eines wesentlichen Standpunktes im philosophischen Denken zu und will deswegen seine Philosophie nicht zu der sophistischen Verderbniß rechnen. In gewisser Rücksicht könnten aus demselben Grunde auch Protagoras und Gorgias von dem Vorwurfe sophistischer Künste gerettet werden. Doch ich gestehe zu, daß die Atomistik einen größern Schein der Wissenschaftlichkeit hat, als die skeptischen Standpunkte dieser Männer: so wird man doch wohl auch so billig sein, nicht zu verkennen, daß die Atomistik, wo sie nur einigermaaßen folgerecht ausgebildet worden ist, vergesellschaftet war mit tiefem Verderben im Wissenschaftlichen, im Sittlichen, im Religiösen. Man

Wenn wir nun die Lehren der Sophisten in die Geschichte der Philosophie aufnehmen, so haben wir dabei einen doppelten Zweck, nämlich theils zu zeigen, wie sich die ältern philosophischen Schulen in sich selbst aufrieben wegen ihrer Einseitigkeit, theils auch auf einige Hülfsmittel aufmerksam zu machen, welche die spätere Entwicklung der Philosophie aus dem unphilosophischen Treiben der Sophisten gezogen hat. Dieser letzte Zweck jedoch verliert sich meistens in den erstern; denn der Nutzen, welchen die spätere Philosophie aus den Bestrebungen der Sophisten zog, ist doppelter Art, theils für die sprachliche Darstellung, theils für den Gedanken, und der letztere,

---

erinnere sich an Epikur und an das Système de la nature. Das wahrhaft Philosophische, welches auch dieser Verirrung zum Grunde liegt, spricht sich auf eine ganz andere Weise aus, etwa wie bei den Pythagoreern oder bei Leibnitz. Wenn nämlich ein philosophischer Sinn in der Atomistik sein soll, so wird er allein in dem Suchen nach dem Einfachen gefunden werden können. Daran aber schließt sich die Verkehrtheit an, daß die einfachen Elemente etwas Sinnliches und gänzlich für sich Bestehendes sein sollen. Das Wahre, das in jenem Suchen liegt, ist durch die Pythagoreer in die philosophische Untersuchung gekommen, das Verkehrte haben die Atomisten hinzugefügt. Wenn diese nichts anderes kennen, als das Körperliche, ohne innere Kraft, einem reinen Materialismus zugewendet, wenn sie keine andere wahre Einheiten kennen, als die Atome, und daher die Einheit der Welt ebenso gut, als die Einheit des Grundes der Welt oder Gott leugnen, daher aber auch die Wahrheit, welche die Wissenschaft sucht, aufzugeben genöthigt sind: so kann man ihnen nur eine antiphilosophische Tendenz beimessen. Brandis Gesch. der gr. röm. Phil. S. 301 f. scheint den wissenschaftlichen Werth des Atomismus in der Zurückführung des Qualitativen auf das Quantitative zu suchen, aber auch hierin waren ihm die Pythagoreer vorangegangen, mit welchen daher auch Aristoteles ihn zusammenzustellen pflegt.

was das eigentlich Philosophische betrifft, der wichtigere, geht fast nur aus der weitern Ausführung der frühern philosophischen Richtungen, wie später gezeigt werden soll, hervor. Daher werden wir hauptsächlich hervorheben müssen, wie die Sophistik sich zu den frühern philosophischen Schulen verhalten habe; zuvor aber muß einiges von den Sophisten erwähnt werden, was weniger allgemeiner und mehr zufälliger Natur ist.

Daß die Sophisten einen bedeutenden Einfluß auf die Ausbildung der attischen Prosa gehabt haben, dürfte von niemandem bezweifelt werden, und daß dies auch der philosophischen Darstellung zum Vortheil gereichen mußte, ist an sich einleuchtend. Hier soll nur von den für die Philosophie besonders wichtigen Einwirkungen gehandelt werden. Es ist in dieser Rücksicht zu erwähnen, daß die Sophisten, indem sie zu mancherlei Künsten des Scheins sich wendeten, aber auch im Kampf gegeneinander die Künste des Scheins zu enthüllen streben mußten, zu einer feinern Unterscheidung der Sprachbestandtheile geführt wurden. So wird uns besonders vom Prodikos erzählt, er habe seine Stärke in der Unterscheidung sinnverwandter Wörter gesucht, worin er einen Scharfsinn ohne Maaß verschwendete *). Auf ähnliche Unterscheidungen, welche für den philosophischen Sprachgebrauch wichtig sind, mußten mehrere Sophismen aufmerksam ma-

*) Vom Platon wird er mehrmals deswegen verspottet. Besonders Prot. p. 337; Crat. p. 384; Charm. p. 163; cf. Heind. ad ll. ll. Ehrenvoll wird übrigens Prod. vom Plat. erwähnt Euthyd. p. 277; 305.

chen, welche mit den Wörtern lernen, verstehen und wissen getrieben wurden [1]). Für die philosophische Darstellung war es ferner wichtig, daß die Sophisten nicht nur die Kunst fortlaufender Rede, sondern auch des Gesprächs ausbildeten, wie denn Protagoras und Gorgias sich rühmten, in diesem ebenso stark zu sein als in jener [2]). Von noch größerer Wichtigkeit aber mußte es sein, daß diese Männer durch ihre Beschäftigung zu manchen didaktischen Regeln geführt wurden, welche für die spätern Philosophen der wahre Grund der formalen Bestimmungen der Logik wurden. Selbst daß jene Regeln zu trügerischen Zwecken dienen sollten, mußte ein um so kräftiger wirkender Beweggrund für den philosophischen Geist werden, die Formen des Denkens und des Ausdrucks, welche von den frühern Philosophen vernachlässigt worden waren, in die Untersuchung zu ziehen, weswegen wir denn auch sogleich den Sokrates hiermit beschäftigt finden werden. Und diesen Ursprung der logischen Regeln hat selbst ihre spätere Geschichte nicht verleugnen können, indem fast in allen sokratischen Schulen die Erfindung und Ausbildung sophistischer Fragen und Schlüsse den Scharfsinn der Griechen beschäftigte.

Zu diesen Vortheilen für die Methodik des Wissens gesellt sich aber auch die Erweiterung der Erfahrungserkenntnisse durch die Sophisten als ein Gewinn, welchen mittelbar auch die Philosophie empfinden mußte. Wiewohl wir die Sophisten keineswegs für ausgezeichnet geist-

1) Plat. Euthyd. p. 277.

2) Plat. Prot. p. 334; Gorg. p. 449; Arist. de soph. el. 33.

reiche Männer, etwa wegen ihrer Berühmtheit, zu halten genöthigt sind, wenn wir bedenken, daß ihr kurz dauernder Ruhm hauptsächlich aus der Geschicklichkeit, den Neigungen ihrer Zeit zu schmeicheln, zu stammen scheint: so waren sie doch keineswegs nur unwissende Schwätzer, sondern Bildung und Kenntnisse mannigfaltiger Art wohnten den Bessern unter ihnen bei. Schon indem sie für Politiker sich ausgaben, mußten sie um vielerlei geschichtliche Kenntnisse, besonders um Kunde von den Staatsverfassungen sich umthun. Zwar verschmähte Protagoras den Unterricht in den verschiedenen einzelnen Kenntnissen, welche besondern Zwecken des Lebens dienen, aber der Kunst, Haus und Staat durch That und Rede zu regieren, rühmte er sich [1]). Von mehrern unter den Sophisten ist es uns bekannt, daß sie die Kenntniß der alten Dichter und die Kunst der Auslegung als einen besondern Schmuck des gebildeten Menschen in Anspruch nahmen [2]); Gorgias beschäftigte sich auch mit der Naturwissenschaft [3]), und Hippias der Eleer war nicht nur in tausend kleinlichen Künsten erfahren, sondern lehrte auch wichtigere Wissenschaften und Künste, wie Arithmetik, Geometrie, Astronomie und Musik, und ein Kunstmittel für das Gedächtniß war von ihm erfunden worden [4]), damit

1) Plat. Prot. p. 318; Protag. soll über den Staat geschrieben haben. Diog. L. IX. 55; vergleiche jedoch ib. III. 37; 57; Porphyr. ap. Euseb. pr. ev. X. 3.

2) Plat. Prot. p. 338 fin; Foss de Gorg. p. 48.

3) Plat. Meno p. 76.

4) Plat. Prot. p. 318; Hipp. min. p. 368.

man nicht zweifle, daß seine Wissenschaft sich hauptsächlich auf Sachen der Erfahrung bezog. Wenn wir aber auch noch den Demokritos hierher rechnen, so haben wir damit genug gesagt, um erkennen zu lassen, daß auch der Mann, welcher der größte Gelehrte unter den Griechen bis auf die Zeiten des Aristoteles herab war, in die sophistischen Bestrebungen seiner Zeit hineingezogen wurde.

Wenn es nun bei der Betrachtung der Sophistik das Wichtigste für uns ist, zu erkennen, wie in ihr die frühern philosophischen Richtungen endeten und dadurch ihre Einseitigkeit klar wurde, so werden wir nicht allen Sophisten für unsern Zweck gleiche Bedeutung beilegen können. Vielmehr haben wir in dieser Rücksicht nur wenige von ihnen zu erwähnen, hauptsächlich nur die Atomisten, den Protagoras und den Gorgias. Hier haben wir das Verhältniß der Lehren dieser Männer zu den frühern philosophischen Schulen zu berücksichtigen. Daß die Lehre des Gorgias sich auf das Genaueste an die eleatische Philosophie anschließt, zeigt der erste Blick. Ebenso kann die Lehre des Protagoras nur als eine Ausartung der dynamischen Naturphilosophie der ionischen Schule angesehen werden, und die Atomisten schließen sich am genauesten an die mechanischen Naturphilosophen an, wodurch sie theils eine Verwandtschaft mit den ionischen Mechanikern, theils mit den Eleaten und dem Empedokles haben. Es liegt jedoch der Lehre der Atomisten auch das Bestreben zum Grunde, die Form der Naturerscheinungen als das Wesentliche in ihnen anzusehen, und insofern hat sie einige Aehnlichkeit mit der pythagorischen Physik, welche uns jedoch nicht berechtigen kann, sie für eine Aus-

Zweites Capitel.

Die Atomisten. Leukippos und Demokritos.

Leukippos wird einstimmig für den Urheber der griechischen Atomistik gehalten. Wenn man die Unzuverlässigkeit der Ueberlieferungen über die Lebensverhältnisse der ältesten Philosophen sich anschaulich machen will, so darf man nur die Angaben über das Leben des Leukippos vergleichen. Ein Milesier wird er genannt, weil von Miletos die meisten ältern Naturphilosophen stammten, ein Abderit, weil Demokritos, der Genosse seiner Lehre, von Abdera war, ein Eleat, weil man ihn für einen Schüler der Eleaten hielt [1]). Uns scheint hieraus nichts Sicheres zu fließen, als daß man nicht wußte, woher er stammte. Ebenso unsicher sind die Angaben über sein Zeitalter. Man bestimmt dies gewöhnlich darnach, daß er der Lehrer des Demokritos genannt wird [2]), wiewohl auch diese Sage bezweifelt werden kann. Andere bestimmen es nach der Annahme, daß er ein Schüler des Parmenides gewesen sei [3]); aber er wird auch sonst ein Schüler des Ze-

1) Simpl. phys. fol. 7 a; Diog. L. IX. 30, wo für Μήλιος wahrscheinlich Μιλήσιος zu setzen ist; Clem. Alex. protr. p. 45.

2) Diog. L. IX. 34. Aristoteles nennt ihn nur einen ἑταῖρος des Demokrit, welches sich wohl nur auf die Gleichartigkeit ihrer Lehren bezieht. Met. I. 4.

3) Simpl. phys. fol. 7 a.

non, des Melissos, ja des Pythagoras genannt [1]). Eine Verbindung der atomistischen Lehre mit der eleatischen ist allerdings, wenn man die Form der Darstellung betrachtet, wahrscheinlich [2]); aber man möge sich hüten, hieraus zu viel zu folgern. Von der andern Seite dürfte man sich geneigt fühlen, der atomistischen Lehre einen viel frühern Ursprung beizulegen, wenn man findet, daß gegen einen ihrer Hauptbestandtheile, gegen die Annahme des Leeren, schon vom Parmenides und vom Anaxagoras gestritten wurde [3]). Auch die Dunkelheit, welche über die Person, und wir wollen nur sogleich hinzusetzen, auch über die Lehre des Leukippos herrscht, macht es wahrscheinlich, daß dieser in der Zeit eines sparsamen Verkehrs unter den Gelehrten lebte. Von ihm werden zwar Schriften angeführt [4]), allein alle diese sind nicht ohne Grund in Verdacht, welcher auch dadurch bestätigt wird, daß

---

1) Simpl. l. l.; Diog. L. IX. 30; Tzetz. chil. II. 980; Jambl. v. Pyth. 104.

2) Daß diese Form auch schon beim Leukippos gewesen sei, möchte man aus Arist. de gen. et corr. I. 8 schließen, wenn nicht etwa in dieser Stelle Leukippos nur als Repräsentant der Atomisten steht.

3) Daß dieser Streit nicht allein gegen die Pythagoräer gerichtet ist, scheint aus seiner Haltung hervorzugehen.

4) Stob. ecl. I. p. 160; Diog. L. IX. 46. Ueber die Schrift *περὶ νοῦ* s. Tennemann's Gesch. der Phil. I. S. 268; in der neuen Ausgabe S. 332. Daß der *μέγας διάκοσμος* dem Leuk., nicht dem Demokritos nach dem Theophrastos zugehören soll, ist eine auffallende Ueberlieferung. Aus ihr möchten vielleicht die genauern Nachrichten über die Weltbildung des Leukippos stammen. Arist. de Xen., Zen. et Gorg. 6 heißt es: *ἐν τοῖς Λευκίππου καλουμένοις λόγοις*.

uns, so viel mir bekannt ist, keine echten Bruchstücke seiner Schriften gerettet worden sind. Die Lehre des Leukippos wird gewöhnlich vom Aristoteles und von andern Schriftstellern mit der des Demokritos erwähnt, oder wenn man ihn auch allein nennt, so legt man ihm doch nur Lehren bei, welche dem Demokritos ganz in derselben Weise zukommen, so daß es scheint, er werde nur als Vater der Atomistik in ihrer ältesten Gestalt anerkannt. Da wir so nichts Eigenthümliches ihm zueignen können, so fällt uns seine Lehre mit der des Demokritos zusammen.

Demokritos war zu Abdera, dem neuen Wohnsitze der aus Jonien ausgewanderten Tejer [1]), geboren, nach Apollodoros in der 80. Ol., nach Andern etwas früher [2]); er selbst gab die Zeit seiner Geburt und die Verfassung seines berühmtesten Werks auf eine an sophistischen Prunk erinnernde Weise nach der Zeit des Anaxagoras und der Eroberung Trojas an [3]). Sein Vater soll so reich gewesen sein, daß er den Xerxes auf seiner Rückkehr nach Asien in Abdera bewirthen konnte [4]). Demokrit aber soll sein väterliches Erbtheil zu fernen Reisen verwendet haben [5]), von welchen er selbst nicht ohne Ruhmredigkeit sagt: „Ich von allen Menschen meiner Zeit habe das meiste Land

1) Herodot. I. 168.

2) Diog. L. IX. 41. Nach Thrasyllos Ol. 77. 3.

3) L. l.; ib. 34. Die Angabe nach der Eroberung Trojas ist gewöhnlich, dagegen bezweckt offenbar die Angabe nach der Geburt des Anaxagoras eine Vergleichung mit diesem berühmten Philosophen.

4) Diog. L. IX. 34; cf. Herodot. VIII. 120.

5) Diog. L. IX. 35; 39; Theophr. ap. Aelian. v. hist. IV. 20; Cic. de fin. V. 29.

durchirrt, das Fernste durchforschend, Luftstriche und Länder habe ich die meisten gesehen und die meisten einsichtsvollen Männer gehört, und in der Linien Zusammensetzung mit Beweis hat mich niemand übertroffen, auch nicht der Aegypter sogenannte Arpedonapten, bei welchen ich fünf Jahre in der Fremde gewesen bin [1])." Auch auf andere Weise soll Demokrit sich zu unterrichten gesucht haben, wie ihm denn eine unmäßige Wißbegier, zum Theil gewiß nicht in seinem Sinne [2]), zugeschrieben wird. Es wird erwähnt, daß er Umgang mit vielen berühmten Männern seiner Zeit gehabt habe, und gewiß ist es, daß er viele wenigstens aus ihren Schriften und aus ihrem Rufe kannte. So gedachte er in seinen Schriften des Parmenides und des Zenon, des Anaxagoras und des Protagoras und rühmte den Pythagoras sehr [3]), weswegen man auch angenommen hat, daß ihn Philolaos oder ein anderer Pythagoräer unterrichtet habe [4]). Eine eben nicht zuverlässigere Sage ist, er sei ein Schüler des Anaxagoras gewesen, und durch eine allgemeine Uebereinstimmung späterer Zeugen wird er für einen Schüler des Leukippos gehal-

---

1) Clem. Alex. strom. I. p. 304; Euseb. praep. ev. X. 4. Im Text steht von 80 Jahren; Diodor von Sicilien I. 98 spricht von 5 Jahren. Wahrscheinlich ist aus π. abgekürzt für πέντε π' (80) geworden. S. Papencordt de atomicorum doctrina commentationis specimen primum (Berol. 1832.) p. 10. Ueber die Arpedonapten oder Arsepedonapten, wie bei Eusebios steht, s. Vermuthungen bei Sturz de dialect. maced. p. 98; Reinesii ep. ad Nesteros p. 25.

2) Cic. de fin. V. 29; qu. Tusc. V. 39.

3) Diog. L. IX. 34; 35; 38; 41; 42; 46; Sext. Emp. VII. 389.

4) Diog. L. IX. 38.

ten [1]), ich weiß jedoch nichts, was dafür mit einiger Wahrscheinlichkeit spräche, außer der Aehnlichkeit der Lehre, und daß Aristoteles den Einen den Genossen (*ἑταῖρος*) des Andern nennt. Durch sein eifriges Studiren scheint nun auch Demokritos eine so große Masse von Kenntnissen erworben zu haben, als kein anderer der frühern Philosophen. Dies schließen wir aus dem Verzeichnisse seiner Schriften [2]), welches vielleicht manches untergeschobene Werk enthalten mag [3]), aber doch auch in diesem Falle den Ruhm seiner Gelehrsamkeit beweiß. In diesem Verzeichnisse nämlich werden nicht nur viele ethische und physische Schriften allgemeinerer Bezeichnung aufgeführt, sondern auch Schriften über einzelne Gegenstände der Natur, über Mathematik, Astronomie, Geographie, über Musik und Poesie, über Arzneikunst, Grammatik, Malerei und sogar über Kriegswissenschaft, so daß man wohl vermuthen kann, daß diese Schriften fast den gan-

---

1) Diog. L. IX. 34.

2) Diog. L. IX. 46—49.

3) Nach Suid. s. v. *Δημόκρ.* sollen nur zwei Schriften echt sein, der *μέγας διάκοσμος* und *περὶ φύσεως κόσμου*. Dies ist wohl offenbar übertrieben. In Schleiermacher's literarischem Nachlaß Bd. I. findet sich eine Abhandlung über das Verzeichniß der demokritischen Schriften, welche Thrasyllos in Tetralogien gebracht hatte. Das Princip der Eintheilung, welches Schleiermacher annimmt, scheint mir sehr geeignet, die Sache weiter zu bringen, doch ist die Ausführung im Einzelnen wohl noch in mehrern Punkten mangelhaft. Schleiermacher verwirft die *ἀσύντακτα* gänzlich, weil sie nicht in die Eintheilung passen; mir aber scheint es, daß ihr Inhalt (*αἰτίαι*, wahrscheinlich ähnlich den Problemen des Aristoteles) Veranlassung gab für sie eine besondere nicht tetralogisch geordnete Abtheilung zu machen.

zen Kreis der damaligen Kenntnisse umfaßt haben und Demokrit ein ähnliches Verhältniß zur Gelehrsamkeit seiner Zeit hatte wie Aristoteles zur Gelehrsamkeit der seinigen. Aber man könnte sich auch versucht fühlen, in der Vielschreiberei des Demokritos etwas Sophistisches zu finden; wenigstens hing seine Vielwisserei entschieden nicht, wie die umfassenden Forschungen des Aristoteles, mit seiner philosophischen Lehre zusammen, welche aus der Mannigfaltigkeit der Erkenntnisse kein allgemeines Resultat zu gewinnen wußte, und verbunden war damit eine nicht geringe Anmaaßung und ein Prunk der Rede, welche an den sophistischen Charakter anstreifen. Die Anmaaßung bemerken wir sogleich, wenn wir ihn von sich selbst sprechen hören, wovon schon früher Einiges erwähnt wurde, am meisten aber wohl giebt Zeugniß darüber der Anfang einer seiner Schriften, vielleicht der großen oder der kleinen Weltordnung (μέγας und μικρὸς διάκοσμος), welcher lautete: „Dieses spreche ich von allen Dingen [1].“ Von dem Prunk seiner Worte spricht Cicero, seine Rede mit der platonischen vergleichend, in beiden Aehnlichkeit mit der poetischen Sprache findend und auch sonst die Zierlichkeit seines Ausdrucks lobend [2]; der Redner bemerkt

1) Cic. acad. II. 23. Qui ita sit ausus ordiri: haec loquor de universis. Nihil excipit, de quo non profiteatur. Sext. Emp. VII. 265. Beim Cicero wird dies freilich magnitudo animi genannt; es ist die magnitudo animi der Stolzen oder, was dasselbe ist, der Eiteln.

2) Orat. 20; de orat. I. 11; Dion. Hal. de eloc. 24, wo die gute Mischung seiner Worte gelobt wird, welches Lob er aber freilich mit dem Aristoteles theilt. Andere Stellen und einige Beispiele s. b. Papencordt p. 19 sq.

aber nicht, wie grell dieser höhere, Begeisterung heuchelnde Schwung der Rede gegen die niedrige Gesinnung, welche seiner Ansicht des Lebens und der Welt zu Grunde liegt, abstechen mußte.

Hinter der physischen Lehre des Demokritos und der ältesten Atomisten ist nichts Tieferes zu suchen, als das, was allen mechanischen Naturlehren, welche auf mathematische Vorstellungen Alles zurückbringen möchten, eigen ist. Vom Demokritos wissen wir, daß er mit der Mathematik viel sich beschäftigte und auf seine Kenntnisse in ihr großen Werth legte; so hat sich bei ihm, wie bei andern Physikern der neuern Zeit, die atomistische Ansicht gebildet; seine Neigung für die mathematische Betrachtung der Natur beherrscht ihn. Daher ist ihm das allein Wahre, das Seiende, wie er es mit den Eleaten nennt, ein im Raume Ausgedehntes, von einer Figur, welche unveränderlich ist, weil aus dem Nichts nichts wird. Es ist aber auch eine ursprüngliche Vielheit, eine Zahl der Dinge, und da diese im Raume ist, so muß es auch im Raume etwas Trennendes geben, welches aber nicht ein erfüllter Raum sein kann, weil sonst nur ein stetiger Zusammenhang des Raumerfüllenden sein würde; dieses Trennende ist also das Leere, das Nicht-Seiende *). Für die Wirk-

---

*) Arist. de gen. et corr. I. 8. τὸ γὰρ κυρίως ὂν, παμπληθὲς (παμπλῆθες Ioann. Philoponus) ὄν· ἀλλ' εἶναι τὸ τοιοῦτον οὐχ ἕν, ἀλλ' ἄπειρα τὸ πλῆθος. Met. I. 4. Λεύκ. δὲ καὶ ὁ ἑταῖρος αὐτοῦ Δημόκρ. στοιχεῖα μὲν τὸ πλῆρες καὶ τὸ κενὸν εἶναί φασι, λέγοντες δὲ τὸ μὲν ὄν, τὸ δὲ μὴ ὄν, τούτων δὲ τὸ μὲν πλῆρες καὶ στερεὸν τὸ ὄν, τὸ δὲ κενόν γε καὶ μανὸν τὸ μὴ ὄν. διὸ καὶ οὐθὲν μᾶλλον τὸ ὂν τοῦ μὴ ὄντος

lichkeit des Leeren werden auch noch andere Gründe angeführt, hergenommen theils aus der Meinung der Eleaten, daß, wenn kein Leeres wäre, auch keine Bewegung sein könne, theils aus der Erfahrung, welche in gleichem Raume bald mehr, bald weniger Körperliches zu erblicken glaubt [1]). Die mathematische Betrachtungsweise herrscht nun theils darin vor, daß der Grundsatz festgehalten wird, es sei unmöglich, daß aus zwei Dingen eins oder aus einem zwei würden [2]), theils darin, daß die Körper, d. h. alles, was wahrhaft ist, allein durch ihre mathematische Figur sich voneinander unterscheiden, und keine andere Beschaffenheit, als nur Figur, haben [3]); und daß sich hier-

εἶναί φασιν, ὅτι οὐδὲ τὸ κενὸν τοῦ σώματος· αἴτια δὲ τῶν ὄντων ταῦτα ὡς ὕλην. καὶ καθάπερ οἱ ἓν ποιοῦντες τὴν ὑποκειμένην οὐσίαν τἆλλα τοῖς πάθεσιν αὐτῆς γεννῶσι, — — τὸν αὐτὸν τρόπον καὶ οὗτοι τὰς διαφορὰς αἰτίας τῶν ἄλλων εἶναί φασι. ταύτας μέντοι τρεῖς εἶναι λέγουσι, σχῆμά τε καὶ τάξιν καὶ θέσιν· διαφέρειν γάρ φασι τὸ ὂν ῥυσμῷ καὶ διαθιγῇ καὶ τροπῇ μόνον, τούτων δὲ ὁ μὲν ῥυσμὸς σχῆμά ἐστιν, ἡ δὲ διαθιγὴ τάξις, ἡ δὲ τροπὴ θέσις. διαφέρει τὸ μὲν Α τοῦ Ν σχήματι, τὸ δὲ ΑΝ τοῦ ΝΑ τάξει, τὸ δὲ Ζ τοῦ Ν θέσει. Met. IV. 5; VIII. 2; phys. IV. 6. Plut. adv. Colot. 8, wo die Lehre des Dem. kurz zusammengezogen ist, wird auch erwähnt, daß Dem. die Atome ἰδέαι nannte. Wie dennoch Demokr. nach Arist. phys. III. 4 lehren konnte: τῇ ἁφῇ συνεχὲς τὸ ἄπειρον, weiß ich mir freilich mit seinem Systeme nicht zu reimen, sondern nur, wie so manches Andere, aus seiner Abhängigkeit vom Anaxagoras zu erklären.

1) Arist. phys. IV. 6.

2) Arist. met. VII. 13. ἀδύνατον γὰρ εἶναί φησιν ἐκ δύο ἕν, ἢ ἐξ ἑνὸς δύο γενέσθαι. De coelo III. 4. Aristoteles setzt hierbei hinzu: τρόπον γάρ τινα καὶ οὗτοι πάντα τὰ ὄντα ποιοῦσιν ἀριθμοὺς καὶ ἐξ ἀριθμῶν.

3) Arist. de coelo l. l.; Galen. de element. sec. Hipp. I. 2. p. 417; Plut. l. l.

nach Alles in eine bloß mathematische Betrachtung aller Dinge auflöst, das zeigt sich denn auch ganz offenbar in dem Ergebniß dieser Lehre, daß nämlich alles Seiende keinen andern Unterschied habe, als nur nach seiner Figur, seinen Verhältnissen in der Zusammenordnung und seinen Verhältnissen in der Lage der Elemente gegeneinander [1]).

Wenn nun auch noch andere Gründe vom Demokritos zur Begründung seiner Lehre angeführt wurden, in welchen nicht so sehr das Mathematische durchschimmert, so wird sich doch niemand dadurch über den Charakter der Lehre täuschen lassen. Von dieser Art ist das, was für die nicht-unendliche Theilbarkeit des Räumlichen angeführt wird, welches allerdings ungeometrisch ist, aber zur Begründung der arithmetischen Ansicht nothwendig [2]). Von dieser Seite konnte diese Lehre schon aus dem Grundsatze, Eins könne nicht Zwei werden, ihre Begründung finden, es wird aber auch der Grund den Atomisten zugeschrieben, daß, wenn Alles theilbar sei, keine Einheit, also auch keine Vielheit, mithin Alles leer sein würde [3]), welches wieder an eleatische Lehren erinnert. Die einheitli-

---

1) Arist. met. I. 4. S. oben.

2) So ist auch der allerdings ungeometrische und sophistische Zweifel zu verstehen, ob, wenn der Kegel geschnitten würde, die Flächen der Abschnitte gleich oder ungleich sein würden. Zu dem erstern führen die geometrischen Sätze, zu dem andern die atomistische Ansicht. Plut. adv. Stoic. 39.

3) Arist. de gen. et corr. I. 8. εἰ μὲν γὰρ πάντῃ διαιρετόν, οὐδὲν εἶναι ἕν, ὥστε οὐδὲ πολλά, ἀλλὰ κενὸν τὸ ὅλον. Dies, von den Eleaten gesagt, bezieht Arist. auch auf die Atomisten: εἶναι γὰρ ἄττα στερεά, ἀδιαίρετα δέ, εἰ μὴ πάντῃ πόροι συνεχεῖς εἰσί.

chen Dinge also sind untheilbare Dinge und werden Atome genannt. Nicht mathematischer Art ist es auch, wenn Demokrit den alten Satz, daß nur Gleiches auf Gleiches wirken könne, dazu gebrauchte, zu beweisen, daß alle Dinge gleich seien, und also nur das allen Dingen Gleichartige, das Raumerfüllende, das wahre Wesen der Dinge sei [1]). Von gleichem Gehalte ist auch der Grund des Demokritos, daß ein Ursprüngliches, Ungewordenes angenommen werden müsse, denn die Zeit und das Unendliche seien ungeworden, so daß, nach ihrem Grunde zu fragen, heißen würde, den Anfang des Unendlichen suchen [2]). Man kann hierin nur ein sophistisches Abweisen der Frage nach dem ersten Grunde aller Erscheinungen erblicken.

Aus der mathematischen Vorstellungsart geht es dagegen hervor, daß unendliche Atome angenommen werden, weil nämlich die Figuren der Körper unendlicher Art sind. Den wahren Grund dieser Annahme geben die Atomisten an, wenn sie sagen, nur diejenigen wüßten Alles auf seinen Grund zurückzuführen, welche unendliche Elemente annähmen, weil nämlich die zu erklärenden Erscheinungen unendlich sind [3]). Daß aber die untheilbaren Körperchen

---

1) Arist. de gen. et corr. I. 7; Theophr. de sens. 49 sehr verdorben. Vergl. Burchard comment. critica de Democriti Abderitae de sensibus philosophia (Mindae 1830) p. 5 sq.

2) Arist. phys. VIII. 1; de gen. anim. II. 6.

3) Arist. de gen. et corr. I. 2; 8; de coelo III. 4. *ἐπεὶ διαφέρει τὰ σώματα σχήμασιν, ἄπειρα δὲ τὰ σχήματα, ἄπειρα καὶ τὰ ἁπλᾶ σώματά φασιν εἶναι.* Simpl. phys. fol. 7 a. *ὅτι καὶ φασι μόνοις τοῖς ἄπειρα ποιοῦσι τὰ στοιχεῖα πάντα συμβαίνειν κατὰ λόγον.*

als unendlich klein gedacht werden, hat seinen Grund darin, daß man die Untheilbarkeit der Körper nicht in der Erfahrung nachweisen konnte und deswegen die ersten Elemente der zusammengesetzten Körper als etwas Nicht-Wahrnehmbares ansehen mußte [1]). Nur eine physische Beschaffenheit legte Demokrit den Atomen bei, die Schwere, indem er lehrte, ein jeder untheilbare Körper sei je größer, um so schwerer [2]), wahrscheinlich sich darauf stützend, daß ein jedes Atom den Raum absolut erfülle, und die Schwere als eine natürliche Eigenschaft des Raumerfüllenden betrachtend. Man kann auch hierin das mathematische Interesse wiedererkennen, welches die Anwendbarkeit der Mathematik durch die Berechnung des Gewichts

1) Arist. de gen. et corr. I. 8. ἀόρατα διὰ σμικρότητα τῶν ὄγκων· — ἔτι δὲ ἄτοπον καὶ τὰ μικρὰ μὲν ἀδιαίρετα εἶναι, μεγάλα δὲ μή. Theophr. de sensu 63. ὅ τι γὰρ ἂν ἀθρόον ᾖ, τοῦτ' ἐνισχύειν ἑκάστῳ· τὸ δ' εἰς μικρὰ διανενημένον ἀναίσθητον εἶναι. Der Bischof Dionysios von Alexandria sagt zwar b. Euseb. pr. ev. XIV. 23, Demokr. habe auch sehr große Atome angenommen, dies scheint aber auf einer Verwechslung der Idole mit den Atomen zu beruhen. Vielleicht hat aber doch Demokr. sich schwankend hierüber ausgedrückt. Man könnte eine Polemik des Epikur gegen ihn finden b. Diog. L. X. 44; 56. Auch ließe sich Stob. ecl. I. p. 348 (δυνατὸν δ' εἶναι κοσμιαίαν ὑπάρχειν ἄτομον) hierher ziehen.

2) Arist. l. l. καίτοι βαρύτερόν γε κατὰ τὴν ὑπεροχήν φησιν εἶναι Δημ. ἕκαστον τῶν ἀδιαιρέτων. Theophr. de sensu 61. βαρὺ μὲν οὖν καὶ κοῦφον τῷ μεγέθει διαιρεῖ Δημ. Im Folgenden ist für φύσιν wohl κρίσιν zu lesen. Das Ansehen des Arist. gilt mir mehr, als Angaben wie Plut. de pl. ph. I. 3; ap. Eus. pr. ev. XIV. 14; Stob. ecl. I. p. 348, von welchen die beiden ersten vielleicht auch nur bemerken wollen, daß Dem. nicht ausdrücklich den Atomen die Schwere als Eigenschaft beigelegt habe.

auf die Erkenntniß des wahren Gehalts der Dinge zu retten sucht. Dafür wurde auch Raum gewonnen durch den Satz, daß ein jeder Theil Leeres und Volles in sich enthalte [1]). Doch konnte dieser Satz auch damit in Verbindung stehen, daß er die Theilbarkeit aller wahrnehmbaren Dinge zu erklären suchte.

In den ursprünglichen Atomen ist nun alles Wahre ursprünglich vorhanden, und das Werden in der Welt besteht nur in der Veränderung der Verhältnisse unter den Atomen [2]). Die Verhältnisse der Atome untereinander verändern sich aber durch ihre Bewegung, und das Entstehen und Vergehen der zusammengesetzten Dinge hat seinen Grund darin, daß sich die Atome bald miteinander verbinden, bald voneinander trennen; die Veränderung der Dinge daher geht aus der Veränderung der Stellung der Atome zueinander hervor [3]). Demokrit hob also das Leiden und das Thun der Atome untereinander auf und ließ nur das Leiden und das Thun der zusammengesetzten Körper zu [4]). Worin er aber im Allgemeinen den Grund der Bewegung gesucht habe, ist aus den Ueberlieferungen nicht ganz klar. Aristoteles sagt, er habe die Bewegung für etwas Ewiges angesehen [5]) und deswegen keinen Grund

---

1) Arist. met. IV. 5.

2) Dies drückt Aristot. met. XII. 2 in dem Satze aus: ἦν ἡμῖν πάντα δυνάμει, ἐνεργείᾳ δ' οὔ, freilich sehr gezwungen. Ich kann diesen Satz trotz des vorhergehenden φησὶ nicht für ein Fragment des Demokritos halten.

3) Arist. de gen. et corr. I. 2.

4) Arist. de gen. et corr. I. 8; de coelo III. 7.

5) De coelo III. 2; met. I. 4: περὶ δὲ κινήσεως, ὅθεν ἢ

derselben im Allgemeinen gesucht, sich allein darauf beschränkend, ihn für das Einzelne zu erforschen. Dahin möchte man auch ziehen, daß uns gesagt wird, in der Weltbildung habe er den Zufall als Grund angenommen, nicht aber in den einzelnen Erklärungen [1]). Dagegen soll er auch gelehrt haben, die Atome seien von Natur unbeweglich, eine träge Masse; sie erhielten die Bewegung erst durch den Stoß [2]), indem sie, undurchdringlich den Raum erfüllend, dem äußern Andrange Raum geben müssen. Diese verschiedenen Angaben möchten dadurch miteinander vereinigt werden können, daß man annimmt, Demokrit habe über den ersten Grund der Bewegung nichts aus seiner Lehre sich zu entwickeln gewußt, sondern die Bewegung überhaupt als eine uranfängliche sich gedacht, eine jede einzelne Bewegung aber von einer äußern, mechanischen Ursache abgeleitet. Dies ist die Aufhebung alles innern Lebens; selbst ihre äußern Verhältnisse zu ändern, ist nicht in der Macht der Dinge, eine Annahme, welche zu Gunsten der Berechnung aller bewegenden Ursachen gemacht wird. Daher leiteten die Atomisten auch die Bewegung von der Nothwendigkeit ab [3]), indem sie

---

πῶς ὑπάρχει τοῖς οὖσι καὶ οὗτοι (sc. Λεύκ. καὶ Δημ.) παραπλησίως τοῖς ἄλλοις ῥαθύμως ἀφεῖσαν.

1) Eudem. ap. Simpl. phys. fol. 74 a.

2) Ib. fol. 9 b. τοιγαροῦν καὶ Δημ. φύσει ἀκίνητα λέγων τὰ ἄτομα πληγῇ κινεῖσθαί φησιν. Stob. ecl. I. p. 348. κινεῖσθαι δὲ κατ' ἀλληλοτυπίαν ἐν τῷ ἀπείρῳ.

3) Nach dem Leukippos sollen der λόγος und die ἀνάγκη über Alles herrschen. Stob. ecl. I. p. 160. Dem widerspricht nicht, daß der κόσμος sein soll φύσει ἀλόγῳ. Ib. p. 442. Am besten lernt man die ganze Lehre kennen aus Arist. de coelo III. 2. διὸ

sich diese als die Grundlosigkeit der in das Unbestimmte zurückgehenden Bewegung dachten. Daß eine solche Nothwendigkeit von dem Zufall in nichts unterschieden ist, hat wahrscheinlich zu der Behauptung geführt, Demokrit habe Alles auf den Zufall zurückgeführt [1]).

Wir müssen hiernach der Meinung sein, daß Demokrit durch seine Lehre von der Bewegung nur darauf ausging, die einzelnen Naturerscheinungen in der schon gebildeten Welt zu erklären. In diesem Gebiete der Untersuchung konnte er aber doch, der Natur der Sache gemäß, nicht aus dem Stoße allein die Bewegung der Atome ableiten. Denn der abstoßenden Kraft muß irgend eine verbindende Kraft entgegengesetzt werden. Die Vorstellung von einer solchen scheint dem zum Grunde zu liegen, was er von einer schwingenden Bewegung und einer Kreisbewegung der Atome lehrte [2]), indem er wahrscheinlich die Atome durch die Kreisbewegung zu Körpern sich verbinden und zusammenhalten ließ. Mit dieser hängt

---

καὶ Λευκίππῳ καὶ Δημ. τοῖς λέγουσιν, ἀεὶ κινεῖσθαι τὰ πρῶτα σώματα ἐν τῷ κενῷ καὶ τῷ ἀπείρῳ, λεκτέον, τίνα κίνησιν καὶ τίς ἡ κατὰ φύσιν αὐτῶν κίνησις· εἰ γὰρ ἄλλο ὑπ' ἄλλου κινεῖται βίᾳ τῶν στοιχείων, ἀλλὰ καὶ κατὰ φύσιν ἀνάγκη τινὰ εἶναι κίνησιν ἑκάστου, παρ' ἣν ἡ βιαιός ἐστι· καὶ δεῖ τὴν πρώτην κινοῦσαν μὴ βίᾳ κινεῖν, ἀλλὰ κατὰ φύσιν· εἰς ἄπειρον γὰρ εἶσιν, εἰ μή τι ἔσται κατὰ φύσιν κινοῦν πρῶτον, ἀλλ' ἀεὶ τὸ πρότερον βίᾳ κινούμενον κινήσει.

1) Cic. de nat. D. I. 24; 25. S. oben u. die Fragm. des Demokr. b. Stob. ecl. II. p. 344; 410; Euseb. praep. ev. XIV. 27.

2) Stob. ecl. I. p. 394. Δημ. ἓν γένος κινήσεως τὸ κατὰ παλμὸν ἀπεφαίνετο. Diog. L. IX. 31; 44. φέρεσθαι δ' ἐν τῷ ὅλῳ δινουμένας. 45. τῆς δίνης αἰτίας οὔσης τῆς γενέσεως πάντων. Sext. Emp. adv. math. IX. 113.

menden Vorhandenes, sondern etwas den Figuren der Oberfläche Entsprechendes.

Gehen wir nun in das Einzelne der Naturlehre ein, soweit es nicht rein empirisch ist, so scheint es, als wäre Demokritos nicht vorsichtig genug zu Werke gegangen in der Unterscheidung dessen, was seinen Grundannahmen gemäß als gegenständliche Wahrheit festgehalten werden konnte, und dessen, was er als ein nur Scheinbares ansehen mußte. Denn wenn er seiner Ansicht folgte, daß die Atome Schwere hätten nach ihrer Größe, so ergaben sich die Eigenschaften des Schweren und des Leichten von selbst als gegenständlich begründete, und daran ließ sich auch leicht der Gegensatz zwischen dicht und dünn, wie auch etwas schwerer zwar, aber doch ungezwungen der Gegensatz zwischen hart und weich anschließen, indem jenes auf ungleichartige, dieses auf gleichartige Dichtigkeit und Dünnheit zurückgebracht werden konnte *). Damit waren nun aber die übrigen sinnlichen Eigenschaften zusammengesetzter Körper nicht zu vermischen, weil diese an sich nur etwas in der Vorstellung Vorhandenes, obwohl in der wahren Zusammensetzung der Dinge Gegründetes sind. Schwer jedoch war es gewiß, beide Arten der sinnlichen Eigenschaften voneinander zu sondern, weil wenigstens der Gegensatz zwischen Hartem und Weichem ebenso verschieden von Verschiedenen geschätzt wird, wie der Gegensatz zwischen

*) Theophr. de sensu 61; 62; 68. Den Unterschied zwischen dünn und dicht scheint Dem. ohne Weiteres als nach seinen Grundsätzen klar vorausgesetzt zu haben. Er gebraucht ihn, ohne daß wir eine Erklärung desselben fänden.

Süßem und Bitterem. Daher mischte auch Demokritos, wenn wir dem Berichte des Theophrastos trauen dürfen, beide Arten sinnlicher Eigenschaften untereinander[1]). Hierzu konnte er um so leichter verleitet werden, je folgerichtiger es für ihn gewesen sein würde, auch die Schwere als Eigenschaft der Atome zu verwerfen, weil er den Atomen wegen ihrer Kleinheit alle Wahrnehmbarkeit absprach. Aber noch schwankender wurden seine Lehren dadurch, daß er bemerkte, wie die Dinge Verschiedenen verschieden und von entgegengesetzten Eigenschaften erscheinen, weil dies aus der sich gleichbleibenden Gestalt der Zusammensetzungen sich nicht ableiten läßt[2]). Wenn nun Aristoteles bemerkt, daß die Lehre des Demokritos alles Wahrnehmbare zu einem Fühlbaren mache[3]), so liegt darin der größte Vorwurf für die Gründlichkeit seines Verfahrens, daß seine Untersuchungen fast allein auf die sinnlichen Beschaffenheiten sich wendeten, welche durch das Gesicht und durch den Geschmack erkannt werden[4]), mit Ausnahme des Harten und des Weichen, von welchen schon geredet worden. Da-

1) Man muß den ganzen Bericht des Theophr. de sensu 60—82 vor Augen haben. Vergl. Theophr. de caus. plant. VI. 2. Besonders bemerke ich §. 68, wo aber in dem äußerst verdorbenen Text viel zu ändern ist; s. σκληρότητι l. σμικρότητι; für χυμοῦ vielleicht πυρὸς od. θερμοῦ.

2) Ib. 67. ἔτι δὲ εἰς ὁποίαν ἕξιν ἂν εἰσέλθῃ (sc. τὰ σχήματα) διαφέρειν οὐκ ὀλίγον· καὶ διὰ τοῦτο τὸ αὐτὸ τἀναντία καὶ τἀναντία τὸ αὐτὸ πάθος ποιεῖν ἐνίοτε.

3) Arist. de sensu 4. Δημ. δὲ καὶ οἱ πλεῖστοι τῶν φυσιολόγων — — πάντα τὰ αἰσθητὰ ἁπτὰ ποιοῦσιν.

4) Arist. l. l.; Theophr. de sensu 64. Doch auch über den Geruch Einiges. Ib. 82.

her sind auch seine Annahmen über die Oberfläche der Körper, welche die Verschiedenheiten der Wahrnehmung begründen soll, in hohem Grade willkürlich. Denn warum das Saure eine eckige, gewundene, kleine und dünne Gestalt haben soll, das Rothe eine runde Gestalt aus größern Kugeln bestehend [1]), dafür würde wohl schwerlich etwas Anderes, als eine gewisse Analogie der übrigen Sinne mit dem Gefühle, vorgebracht werden können [2]). Die Dunkelheit dieser mochte ihn alsdann zu der Aeußerung veranlassen, daß die Geschmacksverschiedenheiten nur für den Menschen als solche vorhanden wären [3]), weil nämlich auf den Geschmack die subjective Stimmung am meisten Einfluß ausübt. Wenn er nun dennoch es unternahm, aus den Wahrnehmungen heraus auf die Gestalten der zusammengesetzten Körper zu schließen, so kam ihm zur Erklärung der Verschiedenheiten der Wahrnehmung über Farbe und Geschmack der Gegenstände der Satz des Anaxagoras zu Hülfe, daß in allen Dingen alles vorhanden sei; auch er meinte, nichts sei rein aus einer Art der Figuren zusammengesetzt und nur nach dem Uebergewichte der einen oder der andern Art würden die Gegenstände auf die Empfindung wirken [4]), womit er offenbar darauf zielte, daß

1) Ib. 65—67; 73—78.

2) Daher spielt das τραχὺ und das λεῖον, das ὀξύ, das θερμὸν und ψυχρὸν eine Hauptrolle in den Erklärungen.

3) Ib. 64.

4) Ib. 67. ἁπάντων δὲ τῶν σχημάτων (χρημάτων?) οὐθὲν ἀκέραιον εἶναι καὶ ἀμιγὲς τοῖς ἄλλοις, ἀλλ' ἐν ἑκάστῳ πολλὰ (vulg. πολλούς) εἶναι· τὸ αὐτὸ (vulg. τὸν αὐτὸν) ἔχειν λείου καὶ τραχέος καὶ περιφεροῦς καὶ ὀξέος καὶ τῶν λοιπῶν·

es auch wohl geschehen könnte, daß dem Einen die eine, dem Andern die andere Seite des Gegenstandes sich herauskehrte. So wie nun Demokritos hierin an den Anaxagoras sich anschloß, so nahm er von andern Physikern auch die Verschiedenheit der vier Elemente in seine Lehre auf [1]), obwohl diese Annahme den Hypothesen seines Systems sehr fern steht. Dies sieht man daran, daß er nur eins dieser Elemente, das Feuer, näher zu bestimmen wußte, indem er es für eine Zusammensetzung aus kleinen Kugeln erklärte, von den übrigen Elementen aber nur annahm, daß sie eine Sammlung aller Arten von Figuren wären und nur nach Größe und Kleinheit derselben sich voneinander unterschieden [2]). Was ihn zu jener Vermuthung über das Feuer führte, erräth man wohl, wenn man an die Beweglichkeit des Feuers und der Kugel sich erinnert [3]); wenn man aber findet, daß er das Feuer vermittelst der Wärme auch mit der rothen Farbe in Verbindung bringt und Feuer und Farbe nach ihrer Gestalt zu bestimmen weiß, dagegen vom Warmen behauptet, daß es keine Natur habe, sondern nur der Wahrnehmung nach

ᾧ δ' ἂν ἐνῇ πλεῖστον, τοῦτο μάλιστα ἐνισχύειν πρός τε τὴν αἴσθησιν καὶ τὴν δύναμιν.

1) Diog. L. IX. 44; Simpl. phys. fol. 8 a.

2) Arist. de coelo III. 4. ποῖον δὲ καὶ τί ἑκάστου τὸ σχῆμα τῶν στοιχείων, οὐθὲν ἐπιδιώρισαν, ἀλλὰ μόνῳ τῷ πυρὶ τὴν σφαῖραν ἀπέδωκαν. ἀέρα δὲ καὶ ὕδωρ καὶ τἆλλα μεγέθει καὶ μικρότητι διεῖλον, ὡς οὖσαν αὐτῶν τὴν φύσιν οἷον πανσπερμίαν πάντων τῶν στοιχείων. De anima I. 2; de gen. et corr. I. 8; Theophr. de sensu 75. ἐρυθρὸν δ' ἐξ οἵων περ τὸ θερμὸν πλὴν ἐκ μειζόνων.

3) Arist. de anima l. l.

bestehe [1]), so bemerkt man wohl, daß er bei diesen Untersuchungen zwischen dem Wunsche, etwas über die Natur der Dinge zu bestimmen, und dem Unvermögen seines Systems, darüber sichere Bestimmungen zu finden, in das Schwanken gerathen ist.

In allen diesen Vorstellungen ist nun von keinem wahrhaft Innerlichen die Rede, sondern nur von äußerlichen Verhältnissen. Nun konnte aber doch der Gegensatz zwischen Leib und Seele, welcher zur Zeit des Demokritos schon scharf genug hervorgetreten war, in der umfassenden Lehre dieses Mannes nicht ganz außer Acht gelassen werden. Da jedoch den Atomisten nichts als körperliche Einheiten und deren Zusammensetzungen bekannt waren, so mußten sie die Seele, welche in unserm Leibe ist, nur als eine andere Art von Leib in unserm Leibe betrachten [2]). Dieses ist der erste seiner selbst sich bewußte Materialismus. Die Atomisten hielten die Seele für einen zusammengesetzten Körper von feiner Art, gleich den Sonnenstäubchen, welcher in dem gröbern Körper der belebten Wesen wohne und Bewegung in diesem hervorbringe, ihn gleichsam mit sich fortziehend [3]). Wegen ihrer Beweglich-

1) Hierauf beziehen sich die stärksten Vorwürfe des Theophrastos. De sensu 63; 68; 71. *νῦν δὲ σκληροῦ μὲν καὶ μαλακοῦ καὶ βαρέος καὶ κούφου ποιεῖ τὴν οὐσίαν, ἅπερ οὐχ ἧττον ἔδοξε λέγεσθαι πρὸς ἡμᾶς, θερμοῦ δὲ καὶ ψυχροῦ καὶ τῶν ἄλλων οὐθενός.* Nach Simpl. phys. fol. 8 a soll Demokr. auch das Helle und Dunkle auf das Feuer und das Wasser zurückgeführt haben; Theophrast aber erwähnt davon nichts.

2) Arist. de anima I. 5. *ἀναγκαῖον ἐν τῷ αὐτῷ δύο εἶναι σώματα, εἰ σῶμά τι ἡ ψυχή.*

3) Ib. I. 2; 3. *ὁμοίως δὲ καὶ Δημ. λέγει· κινουμένας*

keit und ihrer bewegenden Kraft nahm Demokritos an, die Seele sei aus Kugeln zusammengesetzt, so wie das Feuer, weswegen auch die belebende Seele Wärme im belebten Körper hervorbringe [1]). Eine solche bewegliche Seele wohnt nun nach dem Demokritos in einem jeden Leibe, so wie ein kleiner Körper von einem größern Gefäße umschlossen wird. Daher ahnte er auch Gefahr, es möchte die Seele aus dem Gefäße herausgedrückt werden, wie aus einem Schlauche von den umgebenden Körpern, wie dies denn auch wirklich im Tode geschehe; während des Lebens aber werde es verhindert durch den einströmenden Athem [2]). Uebrigens theilte Demokrit nicht nur den Menschen und Thieren und Pflanzen, sondern sogar allen zusammengesetzten Dingen eine Seele zu [3]),

γάρ φησι τὰς ἀδιαιρέτους σφαίρας διὰ τὸ πεφυκέναι μηδέποτε μένειν συνεφέλκειν καὶ κινεῖν τὸ σῶμα πᾶν. Ib. c. 5. σῶμά τι λεπτομερές.

1) Ib. I. 2. ὅθεν Δημ. μὲν πῦρ τι καὶ θερμόν φησιν αὐτὴν εἶναι· ἀπείρων γὰρ ὄντων σχημάτων καὶ ἀτόμων, τα σφαιροειδῆ πῦρ καὶ ψυχὴν λέγει, οἷον ἐν τῷ ἀέρι τὰ καλούμενα ξύσματα, ἃ φαίνεται ἐν τοῖς διὰ τῶν θυρίδων ἀκτῖσιν, ὧν τὴν πανσπερμίαν στοιχεῖα λέγει τῆς ὅλης φύσεως. ὁμοίως δὲ καὶ Λεύκιππος. τούτων δὲ τὰ σφαιροειδῆ πῦρ καὶ ψυχὴν διὰ τὸ μάλιστα διὰ παντὸς δύνασθαι διαδύνειν τοὺς τοιούτους ῥυσμοὺς καὶ κινεῖν τα λοιπὰ κινούμενα καὶ αὐτά, ὑπολαμβάνοντες τὴν ψυχὴν εἶναι τὸ παρέχον τοῖς ζώοις τὴν κίνησιν. De coelo III. 4. Irriges hat man über die Zusammensetzung der Seele aus Sext. Emp. adv. math. VII. 116 schließen wollen.

2) Arist. de anima I. 1.; de respir. 4. Δημ. δ᾽, ὅτι μὲν ἐκ τῆς ἀναπνοῆς συμβαίνει τι τοῖς ἀναπνέουσι, λέγει, φάσκων κωλύειν ἐκθλίβεσθαι τὴν ψυχήν κτλ.

3) Arist. de plant. I. 1; Plut. qu nat. 1. init.; Plut. de pl. ph. IV. 4. ὁ δὲ Δημ. πάντα μετέχειν φησὶ ψυχῆς ποιᾶς

sich darauf stützend, daß in allen Dingen Wärme sei, man möchte fast rathen, nicht ohne die Absicht, die lebendige Seelenthätigkeit als etwas ganz Gemeines erscheinen zu lassen; denn von einer gewissen Feindseligkeit gegen die höhern geistigen Erscheinungen kann man ihn wohl nicht freisprechen [1]), wie denn auch seiner Lehre ganz gemäß von ihm gesagt wird, der Geist wachse und altere mit dem Körper [2]).

Wenn man nun bis hierher die Meinungen des Demokritos verfolgt hat, so wird man sich zwar nicht enthalten können, die entschieden einseitige Richtung dieses Mannes in der Wissenschaft verwerflich zu finden; da sie jedoch von einem wissenschaftlichen Interesse für die Mathematik ausgeht, könnte man meinen, es sei doch noch einiger Gehalt darin, und der Mann habe, von seiner Neigung verführt, nicht gesehen, wohin seine Denkweise führen müsse und was alles mit ihr nicht bestehen könne Wenn man aber weiter bemerkt, wie er sich gar nicht verhohlen hat, daß alle wahre Wissenschaft durch seine Lehre aufgehoben werde, so läßt sich nicht leugnen, daß ein sophistischer Geist ihn leitete. Um dies auseinanderzusetzen, will ich weniger Gewicht darauf legen, daß es nach ihm keine Einheit des wissenschaftlichen Gegenstandes giebt, keine

---

καὶ τὰ νεκρὰ τῶν σωμάτων, διότι ἀεὶ διαφανῶς τινὸς θερμοῦ καὶ αἰσθητικοῦ μετέχει, τοῦ πλείονος διαπνεομένου. Doch ist das Letztere streitig nach Cic. Tusc. I. 34 und aus Theophr. de sensu 71 nicht wahrscheinlich zu machen.

1) Plut. de solert. anim. 20; de tuenda san. 22.

2) Stob. serm. CXVI. 45.

Welt und keinen Gott [1]), als auf seine Lehre von der menschlichen Erkenntniß, welche eben nur dazu gemacht zu sein scheint, um zu zeigen, daß es gar kein Wissen geben könne [2]).

Demokritos nahm zwei Erkenntnißarten an, von welchen er die eine die echte, die andere die dunkle nannte. Die erste ist die Verstandeserkenntniß des Wahren, die andere die sinnliche Erkenntniß der Beschaffenheiten der Dinge [3]). Ueber die Art, wie die sinnliche Erkenntniß

---

1) Daß er einen Gott als Weltseele angenommen habe, wird niemand spätern Angaben, wie Plut. de pl. ph. I. 7, glauben, da andere Angaben ihnen widersprechen und er auch nicht einmal eine Welt kennt. Ueber seine Götterlehre s. Sext. adv. math. IX. 19; 24; 42; Cic. de nat. D. I. 12; 43. Zu einer Lehre von Gott hatte Demokrit keine Veranlassung, weder in seinem System, noch in seiner Gesinnung; dabei konnte er aber wohl an Götter glauben; daß er jedoch den Götterglauben erklären wollte, macht auch dies unwahrscheinlich; denn eine Meinung, welche wahr ist, braucht nicht erklärt zu werden. Uebrigens hängt alles dies mit seinem philosophischen System nicht oder sehr wenig zusammen, und wir dürfen uns daher eines Urtheils enthalten, müssen jedoch jeden Schluß auf eine fromme Gesinnung aus einigen fromm klingenden Phrasen bei einem Manne ablehnen, in dessen Munde solche Sätze nur zweideutig sein können.

2) Arist. met. IV. 5. διὸ Δημ. γέ φησι, ἤτοι οὐθὲν εἶναι ἀληθὲς ἢ ἡμῖν γ' ἄδηλον. Diog. L. IX. 72. καὶ πάλιν· ἐτεῇ δὲ οὐδὲν ἴδμεν· ἐν βυθῷ γὰρ ἡ ἀλήθεια. Cf. Stob. ecl. II. p. 12. Dies pflanzte sich auf den Metrodoros, den Schüler des Demokritos, fort. Euseb. pr. ev. XIV. 19.

3) Sext. Emp. VII. 139. λέγει δὲ κατὰ λέξιν· γνώμης δὲ δύο εἰσὶν ἰδέαι, ἡ μὲν γνησίη, ἡ δὲ σκοτίη· καὶ σκοτίης μὲν τάδε σύμπαντα, ὄψις, ἀκοή, ὀδμή, γεῦσις, ψαῦσις· ἡ δὲ γνησίη ἀποκεκρυμμένη δὲ ταύτης. Das Fragment ist offenbar am Ende lückenhaft. Eine dritte Erkenntnißart ist die des Begehrens und des Verabscheuens; diese hat aber keine theoretische Bedeutung.

geschehe, stellte er folgende Lehre auf: Die Seele, welche mit dem Erkenntnißvermögen (νοῦς) eins ist[1]), wird von außen bewegt, und ihre Bewegungen bilden Vorstellungen. Daher leitet er alle sinnliche Erkenntnisse auf Berührung zurück[2]); das Sehen und das Hören entsteht ihm aus dem Eindringen eines fremden Körpers in die Seele[3]), und überhaupt nimmt er an, daß, wenn ein Ding von uns sinnlich empfunden werde, gewisse von Empfindung und Trieb erfüllte Ausflüsse, welche er Bilder (εἴδωλα) nennt, sich von dem Empfundenen losreißen und, nachdem sie die umgebende Luft sich ähnlich gebildet haben, durch die Poren der Sinnenwerkzeuge dringend, sich in die Seele ergießen[4]). Diese Ausflüsse haben nun und

---

1) Arist. de anima I. 2. Vielleicht hat er doch einen Unterschied zwischen beiden gemacht, welchen wir aber nicht weiter verfolgen können. Plut. de pl. ph. IV. 4.

2) Arist. de sensu 4. πάντα γὰρ τὰ αἰσθητὰ ἁπτὰ ποιοῦσι.

3) Ib. 2; Plut. de pl. ph. IV. 19.

4) Plut. de pl. ph. IV. 8. Λεύκ., Δημ. τὴν αἴσθησιν καὶ τὴν νόησιν γίνεσθαι, εἰδώλων ἔξωθεν προσιόντων· μηδενὶ γὰρ ἐπιβάλλειν μηδετέραν χωρὶς τοῦ προσπίπτοντος εἰδώλου. Arist. de div. per somn. 2. ἀποῤῥοὴ u. εἴδωλον sind eins, wenn nicht zwischen beiden so unterschieden werden soll, daß das εἴδωλον erst eine Folge der ἀποῤῥοὴ ist, welche sich in der Luft bildet nicht ohne Mitwirkung weder der Luft noch des Empfindenden. Dem. selbst scheint nach Theophr. de sensu 51 darüber sich nicht genau erklärt zu haben. Für ἀποῤῥοὴ gebrauchte Dem. auch das Wort δείκελον. Ethym. magn. s. v. δείκ. Theophr. de sensu 50. τὴν γὰρ ἔμφασιν οὐκ εὐθὺς ἐν τῇ κορῇ γίνεσθαι, ἀλλὰ τὸν ἀέρα τὸν μεταξὺ τῆς ὄψεως καὶ τοῦ ὁρωμένου τυποῦσθαι συστελλόμενον ὑπὸ τοῦ ὁρωμένου καὶ τοῦ ὁρῶντος. Ib. 51. τοιαύτην εἶναι τὴν ἐντύπωσιν, οἷον εἰ ἐκμάξειας εἰς κηρόν (mit Burchard l. l. p. 11 für εἰ σκληρόν). Freigebig mit dem Leben

theilen der Seele mit gewisse ähnliche Abdrücke der Körper, von welchen sie kommen [1]), aber doch nur die äußere Fläche der Zusammensetzung dieser lassen sie gewissermaaßen erkennen, und keineswegs in einem dieser ähnlichen Bilde, sondern nur dunkel; denn das Wahre zeigen sie nicht, welches doch nur die Atome und das Leere ist, und auch die Oberfläche der Körper erscheint den Sinnen ganz anders, als sie wirklich ist, indem sie immer nur eine gewisse Gestaltung haben kann, den Sinnen dagegen eine gewisse sinnliche Beschaffenheit sich vergegenwärtigt [2]). Daher lehrt Demokrit, z. B. das, was uns weiß scheine, sei nur eine glatte, das, was schwarz, eine rauhe Oberfläche [3]). Zur stärkern Begründung seiner Lehre, auch unabhängig von seiner allgemeinen Ansicht der Dinge, scheint er auch den Grund gebraucht zu haben, daß jedes sinnliche Erkennen von dem Zusammentreffen einer empfundenen und einer empfindenden Thätigkeit abhängig und daher nur eine wandelbare Vorstellung sei [4]), wenngleich

---

theilte Dem. auch diesen Bildern Leben mit, ja wie es scheint ein fast unzerstörbares Leben, denn auf solche Bilder sind doch wohl die Idole der Götter zu beziehen. Plut. symp. V. 7, 6. *οὔτε αἰσθήσεως ἄμοιρα παντάπασιν, οὔτε ὁρμῆς.* Ib. VIII. 10, 2.

1) Plut. symp. VIII. 10. 2. *ἐγκαταβυσσοῦσθαι τὰ εἴδωλα διὰ τῶν πόρων εἰς τὰ σώματα, — ἔχοντα μορφοειδεῖς τοῦ σώματος ἐκμεμαγμένας ὁμοιότητας.*

2) Galen. l. l.; Sext. Emp. adv. math. VII. 135 sq. *ἅπερ νομίζεται μὲν εἶναι καὶ δοξάζεται τὰ αἰσθητά, οὐκ ἔστι δὲ κατὰ ἀλήθειαν ταῦτα.*

3) Arist. de sensu 4. *ὥσπερ Δημ.· τὸ γὰρ λευκὸν καὶ τὸ μέλαν, τὸ μὲν τραχύ φησιν εἶναι, τὸ δὲ λεῖον· εἰς δὲ τὰ σχήματα ἀνάγει τοὺς χυμούς.* S. oben.

4) Arist. met. IV. 5; Sext. Emp. adv. math. VII. 136; VIII. 184.

man nicht einsieht, wie dies mit seiner alles Leiden und alles Thun in Wahrheit aufhebenden Ansicht vereinbar sein soll.

Andere Gründe, durch welche er die Wahrheit der sinnlichen Vorstellungen angriff, sind ebenfalls den allgemeinen Grundsätzen seiner Lehre fremd und können nur als Hülfssätze angesehen werden. So berief er sich auf die Verschiedenheit der Thiere, welche wegen der Verschiedenheit ihrer Mischung oder Zusammensetzung auch verschiedene Empfindungen haben müßten [1]); wenn nun auch die Menschen in ihrer Mischung einander ähnlicher wären und daher auch ähnliche Wahrnehmungen hätten [2]), so begegnete es doch auch ihnen, daß sie in Gesundheit und Krankheit oder in den verschiedenen Abstufungen ihres Alters ihre Zustände und ihre Mischung veränderten, und daraus ginge denn auch eine Veränderung in ihrer Art wahrzunehmen nothwendig hervor. Daraus sei offenbar, daß die Stimmung des Vorstellenden die Ursache der Vorstellung sei [3]). Durch diese Gründe bahnte Demokritos den Skeptikern den Weg, denen er auch schon in der Formel voranging, daß, wenn etwas dem Einen so, dem Andern anders erschiene, so träfe keiner von beiden mehr als der andere die Wahrheit [4]).

1) Theophr. de sensu 63.

2) Ib. 64.

3) L. l. ἡ διάθεσις αἰτία τῆς φαντασίας.

4) Ib. 69. μηθὲν μᾶλλον ἑκάτερον (f. ἕτερον) τυγχάνειν τῆς ἀληθείας. Arist. met. IV. 5. οὐθὲν γὰρ μᾶλλον τάδε ἢ τάδε ἀληθῆ, ἀλλ' ὁμοίως.

Nun wird uns aber doch gesagt, Demokrit habe der sinnlichen Erkenntniß nicht allen Glauben nehmen wollen [1]), vielmehr die Erscheinungen als Mittel zur Erkenntniß des Nicht-Offenbaren angesehen [2]). Wir erkennen hierin den Charakter der mathematischen Naturforschung, welche die Erscheinungen aufnimmt, um an sie das mathematische Maaß anzulegen und, wenn sie einseitig ist, in ihnen nichts als dieses Maaß anzuerkennen. So haben wir gesehen, daß Demokritos aus der Farbe und dem Geschmack der Körper auf die Art ihrer Zusammensetzung zu schließen suchte.

Hieran zeigt sich denn auch, was ihm die echte Erkenntniß war, nämlich die Erforschung der unsichtbaren Gründe, aus welchen die Erscheinungen hervorgehen, also der Atome und des Leeren, aus welchen sich die Körper zusammensetzen. Daher sagt er, da, wo die sinnliche Erkenntniß nichts mehr wahrnehmen könne, sondern auf das Feinere zurückgegangen werden müsse, trete die echte Erkenntniß ein [3]). Ganz richtig wird nun bemerkt, daß dem

---

1) Sext. Emp. adv. math. VII. 136; cf. Arist. de gen. et corr. I. 8.

2) Eine schon oben erwähnte Stelle lautet darüber so Sext. Emp. VII. 140: *Διότιμος δὲ τρία κατ' αὐτὸν ἔλεγεν εἶναι κριτήρια· τῆς μὲν τῶν ἀδήλων καταλήψεως τὰ φαινόμενα, ζητήσεως δὲ τὴν ἔννοιαν· περὶ παντὸς γάρ, ὦ παῖ, μία ἀρχὴ τὸ εἰδέναι, περὶ ὅτου ἐστὶν ἡ ζήτησις· αἱρέσεως δὲ καὶ φυγῆς τὰ πάθη.* Die Worte: *περὶ παντὸς — — ἡ ζήτησις* hätten nicht für ein Fragment des Demokr. gehalten werden sollen. Sie gehören mit einiger Abänderung dem Platon an. S. Phaedr. p. 237.

3) Sext. Emp. adv. math. VII. 139. *εἶτα προκρίνων τῆς σκοτίης τὴν γνησίην, ἐπιφέρει λέγων· ὅταν ἡ σκοτίη μηκέτι*

Demokrit das durch den Verstand Erkennbare allein das Wahre sei [1]), denn die Atome und das Leere sind nicht durch die Sinne erkennbar; allein auf der einen Seite ist es sehr auffallend, daß in diesem ganzen Systeme kein Ort ist, wo man einen Anknüpfungspunkt zur Erklärung der Verstandeserkenntniß finden könnte [2]), auf der andern Seite muß man auch bemerken, wie die Wahrheit der Atome gleichsam nur deswegen festgehalten wird, um uns bemerkbar zu machen, daß wir gar nichts, oder doch nur sehr wenig Wahres finden können; denn daß Atome sind,

---

δύνηται μήτε ὁρῆν ἐπ' ἔλαττον, μήτε ἀκούειν, μήτε ὀδμᾶσθαι, μήτε γεύεσθαι, μήτε ἐν τῇ ψαύσει αἰσθάνεσθαι, ἀλλ' ἐπὶ λεπτότερον — — Der Schluß des Fragments fehlt.

1) Sext. Emp. adv. math. VIII. 6.

2) Beim Theodoret. graec. aff. cur. IV. init. möchte man eine Spur der Art zu finden glauben; schlägt man aber seine Quelle Clem. Alex. strom. IV. p. 534 nach, so verschwindet der Traum. Wie oft können wir irrigen Berichten nicht so auf ihre Quelle zurückgehen! Bei der Haltungslosigkeit der demokritischen Erkenntnißlehre ist es unmöglich, aus den allgemeinen Principien etwas über die γνώμη γνησίη zu erschließen. Es bleibt mir daher zweifelhaft, ob sie dasselbe ist, was Dem. nach Theophrast de sensu 58 φρονεῖν nennt. Wenn dies Letztere wäre, so würde die helle Erkenntniß in der symmetrischen, d. h. weder zu kalten, noch zu warmen Haltung der Seele bestehen, welche entweder aus ihrer Mischung oder aus ihrer Bewegung hervorginge; denn es ist zweifelhaft, ob man a. a. O. für μετὰ τὴν κίνησιν nicht κατὰ τὴν κρᾶσιν lesen muß, da gleich darauf folgt: τῇ κράσει τοῦ σώματος ποιεῖ τὸ φρονεῖν, ὅπερ ἴσως αὐτῷ καὶ κατὰ λόγον ἐστὶ σῶμα ποιοῦντι τὴν ψυχήν. Brandis rhein. Museum III. S. 139; Gesch. d. gr. röm. Phil. S. 334 vermuthet, es sei unter der γνησίη γνώμη ein unmittelbares Innewerden der Atome und des Leeren zu verstehen. Aber doch auch wohl der Zusammensetzung derselben, und wie?

wissen wir wohl nach dem Demokrit, aber was sie sind, bleibt für uns unbestimmbar, da ihr Wesen doch nur in ihrer Figur und Größe beruht, über die letztere aber Demokrit gar nichts Näheres anzugeben weiß, und über die erstere nur wenig und willkürlich Angenommenes, nämlich daß sie unzähliger Art ist und daß es unter andern auch runde Atome gebe, wie die, aus welchen die Seele zusammengesetzt sein soll und dergl. mehr. Daher mußte denn wohl Demokrit seine Erkenntnißlehre damit schließen, man müsse zugestehen, der Mensch sei der wahren Erkenntniß beraubt*).

*) Sext. Emp. adv. math. VII. 137. γιγνώσκειν τε χρή, φησίν, ἄνθρωπον τῷδε τῷ κανόνι, ὅτι ἐτεῆς ἀπήλλακται. καὶ πάλιν· δηλοῖ μὲν δὴ καὶ οὗτος ὁ λόγος, ὅτι ἐτεῇ οὐδὲν ἴδμεν περὶ οὐδενός· ἀλλ' ἐπιρυσμίη ἑκάστοισιν ἡ δόξις. Andere Stellen sind schon oben angeführt worden. Beiläufig will ich erwähnen, daß Dem. auch gegen den Beweis gestritten haben soll. Sext. Emp. adv. math. VIII. 327. Wendt zu Tennemann's Gesch. der Phil. I. S. 358 will die angeführten Stellen nur auf die Sinnenerkenntniß bezogen haben; sie sind aber theils ganz allgemeiner Geltung, theils ist Grund genug zu ihnen im demokritischen System. Nur eins will ich besonders bemerken. Wenn Arist. met. IV. 5 dem Dem. vorwirft, daß er den Satz des Widerspruchs verwerfe, so wird dies allerdings auf seine Bestreitung der sinnlichen Wahrnehmung zurückgeführt. Aber der Satz, welcher ihm beigelegt wird, ἤτοι οὐθὲν εἶναι ἀληθές, ἢ ἡμῖν γ' ἄδηλον, ist offenbar allgemeinerer Bedeutung. Es wird dadurch sogar das Vorhandensein der Wahrheit, d. h. alles dessen, was die Atomenlehre behauptet, in Zweifel gestellt. Dem. selbst läßt uns wählen, ob wir annehmen sollen, daß er das Hypothetische seiner ganzen Lehre wohl eingesehen habe, oder daß er sich nur so stelle, um uns begreiflich zu machen, daß nur unter der Voraussetzung seiner Atome u. s. w. etwas Wahres übrig bleibe. In dem erstern Fall würde er die Wissenschaftlichkeit seiner Lehre aufgehoben haben, in dem andern Fall aber bekennen, daß seine Lehre die Erkennbarkeit der vorausgesetzten Wahrheit verwerfe. Alle Voraussetzungen der Ato-

Ueberblickt man diese ganze Lehre des Demokrit, so läßt sich das Antiphilosophische seiner Bestrebungen nicht leicht verkennen. Denn nicht nur hebt er die Einheit der Welt, sondern auch die Einheit der Seele und des Bewußtseins auf; an eine Einheit der Wissenschaft ist dabei nicht zu denken; Alles löst sich ihm in die unbestimmte Vielheit der Atome und in das Unermeßliche des Leeren auf. Das, was er als Zweck der Forschung noch übrig lassen möchte, ist eine Erforschung der Figuren, aus welchen sich die Dinge zusammensetzen, also doch nur einer Seite der Erscheinung, so daß von ihm alle Erkenntniß dessen, was über der Erscheinung liegt, durchaus geleugnet wird *).

Bemerkt man nun, daß nach dieser Vorstellungsart

---

menlehre führen in der That auf dieses Ergebniß. Denn es wird sich wohl niemand einbilden, daß er die Figur und Größe eines Atoms oder des leeren Raums in einer Zusammensetzung mit wissenschaftlicher Sicherheit bestimmen könne. Die Atomenlehre kennt dazu gar keinen Weg. Aber noch seltsamer gestaltet sich die Lehre des Dem., wenn man den Aeußerungen des Arist. folgt über das, was er für wahr gehalten habe. De anima I. 2. τὸ γὰρ ἀληθὲς εἶναι τὸ φαινόμενον und ähnlich de gen. et corr. I. 2; met. IV. 5. Demnach also wären die Erscheinungen das Wahre, was er doch gegen den Protagoras bestritt, was auch sein Satz: μηδὲν μᾶλλον ἑκάτερον τυγχάνειν τῆς ἀληθείας, und viele andere Sätze leugnen. Soll man nun annehmen, er habe das Wort Wahrheit in einem doppelten Sinne gebraucht? So würde seine Lehre nur um so sophistischer werden. Mir scheinen jene Sätze des Arist. nur Folgerungen aus der Lehre des Dem. zu sein, welche dieser in solcher Weise gar nicht aussprach. Dafür spricht besonders die Haltung der Polemik in der Stelle met. IV. 5.

*) Wenn Spätere, wie Sextos der Empiriker z. B. adv. math. VIII. 6, die Atome νοητὰ nennen, so ist dies nur eine ungehörige Erweiterung des Begriffs.

dem Demokrit auch seine mathematische Erkenntniß fast ganz in Schein zergeht, daß aber auch seine Lehre nicht bloß ein Werk zur Darlegung und zum Pomp ist, sondern durch seine ganze Denkweise und Gesinnung hindurchgeht, als eine Frucht fleißigen Nachdenkens, so kann man den Grund derselben nur in der Neigung suchen, in deren Befriedigung er seinen Genuß fand. Darüber finden wir Auskunft in dem, was er über sittliche Vorschriften ausgeklügelt hat. Viele Fragmente, aus seinen ethischen Schriften entnommen, geben uns hierüber Auskunft. Bei der Betrachtung der einzelnen Vorschriften, welche er giebt, geht es uns, wie es mit unzusammenhängenden Regeln zu gehen pflegt; wir finden in ihnen viel Wahres, aber auch viel Unbestimmtes und Einseitiges. Er lobt die Genügsamkeit, die sichere Weisheit, die Freude am Unvergänglichen, am Schönen und an der Erkenntniß, empfiehlt uns, mehr für die Seele als für den Leib zu sorgen, dem Gesetze zu gehorchen und nicht nur nicht Unrecht zu thun, sondern es auch nicht einmal thun zu wollen, vor allem die Schaam vor sich selbst *); er tadelt Zorn, Neid, Ruhm und Reichthum ohne Verstand, das

*) Stob. serm. I. 40; III. 34; 57; V. 23; 24; 88; VII. 26; 80; IX. 31; XXXI. 7; XLVI. 46; Plut. de prof. in virt. 10. Die Ächtheit der Sentenzen, welche dem Demokritos beigelegt werden, ist freilich wohl nicht allem Zweifel enthoben, besonders wegen der leicht möglichen Verwechslung mit dem Demophilos und Demokrates. Doch giebt ihnen außer dem Dialekt, der nicht ganz sicher ist, die eigenthümliche Farbe, auf welche es hier allein ankommt, einige Gewähr. Nur solches, was mir diese an sich zu tragen scheint, habe ich angeführt. Nur die Schaam vor sich selbst ist mir nicht ganz unverdächtig.

Streben nach dem Neuen und nach Gütern, welche uns nicht zu Theil wurden und welche wir nicht durch Ungerechtigkeit zu erhalten wünschen sollen, und die Furcht vor dem Tode; er tadelt aber auch die Ehe und das Verlangen nach eigenen Kindern und die Vaterlandsliebe, welche nicht erkenne, daß die ganze Welt unser Vaterland [1]). Aber es kommt uns nicht darauf an, zu wissen, was, sondern warum er lobt und tadelt [2]). Nun finden wir, die Unmäßigkeit und den körperlichen Genuß tadelt er, weil sie nur kurze Freuden gewähren, welchen bald Sättigung, Ueberdruß und Schmerz folge, die Ungerechtigkeit, weil sie Furcht errege und eine unerfreuliche Erinnerung [3]); die Wissenschaft und die Ausbildung der Seele zieht er der körperlichen Stärke vor, weil jene mehr Freude gewähren als diese; er will nichts als eine ruhige Stimmung der Seele, weil heftige Bewegungen der Seele schaden, und wenn er hierin so weit geht, daß er die Ehe und die Kindererzeugung verwirft und so in den stärksten Banden der Sittlichkeit nichts Sittliches findet, weil nämlich der Beischlaf eine heftige Bewegung und die Erziehung der Kinder viel Ungemach mit sich führe, wenn er endlich auch das, was in den Alten fast am mächtigsten war, die Vaterlandsliebe, ihres sittlichen Werthes ent-

---

1) Stob. serm. IV. 77; 78; 82; X. 37; XVII. 26; XX. 56; XXXVIII. 47; XL. 7; LXXVI. 13; 15; 16; Clem. Alex. strom. II. p. 421.

2) Hierauf scheint mir A. Wendt zu Tennem. Gesch. der Philosophie S. 363 f. nicht genug gesehen zu haben, indem er geneigt ist, die Lebensregeln des Demokritos ins Gute zu deuten.

3) Außer den angezogenen Stellen Stob. ecl. II. p. 408.

kleidet, weil der Weise zur Beruhigung seiner Seele nach öffentlicher Wirksamkeit nicht viel streben müsse, so sieht man wohl, daß seine ganze Sittenlehre nur auf klügelnder Selbstsucht und auf Streben nach Genuß beruhe. Klug genug war er, einzusehen, daß die wahre Ergötzlichkeit (τέρψις ist sein gewöhnliches Wort) nicht in den körperlichen Genüssen, sondern in der Seele wohne [1]); aber in nichts Anderm suchte er doch das Maaß des Guten und des Bösen, als in dem, was die Seele ergötze und betrübe [2]). Indem er aber auch einsah, daß die Freuden der Seele ebenso störend auf die Glückseligkeit einwirken können, als leiblicher Genuß, setzte er als Ziel des Weisen das Maaßhalten in allen Dingen, welches er in dem Begriff des Gleichmuths der Seele ausdrückte [3]). Zweierlei scheint auf die Ausführung dieser allgemeinen Grundsätze im Einzelnen besonders Einfluß gehabt zu haben,

---

1) Ib. p. 76. εὐδαιμονίη οὐκ ἐν βοσκήμασιν οἰκέει, οὐδ' ἐν χρυσῷ, ψυχὴ δ' οἰκητήριον δαίμονος.

2) Clem. Alex. strom. II. p. 417. πολλάκις ἐπιλέγει· τέρψις γὰρ καὶ ἀτερπίη οὖρος τῶν περιηκμακότων. Stob. serm. III. 35. ὅρος γὰρ συμφορέων καὶ ἀσυμφορέων τέρψις καὶ ἀτερπίη. Cf. Stob. ecl. II. p. 76.

3) Diog. L. IX. 45. τέλος δὲ εἶναι τὴν εὐθυμίαν, οὐ τὴν αὐτὴν οὖσαν τῇ ἡδονῇ, ὡς ἔνιοι παρακούσαντες ἐξεδέξαντο, ἀλλὰ καθ' ἣν γαληνῶς καὶ εὐσταθῶς ἡ ψυχὴ διάγει, ὑπὸ μηδενὸς ταραττομένη φόβου ἢ δεισιδαιμονίας ἢ ἄλλου τινὸς πάθους· καλεῖ δ' αὐτὴν καὶ εὐεστὼ καὶ πολλοῖς ἄλλοις ὀνόμασι. Stob. ecl. II. p. 76. τὴν (sc. εὐδαιμονίαν) δὲ εὐθυμίαν καὶ εὐεστὼ καὶ ἁρμονίαν συμμετρίαν τε καὶ ἀταραξίαν καλεῖ· συνίστασθαι δ' αὐτὴν ἐκ τοῦ διορισμοῦ καὶ τῆς διακρίσεως τῶν ἡδονῶν· καὶ τοῦτ' εἶναι τὸ κάλλιστον καὶ συμφορώτατον ἀνθρώποις. Stob. serm. I. 40. ἀνθρώποισι γὰρ εὐθυμίη γίγνεται μετριότητι τέρψιος καὶ βίου συμμετρίῃ κτλ.

auf der einen Seite die Furcht vor Gemüthsstörungen durch das Unangenehme, welche in seinen Vorschriften sehr hervorsticht und auch in den verneinenden Ausdrücken zur Bezeichnung des höchsten Guts[1]) erkennbar ist, auf der andern Seite die Freude an den Erkenntnissen, welche wir oft in den Bruchstücken seiner Schriften erwähnt finden. Diese möchte man auch darin wiederzuerkennen haben, daß er sagt, der Mensch werde am besten leben, wenn er nicht an Sterblichem sein Vergnügen finde[2]); ja von der Lehre sagt er, an sich selbst gewähre sie Freude[3]). Wenn er nun auch selbst im Streben nach dem Wissen Maaß zu halten empfahl[4]), und ihm also auch das Wissen nur als eine der größten Ergötzlichkeiten der Seele erschien, nicht aber als ein reines Gut, so dürfen wir doch wohl eben darin, daß er in der Erforschung unbekannter Gründe der Erscheinungen, wie er sich nämlich diese Gründe dachte, die größte Freude fand, den Grund seiner eifrigen Bemühungen um seine Lehre suchen. Ihm war das Forschen nicht, um die Wahrheit zu finden, sondern zu seiner eigenen Ergötzung.

Kann man nun hierin nur eine unphilosophische Gesin-

---

1) Cf. Clem. Alex. l. l.; Cic. de fin. V. 29; ἀταραξία, ἀθαμβία. Damit hängt auch seine Bestreitung des polytheistischen Aberglaubens zusammen.

2) Stob. serm. V. 24. ἄριστον ἀνθρώπῳ τὸν βίον διάγειν, ὡς πλεῖστα εὐθυμηθέντι καὶ ἐλάχιστα ἀνιηθέντι· τοῦτο δ' ἂν εἴη, εἴ τις μὴ ἐπὶ τοῖς θνητοῖσι τὰς ἡδονὰς ποιοῖτο.

3) Plut. de prof. in virt. 10.

4) Stob. ecl. II. p. 12. μὴ πάντα ἐπίστασθαι προθύμεο, μὴ πάντων ἀμαθὴς γένῃ. Noch schlimmer klingt Stob. serm. XII. 13. ἀληθομυθέειν χρεών, ὅπου λώϊον.

nung finden, so leuchtet eine noch niedrigere Ansicht des Lebens aus der Art hervor, wie er seine Meinung vom thätigen Leben mit seiner Lehre über die Bildung der Vorstellungen in unserer Seele in Verbindung brachte. So wie nämlich die Bilder, welche von den Dingen ausströmen, unsere Seele mit Vorstellungen erfüllen, so pflanzen sie ihr nach seiner Meinung auch Bestrebungen, Neid und Schlechtigkeit ein [1]; so daß es nicht sowohl auf den Menschen ankommt, wie er sittlich sich ausbilde, sondern auf das, was ihm von Bildern begegnet. Hiernach kann man wohl sagen, das Ergebniß seiner Lehre sei von ihm in dem Wunsche ausgesprochen worden, es möchten ihm vernünftige Bilder zu Theil werden [2]. Eine völlige Hingebung des Lebens an die zufälligen Begegnisse ist das Ende seiner Lehre.

---

1) Plut. symp. V. 7. 6. ἃ (sc. εἴδωλα) φησιν ἐκεῖνος ἐξιέναι τοὺς φθονοῦντας, οὔτ' αἰσθήσεως ἄμοιρα παντάπασιν, οὔτε ὁρμῆς, ἀνάπλεά τε τῆς ἀπὸ τῶν προϊεμένων μοχθηρίας καὶ βασκανίας· μεθ' ἧς ἐμπλασσόμενα καὶ παραμένοντα καὶ συνοικοῦντα τοῖς βασκαινομένοις, ἐπιταράττειν καὶ κακοῦν αὐτῶν τό τε σῶμα καὶ τὴν διάνοιαν. Cf. ib. VIII. 10. 2; de pl. ph. IV. 8; de def. orac. 17.

2) Plut. de def. orac. 17; Sext. Emp. adv. math. IX. 19. ἔνθεν καὶ εὔχεται εὐλόγων τυχεῖν εἰδώλων.

Drittes Capitel.

Protagoras

Man kann doch vielleicht mit Recht vom Demokritos sagen, er habe die Ergebnisse seiner Lehre, welche zur Zerstörung aller Wissenschaft und alles sittlichen Lebens führen, gleichsam wider seinen Willen gefunden, ausgehend von einer Ueberlegung, welche im Gange der wissenschaftlichen Entwicklung sich natürlicher Weise ergab. Weniger gilt diese Entschuldigung vom Protagoras, noch weniger vom Gorgias, deren Philosopheme blaß zur Abweisung alles ernstlichen und mit lebendigem Streben erfüllten Nachdenkens und zur prunkenden Darlegung ihres Scharfsinns erfunden zu sein scheinen.

Protagoras war zu Abdera geboren und blühte um Ol. 84 [1]). Er wird von Vielen für einen Schüler des Demokritos gehalten, was aber wenig Wahrscheinlichkeit hat und nur aus einer später ausgebildeten Anekdote hervorgegangen zu sein scheint [2]), so wie auch die Ueberlie-

1) Nach dem Apollodor Diog. L. IX. 56; cf. Plat. Meno p. 91 mit der Anm. Schleierm.

2) Epicur. ap. Athen. VIII. 50. p. 354. Schon Aristoteles b. Diog. L. IX. 53 erwähnte etwas auf jene Anekdote Bezügliches. Da Protagoras wahrscheinlich älter ist als Demokr. und lange, also auch früh, lehrte, so macht auch die Zeitrechnung Schwierigkeiten.

ferung, daß er von Magern des Xerxes unterrichtet worden sei, nur Fabel zu sein scheint. Als ausgebildeten Sophisten — diesen Titel legte er zuerst sich selbst bei [1]) — finden wir ihn zu Athen und in Sicilien [2]), wo er für Geld Unterricht in der Redekunst ertheilte und dadurch bedeutende Summen erwarb [3]). In diesem Unterricht scheint er eine gewisse Ordnung des Vortrags gehalten [4]) und gewisse Gemeinplätze für die gewöhnlichen Gegenstände gerichtlicher Reden mitgetheilt, auch auf grammatische Untersuchungen sich eingelassen zu haben [5]). Durch seine Redekunst rühmte er sich den schwächern Grund zum stärkern zu machen [6]). Auch in dem Gespräche in kurzen Fragen und Antworten schrieb er sich eine ausgezeichnete Kunst zu, und verfuhr überhaupt nach dem Grundsatze, daß

---

1) Plat. Prot. p. 317; 348.

2) Plat. Hipp. maj. p. 282.

3) Plat. Meno p. 91; Prot. p. 328; 349; cf. Arist. eth. Nic. IX. 1.

4) Diog. L. IX. 53; cf. Plat. Phaedr. p. 267.

5) Cic. Brut. 12; Diog. L. l. l.; Quint. inst. III. 4. Vergl. Classen de grammaticae graecae primordiis p. 23. sqq. Die Eintheilung der Sätze in εὐχωλή, ἐρώτησις, ἀπόκρισις, ἐντολή ist auf der Grenze zwischen Grammatik und Rhetorik. Entschieden grammatisch aber die Eintheilung der genera des nomen. Arist. rhet. III. 5; wahrscheinlich nach den Endungen weiter ausgeführt; worüber vergl. Aristot. poet. 21; soph. el. 14. Der Tadel des Homer Arist. soph. el. l. l. und poet. 19 ist von Neuern mit der Neuheit grammatischer Kunst entschuldigt werden, ich kann aber darin bei kindischer Kunst nur sophistische Unverschämtheit finden, ungefähr wie Aristophanes nub. v. 659 sqq. Ueber die rhetorischen Künste des Prot. vergl. auch Spengel artium scriptores p. 40 sqq.

6) Arist. rhet. II. 24.

über jede Sache Entgegengesetztes ausgesagt werden könne[1]). Sein Unterricht ging nicht auf Mittheilung einzelner Kenntnisse, sondern er rühmte sich, die Jugend von der Unterweisung in zunftiger Gelehrsamkeit befreiend, die Tugend des Staatsmannes und des Bürgers zu lehren[2]). Doch scheint er auch über einzelne Künste geschrieben zu haben[3]). Wegen einer Schrift, deren Anfang lautete: „Von den Göttern kann ich nicht wissen, weder ob sie sind, noch ob sie nicht sind; denn Vieles verhindert dies zu wissen, sowohl die Unklarheit des Gegenstandes, als das kurze Leben des Menschen[4])," wurde er zu Athen der Gottlosigkeit angeklagt; seine Schrift wurde verbrannt, er selbst aber entfloh zur See und soll im Schiffbruche seinen Tod gefunden haben. Noch viele andere Schriften werden ihm zugeschrieben[5]), von welchen die Schrift über das Seiende[6]) seine antiphilosophische Lehre enthalten zu haben scheint.

---

1) Diog. L. IX. 51; Plat. Prot. p. 334.

2) Plat. Prot. p. 318.

3) Plat. Soph. p. 232 mit der Anm. Schleierm.

4) Diog. L. IX. 51; Sext. Emp. adv. math. IX. 56; Cic. de nat. D. I. 23; Plat. Theaet. p. 162.

5) Diog. L. IX. 55.

6) Porphyr. ap. Euseb. pr. ev. X. 3. Wenigstens enthielt diese Schrift Gründe des Protagoras gegen die Lehre, das Seiende sei Eins. Brandis Gesch. d. gr. röm. Phil. S. 526 vermuthet dagegen, daß in der Angabe des Porphyrius Prot. f. Gorgias verschrieben sein könnte. Eine dritte Muthmaaßung würde sein, daß die Schrift περὶ τοῦ ὄντος nur ein Theil der zwei Bücher ἀντιλογιῶν oder ἀντιλογικῶν gewesen wäre. Vergl. Porphyr. l. l.; Diog. L. III. 37; 57.

Die Lehre des Protagoras geht darauf aus, zu leugnen, daß irgend etwas Gegenständliches in unserm Denken dargestellt werden könne, und mithin alles Denken zu einem bloßen Scheinen zu machen, damit der Kunst, durch die Rede Schein hervorzubringen, der größte Spielraum gewonnen werde. Die Mittel, welche er zu diesem Zwecke anwendete, werden schon vom Platon auf die herakleitische Lehre zurückgeführt [1]). Protagoras nahm an, Alles sei in einem beständigen Flusse oder Werden [2]), ähnlich der Lehre des Herakleitos, aber darin von ihr abweichend, daß er weder eine Einheit, noch eine Vielheit des Werdenden als den Grund des Werdens voraussetzte [3]), sondern Alles in eine unbestimmte Mannigfaltigkeit auflöste, indem ihm nichts an und für sich ist, sondern immer nur in einem Verhältnisse zu einem andern wird [5]). Diese Lehre drückte er in der hochklingenden Formel aus, aller Dinge Maaß sei der Mensch, der seienden, wie sie sind, der nicht-seienden, wie sie nicht sind [4]), womit er nichts

---

1) Wir haben für die Lehre des Protagoras den zweideutigen Vortheil, daß Platon im Theätet sie weitläuftig erörtert hat. Platon scheute sich gewiß nicht, manches für diese Lehre anzuführen, was dem Protagoras nicht zugehört. Wenn nun auch die Spätern das, was Platon sagt, dem Protagoras ebenfalls zuschreiben, so bleibt immer der Zweifel, ob sie nicht bloß dem Ansehen des Platon folgen.

2) Plat. Theaet. p. 152. *ἔστι μὲν γὰρ οὐδέποτ' οὐδέν, ἀεὶ δὲ γίγνεται.*

3) Er polemisirte mit ähnlichen Gründen, wie später Platon, gegen die Lehre, Alles sei Eins. Porphyr. ap. Euseb. l. l.

4) Sext. Emp. hyp. Pyrrh. I, 216; Plat. Theaet. p. 153 sq.

5) Plat. Theaet. p. 151 sq.; Crat. p. 385 sq. *ἰδίᾳ αὐ-*

Anderes bezeichnen wollte, als daß einem Jeden die Dinge sich so verhalten, wie sie ihm erscheinen, oder daß einem Jeden das wahr sei, was er sich vorstellt. Protagoras scheint es sich nicht verhehlt zu haben, daß damit die Allgemeingültigkeit eines jeden Satzes aufgehoben werde, weswegen er auch, von der einen Seite durch die Richtung seiner Vorstellungsweise getrieben, von der andern Seite sich selbst widersprechend, die Wahrheit der geometrischen Sätze angriff, weil es in der wahrnehmbaren Welt gar nicht solche gerade oder krumme Linien gebe, wie sie voraussetzten [1]). Nothwendige Folgerungen aus seiner Lehre sind es auch, daß keinem Dinge eine bestimmte Natur zukomme, daß Entgegengesetztes von demselben in gleicher Rücksicht gelte, daß, da jedes Denken wahr sei für den, welcher es denkt, auch keinem Satze widersprochen werden könne, daß jedes Denken nur das Verhältniß des Denkenden zu dem Gedachten bezeichne, daß aber auch das Denkende, die Seele, in nichts Anderem bestehe, als nur in einer Sammlung verschiedener Momente des Denkens [2]).

τῶν (sc. τῶν ὄντων) ἡ οὐσία εἶναι ἑκάστῳ, ὥσπερ Πρωτ. ἔλεγε, λέγων, πάντων χρημάτων μέτρον εἶναι ἄνθρωπον, ὡς ἄρα, οἷα ἂν ἐμοὶ φαίνηται τὰ πράγματα εἶναι, τοιαῦτα μέν ἐστιν ἐμοί, οἷα δ' ἂν σοί, τοιαῦτα δ' αὖ σοί. Arist. met. X. 1; Sext. Emp. hyp. Pyrrh. I. 219.

1) Arist. met. III. 2. οὔτε γὰρ αἰσθηταὶ γραμμαὶ τοιαῦταί εἰσιν, οἵας λέγει ὁ γεωμέτρης· οὐθὲν γὰρ εὐθὺ τῶν αἰσθητῶν οὕτως οὐδὲ στρογγύλον· ἅπτεται γὰρ τοῦ κανόνος οὐ κατὰ στιγμὴν ὁ κύκλος, ἀλλ' ὥσπερ Πρωτ. ἔλεγεν ἐλέγχων τοὺς γεωμέτρας κτλ.

2) Plat. Theaet. p. 153 sq.; Euthyd. p. 286; Arist. met. IV. 4; Sext. Emp. hyp. Pyrrh. I. 216; adv. math. VII. 60;

Man erkennt in allen diesen Sätzen und Folgerungen der protagorischen Lehre das Bestreben, alles Denken auf die sinnliche Empfindung zurückzuführen und jedes allgemeine Denken des Verstandes abzuweisen. In diesem Sinne wird auch von den Alten der Satz, Alles sei in einem beständigen Werden, erklärt; denn indem jede Empfindung nur ein Erzeugniß sei aus den zusammentreffenden Thätigkeiten des Empfindenden und des Empfundenen, alles Denken aber Empfindung, müsse auch jedes Denken in beständiger Veränderung aus den veränderlichen Thätigkeiten des Empfindenden und des Empfundenen sich erzeugen *). So lebt dem Protagoras Alles in der sinnlichen Veränderlichkeit und ist selbst nichts als diese; das Sinnliche aber ist zwar wahr, aber doch nur, indem es sinnlich empfunden wird; an sich ist nichts kalt oder warm oder überhaupt von irgend einer sinnlichen Beschaffenheit, sondern nur dadurch wird es von einer solchen, daß es

---

Diog. L. IX. 51; 53. Ob ich dem Damaskios trauen soll, welcher de prim. princ. 126. p. 262 dem Prot. den Satz beilegt, daß von jedem Gegenstande nur ausgesagt werden könne, was er ist, finde ich sehr zweifelhaft.

*) Plat. Theaet. p. 155 sq.; Sext. Emp. hyp. Pyrrh. I. 217. φησὶν οὖν ὁ ἀνὴρ τὴν ὕλην ῥευστὴν εἶναι· ῥεούσης δὲ αὐτῆς συνεχῶς προσθέσεις ἀντὶ τῶν ἀποφορήσεων γίνεσθαι καὶ τὰς αἰσθήσεις μετακοσμεῖσθαί τε καὶ ἀλλοιοῦσθαι παρά τε ἡλικίας καὶ παρὰ τὰς ἄλλας κατασκευὰς τῶν σωμάτων. Daß er damit die Gesammtheit der Erscheinungen auf den Stoff zurückgeführt habe, möchte ich nicht mit Brandis Gesch. der gr. röm. Phil. S. 528 behaupten. Der Ausdruck ὕλη ist bekanntlich später und vom Sextos auf den Protagoras neu übertragen. Auch in dem Sinn, daß alles körperlich sei, kann man diesen Satz dem Protagoras nicht zuschreiben.

als ein solches empfunden wird [1]). Man kann nicht leugnen, daß hierin eine folgerechte Ausführung der Ansicht liegt, daß alles Wissen in der Empfindung beruhe, und nichts sei, als die sinnliche Veränderlichkeit.

Aber eine solche Ansicht bis auf ihre letzten Punkte durchzuführen und festzuhalten, kann doch nicht der Zweck eines vernünftigen Menschen sein, und um so weniger des Protagoras, als dieser sich doch als Lehrer hervorthun wollte, nach seiner Ansicht aber, weil niemand mehr oder besser weiß, als der Andere, kein Lehrer sein kann. Den Zweck seiner Lehre also haben wir in etwas Anderm, als in ihr selbst, zu suchen, und schon Platon hat bemerkt, wie sie mit dem rhetorischen Bestreben des Protagoras in Verbindung stand. Wohl ganz im Sinne des Sophisten läßt er ihn auseinandersetzen: der Weise sei wie der Arzt der Seele; nicht wahrere Gedanken könne er der Seele einpflanzen, denn alles, was sie denke, sei wahr, aber bessere und nützlichere; und so heile er die Seelen sowohl der Einzelnen, als auch der Staaten, indem er bewirke durch der Rede Gewalt, daß anstatt schlimmer und schädlicher Empfindungen oder Meinungen ihnen gute und nützliche beiwohnen [2]). Wenn man zum richtigen Verständniß dieser Erklärung bemerkt, daß auch das Gute, von

---

1) Plat. Theaet. p. 151; Arist. met. IX. 3. οὔτε γαρ ψυχρὸν οὔτε θερμὸν οὔτε γλυκὺ οὔτε ὅλως αἰσθητὸν οὐθὲν ἔσται μὴ αἰσθανόμενον.

2) Plat. Theaet. p. 166. καὶ σοφίαν καὶ σοφὸν ἄνδρα πολλοῦ δέω ἐγὼ μὴ φάναι εἶναι, ἀλλ' αὐτὸν τοῦτον καὶ λέγω σοφόν, ὃς ἄν τινι ἡμῶν, ᾧ φαίνεται καὶ ἔστι κακά, μεταβάλλων ποιήσῃ ἀγαθὰ φαίνεσθαί τε καὶ εἶναι.

welchem in ihr die Rede ist, nicht als ein Gutes an sich, sondern nur als ein Gutes in der Empfindung, als ein sinnliches Gut, dem Geiste der protagorischen Lehre gemäß, betrachtet werden darf *), so sieht man wohl, wie auch diese Sophismen mit dem Verfall der sittlichen Gesinnung zusammenhingen.

Viertes Capitel.

Gorgias. Euthydemos.

Aus kleinen Anfängen sophistischer Unverschämtheit erwuchs mit der Zeit Größeres. Man kann sehr gut sehen, wie im Verlauf der Zeiten die Talente der Sophisten geringer, ihre Anmaaßung und Verachtung alles Wahren und Guten stärker und lecker wurden. Wenn Platon den Protagoras noch mit einer gewissen Würde auftreten läßt, so zeigt dagegen das Bild, welches er vom Gorgias entwirft, nichts, was auf irgend eine Art der Auszeichnung

*) Man kann dafür mit Brandis Gesch. der gr. röm. Phil. S. 531 die Stelle Plat. Prot. p. 354 sqq. als bestimmtern Beweis anführen. Doch ist die geschichtliche Treue dieses Gesprächs in einzelnen Behauptungen, welche dem Prot. in den Mund gelegt werden, immer zu bezweifeln. Daher möchte ich auch die Behauptung, die Tugend sei das schönste, ib. p. 349, nicht mit Brandis für ein Zeichen der Denkart des Protagoras gelten lassen, sondern höchstens nur für eine Empfehlung seines Unterrichts.

Anspruch machen könnte; Euthydemos aber endlich wird von ihm als ein verächtlicher Schwätzer behandelt.

Gorgias, der Leontiner, ein Schüler des Empedokles, wenn der Sage zu trauen ist [1]), kam im zweiten Jahre der 88. Ol. wahrscheinlich in der Blüthe seines Ruhmes nach Athen als Gesandter seiner Vaterstadt, um Hülfe gegen Syrakus zu erlangen. Hierbei soll er durch die Neuheit seiner Redeweise Aufsehen erregt haben [2]). Später finden wir ihn in mehreren Gegenden Griechenlands, besonders in Thessalien, wo er viele Bewunderer fand und durch Prunkreden in Privatversammlungen und durch Unterricht der Jugend viel Geld verdiente [3]). Er starb in hohem Alter [4]). Von den Prunkreden, welche er bei mehreren Gelegenheiten vor den versammelten Griechen hielt, sind mehrere berühmt [5]). Wenn auch die Reden, welche noch unter seinem Namen vorhanden sind, ihm nicht zugehören sollten, so sehen wir doch aus Bruchstücken seiner Werke hinlänglich, wie wenig wahrer rednerischer Geist ihm beiwohnte [6]). Gorgias strebte mit den meisten seiner

---

1) Sie könnte vielleicht nur aus Plat. Meno p. 76 geflossen sein. Diog. L. VIII. 58; 59; Suid. s. v. Γοργίας; Schol. ad Plat. Gorg. p. 345. Bekk. Zweifel dagegen erregt die freilich sehr ungewisse Zeitrechnung über Gorg. S. Foss de Gorgia Leontino commentatio. Hal. 1828, p. 6 sqq., und dagegen Krüger ad Clint. fast. Hellen. p. 388.

2) Diod. Sic. XII. 53.

3) Plat. Hipp. maj. p. 282. Hier war Isokrates sein Schüler. Cic. orat. 52. cf. Quint. III. 1 nach dem Aristoteles.

4) Plat. Meno p. 70; Philostr. vit. soph. I. 9, 3 all.

5) Arist. rhet. III. 14; Plut. conj. praec. 43; Philostr. l. l. 2.

6) Schönborn de authentia declamationum, quae Gorgiae

Zeitgenossen nach poetischem Schmuck der Rede, nach volltönenden Wörtern, Häufung der Beiwörter und der sinnverwandten Ausdrücke, und hatte besonders seine Stärke in beständig wiederkehrenden Gegensätzen. Wenn man bedenkt, daß dieser Pomp zur Eintönigkeit führen mußte, so kann man sich nicht wundern, daß die Frostigkeit seiner Rede zum Sprichworte geworden ist [1]). Er rühmte sich übrigens, über jede Aufgabe auf der Stelle reden und auf jede Frage antworten zu können [2]), sowohl in kurzen als in langen Reden, indem er sich nicht eben streng an den Gegenstand der Rede band [3]). Sein Unterricht der Jugend bezog sich allein auf die Kunst der Rede, sowohl im Gespräch, als in fortlaufenden Vorträgen; denn offener als andere Sophisten verlachte er die, welche die Tugend zu lehren versprachen [4]), so wie er denn auch selbst, guter Sitten sich nicht befleißigend, die Tugend verachtete [5]), die Kunst zu überreden aber für die

---

Leontini nomine exstant. Vratislav. 1826, und die a. a. Schrift von Foß sind zu vergleichen. Jener vertheidigt, dieser bestreitet die Echtheit der Declamationen; aber solche Untersuchungen können nicht leicht ein reines Resultat gewähren. Vergl. Spengel artium scriptores p. 71 sqq. Diese Schriften enthalten übrigens gute Untersuchungen über den Charakter der Redekunst des Gorgias. Am besten charakterisirt diese das Bruchstück b. Foß S. 69, b. Schönborn S. 8, b. Spengel S. 78 f.

1) *Γοργιάζειν*, *Γοργίεια ῥήματα* u. *σχήματα*. S. Foss l. l. p. 50 sqq.

2) Plat. Gorg. p. 447; Cic. de fin. II, 1; orat. I. 22.

3) Plat. Phaedr. p. 267; Gorg. p. 449; Arist. rhet. III, 17.

4) Plat. Meno p. 95. Foss p. 39 sqq. ist daher auch der Meinung, Gorgias habe sich nicht Sophist genannt.

5) Plat. Meno p. 63; Plut. de adul. et amico 23; conj.

höchste Kunst hielt, indem sie Andere freiwillig, aber nicht durch Zwang uns unterwürfig mache [1]). Die Art seines Unterrichts in der Redekunst war noch sehr unwissenschaftlich, denn er theilte nicht eine Kunst, sondern nur gewisse Kunstgriffe seinen Schülern mit, solche Trugschlüsse, Formeln und Wendungen der Rede ihnen einübend, welche am häufigsten ihre Anwendung finden möchten [2]). Dabei wendete er die Redekunst auch auf physische Lehren an [3]), worin ihm die Naturlehre des Empedokles als Führerin dienen mochte [4]). Außer seinen Reden und einem Werke über die Redekunst [5]) wird ihm eine Schrift über das Nicht-Seiende oder über die Natur [6]) zugeschrieben. Diese enthielt seine sophistische Lehre; sie ist vor seiner Gesandtschaft nach Athen geschrieben [7]) und drückt sehr deutlich den sophistischen Uebermuth aus, welcher den Gorgias und andere seiner Zeitgenossen zur Verwerfung aller Wissenschaft fortriß.

Schon der Titel der Schrift deutet auf eine sophistische Anwendung der eleatischen Lehren, indem er an die Stelle dessen, was die Eleaten das Seiende nannten, das

---

praec. 45. Doch wird seine Mäßigkeit gelobt. Stob. serm. CI. 21; Athen. XII. p. 548.

1) Plat. Phil. p. 58.

2) Arist. de soph. el. 33.

3) Cf. Dion. Hal. de Isocr. 1.

4) Plat. Meno p. 76.

5) Cf. Schönborn l. l. p. 9 sq.

6) Sext. Emp. adv. math. VII. 65.

7) Verfaßt Ol. 84. Olymp. schol. in Plat. Gorg. 6. p. 567. ed. Routh.

Nicht-Seiende setzt. So wird uns auch gesagt, Gorgias habe die Beweise des Zenon und des Melissos benutzt, um zu beweisen, daß nichts sei. Auch die Anordnung der Haupttheile seiner Schrift ist ganz sophistisch, indem er in dem zweiten und dritten Theile das als nicht widerlegt wieder voraussetzt, was er in dem ersten und zweiten Theile schon widerlegt haben wollte.[1] In dieser Haltung der Widerlegungen erkennt man die Manier solcher Arbeiten, welche nur zur Darlegung der Fertigkeit dienen sollen. Zuerst nämlich wollte er beweisen, daß nichts sei, dann, wenn auch etwas sei, daß es doch nicht erkannt werden könne, und zuletzt, wenn auch etwas sei und erkannt werden könne, daß es doch nicht mittheilbar sei[2].

Den ersten Satz, daß nichts sei, suchte er auf folgende Art zu beweisen: Wenn etwas wäre, so würde es entweder ein Seiendes oder ein Nicht-Seiendes, oder auch zugleich ein Seiendes und ein Nicht-Seiendes sein. Alle drei Fälle aber sind unmöglich[3]; denn ein Nicht-Seiendes kann nicht sein, weil es dem Seienden entgegengesetzt ist, und wenn dieses also ist, jenes nicht sein muß, oder weil es, wenn es wäre, zugleich seiend und nichtseiend sein müßte[4]. Aber auch ein Seiendes kann nicht sein,

---

1) Arist. de Xen., Zen. et Gorg. 5.

2) L. l. οὐκ εἶναί φησιν οὐδέν· εἰ δ' ἔστιν, ἄγνωστον εἶναι. εἰ δὲ καὶ ἔστι καὶ γνωστόν, ἀλλ' οὐ δηλωτὸν ἄλλοις. Sext. Emp. adv. math. VII. 65.

3) Sext. Emp. adv. math. VII. 66.

4) Sext. Emp. ib. 67; Arist. l. l. giebt die Beweise auf eine etwas andere Art; aber der Text ist so verdorben, daß man nur wenig mit Gewißheit daraus entnehmen kann.

denn nach den Lehren der Eleaten würde es weder geworden, noch ungeworden, weder Eins, noch Vieles sein, noch auch beides zugleich, wobei Gorgias sich besonders der Lehre des Melissus und des Zenon vom Unendlichen, vom Raume und von der Bewegung, aber auch, wie es scheint, der Lehre der Atomisten von der Theilbarkeit der Körper bediente [1]). Endlich kann auch nicht zugleich ein Seiendes und ein Nicht-Seiendes sein; denn wenn das Seiende und das Nicht-Seiende wären, so würden sie in Rücksicht auf das Sein dasselbe sein; wenn sie aber dasselbe wären, so würde das Seiende so wie das Nicht-Seiende sein; das Nicht-Seiende ist aber nicht, und folglich würde auch das Seiende nicht sein. Dasselbe folgt auch daraus, daß, wenn beide dasselbe wären, nicht beide sein könnten; denn wären beide dasselbe, so wären sie nicht beide, sondern dasselbe [2]). Da also weder das Seiende, noch das Nicht-Seiende, noch beide zugleich sind, so ist überhaupt nichts.

Wenn es schon aus diesen Folgerungen klar sein möchte, daß Gorgias die Stärke seiner Zweifel darin fand, daß

---

1) Sext. Emp. ib. 68—74; Arist. ib. 5 u. 6; die Stelle, wo von der Bewegung und der Theilung die Rede ist, ist sehr verdorben.

2) Sext. Emp. ib. 75 sq. ὅτι δὲ οὐδὲ ἀμφότερα ἔστι, τό τε ὂν καὶ τὸ μὴ ὄν, εὐεπιλόγιστον· εἴπερ γὰρ τὸ μὴ ὂν ἔστι καὶ τὸ ὂν ἔστι, ταὐτὸν ἔσται τῷ ὄντι τὸ μὴ ὄν, ὅσον ἐπὶ τὸ εἶναι. καὶ διὰ τοῦτο οὐδέτερον αὐτῶν ἔστιν· ὅτι γὰρ τὸ μὴ ὂν οὐκ ἔστιν, ὁμόλογον· δέδεικται δὲ ταὐτὸ τούτῳ καθεστὼς τὸ ὄν· καὶ αὐτὸ τοίνυν οὐκ ἔσται. οὐ μὴν ἀλλ᾽ εἴπερ ταὐτόν ἐστι τῷ μὴ ὄντι τὸ ὄν, οὐ δύναται ἀμφότερα εἶναι· εἰ γὰρ ἀμφότερα οὐ ταὐτόν, καὶ εἰ ταὐτόν, οὐκ ἀμφότερα. Arist. l. l.

er den Gründen der Eleaten für die Einheit des Seienden das Einleuchtende der Erfahrungsvorstellungen entgegensetzte, so wird dies noch klarer, wenn man die Gründe seines zweiten Haupttheiles betrachtet. Er ging nämlich davon aus, daß, wenn das Seiende gedacht werden sollte, das Gedachte gleich dem Seienden oder das Seiende sein müßte, denn sonst würde das Seiende nicht gedacht. Wäre aber das Gedachte das Seiende, so würde jeder Gedanke wahr sein und das Nicht-Seiende nicht gedacht werden können. Auch dürfe nicht entgegnet werden, daß nur die Gedanken wahr wären, welche durch die Wahrnehmung ihre Bestätigung erhielten; denn so wie das Gesehene wahr sei, obgleich es nicht gehört werde, so könne auch das Gedachte wahr sein, wenn es auch nicht wahrgenommen werde. Da nun aber doch wahre und falsche Gedanken unterschieden werden müßten, so sei das Gedachte nicht das Seiende, und mithin werde auch das Seiende nicht gedacht oder erkannt [1]). Die Richtung dieser Polemik wird vielleicht am besten aus dem Beispiele ersehen, welches zur Erklärung hinzugefügt wird. Man meint, wenn der wahre Gedanke die Dinge darstellen solle, wie sie sind, so müsse er ihnen auch gleichen oder so sein, wie sie sind; wären nun die Dinge weiß, so müsse auch der wahre Gedanke von ihnen weiß sein [2]). Es liegt hierin

---

1) Sext. Emp. ib. 77 – 82; Arist. ib c. 6.

2) Arist. l. l.; Sext. Emp. ib. 77. εἰ γὰρ τὰ φρονούμενα, φησὶν ὁ Γοργ., οὐκ ἔστιν ὄντα, τὸ ὂν οὐ φρονεῖται, καὶ κατὰ λόγον· ὥσπερ γὰρ εἰ τοῖς φρονουμένοις συμβέβηκεν εἰ-

der Irrthum, daß die zu erkennende Wahrheit ein Gegenstand der Erfahrung, ein sinnliches Ding sei.

Von derselben Rücksicht auf das Sinnliche zeugen auch die Beweise des Gorgias für seinen dritten Satz, daß, wenn auch etwas wäre und erkannt werden könne, es doch nicht aussprechbar sein würde. Denn, lehrte er, die Dinge sind nicht das, was gesagt wird; die Rede ist nur ein Zeichen der Dinge; das, was jemand sieht, ist nicht hörbar, und kann also auch nicht durch das hörbare Wort mitgetheilt werden [1]). Dazu kommt noch, daß auch der Hörende nicht dasselbe denken kann, was der Andere, indem es unmöglich, daß auf dieselbe Weise dasselbe in Verschiedenen sei, wie denn auch schon Einer und derselbe zu gleicher Zeit Anderes durch das Gehör und Anderes durch das Gesicht, zu verschiedenen Zeiten aber nicht auf gleiche Weise zu empfinden scheint [2]). Diesen Gründen liegt

---

γοι λευκοῖς, κἂν συμβεβήκει τοῖς λευκοῖς φρονεῖσθαι, οὕτως εἰ τοῖς φρονουμένοις συμβεβήκει μὴ εἶναι οἷα, κατ' ἀνάγκην συμβήσεται τοῖς οὖσι μὴ φρονεῖσθαι.

1) Arist. l. l. ὃ γὰρ εἶδε, πῶς ἄν τίς φησι τοῦτο εἴποι λόγῳ; ἢ πῶς ἂν ἐκείνῳ δῆλον ἀκούσαντι γίγνοιτο μὴ ἰδόντι; — καὶ λέγει ὁ λέγων (add. λόγον e conj. Foss), ἀλλ' οὐ χρῶμα, οὐδὲ πρᾶγμα. Sext. Emp. ib. 83; 84; 86. Auch diese Gründe sollen von frühern Philosophen vorgebracht worden sein, wie Arist. sagt.

2) Arist. l. l. ἀλλὰ πῶς ὁ ἀκούων τὸ αὐτὸ ἐννοήσει; οὐ γὰρ οἷόν τε τὸ αὐτὸ ἅμα ἐν πλείοσι καὶ χωρὶς οὖσι εἶναι· δύο γὰρ ἂν εἴη τὸ ἕν. — φαίνεται δὲ οὐδ' ὁ αὐτὸς αὑτῷ ὅμοια αἰσθανόμενος ἐν τῷ αὐτῷ χρόνῳ, ἀλλ' ἕτερα τῇ ἀκοῇ καὶ τῇ ὄψει καὶ νῦν τε καὶ πάλαι διαφόρως. Arist. de sensu 6. ἀδύνατον γάρ φασί τινες ἄλλον ἄλλῳ τὸ αὐτὸ ἀκούειν ἢ

durchaus die Voraussetzung zum Grunde, das sinnlich Empfindbare sei das Wahre, welches mitgetheilt werden solle; sie scheinen sich aber auch noch im Besondern auf die empedokleische Lehre zu beziehen, daß die Empfindung durch Ausflüsse und Einflüsse der Dinge untereinander geschehe *).

In dieser Lehre des Gorgias kann man nur die Zweifel erblicken, welche von der sinnlichen Vorstellung aus gegen die Wahrheit der vernünftigen Erkenntniß erregt werden, und Gorgias erscheint uns in seinem Verfahren wie ein umgekehrter Zenon; denn so wie dieser Elemente der sinnlichen Vorstellungsweise dazu gebrauchte, ihre Richtigkeit gegen die Vernunftwahrheit an ihnen selbst zu zeigen, so gebrauchte Gorgias Elemente der eleatischen Vernunftlehre zu ihrer eigenen Vernichtung, indem er darthat, daß sie gegen die Wahrheit in der sinnlichen Vorstellungsweise sich nicht halten könnten. Dies ist der Kampf des Sinnes gegen den Verstand, welcher nun erregt werden mußte, um von der Einseitigkeit früherer Verstandeslehren zu überzeugen; derselbe Kampf findet sich auch beim Protagoras, und diese beiden Sophisten haben

ὁρᾶν ἢ ὀσφραίνεσθαι· οὐ γὰρ οἷόν τ' εἶναι πολλοὺς καὶ χωρὶς ὄντας ἀκούειν ἢ ὀσφραίνεσθαι· τὸ γὰρ ἓν χωρὶς ἂν αὐτὸ αὑτοῦ εἶναι.

*) Arist. de Gorg. l. l.; Plat. Meno p. 76. Cf. Sext. Emp. ib. 85, welche Stelle noch ein anderes Argument des Gorgias zu enthalten scheint. Wenn ich recht verstehe, so soll die Rede als ein Effect der äußern Eindrücke betrachtet werden, so daß nicht wir, sondern die Dinge sich darin zu erkennen geben würden.

41 *

ihn wirklich, soweit dies in ihrer Zeit lag, gründlich ausgekämpft, oder wenigstens die höchsten Spitzen alles antiphilosophischen Meinens aufgestellt in den Sätzen: alles Denken sei ein Wissen, und kein Denken sei ein Wissen. Diese beiden Sätze, entgegengesetzt wie sie sind, gehen doch auf dasselbe hinaus, indem der Satz des Protagoras, alles Denken sei ein Wissen, doch nur sagen sollte, in dem Denken komme es nicht darauf an, ein Seiendes zu erkennen, so wie auch der Satz des Gorgias, man könne nichts wissen, die Meinung ausdrücken sollte, unser Denken bezwecke nur, für uns Scheinbares hervorzubringen [1]).

Man kann sich daher auch nicht wundern, daß etwas spätere Sophisten die entgegengesetzt klingenden Sätze des Protagoras und Gorgias miteinander verknüpften. Von dieser Art ist das, was die Sophisten *Euthydemos* und *Dionysodoros*, Brüder, aus Chios stammend, auf eine nur Verwirrung in der Rede bezweckende Weise vorbrachten. Euthydemos, der jüngere Bruder, welcher von ihnen am meisten sich hervorgethan zu haben scheint, behauptete nicht nur, wie Protagoras, daß jeder Alles und immer wisse [2]), daß daher niemand Falsches meinen [3]) und man niemanden widerlegen könne [4]), sondern er nahm auch an, daß zugleich und immer Allen Alles gleich sei

1) Plat. Phaed. p. 267. *Τισίαν δὲ Γοργίαν τε ἐάσομεν εὕδειν, οἳ πρὸ τῶν ἀληθῶν τὰ εἰκότα εἶδον ὡς τιμητέα μᾶλλον.*

2) Plat. Euthyd. p. 293. sq.

3) Ib. p. 283 sq.

4) Ib. p. 285 sq.

und kein Ding irgend etwas und von einem andern verschieden, welches der Behauptung des Protagoras, daß Alles einem Jeden ein Besonderes sei, entgegengesetzt wird [1]) und an die eleatische Lehre von der Aufhebung der Gegensätze erinnert; ja er behauptete auch, der Lehre des Gorgias entsprechend, daß niemand etwas lernen könne, weder der Weise, weil er schon weise, noch der Thor, weil er ein Thor sei [2]).

Wenn nun von dem Protagoras und von dem Gorgias noch eine gewisse Richtung in der Beweisart festgehalten wurde, so mußte dagegen bei diesen jüngern Sophisten, indem sie sich bald in die eine, bald in die entgegengesetzte Betrachtungsweise warfen, alle Stetigkeit des Denkens verschwinden. Sie bezeichnen uns daher mit Recht den Ausgangspunkt der Sophistik. Wie armselig eine solche gehaltlose Weisheit werden mußte, dies hat uns Platon in seinem Euthydemos an diesen beiden Brüdern darstellen wollen, und wenn er auch etwas über die Natur hinausgehende Farben gebraucht haben sollte [3]), wie dies die Alten an ihren Komödienschreibern in noch höherm Grade gewohnt waren, so bleibt doch gewiß so viel nach allen Nachrichten wahr, daß die Sophisten, je älter ihre Kunst wurde, mit um so zügelloserer Freiheit

1) Ib. p. 295 sq.; Plat. Crat. p. 386.

2) Plat. Euthyd. p. 275 sq.

3) Doch muß man nicht glauben, daß Platon sich hierin gar zu weit von der Wahrheit entfernt haben sollte. Auch Aristoteles Soph. el. 20 legt dem Euthydemos einen ganz armseligen Trugschluß bei.

sich der Rede bedienten, und ihren Mangel an Geist und an Kenntnissen durch Keckheit und Frechheit zu bedecken suchten.

Fünftes Capitel.

Schluß.

Wir wollen hier noch kurz die Ergebnisse der griechischen Philosophie dieser Periode zusammendrängen, um zum Ueberblick zu bringen, zu welcher Stufe der wissenschaftlichen Entwicklung sie geführt hatte und wie von ihr aus Weiteres gewonnen werden konnte. Man muß sich hierbei gegenwärtig erhalten, daß die verschiedenen Schulen dieser Zeit noch sehr vereinzelt standen und nur allmälig nach Vereinigung strebten. Aus den vereinzelten Elementen der Erkenntniß geht die Gesammtheit der Wissenschaft hervor.

In der dynamischen Naturphilosophie der Ioner hatte zuerst Thales den Gedanken aufgefaßt, daß alles in der Welt von göttlichem Leben erfüllt sei, und den Grund der Welt hatte er in einem Samen gesucht, welcher zu vollkommnerem Leben sich entwickele. Aber schon Anaximenes strebte nach einer würdigern Vorstellung von dem Grunde aller Dinge. Er fand, daß aller Dinge erstes Wesen ein Unendliches, der sinnlichen Anschauung nicht Unterworfenes, eine Seele, sein müsse, welche Alles umfasse und regiere, so wie wir von unserer Seele gehalten und geleitet werden. Hierzu erkannte Diogenes von Apollonia, daß der bleibende Zusammenhang unter allen Dingen auch auf eine bleibende Einheit des Grundes aller Dinge deute; diese Einheit sei unendlich, die Welt aber, welche sich aus ihr und in ihr bilde, ein beschränktes Werk des Ganzen. So wie die bildende Kraft allgemeiner Art sei, so seien ihre Bildungen durchgängig eigenthümlicher Natur. Nach vernünftiger Einsicht aber ordne die Kraft zu gewissen Zwecken, welche jedoch nach physischer Vorstellungsweise von dem Physiker gedacht werden, so wie denn auch die Art, wie die erzeugende Vernunft in besondern und beschränkten Werken sich darstellt, auf Beschränkungen deutet, welchen sie physischer Weise unterworfen ist. Alle diese ionischen Männer aber verknüpften die philosophische Idee, welche in ihnen lebte, mit mancherlei sinnlichen Vorstellungen über den Grund und die Geburt der Dinge, im Wasser und in der Luft und in deren Verwandlungen die Erklärung der Dinge und ihrer Erscheinungen suchend. Höher schwang sich der kühne Geist des Herakleitos: diese Welt sei ewig, ein beständig lebendiges Wesen; aber in dem Lebendigen selbst, seinem Begriffe nach, liege das Streben nach Entgegengesetztem; dies sei das Geschick des vernünftigen Feuers, bald vom Bedürfnisse zur Sättigung, bald von der Sättigung zum Bedürfnisse sich geführt zu sehen, und so wechsele nach bestimmten Perioden das Leben der Welt bald vom schnellern zum trägern, bald vom trägern zum schnellern Flusse, sowohl theilweise, als im Ganzen. Aus den theilweise sich entgegengesetzten Bestrebungen aber, wie diese, nach bestimmter Ordnung kämpfend, einander an gleicher oder veränderlicher Stelle entgegentreten, entstehe der Schein des Beharrlichen oder Todten; dieser Schein jedoch sei nur für die Sinne, durch welche der thörichte Mensch sich eigene Wahrheit ersinnen wolle; die allgemeine Vernunft dagegen erkenne allein das Wahre, und das Ziel der Wissenschaft sei, den vernünftigen Grund, das Gesetz, welches durch der ganzen Welt Leben, auch im Sittlichen, herrsche, zu entdecken. Dieses Gesetz sei einem Jeden sein Geschick, und so sei es einem Jeden das Beste, wie es das in Gegensätzen wechselnde Geschick bestimmt habe. In der That möchte man hierin den höchsten Schwung erblicken, welchen ein Philosoph, ausschließlich der dynamischen Naturbetrachtung zugewendet, nehmen konnte.

Ganz anderer Art war die Naturlehre der Mechaniker. Schon Anaximandros wendete seinen Blick auf die Veränderung der Erscheinungen durch Mischung und Entmischung, hervorgebracht durch die Bewegung elementarischer Theile des Ganzen. Den Grund der Bewegung und alles Werdens, aber auch der bewegten Elemente, sah er in einem unendlichen, unsterblichen und göttlichen Wesen, welches ursprünglich alle unveränderliche Elemente in einer solchen Mischung umfasse, daß nichts nach Uebermaaß hervortrete. Indem aber dieses Wesen Grund der Bewegung sei, schieden sich aus ihm ursprüngliche Gegensätze, wie Warmes und Kaltes oder Himmel und Welt. Dies sei aber das Gesetz der ganzen Welt, daß jedes abgesonderte Ding, indem es der Einwirkung des Entgegengesetzten unterliege, sich selbst auflöse; jedes gebe Strafe seiner Ungerechtigkeit nach dem Maaße der ihm bestimmten Zeit, und indem sich die Gegensätze untereinander mischten, entstünden vollkommnere Formen allmälig sich ausbildender lebendiger Wesen, bis Alles wieder zurückgekehrt sei in die gleichartige Natur des Ursprünglichen. Anaxagoras sprach schon den Grundsatz der mechanischen Physik, eine jede Natur sei dem, dessen Natur sie sei, bleibend, und es könne daher nichts sich verändern, entschieden aus, einen Grundsatz, nicht aus der Anschauung der Natur genommen, sondern zu allgemeinern Untersuchungen zu führen geeignet. Daher suchte auch dieser Philosoph die Wahrheit der sinnlichen Erkenntniß nur darin, daß sie Anlaß zu Forschungen der Vernunft gebe, aber nicht das Wahre an sich uns enthülle. Nun faßte er auch den Gegensatz, welcher sich der mechanischen Naturlehre ergiebt, zwischen dem Bewegten und dem Bewegenden, scharf genug auf. Das Bewegte sei die im Raum stetig verbundene leblose Masse, eine unendliche Vielheit, unendlich auch an Beschaffenheiten körperlicher Elemente, von welchen ein jedes seine eigenthümliche Natur habe, alle gewissermaaßen zur Einheit verbunden durch wechselseitige Berührung und Einwirkung, aber verschiedene räumliche Verhältnisse untereinander anzunehmen fähig. Diesem entgegen stehe das Bewegende; es sei der Geist oder die Seele, in sich einartig und durchaus von aller Einwirkung unabhängig, ein erkennendes und Alles, wie es war, wie es ist und sein wird, überblickendes Wesen. So trat ihm der Gegensatz zwischen Körper und Geist, welcher bisher zu genauer Unterscheidung nicht gelangt war, bestimmt hervor, und mit ihm verband sich der Gegensatz zwischen der leblosen, unthätigen und unveränderlichen Masse und zwischen der le-

höchste Kunst hielt, indem sie Andere freiwillig, aber nicht durch Zwang uns unterwürfig mache [1]). Die Art seines Unterrichts in der Redekunst war noch sehr unwissenschaftlich, denn er theilte nicht eine Kunst, sondern nur gewisse Kunstgriffe seinen Schülern mit, solche Trugschlüsse, Formeln und Wendungen der Rede ihnen einübend, welche am häufigsten ihre Anwendung finden möchten [2]). Dabei wendete er die Redekunst auch auf physische Lehren an [3]), worin ihm die Naturlehre des Empedokles als Führerin dienen mochte [4]). Außer seinen Reden und einem Werke über die Redekunst [5]) wird ihm eine Schrift über das Nicht-Seiende oder über die Natur [6]) zugeschrieben. Diese enthielt seine sophistische Lehre; sie ist vor seiner Gesandtschaft nach Athen geschrieben [7]) und drückt sehr deutlich den sophistischen Uebermuth aus, welcher den Gorgias und andere seiner Zeitgenossen zur Verwerfung aller Wissenschaft fortriß.

Schon der Titel der Schrift deutet auf eine sophistische Anwendung der eleatischen Lehren, indem er an die Stelle dessen, was die Eleaten das Seiende nannten, das

---

praec. 45. Doch wird seine Mäßigkeit gelobt. Stob. serm. CI. 21; Athen. XII. p. 548.

1) Plat. Phil. p. 58.

2) Arist. de soph. el. 33.

3) Cf. Dion. Hal. de Isocr. 1.

4) Plat. Meno p. 76.

5) Cf. Schönborn l. l. p. 9 sq.

6) Sext. Emp. adv. math. VII. 65.

7) Verfaßt Ol. 84. Olymp. schol. in Plat. Gorg. 6. p 567. ed. Routh.

Nicht-Seiende setzt. So wird uns auch gesagt, Gorgias habe die Beweise des Zenon und des Melissos benutzt[1], um zu beweisen, daß nichts sei. Auch die Anordnung der Haupttheile seiner Schrift ist ganz sophistisch, indem er in dem zweiten und dritten Theile was als nicht widerlegt wieder voraussetzt, was er in dem ersten und zweiten Theile schon widerlegt haben wollte. In dieser Häufung der Widerlegungen erkennt man die Manier solcher Arbeiten, welche nur zur Darlegung der Fertigkeit dienen sollen. Zuerst nämlich wollte er beweisen, daß nichts sei, dann, wenn auch etwas sei, daß es doch nicht erkannt werden könne, und zuletzt, wenn auch etwas sei und erkannt werden könne, daß es doch nicht mittheilbar sei[2].

Den ersten Satz, daß nichts sei, suchte er auf folgende Art zu beweisen: Wenn etwas wäre, so würde es entweder ein Seiendes oder ein Nicht-Seiendes, oder auch zugleich ein Seiendes und ein Nicht-Seiendes sein. Alle drei Fälle aber sind unmöglich[3]; denn ein Nicht-Seiendes kann nicht sein, weil es dem Seienden entgegengesetzt ist, und wenn dieses also ist, jenes nicht sein muß; oder weil es, wenn es wäre, zugleich seiend und nichtseiend sein müßte[4]. Aber auch ein Seiendes kann nicht sein,

1) Arist. de Xen., Zen. et Gorg. 5.

2) L. l. οὐκ εἶναί φησιν οὐδέν· εἰ δ' ἔστιν, ἄγνωστον εἶναι. εἰ δὲ καὶ ἔστι καὶ γνωστόν, ἀλλ' οὐ δηλωτὸν ἄλλοις. Sext. Emp. adv. math. VII. 65.

3) Sext. Emp. adv. math. VII. 66.

4) Sext. Emp. ib. 67; Arist. l. l. giebt die Beweise auf eine etwas andere Art; aber der Text ist so verdorben, daß man nur wenig mit Gewißheit daraus entnehmen kann.

denn nach den Lehren der Eleaten würde es weder geworden, noch ungeworden, weder Eins, noch Vieles sein, noch auch beides zugleich, wobei Gorgias sich besonders der Lehre des Melissos und des Zenon vom Unendlichen, vom Raume und von der Bewegung, aber auch, wie es scheint, der Lehre der Atomisten von der Theilbarkeit der Körper bediente [1]). Endlich kann auch nicht zugleich ein Seiendes und ein Nicht-Seiendes sein; denn wenn das Seiende und das Nicht-Seiende wären, so würden sie in Rücksicht auf das Sein dasselbe sein; wenn sie aber dasselbe wären, so würde das Seiende so wie das Nicht-Seiende sein; das Nicht-Seiende ist aber nicht, und folglich würde auch das Seiende nicht sein. Dasselbe folgt auch daraus, daß, wenn beide dasselbe wären, nicht beide sein könnten; denn wären beide dasselbe, so wären sie nicht beide, sondern dasselbe [2]). Da also weder das Seiende, noch das Nicht-Seiende, noch beide zugleich sind, so ist überhaupt nichts.

Wenn es schon aus diesen Folgerungen klar sein möchte, daß Gorgias die Stärke seiner Zweifel darin fand, daß

1) Sext. Emp. ib. 68—74; Arist. ib. 5 u. 6; die Stelle, wo von der Bewegung und der Theilung die Rede ist, ist sehr verdorben.

2) Sext. Emp. ib. 75 sq. ὅτι δὲ οὐδὲ ἀμφότερα ἔστι, τό τε ὂν καὶ τὸ μὴ ὄν, εὐεπιλόγιστον· εἴπερ γὰρ τὸ μὴ ὂν ἔστι καὶ τὸ ὂν ἔστι, ταὐτὸν ἔσται τῷ ὄντι τὸ μὴ ὄν, ὅσον ἐπὶ τὸ εἶναι. καὶ διὰ τοῦτο οὐδέτερον αὐτῶν ἔστιν· ὅτι γὰρ τὸ μὴ ὂν οὐκ ἔστιν, ὁμόλογον· δέδεικται δὲ ταὐτὸ τούτῳ καθεστὼς τὸ ὄν· καὶ αὐτὸ τοίνυν οὐκ ἔσται. οὐ μὴν ἀλλ' εἴπερ ταὐτόν ἐστι τῷ μὴ ὄντι τὸ ὄν, οὐ δύναται ἀμφότερα εἶναι· εἰ γὰρ ἀμφότερα οὐ ταὐτόν, καὶ εἰ ταὐτόν, οὐκ ἀμφότερα. Arist. l. l.

er den Gründen der Eleaten für die Einheit des Seienden das Einleuchtende der Erfahrungsvorstellungen entgegensetzte, so wird dies noch klarer, wenn man die Gründe seines zweiten Haupttheiles betrachtet. Er ging nämlich davon aus, daß, wenn das Seiende gedacht werden sollte, das Gedachte gleich dem Seienden oder das Seiende sein müßte, denn sonst würde das Seiende nicht gedacht. Wäre aber das Gedachte das Seiende, so würde jeder Gedanke wahr sein und das Nicht-Seiende nicht gedacht werden können. Auch dürfe nicht entgegnet werden, daß nur die Gedanken wahr wären, welche durch die Wahrnehmung ihre Bestätigung erhielten; denn so wie das Gesehene wahr sei, obgleich es nicht gehört werde, so könne auch das Gedachte wahr sein, wenn es auch nicht wahrgenommen werde. Da nun aber doch wahre und falsche Gedanken unterschieden werden müßten, so sei das Gedachte nicht das Seiende, und mithin werde auch das Seiende nicht gedacht oder erkannt [1]). Die Richtung dieser Polemik wird vielleicht am besten aus dem Beispiele ersehen, welches zur Erklärung hinzugefügt wird. Man meint, wenn der wahre Gedanke die Dinge darstellen solle, wie sie sind, so müsse er ihnen auch gleichen oder so sein, wie sie sind; wären nun die Dinge weiß, so müsse auch der wahre Gedanke von ihnen weiß sein [2]). Es liegt hierin

1) Sext. Emp. ib. 77 – 82; Arist. ib c. 6.

2) Arist. l. l.; Sext. Emp. ib. 77. εἰ γὰρ τὰ φρονούμενα, φησὶν ὁ Γοργ., οὐκ ἔστιν ὄντα, τὸ ὂν οὐ φρονεῖται, καὶ κατὰ λόγον· ὥσπερ γὰρ εἰ τοῖς φρονουμένοις συμβέβηκεν εἶ-

der Irrthum, daß die zu erkennende Wahrheit ein Gegenstand der Erfahrung, ein sinnliches Ding sei.

Von derselben Rücksicht auf das Sinnliche zeugen auch die Beweise des Gorgias für seinen dritten Satz, daß, wenn auch etwas wäre und erkannt werden könne, es doch nicht aussprechbar sein würde. Denn, lehrte er, die Dinge sind nicht das, was gesagt wird; die Rede ist nur ein Zeichen der Dinge; das, was jemand sieht, ist nicht hörbar, und kann also auch nicht durch das hörbare Wort mitgetheilt werden [1]). Dazu kommt noch, daß auch der Hörende nicht dasselbe denken kann, was der Andere, indem es unmöglich, daß auf dieselbe Weise dasselbe in Verschiedenen sei, wie denn auch schon Einer und derselbe zu gleicher Zeit Anderes durch das Gehör und Anderes durch das Gesicht, zu verschiedenen Zeiten aber nicht auf gleiche Weise zu empfinden scheint [2]). Diesen Gründen liegt

---

σαι λευκοῖς, κἂν συμβεβήκει τοῖς λευκοῖς φρονεῖσθαι, οὕτως εἰ τοῖς φρονουμένοις συμβεβήκει μὴ εἶναι οὖσι, κατ' ἀνάγκην συμβήσεται τοῖς οὖσι μὴ φρονεῖσθαι.

1) Arist. l. l. ὃ γὰρ εἶδε, πῶς ἄν τίς φησι τοῦτο εἴποι λόγῳ; ἢ πῶς ἂν ἐκείνῳ δῆλον ἀκούσαντι γίγνοιτο μὴ ἰδόντι; — καὶ λέγει ὁ λέγων (add. λόγον e conj. Foss), ἀλλ' οὐ χρῶμα, οὐδὲ πρᾶγμα. Sext. Emp. ib. 83; 84; 86. Auch diese Gründe sollen von frühern Philosophen vorgebracht worden sein, wie Arist. sagt.

2) Arist. l. l. ἀλλὰ πῶς ὁ ἀκούων τὸ αὐτὸ ἐννοήσει; οὐ γὰρ οἷόν τε τὸ αὐτὸ ἅμα ἐν πλείοσι καὶ χωρὶς οὖσι εἶναι· δύο γὰρ ἂν εἴη τὸ ἕν. — φαίνεται δὲ οὐδ' ὁ αὐτὸς αὐτῷ ὅμοια αἰσθανόμενος ἐν τῷ αὐτῷ χρόνῳ, ἀλλ' ἕτερα τῇ ἀκοῇ καὶ τῇ ὄψει καὶ νῦν τε καὶ πάλαι διαφόρως. Arist. de sensu 6. ἀδύνατον γάρ φασί τινες ἄλλον ἄλλῳ τὸ αὐτὸ ἀκούειν ἢ

durchaus die Voraussetzung zum Grunde, das sinnlich Empfindbare sei das Wahre, welches mitgetheilt werden solle; sie scheinen sich aber auch noch im Besondern auf die empedokleische Lehre zu beziehen, daß die Empfindung durch Ausflüsse und Einflüsse der Dinge untereinander geschehe *).

In dieser Lehre des Gorgias kann man nur die Zweifel erblicken, welche von der sinnlichen Vorstellung aus gegen die Wahrheit der vernünftigen Erkenntniß erregt werden, und Gorgias erscheint uns in seinem Verfahren wie ein umgekehrter Zenon; denn so wie dieser Elemente der sinnlichen Vorstellungsweise dazu gebrauchte, ihre Nichtigkeit gegen die Vernunftwahrheit an ihnen selbst zu zeigen, so gebrauchte Gorgias Elemente der eleatischen Vernunftlehre zu ihrer eigenen Vernichtung, indem er darthat, daß sie gegen die Wahrheit in der sinnlichen Vorstellungsweise sich nicht halten könnten. Dies ist der Kampf des Sinnes gegen den Verstand, welcher nun erregt werden mußte, um von der Einseitigkeit früherer Verstandeslehren zu überzeugen; derselbe Kampf findet sich auch beim Protagoras, und diese beiden Sophisten haben

---

ὁρᾶν ἢ ὀσφραίνεσθαι· οὐ γὰρ οἷόν τ' εἶναι πολλοὺς καὶ χωρὶς ὄντας ἀκούειν ἢ ὀσφραίνεσθαι· τὸ γὰρ ἓν χωρὶς ἂν αὐτὸ αὑτοῦ εἶναι.

*) Arist. de Gorg. l l.; Plat. Meno p. 76. Cf. Sext. Emp. ib. 85, welche Stelle noch ein anderes Argument des Gorgias zu enthalten scheint. Wenn ich recht verstehe, so soll die Rede als ein Effect der äußern Eindrücke betrachtet werden, so daß nicht wir, sondern die Dinge sich darin zu erkennen geben würden.

41 *

ihn wirklich, soweit dies in ihrer Zeit lag, gründlich ausgekämpft, oder wenigstens die höchsten Spitzen alles antiphilosophischen Meinens aufgestellt in den Sätzen: alles Denken sei ein Wissen, und kein Denken sei ein Wissen. Diese beiden Sätze, entgegengesetzt wie sie sind, gehen doch auf dasselbe hinaus, indem der Satz des Protagoras, alles Denken sei ein Wissen, doch nur sagen sollte, in dem Denken komme es nicht darauf an, ein Seiendes zu erkennen, so wie auch der Satz des Gorgias, man könne nichts wissen, die Meinung ausdrücken sollte, unser Denken bezwecke nur, für uns Scheinbares hervorzubringen [1]).

Man kann sich daher auch nicht wundern, daß etwas spätere Sophisten die entgegengesetzt klingenden Sätze des Protagoras und Gorgias miteinander verknüpften. Von dieser Art ist das, was die Sophisten Euthydemos und Dionysodoros, Brüder, aus Chios stammend, auf eine nur Verwirrung in der Rede bezweckende Weise vorbrachten. Euthydemos, der jüngere Bruder, welcher von ihnen am meisten sich hervorgethan zu haben scheint, behauptete nicht nur, wie Protagoras, daß jeder Alles und immer wisse [2]), daß daher niemand Falsches meinen [3]) und man niemanden widerlegen könne [4]), sondern er nahm auch an, daß zugleich und immer Allen Alles gleich sei

1) Plat. Phaed. p. 267. *Τισίαν δὲ Γοργίαν τε ἐάσομεν εὕδειν, οἳ πρὸ τῶν ἀληθῶν τὰ εἰκότα εἶδον ὡς τιμητέα μᾶλλον.*

2) Plat. Euthyd. p. 293. sq.

3) Ib. p. 283 sq.

4) Ib. p. 285 sq.

und kein Ding irgend etwas und von einem andern verschieden, welches der Behauptung des Protagoras, daß Alles einem Jeden ein Besonderes sei, entgegengesetzt wird[1]) und an die eleatische Lehre von der Aufhebung der Gegensätze erinnert; ja er behauptete auch, der Lehre des Gorgias entsprechend, daß niemand etwas lernen könne, weder der Weise, weil er schon weise, noch der Thor, weil er ein Thor sei[2]).

Wenn nun von dem Protagoras und von dem Gorgias noch eine gewisse Richtung in der Beweisart festgehalten wurde, so mußte dagegen bei diesen jüngern Sophisten, indem sie sich bald in die eine, bald in die entgegengesetzte Betrachtungsweise warfen, alle Stetigkeit des Denkens verschwinden. Sie bezeichnen uns daher mit Recht den Ausgangspunkt der Sophistik. Wie armselig eine solche gehaltlose Weisheit werden mußte, dies hat uns Platon in seinem Euthydemos an diesen beiden Brüdern darstellen wollen, und wenn er auch etwas über die Natur hinausgehende Farben gebraucht haben sollte[3]), wie dies die Alten an ihren Komödienschreibern in noch höherm Grade gewohnt waren, so bleibt doch gewiß so viel nach allen Nachrichten wahr, daß die Sophisten, je älter ihre Kunst wurde, mit um so zügelloserer Freiheit

---

1) Ib. p. 295 sq.; Plat. Crat. p. 386.

2) Plat. Euthyd. p. 275 sq.

3) Doch muß man nicht glauben, daß Platon sich hierin gar zu weit von der Wahrheit entfernt haben sollte. Auch Aristoteles Soph. el. 20 legt dem Euthydemos einen ganz armseligen Trugschluß bei.

sich der Rede bedienten, und ihren Mangel an Geist und an Kenntnissen durch Keckheit und Frechheit zu bedecken suchten.

Fünftes Capitel.

Schluß.

Wir wollen hier noch kurz die Ergebnisse der griechischen Philosophie dieser Periode zusammendrängen, um zum Ueberblick zu bringen, zu welcher Stufe der wissenschaftlichen Entwicklung sie geführt hatte und wie von ihr aus Weiteres gewonnen werden konnte. Man muß sich hierbei gegenwärtig erhalten, daß die verschiedenen Schulen dieser Zeit noch sehr vereinzelt standen und nur allmälig nach Vereinigung strebten. Aus den vereinzelten Elementen der Erkenntniß geht die Gesammtheit der Wissenschaft hervor.

In der dynamischen Naturphilosophie der Joner hatte zuerst Thales den Gedanken aufgefaßt, daß alles in der Welt von göttlichem Leben erfüllt sei, und den Grund der Welt hatte er in einem Samen gesucht, welcher zu vollkommnerem Leben sich entwickele. Aber schon Anaximenes strebte nach einer würdigern Vorstellung von dem Grunde aller Dinge. Er fand, daß aller Dinge erstes Wesen ein Unendliches, der sinnlichen Anschauung nicht Unterworfenes, eine Seele, sein müsse, welche Alles umfasse und regiere, so wie wir von unserer Seele gehalten und geleitet werden. Hierzu erkannte Diogenes von Apollonia, daß der bleibende Zusammenhang unter allen Dingen auch auf eine bleibende Einheit des Grundes aller Dinge deute; diese Einheit sei unendlich, die Welt aber, welche sich aus ihr und in ihr bilde, ein beschränktes Werk des Ganzen. So wie die bildende Kraft allgemeiner Art sei, so seien ihre Bildungen durchgängig eigenthümlicher Natur. Nach vernünftiger Einsicht aber ordne die Kraft zu gewissen Zwecken, welche jedoch nach physischer Vorstellungsweise von dem Physiker gedacht werden, so wie denn auch die Art, wie die erzeugende Vernunft in besondern und beschränkten Werken sich darstellt, auf Beschränkungen deutet, welchen sie physischer Weise unterworfen ist. Alle diese ionischen Männer aber verknüpften die philosophische Idee, welche in ihnen lebte, mit mancherlei sinnlichen Vorstellungen über den Grund und die Geburt der Dinge, im Wasser und in der Luft und in deren Verwandlungen die Erklärung der Dinge und ihrer Erscheinungen suchend. Höher schwang sich der kühne Geist des Herakleitos: diese Welt sei ewig, ein beständig lebendiges Wesen; aber in dem Lebendigen selbst, seinem Begriffe nach, liege das Streben nach Entgegengesetztem; dies sei das Geschick des vernünftigen Feuers, bald vom Bedürfnisse zur Sättigung, bald von der Sättigung zum Bedürfnisse sich geführt zu sehen, und so wechsele nach bestimmten Perioden das Leben der Welt bald vom schnellern zum trägern, bald vom trägern zum schnellern Flusse, sowohl theilweise, als im Ganzen. Aus den theilweise sich entgegengesetzten Bestrebungen aber, wie diese, nach bestimmter Ordnung kämpfend, einander an gleicher oder veränderlicher Stelle entgegentreten, entstehe der Schein des Beharrlichen oder Todten; dieser Schein jedoch sei nur für die Sinne, durch welche der thörichte Mensch sich eigene Wahrheit ersinnen wolle; die allgemeine Vernunft dagegen erkenne allein das Wahre, und das Ziel der Wissenschaft sei, den vernünftigen Grund, das Gesetz, welches durch der ganzen Welt Leben, auch im Sittlichen, herrsche, zu entdecken. Dieses Gesetz sei einem Jeden sein Geschick, und so sei es einem Jeden das Beste, wie es das in Gegensätzen wechselnde Geschick bestimmt habe. In der That möchte man hierin den höchsten Schwung erblicken, welchen ein Philosoph, ausschließlich der dynamischen Naturbetrachtung zugewendet, nehmen konnte.

Ganz anderer Art war die Naturlehre der Mechaniker. Schon Anaximandros wendete seinen Blick auf die Veränderung der Erscheinungen durch Mischung und Entmischung, hervorgebracht durch die Bewegung elementarischer Theile des Ganzen. Den Grund der Bewegung und alles Werdens, aber auch der bewegten Elemente, sah er in einem unendlichen, unsterblichen und göttlichen Wesen, welches ursprünglich alle unveränderliche Elemente in einer solchen Mischung umfasse, daß nichts nach Uebermaaß hervortrete. Indem aber dieses Wesen Grund der Bewegung sei, schieden sich aus ihm ursprüngliche Gegensätze, wie Warmes und Kaltes oder Himmel und Welt. Dies sei aber das Gesetz der ganzen Welt, daß jedes abgesonderte Ding, indem es der Einwirkung des Entgegengesetzten unterliege, sich selbst auflöse; jedes gebe Strafe seiner Ungerechtigkeit nach dem Maaße der ihm bestimmten Zeit, und indem sich die Gegensätze untereinander mischten, entstünden vollkommnere Formen allmälig sich ausbildender lebendiger Wesen, bis Alles wieder zurückgekehrt sei in die gleichartige Natur des Ursprünglichen. Anaxagoras sprach schon den Grundsatz der mechanischen Physik, eine jede Natur sei dem, dessen Natur sie sei, bleibend, und es könne daher nichts sich verändern, entschieden aus, einen Grundsatz, nicht aus der Anschauung der Natur genommen, sondern zu allgemeinern Untersuchungen zu führen geeignet. Daher suchte auch dieser Philosoph die Wahrheit der sinnlichen Erkenntniß nur darin, daß sie Anlaß zu Forschungen der Vernunft gebe, aber nicht das Wahre an sich uns enthülle. Nun faßte er auch den Gegensatz, welcher sich der mechanischen Naturlehre ergiebt, zwischen dem Bewegten und dem Bewegenden, scharf genug auf. Das Bewegte sei die im Raum stetig verbundene leblose Masse, eine unendliche Vielheit, unendlich auch an Beschaffenheiten körperlicher Elemente, von welchen ein jedes seine eigenthümliche Natur habe, alle gewissermaaßen zur Einheit verbunden durch wechselseitige Berührung und Einwirkung, aber verschiedene räumliche Verhältnisse untereinander anzunehmen fähig. Diesem entgegen stehe das Bewegende; es sei der Geist oder die Seele, in sich einartig und durchaus von aller Einwirkung unabhängig, ein erkennendes und Alles, wie es war, wie es ist und sein wird, überblickendes Wesen. So trat ihm der Gegensatz zwischen Körper und Geist, welcher bisher zu genauer Unterscheidung nicht gelangt war, bestimmt hervor, und mit ihm verband sich der Gegensatz zwischen der leblosen, unthätigen und unveränderlichen Masse und zwischen der lebendigen, thätigen und in Wirksamkeit übergehenden Kraft. Aber beide Gegensätze zu einer wahren Einheit zu verknüpfen, fand er sich außer Stande. Denn nur eine äußere Wirksamkeit gehe von dem Geiste auf die an sich unveränderlichen Elemente über; nur in den Verhältnissen derselben untereinander finde eine Veränderung statt, indem sie durch den Geist in Bewegung gesetzt würden. Wenn nun eine ursprüngliche gleichartige Mischung unter ihnen angenommen würde, so könne die Wirkung des Geistes auf sie nur eine sondernde sein, und dadurch werde Unterscheidbarkeit unter den Beschaffenheiten der Elemente, Ordnung und eine gewisse nach vernünftigen Gesetzen geregelte Schönheit hervorgebracht. So wie aber die Veränderung der Mischung abhängig sei von dem bewegenden Geiste, so sei auch die Wirksamkeit des Geistes abhängig von der Mischung. Denn nicht sogleich und wie mit einem Schlage könne er Alles zur Ordnung führen, sondern nur allmälig wachse seine Macht über die Dinge, und da unendliche Elemente geordnet werden sollten, so wachse auch die Ordnung in der Welt in das Unendliche fort. In den lebendigen Dingen, deren körperliche Zusammensetzung ein späteres Erzeugniß der geistigen Wirksamkeit sei, finde sich der Geist unmittelbar und gehe gleichsam eine Einigung mit dem Körperlichen ein; aber in den großen Weltkörpern und in ihren regelmäßigen Bewegungen sei die ordnende Thätigkeit des Geistes am offenbarsten, und daher auch das würdigste Werk des Menschen, die Ordnung der Himmelskörper zu erforschen. Der Schüler des Anaxagoras, Archelaos, scheint gegen seinen Lehrer unbedeutend gewesen zu sein; wir wagen nicht mehr über ihn zu sagen, als daß dadurch, daß er die Physik seines Lehrers auf ethische Begriffe anwandte, es offenbar wurde, wie sehr diese Richtung der Mechaniker von der sittlichen Betrachtung des Lebens entfernt war. Man kann nicht leugnen, diese Physik ist einseitig, aber außerdem, daß sie doch zur genauern Erforschung der Gründe der Naturerscheinungen erregte, hat sie auch die Untersuchungen über den Geist, welcher ein ganz Anderes ist, als die körperliche Materie, in Gang gebracht.

Nicht so einfach als die Bestrebungen der beiden ionischen Naturlehren ist die dorische Philosophie der Pythagoräer. In mehreren Punkten finden wir Verschiedenheiten zwischen dieser und jener, aber doch nur zwei Punkte bezeichnen die Eigenthümlichkeit der letztern. Daß die Pythagoräer das Vollkommnere aus dem weniger Vollkommenen ableiteten, ist ihnen mit dem Thales und dem Anaxagoras gemein; daß sie das Werden als ein Unendliches setzten, finden wir auch beim Anaxagoras und beim Herakleitos bestimmt ausgesprochen; endlich mit dem Herakleitos, dem Anaximenes, dem Diogenes von Apollonia und dem Anaximandros stimmen sie darin überein, daß ein Uebersinnliches Grund des Sinnlichen sei. Aber eigenthümlich ist es ihnen, daß sie auf ethische Zwecke, auf eine wahre innere Tugend die Erscheinungen in der Welt zurückführten, während alles, was Herakleitos, Anaximandros und Anaxagoras beiläufig vom Sittlichen verhandelten, ganz die Farbe des Physischen an sich trägt. Ganz eigenthümlich ist es ihnen auch, daß sie alle sinnliche Beschaffenheit auf die aus einer Ureinheit sich herausbildende mathematische Form der Dinge zurückführten.

Demnach setzten sie fest, ursprünglich, wenn auch nur dem Begriffe nach, sei eine Einheit, die Urzahl, aber noch nicht die entwickelte Zahl, zu welcher nicht bloß die Einheit, sondern auch die Menge gehöre. Da sei auch keine Zeit und kein Ort und kein Körper, alle diese vielmehr würden aus der Urzahl. Diese sei ein Bestimmtes, über sie aber hinaus rage der leere Raum, das Unbestimmte, welches der Grund aller Verneinung, Trennung und Unvollkommenheit sei, gewissermaaßen auch mit der Urzahl verknüpft, weil der Grund aller Dinge unvollkommener sein müsse, als das, was aus ihm hervorgehe, und so die Verneinung an sich trage. Nun bilde sich aber die Urzahl aus und entwickle sich zur Zahl, indem sie mit lebendigem Athem das Unbestimmte, das Leere, in sich einathme. Denn eine Zahl könne nur entstehen, indem eine Trennung sich ergebe unter der Menge der Einheiten, welche durch die Urzahl ursprünglich miteinander verbunden sind; die Trennung aber setze das Leere, den Zwischenraum voraus, und das Volle oder Bestimmte werde im Gegensatz gegen den Zwischenraum die Grenze. Die Zwischenräume nun seien nach dreifachem Maaße bestimmt, nach Länge, Breite und Dicke, und so bilde sich der Körper aus dreifachen Grenzen oder aus Zahleneinheiten, welche in dreifachen Zwischenräumen voneinander getrennt seien. Ueberall sei daher in den Dingen Entgegengesetztes, das Unbestimmte und das Bestimmende, die Einheit und die Menge, wie sich auch in andern allgemeinen Gegensätzen offenbare; denn in Allem sei die ungerade und die gerade Zahl, das Rechte und das Linke, das Männliche und das Weibliche, das Ruhende und das Bewegte, das Licht und die Finsterniß, das Gute und das Böse. Entgegengesetztes könne aber nur durch Harmonie verbunden werden, und so sei die ganze lebendige Welt eine Harmonie, aus einer Quelle stammend und erkennbar durch Zahl und Maaß und geordnetes Verhältniß der Glieder zum Ganzen. Alles, was uns sinnlich erscheine, sei seiner Beschaffenheit nach allein gegründet in den Verhältnissen, in welchen die nach bestimmten Zwischenräumen einander zugeordneten Einheiten stünden; daraus wären die körperlichen Elemente, Pflanzen, Thiere und Menschen und die ganze Zusammenordnung der sinnlichen Körper zu erklären; die Zahl ihrer Einheiten, das Maaß und das Verhältniß ihrer Zwischenräume solle gefunden werden, darin sei ihr Wesen gefunden. So wie nun in dem Einzelnen das Unbestimmte und Ungeordnete neben der bestimmenden und ordnenden Zahl sich finde, so auch im Ganzen, und dies könne erblickt werden in der Entfernung von der wahren Weisheit und in der Unordnung, in welcher wir Menschen auf der Erde leben. Daher sei auch dieses Erdenleben nur ein Leben der Seele in ihrer Entfernung von Gott, eine Gefangenschaft der Seele in den Banden des Körpers, entsprungen aus ihrer Missethat, aber auch geeignet, die Missethat zu büßen und durch Tugend zu einem würdigern Leben zu führen. So verknüpft sich die mathematische Lehre der Pythagoräer von der Entstehung der Zahl und der körperlichen Vielheit mit ihrer sittlichen Ansicht von der Welt. Die Tugend, lehrten sie, bestehe in der Harmonie der Seele, indem die sinnliche Begierde, das Unvernünftige im Menschen, der Vernunft unterworfen und der ganze Verlauf des Lebens zur Einheit und sittlichen Uebereinstimmung gebracht werden solle. Wie diese Lehre geeignet war, zur Erforschung der vernünftigen Gründe alles Geschehens aufzufordern und die Ableitung aller sinnlichen Formen und Erscheinungen aus dem Wesen der Dinge vorzubereiten, ist offenbar; aber es ist auch nicht weniger gewiß, daß sie, das Misverhältniß ihrer Kräfte zu ihrem Ziele nicht genug erwägend, zu vielerlei leeren und phantastischen Vorstellungen Veranlassung wurde.

Wenn wir das Verhältniß der eleatischen Lehre zu der pythagorischen und ionischen Philosophie betrachten, so müssen wir ihre Wichtigkeit für die Entwicklung der Philosophie besonders in ihren verneinenden Ergebnissen suchen. Zweierlei haben die Eleaten vor Allem geleistet, auf allgemeine Grundsätze der Vernunft sich berufend, indem sie auf der einen Seite zu zeigen suchten, daß eine ursprüngliche Vielheit der Dinge nicht sein könne, weil das Nicht-Seiende, welches als die Einheit trennend gedacht werden müßte, nicht sei, von der andern Seite aber darthaten, daß diejenigen im Irrthum seien, welche mit einer über Alles herrschenden Einheit die Mannigfaltigkeit eines sich entwickelnden Lebens verknüpfen wollten, denn das Vollkommene könne nicht der Veränderung unterworfen sein. Es sei also nur ein wahrhaft Seiendes, ein Gott; dieser sei auch unveränderlich, nicht in der Zeit, sondern ewig, nicht körperlich oder an irgend einem Orte, sondern durchaus ganz und vollkommen. Während so die Eleaten die Idee Gottes festzuhalten suchten, verschwand ihnen zwar nicht die Wahrheit aller

Dinge, aber doch die Wahrheit alles Werdens. Sie vermochten es nicht, sich zu erklären, wie neben und mit der göttlichen unveränderlichen Einheit eine Welt sich entwickelnder Dinge sein könne. Außer diesem Gemeingut der eleatischen Schule tritt das Eigenthümliche der Männer, welche ihr angehören, nur schwach hervor. Schon Xenophanes erkannte, daß die über Alles herrschende Einheit Einsicht der Vernunft sei, indem er aber uns in der Mannigfaltigkeit befangen sah, erblickte er sich in einem Zwiespalt der Meinung, welchen er nicht zu lösen vermochte. Selbst das, was er von Gott aussagte, ist größtentheils nur verneinend, indem er entgegengesetzte Bestimmungen von ihm ablehnte; denn Gott sei weder bewegt noch unbewegt, weder begrenzt noch unendlich. Parmenides, ebenfalls in der vernünftigen Einsicht das wahre Sein suchend, setzte doch fest, das Vollendete und Vollkommene müsse als ein in sich Geschlossenes und sich selbst Begrenzendes gedacht werden, und betrachtete so das Ganze als eine in sich gerundete Kugel. Indem er nun streng unterschied zwischen der wahren Gewißheit der Vernunft und der trügerischen Meinung der Sinne, in welcher der Schein des Nicht-Seienden und der Vielheit und des Werdens walte, verzweifelte er doch nicht ganz, daß aus der Mischung des Seienden mit dem Scheine die Wahrheit herausgefunden werden könne, wiewohl er sich nicht verbergen konnte, daß wir, der Meinung dahingegeben, in einem unglückseligen Zustande lebten und zwischen einigender Liebe und unseliger Zwietracht kämpften. Vom Zenon finden wir es bestimmter, als von den übrigen Eleaten, ausgesprochen, daß, wenn wir nur das Eine wüßten, darin auch die Erkenntniß aller Dinge uns enthalten sein würde. Er gebrauchte übrigens die eleatischen Lehren nur, um die Richtigkeit der Meinungen über Vielheit in Raum und Zeit, über Werden und Bewegung darzuthun. Auch in der Lehre des Melissos scheint das Verneinende vorherrschend gewesen zu sein. Daß er das Seiende unendlich nannte, weicht im Wesentlichen von der Lehre der übrigen Eleaten nicht ab; die Bestimmungen aber, welche er noch sonst dem Seienden beilegte, daß es das Gesunde sei und das Lebendige, deuten mehr auf die natürliche, als auf die vernünftige Seite des Seins. Von der Lehre des Empedokles wird uns eine weitläufigere Ausführung dessen, was die Eleaten als Meinung über die Natur aufstellten, überliefert. Es ist unverkennbar, wie sie in der Natur zweierlei unterschieden, von welchen das Eine bloßer Schein sei, das Andere aber ein, wiewohl unvollkommener, Ausdruck des Vollkommenen und wahrhaft Seienden. Das Letztere ist ihnen das Feuer und das Lichte oder auch die vernünftige Einsicht, das Erstere erscheint als Nacht und Dunkel und stellt sich in den übrigen Elementen dar. Aus der Mischung beider Bestandtheile der Natur entstehe nun das, was uns als das natürliche Werden erscheine. Die Veränderung der Mischung aber setzt bewegende Kräfte voraus, und so wie Entgegengesetztes in den bewegten Elementen unterschieden werden müsse, so sei auch das Bewegende entgegengesetzter Art, theils trennender Haß, theils vereinigende Liebe. Daß in der letzten das Wahre, in dem ersten aber das Scheinbare ausgedrückt sei, erkennen wir besonders daran, daß Empedokles beklagt, wie die Menschen, vom Haß geleitet, die Verwandtschaft aller Dinge verkennen, und uns empfiehlt, von jedem Frevel die Seele zu reinigen, um wieder Theil nehmen zu können an der seligen Vereinigung aller Dinge im göttlichen Sphäros. Durch alle diese physischen Vorstellungen der Eleaten und des Empedokles geht aber die Klage hindurch über die Mangelhaftigkeit dieser Meinungen, so daß wir in ihnen auch nur einen Versuch, das Wahre in der Natur auf eine muthmaaßliche Weise zu erforschen, erblicken dürfen. Eben dies ist die Unvollkommenheit der gesammten Lehre der Eleaten, daß sie ihre Ansicht der Natur mit den Ergebnissen ihrer Vernunftlehre nicht in Uebereinstimmung zu bringen wissen.

Indem nun alle diese Forschungen der Joner, der Pythagoräer und der Eleaten zusammentrafen und sich untereinander zu reiben begannen, mußte das Ungenügende und Schwankende aller Ergebnisse der Philosophie sehr auffallend werden, und es konnte nicht anders geschehen, als daß eine Zeit lang selbst das Richtige, welches in den verschiedenen Lehren mehr angedeutet als enthüllt worden war, in den entschiedensten Zweifel gezogen wurde. Daraus haben sich die sophistischen Bestrebungen, welche in Athen den Mittelpunkt ihrer Wirksamkeit fanden, gebildet. Das Wichtigste für die Entwicklung des philosophischen Gedankens unter dem Einflusse der Sophisten ist, daß aufmerksam gemacht wurde auf den Begriff des menschlichen Erkennens und der ganzen menschlichen Wissenschaft. So setzte Demokritos die Wahrheit, welche uns verborgen sei, dem sinnlichen

Schein entgegen, an welchen der Mensch gebunden sei, so bestimmte Protagoras, daß der Mensch das Maaß aller Wahrheit sei, und Gorgias, der Mensch könne nichts wissen und nichts lehren. Wenn man nun früher, gleichsam in den Dingen vertieft und versenkt, sich selbst fast vergessen hatte, so trat durch diese Betrachtungsweisen ein fast unbekanntes Gebiet der Forschung hervor. Auf dasselbe Ziel wirkte aber auch zugleich die Verfahrungsweise der Sophisten, durch welche die Form des Denkens und der Mittheilung, freilich von diesen Männern auf eine rohe und nur Uebung bezweckende Weise, in die Untersuchung gezogen wurde. Durch alles dieses wurde eine reifere Philosophie vorbereitet, welche einen jeden Gedanken, in seiner Beziehung zur Idee der Wissenschaft, von Seiten sowohl der Form, als des Inhalts, zu prüfen, sich zur Aufgabe gemacht hatte. Wenn alle frühere Philosophen, von irgend einem Gedanken, so wie er sich ergeben hatte, gewaltsam ergriffen, diesen allein auszubilden und mit instinctartiger Begeisterung zu verfolgen bemüht gewesen waren, so sollte nun durch den Blick auf den allgemeinen Zweck der Wissenschaft und auf die Mittel, durch welche sie erreicht werden könne, die höhere Besonnenheit gewonnen werden, welche in der Wissenschaft nur aus dem Begriff der Wissenschaft hervorgeht, jedes einzelne Wissen nach dem Maaße des ganzen Wissens messend, und für alles, was sich uns unmittelbar als Zweck der Vernunft darbietet, seine geeignete Stelle in der Verkettung aller vernünftigen Bestrebungen suchend. Dahin hatte gewirkt der Zusammenfluß einzelner, vernünftiger, aber einseitig durchgeführter und sich gegenseitig befeindender Ansichten, dahin auch der hieraus sich erzeugende Zweifel an alle erreichbare Wahrheit und das verzweifelnde Verwerfen aller wissenschaftlichen Forschung. Denn je entschiedener die Wahrheit verworfen wird, um so entschiedener zeigt sich ihre Nothwendigkeit und unser Bedürfniß.

Zeitfracht Medien GmbH
Ferdinand-Jühlke-Straße 7
99095 Erfurt, Deutschland
produktsicherheit@kolibri360.de